Principes de MACROÉCONOMIE

N. Gregory Mankiw — Harvard University
Germain Belzile — HEC Montréal
Benoît Pépin — HEC Montréal

Conception et rédaction
du matériel complémentaire Web
Marc Prud'homme — Université d'Ottawa
Christian Calmès — UQO

MODULO

Principes de macroéconomie
2e édition

N. Gregory Mankiw, Germain Belzile et Benoît Pépin

Traduction et adaptation de : *Principles of macroeconomics*, 6th Canadian edition, de N. Gregory Mankiw, Ronald D. Kneebone et Kenneth J. McKenzie © 2014 Nelson Education Ltd. (ISBN 978-0-17-653085-3)

Conception éditoriale : Éric Mauras
Édition : Suzanne Champagne
Coordination : Nadia Martel
Traduction des ajouts de la 6e édition canadienne : Johanne Tremblay et Nathalie Vallière
Révision linguistique : Sylvie Bernard
Correction d'épreuves : Ginette Choinière
Conception graphique : Gisèle H
Illustrations : Larry Moore
Conception de la couverture : Gisèle H
Impression : TC Imprimeries Transcontinental

Catalogage avant publication de Bibliothèque et Archives nationales du Québec et Bibliothèque et Archives Canada

Mankiw, N. Gregory

[Principles of macroeconomics. Français]

Principes de macroéconomie

2e édition.

Traduction de la 6e édition canadienne de : Principles of macroeconomics.
Comprend un index.

ISBN 978-2-89650-895-2

1. Macroéconomie – Manuels d'enseignement supérieur. I. Belzile, Germain, 1957- . II. Pépin, Benoît, 1959- . III. Titre. IV. Titre : Principles of macroeconomics. Français.

HB172.5.P74414 2014 339 C2013-942602-7

MODULO

5800, rue Saint-Denis, bureau 900
Montréal (Québec) H2S 3L5 Canada
Téléphone : 514 273-1066
Télécopieur : 514 276-0324 ou 1 800 814-0324
info.modulo@tc.tc

ISBN 978-2-89650-895-2

Dépôt légal : 1er trimestre 2014
Bibliothèque et Archives nationales du Québec
Bibliothèque et Archives Canada

Imprimé au Canada

2 3 4 5 6 ITIB 20 19 18 17 16

Gouvernement du Québec – Programme de crédit d'impôt pour l'édition de livres – Gestion SODEC.

Ce projet est financé en partie par le gouvernement du Canada | Canada

À Catherine, Nicholas et Peter
Ma contribution pour les générations futures

À nos parents
ainsi qu'à Cindy,
Kathleen et Janetta
Merci pour votre soutien et votre patience

À Denyse, Marc et Zoé, mes artistes

À Diane et Jean-Pierre, pour tout

Remerciements

Germain Belzile
Benoît Pépin

La production d'un manuel est une affaire d'équipe. Nous aimerions donc remercier les membres de l'équipe du groupe Modulo pour leur ténacité, leurs encouragements, leurs conseils, leur professionnalisme… et leur patience. Nous exprimons notre profonde reconnaissance à tous ceux et celles qui ont contribué à la réalisation de ce projet, et surtout à Bianca Lam, directrice de l'édition collégiale et universitaire. Sa patience, sa gentillesse, son doigté et sa bonne humeur ont rendu ce projet agréable.

Nous aimerions aussi remercier les personnes suivantes pour leurs conseils et leurs commentaires judicieux : Steve Ambler (UQAM), Pascal Bédard (UQAM et HEC Montréal), Hafedh Bouakez (HEC Montréal), Simon Cadorette (UQAM et HEC Montréal), Christian Calmès (UQO), Pierre Chaussé (University of Waterloo), Foued Chihi (UQTR), Martin Coiteux (Banque du Canada), Nathalie Elgrably (HEC Montréal), Robert Gagné (HEC Montréal), Jean-Denis Garon (UQAM), Olivier Gergaud (BEM Bordeaux Management School), Alexandre LeLeyzour (HEC Montréal), Pierre Lemieux (UQO), Michel Normandin (HEC Montréal), Rigas Oikonomou (HEC Montréal), Marc Prud'homme (Université d'Ottawa), Federico Ravenna (HEC Montréal), Josée Rousseau (HEC Montréal), Marc Santugini (HEC Montréal), Mireille Vallée (HEC Montréal) et Nicolas Vincent (HEC Montréal). Nous regretterons sûrement de ne pas avoir suivi tous leurs conseils.

Avant-propos

Germain Belzile
Benoît Pépin

Nous sommes très fiers d'offrir aux étudiants et aux professeurs cette nouvelle adaptation du livre de Gregory N. Mankiw, *Principles of Macroeconomics*. Ce manuel, qui en est à sa sixième édition américaine, est en voie de devenir un classique dans le monde universitaire, et pour cause.

L'ouvrage de Mankiw, professeur à l'Université Harvard, réussit le tour de force de couvrir un éventail très vaste de sujets en un nombre de pages relativement restreint. Chacun des 18 chapitres aborde un thème spécifique et présente la théorie économique nécessaire à sa compréhension. Mankiw a su résister à la tentation, courante chez de nombreux auteurs, d'être le plus explicite possible et d'examiner les détails et les ramifications de la théorie proposée. À l'aide d'exemples judicieusement choisis, il prend le parti d'aller directement au cœur de la théorie et d'en faire ressortir deux ou trois idées essentielles. Cette approche permet à l'étudiant de bien voir la forêt sans avoir à examiner tous les arbres ! Par ailleurs, d'édition en édition, Mankiw a évité un autre piège, celui d'allonger les chapitres en multipliant les exemples ainsi que les développements théoriques. Au contraire, au fil des éditions, Mankiw a resserré et élagué le propos. Il est en cela proche du philosophe américain du XIXe siècle, Henry David Thoreau, qui écrivait dans sa cabane de Walden, à 30 km de Harvard: simplifiez, simplifiez, simplifiez !

En concevant cette nouvelle édition, nous sommes restés fidèles à l'esprit de Mankiw. Nous avons élagué et simplifié l'analyse, tout en actualisant le propos et en continuant à l'ancrer dans la réalité québécoise, canadienne et internationale. Par exemple, la crise financière de 2007 et la récession de 2008-2009 nous ont amenés à insérer des explications théoriques, dont l'effet de levier et les opérations d'assouplissement quantitatif. Nous avons aussi ajouté des rubriques Bon à savoir, portant notamment sur les crises financières et sur la borne inférieure de 0 % sur les taux d'intérêt. Évidemment, les rubriques Dans l'actualité ont été mises à jour et reflètent les préoccupations macroéconomiques actuelles. Par ailleurs, afin de rendre l'aventure encore plus agréable, nous avons opté pour une maquette nettement plus colorée et plus conviviale.

En somme, cette nouvelle édition améliore substantiellement l'édition précédente, tant sur le plan du contenu que sur celui de la facture visuelle. Nous sommes persuadés que les lecteurs sauront l'apprécier.

Comment ce livre est-il construit?

Ce livre a été conçu de manière à présenter la matière sous une forme condensée et agréable à utiliser. Voici un aperçu de son contenu. Ce survol devrait permettre tant aux étudiants qu'aux enseignants de comprendre le plan général de l'ouvrage qu'ils ont entre les mains.

Première partie – Introduction

Le manuel *Principes de macroéconomie* commence par quatre chapitres d'introduction, dans lesquels est proposé un «coffre à outils» de base pour l'analyse économique.

Le chapitre 1, Dix principes d'économie, présente aux étudiants la vision du monde qu'ont les économistes. Il traite des principaux concepts qui sont au cœur de la science économique, tels que le coût de renonciation, le raisonnement à la marge dans la prise de décisions rationnelles, le rôle et l'importance des incitatifs, les gains associés aux échanges et à la spécialisation, et l'efficience des marchés. Ces concepts seront repris à plusieurs occasions dans le livre, puisqu'ils constituent la base de toute analyse économique.

Le chapitre 2, Penser comme un économiste, examine de quelle façon les économistes conçoivent leur discipline. On y décrit le rôle des postulats dans le développement d'une théorie et on y aborde la notion de modèle économique. On y commente aussi la responsabilité des économistes en matière de politique économique. L'annexe de ce chapitre présente une brève récapitulation de l'art d'utiliser les graphiques et rappelle la prudence dont on doit faire preuve au moment de les interpréter.

Le chapitre 3, L'interdépendance et les gains tirés de l'échange, présente la théorie des avantages comparatifs. Cette théorie explique pourquoi les individus commercent avec leurs voisins et les pays commercent entre eux. Puisque le but de l'économie est d'analyser la façon dont le marché coordonne les multiples décisions individuelles en matière de production et de consommation, il est tout naturel de comprendre en quoi la spécialisation et les échanges peuvent être bénéfiques.

Le chapitre 4, Les forces du marché: l'offre et la demande, aborde le fonctionnement d'un marché concurrentiel, à travers les notions fondamentales d'offre, de demande et d'équilibre de marché. Dans cette nouvelle édition, nous avons ajouté une annexe qui présente les mathématiques simples de l'équilibre des marchés.

L'étude de la macroéconomie, à proprement parler, commence au chapitre 5. Notre approche consiste d'abord à examiner l'économie dans une perspective de long terme, c'est-à-dire lorsque les prix sont flexibles. Nous passons ensuite à l'étude de l'économie à court terme, soit une situation de prix rigides. Nous croyons que cette façon de faire simplifie grandement l'étude de la macroéconomie, et cela, pour plusieurs raisons. Premièrement, on peut aisément relier l'hypothèse classique de la flexibilité des prix à l'offre et à la demande, que les étudiants viennent d'aborder au chapitre 4. Deuxièmement, la dichotomie classique permet de diviser l'analyse du long terme en plusieurs petites parties, plus facilement assimilables. Troisièmement, étant donné que le cycle économique peut être vu comme une déviation de l'économie par rapport à son sentier de croissance de long terme, il est plus naturel d'étudier ces déviations temporaires après avoir compris les équilibres de long terme. Finalement, la théorie macroéconomique du court terme ne fait pas autant consensus entre les économistes que celle du long terme. Pour toutes ces raisons, la plupart des cours de macroéconomie de niveaux supérieurs introduisent le long terme avant le court terme. Nous voulons offrir les mêmes avantages aux étudiants qui abordent la macroéconomie.

Revenons maintenant à la description plus détaillée du contenu des chapitres qui suivent.

Deuxième partie – Les données de la macroéconomie

Nous commençons l'étude de la macroéconomie par la mesure des données et des variables macroéconomiques. Au **chapitre 5**, **Le revenu d'un pays**, nous examinons le produit intérieur brut ainsi que d'autres mesures provenant des comptes nationaux. **Le chapitre 6**, **La mesure du coût de la vie**, aborde l'indice des prix à la consommation et son utilisation pour calculer l'inflation.

Troisième partie – L'économie réelle à long terme

Les trois chapitres de cette partie s'intéressent au comportement de l'économie réelle à long terme. **Le chapitre 7**, **La production et la croissance**, traite des facteurs qui causent d'importantes variations dans les niveaux de vie, à travers le temps et l'espace. **Le chapitre 8**, **L'épargne, l'investissement et le système financier**, présente les diverses institutions financières de l'économie et leurs rôles dans l'allocation des ressources. **Le chapitre 9**, **Le chômage et son taux naturel**, aborde la mesure du taux de chômage, ainsi que les déterminants du taux de chômage à long terme, dont la recherche d'emploi, le salaire minimum, la syndicalisation et les salaires d'efficience.

Quatrième partie – La monnaie et les prix à long terme

Après l'étude de l'économie réelle à long terme, nous nous tournons vers l'évolution de la monnaie et des prix à long terme. **Le chapitre 10**, **Le système monétaire**, montre comment l'économiste envisage la monnaie et comment la banque centrale contrôle la quantité de monnaie en circulation. **Le chapitre 11**, **La croissance monétaire et l'inflation**, expose la théorie classique de l'inflation et discute des coûts que celle-ci impose à la société.

Cinquième partie – Les principes macroéconomiques des économies ouvertes

Les deux chapitres de cette partie présentent la théorie macroéconomique de l'économie ouverte, en maintenant les hypothèses des prix flexibles et du plein emploi. **Le chapitre 12**, **Les principes macroéconomiques de base d'une économie ouverte**, explique la relation entre l'épargne, l'investissement et la balance commerciale. Il expose également la différence entre le taux de change réel et le taux de change nominal, ainsi que la théorie de la parité des pouvoirs d'achat. **Le chapitre 13**, **Une théorie macroéconomique de l'économie ouverte**, présente un modèle classique des flux de biens et de capitaux. Ce modèle permet d'éclairer certains thèmes, tels le rapport entre les déficits budgétaires et les déficits commerciaux ainsi que les effets macroéconomiques des politiques commerciales. Étant donné que les enseignants peuvent vouloir accorder une importance plus ou moins grande à ces notions, nous avons présenté ces chapitres de sorte qu'ils puissent être utilisés de différentes façons. Ainsi, on peut choisir de couvrir le chapitre 12, mais d'ignorer le chapitre 13. Il est aussi possible de sauter ces deux chapitres ou encore de reporter l'étude de l'économie ouverte à la fin du cours.

Sixième partie – Les fluctuations économiques à court terme

La théorie de l'économie à long terme ayant été présentée dans les chapitres 7 à 13, nous étudions ensuite les fluctuations économiques à court terme, soit les mouvements autour de la tendance à long terme. Cette organisation simplifie l'enseignement du court terme, car à ce stade, les étudiants ont normalement assimilé les concepts de base de la macroéconomie. **Le chapitre 14, L'offre et la demande agrégées**, présente d'abord quelques faits concernant le cycle économique ainsi que le modèle de l'offre et de la demande agrégées. **Le chapitre 15, Les impacts des politiques monétaire et budgétaire sur la demande agrégée**, explique comment les décideurs peuvent utiliser les outils à leur disposition pour déplacer la courbe de demande agrégée. On y distingue les cas d'une économie fermée et d'une petite économie ouverte. **Le chapitre 16, L'arbitrage à court terme entre l'inflation et le chômage**, explique pourquoi les décideurs, qui influent sur la demande agrégée, font face à un arbitrage entre l'inflation et le chômage. Nous examinons pourquoi cet arbitrage existe à court terme, pourquoi il change au fil du temps et pourquoi il n'existe plus à long terme.

Septième partie – En dernière analyse

Le chapitre 17, Les outils de la finance, traite des notions importantes de la finance qui sont fondamentales en macroéconomie, soit le temps, le risque et la détermination des prix des actifs. **Le chapitre 18, Cinq controverses sur la politique macroéconomique**, aborde cinq débats importants concernant la politique macroéconomique.

Les outils d'apprentissage

L'objectif premier de ce livre est de donner aux étudiants les outils de base de la théorie économique qui leur permettront de mieux comprendre ce qui se passe autour d'eux. Dans cet esprit, nous avons eu recours aux outils d'apprentissage suivants.

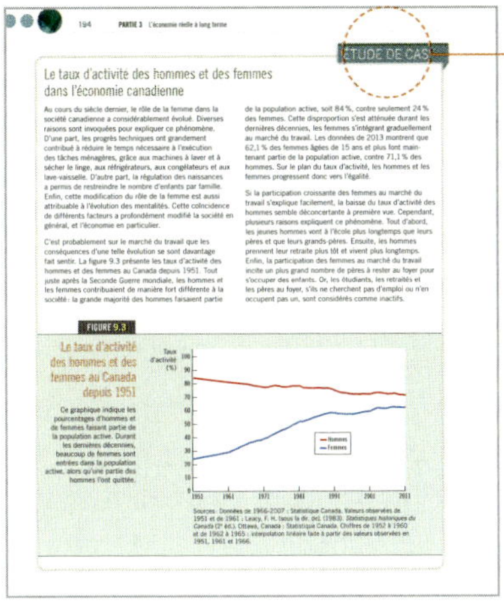

Étude de cas

La théorie économique n'a d'intérêt que si elle peut être appliquée. Dans chaque chapitre, des études de cas remplissent précisément cette mission : montrer la pertinence des concepts présentés.

Dans l'actualité

Dans la même veine, un choix d'articles de journaux récents illustrent une problématique ou un concept particuliers.

Bon à savoir

Ces petits encadrés offrent du matériel additionnel. Qu'il s'agisse de compléments théoriques ou d'un retour sur l'histoire de la pensée économique, ils offrent aux étudiants la possibilité d'élargir leur perspective sur l'économie.

Définition des concepts clés

Lorsqu'un concept clé est présenté, il est en couleur dans le corps du texte. De plus, sa définition est placée en marge du texte, ce qui en facilite le repérage.

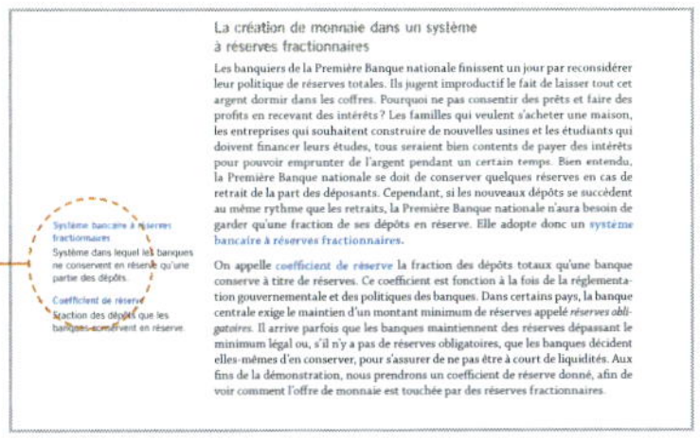

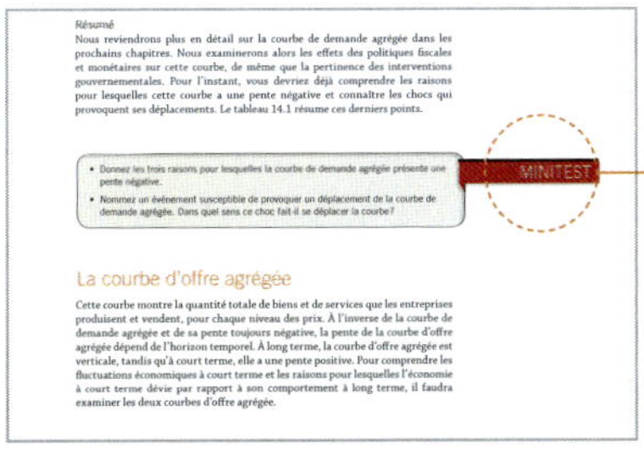

Minitest

À la fin de chaque section importante, un minitest est proposé aux étudiants. Puisque l'objectif consiste à vérifier leur compréhension de la matière, les étudiants incapables de répondre rapidement à ces questions devraient reprendre la lecture de la section qui s'y rapporte.

Résumé

Chaque chapitre se termine par un résumé de la matière, qui permettra aux étudiants de revoir les idées les plus importantes.

Concepts clés

À la fin de chaque chapitre se trouve une liste des concepts clés. La page de référence est indiquée pour permettre un repérage facile des concepts dans le livre.

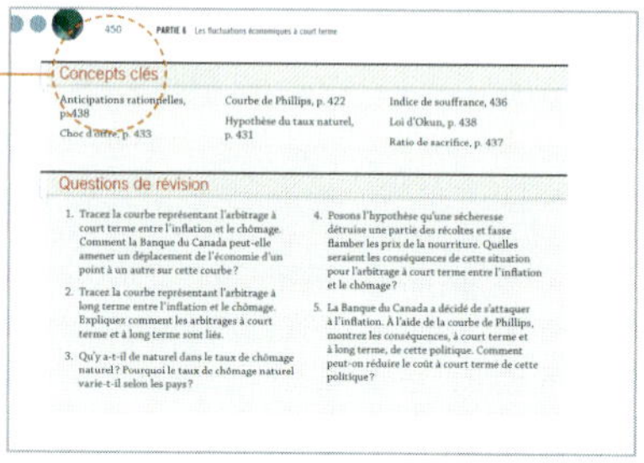

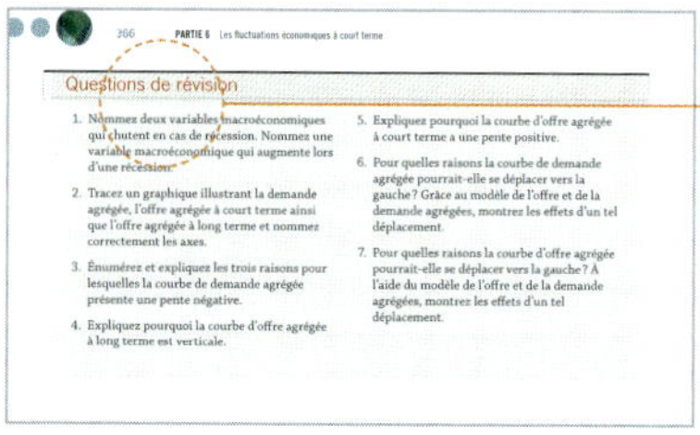

Questions de révision

Afin de donner aux étudiants une vision d'ensemble de la matière présentée, le chapitre se termine par quelques questions de révision.

En complément

Les étudiants pourront se procurer *Principes de macroéconomie, 2e édition — Guide de l'étudiant*. Cet outil leur permettra de vérifier leur bonne compréhension des différents concepts afin de s'assurer le meilleur succès possible. Chaque chapitre du guide correspond à un chapitre du manuel et comprend un aperçu du chapitre, des exercices d'autorévision et leurs solutions. Ainsi, les étudiants pourront confirmer les notions bien acquises et repérer celles moins bien comprises, qui pourront alors faire l'objet d'une étude plus poussée.

Table des matières

Introduction

1
PARTIE

PIB

1

CHAPITRE

Dix principes d'économie

Le terme *économie* vient des mots grecs *oikos*, qui signifie « maison », et *nomos*, qui signifie « administrer ». Au sens propre, l'économie est donc l'administration de la maison. À première vue, cela peut sembler étrange, mais en réalité, l'économie et la gestion d'une famille se ressemblent à bien des égards.

Un ménage doit faire de nombreux choix. Il doit déterminer les tâches qui seront effectuées par ses membres et définir ce que chacun d'eux en retirera. Par exemple, qui préparera le souper ? Qui fera la lessive ? Qui reprendra du dessert ? Qui choisira l'émission de télévision ? En somme, la famille doit répartir les ressources rares entre ses membres selon les capacités, les efforts et les désirs de chacun.

À l'instar d'un ménage, une société doit faire des choix. Elle doit décider des tâches à réaliser tout comme de leur distribution. Certains devront produire de la nourriture, d'autres, fabriquer des vêtements, et d'autres encore, concevoir des logiciels. Après avoir affecté la main-d'œuvre (de même que les terres, les bâtiments et les machines) à ces différents métiers, la société doit allouer les biens et les services ainsi produits. Elle doit décider qui mangera du caviar et qui mangera des pommes de terre, qui conduira une Ferrari et qui prendra l'autobus.

Rareté
Caractère limité des ressources dont dispose la société pour satisfaire les besoins de ses membres.

La rareté des ressources rend leur allocation essentielle. Cette **rareté** met en lumière le caractère limité des ressources dont dispose la société, celle-ci ne pouvant produire la totalité des biens et des services dont la population a besoin. Tout comme une famille ne peut offrir à ses membres tout ce qu'ils veulent, une société ne peut répondre à tous les désirs de chacun de ses membres.

Économie
Étude de l'utilisation de ressources rares pour satisfaire des besoins illimités.

L'**économie** consiste à étudier comment la société alloue ses ressources rares. Dans la plupart des cas, les ressources ne sont pas allouées par un seul planificateur central, mais plutôt par les activités combinées de millions de ménages et de firmes. Les économistes étudient ce qui motive les décisions des individus : leur volonté de travailler, leurs habitudes d'achat, d'épargne et d'investissement. Ils observent également les interactions des individus et se penchent sur les façons dont les millions d'acheteurs et de vendeurs d'un bien en fixent ensemble le prix de vente et la quantité vendue. Enfin, les économistes analysent les forces et les tendances de l'économie générale, notamment l'augmentation du revenu moyen, la proportion de la population qui ne trouve pas d'emploi et le rythme d'augmentation des prix.

La science économique comporte certes de multiples facettes, mais son champ est unifié par plusieurs principes fondamentaux. Dans ce chapitre, nous étudierons **dix principes d'économie.** Ces principes, qui reviennent tout au long de l'ouvrage, sont présentés ici pour donner une vision globale de ce qu'est l'économie. Ce chapitre offre donc un aperçu des chapitres suivants.

Comment les gens prennent-ils leurs décisions ?

La nature de l'économie n'a rien de mystérieux. Que l'on parle de l'économie de Montréal, de celle du Canada ou de l'économie mondiale, on ne fait référence à rien d'autre qu'à un groupe d'individus interagissant au quotidien. Le comportement de l'économie ne fait que refléter le comportement des individus qui en font partie. L'étude de l'économie commence donc par les quatre principes ayant trait à la prise de décisions individuelles.

Le principe n° 1 : les gens sont soumis à des arbitrages

On n'a rien pour rien. Cet adage résume bien la première notion relative à la prise de décisions. Pour obtenir ce que nous voulons, nous devons habituellement renoncer à autre chose qui nous tient à cœur. Prendre une décision, c'est faire un arbitrage entre un objectif et un autre.

Prenons le cas d'une étudiante qui décide de l'allocation de sa ressource la plus précieuse : son temps. Elle peut consacrer tout son temps soit à l'étude de l'économie, soit à l'étude de la psychologie, ou encore le répartir entre ces deux matières. Pour chaque heure passée à étudier un sujet, elle renonce à une heure consacrée à l'autre. Et chaque heure d'étude est une heure de moins pour faire la sieste, se promener à bicyclette, regarder la télévision ou travailler à temps partiel.

Examinons maintenant le cas de parents aux prises avec les difficultés de la gestion du revenu familial. Ces derniers peuvent acheter de la nourriture, se procurer des vêtements ou se payer des vacances. Ils ont aussi la possibilité d'économiser une partie de leur revenu pour préparer leur retraite ou pour financer les études universitaires de leurs enfants. Lorsqu'ils décident de dépenser un dollar supplémentaire pour un de ces biens, ils en ont un de moins à consacrer aux autres.

À l'échelle de la société, les arbitrages revêtent d'autres formes. L'arbitrage le plus classique est celui des canons ou du pain. Plus on affecte de ressources à la défense nationale pour protéger le pays contre une éventuelle agression (les canons), moins il en reste pour améliorer le niveau de vie de la population par les biens de consommation (le pain). Un autre arbitrage important de la société contemporaine oppose un environnement propre à un niveau de revenu élevé. En effet, certaines législations exigent des firmes qu'elles réduisent la pollution, ce qui se répercute sur leurs coûts de production. La hausse de ces coûts influe à son tour sur les bénéfices, entraîne une diminution des salaires, provoque une augmentation des prix ou les trois à la fois. Les lois sur la pollution offrent l'avantage de protéger l'environnement et la santé, mais elles entraînent du même coup une baisse du revenu des entreprises, des travailleurs et des consommateurs.

La société doit aussi choisir entre l'efficience et l'équité. L'**efficience** signifie que la société profite au maximum de ses ressources rares. L'**équité** concerne la juste répartition des bénéfices de ces ressources entre tous les membres. En d'autres termes, l'efficience concerne la taille du gâteau, tandis que l'équité renvoie à la manière dont on le partage. Lors de l'élaboration des politiques publiques, ces deux objectifs entrent souvent en conflit.

Efficience
Capacité de la société à tirer le maximum de ses ressources rares.

Équité
Capacité de répartir de façon juste la richesse entre l'ensemble des agents.

Considérons l'exemple des politiques visant une distribution plus égale du revenu. Certaines de ces politiques, comme les prestations d'aide sociale ou d'assurance emploi, tentent d'aider les plus démunis de la société. D'autres, comme l'impôt progressif sur le revenu des particuliers, réclament des mieux nantis une contribution plus grande que celle des autres membres de la société. Si ces politiques ont le mérite d'assurer une plus grande équité, elles ont en revanche un coût sur le plan de l'efficience. En effet, en augmentant le fardeau fiscal de certains contribuables, la redistribution des revenus réduit la rémunération du travail, ce qui incite ces personnes à travailler moins et, par conséquent, à produire moins de biens et de services. Autrement dit, lorsque le gouvernement essaie de partager le gâteau économique en parts plus égales, ce gâteau devient plus petit.

Le fait de savoir que les gens sont soumis à des arbitrages ne nous dit pas quelles décisions ils devraient prendre. L'étudiante n'abandonnera pas nécessairement l'étude de la psychologie pour avoir plus de temps à consacrer à l'économie. La société ne doit pas renoncer à protéger l'environnement uniquement parce que les lois environnementales risquent d'entraîner une baisse de notre niveau de vie. Il ne faut pas abandonner les plus démunis sous prétexte que cette aide modifie les incitatifs au travail. Néanmoins, il importe de prendre conscience de ces arbitrages, car on ne peut prendre de bonnes décisions sans comprendre toutes les options existantes.

Le principe nº 2 : le coût d'un bien est ce à quoi il faut renoncer pour l'obtenir

En raison des arbitrages auxquels les gens sont soumis, la prise de décisions implique de comparer les coûts et les bénéfices des diverses options possibles.

Dans la plupart des cas, le coût d'une action n'est pas aussi évident qu'il peut paraître.

La décision de poursuivre des études universitaires constitue un bon exemple. Le bénéfice réside dans l'enrichissement intellectuel et de meilleures possibilités de carrière, mais quel en est le coût ? Afin de répondre à cette question, on peut être tenté de faire l'addition des différents frais engagés : droits de scolarité, livres, hébergement et nourriture. Ce total ne représente pourtant pas le coût exact de ce à quoi il faut renoncer pour une année à l'université.

Ce calcul pose deux problèmes. Premièrement, certains éléments inclus dans cette addition ne correspondent pas aux véritables coûts liés aux études supérieures. En effet, même si l'on arrête d'étudier, on continue d'avoir besoin de se loger et de se nourrir. Ces frais d'hébergement et de nourriture ne pèsent donc dans la balance que s'ils excèdent ceux que l'on aurait payés en temps normal. Deuxièmement, on ne tient pas compte du coût le plus important des études universitaires, à savoir l'investissement en temps. Une année passée à assister aux cours, à lire des manuels et à rédiger des travaux, c'est une année de moins de vie professionnelle. Pour la majorité des étudiants, le principal coût des études universitaires correspond au salaire qu'ils n'auront pas gagné durant leurs études.

Coût de renonciation
Ce à quoi il faut renoncer pour obtenir quelque chose.

Le **coût de renonciation** d'un bien est ce à quoi il faut renoncer pour l'obtenir. Avant de prendre quelque décision que ce soit, comme dans l'exemple des études universitaires, il faut être conscient des coûts de renonciation associés à chaque action envisageable. Les athlètes qui ont l'occasion de gagner des millions en abandonnant leurs études universitaires pour devenir des sportifs professionnels savent parfaitement que le coût de renonciation associé à l'université est très élevé. Il n'y a par conséquent rien d'étonnant à ce qu'ils décident qu'un tel sacrifice n'en vaut pas la peine.

DANS L'ACTUALITÉ

Les Jeux olympiques, les files d'attente et le coût de renonciation

L'article ci-dessous illustre l'un des coûts de renonciation les plus importants — la valeur de votre temps — et le rôle que peuvent jouer les prix dans l'estimation de ce coût.

Rien n'est gratuit dans la vie, pas même un tour de tyrolienne

Don Cayo

Combien votre temps vaut-il vraiment ? Les longues files d'attente pour profiter des attractions olympiques sont une bonne façon de comprendre les ratios coûts-bénéfices.

Le COVAN mérite des éloges pour la quantité et la qualité des attractions gratuites que ses membres ont mis en place à Vancouver et à Whistler durant les Jeux olympiques. Les files d'attente qui caractérisent un grand nombre des attractions gratuites ne laissent aucun doute sur le plaisir qu'en tirent les résidants comme les touristes. Or, les files d'attente sous-entendent une réalité ironique : aussi curieux que cela puisse paraître, ces activités gratuites procureraient peut-être plus de valeur si nous devions payer pour en jouir.

▶

Si la chose vous semble insensée, je devine que vous n'accordez pas beaucoup de valeur à votre temps. Or, je suis sûr que ceux pour qui chaque heure compte — que ce soit parce que le temps, c'est de l'argent ou parce qu'ils souhaitent jouir pleinement du peu de loisirs dont ils disposent — savent exactement de quoi je parle. Si vous aviez dû payer, les files d'attente auraient presque certainement été plus courtes, soit parce que moins de gens auraient voulu participer ou parce que le fournisseur se serait senti tenu d'offrir un meilleur service. Dans cet esprit, le prix d'une entrée « gratuite » peut se traduire par plusieurs heures de votre emploi du temps. Les tours de tyrolienne offerts au-dessus de Robson Square constituent un bon exemple.

Le concept de tyrolienne en milieu urbain est bien pensé. Cette technique d'alpinisme offre une vue unique du centre-ville à son meilleur. Je l'essaierais sans hésiter si j'étais premier ministre. Or, je ne suis pas le premier ministre et je ne fais pas de tour de tyrolienne au-dessus de Robson Square. Pourquoi ? Parce que le premier ministre, contrairement à moi, n'a pas à faire la file. Quant à moi, je ne perdrai pas quatre heures — ou cinq ou six — à faire la queue pour quelques secondes de relative excitation. Bien sûr, nous n'évaluons pas tous les coûts-bénéfices selon les mêmes critères. C'est ce qui fait que certains sont disposés à faire la file une heure, mais pas deux, pour siroter une bière dans une boîte à la mode. D'autres patienteront aussi longtemps qu'il le faudra et d'autres encore choisiront simplement d'aller siroter une bière dans leur salon.

Le besoin d'équilibrer ses coûts en temps et en argent n'est évidemment pas une caractéristique exclusive aux Jeux olympiques. J'y ai pensé furieusement, par exemple, Noël dernier, lorsque j'ai emmené la famille de ma fille à Grouse Mountain pour profiter d'activités spéciales « gratuites » du temps des fêtes. Mon gendre a poireauté près de deux heures pour nous réserver ce qui allait s'avérer une très courte et très ordinaire promenade en traîneau. Nous avons tous convenu que nous aurions volontiers payé un tarif raisonnable pour avoir droit à une promenade plus agréable moyennant une attente plus courte.

Certaines entreprises — dont les marchés d'alimentation, les boîtes de nuit et les cafés achalandés — doivent tenir compte, dans leur plan d'affaires, de la tolérance de leur clientèle à l'égard des files d'attente. Je crois personnellement que les jeunes gens sont plus disposés à patienter. Ils semblent moins grincheux que ma génération et peut-être plus tolérants à l'idée de perdre du temps. Un collègue m'a cependant proposé une raison plus crédible. À l'époque où lui-même fréquentait les boîtes de nuit, la file d'attente à la porte faisait autant partie de l'expérience sociale que l'établissement : « Nous commencions à draguer les filles dans la file d'attente. Une fois à l'intérieur, la glace était déjà brisée et nous pouvions revenir à la charge facilement. » Si j'avais été jeune et célibataire, j'aurais donc peut-être fait la queue à Robson Square. Mais je ne suis ni l'un ni l'autre.

J'en ai parlé à un grand nombre de personnes de tous âges qui, étonnamment, semblaient toutes d'accord avec cette hypothèse. Pour elles comme pour moi, la principale attraction en marge des Jeux olympiques est de déambuler dans les rues du centre-ville. Nos pieds endoloris préfèrent marcher plutôt que poireauter, mais puisque les gens et l'atmosphère étaient à la fête, ma foi, je me suis bien amusé. Le prix était juste aussi. L'accès au site était gratuit et j'ai échappé à ce que les économistes appellent le *coût de renonciation* des files d'attente, c'est-à-dire le temps que j'aurais pu consacrer à faire autre chose. ■

Source : Cayo, Don. (23 février 2010). « There's no such thing as a free lunch, pavilion or zip line ». *The Vancouver Sun*, p. F3. (Traduction libre).

Le principe nº 3 : les gens rationnels raisonnent à la marge

Les économistes supposent généralement que les gens sont rationnels. Les **gens rationnels** tentent délibérément et systématiquement d'atteindre les objectifs qu'ils se fixent, en tenant compte des contraintes auxquelles ils font face. En étudiant l'économie, vous verrez des entreprises qui décident du nombre de travailleurs à embaucher et du volume de production à mettre sur le marché afin de maximiser leurs profits. Vous rencontrerez également des personnes qui tentent de maximiser leur satisfaction en tenant compte du nombre d'heures qu'ils doivent consacrer à travailler et du prix des biens que leur permettra d'acheter le salaire ainsi obtenu.

Gens rationnels
Personnes qui tentent délibérément et systématiquement d'atteindre les objectifs qu'elles se fixent, en tenant compte des contraintes auxquelles elles font face.

Cela dit, les décisions à prendre au cours de l'existence sont rarement aussi tranchées et comportent la plupart du temps bien des nuances. Lorsque vient le temps de souper, le choix qui s'offre à vous n'oppose pas l'option de manger comme un ogre à celle de jeûner complètement; il consiste plutôt à décider de reprendre ou non une cuillerée de purée de pommes de terre. Quand vient le temps des examens, vous n'avez pas à choisir entre étudier 24 heures sur 24 ou tout laisser tomber, mais plutôt à choisir entre passer encore une heure à étudier ou une heure à regarder la télévision. Les économistes emploient l'expression **changements marginaux** pour décrire les petits ajustements apportés à un plan d'action existant. Il faut garder à l'esprit que le mot *marge* signifie ici « écart », ces changements marginaux se limitant à de petits ajustements autour de l'action prévue.

Changements marginaux
Petits ajustements apportés à un plan d'action.

Les gens rationnels prennent leurs décisions en comparant le *bénéfice marginal* et le *coût marginal*. Prenons l'exemple d'une compagnie aérienne qui évalue la possibilité de faire payer les passagers en attente. Supposons que le vol transcanadien d'un avion de 200 places coûte 100 000 $. Le coût moyen de chaque siège sera de 100 000 $ divisés par 200 passagers, soit 500 $. Il est tentant de conclure que cette compagnie aérienne ne devrait jamais vendre un billet d'avion à moins de 500 $. Cependant, en réalité, cette compagnie peut voir ses profits augmenter en raisonnant à la marge. Imaginons que l'avion s'apprête à décoller avec 10 sièges vides et qu'un passager en attente est prêt à payer 300 $ pour monter à bord. La compagnie devrait-elle accepter? Absolument! S'il y a des places libres dans l'avion, le coût additionnel d'un passager supplémentaire est ridiculement petit. Même si le *coût moyen* du transport de chaque passager s'élève à 500 $, le *coût marginal* pour ce passager se limite, à peu de choses près, à un sac de friandises et à une canette de boisson gazeuse. Si ce passager en attente paye un tarif supérieur au coût marginal, la vente de ce billet est rentable.

Le raisonnement à la marge peut nous aider à rendre compte d'un phénomène qui a longtemps troublé les économistes. Pourquoi l'eau, qui est pourtant essentielle à la vie humaine, coûte-t-elle infiniment moins cher que les diamants, objets de convoitise parfaitement superflus? La réponse tient en ceci: la volonté de payer des gens repose sur le bénéfice marginal retiré de la consommation d'une unité additionnelle d'un bien, et ce bénéfice marginal dépend du nombre d'unités que la personne détient déjà. Le bénéfice marginal associé à un verre d'eau additionnel est très petit, car l'eau est très abondante. Par contre, la rareté des diamants fait en sorte que le bénéfice marginal associé à un diamant additionnel est très élevé.

Un décideur rationnel ne se lance dans une action qu'en sachant que le bénéfice marginal excède le coût marginal. La compagnie aérienne est parfaitement rationnelle en vendant son billet à un prix inférieur au coût moyen, et il est parfaitement rationnel d'offrir un diamant à l'être aimé, plutôt qu'un verre d'eau!

Le principe n° 4: les gens réagissent aux incitatifs

La perspective d'une récompense, ou d'une punition, amène les gens à modifier le cours de leurs actions. Un **incitatif** est justement ce qui conduit une personne à agir. Puisque les gens prennent leurs décisions en comparant les coûts et les bénéfices, leur comportement se modifie généralement en fonction de ceux-ci. Autrement dit, les gens réagissent aux incitatifs. Comme vous aurez l'occasion de vous en rendre compte, les incitatifs jouent un rôle fondamental en économie.

Incitatif
Ce qui conduit une personne à agir.

Par exemple, lorsque le prix des pommes monte, les gens en consomment moins et mangent plus de poires. Par ailleurs, les producteurs de pommes décident d'embaucher plus d'employés pour ramasser plus de pommes, car les bénéfices tirés de la vente des pommes s'accroissent avec l'augmentation du prix. En d'autres mots, un prix plus élevé incite les consommateurs à acheter moins et incite les producteurs à offrir davantage. Comme nous le verrons, l'influence qu'exercent les prix sur le comportement des consommateurs et des producteurs est centrale dans l'explication du rôle que jouent les marchés dans l'allocation des ressources.

Les pouvoirs publics ne devraient jamais négliger les incitatifs, car de nombreuses politiques changent les coûts et les bénéfices prévus, ce qui modifie les comportements. Ainsi, les taxes sur l'essence poussent les automobilistes à conduire de petites voitures moins énergivores. C'est probablement ce qui explique qu'en Europe, où les taxes sur l'essence sont très élevées, les gens conduisent de plus petites voitures qu'aux États-Unis, où les taxes sur l'essence sont plus faibles. Ces taxes encouragent également les gens à opter pour les transports en commun ou à résider plus près de leur lieu de travail. Si ces taxes devenaient suffisamment importantes, les conducteurs se tourneraient éventuellement vers les voitures électriques.

Mark Zuckerberg a bien compris les notions de coût de renonciation et d'incitatif. En 2002, il commençait des études en psychologie et en programmation par ordinateur à l'Université Harvard. En 2004, il lançait Facebook depuis sa chambre de résidence, puis abandonnait ses études pour se consacrer entièrement au développement de son entreprise. Nous connaissons la suite.

Lorsque les pouvoirs publics négligent de tenir compte des effets incitatifs de leurs politiques, ils provoquent parfois des conséquences non voulues. Prenons l'exemple de la réglementation ayant trait à la sécurité automobile. De nos jours, toutes les voitures disposent de ceintures de sécurité, mais ce n'était pas le cas il y a 50 ans. Dans les années 1960, un livre de Ralph Nader, *Unsafe at any speed*, a fait de la sécurité automobile une préoccupation d'ordre public. La réaction du gouvernement a été d'approuver une réglementation obligeant les fabricants à doter tous leurs nouveaux véhicules de ceintures de sécurité.

Quel a été l'effet de ces lois sur la sécurité routière? Leur effet direct paraît évident: lorsque les automobilistes bouclent leur ceinture, ils augmentent leurs chances de survivre à un accident grave. Toutefois, l'histoire ne se termine pas là. Pour bien comprendre les conséquences de cette loi, il faut aussi tenir compte du changement de comportement des individus causé par les incitatifs. Dans ce cas, l'élément pertinent concerne la vitesse et la prudence. Conduire lentement et prudemment coûte en effet assez cher en raison de la perte de temps et d'énergie du conducteur. Les individus rationnels, lorsqu'ils décident de conduire prudemment, comparent le bénéfice marginal de la conduite prudente avec son coût marginal. Ils ralentissent et font plus attention lorsque les bénéfices d'une conduite prudente sont élevés. C'est pourquoi ils conduisent plus lentement et plus prudemment sur une route enneigée que sur une chaussée sèche et dégagée.

Examinons maintenant comment une loi sur les ceintures de sécurité modifie le calcul des coûts et des bénéfices d'un conducteur. Les ceintures réduisent les risques de blessures et de décès; elles diminuent donc les coûts des accidents. En revanche, elles réduisent les bénéfices de la conduite lente et prudente. Les conducteurs réagissent aux ceintures de sécurité comme ils réagiraient à une amélioration des conditions routières: ils accélèrent et prennent des risques. Cette législation occasionne alors paradoxalement un nombre plus élevé d'accidents. De plus, une conduite imprudente entraîne des conséquences néfastes pour les piétons, puisque les risques d'être impliqués dans un accident augmentent sans être contrebalancés par la protection additionnelle qu'offre la ceinture de sécurité.

À première vue, cette analyse portant sur les incitatifs et les ceintures de sécurité peut sembler relever d'une simple conjecture. Pourtant, dans une étude réalisée en 1975, l'économiste Sam Peltzman a démontré que les lois sur la sécurité automobile avaient, pour la plupart, entraîné ce type de conséquences. Il a prouvé que ces législations provoquent à la fois moins d'accidents mortels, mais plus d'accidents tout court. En conclusion, le nombre de décès des conducteurs diminue, mais celui des piétons augmente.

L'analyse de Peltzman concernant la sécurité automobile démontre le principe général selon lequel les individus réagissent aux incitatifs. Dans l'analyse d'une politique, il faut considérer non seulement les effets directs, mais aussi les effets indirects et non voulus que provoque cette politique. Si une politique modifie les incitatifs, alors elle conduira les gens à changer de comportement.

MINITEST

- Décrivez un arbitrage important auquel vous avez été soumis récemment.
- Donnez un exemple dans lequel le coût de renonciation d'une action est à la fois pécuniaire et non pécuniaire.
- Décrivez un incitatif que vos parents vous ont offert dans le but d'influencer votre comportement.

Comment les individus interagissent-ils?

Les quatre premiers principes économiques présentés concernent la prise de décisions individuelles. Toutefois, dans la vie, bon nombre de nos décisions personnelles concernent également autrui. Les trois principes ci-dessous s'intéressent aux interactions des individus.

Le principe n° 5: les échanges améliorent le bien-être de tous

Vous avez probablement déjà entendu dire que les Américains sont nos concurrents économiques. D'une certaine manière, c'est exact, car les Canadiens et les Américains produisent souvent le même type de biens. Bombardier et Boeing rivalisent sur le marché des petits avions de ligne. Inniskillin et Gallo s'adressent aux mêmes consommateurs de vins.

Pourtant, il est facile de s'égarer lorsqu'on aborde la question de la concurrence internationale. Le commerce entre le Canada et les États-Unis n'est pas une compétition sportive où il y a un gagnant et un perdant. Les échanges commerciaux entre deux pays profitent à tout le monde.

Pour comprendre pourquoi, considérez l'impact des échanges sur votre famille. Lorsque l'un de vos proches cherche du travail, il fait concurrence aux membres des autres familles qui sont également à la recherche d'un emploi. Les familles entrent aussi en concurrence lorsqu'elles vont faire des courses, chacune cherchant à acheter les meilleurs articles au plus bas prix. En un sens, selon la perspective économique, les familles sont en concurrence les unes avec les autres.

Votre famille n'aurait cependant aucun avantage à s'isoler. Si tel était le cas, elle devrait produire elle-même ses aliments, confectionner ses vêtements et construire sa maison. Votre famille a donc beaucoup à gagner en échangeant avec les autres. Les échanges permettent à chaque personne de se spécialiser dans le domaine où elle excelle, qu'il s'agisse de l'agriculture, de la couture ou de la construction. Grâce à ces échanges, les gens peuvent se procurer une plus grande variété de produits et de services à un meilleur coût.

Tout comme les familles, les pays ont avantage à commercer les uns avec les autres. Ces échanges leur permettent de se spécialiser dans des domaines où ils excellent, tout en bénéficiant d'une plus grande variété de produits et de services. Les Américains, de même que les Français, les Chinois et les Brésiliens, sont donc à la fois nos partenaires et nos concurrents à l'échelle internationale.

Le principe n° 6 : les marchés représentent en général une bonne façon d'organiser l'activité économique

L'effondrement du système communiste dans l'ancienne Union soviétique et l'Europe de l'Est représente probablement l'événement le plus marquant de la fin du XXe siècle. Les pays communistes se fondaient sur la prémisse selon laquelle une planification centrale étatique constituait la meilleure manière d'organiser l'activité économique. Les planificateurs décidaient quoi produire, combien produire et qui devait produire et consommer. Cette planification centralisée reposait sur la théorie suivante : seule l'autorité gouvernementale est en mesure d'organiser l'activité économique pour assurer le bien-être de la nation.

À l'heure actuelle, la plupart des pays ont abandonné cette planification centralisée et ont tenté de mettre sur pied une **économie de marché.** Dans ce type d'économie, les décisions de millions d'entreprises et de ménages remplacent celles des planificateurs centraux. Les entreprises décident des travailleurs à embaucher ainsi que des biens et des services à produire. Les ménages choisissent l'entreprise où ils vont travailler et la manière de dépenser leurs revenus. Motivés par leur intérêt individuel et conduits par les prix, ces entreprises et ces ménages interagissent sur de nombreux marchés.

Économie de marché
Économie dans laquelle l'allocation des ressources repose sur les décisions des ménages et des firmes interagissant sur les marchés.

Le succès des économies de marché intrigue à première vue. Après tout, dans une économie de marché, personne ne se préoccupe du bien-être économique de la société dans son ensemble. Les millions d'acheteurs et de vendeurs de nombreux biens et services ne pensent qu'à leur propre intérêt. Pourtant, en dépit de cette prise de décisions décentralisée et de l'égoïsme des agents, les économies de marché ont été remarquablement efficaces dans l'organisation de l'activité économique et dans la promotion du bien-être économique général.

Dans son livre publié en 1776, *Recherches sur la nature et les causes de la richesse des nations,* Adam Smith a fait l'observation la plus célèbre de toute la science économique : les ménages et les entreprises interagissent sur les marchés comme s'ils étaient guidés par une main invisible qui les conduit, sans qu'ils en soient conscients, vers des solutions collectivement avantageuses. En étudiant l'économie, vous apprendrez que les prix sont l'instrument qui permet à cette main invisible de diriger l'activité économique. Sur un marché, les consommateurs regardent le prix pour savoir quelle quantité ils désirent acheter ; de même, les producteurs regardent le prix pour savoir quelle quantité ils désirent offrir. Ainsi, les prix reflètent à la fois la valeur qu'un bien représente pour la société et le coût que cette société doit supporter. Au bout du compte, ce sont les prix qui guident les décisions des acheteurs et des vendeurs de façon à obtenir des résultats qui, dans bien des cas, maximisent le bien-être de toute la société.

De cette remarquable capacité de la main invisible à guider l'économie découle un corollaire important : lorsque le gouvernement empêche les prix de fluctuer librement au gré de l'offre et de la demande, il empêche également la main invisible de coordonner les millions de ménages et d'entreprises qui composent l'économie. Voilà qui explique l'effet néfaste qu'ont les taxes sur l'allocation des ressources : elles modifient artificiellement les prix et, par conséquent, les décisions des ménages et des entreprises. Mais cette intervention publique cause un dommage encore plus important lorsqu'elle vise à contrôler directement les prix, comme c'est le cas de la réglementation des loyers. De là vient également l'échec du communisme, au sein duquel les prix n'étaient pas fixés par le marché, mais dictés par les organismes de planification. Ces organismes ne disposaient pas de l'information véhiculée par les prix dans un marché libre. Les planificateurs ont perdu la partie en essayant de diriger l'économie avec une main attachée dans le dos — la main invisible du marché.

BON À SAVOIR

Adam Smith et la main invisible

Ce n'est sans doute qu'une coïncidence si 1776 est l'année où Adam Smith fait paraître son traité d'économie, *Recherches sur la nature et les causes de la richesse des nations*, et où les révolutionnaires américains signent la Déclaration d'indépendance. Mais ces deux documents partagent un point de vue qui prévalait à l'époque : il est préférable de laisser les individus décider eux-mêmes, sans que le gouvernement intervienne cavalièrement dans leurs affaires. Cette philosophie politique constitue la base intellectuelle de l'économie de marché et de la société libre en général.

Adam Smith

Pour quelle raison les économies de marché décentralisées fonctionnent-elles si bien ? Parce qu'on peut compter sur les individus pour se traiter entre eux affectueusement et gentiment ? Pas du tout ! Voici comment Adam Smith décrit les interactions des intervenants dans une économie de marché :

> [...] l'homme a presque à tout moment besoin de l'assistance de ses frères, et il l'attendrait en vain de leur bienveillance seule ; il y parviendra plutôt s'il peut intéresser leur amour-propre en sa faveur, en leur montrant qu'il est de leur avantage de lui accorder ce qu'il demande. [...] Ce n'est pas de la bienveillance du boucher, du brasseur ou du boulanger, que nous attendons notre dîner, mais de leur attention à leurs propres intérêts.
>
> Chaque individu [...] n'a nulle intention de servir l'intérêt public, et il ne sait même pas jusqu'à quel point il peut être utile à la société. [...] Il ne pense qu'à son propre gain ; en cela, comme dans beaucoup d'autres cas, il est conduit par une main invisible à remplir une fin qui n'entre nullement dans ses intentions ; et ce n'est pas toujours ce qu'il y a de plus mal pour la société, que cette fin n'entre pour rien dans ses intentions. Tout en ne cherchant que son intérêt personnel, il travaille souvent d'une manière bien plus efficace pour l'intérêt de la société, que s'il avait réellement pour but d'y travailler.

Adam Smith soutient ainsi que ceux qui participent à l'économie sont motivés par leur propre intérêt et que la main invisible du marché guide cet intérêt vers la promotion du bien-être économique général.

Bon nombre des idées de Smith dominent aujourd'hui l'économie moderne. Dans les prochains chapitres, notre analyse permettra de préciser les conclusions de Smith et d'étudier en détail les forces et les faiblesses de la main invisible du marché.

Le principe n° 7 : le gouvernement peut parfois améliorer les solutions de marché

Si la main invisible est si formidable, pourquoi avons-nous besoin du gouvernement ? Paradoxalement, l'étude de l'économie vous permettra de raffiner votre point de vue sur le rôle du gouvernement et de ses politiques.

Nous avons besoin du gouvernement, ne serait-ce que pour établir les conditions et les institutions qui permettront à la main invisible de jouer pleinement son rôle. Tout d'abord, les marchés ne fonctionnent correctement que si les **droits de propriété** sont respectés. Un agriculteur ne fera jamais pousser du maïs dans son champ s'il s'attend à ce qu'on lui vole sa récolte ; un restaurateur ne servira aucun repas s'il s'attend à ce que ses clients partent sans payer ; une compagnie de disques ne lancera jamais un CD si elle s'attend à ce que les amateurs de musique en fassent des millions de copies illégales. Nous avons besoin du gouvernement pour établir et faire respecter les droits de propriété. Les lois, les tribunaux et la police jouent un rôle essentiel au bon fonctionnement d'une économie de marché.

Droits de propriété
Droits d'user, de jouir et de disposer d'une ressource rare dans les conditions fixées par la loi.

Cela dit, il existe une raison encore plus fondamentale qui milite en faveur du rôle de l'État. La main invisible peut faire bien des choses, mais elle n'est pas omnipotente. La règle selon laquelle les marchés constituent un excellent moyen d'organiser l'activité économique comporte quelques exceptions notables. L'intervention du gouvernement se justifie pour deux raisons principales : promouvoir l'efficience et assurer l'équité. Autrement dit, la plupart des politiques visent à faire augmenter la taille du gâteau ou à le diviser différemment.

Examinons d'abord la question de l'efficience. La main invisible conduit habituellement les marchés à allouer les ressources de manière à maximiser la taille du gâteau. Or, il arrive qu'elle ne parvienne pas à assumer son rôle. Les économistes emploient l'expression **défaillances du marché** pour caractériser ces situations où ce dernier ne parvient pas à résoudre lui-même l'allocation efficiente des ressources. Les externalités sont une cause possible de défaillance du marché. L'**externalité** résulte de l'effet des actions d'une personne sur le bien-être d'un tiers. L'exemple le plus classique d'externalité est probablement le phénomène de la pollution. Le **pouvoir de marché** représente une autre cause possible de défaillance du marché. Ce pouvoir représente la capacité d'un individu (ou d'un petit groupe d'individus) à avoir une influence démesurée sur les prix. Supposons que tous les habitants d'une ville aient besoin d'eau, mais qu'il n'y ait qu'un seul puits. Le propriétaire de ce puits dispose d'un fort pouvoir de marché — il a un monopole — sur la vente d'eau potable. Ce propriétaire échappe à la concurrence rigoureuse qui permet à la main invisible de promouvoir les intérêts de chacun. En présence d'externalités ou de pouvoir de marché, la mise en place de politiques publiques peut accroître l'efficience économique.

Défaillances du marché
Situations dans lesquelles le marché, livré à lui-même, ne parvient pas à allouer les ressources de manière efficiente.

Externalité
Effet du comportement d'un agent sur le bien-être d'un tiers.

Pouvoir de marché
Capacité d'un agent économique (ou d'un petit groupe d'agents) à avoir une influence démesurée sur les prix du marché.

Examinons maintenant la question de l'équité. Même lorsqu'elle est en mesure d'assurer l'efficience, la main invisible est incapable, par exemple, d'assurer une distribution plus égale de la richesse. L'économie de marché rétribue les individus selon leur capacité à produire des biens que les autres veulent acheter. Le meilleur joueur de hockey du monde gagne plus d'argent que le meilleur joueur d'échecs parce que le public accepte de payer beaucoup plus cher pour assister à un match de hockey qu'à un tournoi d'échecs. De plus, la main invisible ne garantit pas une nourriture suffisante, des vêtements convenables et des soins de santé appropriés pour tous. Nombre de politiques publiques, tels l'impôt sur le revenu et le système d'aide sociale, visent précisément une redistribution plus égale de la richesse.

Le fait d'affirmer que le gouvernement peut parfois améliorer les solutions de marché ne signifie pas que ce sera toujours le cas. Les décisions politiques ne sont pas prises par des saints; elles sont adoptées à la suite d'un processus politique imparfait. La mise en place de certaines politiques répond parfois uniquement à l'influence de puissants intérêts. D'autres fois encore, certaines décisions bien intentionnées ont été prises par des dirigeants mal informés. L'étude de l'économie a notamment pour objectif de vous permettre de juger si une politique gouvernementale se justifie ou non sur le plan de l'efficience ou celui de l'équité.

MINITEST

- Pourquoi un pays s'en tire-t-il mieux s'il ne s'isole pas des autres?
- Pourquoi les marchés existent-ils et, d'après les économistes, quel devrait y être le rôle du gouvernement?

Comment l'économie fonctionne-t-elle?

Après avoir vu comment les individus prennent leurs décisions et interagissent en composant ce que l'on nomme *l'économie*, nous verrons maintenant les trois derniers principes économiques s'appliquant à son fonctionnement général.

Le principe n° 8: le niveau de vie d'un pays dépend de sa capacité à produire des biens et des services

À l'échelle mondiale, il existe une disparité colossale entre les niveaux de vie des pays. En 2013, le revenu du Canadien moyen avoisinait 43 000 $. La même année, le revenu du Mexicain moyen n'était que de 10 000 $, tandis que celui du Rwandais moyen n'excédait pas 1 400 $. Il n'est guère surprenant de constater que de telles disparités ont une incidence sur la qualité de vie des habitants. Les citoyens des pays riches, comparativement à ceux des pays à faible revenu, possèdent plus de téléviseurs et de voitures, ont une meilleure alimentation, de meilleurs soins de santé et une espérance de vie supérieure.

L'évolution de ces niveaux de vie au fil du temps est également importante. Au Canada, dans les dernières décennies, les revenus réels ont augmenté d'environ 2 % par année (en tenant compte de l'augmentation du coût de la vie). À ce rythme, le revenu double tous les 35 ans. Au cours du dernier siècle, le revenu moyen des Canadiens s'est multiplié par huit.

Productivité
Quantité de biens et de services produits par travailleur ou par heure travaillée.

Comment expliquer ces écarts énormes entre les pays? La réponse est étonnamment simple. Cet accroissement des niveaux de vie dépend essentiellement des différences de **productivité** entre les pays — c'est-à-dire de la quantité de biens et de services produits par heure travaillée. Dans les pays où les travailleurs produisent une grande quantité de biens et de services par unité de temps, la majorité des citoyens jouit d'un niveau de vie élevé; dans les pays où les travailleurs sont moins productifs, la majorité des gens ne peut compter que sur de maigres moyens de subsistance. De la même manière, le taux de croissance de la productivité influe directement sur le taux de croissance du revenu moyen.

Bien qu'elle semble couler de source, la relation fondamentale entre la productivité et le niveau de vie a des implications considérables. Si la productivité constitue le facteur déterminant du niveau de vie, les autres facteurs ne revêtent dès lors qu'une importance relative. Ainsi, il peut être tentant d'attribuer aux syndicats ou à la législation sur le salaire minimum l'augmentation du niveau de vie des travailleurs canadiens au cours du dernier siècle. En réalité, le véritable responsable est la hausse de productivité des travailleurs. Certains analystes ont attribué le ralentissement de la croissance des revenus des Canadiens au cours des 35 dernières années à la concurrence accrue avec les autres pays. En fait, au lieu d'incriminer la bonne performance des autres pays, il faudrait plutôt dénoncer la faible croissance de la productivité canadienne.

Cette relation entre la productivité et le niveau de vie a également des implications importantes sur le plan des politiques économiques. Afin de saisir les conséquences des interventions politiques sur notre niveau de vie, il faut évaluer leurs effets sur notre capacité à produire des biens et des services. Ainsi, pour améliorer le niveau de vie en augmentant la productivité, les décideurs doivent s'assurer que les travailleurs ont une formation suffisante et pertinente. Ils doivent aussi avoir accès à la meilleure technologie et aux outils nécessaires à la production des biens et des services.

DANS L'ACTUALITÉ

L'importance d'étudier l'économie

Dans l'extrait ci-dessous, tiré d'un discours prononcé à une cérémonie de collation des grades, l'ancien président de la Federal Reserve Bank de Dallas présente des arguments pour inciter les jeunes à faire des études en économie.

Une science ennuyeuse, l'économie ? Pas du tout !

Robert D. McTeer, Jr

Voici comment je vois les choses : les connaissances acquises grâce à une formation en économie prennent de la valeur au fur et à mesure qu'on progresse dans sa carrière. Une majeure en économie est ce qu'il faut à tout président-directeur général d'entreprise, membre du Congrès ou président des États-Unis. Une telle formation permet de développer une façon systématique et disciplinée de penser, ce qui ne manquera pas de se révéler utile. Par contre, les personnes qui ignorent tout de cette science restent souvent perplexes : comment les économies peuvent-elles mieux fonctionner lorsqu'il y a moins de gens qui les dirigent ? Qui s'occupe de la planification ? Qui prend les décisions ? Qui détermine ce qui est produit ?

À mon avis, le concept le plus important que vous ayez appris en économie est celui d'Adam Smith : la main invisible. Vous comprenez que chacun peut travailler dans son intérêt personnel tout en produisant un résultat social désirable. Vous savez que le marché coordonne les activités afin d'augmenter la richesse des pays. Vous êtes conscient de la magie des marchés et des dangers qui peuvent s'ensuivre si l'on interfère trop avec eux. Vous saisissiez mieux la première leçon reçue à la maternelle : on ne tue pas ni ne blesse la poule aux œufs d'or. [...]

Une formation en économie aide à comprendre les idées fausses et les conséquences non voulues. En fait, je définirais l'économie comme étant l'étude qui vise

▶

à anticiper les conséquences non voulues. […]

Rien, dans la littérature scientifique, ne s'apparente de façon aussi pertinente aux débats actuels sur l'économie que l'illusion du carreau cassé. Chaque fois qu'on justifie un programme gouvernemental non pas sur ses mérites, mais sur le nombre d'emplois qu'il crée, pensez à l'histoire du carreau cassé. Des adolescents, rebelles comme ils peuvent l'être, lancent une brique dans la vitrine d'une boulangerie. Une foule se rassemble et s'exclame: Quel dommage! Puis, soudain, une voix s'empresse de suggérer un angle positif à la situation: le boulanger va devoir dépenser de l'argent pour faire réparer le carreau, mais le vitrier verra son revenu augmenter et il pourra dépenser davantage, ce qui, par le fait même, permettra à un autre vendeur d'améliorer son revenu, et ainsi de suite. Vous connaissez le principe. La chaîne des dépenses s'allonge, générant plus de revenus et de travail. Et qui sait? Si le carreau cassé avait été très grand, il aurait pu mener à un boum économique! […]

La plupart des électeurs se laissent berner par l'illusion du carreau cassé, mais pas les diplômés en économie. Ils objecteront: Hé, un instant! Si le boulanger n'avait pas été contraint de dépenser de l'argent pour faire réparer sa vitrine, il aurait pu se procurer le complet pour lequel il avait épargné. Le tailleur aurait obtenu un revenu qu'il aurait pu dépenser à son tour, et ainsi de suite. Le carreau cassé n'a pas généré de nouvelles dépenses nettes; il les a simplement canalisées ailleurs. En fait, le carreau cassé ne crée pas de nouvelles activités, mais plutôt des activités différentes. Les gens voient que des activités ont lieu, mais ils ne voient pas celles qui auraient eu lieu sans cet incident.

L'illusion du carreau cassé se perpétue sous plusieurs formes. Lorsque la création ou le maintien d'emplois est l'objectif principal, on tombe dans l'illusion du nombre d'emplois. Les diplômés en économie comprennent la réalité peu intuitive selon laquelle le véritable progrès émerge de la disparition d'emplois. À une époque, il fallait que 90 % de la population du pays cultive la nourriture que les Américains mangeaient. Aujourd'hui, cette proportion n'est que de 3 %. Alors, est-ce qu'on s'en tire moins bien à cause de tous ces emplois perdus dans le domaine de l'agriculture? Ceux qui étaient destinés à devenir des agriculteurs sont maintenant des professeurs d'université ou des gourous de l'informatique […].

Au lieu de dénombrer les emplois, on devrait plutôt faire en sorte que chaque emploi compte. Il est certain qu'on verra à l'occasion un repli du marché du travail si l'offre et la demande ne coïncident pas, mais cette situation est temporaire. De grâce, ne vous prenez pas pour des luddites — ces ouvriers anglais qui ont détruit de la machinerie à l'époque de la révolution industrielle —, ne devenez pas non plus un partisan du protectionnisme et, surtout, ne tentez pas de faire pousser des bananes sur l'île de Manhattan! ■

Source: McTeer, Robert D., Jr. (4 juin 2003). «The dismal science? Hardly!». *The Wall Street Journal.* (Traduction libre). Repéré à http://online.wsj.com

Le principe n° 9 : les prix montent lorsque le gouvernement émet trop de monnaie

En janvier 1921, un quotidien allemand coûtait 0,30 mark. Moins de deux ans plus tard, en novembre 1922, ce même journal coûtait 70 millions de marks, les autres prix ayant tous connu le même sort. Cet accroissement du niveau général des prix constitue l'un des épisodes inflationnistes les plus spectaculaires de l'histoire.

Inflation
Augmentation générale du niveau des prix.

Le Canada n'a jamais connu, même de loin, une **inflation** comparable à celle de l'Allemagne dans les années 1920, même si le problème de l'inflation s'est parfois posé. Durant la décennie des années 1970, l'inflation a atteint en moyenne 8 % par année et le niveau général des prix a plus que doublé. En revanche, depuis 20 ans, l'inflation ne dépasse pas 2 % par année. Avec un tel taux, il faudrait plus de 35 ans pour que les prix doublent. En raison des nombreux coûts liés à une inflation élevée, tous les responsables des politiques se préoccupent du maintien de l'inflation à des niveaux acceptables.

D'où vient l'inflation? Dans la majorité des cas d'inflation forte ou persistante, l'origine est la même: la création de monnaie. Lorsque l'État émet de grandes quantités de monnaie, la valeur de celle-ci s'effondre. Dans l'Allemagne des années

1920, les prix triplaient en moyenne tous les mois, de même que la quantité de billets imprimés. L'histoire économique du Canada, notoirement moins dramatique, conduit à la même conclusion. L'inflation élevée des années 1970 était liée à une croissance très rapide de la masse monétaire, alors que l'inflation réduite des 20 dernières années est associée au contrôle de cette même masse monétaire.

Le principe n° 10 : à court terme, la société est soumise à un arbitrage entre l'inflation et le chômage

Les économistes s'entendent pour dire qu'à long terme, l'émission de monnaie constitue la cause principale de l'inflation. Des désaccords surgissent toutefois au sujet des effets de l'émission de monnaie à court terme. L'analyse la plus couramment admise va comme suit :

- Augmenter la quantité de monnaie dans l'économie stimule la demande de biens et de services.
- Une augmentation de la demande peut éventuellement conduire les firmes à hausser leurs prix, mais à court terme, elle les encourage à accroître leur production et à embaucher plus de travailleurs.
- Cette augmentation de l'embauche provoque une diminution du taux de chômage.

Pareil raisonnement nous conduit tout naturellement au dixième principe économique : à court terme, la société est soumise à un arbitrage entre l'inflation et le chômage.

Bien qu'elle soit parfois controversée, cette proposition est tout de même largement acceptée par les économistes. Elle signifie que, sur une période d'une année ou deux, les politiques économiques poussent l'inflation et le chômage dans des directions opposées. Et les pouvoirs publics sont soumis à cet arbitrage, que l'inflation et le chômage soient élevés (comme dans les années 1970 et 1980) ou relativement modérés (comme dans les années 1990). Du reste, cet arbitrage joue un rôle important dans l'analyse du **cycle économique**, ces fluctuations irrégulières et largement imprévisibles de l'activité économique telle que mesurée par la production de biens et de services, et le niveau d'emploi.

Cycle économique
Fluctuations de l'activité économique.

Les pouvoirs publics peuvent tirer profit de cet arbitrage entre l'inflation et le chômage. En modifiant les dépenses gouvernementales, en changeant les divers impôts et taxes et en gérant la masse monétaire, nos gouvernements peuvent modifier le niveau d'inflation et le taux de chômage qui auront cours au sein de l'économie. Puisque ces outils de politique monétaire et budgétaire sont potentiellement puissants, il n'est pas étonnant que de nombreux débats portent sur leur utilisation.

L'exemple canadien le montre bien. En 2008 et 2009, l'économie canadienne, comme de nombreuses autres économies du monde, a connu un profond ralentissement. Les problèmes qui ont affligé le système financier ont eu des conséquences sur le reste de l'économie en tirant les revenus vers le bas et en faisant bondir le taux de chômage. Les responsables politiques ont réagi de diverses façons pour accroître la demande agrégée de biens et de services. Le gouvernement canadien a mis en place d'importantes mesures de stimulation qui ont accru les dépenses publiques, pendant que la Banque du Canada augmentait la masse monétaire. Ces politiques visaient à réduire le chômage, mais certains ont craint qu'elles finissent par entraîner une hausse du taux d'inflation.

MINITEST

- Énumérez et décrivez brièvement les trois principes liés au fonctionnement de l'économie.

BON À SAVOIR

Comment faire un bon usage de ce livre

L'économie est une discipline intéressante, mais certains efforts sont requis afin d'en tirer le plus grand profit. Tout au long de ce livre, nous avons essayé d'exposer le plus simplement possible les concepts économiques fondamentaux. Mais en tant qu'étudiant, vous avez également un rôle majeur à jouer. L'expérience montre que c'est en vous y engageant que vous bénéficierez le plus de cet enseignement. Voici quelques conseils à ce propos.

1. *Lisez le chapitre avant le cours.* Les étudiants qui lisent au préalable le chapitre du manuel qui sera traité en classe obtiennent de meilleurs résultats. Ils comprennent mieux le professeur et sont en mesure de formuler des questions qui touchent les aspects à éclaircir.

2. *Ne vous contentez pas de surligner le texte, faites-vous des résumés.* Faire glisser un marqueur jaune sur un texte est une activité beaucoup trop passive pour garder son esprit alerte. Lorsque vous avez terminé la lecture d'une section, prenez un moment pour résumer ce que vous venez de lire. Utilisez les marges de ce livre pour écrire quelques notes. Lorsque vous aurez terminé le chapitre, comparez vos résumés avec celui que nous proposons en fin de chapitre. Avez-vous été en mesure de faire ressortir l'essentiel ?

3. *Mettez-vous à l'épreuve.* Les minitests sont là pour vous aider. Utilisez-les ! Ils vous permettront d'évaluer votre compréhension de la matière. Si vous doutez de la justesse de votre réponse, c'est peut-être le signe qu'une relecture de la section s'impose.

4. *Exercez-vous, exercez-vous et exercez-vous encore.* Chaque chapitre se termine par des questions de révision. Répondez-y ! Plus vous mettrez vos connaissances à l'épreuve, plus vous les intégrerez solidement.

5. *Faites les exercices proposés par votre professeur.* Votre professeur est là pour vous aider à comprendre. Profitez au maximum de son expertise : faites les exercices qu'il vous suggère et n'hésitez pas à aller lui poser des questions pour des éclaircissements.

6. *Étudiez en groupe.* Lorsque vous aurez terminé la lecture d'un chapitre et que vous aurez fait les exercices, réunissez-vous avec des collègues de classe afin de discuter des connaissances nouvellement acquises. Vous verrez, on apprend beaucoup des autres.

7. *Expliquez ce que vous avez appris à d'autres personnes.* Comme tous les enseignants le savent, la meilleure façon d'approfondir une notion consiste à l'expliquer à d'autres. Enseignez de nouveaux concepts économiques à un camarade étudiant, à un ami, à un membre de votre famille, ou encore à votre animal de compagnie !

8. *Ne perdez pas la réalité de vue.* Dans le tourbillon des graphiques, des chiffres et des nouveaux concepts, il est facile d'oublier que l'économie sert à éclairer la réalité. Les multiples études de cas et les rubriques Dans l'actualité sont là pour vous le rappeler. Ne commettez pas l'erreur de les négliger. Elles permettent en effet de vous aider à faire le pont entre la théorie économique et la réalité de tous les jours. Si vous achevez votre cours d'économie avec succès, nous osons penser que vous serez désormais incapable de lire un journal sans y voir l'offre, la demande et les autres concepts économiques.

9. *Transposez les notions d'économie à votre vie de tous les jours.* Après avoir lu sur la façon dont d'autres appliquent ces notions à la réalité, essayez d'en faire autant ! Recourez à l'analyse économique pour mieux comprendre vos propres décisions, l'économie dans laquelle vous vivez et les événements qui font la manchette des journaux. Vous ne verrez sans doute plus jamais le monde comme avant.

Conclusion

Vous avez maintenant un aperçu de ce qu'est l'économie. Les prochains chapitres seront consacrés au développement du principe de la rationalité des agents, au fonctionnement des marchés ainsi qu'à celui des économies au sens large. La maîtrise de ces connaissances exige certains efforts, mais rien qui soit hors de votre portée. L'économie repose en fait sur quelques principes fondamentaux pouvant s'appliquer à une variété de situations.

Tout au long de cet ouvrage, nous nous référons aux **dix principes d'économie** résumés dans le tableau 1.1. Gardez-les en tête : même l'analyse économique la plus raffinée repose sur ces dix principes.

TABLEAU 1.1

Dix principes d'économie

LES MÉCANISMES DE LA PRISE DE DÉCISIONS		LES MÉCANISMES D'INTERACTION DES AGENTS		LES MÉCANISMES GÉNÉRAUX DE L'ÉCONOMIE	
Nº 1	Les gens sont soumis à des arbitrages.	Nº 5	Les échanges améliorent le bien-être de tous.	Nº 8	Le niveau de vie d'un pays dépend de sa capacité à produire des biens et des services.
Nº 2	Le coût d'un bien est ce à quoi il faut renoncer pour l'obtenir.	Nº 6	Les marchés représentent en général une bonne façon d'organiser l'activité économique.	Nº 9	Les prix montent lorsque le gouvernement émet trop de monnaie.
Nº 3	Les gens rationnels raisonnent à la marge.	Nº 7	Le gouvernement peut parfois améliorer les solutions de marché.	Nº 10	À court terme, la société est soumise à un arbitrage entre l'inflation et le chômage.
Nº 4	Les gens réagissent aux incitatifs.				

Résumé

- La prise de décisions individuelles présente les caractéristiques suivantes : les gens sont soumis à des arbitrages, le coût d'un bien est ce à quoi il faut renoncer pour l'obtenir, les personnes rationnelles prennent leurs décisions en fonction des bénéfices et des coûts marginaux et elles modifient leur comportement en fonction des incitatifs.
- Les mécanismes d'interaction des agents reposent sur trois idées essentielles : les échanges profitent à tous, les marchés représentent en général une bonne façon d'organiser l'activité économique et les gouvernements peuvent parfois améliorer les solutions du marché en cas de défaillances de celui-ci.
- Les mécanismes de l'économie nous enseignent que le niveau de vie dépend directement de la productivité, que la croissance de la masse monétaire est la cause première de l'inflation et que la société est soumise à court terme à un arbitrage entre l'inflation et le chômage.

Concepts clés

Changements marginaux, p. 8
Coût de renonciation, p. 6
Cycle économique, p. 17
Défaillances du marché, p. 13
Droits de propriété, p. 13
Économie, p. 4
Économie de marché, p. 11
Efficience, p. 5
Équité, p. 5
Externalité, p. 13
Gens rationnels, p. 7
Incitatif, p. 8
Inflation, p. 16
Pouvoir de marché, p. 13
Productivité, p. 14
Rareté, p. 4

Questions de révision

1. Citez trois exemples d'arbitrage auxquels vous devez faire face au cours de votre vie.
2. Quel est, pour vous, le coût de renonciation d'une séance de cinéma ?
3. L'eau est essentielle à la vie. Le bénéfice marginal d'un verre d'eau est-il important ou négligeable ?
4. Pourquoi les pouvoirs publics doivent-ils tenir compte des incitatifs ?
5. Pourquoi le commerce international n'est-il pas un jeu avec des gagnants et des perdants ?
6. Quel est le rôle de la main invisible dans le marché ?
7. Donnez les deux sources principales de défaillances du marché en illustrant chacune par un exemple.
8. Pourquoi la productivité est-elle importante ?
9. Qu'est-ce que l'inflation et quelle est son origine ?
10. Comment l'inflation et le chômage sont-ils reliés à court terme ?

Penser comme un économiste

2
CHAPITRE

Chaque discipline possède son propre langage et sa manière de penser. Les mathématiciens parlent d'axiomes, d'intégrales et d'espaces vectoriels. Les psychologues s'expriment en évoquant les notions du moi, du ça et de la dissonance cognitive, tandis que les avocats emploient les termes de juridiction, de délit civil et de commutation de peine.

Comme toutes ces disciplines, l'économie possède également son propre vocabulaire : offre, demande, avantage comparatif, élasticité, surplus du consommateur, fluctuations économiques, indice des prix à la consommation. Dans les chapitres suivants, vous vous familiariserez avec de nouveaux termes et avec des mots courants auxquels les économistes accordent une signification particulière. À première vue, ce nouveau vocabulaire peut vous sembler inutilement compliqué, mais vous constaterez rapidement qu'il vous permettra d'appréhender une nouvelle réalité.

Ce livre vise principalement à vous apprendre à penser comme un économiste. Bien sûr, cela prendra du temps. On ne devient pas économiste du jour au lendemain, pas plus qu'on devient mathématicien, psychologue ou avocat en un jour. Combinant à la fois la théorie, les études de cas et les coupures de presse, ce livre vous initiera à cette façon de voir la réalité et vous permettra d'en maîtriser les fondements.

Avant de plonger dans le vif du sujet, il est essentiel d'avoir une vue d'ensemble de la perception du monde propre aux économistes. Par conséquent, ce chapitre aborde la méthodologie inhérente à cette discipline. De quelle façon les économistes abordent-ils une question ? Qu'est-ce qui distingue leur vision du monde ?

L'économiste en tant que scientifique

Les économistes s'efforcent de traiter leur sujet avec l'objectivité propre aux scientifiques. Ils abordent l'étude de l'économie comme un physicien examine la matière ou comme un biologiste se penche sur l'étude de la vie. Ils élaborent des théories et recueillent des données qu'ils analysent afin de corroborer ou de réfuter ces théories.

« Oui, Laurent, je suis spécialiste en sciences sociales. Je suis incapable d'expliquer l'électricité ou les choses de ce genre, mais si tu veux en savoir plus sur les gens, je suis ton homme. »

De prime abord, le fait de considérer l'économie comme une science peut sembler déroutant. Après tout, les économistes ne manipulent ni éprouvettes ni télescopes. Toutefois, l'essence de la science ne se trouve-t-elle pas dans la *méthode scientifique* — la mise à l'épreuve objective des théories sur le fonctionnement du monde ? Cette méthode de recherche s'applique donc aussi bien aux phénomènes économiques qu'à la gravité ou à l'évolution des espèces. Comme le faisait remarquer Albert Einstein, la pensée scientifique n'est rien d'autre qu'une version plus pénétrante des idées de tous les jours.

Même si cette affirmation vaut autant pour les sciences sociales, telle l'économie, que pour les sciences naturelles, telle la physique, la plupart des gens n'ont pas l'habitude d'observer la société avec le détachement d'un scientifique. Pour commencer, voyons comment les économistes appliquent la méthode scientifique à l'observation des phénomènes économiques.

La méthode scientifique : l'observation, la théorie et le retour à l'observation

Selon ce qu'on raconte, Isaac Newton, le célèbre scientifique du XVIIe siècle, fut un jour intrigué par une pomme tombant d'un pommier. Cette observation l'amena à formuler la théorie de l'attraction gravitationnelle, laquelle s'applique non seulement à une pomme tombant sur la Terre, mais également à deux objets quelconques dans l'univers. Les expériences subséquentes ont démontré que la théorie de Newton s'appliquait dans de nombreuses circonstances (mais pas dans toutes, comme Einstein le fera remarquer plus tard). La physique newtonienne est parvenue à expliquer tellement de phénomènes qu'on l'enseigne encore aujourd'hui à tous les étudiants de premier cycle en physique, partout dans le monde.

Cette interaction entre la théorie et l'observation existe également en économie. Un économiste qui vit dans un pays où les prix montent en flèche voudra vraisemblablement élaborer une théorie de l'inflation. Il pourra soutenir que l'inflation survient lorsque le gouvernement émet trop de monnaie. Pour corroborer sa théorie, cet économiste recueillera et analysera les données concernant les prix et la masse monétaire dans de nombreux pays. Si l'augmentation de la masse monétaire n'est en aucun cas liée à une flambée des prix, il doutera de la validité de sa théorie sur l'inflation. Si, au contraire, les données internationales montrent une corrélation directe entre l'augmentation de la masse monétaire et l'augmentation des prix, comme cela est effectivement le cas, il aura confiance en la validité de sa théorie.

Même si, à l'instar des autres scientifiques, les économistes s'appuient sur la théorie et l'observation, ils se butent à un obstacle qui complique leur travail : la difficulté de réaliser des expériences. Les physiciens ont la possibilité de faire tomber des objets en laboratoire pour obtenir les données corroborant leurs théories de l'attraction gravitationnelle. Cependant, les économistes n'ont pas le droit de manipuler à leur gré la politique monétaire simplement pour obtenir des données utiles. Les économistes, tout comme, du reste, les astronomes et les spécialistes en biologie évolutionniste, se contentent donc des données qui sont à leur disposition.

Plutôt que de mener des expériences en laboratoire, les économistes examinent attentivement les données historiques. Lorsqu'une guerre au Moyen-Orient interrompt l'approvisionnement en pétrole, les prix du brut grimpent sur le marché mondial. Un tel événement fait chuter le niveau de vie des consommateurs de pétrole et de produits dérivés du pétrole, et les gouvernements se trouvent alors devant des choix difficiles. Les économistes, de leur côté, profitent de l'occasion pour étudier les effets de la hausse du prix de cette ressource naturelle sur l'économie mondiale. Tout au long de cet ouvrage, nous aurons recours à des exemples historiques. L'intérêt de ces exemples ne se limite pas à la compréhension des événements passés : ils permettent d'illustrer et d'évaluer les théories économiques actuelles.

Le rôle des postulats

Si vous demandez à une physicienne d'indiquer le temps qu'il faut à une bille pour tomber du dixième étage d'un édifice, elle vous répondra en supposant que la bille tombe dans le vide sans aucune résistance. À l'évidence, cette supposition est fausse. Dans la réalité, l'immeuble est entouré d'air, lequel exerce une friction sur la bille et la ralentit dans sa chute. Néanmoins, la physicienne fera remarquer qu'une friction aussi faible a un effet pratiquement négligeable. Le fait de postuler que la bille effectue sa chute dans le vide simplifie considérablement le problème sans pour autant en fausser le résultat.

Les économistes se servent des postulats pour la même raison : ceux-ci leur permettent de simplifier la réalité afin de la comprendre. Dans le cas d'une étude sur le commerce international, par exemple, ils supposent que le monde est composé de deux pays et que chacun d'eux produit uniquement deux biens. Dans les faits, il existe des dizaines de pays produisant chacun des milliers de biens. En se limitant à deux pays et à deux biens, ils peuvent mieux se concentrer sur le cœur du problème. Après avoir compris le commerce international dans ce monde imaginaire, ils sont en mesure de mieux le concevoir dans le monde complexe où nous vivons.

L'art de la pensée scientifique — qu'elle concerne la physique, la biologie ou l'économie — réside dans l'élaboration de postulats. Supposons que nous fassions tomber un ballon de plage du toit de l'immeuble, au lieu d'une bille. Notre physicienne devra remettre en cause le postulat de l'absence de friction, car l'air exerce une plus grande friction sur un ballon de plage que sur une bille. Dès lors, le postulat du vide, admissible dans le cas de la bille, ne s'applique plus au ballon de plage.

De la même manière, les économistes recourent à différents postulats en fonction des questions traitées. Imaginons que nous voulons connaître le comportement de l'économie lorsque le gouvernement modifie la quantité de monnaie en circulation. L'un des éléments importants de cette analyse concerne l'évolution des prix. Certains ne changent que rarement; c'est le cas du prix des magazines vendus en kiosque, qui varie seulement tous les deux ou trois ans. Conscients de cette réalité, nous formulerons, dans notre étude sur les conséquences des politiques, des postulats différents en fonction des divers horizons temporels considérés. Nous supposerons ainsi que les effets de la politique seront négligeables à court terme. Nous pourrons même en arriver à formuler la supposition extrême et artificielle selon laquelle les prix restent totalement rigides à court terme. À l'inverse, afin d'examiner les effets à long terme, nous partirons du présupposé selon lequel les prix sont totalement flexibles. Tout comme la physicienne employait deux postulats distincts pour l'étude de la chute d'une bille ou d'un ballon de plage, les économistes partent de postulats différents lorsqu'ils étudient les effets à court et à long terme d'une modification de la masse monétaire sur les prix.

Les modèles économiques

À l'école secondaire, les enseignants de biologie montrent les rudiments de l'anatomie à l'aide de mannequins de plastique qui leur permettent de faire voir aux élèves la disposition des principaux organes du corps humain: le cœur, le foie, les reins, etc. Bien entendu, ces modèles ne représentent pas véritablement un corps humain et personne ne les confond avec la réalité. Il s'agit de répliques simplifiées, comportant très peu de détails. Néanmoins, malgré ce manque de réalisme — ou, en fait, grâce à lui —, l'étude de ces modèles simplifiés aide à comprendre la physiologie humaine.

Les modèles dont se servent les économistes pour expliquer la réalité sont des diagrammes et des équations qui remplacent en quelque sorte les mannequins de plastique. À l'instar des mannequins des enseignants de biologie, les modèles économiques sacrifient bien des détails afin de se concentrer sur l'essentiel. Au lieu de négliger certains muscles et capillaires, ils font abstraction de certaines caractéristiques de l'économie.

Lorsque nous examinerons les divers problèmes économiques dans cet ouvrage, nous emploierons des modèles fondés sur des postulats. Tout comme la physicienne considérait la friction de l'air comme négligeable dans l'analyse de la chute de la bille, les économistes présument que de nombreux détails n'ont pas de véritable pertinence dans l'étude du problème envisagé. Tous les modèles, qu'ils soient issus de la physique, de la biologie ou de l'économie, simplifient la réalité pour en faciliter la compréhension.

Un premier modèle : le diagramme des flux circulaires

La réalité économique englobe des millions de personnes se consacrant à une multitude d'activités : acheter, vendre, travailler, louer, produire, etc. Pour comprendre son fonctionnement, il nous faut trouver une façon de simplifier notre représentation de cette myriade d'activités. En d'autres termes, nous devons disposer d'un modèle expliquant de manière générale l'organisation de l'économie et les interactions des agents économiques.

La figure 2.1 fournit un modèle visuel de l'économie, appelé **diagramme des flux circulaires.** Ce modèle ne comporte que deux types d'agents : les ménages et les entreprises. Les entreprises produisent des biens et des services grâce aux intrants, tels que le travail, la terre, le capital (immeubles et machinerie). On appelle ces intrants *facteurs de production*. Les ménages détiennent les facteurs de production et consomment les biens et les services produits par les entreprises.

Diagramme des flux circulaires
Modèle illustrant les transactions économiques entre les ménages et les entreprises dans un circuit simplifié.

Les ménages et les entreprises interagissent sur deux types de marchés, à tour de rôle en tant qu'acheteurs et vendeurs : le *marché des biens et des services*, où les ménages acquièrent la production offerte par les entreprises ; le *marché des*

FIGURE 2.1

Le diagramme des flux circulaires

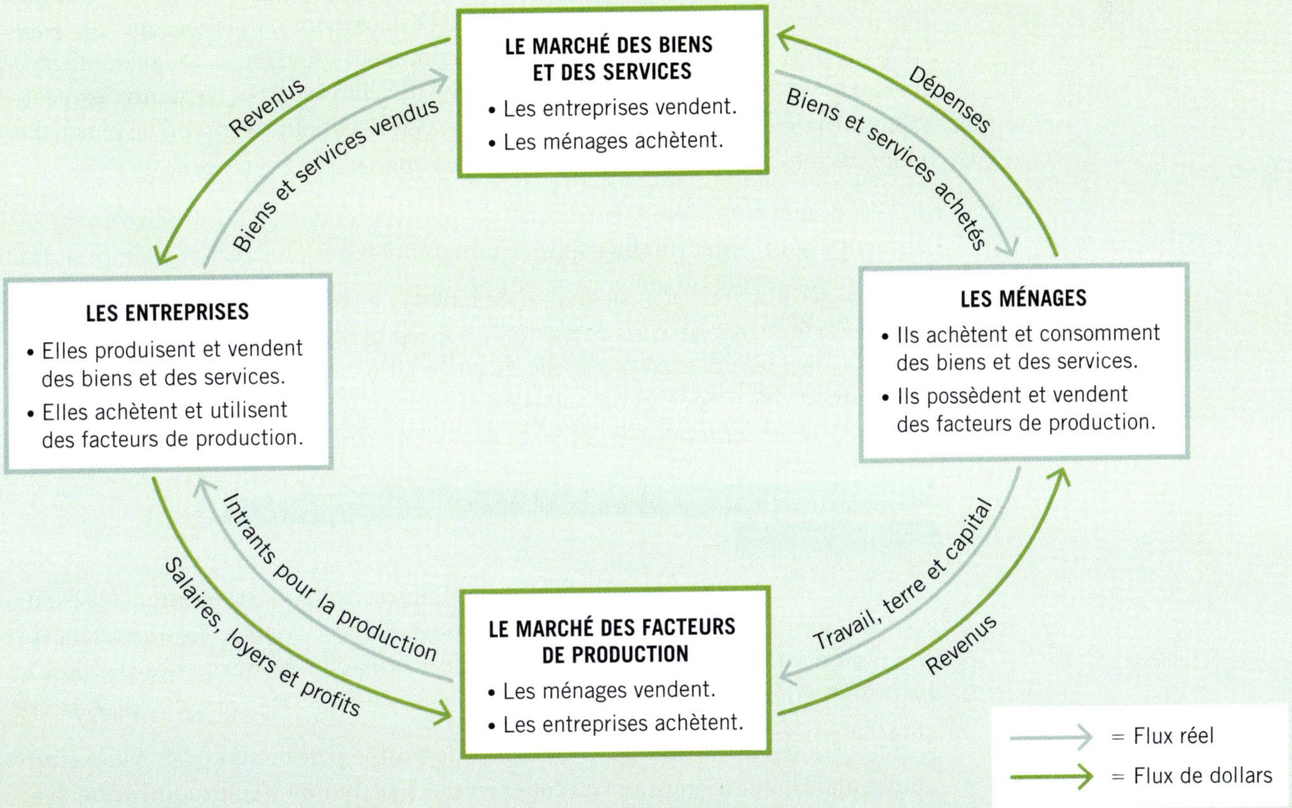

Ce diagramme représente schématiquement l'organisation de l'économie. Les ménages et les entreprises interviennent sur le marché des biens et des services (où les ménages sont les acheteurs et les entreprises sont les vendeurs) et sur le marché des facteurs de production (où les ménages sont les vendeurs et les entreprises sont les acheteurs). La boucle extérieure représente le flux de dollars, alors que la boucle intérieure représente le flux réel.

facteurs de production, où les ménages offrent aux entreprises les intrants afin de produire ces biens et ces services. Le diagramme des flux circulaires est une façon simple de représenter les transactions économiques entre les ménages et les entreprises.

Bien que distinctes, les deux boucles du diagramme sont reliées l'une à l'autre. La boucle intérieure représente le flux réel entre les ménages et les entreprises. Les ménages vendent leurs facteurs de production — travail, terre et capital — aux entreprises, qui les utilisent pour produire des biens et des services, lesquels sont ensuite vendus aux ménages sur le marché des biens et des services. La boucle extérieure de ce diagramme correspond au flux de dollars. Les ménages dépensent de l'argent pour acheter des biens et des services produits par les entreprises. Celles-ci consacrent ces revenus à l'acquisition de facteurs de production, comme les salaires des employés ; ce qui leur reste correspond au profit des propriétaires, lesquels font eux-mêmes partie des ménages.

Décrivons ce diagramme en suivant l'itinéraire que parcourt une pièce de un dollar circulant d'une personne à une autre dans l'économie. Prenons comme point de départ les ménages, le dollar se trouvant plus précisément dans votre porte-monnaie. Vous avez envie de prendre un café. Vous dépensez alors ce dollar sur le marché des biens et des services, au Tim Hortons du coin, pour consommer votre boisson favorite. Ce même dollar devient un revenu dans la caisse enregistreuse de cet établissement. Toutefois, il n'y demeure pas longtemps, car cette entreprise achète, avec ce même dollar, des intrants sur le marché des facteurs de production. Elle peut l'employer pour payer le loyer de l'espace commercial occupé ou encore les salaires des employés. Dans un cas comme dans l'autre, ce dollar réintègre le revenu d'un ménage et retourne encore une fois dans son porte-monnaie. À cette étape, l'histoire se répète et le flux circulaire de l'économie reprend de plus belle.

Le diagramme des flux circulaires de la figure 2.1 constitue un modèle simplifié de l'économie et ne s'embarrasse pas de détails qui, dans d'autres circonstances, seraient importants. Un diagramme plus complexe et plus réaliste comprendrait notamment le rôle du gouvernement et du commerce international (une partie du dollar pourrait servir à payer une taxe ou à acheter des grains de café du Brésil). Or, ces détails n'ont rien de crucial pour la compréhension de l'organisation économique. En raison de sa simplicité, ce diagramme est plus aisé à garder à l'esprit lorsqu'on réfléchit aux interactions des divers agents économiques.

Un deuxième modèle : la courbe des possibilités de production

À la différence du diagramme des flux circulaires, la plupart des modèles économiques mettent à profit les mathématiques. Afin d'illustrer certains concepts fondamentaux, examinons maintenant le modèle de la courbe des possibilités de production.

Courbe des possibilités de production (CPP)
Courbe qui indique les combinaisons de biens et de services qu'il est possible de produire avec les ressources et la technologie disponibles.

Dans la réalité, les économies produisent des milliers de biens et de services différents, mais, pour les besoins de cet exemple, l'économie n'en produira que deux : des ordinateurs et des automobiles, ces deux industries requérant la totalité des facteurs de production. La **courbe des possibilités de production (CPP)** illustre les différentes combinaisons de production accessibles (dans le cas présent, celle des automobiles et des ordinateurs), compte tenu des facteurs de production et de la technologie disponibles.

La figure 2.2 constitue un exemple de courbe des possibilités de production. Dans ce contexte économique, si toutes les ressources sont allouées à l'industrie automobile, on produit 1000 automobiles et aucun ordinateur. À l'inverse, lorsque toutes les ressources sont allouées à l'industrie informatique, on produit 3000 ordinateurs et aucune voiture. Les deux extrémités de la courbe des possibilités de production représentent ces situations. Si les ressources sont réparties entre les deux industries, la production pourrait être de 600 voitures et de 2200 ordinateurs, comme l'illustre le point A de la courbe. Ou encore, si nous déplaçons certaines ressources de l'industrie informatique vers l'industrie automobile, l'économie pourrait produire 700 voitures et 2000 ordinateurs, comme l'illustre le point B de la courbe.

En raison de la rareté des ressources, certaines combinaisons d'automobiles et d'ordinateurs ne sont pas accessibles. Quels que soient nos efforts d'allocation des ressources, l'économie est incapable de produire le nombre d'automobiles et d'ordinateurs que représente le point C. Étant donné la technologie disponible, l'économie ne dispose pas de ressources suffisamment nombreuses pour produire autant d'automobiles et d'ordinateurs à la fois. En d'autres termes, l'économie est en mesure de produire à n'importe quel point se situant sur la courbe des possibilités de production, ou à l'intérieur de celle-ci, mais elle est incapable de produire à un point se situant à l'extérieur de cette courbe.

On considère qu'une allocation est *efficace* si l'économie tire le maximum des ressources rares dont elle dispose. Les points situés sur la courbe (plutôt qu'à l'intérieur) correspondent aux niveaux de production efficaces. Lorsque l'économie se situe au point A, il est impossible de produire davantage d'un bien sans réduire la production de l'autre. Le point D représente quant à lui une allocation *inefficace*. Pour une raison quelconque, peut-être un chômage trop élevé, l'économie produit moins qu'elle le pourrait compte tenu de ses ressources : 300 voitures et

FIGURE 2.2

La courbe des possibilités de production

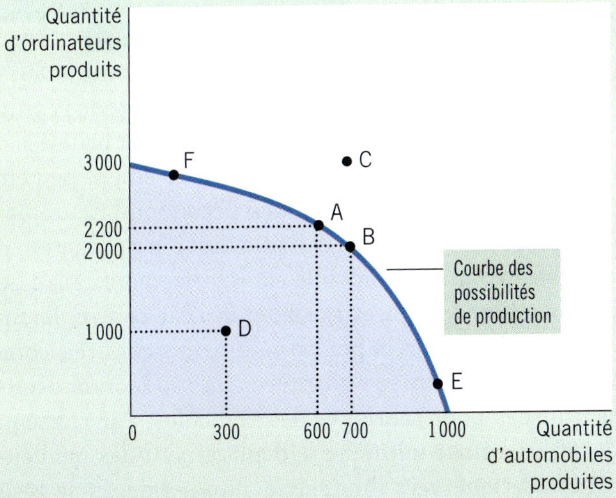

Cette courbe indique toutes les combinaisons de production — dans ce cas particulier, celles des automobiles et des ordinateurs — que l'économie est en mesure de produire. Ces combinaisons se situent sur la courbe ou à l'intérieur de celle-ci. Tout point à l'extérieur de la courbe est inaccessible, compte tenu des ressources disponibles.

1 000 ordinateurs. Si l'on éliminait la cause de cette inefficacité, la production pourrait passer de D à A, ce qui ferait augmenter ainsi simultanément la production de voitures (de 300 à 600) et d'ordinateurs (de 1 000 à 2 200).

Selon l'un des **dix principes d'économie** abordés dans le chapitre 1, les gens sont soumis à des arbitrages. La courbe des possibilités de production illustre l'un des arbitrages auxquels se heurte la société : lorsqu'une allocation est efficace, la seule façon d'augmenter la production d'un bien consiste à diminuer celle de l'autre. Par exemple, lorsque la production passe de A à B, la société produit 100 voitures de plus, mais elle doit réduire sa production d'ordinateurs de 200 unités.

Cet arbitrage nous permet de comprendre un autre des **dix principes d'économie** : le coût d'un bien est ce à quoi il faut renoncer pour l'obtenir. C'est ce qu'on appelle le *coût de renonciation*. La courbe des possibilités de production démontre que le coût de renonciation d'un bien se mesure par la quantité d'un autre bien. Ainsi, lorsque la société redistribue certains de ses facteurs de production de l'industrie informatique à l'industrie automobile, en faisant passer la production de A à B, elle renonce à 200 ordinateurs pour obtenir 100 voitures supplémentaires. Par conséquent, le coût de renonciation de 100 voitures correspond à 200 ordinateurs. Autrement dit, le coût de renonciation d'une voiture est de deux ordinateurs. Notez que le coût de renonciation d'une voiture est égal à la pente de la courbe des possibilités de production (si vous avez oublié ce qu'est une pente, rafraîchissez-vous la mémoire en consultant l'annexe de ce chapitre).

Cela dit, le coût de renonciation d'une voiture exprimé en nombre d'ordinateurs n'est pas constant. Il dépend du nombre d'automobiles et d'ordinateurs produits. La forme de la courbe des possibilités de production est révélatrice à cet égard : puisqu'elle est arquée, le coût de renonciation d'une voiture est plus élevé lorsque l'économie produit beaucoup de voitures et peu d'ordinateurs, comme c'est le cas au point E, là où la courbe présente une pente assez abrupte. Par contre, lorsque l'économie produit peu d'automobiles mais beaucoup d'ordinateurs, comme c'est le cas au point F, la courbe s'aplatit et le coût de renonciation d'une voiture est plus faible.

Les économistes s'entendent pour affirmer que la courbe des possibilités de production présente habituellement cette forme arquée. Lorsque l'économie utilise la majorité de ses ressources pour fabriquer des ordinateurs, comme c'est le cas au point F, les ressources les plus adaptées à la production d'automobiles, les travailleurs spécialisés de l'industrie automobile, sont utilisées pour fabriquer des ordinateurs. Puisque ces travailleurs sont probablement peu efficaces dans la production d'ordinateurs, on peut penser que l'économie n'aura pas à renoncer à beaucoup d'ordinateurs pour augmenter d'une unité la production d'automobiles. Le coût de renonciation d'une automobile est relativement faible et la courbe des possibilités de production est plutôt horizontale. Par contre, lorsque l'économie utilise la majorité de ses ressources pour produire des voitures, comme c'est le cas au point E, les ressources les mieux adaptées à la production d'automobiles sont déjà largement utilisées pour fabriquer des véhicules. Par conséquent, produire une automobile additionnelle nécessite le déplacement des meilleurs techniciens de l'industrie informatique vers l'industrie automobile. Et le résultat n'est pas surprenant : produire une voiture additionnelle nous force à renoncer à une quantité imposante d'ordinateurs. La courbe des possibilités de production devient alors plus verticale en raison de l'augmentation du coût de renonciation d'une voiture.

La courbe des possibilités de production illustre l'arbitrage que l'on doit faire entre la production de différents biens à un moment donné, mais cet arbitrage est susceptible d'évoluer dans le temps. Par exemple, supposons que les progrès technologiques de l'industrie informatique permettent d'augmenter le nombre d'ordinateurs qu'un travailleur peut produire chaque semaine. Cette avancée technologique élargit l'ensemble des possibilités de production. En effet, pour n'importe quel volume de véhicules produits (à part, bien sûr, 1 000), l'économie peut désormais produire plus d'ordinateurs. La courbe des possibilités de production se redressera alors, comme le montre la figure 2.3.

Cette figure illustre bien le phénomène de la croissance économique. Pour garder un niveau de production efficace, la société peut se déplacer d'un point sur l'ancienne courbe des possibilités de production à un point sur la nouvelle courbe. La nature précise de ce déplacement dépend bien sûr des préférences des citoyens. Dans notre exemple, la société passe du point A au point G et peut bénéficier de plus d'ordinateurs (2 300 au lieu de 2 200) et de plus d'automobiles (650 au lieu de 600).

La courbe des possibilités de production a le mérite de simplifier la réalité complexe de l'économie pour faire ressortir des concepts fondamentaux: la rareté, l'efficacité, l'arbitrage, les coûts de renonciation et la croissance économique. Vous retrouverez ces concepts sous de multiples formes tout au long de vos études en économie. La courbe des possibilités de production est une façon simple et épurée de les schématiser.

La microéconomie et la macroéconomie

L'étude d'un ensemble de phénomènes donnés s'effectue souvent sous différents angles. Prenons la biologie comme exemple. Les spécialistes de la biologie moléculaire étudient la composition chimique des êtres vivants. Ces biologistes se consacrent à l'étude des constituants moléculaires des cellules qui composent la structure des organismes vivants. Par ailleurs, ceux qui s'intéressent à la biologie évolutionniste étudient les nombreuses variétés de plantes et d'animaux ainsi que leur évolution au cours des siècles.

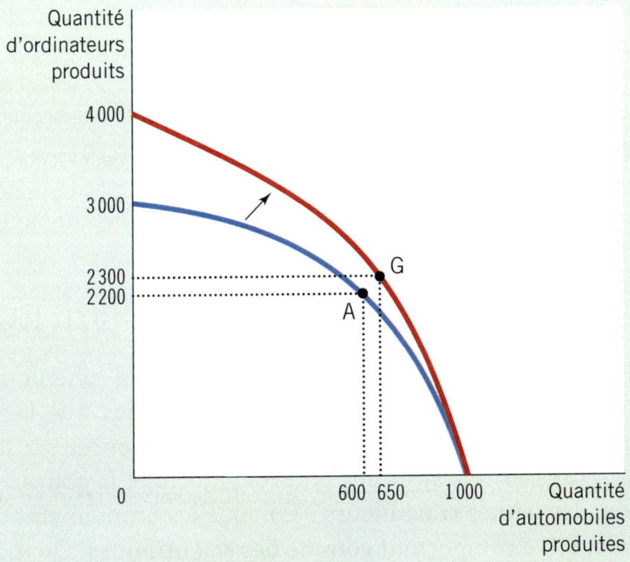

FIGURE 2.3

Le déplacement de la courbe des possibilités de production

Une augmentation de la productivité dans l'industrie informatique permet de produire plus d'ordinateurs pour tout niveau de production d'automobiles. Par conséquent, la courbe se déplace vers le haut. Si l'économie se déplace du point A au point G, alors la production d'ordinateurs et de voitures s'accroît.

L'économie comporte également plusieurs niveaux d'investigation. Nous pouvons scruter les décisions individuelles des ménages et des entreprises. Nous pouvons nous pencher sur les interactions des ménages et des entreprises sur certains marchés spécifiques. Nous pouvons également analyser le fonctionnement général de l'économie, lequel regroupe les actions de l'ensemble des agents sur l'ensemble des marchés.

Microéconomie
Étude de la prise de décisions des ménages et des entreprises ainsi que de leurs interactions sur les marchés.

Macroéconomie
Étude des phénomènes économiques globaux, notamment l'inflation, le chômage et la croissance économique.

La discipline économique se divise traditionnellement en deux grands domaines : la **microéconomie**, soit l'étude de la prise de décisions des ménages et des entreprises ainsi que de leurs interactions sur des marchés spécifiques, et la **macroéconomie**, soit l'étude des phénomènes économiques globaux. Une microéconomiste pourra analyser les effets de la réglementation des loyers sur le marché résidentiel de Montréal, les conséquences de la concurrence étrangère sur l'industrie automobile canadienne ou encore les effets de la fréquentation universitaire sur les salaires. Quant au macroéconomiste, il examinera les conséquences des emprunts du gouvernement fédéral sur les taux d'intérêt, l'évolution du taux de chômage ou les politiques visant à améliorer la croissance du niveau de vie.

La macroéconomie et la microéconomie sont étroitement liées. Comme les changements qui influent sur l'économie dans son ensemble relèvent, en dernière analyse, des décisions prises par des millions de personnes, il devient impossible de comprendre la macroéconomie sans prendre en considération les décisions microéconomiques. Prenons l'exemple d'une macroéconomiste cherchant à étudier l'effet qu'une diminution de l'impôt sur le revenu a sur la production globale de biens et de services. Pour analyser cette question, elle devra préalablement, dans une perspective microéconomique, examiner l'impact de cet allègement fiscal sur les décisions de consommation des ménages.

En dépit de leurs liens fort étroits, la microéconomie et la macroéconomie ont tout de même des champs d'études nettement délimités. Puisqu'elles s'intéressent à des phénomènes différents, elles ont recours à des modèles qui leur sont propres et elles sont souvent enseignées dans des cours séparés.

MINITEST

- Expliquez pourquoi l'économie est considérée comme une science.
- Tracez la courbe des possibilités de production d'une société ne produisant que de la nourriture et des vêtements. Indiquez une combinaison efficace, une combinaison inefficace et une combinaison inaccessible. Illustrez les effets d'une sécheresse.
- Donnez une définition de la microéconomie et une autre de la macroéconomie.

L'économiste en tant que conseiller politique

On demande souvent aux économistes d'expliquer les phénomènes économiques : pourquoi le chômage frappe-t-il plus les jeunes que les travailleurs âgés ? À d'autres moments, on leur demande de se prononcer sur les politiques à adopter pour redresser une situation : que devrait faire le gouvernement pour améliorer le sort des jeunes travailleurs ? Lorsque les économistes tentent d'expliquer le monde, ils se comportent comme des scientifiques. Quand ils essaient de l'améliorer, ils deviennent des conseillers politiques.

BON À SAVOIR

Il n'y a pas que les banquiers qui étudient l'économie

En tant qu'étudiant, vous vous demandez peut-être combien de cours d'économie vous devriez suivre et en quoi cette matière pourrait vous être utile dans la vie. De prime abord, l'économie peut sembler abstraite, mais elle est en fait plus concrète que vous le pensez, car les notions d'économie se révèlent utiles dans un vaste éventail de professions. De nombreuses personnes célèbres ont obtenu un diplôme universitaire dans cette matière, notamment Ted Turner, fondateur de CNN, l'homme d'affaires Donald Trump, l'ancien président américain George H. W. Bush, le premier ministre du Canada Stephen Harper, l'ancien premier ministre du Québec Jacques Parizeau, le chanteur Lionel Ritchie, l'actrice Cate Blanchett, Kofi Annan, ancien secrétaire général des Nations Unies, Arnold Schwarzenegger, acteur et ancien gouverneur de la Californie.

Quant à Mick Jagger, le fait qu'il ait étudié à la London School of Economics ne l'a pas aidé à mieux chanter, mais ses connaissances en économie lui ont certainement permis d'investir plus judicieusement les sommes considérables qu'il a gagnées pendant sa carrière.

Lorsqu'on leur a demandé pourquoi les Rolling Stones repartaient en tournée en 2005, l'ancien étudiant d'économie qu'est Mick Jagger a répondu : « L'offre et la demande ». Et Keith Richard de renchérir : « Si la demande est là, l'offre sera là ! »

L'analyse positive et l'analyse normative

Afin de circonscrire les deux rôles qu'un économiste est appelé à jouer, examinons un peu le vocabulaire utilisé. Puisque les scientifiques et les conseillers politiques poursuivent des objectifs différents, il n'est pas étonnant qu'ils emploient un vocabulaire distinct.

Prenons l'exemple de deux personnes en train de discuter de la législation relative au salaire minimum. Voici un extrait de leur dialogue.

JEAN-BENOÎT : La législation sur le salaire minimum est responsable d'une partie du chômage.

ANNE-MARIE : Le gouvernement devrait augmenter le salaire minimum.

Que vous soyez d'accord ou non avec ces déclarations, remarquez qu'Anne-Marie et Jean-Benoît n'ont pas du tout le même discours. Jean-Benoît s'exprime comme un scientifique : il tente d'expliquer le fonctionnement du monde. Anne-Marie parle comme une conseillère politique : elle suggère une manière de changer le monde.

Les énoncés sont généralement classés en deux catégories. Ainsi, en tentant de décrire la réalité telle qu'elle *est*, Jean-Benoît formule un **énoncé positif**. En revanche, en parlant de la réalité telle qu'elle *devrait être*, Anne-Marie formule un **énoncé normatif**.

Énoncé positif
Proposition par laquelle on essaie de décrire l'état du monde.

Énoncé normatif
Proposition par laquelle on essaie de déterminer ce que devrait être le monde.

La différence essentielle entre un énoncé positif et un énoncé normatif réside dans la manière dont nous les justifions. En principe, nous pouvons infirmer ou confirmer un énoncé positif en nous basant sur des observations. Un économiste pourra mettre à l'épreuve l'affirmation de Jean-Benoît en analysant les données relatives à l'évolution conjointe du salaire minimum et du taux de chômage. En revanche, la justification des énoncés normatifs fait appel à la fois à des faits et à des jugements de valeur. Il est impossible de justifier l'affirmation d'Anne-Marie sur la simple base des données empiriques. Décider du bien-fondé d'une politique dépasse le domaine scientifique et relève des positions de chacun en matière d'éthique, de philosophie politique, voire de religion.

Malgré qu'ils soient distincts, les énoncés positifs et les énoncés normatifs sont souvent entremêlés dans le tissu des valeurs d'un individu. La compréhension du fonctionnement du monde qu'a un individu influe sur ses propositions normatives concernant les politiques à adopter. S'il était vrai, comme l'énonce Jean-Benoît, que la loi sur le salaire minimum provoque du chômage, cela nous conduirait à rejeter les conclusions d'Anne-Marie visant à faire augmenter ce dernier. Un fait demeure toutefois : les énoncés normatifs ne peuvent pas découler uniquement d'une analyse positive. Ils s'appuient également sur des jugements de valeur.

Au cours de vos études en économie, gardez à l'esprit cette distinction entre un énoncé positif et un énoncé normatif. La science économique s'efforce d'expliquer le fonctionnement de l'économie (analyse positive). Or, certains utilisent la théorie économique afin de proposer des façons d'améliorer l'économie (analyse normative). Quand vous entendrez un économiste formuler des propositions normatives, vous saurez que, de scientifique qu'il était, il est devenu un conseiller politique.

Des économistes au gouvernement

Le président américain Harry Truman a déclaré un jour qu'il aimerait trouver un économiste n'ayant qu'un seul côté. Lorsqu'il interrogeait ses conseillers économiques, ceux-ci lui répondaient toujours : « D'un côté [...], mais de l'autre [...]. »

Truman avait parfaitement raison de remarquer que les conseils des économistes sont rarement simples. Cette tendance vient directement de l'un des **dix principes d'économie** : les gens sont soumis à des arbitrages. Les économistes sont conscients des arbitrages sur lesquels reposent de nombreuses décisions politiques. Une politique peut améliorer l'efficience au détriment de l'égalité ou bien elle peut profiter aux générations futures en portant préjudice à la génération actuelle. Si un économiste déclare que toutes les décisions en matière de politiques économiques n'ont rien de sorcier, il convient de s'en méfier.

Le gouvernement canadien, à l'instar des autres gouvernements, s'appuie sur les conseils des économistes. Ceux du ministère des Finances contribuent à l'élaboration de la politique budgétaire. Ceux du ministère de l'Industrie conçoivent les lois antitrust et contribuent à leur application. Ceux du ministère des Affaires étrangères et du Commerce international participent aux négociations des accords commerciaux avec les autres pays. Ceux du ministère des Ressources humaines analysent les données sur les travailleurs et les chercheurs d'emploi et élaborent les politiques relatives à la main-d'œuvre. Les économistes de Statistique Canada recueillent les données qu'analyseront ensuite ceux qui formuleront des recommandations politiques. Enfin, la Banque du Canada, l'organisme responsable de la politique monétaire canadienne, emploie plus de 200 économistes pour l'analyse des marchés financiers et des perspectives macroéconomiques.

La Banque du Canada emploie plus de 200 économistes.

Les économistes qui ne travaillent pas comme fonctionnaires donnent également des conseils politiques. L'Institut C. D. Howe, l'Institut de recherche en politiques publiques, le Conference Board du Canada, l'Institut économique de Montréal et d'autres organisations indépendantes publient des rapports économiques concernant les problèmes actuels, tels que la pauvreté, le chômage et la dette. Ces analyses visent à influencer l'opinion publique de même qu'à formuler des recommandations sur les politiques gouvernementales à adopter.

L'influence des économistes sur la politique ne se limite pas à leur rôle de conseillers. Par leurs recherches et leurs écrits, ils ont une portée indirecte sur la politique, comme l'économiste John Maynard Keynes le faisait un jour remarquer en conclusion de sa *Théorie générale* :

> [...] les idées, justes ou fausses, des philosophes de l'économie et de la politique ont plus d'importance qu'on ne le pense en général. À vrai dire le monde est presque exclusivement mené par elles. Les hommes d'action qui se croient parfaitement affranchis des influences doctrinales sont d'ordinaire les esclaves de quelque économiste passé. Les visionnaires influents, qui entendent des voix dans le ciel, distillent des utopies nées quelques années plus tôt dans le cerveau de quelque écrivailleur de Faculté.

Ces mots, écrits en 1936, demeurent toujours aussi vrais. En fait, l'écrivailleur de Faculté qui influence aujourd'hui la politique économique est bien souvent Keynes lui-même.

Pourquoi les politiciens ne suivent-ils pas les conseils des économistes ?

Tout économiste qui donne des conseils à un premier ministre ou à un autre élu sait pertinemment que ses recommandations ne seront pas toujours prises en compte. C'est frustrant, bien entendu, mais il y a une explication à cela. Le processus qui mène à l'élaboration d'une politique économique est, dans la réalité, très différent de ce qu'on présente habituellement dans les manuels d'économie.

Dans le présent ouvrage, par exemple, lorsqu'il est question de politique économique, on se limite souvent à une question : quelle est la meilleure politique que le gouvernement devrait mettre en œuvre ? Cela sous-entend que la politique est déterminée pour ainsi dire par un monarque bienveillant et que, dès que ce dernier a trouvé la politique adéquate, il lui suffit de l'appliquer.

Dans les faits, arriver à définir la politique appropriée n'est que l'une des nombreuses tâches d'un dirigeant, parfois même la plus facile. Une fois qu'un premier ministre a écouté ses conseillers économiques lui tracer les grandes lignes de la meilleure politique à adopter, il se tourne ensuite vers plusieurs autres conseillers pour obtenir différents sons de cloche. Ainsi, ses conseillers en communication l'informeront de la meilleure manière d'expliquer à la population la politique proposée, et ils anticiperont tout malentendu qui pourrait compromettre sa mise en œuvre. Ses attachés de presse évalueront comment les médias vont rapporter sa proposition et prévoiront les opinions que les éditorialistes vont exprimer dans les grands quotidiens. Ensuite, les conseillers législatifs envisageront comment l'opposition et le Sénat accueilleront le projet de loi et les changements qu'ils sont susceptibles de suggérer. Ses conseillers politiques lui diront quels groupes vont appuyer la politique proposée ou s'y opposer, et comment celle-ci se répercutera sur sa popularité parmi les différents groupes d'électeurs et sur le soutien qu'il pourrait obtenir s'il lançait d'autres politiques. C'est seulement après avoir écouté et considéré tous ces conseils que le premier ministre décidera de la marche à suivre.

Mettre en œuvre une politique économique dans une démocratie représentative n'est pas une mince affaire. Le premier ministre ou tout autre politicien a souvent de bonnes raisons de ne pas aller de l'avant avec les politiques que prônent les économistes. Bien que leurs conseils soient essentiels à l'élaboration des politiques, ils ne constituent en fait que l'un des ingrédients d'une recette fort complexe.

MINITEST

- Donnez un exemple d'énoncé positif et d'énoncé normatif.
- Nommez trois organismes gouvernementaux qui utilisent les conseils des économistes.

Pourquoi les économistes ne s'entendent-ils pas ?

« Même si l'on mettait tous les économistes bout à bout, ceux-ci ne parviendraient pas à atteindre une conclusion. » Cette boutade de George Bernard Shaw est tout à fait révélatrice. On critique fréquemment les économistes pour leurs recommandations politiques contradictoires. Le président américain Ronald Reagan avait fait remarquer, en plaisantant, que si le jeu Quelques arpents de pièges avait été conçu par des économistes, il comprendrait 3 000 réponses pour 100 questions.

Pourquoi les économistes semblent-ils être si souvent en désaccord entre eux lorsqu'ils font des recommandations à la classe politique ? Citons deux raisons fondamentales :

- Les économistes divergent d'opinion sur la validité des diverses théories économiques en présence.
- Les économistes ont des valeurs différentes et, par conséquent, une vision normative différente des objectifs que devrait poursuivre la politique économique.

Revenons sur chacune de ces raisons.

Des raisonnements scientifiques divergents

Il y a plusieurs siècles, les astronomes débattaient pour décider lequel, de la Terre ou du Soleil, se trouvait au centre du système solaire. Plus près de nous, les climatologues débattent de la possibilité d'un réchauffement de la planète et des raisons qui l'expliqueraient. La science cherche à comprendre le monde qui nous entoure. Dans cette quête incessante de la vérité, il n'est pas étonnant de voir apparaître de profonds désaccords entre chercheurs.

Les économistes ne font pas exception à cette règle. Il s'agit d'une science toute récente où il reste beaucoup à découvrir. Les querelles entre économistes proviennent souvent de leurs désaccords sur la validité des différentes théories, de même que sur l'importance à accorder aux nombreuses variables en jeu.

Par exemple, les économistes divergent d'opinion quant aux effets des impôts. Certains sont partisans de l'impôt sur le revenu, d'autres favorisent l'impôt sur la consommation (TPS, TVQ, etc.). Les tenants des taxes de vente affirment qu'elles encourageraient les familles à faire des économies, puisque leur épargne serait à l'abri du fisc. Cette hausse de l'épargne nourrirait l'investissement et ferait augmenter la productivité et le niveau de vie. Quant aux partisans de l'imposition sur le revenu, ils sont convaincus que l'épargne n'augmenterait guère à la suite d'une modification du régime fiscal. Ces deux groupes d'économistes possèdent donc des visions normatives de la fiscalité qui sont différentes, lesquelles visions reposent sur des conceptions positives différentes de l'effet des incitatifs fiscaux sur le comportement des gens.

Des valeurs différentes

Imaginons que Guillaume et Marc-André consomment la même quantité d'eau tirée du puits communal. Afin de payer l'entretien de ce dernier, la municipalité taxe tous les résidants. Guillaume, qui dispose d'un revenu de 100 000 $, paie un impôt de 10 000 $, soit 10 % de son revenu. Marc-André, qui ne gagne que 20 000 $, paie un impôt de 4 000 $, ce qui équivaut à 20 % de son revenu.

Un tel régime est-il équitable ? Quelqu'un paie-t-il trop d'impôt ? Quelqu'un n'en paie-t-il pas assez ? Le fait que les revenus de Guillaume proviennent d'un héritage ou encore des longues heures qu'il consacre à un emploi exigeant pèse-t-il dans la balance ? Le fait que les maigres revenus de Marc-André sont attribuables à sa santé fragile ou encore à sa décision de visiter le vaste monde importe-t-il ?

Il s'agit de questions difficiles sur lesquelles les gens se mettent rarement d'accord. Il n'y a donc rien d'étonnant à ce que deux experts engagés par la municipalité pour examiner le régime fiscal requis pour couvrir les frais d'entretien du puits en arrivent à des recommandations contradictoires.

Cet exemple fort simple illustre la raison pour laquelle les économistes ne s'entendent pas sur les politiques publiques à adopter. Comme nous l'avons vu précédemment dans l'analyse de la dichotomie *énoncé positif/énoncé normatif,* il est impossible d'évaluer les politiques économiques sous le seul angle de l'analyse scientifique. Les économistes formulent des recommandations contradictoires parce qu'ils ont des valeurs différentes. Et même l'étude la plus approfondie de l'économie ne nous dira pas qui, de Guillaume ou de Marc-André, paie trop pour son eau.

La perception et la réalité

En raison des différences entre les raisonnements scientifiques mis de l'avant et des divergences des systèmes de valeurs, les désaccords entre les économistes sont inévitables. Cela dit, il ne faudrait pas exagérer leur importance. Dans bien des cas, les économistes partagent le même avis.

Le tableau 2.1 présente 15 propositions concernant les politiques économiques. Lors d'enquêtes réalisées auprès d'économistes professionnels, la majorité des répondants a appuyé ces propositions. Un tel consensus serait hautement improbable au sein du grand public.

La première proposition porte sur la réglementation des loyers. Presque tous les économistes reconnaissent les effets néfastes de cette réglementation sur la disponibilité et la qualité des logements, de même que le caractère coûteux de cette mesure pour aider les plus démunis de la société. Néanmoins, plusieurs gouvernements provinciaux ont choisi de faire fi de cette recommandation en fixant des prix plafonds pour les loyers.

TABLEAU 2.1

Quinze propositions faisant presque l'unanimité chez les économistes

PROPOSITIONS	TAUX D'APPROBATION PARMI LES ÉCONOMISTES
1. Un plafonnement des loyers réduit la quantité et la qualité des logements disponibles.	93 %
2. Les droits de douane et les quotas d'importation réduisent le bien-être économique.	93 %
3. Des taux de change flexibles assurent un ordre monétaire international efficace.	90 %
4. Une politique budgétaire (réduction des impôts ou augmentation des dépenses publiques) a un effet stimulant considérable sur une économie en situation de sous-emploi.	90 %
5. On ne devrait pas restreindre l'impartition à l'étranger.	90 %
6. La croissance économique assure un meilleur bien-être économique.	88 %
7. Les pouvoirs publics devraient éliminer les subventions accordées aux agriculteurs.	85 %
8. Une politique fiscale adéquate tend à favoriser la formation de capital physique à long terme.	85 %
9. Les pouvoirs publics devraient éliminer les subventions aux équipes de sport professionnel.	85 %
10. Il est préférable d'équilibrer le budget de l'État sur la durée du cycle économique plutôt que sur une base annuelle.	85 %
11. Des versements en espèces augmentent davantage le bien-être des prestataires que des transferts en nature d'une valeur équivalente.	84 %
12. Un déficit budgétaire important a des effets négatifs sur l'économie.	83 %
13. La redistribution du revenu constitue un rôle légitime du gouvernement.	83 %
14. La cause première de l'inflation est la croissance de l'offre de monnaie.	83 %
15. Un salaire minimum accroît le taux de chômage chez les jeunes et les travailleurs non qualifiés.	79 %

Sources : Alston, Richard M., J.-R. Kearl et Michael B. Vaughn. (mai 1992). « Is there consensus among economists in the 1990's? ». *American Economic Review*, p. 203-209 ; Fuller, Dan et Doris Geide-Stevenson. (automne 2003). « Consensus among economists revisited ». *Journal of Economics Education*, p. 369-387 ; Whaples, Robert. (novembre 2006). « Do economists agree on anything? Yes ! ». *Economists' Voice*, p. 1-6 ; Whaples, Robert. (septembre 2009). « The policy views of American Economic Association members : The results of a new survey ». *Econ Journal Watch*, p. 337-348.

La deuxième proposition de ce tableau a trait aux droits de douane et aux quotas d'importation. Pour des raisons que nous aborderons plus loin, la grande majorité des économistes s'oppose à toute restriction au libre-échange. Malheureusement, cela n'a pas empêché nos gouvernements de restreindre l'importation de certains produits.

Si l'ensemble des experts s'y oppose, pourquoi les politiques de réglementation des loyers et les restrictions au commerce perdurent-elles ? Possiblement parce que nos dirigeants sont plus préoccupés par leurs succès électoraux que par la qualité de leurs politiques. Possiblement aussi parce que les économistes n'ont pas encore réussi à convaincre le grand public de leurs conséquences néfastes. Ce livre vise notamment à vous permettre de comprendre le point de vue des économistes sur les différentes questions économiques et, éventuellement, à vous convaincre de leur bien-fondé.

MINITEST

- Quelles raisons peuvent pousser les conseillers économiques d'un premier ministre à diverger d'opinion sur une question de politique économique ?

Mettons-nous au travail

Dans les deux premiers chapitres, nous vous avons présenté les principes ainsi que la méthodologie de la science économique. Nous sommes maintenant prêts à entrer dans le vif du sujet.

La progression dans cette lecture mettra à contribution vos cellules grises. Il vous sera probablement utile de garder à l'esprit certaines recommandations du célèbre économiste britannique John Maynard Keynes :

> L'étude de l'économie ne semble requérir aucun talent particulier, ni sortant de l'ordinaire. Ne s'agit-il pas [...] d'un sujet très facile en comparaison des secteurs hautement spécialisés de la philosophie ou des sciences pures ? Une discipline relativement simple, dans laquelle bien peu se distinguent ! Ce paradoxe s'explique, en partie, parce que l'expert dans le domaine doit démontrer une rare combinaison de talents. Il lui faut être, dans une certaine mesure, à la fois mathématicien, historien, homme d'État et philosophe. Il se doit de comprendre les symboles mais de s'exprimer avec des mots simples. Il doit pouvoir s'intéresser aux détails sans oublier la vue d'ensemble, et dans un même raisonnement passer de l'abstraction aux éléments concrets. Il doit étudier le présent en fonction du passé tout en se souciant de l'avenir. Rien de ce qui concerne la nature humaine ou les institutions ne doit lui échapper. Il saura se montrer simultanément résolu et désintéressé ; aussi incorruptible et détaché qu'un artiste, mais parfois aussi pragmatique qu'un homme politique.

Tout un programme ! Mais, avec un peu d'entraînement et de persévérance, vous vous accoutumerez progressivement à penser comme un économiste.

Résumé

- Les économistes tentent d'aborder leur objet d'étude avec l'objectivité des scientifiques. Comme eux, ils formulent des hypothèses appropriées et construisent des modèles simples pour comprendre le monde. Le diagramme des flux circulaires et la courbe des possibilités de production comptent au nombre de ces modèles.
- L'économie se divise en deux domaines: la microéconomie et la macroéconomie. Les microéconomistes étudient les décisions des ménages et des entreprises, ainsi que leurs interactions sur les marchés. Les macroéconomistes se concentrent sur les forces et les tendances qui influent sur l'économie dans son ensemble.
- Un énoncé positif constitue une description du monde tel qu'il *est*. Un énoncé normatif dépeint le monde tel qu'il *devrait être*. Lorsqu'un économiste formule des propositions normatives, il se comporte en conseiller politique plutôt qu'en scientifique.
- Les économistes formulent souvent des recommandations contradictoires aux dirigeants, soit parce que leurs raisonnements scientifiques sont divergents, soit parce qu'ils ne partagent pas les mêmes valeurs. Parfois, les économistes sont unanimes, mais les décideurs ont tout le loisir de ne pas tenir compte de leurs recommandations.

Concepts clés

Courbe des possibilités de production (CPP), p. 26

Diagramme des flux circulaires, p. 25

Énoncé normatif, p. 31

Énoncé positif, p. 31

Macroéconomie, p. 30

Microéconomie, p. 30

Questions de révision

1. En quoi l'économie est-elle une science ?
2. Pourquoi les économistes utilisent-ils des postulats ?
3. Un modèle économique doit-il décrire la réalité avec exactitude ?
4. Nommez une manière dont votre famille interagit, d'une part, sur le marché des facteurs de production et, d'autre part, sur le marché des biens et des services.
5. Donnez l'exemple d'une transaction économique qui n'est pas représentée dans le diagramme des flux circulaires.
6. Tracez une courbe des possibilités de production d'une économie qui produit du lait et des biscuits. Si une épidémie extermine la moitié des vaches, comment cette courbe sera-t-elle modifiée ?
7. Servez-vous d'une courbe des possibilités de production pour expliquer le concept d'efficacité.
8. Quels sont les deux grands domaines de l'économie ? Décrivez leur contenu respectif.
9. Quelle est la différence entre un énoncé positif et un énoncé normatif ? Illustrez chacun par un exemple.
10. Pourquoi les économistes formulent-ils quelquefois des recommandations contradictoires aux décideurs ?

ANNEXE

Un tour d'horizon des graphiques

La plupart des concepts étudiés par les économistes s'expriment sous une forme chiffrée — le prix des bananes, la quantité de bananes vendues, le coût de production des bananes, etc. Ces variables économiques sont très souvent liées les unes aux autres. Ainsi, la hausse du prix des bananes provoque une baisse de leur consommation. Pour illustrer les relations entre ces variables, on a recours à des graphiques.

Ces graphiques servent deux fins. Premièrement, lors de l'élaboration des théories, ils permettent aux économistes de présenter leurs idées plus clairement que le feraient des équations ou des mots. Deuxièmement, lors de l'analyse des données empiriques, les graphiques offrent un moyen de visualiser le lien qui pourrait exister entre les phénomènes observés. En somme, les graphiques permettent d'organiser l'information de manière condensée.

L'information numérique s'exprime de diverses manières, tout comme la pensée se formule de bien des façons. Un auteur de talent choisit ses mots pour simplifier l'argumentation ou pour agrémenter une description. Un bon économiste sélectionnera le type de graphique qui convient le mieux à ce qu'il cherche à démontrer.

Dans cette annexe, nous examinerons comment les économistes utilisent les graphiques pour faire ressortir les relations mathématiques entre les diverses variables. Nous traiterons également des pièges que comporte le recours aux graphiques.

Les graphiques à une variable

La figure 2A.1 présente trois types de graphiques classiques. Le *diagramme circulaire,* en a), représente la répartition des revenus canadiens selon les différentes sources, dont les traitements et les salaires, les bénéfices des sociétés, etc. Chaque pointe du diagramme représente la proportion de chacune des sources de revenus par rapport au total. L'*histogramme,* en b), compare le niveau de vie de trois pays. La taille de chaque bâtonnet représente le PIB par habitant de chaque pays. Le graphique de *série chronologique,* en c), illustre l'évolution du taux de chômage canadien dans le temps. Le tracé, fait de sommets et de creux, représente le taux de chômage mensuel. Ces trois types de graphiques sont fréquemment utilisés dans les journaux et les magazines.

Les graphiques à deux variables : le système de coordonnées cartésien

Bien que les trois graphiques de la figure 2A.1 soient utiles pour illustrer comment une variable évolue dans le temps, ou entre différents pays, ces types de graphiques s'avèrent insuffisants puisqu'ils ne prennent en compte qu'une seule variable. Or, les économistes se préoccupent souvent des relations entre plusieurs variables. Dans cette optique, ils ont besoin d'illustrer au moins deux variables sur un seul graphique et recourent alors au *système de coordonnées cartésien.*

Imaginons que vous voulez examiner la relation entre le nombre d'heures d'étude et les résultats scolaires obtenus. Vous enregistrez ainsi deux données pour

FIGURE 2A.1

Des types de graphiques

Le diagramme circulaire, en a), montre la répartition des revenus canadiens entre les différentes sources. L'histogramme, en b), établit une comparaison entre le PIB par habitant de trois pays. Le graphique de série chronologique, en c), représente l'évolution dans le temps du taux de chômage canadien.

a) Diagramme circulaire

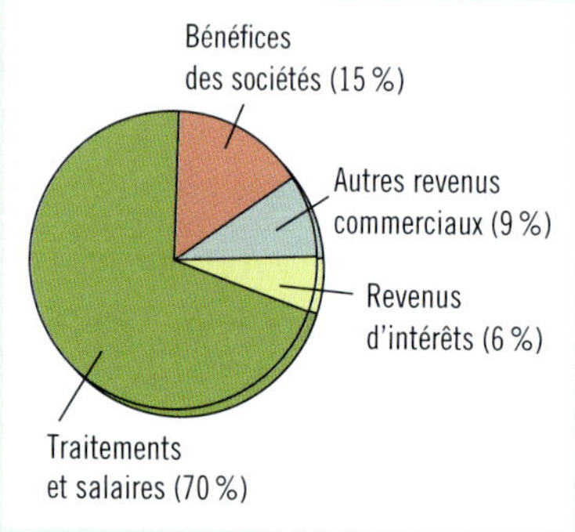

b) Histogramme

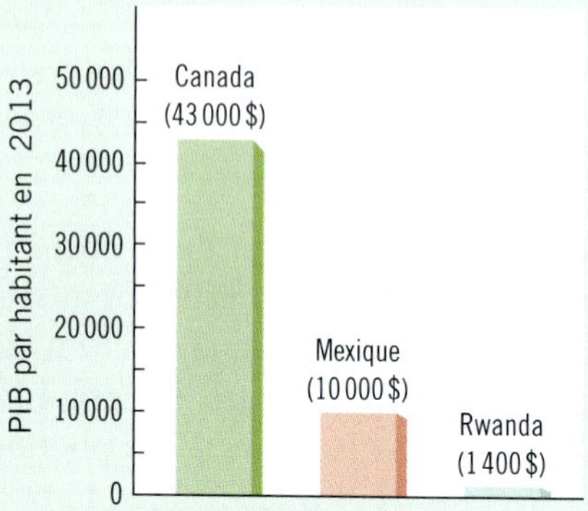

c) Graphique de série chronologique

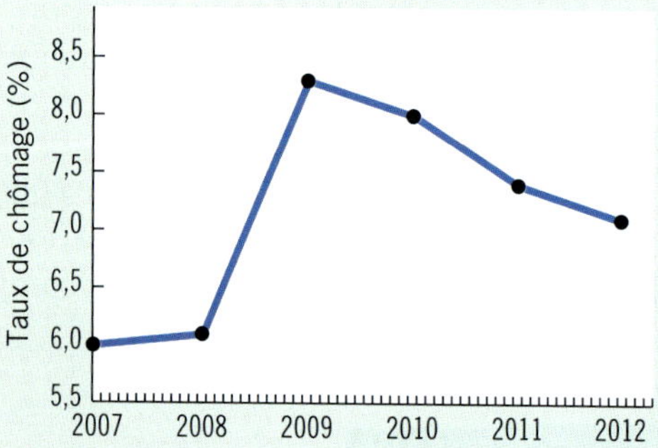

chaque étudiant : le nombre d'heures hebdomadaires passées à étudier et la note moyenne obtenue. Ces deux nombres sont mis entre parenthèses sous la forme d'une *paire ordonnée* et apparaissent sur le graphique sous la forme d'un point. Maxime est représentée par la paire ordonnée (25 heures/semaine, Moyenne de 80 %), alors que son frère Thomas sera représenté par la paire (5 heures/semaine, Moyenne de 50 %).

Il est possible de représenter ces deux paires ordonnées sur un graphique à deux dimensions. Le premier nombre de la paire, appelé *coordonnée en x,* indique la position horizontale du point. Le deuxième nombre, appelé *coordonnée en y,* donne la position verticale de ce même point. Le point d'origine correspond à la position où les coordonnées en x et en y sont égales à 0. Les deux coordonnées de la paire ordonnée indiquent où se trouve le point par rapport à l'origine : x unités à la droite de l'origine et y unités au-dessus d'elle.

Le graphique de la figure 2A.2 représente les notes obtenues en relation avec le nombre d'heures d'étude de Maxime, de Thomas et de leurs camarades de classe. Ce type de graphique porte le nom de *diagramme de dispersion* en raison du caractère éparpillé des données. Un examen rapide de ce graphique montre que les points situés le plus à droite (qui correspondent à un temps d'étude plus long) tendent également à se situer plus haut (indiquant une note plus élevée). Comme les données concernant le temps d'étude et la note moyenne tendent à évoluer

FIGURE 2A.2

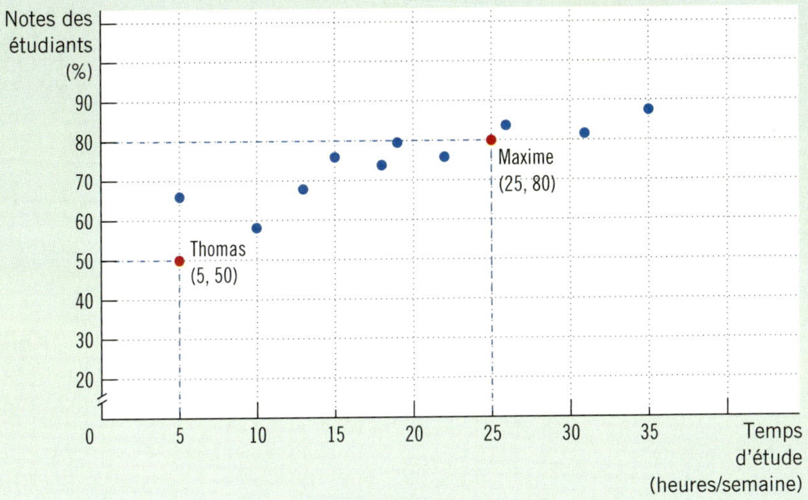

Le système de coordonnées cartésien

La note moyenne se situe sur l'axe vertical (l'ordonnée), tandis que le temps d'étude se situe sur l'axe horizontal (l'abscisse). Maxime, Thomas et leurs camarades de classe sont représentés par des points. Le graphique montre clairement que les étudiants qui étudient le plus obtiennent les meilleures notes.

dans la même direction, on dit que ces deux variables sont en *corrélation positive.* En revanche, si l'on représentait le temps passé à s'amuser et la moyenne des notes, il y aurait fort à parier que leur évolution serait inverse. Ces deux variables allant dans des sens opposés, elles seraient en *corrélation négative.* Dans tous les cas, le système de coordonnées fait clairement ressortir la corrélation, positive ou négative, entre les deux variables.

Les courbes et le système de coordonnées

Les étudiants qui passent plus de temps à étudier ont tendance à obtenir de meilleures notes, mais d'autres facteurs entrent également en ligne de compte : une solide préparation, le talent, la qualité de l'enseignement et même un petit-déjeuner nutritif. Le diagramme de dispersion de la figure 2A.2 ne permet pas d'isoler l'effet du temps d'étude sur les notes de l'effet des autres variables sur les notes. Or, très souvent, les économistes préfèrent observer l'influence d'une variable sur une autre, les autres variables étant tenues constantes.

Pour mieux comprendre cette démarche, considérons l'un des graphiques les plus utiles en économie — la *courbe de demande.* Cette courbe représente l'effet du prix d'un bien sur la quantité demandée par les consommateurs. Avant d'examiner cette courbe, considérons le tableau 2A.1 indiquant le nombre de livres achetés par Geneviève en fonction de l'évolution de son revenu et du prix des romans. Lorsque ces derniers sont bon marché, elle en achète à profusion, mais dès que leur prix augmente, elle préfère les emprunter à la bibliothèque ou aller au cinéma plutôt que de lire. De la même manière, quand elle dispose d'un revenu plus élevé, elle achète plus de romans. Ce qui revient à dire que, lorsque son revenu augmente, elle consacre une part de ses revenus additionnels à l'achat de livres, et le reste à l'achat d'autres biens.

Nous sommes ici en présence de trois variables : le prix des romans, le revenu de Geneviève et le nombre de livres achetés. Il y a donc une variable de trop pour

TABLEAU 2A.1

Les romans achetés par Geneviève

Ce tableau indique le nombre de romans achetés par Geneviève en fonction de leur prix et de ses revenus. Pour un niveau de revenu donné, il est possible de représenter le prix et la quantité afin de tracer la courbe de demande de romans de Geneviève, comme sur la figure 2A.3.

	REVENU		
	20 000 $	30 000 $	40 000 $
Prix ($)	Quantité de romans achetés		
20	2	5	8
18	6	9	12
16	10	13	16
14	14	17	20
12	18	21	24
10	22	25	28
	Courbe de demande D_3	Courbe de demande D_1	Courbe de demande D_2

une représentation en deux dimensions. Pour illustrer graphiquement l'information du tableau 2A.1, il faut que l'une des trois variables demeure constante afin que nous puissions illustrer la relation entre les deux autres. Parce que la courbe de demande représente la relation entre le prix et la quantité demandée, nous considérerons d'emblée que le revenu de Geneviève est constant et nous montrerons que le nombre de romans qu'elle achète varie en fonction de leur prix.

Supposons que le revenu annuel de Geneviève soit de 30 000 $. Si l'on place le nombre de romans achetés sur l'axe des *x* et le prix des romans sur l'axe des *y*, il est possible de représenter graphiquement la troisième colonne du tableau 2A.1. En reliant les points représentant les données de ce tableau — (5 romans, 20 $), (9 romans, 18 $), etc. —, on obtient une droite. Cette droite, tracée dans la figure 2A.3, correspond à la courbe de demande de romans de Geneviève ; elle indique le nombre de romans achetés par Geneviève en fonction des différents prix. Cette courbe a une pente négative, indiquant ainsi que l'augmentation des prix réduit la quantité demandée. Comme la quantité de romans achetés et le prix vont dans des sens opposés, on dit que ces deux variables sont en *corrélation négative*. À l'inverse, lorsque les deux variables se déplacent dans le même sens, la courbe a une pente positive et les deux variables sont alors en *corrélation positive*.

Imaginons maintenant que les revenus de Geneviève augmentent pour atteindre 40 000 $ par année. Geneviève achètera plus de romans, à un prix donné, qu'elle ne le faisait avec un revenu inférieur. Comme nous l'avons fait pour la courbe de demande précédente correspondant à la troisième colonne du tableau 2A.1, nous pouvons maintenant tracer une nouvelle courbe de demande correspondant aux données de la quatrième colonne de ce même tableau. Cette nouvelle courbe (D_2) se situe à droite de la précédente (D_1) sur la figure 2A.4. En conséquence, nous dirons que la courbe de demande de Geneviève se déplace vers la droite lorsque

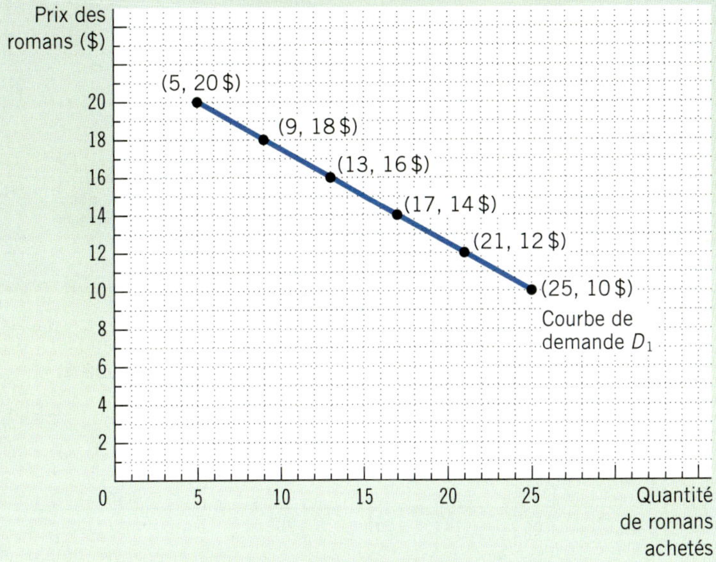

FIGURE 2A.3

La courbe de demande

La droite D_1 indique que, son revenu étant considéré comme constant, la consommation de romans de Geneviève est en fonction de leur prix. Puisqu'il existe une relation négative entre le prix et la quantité demandée, la courbe de demande a donc une pente négative.

ses revenus augmentent. De manière identique, si le revenu de Geneviève diminuait à 20 000 $ par année, elle achèterait moins de romans à un prix donné et la courbe de demande se déplacerait vers la gauche (D_3).

En économie, il faut bien faire la différence entre *déplacement le long d'une courbe* et *déplacement d'une courbe*. Comme le montre la figure 2A.3, si Geneviève gagne 30 000 $ par année et que les romans coûtent 16 $ l'unité, elle en achètera 13 par année. Si le prix des romans tombe à 14 $, elle en achètera 17 par année. Cependant, la courbe de demande ne se déplace pas. Geneviève n'achète pas plus de livres pour chaque prix donné, mais chaque fois que le prix diminue, il y a un déplacement de gauche à droite le long de la courbe de demande. En revanche, si les romans restent au même prix (16 $), mais que les revenus de Geneviève augmentent à 40 000 $, sa consommation de romans passe alors de 13 à 16 livres par année. Parce qu'elle achète plus de livres pour chaque prix donné, c'est la courbe de demande qui, cette fois, se déplace vers la droite, comme le montre la figure 2A.4.

Il est facile de savoir si l'on se déplace sur la courbe ou si c'est la courbe qui se déplace. *Chaque fois qu'une variable ne figurant sur aucun des deux axes est touchée, la courbe se déplace.* Comme le revenu n'apparaît ni sur l'axe des x ni sur l'axe des y, la courbe de demande doit se déplacer chaque fois que ce revenu varie. Toute modification des variables affectant la consommation de Geneviève, à l'exception du prix des romans, occasionnera un déplacement de la courbe de demande. Si la bibliothèque publique ferme ses portes, Geneviève devra acheter tous les titres qu'elle se propose de lire et augmentera du même coup sa consommation de livres pour chaque prix donné ; la courbe de demande se déplacera alors vers la droite. Si le prix du billet de cinéma diminue et que Geneviève passe plus de temps dans les salles obscures qu'à côté de sa lampe de chevet, la courbe de demande se déplacera vers la gauche. En revanche, lorsqu'une variable représentée sur l'un des axes du graphique est touchée, la courbe de demande ne bouge pas, et on parlera alors d'un déplacement le long de cette courbe.

FIGURE 2A.4

Les déplacements de la courbe de demande

La position de la courbe de demande de Geneviève dépend de ses revenus. Plus elle gagne d'argent, plus elle achète de romans à un prix donné et plus la courbe de demande se déplace vers la droite. La courbe D_1 représente la demande de Geneviève pour un revenu annuel de 30 000 $. Si son revenu passe à 40 000 $ par année, la courbe se déplace en D_2. S'il tombe à 20 000 $ par année, cette courbe se déplace en D_3.

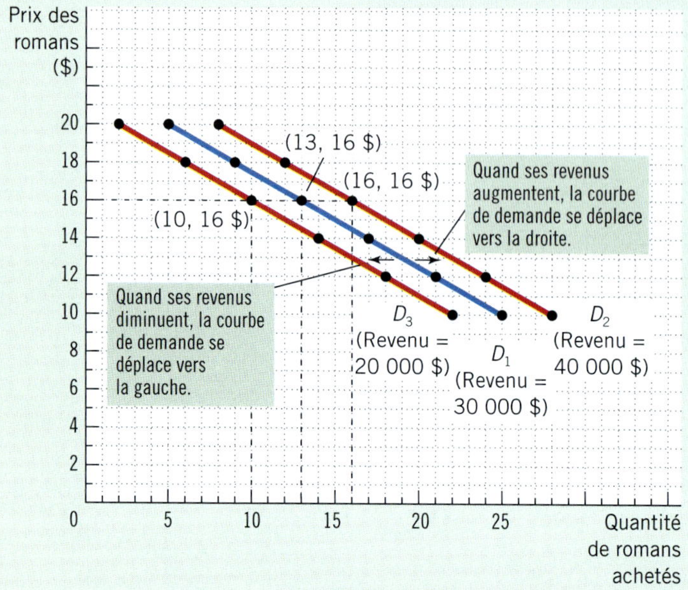

La pente

Examinons un peu l'influence du prix des livres sur les habitudes de consommation de Geneviève. Si la courbe de demande de la figure 2A.5 est très abrupte (plutôt verticale), cela signifie que Geneviève achète pratiquement le même nombre de livres sans égard à leur prix. Si, à l'inverse, cette courbe s'aplatit (plutôt horizontale), c'est que Geneviève achète beaucoup moins de romans lorsque leur prix monte. Par conséquent, si nous voulons connaître l'influence du prix sur la quantité demandée, il faut aborder le concept de *pente*.

La pente d'une droite correspond au ratio entre la distance verticale parcourue et la distance horizontale parcourue lorsqu'on se déplace le long de cette droite. On exprime cette définition par l'équation suivante :

$$\text{Pente} = \frac{\Delta y}{\Delta x}$$

où la lettre grecque Δ (delta) représente le changement de la variable. Autrement dit, la pente d'une droite est égale à la variation verticale (changement en y) divisée par la variation horizontale (changement en x). Une droite ascendante aura une pente positive forte ou faible, selon qu'elle sera fortement ou faiblement inclinée. Une droite descendante aura quant à elle une pente négative. Une droite horizontale présente une pente nulle, car la variable en y ne change jamais ; une droite verticale a pour sa part une pente infinie, y pouvant prendre n'importe quelle valeur sans que la valeur de x change.

Quelle est la valeur de la pente de la courbe de demande de Geneviève ? Tout d'abord, comme la droite est inclinée vers le bas, nous savons qu'elle a une valeur négative. Pour calculer cette valeur, choisissons deux points situés sur la courbe.

FIGURE 2A.5

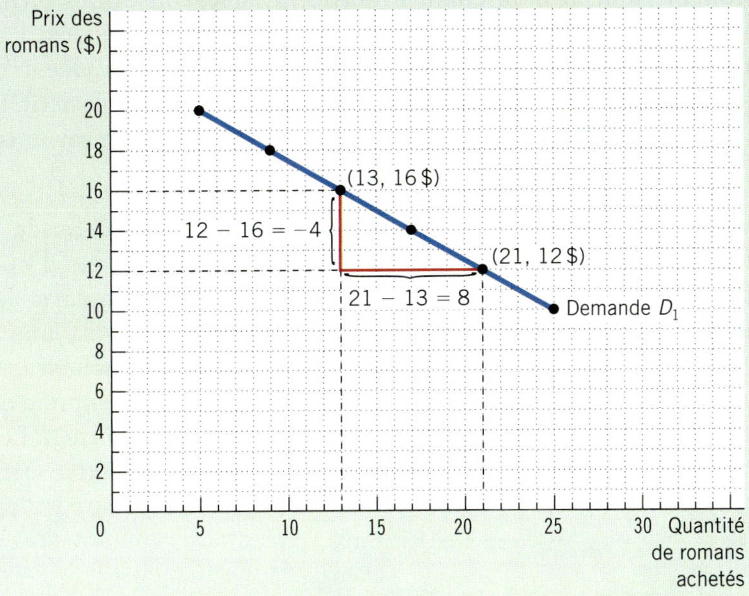

Le calcul de la pente d'une droite

Pour calculer la pente d'une courbe de demande, il faut considérer les variations de x et de y lorsqu'on passe du point (21 romans, 12 $) au point (13 romans, 16 $). La pente correspond au ratio entre la variation de y (−4) et la variation de x (+8), soit −1/2.

Lorsque le revenu de Geneviève est de 30 000 $, celle-ci désire acheter 21 romans à 12 $, ou 13 romans à 16 $. Nous cherchons donc à mesurer la distance séparant ces deux points. En appliquant la formule de la pente, nous prenons en compte la distance verticale ainsi que la distance horizontale. Nous procédons comme suit :

$$\text{Pente} = \frac{\Delta y}{\Delta x} = \frac{\text{Première coordonnée en } y - \text{Seconde coordonnée en } y}{\text{Première coordonnée en } x - \text{Seconde coordonnée en } x} = \frac{12 - 16}{21 - 13} = \frac{-4}{8} = \frac{-1}{2}$$

La figure 2A.5 illustre bien ce calcul. Si vous essayez de refaire le calcul de la pente pour deux autres points, vous devriez obtenir exactement le même résultat, soit $-\frac{1}{2}$. L'une des propriétés fondamentales d'une droite est de présenter une pente identique en tous points. Cela n'est pas vrai des autres types de courbes, dont l'inclinaison varie selon les points.

La pente de la courbe de demande de Geneviève nous informe sur la sensibilité de sa demande de livres aux variations de prix. Une faible pente (un chiffre près de zéro) signifie que la courbe de demande est relativement horizontale. Dans ce cas, Geneviève modifie grandement sa consommation en réponse aux changements de prix. Une courbe plus abrupte indique que la pente est relativement forte (un chiffre loin de zéro), ce qui signifie que la variation du prix des romans a peu d'impact sur sa consommation.

Les causes et les effets

Les économistes utilisent souvent des graphiques pour étayer un raisonnement sur le fonctionnement de l'économie. Ces graphiques leur permettent d'illustrer comment une variable peut être la *cause* d'une autre variable. Dans le cas d'une courbe de demande, la cause et l'effet ne font aucun doute. En faisant varier le prix des romans, tout en maintenant les autres variables constantes, on remarque un changement dans la quantité de livres demandée par Geneviève. C'est donc la variation du prix qui cause la variation de la quantité demandée. N'oublions pas cependant que cette courbe de demande concerne un exemple fictif. Lorsqu'il s'agit de données réelles, il est souvent beaucoup plus difficile de savoir comment une variable influe sur une autre.

La première difficulté dans la recherche de cette causalité réside dans la nécessité de maintenir tous les autres facteurs constants. À défaut d'y parvenir, nous risquons de conclure que la variable A est la cause de la variable B sans nous rendre compte que la véritable cause, la variable C, est une *variable omise*. Dans le cas où nous avons correctement identifié les variables, un autre problème risque de se poser, celui de la *causalité inverse*. Cela signifie que nous pouvons penser que A cause B, alors qu'en réalité c'est B qui cause A. Les pièges de la variable omise ou de la causalité inverse exigent un grand discernement avant d'utiliser des graphiques pour tirer des conclusions sur les causes et les effets.

Les variables omises

Prenons un exemple afin d'illustrer comment une variable omise peut conduire à un graphique trompeur. Poussé par la préoccupation publique concernant le nombre élevé des décès attribuables au cancer, le gouvernement confie une étude exhaustive à la société Services Statistiques Big Brother inc. Cette dernière analyse les nombreux éléments de preuve trouvés au domicile des individus pour déterminer la présence de facteurs cancérigènes. Elle arrive à établir une relation entre les briquets trouvés au domicile et la propension d'un des membres de la famille à développer une tumeur cancéreuse. La figure 2A.6 montre cette relation.

FIGURE 2A.6

Un graphique comportant une variable omise

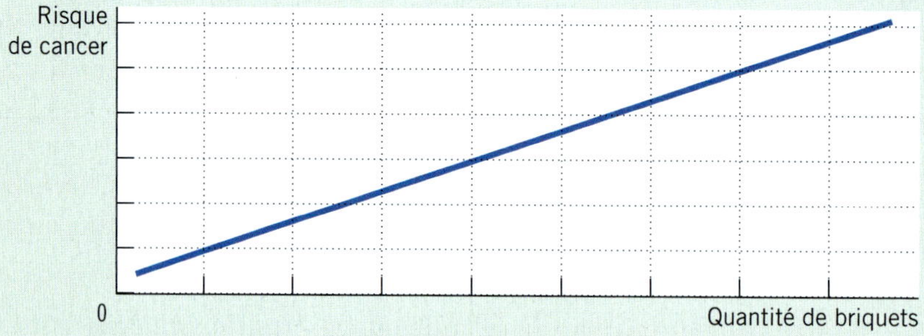

La courbe ayant une pente positive indique que les membres des ménages possédant de nombreux briquets sont les plus susceptibles de développer un cancer. On ne doit cependant pas en conclure que la possession d'un briquet cause le cancer, puisque ce graphique ne tient pas compte de la consommation de cigarettes.

Que faire d'un tel résultat ? Big Brother recommande une intervention publique rapide : le gouvernement doit taxer la vente des briquets pour décourager leur consommation. La firme recommande également de faire figurer l'étiquette suivante sur tous les briquets : « Big Brother considère que ce briquet présente un danger pour la santé. »

Pour juger de la validité de l'analyse de Big Brother, il est nécessaire de poser une question primordiale : outre les variables sélectionnées, Big Brother a-t-elle maintenu les autres variables constantes ? Si la réponse est négative, les résultats peuvent alors être mis en doute. Un raisonnement simple consisterait à dire que les propriétaires de briquets sont également les plus susceptibles de fumer et que ce sont les cigarettes, et non les briquets, qui provoquent le cancer. Si la figure 2A.6 ne tient pas constante la variable « fumer des cigarettes », alors elle ne nous renseigne pas vraiment sur l'effet réel de la possession d'un briquet.

Cette histoire met en évidence un principe : en examinant un graphique qui appuie un raisonnement sur les causes et les effets, il faut se demander si les résultats observés ne dépendent pas plutôt d'une variable omise.

La causalité inverse

Les économistes peuvent également se tromper en intervertissant les causes et les effets. À titre d'exemple, supposons que l'Association canadienne des anarchistes commande une enquête sur les actes criminels au Canada et que cette enquête établisse une relation entre le nombre de crimes violents et le nombre de policiers pour 1 000 habitants. La figure 2A.7 illustre ses résultats. Faisant remarquer que cette courbe a une pente positive, les anarchistes réclament la suppression des forces de l'ordre, en prétextant que la présence policière ne fait qu'aggraver la criminalité urbaine.

Pour éviter le piège de la causalité inverse, il faudrait mener des expériences. Pour ce faire, le nombre de policiers dans différentes villes serait choisi au hasard, de façon à pouvoir examiner la relation entre le nombre d'actes criminels et l'effectif policier. Or, la figure 2A.7 ne se fonde pas sur une telle expérience. Nous pouvons simplement observer que les villes les plus dangereuses disposent des corps de police les plus importants. L'explication peut tenir au fait que ces agglomérations engagent un plus grand nombre de policiers. Autrement dit, plutôt que de causer la criminalité, la présence des forces de police pourrait, à l'inverse, en découler. Rien sur le graphique ne permet de préciser le sens de la causalité.

On pourrait croire qu'une façon simple de déterminer le sens de la causalité consisterait à repérer quelle variable change en premier. Si l'on constate qu'une augmentation de la criminalité est antérieure à une augmentation de l'effectif policier, on arrive à une conclusion. Si, au contraire, l'accroissement des forces de maintien de l'ordre précède une vague de violence, on aboutit à une autre conclusion. Toutefois, cette approche est trompeuse : bien souvent, les individus modifient leur comportement non pas en réponse à une modification des conditions présentes, mais plutôt par *anticipation* d'un changement futur. Pour se préparer à une vague de violence éventuelle, une municipalité pourra ainsi décider de renforcer le jour même son effectif policier. Ce problème se démontre encore plus facilement dans le cas des bébés et des minifourgonnettes. Les couples achètent ce type de véhicule en prévision de l'arrivée d'un enfant. Bien que la

FIGURE 2A.7

Un graphique suggérant une causalité inverse

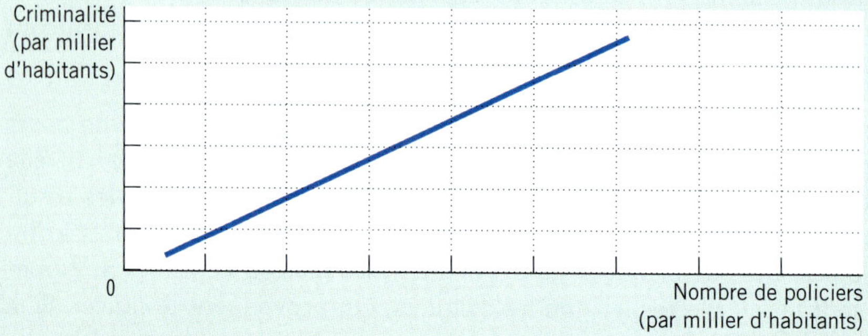

La courbe ayant une pente positive montre que les villes où il y a une forte présence policière sont aussi plus dangereuses. Toutefois, ce graphique ne nous dit pas si la police est la cause de la criminalité ou si les villes où sévit la délinquance doivent renforcer leurs corps policiers.

minifourgonnette précède le nouveau-né, on ne doit pas pour autant en conclure que la vente de ce véhicule stimule la croissance démographique !

Il n'existe aucune règle précise permettant de conclure à une relation de causalité à partir d'un graphique. Ainsi, afin d'éviter les raisonnements économiques erronés, on se souviendra seulement que les briquets ne provoquent pas le cancer (variable omise) et que les minifourgonnettes ne favorisent pas la natalité (causalité inverse).

L'interdépendance et les gains tirés de l'échange

3

CHAPITRE

Prenez une journée semblable à toutes les autres. Vous vous levez le matin, vous vous versez un jus d'orange de la Floride et vous buvez un café du Brésil. Tout en déjeunant, vous regardez les nouvelles diffusées à partir de Montréal sur un téléviseur fabriqué au Japon. Vous enfilez des vêtements confectionnés en Thaïlande, faits d'un coton récolté en Géorgie. Vous vous rendez en classe dans une voiture dont les pièces viennent d'une douzaine de pays. Vous ouvrez votre manuel d'économie, écrit par des auteurs résidant au Massachusetts et au Québec, et publié par une entreprise canadienne sur du papier fabriqué au Nouveau-Brunswick.

Tous les jours, vous comptez sur de nombreuses personnes dans le monde, dont vous ignorez la plupart du temps l'existence, pour vous fournir des biens et des services. Une telle interdépendance est possible grâce aux échanges commerciaux. Les personnes qui vous fournissent ces biens et ces services n'agissent pas par simple générosité. Aucun organisme gouvernemental ne leur enjoint de vous fournir ce dont vous avez besoin. En fait, les gens qui vous approvisionnent, vous et les autres consommateurs, produisent ces biens et ces services pour obtenir quelque chose en retour.

Dans les chapitres suivants, nous verrons comment notre économie coordonne les activités de millions de gens aux compétences et aux goûts variés. Pour entamer cette analyse, voyons d'abord les raisons de cette interdépendance économique. Selon l'un des **dix principes d'économie** étudiés au chapitre 1, les échanges améliorent le bien-être de tous. Dans ce chapitre, nous nous pencherons sur ce principe. Que gagne-t-on à échanger avec les autres ? Qu'est-ce qui pousse les individus vers cette interdépendance ?

Les réponses à ces questions sont fondamentales pour comprendre l'économie globale dans laquelle nous vivons. Dans la plupart des pays, beaucoup de biens et de services consommés aujourd'hui sont importés ou exportés. Le présent chapitre analyse l'interdépendance non seulement des individus, mais aussi des pays. Comme nous le verrons, les gains tirés des échanges relèvent des mêmes principes, que vous payiez pour une coupe de cheveux chez un coiffeur de votre quartier ou que vous achetiez un t-shirt confectionné par un travailleur à l'autre bout de la planète.

Une allégorie pour une économie moderne

Afin de comprendre pourquoi les individus choisissent de dépendre les uns des autres pour leurs biens et leurs services et de voir comment ce choix facilite leur existence, imaginons une économie simplifiée. Dans ce monde imaginaire, il n'existe que deux produits, la viande et les pommes de terre, et deux personnes, un éleveur de bovins et un fermier qui cultive des pommes de terre.

Les avantages de l'échange seront plus évidents si l'éleveur ne produit que de la viande et si le fermier ne cultive que des pommes de terre. Selon l'un des scénarios, l'éleveur et le fermier peuvent s'ignorer l'un l'autre. Après plusieurs mois passés à manger du bœuf rôti, bouilli, grillé ou frit, il y a fort à parier que l'éleveur changera d'opinion relativement à l'autosuffisance. Le fermier, lassé de consommer des pommes de terre frites, en purée, au four ou au gratin, acceptera sans doute d'échanger son produit avec celui de l'éleveur. On voit facilement que les échanges permettront de varier les menus, chacun pouvant désormais savourer un succulent steak frites.

Ce scénario illustre de façon simple les avantages liés aux échanges. La démonstration serait tout aussi convaincante si chacun des protagonistes pouvait également produire l'autre bien. Supposons donc que le fermier puisse lui aussi élever du bétail et produire de la viande, mais que comme ce n'est pas son métier, il le ferait nécessairement avec plus de difficultés que le fait l'éleveur. De la même manière, l'éleveur peut cultiver des pommes de terre, mais avec moins de facilité que le fait le fermier. Nous voyons facilement que ces deux personnes ont tout avantage à se spécialiser dans le domaine où elles réussissent le mieux, puis à échanger leurs produits.

Les avantages de l'échange paraissent toutefois moins évidents dans le cas où l'un des deux individus est plus efficace dans la production des deux biens. Supposons, par exemple, que l'éleveur soit plus efficace que le fermier dans la production bovine de même que dans la culture de la pomme de terre. Si tel était le cas, n'aurait-il pas avantage à vivre en autarcie ? Existe-t-il encore à ses yeux une raison d'échanger avec le fermier ? Pour répondre à ces questions, nous devons nous pencher sur les facteurs motivant une telle décision.

Les possibilités de production

Supposons que l'éleveur et le fermier travaillent tous deux 8 heures par jour et consacrent leur temps à la culture des pommes de terre, à l'élevage des bovins, ou à une combinaison des deux. La figure 3.1 présente les quantités par heure que produit chacune des personnes. Le fermier peut produire 1 kg de pommes de terre en 15 minutes et 1 kg de viande en 60 minutes. L'éleveur, qui a une productivité supérieure, arrive à produire 1 kg de pommes de terre en 10 minutes et 1 kg de viande en 20 minutes. Les deux dernières colonnes du tableau indiquent la quantité de pommes de terre ou de viande que le fermier et l'éleveur peuvent produire dans une journée de 8 heures, s'ils consacrent tout leur temps à l'une des deux productions.

Le graphique b) de la figure 3.1 montre les quantités de viande et de pommes de terre que peut produire le fermier. S'il consacre 8 heures par jour à la culture des pommes de terre, il en récolte 32 kg (mesuré sur l'axe horizontal), mais il ne produit pas de viande. À l'inverse, s'il se consacre intégralement à l'élevage, il produit alors 8 kg de viande (mesuré sur l'axe vertical), mais aucune pomme de terre. En répartissant son temps également entre les deux activités (4 heures pour chacune), il obtient 16 kg de pommes de terre et 4 kg de viande. Ces trois possibilités, et toutes celles qui sont intermédiaires, sont illustrées sur ce graphique.

La droite ainsi tracée représente la courbe des possibilités de production du fermier. Comme nous l'avons expliqué au chapitre 2, cette courbe montre toutes les combinaisons des biens qui peuvent être produits par le fermier. Elle illustre l'un des **dix principes d'économie** : les gens sont soumis à des arbitrages. Dans ce cas, l'arbitrage concerne la production de viande et la production de pommes de terre.

Vous vous souvenez sans doute de la courbe des possibilités de production vue au chapitre 2 et de sa forme arquée. Cette forme illustre le fait que le coût de renonciation dépend de la quantité produite de chaque bien. Or, dans la situation présente, la technologie de production du fermier pour les deux biens en question lui permet de passer d'un bien à un autre, à un taux constant. Lorsque le fermier prend une heure de moins à produire de la viande et une heure de plus à produire des pommes de terre, il réduit sa production de viande de 1 kg et augmente sa production de pommes de terre de 4 kg, et ce, indépendamment de la quantité initialement produite. Voilà pourquoi la courbe des possibilités de production est une droite.

Le graphique c) de la figure 3.1 illustre la courbe des possibilités de production de l'éleveur. S'il consacre toute sa journée à cultiver des pommes de terre, il en récoltera 48 kg, sans produire de viande. À l'inverse, s'il passe tout son temps à l'élevage, il produira 24 kg de viande, sans récolter de pommes de terre. S'il répartit son temps également entre ces deux activités (4 heures pour chacune), il obtiendra 24 kg de pommes de terre et 12 kg de viande. La courbe des possibilités de production de l'éleveur illustre, cette fois encore, tous les résultats possibles.

Si le fermier et l'éleveur décidaient de vivre en autarcie au lieu de commercer, chacun consommerait ce qu'il a produit. Dans ces conditions, la courbe des

FIGURE 3.1

La courbe des possibilités de production

a) Possibilités de production du fermier et de l'éleveur

	MINUTES REQUISES POUR PRODUIRE 1 KG		QUANTITÉ PRODUITE EN 8 HEURES	
	Viande	Pommes de terre	Viande	Pommes de terre
Fermier	60 min	15 min	8 kg	32 kg
Éleveur	20 min	10 min	24 kg	48 kg

b) Courbe des possibilités de production du fermier

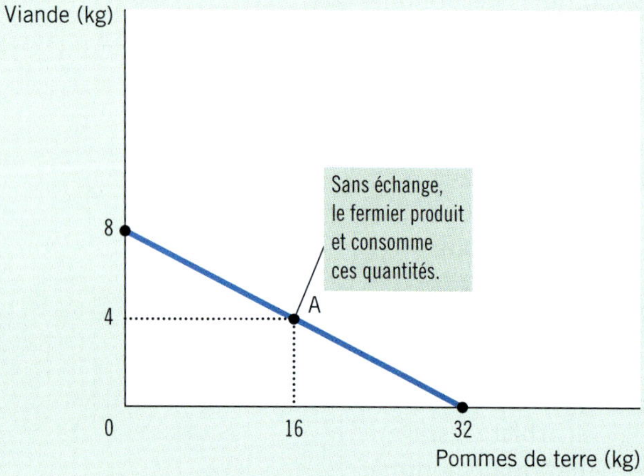

c) Courbe des possibilités de production de l'éleveur

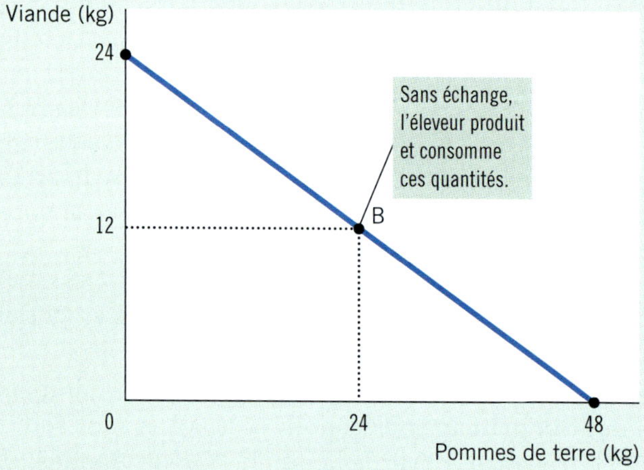

Le tableau a) indique les possibilités de production du fermier et de l'éleveur. Le graphique b) illustre les combinaisons de viande et de pommes de terre que peut produire le fermier. Le graphique c) illustre les combinaisons de viande et de pommes de terre que peut produire l'éleveur. Les deux courbes des possibilités de production respectent l'hypothèse selon laquelle le fermier et l'éleveur travaillent tous deux 8 heures par jour. Sans échange, les courbes des possibilités de production du fermier et de l'éleveur représentent également leurs courbes de possibilités de consommation.

possibilités de production représenterait également la courbe des possibilités de consommation. La figure 3.1 montre les différentes combinaisons de bœuf et de pommes de terre qui peuvent être produites et consommées par le fermier et par l'éleveur en l'absence d'échanges.

La courbe des possibilités de production a le mérite de décrire les arbitrages que doit faire chacun de ces agriculteurs. Toutefois, elle ne nous indique nullement ce qu'ils décideront effectivement de faire. Pour comprendre leur choix, nous devons connaître leurs goûts. Supposons qu'ils choisissent respectivement les combinaisons représentées par les points A et B de la figure 3.1 : le fermier produit et consomme 16 kg de pommes de terre et 4 kg de viande, tandis que l'éleveur produit et consomme 24 kg de pommes de terre et 12 kg de viande.

La spécialisation et les échanges

Après plusieurs années passées à se nourrir selon la combinaison B, l'éleveur a une idée et décide d'en discuter avec le fermier.

ÉLEVEUR : Salut, voisin ! J'ai un marché à te proposer ! J'ai trouvé le moyen de nous faciliter la vie. Je crois que tu devrais cesser de faire de l'élevage pour te consacrer entièrement à la culture des pommes de terre. D'après mes calculs, si tu travailles 8 heures par jour, tu peux en produire 32 kg. Tu me donnes 15 de ces 32 kg et je te donne 5 kg de viande en retour. Au bout du compte, tu mangeras 17 kg de pommes de terre et 5 kg de viande au lieu des 16 kg de pommes de terre et des 4 kg de viande que tu as maintenant. Si tout marche comme prévu, tu pourras consommer ces deux produits en quantité plus grande que maintenant (pour prouver son argumentation, il lui montre le graphique a) de la figure 3.2).

FERMIER : (*quelque peu sceptique*) Intéressant. Mais je ne comprends pas vraiment pourquoi tu me fais cette offre. Si ce marché est si avantageux pour moi, il ne peut pas être intéressant pour toi aussi.

ÉLEVEUR : Mais bien sûr ! Imagine que je consacre 6 heures de mon temps à élever du bétail et 2 heures à cultiver des pommes de terre. Je produirai alors 18 kg de viande et 12 kg de pommes de terre. Mais comme tu me donneras 15 kg de pommes de terre en échange de mes 5 kg de viande, je disposerai de 13 kg de viande et de 27 kg de pommes de terre, au lieu des 12 kg de viande et des 24 kg de pommes de terre que j'ai maintenant. Résultat : je pourrai consommer ces deux produits en quantité plus grande que maintenant (il lui montre le graphique b) de la figure 3.2).

FERMIER : Je ne sais pas... Cela me semble trop beau pour être vrai.

ÉLEVEUR : Ce n'est pas aussi compliqué que ça en a l'air. Tiens, j'ai résumé mon offre dans un tableau simple (il lui tend le tableau de la figure 3.2).

FERMIER : (*après avoir pris le temps de l'étudier*) Ces calculs m'ont l'air corrects, mais il y a quelque chose qui m'intrigue. Pourquoi cet arrangement améliorerait-il ma situation et la tienne ?

ÉLEVEUR : Parce que les échanges nous permettent de nous spécialiser dans ce en quoi nous excellons. Tu vas passer plus de temps à faire pousser des pommes de terre et moins de temps à élever du bétail. Je consacrerai plus de temps à l'élevage, et moins à la culture des pommes de terre. En fin de compte, la spécialisation et les échanges nous permettront de manger plus de viande et de pommes de terre, sans pour autant travailler davantage.

MINITEST

- Dessinez la courbe des possibilités de production de Robinson Crusoé, un naufragé qui passe son temps à ramasser des noix de coco et à pêcher du poisson. À quelles limites de consommation de noix de coco et de poissons fait-il face s'il vit en autarcie dans son île ? Se heurterait-il aux mêmes limites s'il pouvait commercer avec les autochtones de l'île ?

FIGURE 3.2

Les échanges augmentent les possibilités de consommation

a) Production et consommation du fermier

b) Production et consommation de l'éleveur

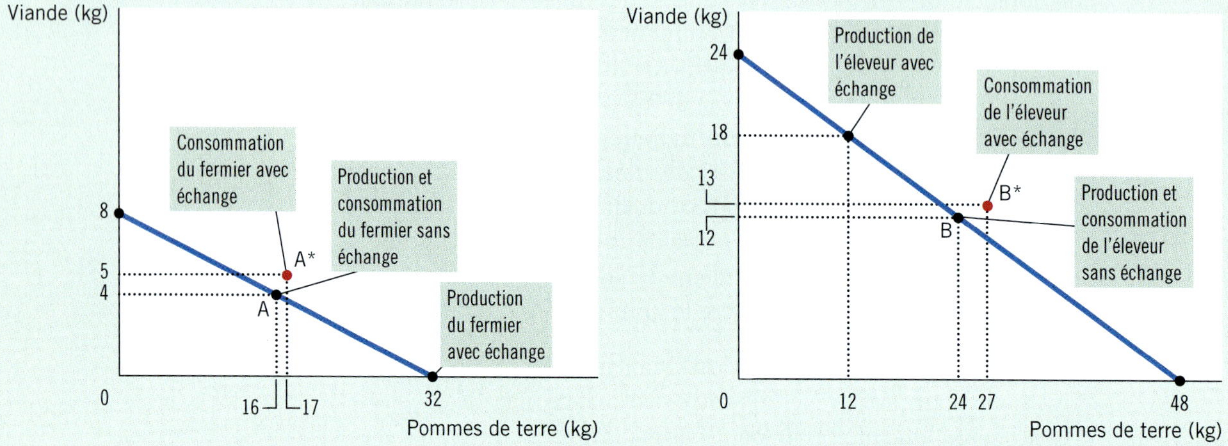

c) Gains tirés de l'échange

	FERMIER		ÉLEVEUR	
	Viande	Pommes de terre	Viande	Pommes de terre
Sans échange : Production et consommation	4 kg	16 kg	12 kg	24 kg
Avec échange : Production	0 kg	32 kg	18 kg	12 kg
Échange	Reçoit 5 kg	Donne 15 kg	Donne 5 kg	Reçoit 15 kg
Consommation	5 kg	17 kg	13 kg	27 kg
Gains : Augmentation de la consommation	+ 1 kg	+ 1 kg	+ 1 kg	+ 3 kg

La proposition de l'éleveur offre à chacun une combinaison de viande et de pommes de terre qui est impossible à réaliser sans échange. Sur le graphique a), la consommation du fermier passe du point A au point A*. Sur le graphique b), la consommation de l'éleveur passe du point B au point B*. Cet échange permet à chacun de consommer plus de viande et plus de pommes de terre.

Le moteur de la spécialisation : l'avantage comparatif

L'explication des gains tirés de l'échange qu'a avancée l'éleveur, bien que correcte, soulève une question : si l'éleveur est meilleur que le fermier dans l'élevage du bétail comme dans la culture de pommes de terre, dans quelle activité le fermier pourra-t-il se spécialiser puisqu'il n'est le meilleur dans aucune des deux ? Pour résoudre ce problème, il faut aborder le principe de l'*avantage comparatif*.

Pour ce faire, demandons-nous qui, dans l'exemple donné, est en mesure de produire les pommes de terre au coût le plus faible : le fermier ou l'éleveur ? Il existe deux réponses possibles à cette question, lesquelles nous permettront de résoudre l'énigme et de comprendre les gains tirés de l'échange.

L'avantage absolu

Une première réponse concernant le coût de production des pommes de terre consiste à comparer les intrants nécessaires aux deux agriculteurs. Les économistes emploient le terme **avantage absolu** lorsqu'ils comparent la productivité d'une personne, d'une entreprise ou d'une nation à celle d'une autre. On considère que le producteur qui utilise le moins d'intrants pour produire une même quantité d'un bien dispose d'un avantage absolu dans la production de ce bien par rapport aux autres producteurs.

Avantage absolu
Capacité de produire un bien en utilisant moins d'intrants qu'un autre producteur.

Dans notre exemple, le temps est le seul intrant utilisé. Par conséquent, le détenteur de l'avantage absolu est celui qui prendra le moins de temps pour produire le bien. Ainsi, l'éleveur dispose de l'avantage absolu pour les pommes de terre comme pour la viande, parce qu'il va plus vite que le fermier pour ces deux types de production. L'éleveur ne prend que 20 minutes pour produire 1 kg de viande, tandis que le fermier doit besogner pendant 60 minutes pour arriver au même résultat. De plus, l'éleveur n'a besoin que de 10 minutes pour produire 1 kg de pommes de terre, alors que le fermier requiert 15 minutes. Si nous mesurons le coût par la quantité d'intrants requise, nous pouvons alors conclure que l'éleveur a le plus faible coût de production des pommes de terre.

Le coût de renonciation et l'avantage comparatif

Il existe une autre façon de calculer le coût de production des pommes de terre. Au lieu de comparer les intrants nécessaires, on peut comparer les coûts de renonciation. Dans le chapitre 1, nous avons vu que le **coût de renonciation** d'un bien équivaut à ce à quoi il faut renoncer pour l'obtenir. Dans notre exemple, nous avons supposé que le fermier et l'éleveur passaient tous les deux 8 heures par jour à travailler. Le temps consacré à la culture des pommes de terre réduit donc d'autant le temps consacré à l'élevage du bétail. Lorsque l'éleveur ou le fermier modifient la répartition de leur temps entre les deux productions, ils se déplacent le long de leur courbe des possibilités de production : ils renoncent à des unités d'un bien pour produire des unités de l'autre bien. Le coût de renonciation correspond donc à l'arbitrage que chacun d'eux doit faire.

Coût de renonciation
Ce à quoi il faut renoncer pour obtenir quelque chose.

Examinons d'abord le coût de renonciation de l'éleveur. D'après le tableau a) de la figure 3.1, il a besoin de 10 minutes de travail pour produire 1 kg de pommes de terre. Lorsqu'il alloue 10 minutes de son temps à produire des pommes de terre, il n'utilise pas ces 10 minutes pour produire de la viande. Puisque l'éleveur a besoin de 20 minutes pour produire 1 kg de viande, 10 minutes de travail lui permettraient de produire 0,5 kg de viande. Par conséquent, pour l'éleveur, le coût de renonciation de 1 kg de pommes de terre est de 0,5 kg de viande.

Examinons maintenant le coût de renonciation du fermier. Il a besoin de 15 minutes pour produire 1 kg de pommes de terre. Puisqu'il a besoin de 60 minutes pour produire 1 kg de viande, 15 minutes de travail lui permettraient de produire 0,25 kg de viande. Par conséquent, pour le fermier, le coût de renonciation de 1 kg de pommes de terre est de 0,25 kg de viande.

Le tableau 3.1 indique les coûts de renonciation de la viande et des pommes de terre pour les deux producteurs. Notez que le coût de renonciation de la viande est l'inverse du coût de renonciation des pommes de terre. Parce que 1 kg de pommes de terre coûte à l'éleveur 0,5 kg de viande, 1 kg de viande lui coûte 2 kg de pommes de terre. De la même manière, parce que 1 kg de pommes de terre coûte au fermier 0,25 kg de viande, 1 kg de viande lui coûte 4 kg de pommes de terre.

TABLEAU 3.1

Les coûts de renonciation de la viande et des pommes de terre

	COÛT DE RENONCIATION	
	De 1 kg de viande	**De 1 kg de pommes de terre**
Fermier	4 kg de pommes de terre	0,25 kg de viande
Éleveur	2 kg de pommes de terre	0,50 kg de viande

Avantage comparatif
Capacité de produire un bien à un coût de renonciation moindre qu'un autre producteur.

Les économistes emploient le terme **avantage comparatif** pour comparer le coût de renonciation de ces deux producteurs. Celui qui a le coût de renonciation le plus faible dispose d'un avantage comparatif dans la production de ce bien. Dans notre exemple, le coût de renonciation du fermier est inférieur à celui de l'éleveur pour les pommes de terre : produire 1 kg de pommes de terre coûte au fermier 0,25 kg de viande alors qu'il coûte à l'éleveur 0,5 kg de viande. En revanche, le coût de renonciation de l'éleveur est plus faible que celui du fermier pour la production de la viande : produire 1 kg de viande coûte à l'éleveur 2 kg de pommes de terre alors qu'il coûte au fermier 4 kg de pommes de terre. Ainsi, le fermier détient l'avantage comparatif dans la production de pommes de terre, alors que l'éleveur détient l'avantage comparatif dans la production de viande.

Bien qu'il soit possible de détenir l'avantage absolu dans les deux productions (c'est le cas de l'éleveur), il est impossible pour une seule et même personne de disposer d'un avantage comparatif pour les deux produits. Comme le coût de renonciation d'un bien est l'inverse du coût de renonciation de l'autre, un coût de renonciation élevé pour un produit implique un coût de renonciation faible pour l'autre. L'avantage comparatif reflète le coût de renonciation relatif. À moins que deux producteurs n'aient exactement les mêmes coûts de renonciation, l'un des deux aura toujours un avantage comparatif dans la production d'un bien, tandis que l'autre aura un avantage comparatif dans la production de l'autre bien.

L'avantage comparatif et les échanges

Les bénéfices tirés de l'échange découlent des avantages comparatifs, et non des avantages absolus. Lorsque chacun se spécialise dans la production de biens pour lesquels il dispose d'un avantage comparatif, la production totale augmente, et cette augmentation de la production totale permet d'améliorer le bien-être de tous.

Dans notre exemple, le fermier consacre plus de temps à cultiver des pommes de terre, et l'éleveur, plus de temps à l'élevage du bétail. Cela permet d'accroître la production totale de pommes de terre de 4 kg (elle passe de 40 à 44 kg) et la production totale de viande de 2 kg (elle passe de 16 à 18 kg). Le fermier et l'éleveur se partageront ces gains de production.

Nous pouvons voir les choses d'un autre angle si nous considérons le prix que chacun paie à l'autre. Puisque le fermier et l'éleveur ont des coûts de renonciation différents, chacun fait une bonne affaire. En effet, chacun obtient de l'autre un bien à un prix inférieur à son propre coût de renonciation.

Revenons sur la proposition précédente en adoptant le point de vue du fermier. Celui-ci reçoit 5 kg de viande en échange de 15 kg de pommes de terre. En d'autres mots, il paie chaque kilogramme de viande au prix de 3 kg de pommes de terre. Le prix qu'il paie pour la viande est donc inférieur à son propre coût de renonciation, lequel est de 4 kg de pommes de terre par kilogramme de viande. Par conséquent, il a tout intérêt à procéder à cet échange qui lui procure de la viande à meilleur marché.

Mettons-nous maintenant à la place de l'éleveur. Il reçoit 15 kg de pommes de terre en échange de 5 kg de viande. Il achète chaque kilogramme de pommes de terre au prix de 0,33 kg de viande, soit un prix inférieur à son coût de renonciation, lequel est égal à 0,5 kg de viande par kilogramme de pommes de terre. Par conséquent, ce dernier a également tout intérêt à acheter des pommes de terre à ce prix alléchant.

La morale de l'histoire de l'éleveur et du fermier est on ne peut plus claire : *les échanges améliorent le bien-être de tous, parce qu'ils permettent une spécialisation dans les activités où chacun dispose d'un avantage comparatif.*

BON À SAVOIR

Le legs d'Adam Smith et de David Ricardo

Les économistes ont compris depuis longtemps les avantages du commerce. Le texte ci-dessous, du grand économiste Adam Smith, illustre à merveille cette idée.

> Tout père de famille sage a pour maxime de ne jamais produire dans son foyer les choses qui lui coûtent plus cher à produire qu'à acheter. Le tailleur ne se met pas à faire des chaussures, il les achète du bottier. Et le bottier ne prend pas le soin de faire ses vêtements mais il emploie le tailleur. Le fermier n'essaie ni de faire des chaussures ni de faire des vêtements, mais il emploie le bottier et le tailleur. Tous recherchent leur propre intérêt, et utilisent leur propre industrie d'une manière à disposer d'un avantage sur leur voisin et à pouvoir acheter de celui-ci une part de ses productions, ou ce qui revient au même, avec le prix d'une part de celles-ci, tous les autres biens dont ils ont l'usage.

Cette citation de Smith est tirée de son livre *Recherches sur la nature et les causes de la richesse des nations* publié en 1776, lequel constitue un point tournant dans l'analyse du commerce et de l'interdépendance entre nations.

Cet ouvrage a incité David Ricardo, un courtier millionnaire, à se convertir à l'économie. En effet, en 1817, dans son ouvrage intitulé *Des principes de l'économie politique et de l'impôt*, il a élaboré le principe de l'avantage comparatif tel que nous le connaissons aujourd'hui. Sa défense du libre-échange ne s'est pas limitée à un pur exercice théorique. Il a mis ses concepts en pratique en tant que membre du Parlement anglais, en s'opposant notamment aux lois qui restreignaient l'importation de céréales.

David Ricardo

Les conclusions d'Adam Smith et de David Ricardo sur les avantages du commerce restent encore de mise. Même si les économistes s'affrontent souvent sur les questions de politique économique, ils restent unis dans leur approbation du libre-échange. Du reste, l'argument essentiel du libre-échange n'a guère été modifié au cours des deux derniers siècles. L'économie a sans doute élargi son champ d'études et raffiné ses théories depuis Smith et Ricardo, mais l'opposition que manifestent les économistes à l'endroit des barrières commerciales se fonde toujours en grande partie sur le principe de l'avantage comparatif.

Le prix de l'échange

Le principe de l'avantage comparatif établit que chaque partenaire peut gagner en se spécialisant et en procédant à des échanges. Cependant, il ne répond pas aux questions suivantes: Comment fixe-t-on le prix auquel on échangera de la viande contre des pommes de terre? Comment les gains liés aux échanges seront-ils partagés entre les partenaires? Une réponse précise à ces questions n'entre pas dans le cadre de ce chapitre, mais nous pouvons tout de même avancer une règle générale: *pour que les deux partenaires bénéficient de la spécialisation et de l'échange, il faut que le prix soit situé entre les deux coûts de renonciation.*

Dans notre exemple, le fermier et l'éleveur sont d'accord pour échanger 3 kg de pommes de terre contre 1 kg de viande. Ce prix se situe entre le coût de renonciation du fermier (2 kg de pommes de terre par kilogramme de viande) et celui de l'éleveur (4 kg de pommes de terre par kilogramme de viande). Aussi longtemps que le prix se situera à l'intérieur de cet intervalle (sans nécessairement se situer au milieu), le fermier et l'éleveur pourront acheter un bien à un prix inférieur à leur coût de renonciation.

Pour comprendre pourquoi le prix doit être situé à l'intérieur de cet intervalle, voyez ce qui se passe lorsqu'il ne l'est pas. Si le prix de la viande était inférieur à 2 kg de pommes de terre, le fermier et l'éleveur voudraient acheter de la viande parce que le prix serait en deçà de leur coût de renonciation. De même, si le prix de la viande dépassait 4 kg de pommes de terre, les deux voudraient vendre de la viande, parce que le prix serait supérieur à leur coût de renonciation. Toutefois, il n'y a que deux partenaires dans cette économie, et les deux ne peuvent pas être que des vendeurs ou des acheteurs de viande. L'un des deux doit jouer l'autre rôle.

Si le prix s'établit entre 2 et 4 kg de pommes de terre, l'échange profitera aux deux partenaires. Dans cet intervalle de prix, l'éleveur voudra vendre de la viande pour acheter des pommes de terre et le fermier voudra lui vendre des pommes de terre pour acheter de la viande. Ainsi, chacun se procurera un produit à un prix inférieur à son coût de renonciation. En fin de compte, chacun se spécialisera dans la production pour laquelle il possède un avantage comparatif; par conséquent, le bien-être des deux s'améliorera.

MINITEST

- Robinson Crusoé ramasse 10 noix de coco ou pêche 1 poisson par heure. Son ami Vendredi ramasse 30 noix de coco ou pêche 2 poissons par heure. Quel est le coût de renonciation d'un poisson pour Robinson? pour Vendredi? Qui dispose d'un avantage absolu dans la pêche? Qui dispose d'un avantage comparatif dans la pêche?

Les applications de l'avantage comparatif

Le principe de l'avantage comparatif explique l'interdépendance et les bénéfices tirés des échanges. Puisque cette interdépendance est omniprésente dans le monde moderne, il n'est pas étonnant que le principe de l'avantage comparatif ait de multiples applications. En voici deux exemples, l'un plutôt fantaisiste, et l'autre, tout à fait pratique.

P. K. Subban devrait-il déneiger son entrée lui-même?

Pernell Karl Subban est un athlète hors pair. Gagnant du trophée James Norris en 2013 et considéré par plusieurs comme l'un des meilleurs défenseurs de la LNH, il fabrique des jeux et lance mieux que quiconque. Il excelle probablement dans une foule d'autres activités. Il y a fort à parier qu'il est capable de déneiger son entrée plus rapidement que n'importe qui. Toutefois, même s'il est capable de le faire, cela veut-il dire qu'il devrait le faire?

« Ouf ! Je n'ai pas à déneiger mon entrée ce soir. »

Pour répondre à cette question, reprenons les concepts de coût de renonciation et d'avantage comparatif. Supposons que Subban prend 2 heures pour déneiger son entrée. Durant ces mêmes 2 heures, il pourrait tourner une publicité et gagner 10 000 $. En revanche, sa jeune voisine Amélie peut déneiger son entrée en 4 heures. Durant cette période, si elle avait travaillé au restaurant du coin, elle aurait gagné 40 $.

Dans cet exemple, parce qu'il est le plus rapide des deux, Subban dispose d'un avantage absolu dans le déneigement. Or, le coût de renonciation d'un déneigement pour Subban s'élève à 10 000 $, alors que celui d'Amélie s'élève à 40 $. Par conséquent, Amélie détient un avantage comparatif dans le déneigement, parce que son coût de renonciation est nettement inférieur à celui du hockeyeur.

Dans cet exemple, les gains tirés de l'échange sont énormes. Subban a tout intérêt à tourner cette annonce publicitaire et à engager Amélie pour déneiger son entrée. Aussi longtemps qu'il lui donne plus de 40 $ et moins de 10 000 $, les deux tirent profit de l'échange.

Le Canada devrait-il commercer avec d'autres pays?

Les avantages de la spécialisation et des échanges valent non seulement pour les individus, comme le fermier et l'éleveur, mais également pour les peuples des différents pays. Une foule de produits appréciés des Canadiens sont fabriqués à l'étranger, et de nombreux produits fabriqués au Canada sont vendus à l'extérieur. Les biens et les services produits à l'extérieur et consommés sur le marché intérieur sont des **importations**, tandis que ceux produits dans le pays et vendus à l'étranger sont des **exportations**.

Importations
Biens et services produits à l'étranger et achetés dans le pays.

Exportations
Biens et services produits dans le pays et vendus à l'étranger.

Afin de voir les bénéfices que les pays retirent du commerce, prenons l'exemple de deux pays, le Canada et le Japon, et de deux produits : la nourriture et les voitures. Imaginons que ces deux pays fabriquent des automobiles tout aussi efficacement l'un que l'autre : un travailleur canadien et un travailleur japonais fabriquent tous deux une voiture par mois. En revanche, comme le territoire du Canada est plus vaste et son sol plus riche, sa productivité agricole est meilleure : un agriculteur canadien produit 2 tonnes de nourriture par mois, alors que son homologue japonais n'en produit que 1 tonne par mois.

Selon le principe de l'avantage comparatif, chacun des produits devrait être fabriqué par le pays pour lequel le coût de renonciation est le plus faible. Comme le coût de renonciation d'une voiture équivaut à 2 tonnes de nourriture au Canada et à seulement 1 tonne au Japon, le Japon dispose donc d'un avantage comparatif dans la production d'automobiles. Ce pays devrait produire plus de voitures qu'il lui en faut pour son propre marché intérieur et en exporter au Canada. Réciproquement, comme le coût de renonciation de 1 tonne de nourriture équivaut à une voiture au Japon, mais seulement à 0,5 voiture au Canada, le Canada possède un avantage comparatif dans la production de nourriture.

Une manifestation de l'avantage comparatif

Il devrait donc produire une quantité de nourriture supérieure à ses propres besoins de consommation afin d'exporter le surplus au Japon. La spécialisation et le commerce permettent à ces deux pays de disposer de plus de nourriture et de plus de véhicules.

En réalité, bien entendu, le commerce entre les nations est infiniment plus complexe. Notons simplement que la complexité provient de la multitude des intérêts divergents des habitants de chaque pays. Le commerce international peut détériorer la situation de certains résidants, même s'il améliore la situation globale du pays. Lorsque le Canada exporte de la nourriture en important des voitures, les conséquences pour le fermier canadien sont tout à fait différentes de celles que subissent les travailleurs de l'industrie de l'automobile. Toutefois, contrairement aux opinions fréquemment avancées par la classe politique et les journalistes, le commerce international n'a rien d'une guerre où il y a des vainqueurs et des vaincus. Les échanges permettent à tous les pays d'atteindre une plus grande prospérité.

DANS L'ACTUALITÉ

Le libre-échange crée-t-il des emplois ?

Le Canada a négocié de nombreux accords de libre-échange au fil des ans — dont le plus important avec nos partenaires de l'ALÉNA, les États-Unis et le Mexique — et participe actuellement à des discussions qui pourraient mener à de nouveaux accords. Si les politiciens parlent des avantages de ces accords en termes d'emplois, le chroniqueur William Watson (qui enseigne l'économie à l'Université McGill) souligne que l'avantage comparatif n'est pas tant une promesse d'emplois qu'une promesse de meilleurs emplois.

Les accords de libre-échange ne génèrent pas d'emplois, mais ils demeurent bons pour le Canada

William Watson

Combien de Canadiens n'ont pas d'emploi actuellement parce que nous n'avons pas d'accord de libre-échange avec le Japon? Sûrement pas beaucoup. Je parie d'ailleurs que si nous parvenons à un tel accord, ce que je souhaite, la nouvelle demande japonaise pour nos produits ne changera pas grand-chose à notre taux de chômage. On ne peut donc que déplorer de voir le premier ministre insister à ce point sur les emplois lorsqu'il annonce la tenue de négociations de libre-échange avec le Japon. « Il s'agit là d'une étape historique, a dit le premier ministre au moment d'annoncer le début des négociations, qui contribuera à la création d'emplois et à la croissance dans les deux pays. »

Aux dires des politiciens, les accords commerciaux sont créateurs d'emplois. Brian Mulroney n'avait qu'un mot à la bouche pour décrire l'accord de libre-échange entre le Canada et les États-Unis : « Jobs, jobs, jobs. » Ça n'avait pourtant rien à voir. Les accords de libre-échange concernent rarement les emplois.

Pensons-y. Supposons que nous cessons brusquement tout échange commercial. Le taux de chômage bondira-t-il alors à 32 % (puisque les exportations représentent 32 % de notre PIB)? Si nous rendions les échanges commerciaux illégaux du jour au lendemain, le chômage ferait un bond prodigieux. Nous ne pourrions certainement pas manger tout le blé que produisent les agriculteurs des Prairies. Ceux-ci devraient donc trouver autre chose à faire. Mais, au fait, l'interdiction du commerce international signifie l'interdiction des importations. Nous créerions donc une foule de nouveaux emplois pour produire les biens et services que nous avions l'habitude d'importer.

Sans vouloir offusquer les producteurs de blé, ils ne seraient probablement pas très habiles, du moins à leurs débuts, à produire des iPod. Les nouveaux « CanPod » auxquels nous devrions tous nous habituer risqueraient de ne pas être tout à fait au point, en plus de peser 2 kg et de coûter 2 000 $ pièce. Or, si nous souhaitions continuer à consommer comme le commerce international nous y a habitués, alors l'interdiction d'importer créerait de nombreux emplois dans ce type de « substitut d'importation ».

Bien que la plupart d'entre nous auraient un emploi, nous serions également plus pauvres. Au lieu de faire ce à quoi nous excellons, nous tenterions de faire ce à quoi excellent des étrangers. Le commerce international nous permet de nous spécialiser dans des activités pour lesquelles nous détenons un « avantage comparatif », c'est-à-dire des activités que nous accomplissons de façon plus productive.

Le commerce ne nous procure pas plus d'emplois. Il nous en procure de meilleurs, mieux rémunérés, parce que nous y excellons. La plupart des politiciens ne sont pas des économistes, si bien que nous pouvons leur pardonner de dire que les accords commerciaux créent des emplois. Le premier ministre, lui, est économiste et sait de quoi il parle. Peut-être croit-il que parler d'emplois est le seul langage que comprennent les électeurs.

Bien que les économistes aient une prédisposition professionnelle au libre-échange, cela ne veut pas dire que les accords binationaux ou régionaux soient une bonne chose. S'ils favorisent le commerce, ce qui est bon, ils le détournent aussi, et ça, ce n'est pas bon.

Supposons que nous arrivons effectivement à un accord avec le Japon. Les voitures japonaises, qui font l'objet d'un tarif douanier de 6 %, entreront désormais librement au pays. Cela favorisera le commerce puisque certains d'entre nous préféreront acheter une voiture japonaise à meilleur prix (importée du Japon) qu'une voiture fabriquée au Canada, qu'elle soit d'une marque nord-américaine ou de marque Honda, Toyota ou Suzuki. Tant mieux. Si nous, consommateurs canadiens, décidons qu'à traitement fiscal égal, nous préférons les importations pures, nous aurons exprimé notre volonté. Les fabricants de voitures canadiens n'auront d'autre choix que de rehausser leur offre ou de se recycler.

Or, le libre-échange entre le Canada et le Japon peut aussi provoquer un « détournement des échanges. » Supposons que la Corée fabrique les meilleures voitures qui soient. Après la signature d'un accord de libre-échange avec le Japon, les voitures japonaises seront libérées de tarifs douaniers à leur entrée au Canada, contrairement aux voitures coréennes (à moins que le Canada conclue enfin une entente avec la Corée, après 17 ans de négociations... mais c'est une autre histoire). Certains acheteurs canadiens réagiront en renonçant à acheter une voiture coréenne au profit d'une voiture japonaise, ce qui constitue une mauvaise nouvelle : nous nous trouverons à détourner une partie de nos échanges commerciaux avec le meilleur producteur de voitures au monde, la Corée, vers notre nouvel ami le Japon.

Pour savoir si un accord de libre-échange est bon ou mauvais, il faut tenir compte de toutes les industries et déterminer si l'accord crée plus d'échanges commerciaux qu'il en détourne. L'exercice n'est pas facile à faire.

La solution évidente est d'établir des règles du jeu équitables et de tenter de conclure des accords de libre-échange avec tout le monde, ce qui est précisément le rôle de l'OMC. Considéré comme le point de départ du libre-échange mondial, le libre-échange avec les amis se défend, bien que le message soit difficile à faire passer durant la période de questions. ■

Source : Watson, William. (27 mars 2012). « Free-trade deals don't create jobs, but they're still good for Canada ». *Ottawa Citizen*. (Traduction libre). Repéré à www2.canada.com/ottawacitizen/news/archives

MINITEST

- Imaginez qu'une neurochirurgienne est également la nettoyeuse la plus rapide du monde. Devrait-elle continuer à faire le ménage de son bureau ou engager un préposé à l'entretien ? Expliquez votre réponse.

Conclusion

Vous êtes maintenant en mesure de mieux comprendre les avantages liés à l'interdépendance économique. Lorsque des Québécois achètent des chaussettes de la Chine, que des résidants de Trois-Rivières boivent du jus d'orange de Floride et qu'un propriétaire embauche le jeune voisin pour tondre son gazon, les mêmes forces économiques sont à l'œuvre. Le principe de l'avantage comparatif démontre que les échanges permettent d'améliorer le bien-être de tout le monde.

Connaissant les raisons qui rendent cette interdépendance désirable, vous vous demandez certainement comment elle est possible. Comment des sociétés libres arrivent-elles à coordonner les activités de tous les citoyens ? Qui s'assure que les biens et les services passeront de ceux qui les produisent à ceux qui les consomment ? Dans un monde composé uniquement de deux individus, comme l'éleveur et le fermier, la réponse est simple : ils s'entendent directement pour répartir les ressources d'un commun accord. Dans le monde réel, avec ses milliards d'individus, la réponse semble moins évidente. Nous reviendrons sur cette question dans le prochain chapitre, où nous verrons que la plupart des sociétés allouent leurs ressources par l'entremise des marchés.

Résumé

- Chaque individu consomme des biens et des services produits par une multitude d'autres personnes, au Canada et ailleurs dans le monde. L'interdépendance et les échanges sont souhaitables parce qu'ils permettent à chacun de disposer d'une plus grande quantité et d'une plus grande variété de biens et de services.
- Il existe deux façons de comparer la capacité de deux personnes à produire un bien. On considère que la personne qui produit ce bien avec la plus faible quantité d'intrants dispose d'un *avantage absolu*, alors que celle qui peut le produire avec le plus faible coût de renonciation bénéficie d'un *avantage comparatif*. Les gains tirés de l'échange proviennent de l'avantage comparatif, et non de l'avantage absolu.
- Les échanges améliorent le bien-être de tous, car ils permettent à chacun de se spécialiser dans les activités où il détient un avantage comparatif.
- Ce principe de l'avantage comparatif s'applique aux nations comme aux individus. C'est en fonction de ce principe que les économistes réclament la liberté de commercer entre les pays.

Concepts clés

Questions de révision

1. À quelles conditions la courbe des possibilités de production est-elle linéaire plutôt que de forme arquée ?
2. Expliquez la différence entre un avantage absolu et un avantage comparatif.
3. Donnez un exemple dans lequel une personne dispose d'un avantage absolu tandis qu'une autre détient un avantage comparatif.
4. Qu'est-ce qui importe le plus pour les échanges : l'avantage comparatif ou l'avantage absolu ? Expliquez votre raisonnement en vous fondant sur l'exemple fourni à la question 3.
5. Si deux partenaires échangent en fonction de leur avantage comparatif et que les deux y gagnent, dans quel intervalle le prix de l'échange devrait-il se situer ?
6. Un pays qui détient un avantage comparatif pour un bien doit-il l'exporter ou l'importer ? Expliquez.
7. Pourquoi les économistes s'opposent-ils au protectionnisme en matière de commerce international ?

4
CHAPITRE

Les forces du marché : l'offre et la demande

Lorsqu'une vague de froid frappe la Floride, le prix du jus d'orange augmente dans tous les supermarchés canadiens. Quand la chaleur revient chaque été au Québec, le prix des chambres d'hôtel aux Caraïbes diminue. Un conflit armé au Moyen-Orient provoque une hausse des prix de l'essence à la pompe, ce qui entraîne une baisse du prix des véhicules utilitaires sport d'occasion. Qu'ont en commun tous ces événements ? Ils illustrent tous le fonctionnement de l'offre et de la demande.

Les termes *offre* et *demande* reviennent invariablement sous la plume des économistes. Il n'y a rien d'étonnant à cela puisque ces deux facteurs assurent le fonctionnement des économies de marché. Ils déterminent la quantité des biens produits et leur prix de vente. Pour mesurer l'influence qu'un événement ou qu'une politique aura sur l'économie, il faut avant tout penser en termes d'offre et de demande.

Dans ce chapitre, nous présenterons la théorie de l'offre et de la demande. Nous étudierons les comportements des acheteurs et des vendeurs ainsi que leurs interactions. Nous verrons comment le jeu de l'offre et de la demande détermine les prix dans une économie de marché et comment ces prix assurent l'allocation des ressources rares de l'économie.

Les marchés et la concurrence

Lorsqu'il parle d'*offre* et de *demande*, l'économiste fait référence au comportement des agents et à leur interdépendance sur les marchés concurrentiels. Toutefois, avant d'aborder le comportement des acheteurs et des vendeurs, approfondissons notre connaissance des notions de *marché* et de *concurrence*.

Qu'est-ce qu'un marché ?

Marché
Lieu où se rencontrent les acheteurs et les vendeurs d'un bien ou d'un service particuliers.

Un **marché** se compose d'acheteurs et de vendeurs pour un certain type de biens ou de services. En tant que groupe, les acheteurs déterminent la demande d'un produit, tandis que les vendeurs en déterminent l'offre.

Il existe plusieurs catégories de marchés. Certains marchés, comme ceux des produits agricoles, sont très organisés. Sur ces marchés, les acheteurs et les vendeurs se rencontrent dans des enchères publiques et conviennent ensemble des prix et des ventes.

La plupart du temps, les marchés ne sont pas aussi organisés. Prenons, à titre d'exemple, celui de la crème glacée dans une ville donnée. Les acheteurs n'achètent pas tous au même moment ni au même endroit et les vendeurs ne proposent pas tous exactement les mêmes produits. Aucun commissaire-priseur n'annonce le prix de la crème glacée. Chaque vendeur décide des prix à afficher et chaque acheteur décide de la quantité à acheter. Pourtant, ces acheteurs et ces vendeurs sont liés les uns aux autres. Chaque acheteur sait que de nombreux vendeurs sont disposés à satisfaire sa fringale, et chaque vendeur sollicite les mêmes acheteurs afin de rentabiliser son entreprise. Les acheteurs et les vendeurs de crème glacée forment bel et bien un marché, même s'il n'est pas très organisé.

Qu'est-ce que la concurrence ?

À l'instar de la majorité des autres marchés, celui de la crème glacée est fortement concurrentiel. Chaque acheteur sait qu'il existe plusieurs vendeurs, et chaque vendeur est conscient qu'il offre, aux mêmes acheteurs, un produit comparable à celui des autres. La fixation du prix et de la quantité de crème glacée vendue ne dépend donc pas d'un seul acheteur ni d'un unique vendeur ; elle dépend plutôt de l'interaction de plusieurs acheteurs et de plusieurs vendeurs présents sur le marché.

Marché concurrentiel
Marché sur lequel les acheteurs et les vendeurs sont trop nombreux pour que l'un d'entre eux puisse influer sur le prix du marché.

Un **marché concurrentiel** comporte tellement d'acheteurs et de vendeurs qu'aucun d'eux ne peut exercer à lui seul une influence décisive sur les prix du marché. Aucun vendeur de crème glacée n'est en mesure d'influer sur le prix, puisque les autres vendeurs offrent des produits comparables. Un vendeur ne gagnerait pas d'argent, voire en perdrait, s'il tentait de vendre son produit à un prix inférieur à celui qui a cours sur le marché, et il perdrait tous ses clients s'il tentait de le vendre à un prix plus élevé. Et il en va de même pour les acheteurs. En raison de la faible quantité de crème glacée que chacun des acheteurs consomme, aucun d'eux ne peut influer sur le prix.

Dans ce chapitre, nous partons de l'hypothèse selon laquelle les marchés sont *parfaitement concurrentiels*. Deux caractéristiques essentielles définissent un tel type de marché : d'abord, les biens mis en vente sont identiques ; ensuite, les acheteurs et les vendeurs sont trop nombreux pour que l'un d'entre eux puisse influer sur le prix du marché. Par conséquent, dans un marché parfaitement concurrentiel, les acheteurs et les vendeurs doivent accepter le prix du marché et sont alors qualifiés de *preneurs de prix*. Au prix du marché, les acheteurs achètent les quantités qu'ils désirent et les vendeurs vendent les quantités qui les satisfont.

L'hypothèse de la concurrence parfaite s'applique fort bien à certains marchés. C'est le cas du marché mondial du blé, où des milliers de fermiers vendent leur récolte à des milliers de grossistes et de consommateurs. Comme aucun acheteur ni aucun vendeur n'est en mesure de modifier à lui seul le prix du blé, tous se conforment au prix déterminé sur le marché.

Cela dit, les biens et les services ne s'échangent pas tous sur des marchés parfaitement concurrentiels. Sur certains marchés, il n'y a qu'un offreur qui détermine à lui seul le prix de vente. On parle alors d'un *monopole*. Votre compagnie de câblodistribution est probablement un monopole. Dès lors qu'elle est la seule à offrir la câblodistribution dans une ville, les résidants n'ont d'autre possibilité que de recourir à ses services. Du reste, nous verrons plus loin que certains marchés se situent entre la concurrence parfaite et le monopole.

En dépit de la diversité des marchés existants dans la réalité, nous partirons de l'hypothèse que les marchés sont parfaitement concurrentiels. Cette hypothèse simplificatrice facilitera nos analyses, car elle suppose qu'acheteurs et vendeurs considèrent le prix du marché comme une donnée fournie par le marché. En outre, comme il existe une certaine concurrence dans la plupart des marchés, bon nombre des principes de l'offre et de la demande s'appliqueront également aux marchés plus complexes.

MINITEST

- Qu'est-ce qu'un marché ?
- Quelles sont les caractéristiques d'un marché concurrentiel ?

La demande

Nous amorcerons notre étude des marchés par l'observation du comportement des acheteurs. Pour mieux centrer notre raisonnement, nous reprendrons l'exemple d'un produit spécifique : la crème glacée.

La courbe de demande : la relation entre le prix et la quantité demandée

La **quantité demandée** d'un produit correspond à la quantité que les consommateurs désirent acheter. Comme nous le verrons, plusieurs variables influent sur la quantité demandée d'un produit, mais l'une d'entre elles joue un rôle déterminant : le prix du produit lui-même. Si le prix de la crème glacée atteint 20,00 $ le cornet, vous en consommerez moins. Vous achèterez plutôt du yogourt glacé. Si, en revanche, le prix passe à 0,20 $ le cornet, vous en consommerez davantage. Cette relation inverse entre le prix et la quantité demandée se vérifie pour la plupart des biens et s'avère de fait si répandue que les économistes la désignent par le terme de **loi de la demande** : toutes choses étant égales par

Quantité demandée
Quantité d'un bien que les acheteurs désirent acheter à un prix donné.

Loi de la demande
Toutes choses étant égales par ailleurs, la quantité demandée d'un bien diminue quand le prix du bien augmente.

ailleurs, lorsque le prix d'un bien augmente, la quantité demandée diminue, et lorsque le prix diminue, la quantité demandée augmente.

Le tableau de la figure 4.1 indique la consommation de cornets de crème glacée d'Hélène en fonction du prix. Lorsque le cornet de crème glacée est gratuit, elle mange 12 cornets. Lorsque le prix du cornet passe à 0,50 $, elle en achète 10. À mesure que le prix augmente, elle réduit sa consommation. Lorsque le cornet de crème glacée coûte 3,00 $, elle cesse complètement d'en acheter. Ce tableau constitue un **barème de demande** ; il indique la relation entre le prix d'un bien et la quantité demandée, toutes les autres variables étant tenues constantes.

Barème de demande
Tableau indiquant la relation entre le prix d'un bien et la quantité demandée.

Courbe de demande
Courbe qui montre la relation entre le prix d'un bien et la quantité demandée.

Le graphique de la figure 4.1 représente les données contenues dans le tableau. Par convention, le prix du cornet de crème glacée se trouve sur l'axe des ordonnées et la quantité de cornets de crème glacée demandée, sur l'axe des abscisses. La droite de pente négative, appelée **courbe de demande**, exprime le rapport entre le prix et la quantité demandée.

FIGURE 4.1

Le barème et la courbe de demande d'Hélène

Le barème de demande est un tableau indiquant la quantité demandée pour chaque prix. La courbe de demande, qui représente le barème de demande, illustre comment la quantité demandée d'un bien varie en fonction du prix. Cette courbe présente une pente négative, parce qu'une baisse du prix entraîne une augmentation de la quantité demandée.

PRIX D'UN CORNET	QUANTITÉ DEMANDÉE
0,00 $	12
0,50 $	10
1,00 $	8
1,50 $	6
2,00 $	4
2,50 $	2
3,00 $	0

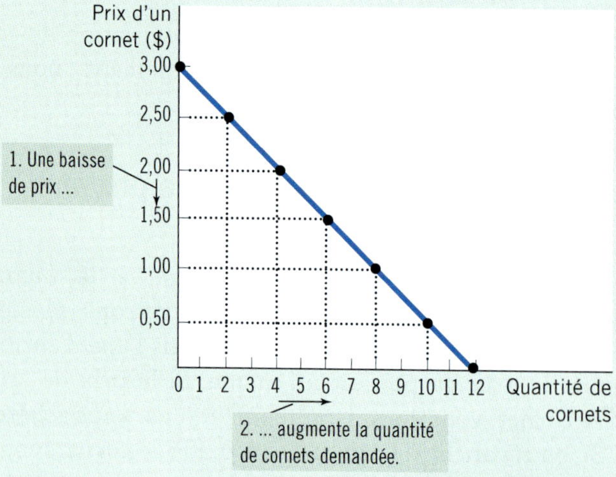

La demande de marché et la demande individuelle

La courbe de demande de la figure 4.1 illustre la demande individuelle pour un produit. Pour analyser le fonctionnement des marchés, il faut examiner la demande de marché, c'est-à-dire la somme des demandes individuelles pour un bien ou un service particuliers.

Le tableau de la figure 4.2 affiche les barèmes de demande de crème glacée de deux personnes : Hélène et Diane. Ces deux barèmes nous renseignent sur la quantité de cornets de crème glacée qu'Hélène et Diane seront disposées à acheter pour chaque prix donné. Pour tout niveau de prix, la quantité demandée sur le marché correspond à la somme des quantités demandées par ces deux personnes.

Les graphiques de la figure 4.2 illustrent les courbes de demande correspondant à ces barèmes de demande. Remarquez que pour chaque niveau de prix, on additionne les demandes individuelles afin de tracer la courbe de demande de marché.

FIGURE 4.2

La demande de marché en tant que somme des demandes individuelles

PRIX D'UN CORNET	HÉLÈNE +	DIANE =	MARCHÉ
0,00 $	12	7	19
0,50 $	10	6	16
1,00 $	8	5	13
1,50 $	6	4	10
2,00 $	4	3	7
2,50 $	2	2	4
3,00 $	0	1	1

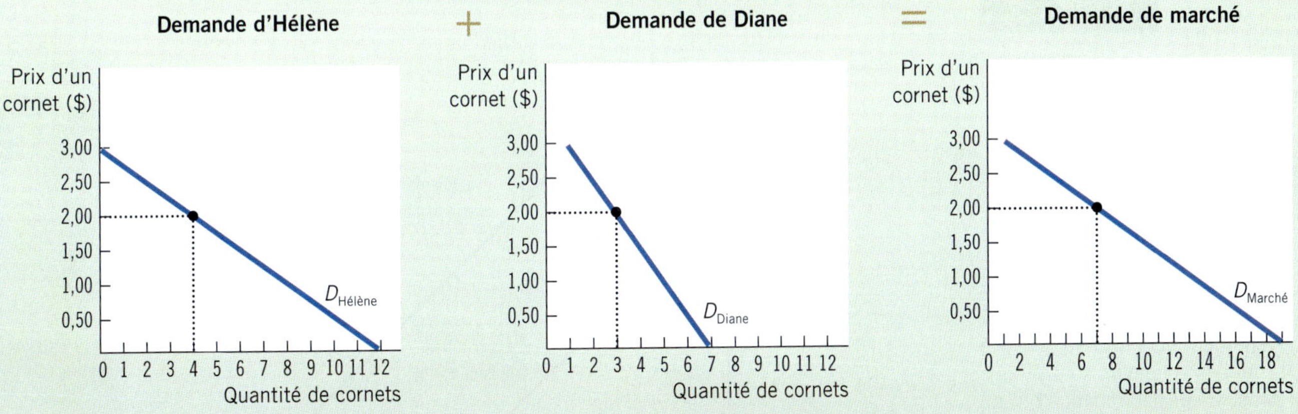

La quantité demandée sur un marché correspond à la somme des quantités demandées par chacun des acheteurs pour chaque niveau de prix. La courbe de demande de marché se calcule en additionnant horizontalement les courbes de demandes individuelles. Lorsque le cornet de crème glacée se vend 2,00 $, Hélène désire acheter 4 cornets et Diane désire en acheter 3. À un prix de 2,00 $, la quantité demandée sur le marché est donc égale à 7 cornets.

Pour obtenir la quantité totale demandée pour chaque niveau de prix, on additionne les quantités individuelles figurant sur l'axe des abscisses des courbes individuelles de demande. Puisque c'est avant tout le fonctionnement des marchés qui intéresse les économistes, ceux-ci travaillent la plupart du temps avec la courbe de demande de marché. Elle montre bien que la quantité totale demandée d'un bien varie en fonction du prix de ce même bien, toutes les autres variables étant tenues constantes.

Les déplacements de la courbe de demande

La courbe de demande de marché peut se déplacer avec le temps. Un phénomène peut se produire, qui influera sur la quantité de crème glacée que les consommateurs désirent acheter pour tout niveau de prix. Imaginons que des chercheurs annoncent soudainement une découverte : les consommateurs réguliers de crème glacée vivent plus longtemps et en meilleure santé. Comment cette découverte se répercutera-t-elle sur le marché de la crème glacée ? Elle fera augmenter la demande de crème glacée. Pour tout niveau de prix, les acheteurs voudront en manger davantage. La courbe de demande de crème glacée se déplacera donc vers la droite.

Comme le montre la figure 4.3, tout événement qui fait augmenter la quantité demandée pour chaque niveau de prix déplace la courbe de demande vers la droite. On parle alors d'une *augmentation de la demande*. En revanche, tout événement qui réduit la quantité demandée pour chaque niveau de prix déplace la courbe de demande vers la gauche. On parle alors d'une *diminution de la demande*.

Plusieurs variables peuvent faire déplacer la courbe de demande. Examinons les plus importantes.

Le revenu

Si vous perdez votre emploi, votre consommation de crème glacée s'en ressentira-t-elle ? Elle baissera fort probablement. Une diminution des revenus signifie une réduction des dépenses totales. Vous dépenserez donc moins d'argent pour certains produits — voire pour la plupart. Quand la demande pour un produit diminue avec la baisse des revenus, on dit qu'il s'agit d'un **bien normal**.

Bien normal
Bien pour lequel la demande augmente quand le revenu des acheteurs augmente.

FIGURE 4.3

Les déplacements de la courbe de demande

Tout événement qui fait augmenter la quantité que les acheteurs sont prêts à consommer pour chaque niveau de prix entraîne un déplacement de la courbe vers la droite. Tout événement qui réduit la quantité que les acheteurs sont prêts à consommer pour chaque niveau de prix entraîne un déplacement de la courbe vers la gauche.

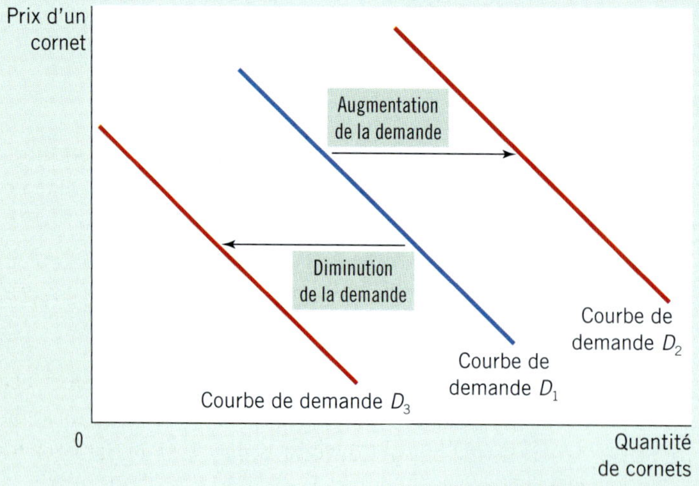

Les biens ne sont pas tous des biens normaux. Lorsque la demande d'un bien augmente avec la baisse des revenus, on considère ce bien comme un **bien inférieur**. Le transport en commun peut être considéré comme un bien inférieur. Si votre revenu diminue, il est peu probable que vous achetiez une voiture ou que vous preniez un taxi. Vous prendrez sans doute davantage l'autobus.

Bien inférieur
Bien pour lequel la demande diminue quand le revenu des acheteurs augmente.

Le prix des produits connexes

Imaginez que le prix du yogourt glacé baisse. La loi de la demande indique que vous achèterez plus de yogourt glacé. Par conséquent, vous consommerez sans doute moins de crème glacée. La crème glacée et le yogourt glacé, deux desserts lactés, glacés et sucrés, répondent aux mêmes besoins. Lorsqu'une diminution du prix d'un bien réduit la demande pour un autre, les deux sont appelés **biens substituts**. Les produits de substitution représentent un choix de consommation de rechange, par exemple entre les hot-dogs et les hamburgers, les chandails et les chemises, les entrées de cinéma et les locations de DVD.

Biens substituts
Biens pour lesquels une augmentation du prix de l'un conduit à une augmentation de la demande de l'autre.

Supposons maintenant que le prix du sirop de chocolat baisse. D'après la loi de la demande, vous en achèterez plus. Mais, cette fois-ci, vous achèterez également plus de crème glacée, puisqu'on en mange souvent avec du sirop de chocolat. Lorsque la diminution du prix d'un bien suscite une augmentation de la demande pour un autre, ces deux produits sont dits **biens complémentaires**. Ces biens se consomment souvent conjointement : l'essence et les automobiles, les ordinateurs et les logiciels, les skis et les billets de remonte-pente.

Biens complémentaires
Biens pour lesquels une augmentation du prix de l'un conduit à une diminution de la demande de l'autre.

Les goûts

Le déterminant le plus important de votre demande est sans doute vos goûts. Si vous aimez la crème glacée, vous en achèterez régulièrement. Les économistes cherchent très rarement à comprendre les goûts, car ceux-ci dépendent de circonstances historiques, sociales et psychologiques, bref de considérations indépendantes de l'économie. Cela dit, les économistes observent les conséquences économiques de l'évolution des goûts.

Les anticipations

Vos attentes en ce qui concerne l'avenir modifieront sans doute votre demande actuelle. Par exemple, si vous prévoyez une augmentation de votre salaire le mois prochain, vous serez enclin à moins épargner aujourd'hui et à dépenser davantage pour vous payer une crème glacée. En revanche, si vous pensez que le prix de la crème glacée va baisser demain, vous aurez moins tendance à vous précipiter pour l'acheter aujourd'hui.

Le nombre d'acheteurs

Outre les facteurs qui influencent le comportement de chaque acheteur, la demande de marché dépend également du nombre d'acheteurs présents sur le marché. Si Jean-Pierre, un consommateur de crème glacée, se joint à Hélène et à Diane, alors la quantité demandée de crème glacée sera plus élevée pour tout niveau de prix. La courbe de demande se déplacera alors vers la droite.

La courbe de demande montre ce qui arrive à la quantité demandée d'un bien lorsque le prix de ce bien varie, toutes les autres variables étant tenues constantes. Cependant, lorsqu'une de ces variables bouge, c'est toute la courbe de demande qui se déplace. Le tableau 4.1 établit la liste des variables influençant le comportement des consommateurs.

Si vous éprouvez de la difficulté à départager les situations où il y a un déplacement le long de la courbe et celles où la courbe se déplace, rappelez-vous les leçons de l'annexe du chapitre 2. Une courbe se déplace lorsqu'un changement touche une variable qui n'est représentée sur aucun des axes du graphique. Parce que le prix du bien est représenté sur l'axe vertical, une variation du prix provoquera un mouvement le long de la courbe de demande. À l'inverse, puisque le revenu, le prix des produits connexes, les goûts, les anticipations et le nombre d'acheteurs n'apparaissent sur aucun des deux axes du graphique, alors toute modification d'une de ces variables entraînera un déplacement de la courbe de demande.

TABLEAU 4.1

Les déterminants de la demande

Voici une liste des variables influant sur la demande de marché. Remarquez le rôle particulier du prix : un changement de prix implique un mouvement le long de la courbe de demande, alors qu'un changement des autres variables se traduit par un déplacement de cette courbe.

VARIABLES INFLUANT SUR LA DEMANDE	UNE MODIFICATION DE CETTE VARIABLE SE TRADUIT PAR...
Prix du bien lui-même	un mouvement le long de la courbe de demande.
Revenu	un déplacement de la courbe de demande.
Prix des biens connexes	un déplacement de la courbe de demande.
Goûts	un déplacement de la courbe de demande.
Anticipations	un déplacement de la courbe de demande.
Nombre d'acheteurs	un déplacement de la courbe de demande.

ÉTUDE DE CAS

Deux moyens de lutter contre le tabagisme

Depuis de nombreuses années, les gouvernements tentent, par toutes sortes de moyens, de réduire le nombre de fumeurs. Pour ce faire, deux types de politiques s'offrent à eux.

Une façon de réduire le tabagisme consiste à déplacer la courbe de demande des cigarettes. Les messages d'intérêt public (à la télé, dans les journaux), l'obligation d'imprimer des mises en garde sur les paquets de cigarettes, de même que l'interdiction faite aux manufacturiers de tabac de faire de la publicité sont autant de politiques visant à réduire la quantité demandée de cigarettes pour tout niveau de prix. Comme le montre le graphique a) de la figure 4.4, ces politiques peuvent faire déplacer la courbe de demande des cigarettes vers la gauche.

L'autre option consiste à augmenter le prix du paquet de cigarettes. À titre d'exemple, les taxes imposées par le gouvernement aux manufacturiers de tabac se répercutent sur les fumeurs par une augmentation du prix du paquet.

Quelle est la meilleure façon de réduire le tabagisme ?

Une telle augmentation incite les consommateurs à réduire le nombre de cigarettes qu'ils fument. Dans ce cas, la réduction du tabagisme ne se reflète pas par un déplacement de la courbe de demande, mais plutôt par un mouvement le long de cette même courbe, pour atteindre un point où la quantité est inférieure et le prix est plus élevé, comme on le voit sur le graphique b) de la figure 4.4.

▶

FIGURE 4.4

Les déplacements de la courbe de demande et les mouvements le long de la courbe de demande

a) Déplacement de la courbe de demande

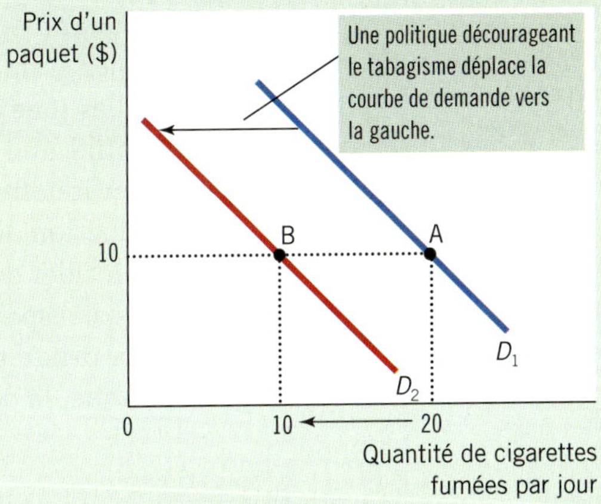

b) Mouvement le long de la courbe de demande

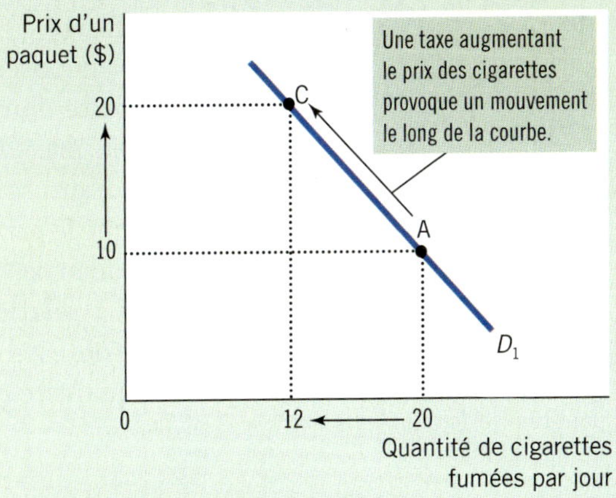

Si les messages relatifs à la santé qui sont inscrits sur les paquets de cigarettes arrivent à convaincre les fumeurs de restreindre leur consommation, la courbe de demande des cigarettes se déplacera vers la gauche. Sur le graphique a), la courbe de demande passe de D_1 à D_2. Lorsque le paquet coûte 10,00 $, la quantité demandée passe de 20 à 10 cigarettes par jour, comme l'illustre le déplacement du point A vers le point B. En revanche, si la taxation fait augmenter le prix des cigarettes, la courbe de demande ne bouge pas et nous observons à la place un mouvement le long de cette courbe. D'après le graphique b), l'augmentation du prix de 10,00 $ à 20,00 $ fait chuter la quantité demandée de 20 à 12 cigarettes par jour, comme le démontre le mouvement du point A vers le point C.

À quel point une augmentation de prix influe-t-elle sur la consommation de cigarettes ? Pour répondre à cette question, les économistes ont tenté de mesurer les effets d'une augmentation des taxes sur le tabac. Ils en ont conclu qu'une augmentation de 10 % du prix entraîne une réduction de 4 % de la quantité demandée. Les adolescents semblent être encore plus sensibles aux variations de prix : une augmentation de 10 % du prix provoque une diminution de 12 % de leur consommation.

Une question subsidiaire concerne la répercussion de l'augmentation du prix des cigarettes sur la demande de drogues douces, comme la marijuana. Les opposants à la taxation des cigarettes allèguent souvent que le tabac et la marijuana représentent des biens substituts, une hausse du prix du tabac encourageant dès lors la consommation de marijuana. En revanche, nombre d'experts en toxicomanie considèrent le tabac comme une « drogue d'introduction » qui pousse les jeunes à découvrir d'autres substances néfastes : ils ont découvert que le tabac bon marché coïncide avec une consommation accrue de marijuana. Autrement dit, pour ces experts, le tabac et la marijuana seraient des biens complémentaires plutôt que des biens substituts.

MINITEST

- Élaborez votre barème de demande mensuelle pour la pizza et tracez la courbe de demande correspondante.
- Fournissez un exemple d'événement qui provoquerait un déplacement de la courbe de demande.
- La variation du prix de la pizza entraînerait-elle un déplacement de la courbe de demande ?

L'offre

Tournons-nous maintenant de l'autre côté du marché et observons le comportement des vendeurs. Reprenons l'exemple du cornet de crème glacée et analysons les facteurs déterminant la quantité offerte.

La courbe d'offre : la relation entre le prix et la quantité offerte

Quantité offerte
Quantité d'un bien que les vendeurs désirent vendre à un prix donné.

La **quantité offerte** d'un bien ou d'un service correspond à la quantité que les vendeurs sont disposés à mettre en marché. Plusieurs variables influent sur la quantité offerte d'un produit, mais ici aussi, l'une d'entre elles joue un rôle déterminant : le prix du bien en question. Un prix élevé signifie une hausse des bénéfices, ce qui se traduit par une augmentation de la quantité offerte. En revanche, lorsque le prix baisse, les profits se font rares et la production diminue. Si cette baisse de prix s'accentue, le producteur risque même de décider de cesser ses activités. La relation entre le prix et la quantité offerte correspond à la **loi de l'offre** : toutes choses étant égales par ailleurs, lorsque le prix d'un bien augmente, la quantité offerte augmente, et lorsque le prix diminue, la quantité offerte diminue.

Loi de l'offre
Toutes choses étant égales par ailleurs, la quantité offerte d'un bien augmente quand le prix du bien augmente.

Le tableau de la figure 4.5 indique les quantités offertes par Jean, un vendeur de cornets de crème glacée, en fonction du prix de vente. Lorsque le prix du cornet de crème glacée est inférieur à 1,00 $, il se retire complètement du marché. Sa quantité offerte est fonction du prix : plus le prix monte, plus la quantité qu'il désire offrir augmente. Ce tableau correspond au **barème d'offre**, lequel indique la relation entre le prix d'un bien et la quantité offerte, toutes les autres variables étant tenues constantes.

Barème d'offre
Tableau indiquant la relation entre le prix d'un bien et la quantité offerte.

Le graphique de la figure 4.5 illustre la relation entre la quantité de cornets de crème glacée offerte et son prix, sous forme d'une courbe appelée **courbe d'offre.** La pente positive qui la caractérise signifie qu'une augmentation du prix, les autres variables étant tenues constantes, entraîne une augmentation de la quantité offerte.

Courbe d'offre
Courbe qui montre la relation entre le prix d'un bien et la quantité offerte.

FIGURE 4.5

Le barème et la courbe d'offre de Jean

Le barème d'offre de Jean indique la quantité offerte en fonction du prix. La courbe d'offre, qui illustre ce barème d'offre, montre comment la quantité offerte est touchée par les variations du prix. Puisque la hausse du prix se traduit par une augmentation de la quantité offerte, cette courbe a une pente positive.

PRIX D'UN CORNET	QUANTITÉ OFFERTE
0,00 $	0
0,50 $	0
1,00 $	1
1,50 $	2
2,00 $	3
2,50 $	4
3,00 $	5

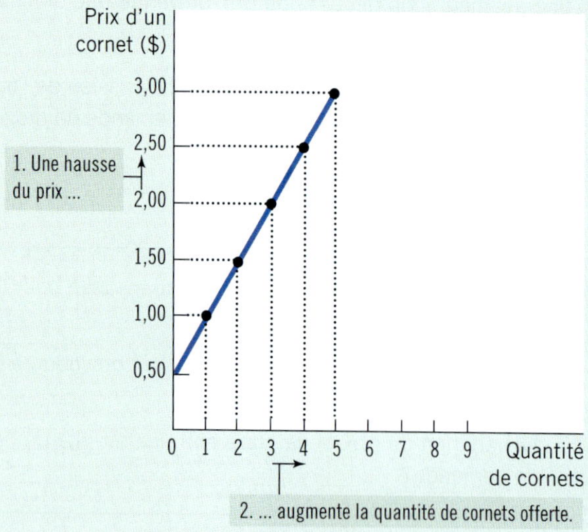

L'offre de marché et l'offre individuelle

Tout comme la demande de marché représente la somme des demandes de tous les acheteurs, l'offre de marché équivaut à la somme des offres de tous les vendeurs. Le tableau de la figure 4.6 représente les barèmes d'offre de deux producteurs de crème glacée — Jean et Benoît. Les barèmes respectifs de Jean et de Benoît nous indiquent la quantité de cornets de crème glacée que chacun veut offrir pour chaque niveau de prix. L'offre de marché correspond simplement à l'addition de ces deux offres individuelles.

Les courbes d'offre de la figure 4.6 illustrent les barèmes d'offre. Comme pour les courbes de demande, pour chaque niveau de prix, on additionne *horizontalement* les courbes d'offre individuelles pour obtenir la courbe d'offre de marché. Pour calculer la quantité totale offerte à chaque prix, il s'agit de faire la somme des quantités individuelles sur l'axe horizontal des courbes d'offre individuelles. La courbe d'offre de marché illustre la relation entre la quantité totale offerte et le niveau de prix.

Les déplacements de la courbe d'offre

La courbe d'offre de crème glacée indique la quantité que les offreurs sont disposés à vendre pour chaque niveau de prix, les autres variables étant tenues constantes. Toutefois, cette courbe d'offre peut se déplacer. Supposons par exemple que le prix

FIGURE 4.6

L'offre de marché en tant que somme des offres individuelles

La quantité offerte sur le marché correspond à la somme des quantités offertes par tous les vendeurs. La courbe d'offre de marché s'obtient en additionnant horizontalement les courbes d'offre individuelles. Lorsque la crème glacée coûte 2,00 $, Jean offre 3 cornets et Benoît en offre 4 ; la quantité offerte sur le marché équivaut donc à 7.

PRIX D'UN CORNET	JEAN +	BENOÎT =	MARCHÉ
0,00 $	0	0	0
0,50 $	0	0	0
1,00 $	1	0	1
1,50 $	2	2	4
2,00 $	3	4	7
2,50 $	4	6	10
3,00 $	5	8	13

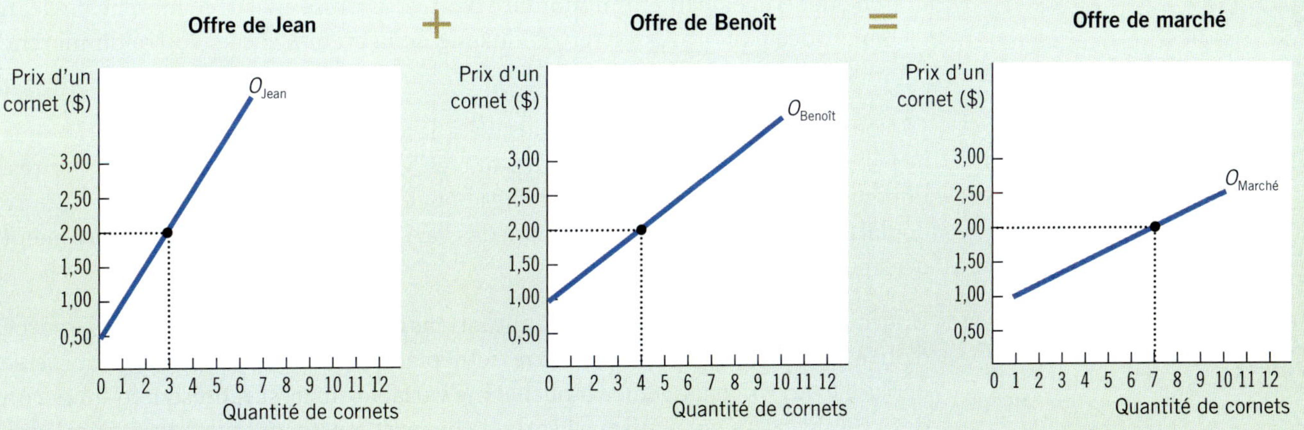

du sucre s'effondre. Comme le sucre entre dans la fabrication de la crème glacée, une baisse de son prix fera augmenter la rentabilité de la vente de crème glacée. Par conséquent, il en résultera un accroissement de l'offre de cornets : pour tout niveau de prix donné, les vendeurs accepteront d'augmenter les quantités produites. La courbe d'offre de cornets se déplacera donc vers la droite.

Chaque fois que l'un des déterminants de l'offre change, à l'exception du prix du bien, la courbe d'offre se déplace. Comme le montre la figure 4.7, tout facteur provoquant une augmentation de la quantité offerte pour chaque niveau de prix entraîne un déplacement de la courbe d'offre vers la droite. On parle alors d'une *augmentation de l'offre*. À l'inverse, tout facteur réduisant la quantité offerte pour chaque niveau de prix entraîne un déplacement de la courbe vers la gauche. On parle alors d'une *diminution de l'offre*.

Plusieurs variables peuvent entraîner un déplacement de la courbe d'offre. Examinons les plus importantes.

Les prix des intrants

La production de la crème glacée nécessite plusieurs intrants : la crème, le sucre, les aromatisants, la machinerie, l'immeuble pour abriter les installations, de même que le travail des employés qui mélangent les ingrédients et font fonctionner les machines. La hausse du prix de l'un de ces intrants réduit le bénéfice de la fabrication et, par conséquent, incite les producteurs à réduire leur offre. Si les prix des intrants explosent, la firme risque même de fermer boutique et de cesser toute production. Ainsi, l'offre d'un bien est inversement liée aux prix des intrants nécessaires à sa production.

La technologie

Il s'agit d'un autre facteur déterminant de l'offre. À titre d'exemple, l'invention des machines à crème glacée a réduit le temps de travail nécessaire pour sa production. En faisant diminuer les coûts de l'entreprise pour un niveau de production donné, le progrès technologique favorise une augmentation de l'offre de crème glacée.

Les anticipations

La quantité de crème glacée qu'une entreprise désire produire dépend également de ses anticipations. Si, par exemple, elle prévoit une hausse future du prix de la crème glacée, elle stockera éventuellement une partie de sa production, ce qui réduira son offre sur le marché actuel.

Le nombre de vendeurs

Outre les facteurs qui influencent le comportement de chaque vendeur, l'offre de marché dépend également du nombre d'offreurs présents sur le marché. Si Jean et Benoît décidaient de quitter l'industrie de la crème glacée, l'offre du marché diminuerait.

La courbe d'offre montre ce qui arrive à la quantité offerte d'un bien lorsque le prix de ce bien varie, toutes les autres variables étant tenues constantes. Cependant, lorsqu'une de ces variables bouge, c'est toute la courbe d'offre qui se déplace. Le tableau 4.2 établit la liste des variables influençant le comportement des vendeurs.

Une fois de plus, pour départager les situations où l'on se déplace le long de la courbe d'offre et celles où la courbe d'offre se déplace, rappelez-vous qu'une courbe se déplace lorsqu'un changement touche une variable qui n'est représentée sur aucun des axes du graphique. Puisque le prix du bien est représenté sur l'axe vertical, une variation du prix provoquera un mouvement le long de la courbe d'offre. À l'inverse, puisque le prix des intrants, la technologie, les anticipations et le nombre de vendeurs n'apparaissent sur aucun des deux axes du graphique, alors toute modification d'une de ces variables entraînera un déplacement de la courbe d'offre.

FIGURE 4.7

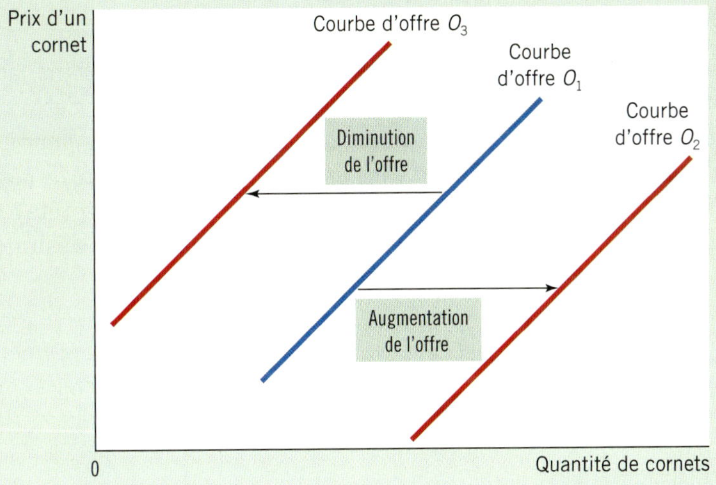

Les déplacements de la courbe d'offre

Tout changement incitant les vendeurs à augmenter la quantité offerte pour chaque niveau de prix se traduit par un déplacement de la courbe d'offre vers la droite. Tout changement réduisant la quantité offerte pour chaque niveau de prix entraîne un déplacement de la courbe d'offre vers la gauche.

TABLEAU 4.2

Les déterminants de l'offre

Voici une liste des variables influant sur l'offre de marché. Remarquez le rôle particulier du prix : un changement de prix se traduit par un mouvement le long de la courbe d'offre, tandis qu'un changement des autres variables se traduit par un déplacement de cette courbe.

VARIABLES INFLUANT SUR L'OFFRE	UNE MODIFICATION DE CETTE VARIABLE SE TRADUIT PAR…
Prix du bien lui-même	un mouvement le long de la courbe d'offre.
Prix des intrants	un déplacement de la courbe d'offre.
Technologie	un déplacement de la courbe d'offre.
Anticipations	un déplacement de la courbe d'offre.
Nombre de vendeurs	un déplacement de la courbe d'offre.

MINITEST

- Élaborez un barème d'offre mensuelle pour la pizza et tracez la courbe d'offre correspondante.
- Fournissez un exemple d'événement qui provoquerait un déplacement de la courbe d'offre.
- La variation du prix de la pizza entraînerait-elle un déplacement de la courbe d'offre ?

L'offre et la demande

Après avoir analysé séparément l'offre et la demande, nous les combinerons maintenant pour voir comment elles permettent de déterminer simultanément le prix et la quantité échangée d'un bien sur le marché.

L'équilibre

La figure 4.8 illustre la courbe d'offre et la courbe de demande sur un même graphique. On remarque que ces deux courbes se rencontrent en un point : il s'agit de l'**équilibre de marché**. Le prix correspondant au point d'intersection des deux courbes se nomme **prix d'équilibre** et la quantité correspondante s'appelle **quantité d'équilibre**. Dans cet exemple du marché de la crème glacée, le prix d'équilibre est de 2,00 $ le cornet et la quantité d'équilibre est de 7 cornets.

Équilibre de marché
Situation dans laquelle la quantité offerte est égale à la quantité demandée.

Prix d'équilibre
Prix qui assure l'égalité de la quantité offerte et de la quantité demandée.

Quantité d'équilibre
Quantité offerte et quantité demandée au prix d'équilibre.

Le dictionnaire définit le mot *équilibre* comme une situation dans laquelle les diverses forces en présence s'égalisent et se contrebalancent. Cette définition s'applique fort bien à l'équilibre de marché. *Au prix d'équilibre, la quantité de biens que les acheteurs veulent acquérir est exactement égale à la quantité de biens que les vendeurs sont prêts à vendre.* À ce prix, tous les agents qui étaient prêts à échanger sont satisfaits : les acheteurs ont pu se procurer tout ce qu'ils désiraient et les vendeurs se sont départis de tout ce qu'ils souhaitaient vendre.

FIGURE 4.8

L'équilibre de l'offre et de la demande

L'équilibre correspond à l'intersection des courbes d'offre et de demande. Au prix d'équilibre, la quantité offerte est égale à la quantité demandée. Dans ce cas précis, le prix d'équilibre se fixe à 2,00 $; à ce prix, la quantité offerte est égale à la quantité demandée, soit 7 cornets de crème glacée.

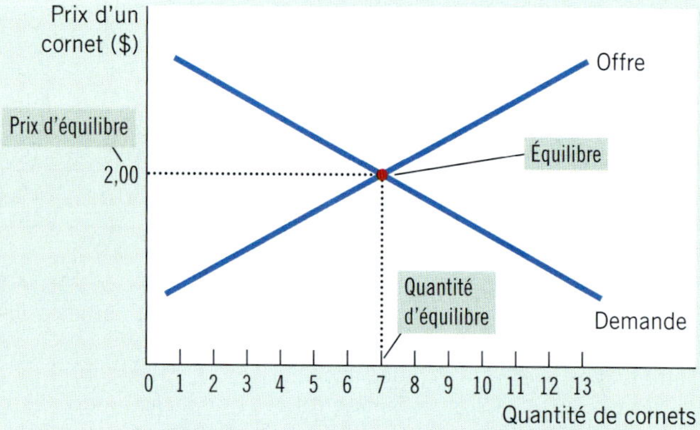

Les actions des vendeurs et des acheteurs font naturellement évoluer les marchés vers l'équilibre de l'offre et de la demande. Pour mieux comprendre le phénomène, observons ce qui se produit lorsque le prix de marché ne correspond pas au prix d'équilibre.

Imaginons d'abord que le prix de marché est supérieur au prix d'équilibre, comme sur le graphique a) de la figure 4.9. À un prix de 2,50 $ le cornet de crème glacée, la quantité offerte (10 cornets) excède la quantité demandée (4 cornets). Cette différence crée un **surplus** : les producteurs ne sont pas en mesure de vendre tout ce qu'ils veulent au prix courant. Un surplus correspond donc à une *offre excédentaire*. Leurs congélateurs sont remplis à craquer de crème glacée qu'ils ne peuvent écouler. Ils réagissent alors à ce surplus en réduisant les prix, ce qui provoque une augmentation de la quantité demandée et une diminution de la quantité offerte. Notez qu'il s'agit ici de mouvements le long des courbes d'offre et de demande, et non de déplacements des courbes. Le prix continuera de diminuer jusqu'à ce que le marché atteigne l'équilibre.

Surplus
Situation où la quantité offerte est supérieure à la quantité demandée.

FIGURE 4.9

Des marchés en déséquilibre

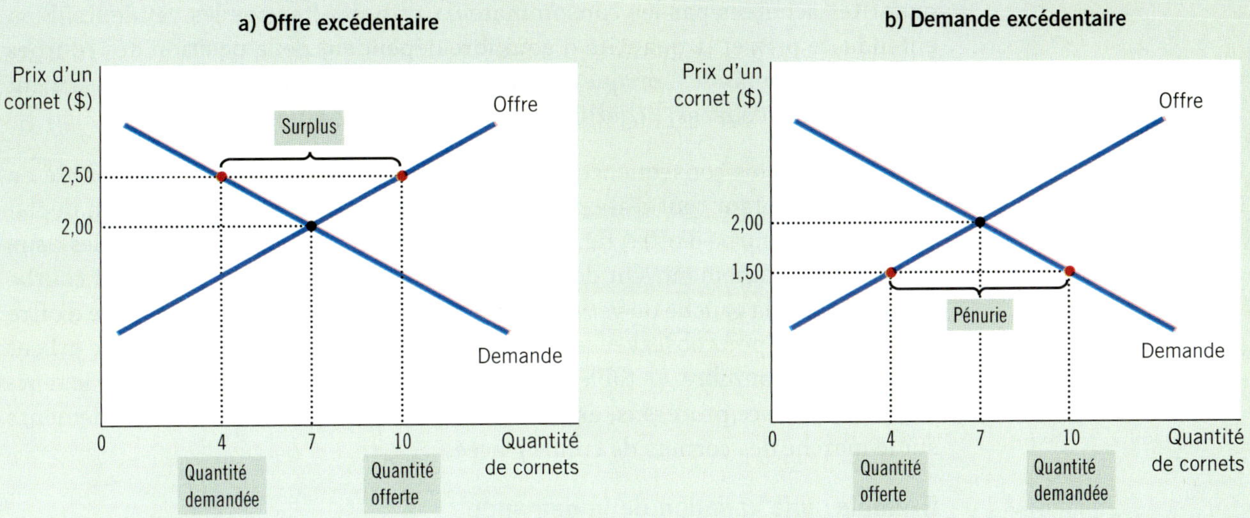

Le graphique a) illustre un surplus. Le prix de marché, 2,50 $ le cornet de crème glacée, se situe au-dessus du prix d'équilibre ; la quantité offerte (10 cornets) excède donc la quantité demandée (4 cornets). Les offreurs essaient d'écouler les surplus en réduisant le prix afin d'atteindre le point d'équilibre. Le graphique b) illustre une pénurie. Le prix du marché, 1,50 $ le cornet, se situe au-dessous du prix d'équilibre ; la quantité demandée (10 cornets) excède ainsi la quantité offerte (4 cornets). Comme la demande dépasse nettement l'offre, les offreurs sont en position de tirer parti de cette pénurie en augmentant le prix. Dans les deux cas, l'ajustement du prix ramène le marché vers un équilibre de l'offre et de la demande.

Imaginons maintenant que le prix de marché est inférieur au prix d'équilibre, comme sur le graphique b) de la figure 4.9. Dans ce cas, le cornet de crème glacée se vend 1,50 $ et la quantité demandée excède la quantité offerte. On se trouve alors en présence d'une **pénurie** : les acheteurs ne sont pas en mesure de se procurer tout ce qu'ils désirent au prix courant. Une pénurie correspond donc à une *demande excédentaire*. En cas de pénurie sur le marché de la crème glacée, les acheteurs doivent faire la queue longtemps pour se procurer l'un des rares cornets en vente. Comme il y a trop d'acheteurs pour la quantité de biens offerts, les vendeurs auront tendance à réagir à cette pénurie en augmentant leur prix, ce qui provoque une diminution de la quantité demandée et une augmentation de la quantité offerte (un mouvement le long des courbes d'offre et de demande). Cette hausse du prix ramènera de nouveau le marché vers l'équilibre.

Pénurie
Situation où la quantité demandée est supérieure à la quantité offerte.

C'est ainsi que les actions conjointes des acheteurs et des vendeurs ramènent le prix de marché vers le prix d'équilibre. Lorsque cet équilibre est atteint, tous les acheteurs et les vendeurs qui étaient prêts à échanger à ce prix sont satisfaits et aucune pression sur les prix n'apparaît, que ce soit à la baisse ou à la hausse. Combien de temps faut-il pour atteindre cet équilibre ? Cela dépend de la rapidité d'ajustement des prix dans chacun des marchés. Dans la plupart des marchés, les surplus ou les pénuries restent temporaires, parce que les prix finissent par retrouver rapidement leur niveau d'équilibre. Ce mécanisme est d'ailleurs tellement répandu que les économistes l'appellent la **loi de l'offre et de la demande** : sur un marché, le prix d'un bien s'ajuste de façon à maintenir une égalité entre la quantité offerte et la quantité demandée.

Loi de l'offre et de la demande
Le prix d'un bien s'ajuste de façon à maintenir une égalité entre la quantité offerte et la quantité demandée.

Les trois étapes d'une analyse des variations de l'équilibre

Jusqu'à présent, nous avons vu comment l'offre et la demande déterminent conjointement l'équilibre de marché, c'est-à-dire le prix d'un bien ainsi que les quantités achetées par les consommateurs et produites par les vendeurs. Bien entendu, le prix et la quantité d'équilibre dépendent de la position des courbes d'offre et de demande. Lorsque certains événements provoquent un déplacement de l'une de ces courbes, l'équilibre de marché est modifié.

Pour analyser les conséquences d'un événement sur le marché, on procède en trois étapes. Il faut tout d'abord déterminer si l'événement provoque un déplacement de la courbe d'offre, de la courbe de demande ou, possiblement, des deux courbes simultanément. On doit ensuite établir si le déplacement de la courbe s'effectue vers la gauche ou vers la droite. Enfin, on a recours au graphique d'offre et de demande pour observer comment ce déplacement se répercute sur le prix et la quantité d'équilibre. Le tableau 4.3 résume ces trois étapes. Pour saisir le fonctionnement de ce processus, examinons les conséquences de divers événements sur le marché des cornets de crème glacée.

Exemple : une variation de la demande

Imaginons que l'été est marqué par une vague de chaleur prolongée. Comment cela se répercutera-t-il sur le marché de la crème glacée ? Pour répondre à cette question, reprenons nos trois étapes.

1. En modifiant les goûts des consommateurs, la vague de chaleur influe sur la courbe de demande, c'est-à-dire qu'elle incite les acheteurs à consommer davantage de crème glacée pour chaque niveau de prix. La courbe d'offre, elle, demeure inchangée, puisque la chaleur n'influe pas directement sur les entreprises produisant la crème glacée.

2. Comme les acheteurs veulent plus de crème glacée, la courbe de demande se déplace vers la droite. La figure 4.10 illustre cette augmentation de la demande, alors que la courbe passe de D_1 à D_2. Ce déplacement signifie que pour chaque niveau de prix, la quantité demandée de crème glacée est plus importante.

3. Au prix de 2,00 $, il y a maintenant une demande excédentaire, ce qui incite les vendeurs à hausser leur prix. Comme le montre la figure 4.10, une augmentation de la demande fait passer le prix d'équilibre de 2,00 $ à 2,50 $, alors que la quantité d'équilibre passe de 7 à 10 cornets. Cela revient à dire que la vague

TABLEAU 4.3

L'analyse des modifications de l'équilibre en trois étapes

NUMÉRO	ÉTAPE
1	Déterminer si l'événement provoque un déplacement de la courbe d'offre ou de la courbe de demande (ou des deux courbes à la fois).
2	Déterminer la direction du déplacement de la courbe.
3	Avoir recours au graphique d'offre et de demande afin de voir comment l'événement influe sur le prix et la quantité d'équilibre.

de chaleur fait augmenter à la fois le prix de la crème glacée et la quantité vendue à l'équilibre.

Le déplacement des courbes et le mouvement le long des courbes On remarquera que la canicule a fait monter le prix de la crème glacée, de même que la quantité de crème glacée offerte par les vendeurs. Toutefois, la courbe d'offre ne s'est pas déplacée. En pareil cas, les économistes disent qu'il s'agit d'une augmentation de la « quantité offerte », et non d'une augmentation de l'« offre ».

L'« offre » fait référence à la position de la courbe d'offre, alors que la « quantité offerte » désigne la quantité que les détaillants se proposent de vendre à un prix donné. Dans notre exemple, l'offre reste invariable parce que la chaleur n'amène pas les offreurs à vouloir vendre davantage à chaque prix donné. Cependant, la canicule modifie le comportement des consommateurs. Ceux-ci désirent acheter plus de crème glacée pour chaque niveau de prix, ce qui se traduit par un déplacement de la courbe de demande, lequel fait augmenter le prix d'équilibre. Lorsque ce prix augmente, la quantité offerte augmente également ; cette augmentation se traduit par un mouvement le long de la courbe d'offre.

En résumé, un déplacement de la courbe d'offre s'appelle *variation de l'offre* et un déplacement de la courbe de demande s'appelle *variation de la demande*. Un mouvement le long d'une courbe d'offre fixe se nomme *variation de la quantité offerte* et un mouvement le long d'une courbe de demande fixe se nomme *variation de la quantité demandée*.

Exemple : une variation de l'offre

Supposons qu'au cours de l'été, un ouragan dans les Caraïbes détruise des plantations de canne à sucre, poussant ainsi à la hausse le prix du sucre. Quelles

FIGURE 4.10

L'augmentation de la demande et la modification de l'équilibre

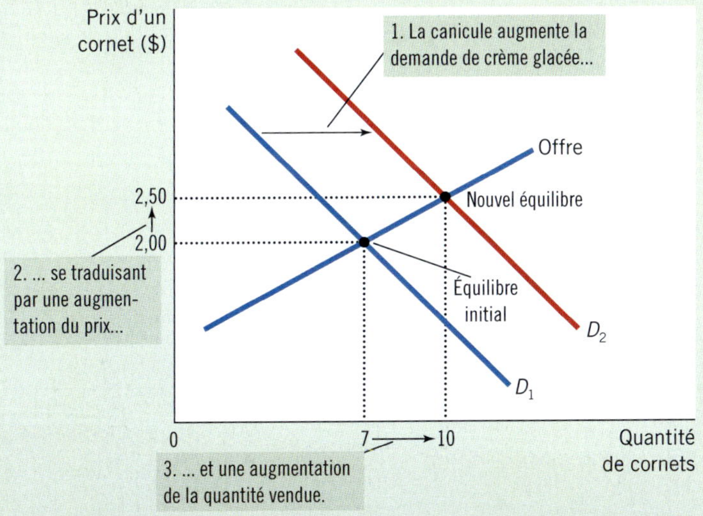

Un événement qui fait augmenter la quantité demandée pour chaque niveau de prix entraîne un déplacement de la courbe de demande vers la droite. Le prix et la quantité d'équilibre augmentent tous deux. Dans le cas présent, une vague de chaleur incite les acheteurs à consommer davantage de crème glacée. La courbe de demande se déplace de D_1 à D_2, faisant passer le prix d'équilibre de 2,00 $ à 2,50 $, alors que la quantité d'équilibre passe de 7 à 10 cornets.

seront les conséquences de cet événement sur le marché de la crème glacée ? Pour répondre à cette question, reprenons nos trois étapes.

1. L'augmentation du prix du sucre, un intrant de la fabrication de la crème glacée, influe sur la courbe d'offre de crème glacée. Faisant augmenter le coût de fabrication, la hausse du prix du sucre réduit la quantité de crème glacée que les vendeurs voudront offrir pour chaque niveau de prix. Par contre, la courbe de demande reste invariable, puisque l'augmentation du prix du sucre ne modifie pas directement la quantité de crème glacée que les gens entendent consommer.
2. La courbe d'offre se déplace vers la gauche parce que, pour chaque niveau de prix, les quantités que les entreprises veulent vendre diminuent. La figure 4.11 illustre cette baisse de l'offre par un déplacement de la courbe d'offre, qui passe de O_1 à O_2.
3. Au prix de 2,00 $, il y a maintenant une demande excédentaire, ce qui incite les vendeurs à hausser leur prix. Ce déplacement de la courbe d'offre fait passer le prix d'équilibre de 2,00 $ à 2,50 $ le cornet, alors que la quantité d'équilibre passe de 7 à 4 cornets. La hausse du prix du sucre entraîne donc une augmentation du prix de la crème glacée et une diminution des ventes.

Exemple : une variation de l'offre et de la demande

Imaginons un scénario où la canicule et l'ouragan se produisent tous les deux durant le même été. Pour analyser la conjonction de ces événements, nous suivrons encore une fois nos trois étapes.

1. Nous concluons que les deux courbes doivent se déplacer. Les conséquences de la canicule s'observent sur la courbe de demande, car les acheteurs désirent davantage de crème glacée à chaque niveau de prix. Simultanément, l'ouragan

FIGURE 4.11

La diminution de l'offre et la modification de l'équilibre

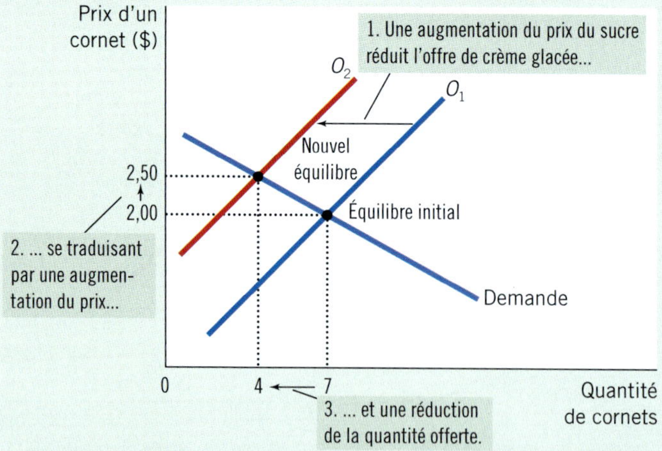

Un événement qui réduit la quantité offerte, pour chaque niveau de prix, produit un déplacement de la courbe d'offre vers la gauche. Le prix d'équilibre augmente, alors que la quantité d'équilibre diminue. Dans le cas présent, la hausse du prix du sucre réduit l'offre des vendeurs. La courbe d'offre passe donc de O_1 à O_2, ce qui fait augmenter le prix d'équilibre de 2,00 $ à 2,50 $ le cornet, alors que la quantité d'équilibre passe de 7 à 4 cornets.

fait grimper le prix du sucre et influe sur la courbe d'offre en réduisant la quantité de crème glacée que les vendeurs désirent offrir pour chaque niveau de prix.

2. Ces courbes se déplacent dans la même direction que dans les analyses précédentes : la courbe de demande se déplace vers la droite et la courbe d'offre, vers la gauche, comme le montre la figure 4.12.

3. Sur cette même figure, deux résultats sont possibles, selon l'importance relative du déplacement des courbes de demande et d'offre. Dans les deux cas, on assiste à une augmentation du prix d'équilibre. Le graphique a) montre une augmentation importante de la demande, alors que l'offre baisse légèrement, ce qui entraîne une hausse de la quantité d'équilibre. En revanche, le graphique b) illustre une chute prononcée de l'offre, accompagnée d'une légère augmentation de la demande, ce qui se traduit par une diminution de la quantité d'équilibre. Ainsi, ces deux événements provoquent nécessairement une augmentation du prix de la crème glacée, mais leurs conséquences sur la quantité échangée demeurent incertaines.

Nous nous sommes limités à trois exemples afin d'illustrer l'utilisation des courbes d'offre et de demande dans l'analyse des modifications de l'équilibre. Vous pouvez utiliser ces outils toutes les fois qu'un événement provoque un déplacement de la courbe d'offre, de la courbe de demande ou des deux, pour prévoir les conséquences sur le prix et la quantité d'équilibre. Le tableau 4.4 montre les résultats prévus pour toutes les combinaisons possibles de déplacement des deux courbes. Pour être sûr de bien comprendre, sélectionnez certaines combinaisons dans ce tableau et vérifiez si vous pouvez expliquer les raisons de ces prédictions.

FIGURE 4.12

Les déplacements simultanés des courbes d'offre et de demande

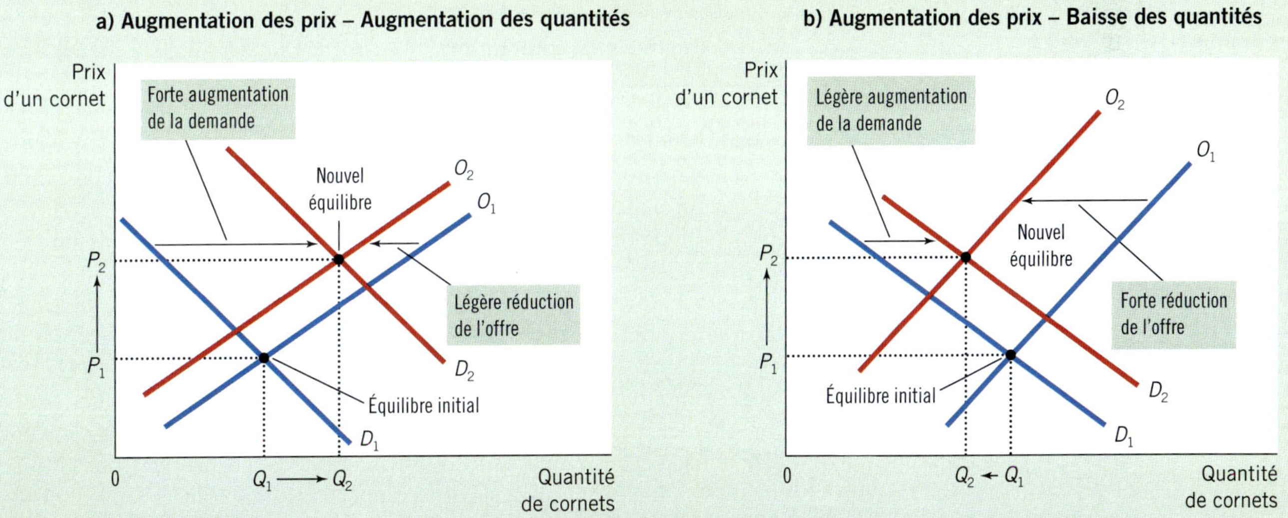

Ce graphique illustre une augmentation de la demande accompagnée d'une diminution de l'offre. Deux résultats sont possibles. Sur le graphique a), le prix d'équilibre augmente de P_1 à P_2, pendant que la quantité d'équilibre augmente de Q_1 à Q_2. Sur le graphique b), le prix d'équilibre passe également de P_1 à P_2, alors que la quantité d'équilibre diminue cette fois-ci, passant de Q_1 à Q_2.

TABLEAU 4.4

Le déplacement de l'offre et de la demande et les conséquences sur le prix et la quantité d'équilibre

	OFFRE INVARIABLE	AUGMENTATION DE L'OFFRE	DIMINUTION DE L'OFFRE
DEMANDE INVARIABLE	*P* inchangé *Q* inchangée	*P* diminue *Q* augmente	*P* augmente *Q* diminue
AUGMENTATION DE LA DEMANDE	*P* augmente *Q* augmente	*P* incertain *Q* augmente	*P* augmente *Q* incertaine
DIMINUTION DE LA DEMANDE	*P* diminue *Q* diminue	*P* diminue *Q* incertaine	P incertain *Q* diminue

MINITEST

- Analysez les conséquences de l'augmentation du prix des tomates sur le marché de la pizza.
- Analysez les conséquences d'une chute du prix des hamburgers sur le marché de la pizza.

DANS L'ACTUALITÉ

Le marché de la bière en pleine mutation

L'article ci-dessous montre comment, depuis 25 ans, les petits fabricants de bières artisanales ont ébranlé le marché de la bière, forçant les grandes entreprises à être plus à l'écoute des besoins des consommateurs.

Un brasseur artisan montréalais prend sa retraite au moment où la concurrence s'accentue

Nicolas Van Praet

MONTRÉAL — Ce printemps, à peu près aucun média de la presse d'affaires n'a remarqué la manœuvre du géant brassicole Anheuser-Busch Inbev sous l'œil fasciné des brasseurs artisans et des blogueurs.

Alexander Keith's, sous-groupe néo-écossais de la société, a lancé trois nouvelles ales de houblon. Le houblon est la plante qui procure à la bière son goût et son arôme, et chacune de ces nouvelles bières présente une variété distincte d'ingrédients, produisant une saveur unique.

Keith's, dont le produit phare est la populaire India Pale Ale, désigne ses nouvelles ales comme une « œuvre d'amour » et compte profiter de sa tournée de marketing à l'échelle du pays pour initier les Canadiens aux différents houblons. Le brasseur indépendant Peter McAuslan y voit une rupture notable avec la stratégie brassicole : une tentative désespérée d'un gros producteur qui cherche à offrir plus de choix aux consommateurs en tentant de séduire les buveurs avertis sans perdre sa clientèle traditionnelle.

« On assiste à une démarche désespérée des gros joueurs, déclarait M. McAuslan lors d'une entrevue accordée la semaine dernière après la vente de son entreprise, fondée il y a 25 ans, aux Brasseurs RJ, une entreprise montréalaise à participation restreinte. Des types dont le modèle d'affaires repose entièrement sur un nombre réduit de produits, une efficience élevée et une rentabilité maximale s'emparent maintenant d'une marque relativement modeste comme la IPA de Keith's et créent de nouveaux produits pour courtiser les consommateurs. C'est quelque chose ! C'est un changement incroyable dans le marché. »

C'est aussi, dans une certaine mesure, la validation du type de technique brassicole qu'ont choisi, il y a plus de 20 ans, M. McAuslan, âgé de 67 ans, et sa femme Ellen Bounsall, maître brasseuse. Alors que chez Molson Coors, la division de bières de spécialité Six Pintes (une filiale comprenant les microbrasseries Creemore Springs, d'Ontario, et Granville Island, de Colombie-Britannique) entre aussi dans la danse, les gros brasseurs essaient de jouer dans la cour des petits. M. McAuslan tire sa révérence à ce moment hautement compétitif.

« L'industrie devient mouvementée, et même risquée », a déclaré le brasseur retraité depuis son verger des Cantons de l'Est. Il signale qu'alors que les gros joueurs augmentent leur offre, 1250 brasseurs artisans espèrent lancer leur entreprise cette année aux États-Unis, ce qui n'est pas loin des quelque 1600 microbrasseries existantes.

« À court terme, je vois beaucoup de confusion, et peut-être une surchauffe du marché. À plus long terme, je crois que les brasseries locales et régionales du Canada et des États-Unis ont un bel avenir devant elles. »

Dans son plus récent compte rendu de l'industrie nord-américaine, Alex Koustas, économiste chez BMO Marchés des capitaux, indique que les bières artisanales et les bières importées de spécialité occupent une plus grande part du marché des brasseries traditionnelles, et qu'elles ciblent des niches de goût et le désir grandissant des consommateurs pour la découverte. Leur volume de production a doublé depuis 2003.

Les joueurs plus petits n'ont pas la partie facile pour autant, rappelle l'économiste. Malgré leur pouvoir accru en matière de fixation des prix, leur marge de profit atteint à peine 10 % en moyenne, ce qui laisse peu de jeu pour manœuvrer, à une époque où le coût des intrants demeure élevé. « Ce qui a déjà été une bonne affaire ne l'est plus, déclarait M. Koustas dans une entrevue. La concurrence est beaucoup plus grande. » Selon lui, la part de marché continentale des microbrasseurs ne dépassera pas 6 %. Toujours optimiste, Peter McAuslan prétend pour sa part que les microbrasseries locales et régionales peuvent accaparer jusqu'à 30 % du marché d'ici 20 ans. « La plupart des gens diraient que McAuslan a bu et fumé plus que du houblon, dit le brasseur, mais la réalité, c'est que beaucoup de choses changent, et qu'en matière de préférences des consommateurs, on n'a encore qu'effleuré la surface. »

Lorsqu'il a fondé sa microbrasserie à 42 ans, en 1988, dans le quartier ouvrier de Saint-Henri, le marché québécois de la bière était très différent de ce qu'il est aujourd'hui. À l'époque, Molson préparait sa fusion avec Carling O'Keefe. Labatt introduisait sa première bière dite « dry », sans arrière-goût. Pendant ce temps, une poignée d'entrepreneurs locaux proposaient de petites productions de bière selon divers degrés de réussite, mais sans grande constance sur le plan commercial. « C'était une folle époque à plusieurs égards. Il y avait beaucoup de nouveaux joueurs et peu de connaissances, beaucoup d'essais et d'erreurs », se souvient Peter McAuslan.

À l'époque, les gros producteurs n'observaient pas de demande pour d'autres produits que leurs grandes marques de lager. Les autres non plus d'ailleurs. Les trois gros brasseurs dominaient à ce point le marché québécois qu'une firme de marketing avait recommandé à M. McAuslan de jouer de prudence en brassant une blonde comme la Stella Artois, que produisait O'Keefe. Ne voyant pas à quoi aurait rimé l'exercice, McAuslan n'en fit rien et lança plutôt la St-Ambroise, une pale-ale de teinte rougeâtre, qui trouva un public restreint mais fidèle. Pour parer au risque de faillite — une éventualité impossible à ignorer durant les premières années —, le microbrasseur avait alors transféré sa maison de Hudson au nom de sa femme. Le couple s'était fixé un premier objectif modeste : obtenir un quart de 1 % du marché de l'île de Montréal. S'ils y arrivaient, croyaient-ils, ils survivraient.

Ils y sont arrivés et ont réussi : la main-d'œuvre est passée à 53 employés, et la production, à quelque 100 000 hectolitres annuellement (l'équivalent de 1,2 million de caisses de 24). Au fil des ans, ils ont lancé plusieurs nouveaux types de bière, ont gagné de nombreux prix internationaux et attiré l'attention d'acheteurs potentiels, dont Molson et Sleeman.

Leur réflexion sur une stratégie de sortie a commencé il y a quelques années. Peter McAuslan et Ellen Bounsall ont deux fils, et bien que l'un d'eux travaille dans l'entreprise et s'occupe des commandites, les fondateurs n'étaient pas chauds à l'idée de lui remettre tout bonnement les clés de l'entreprise.

« Je crois que les gens aiment le concept de transmission des choses et des entreprises d'une génération à l'autre, dit M. McAuslan. C'est une perception très romantique et attrayante, je le comprends bien. Or, ce qu'on voit de ces entreprises familiales, dans l'industrie brassicole et ailleurs, laisse penser que ce n'est pas si facile qu'on le croit. » McAuslan ne vise personne, mais on présume sans peine à qui il pense : une querelle entourant la succession des Brasseries Moosehead du Nouveau-Brunswick, une entreprise contrôlée par la famille Oland, a causé des torts durables à ses membres. Le couple McAuslan-Bounsall a donc conclu que ses enfants devaient faire leur propre vie, sans tenir compte de ce qu'ont fait leurs parents.

L'indépendance était importante à un autre chapitre. Les brasseurs fondateurs souhaitaient vendre leur entreprise multimillionnaire à une autre brasserie indépendante plutôt qu'à une grosse société publique. Les Brasseurs RJ, propriété de la famille Jaar et fabricante de la Belle Gueule, correspondait au profil recherché et devenait partenaire minoritaire de McAuslan en 2008.

Pour Peter McAuslan, c'était en quelque sorte un pari sur la longévité puisqu'il souhaitait voir durer les marques qu'il avait créées, ce que n'aurait pu garantir un gros producteur concentré sur les résultats trimestriels et dont les cadres dirigeants sont susceptibles d'être remplacés fréquemment. « La capacité d'attention d'un gros brasseur est à peu près équivalente à celle d'un enfant qui a besoin de Ritalin, dit McAuslan. La perspective d'appartenir à une entreprise familiale privée me procurait un horizon plus éloigné. »

Les pionniers de la bière artisanale à Montréal ont donc vendu leur entreprise et tiré leur révérence. Ce qui ne veut pas dire qu'ils ont renoncé à fabriquer de la bière. Peter McAuslan vient de doter sa ferme d'une modeste rallonge qui pourrait, selon lui, abriter une microbrasserie. Il cultive aussi du houblon. Pas question de se relancer en affaires pour autant. « La vie a cette incroyable capacité d'aller vite, dit-il. Ces dernières années nous ont procuré beaucoup de plaisir. Mais lorsqu'on réussit à accomplir ce qu'on avait entrepris de faire, franchement, il faut passer à autre chose. » ■

Source : Van Praet, Nicolas. (26 avril 2013). « Montreal craft brewer steps away as competition quickens ». *Financial Post*. (Traduction libre). Repéré à http ://business.financialpost.com/2013/04/26/mcauslan-brewer/

Conclusion : comment les prix permettent-ils l'allocation des ressources ?

Dans ce chapitre, nous avons analysé l'offre et la demande sur un marché. Même si notre démonstration s'est limitée au marché de la crème glacée, les conclusions tirées ici s'appliquent à la plupart des autres marchés. Chaque fois que vous achetez un article dans un magasin, vous contribuez à la demande pour cet article. Toutes les fois que vous recherchez un emploi, vous participez à l'offre de main-d'œuvre. L'offre et la demande constituent des phénomènes économiques prépondérants. Voilà pourquoi le modèle de l'offre et de la demande se révèle être un outil d'analyse d'une utilité appréciable. Nous recourrons fréquemment à ce modèle dans cet ouvrage.

« Dix dollars…
… et soixante-quinze cents. »

D'après l'un des **dix principes d'économie** présentés dans le chapitre 1, les marchés représentent en général une bonne façon d'organiser l'activité économique. Bien qu'il soit un peu prématuré de statuer sur le caractère souhaitable ou non des solutions de marché, nous nous sommes attardés, dans ce chapitre, à expliquer leur fonctionnement. Dans tout système économique, les ressources rares doivent être allouées à des usages multiples. L'économie de marché met à profit les forces de l'offre et de la demande pour y arriver. Ces forces conjuguées permettent de déterminer les prix des biens et des services ; ces prix, à leur tour, servent de signaux pour l'allocation des ressources.

Prenons, par exemple, l'allocation des terrains au bord de la mer. Puisque ces terrains existent en quantité limitée, le luxe de vivre près de la mer n'est pas donné à tout le monde. Qui jouira de cette ressource ? Ceux qui peuvent en payer le prix et qui sont disposés à le faire. Le prix du terrain en bord de mer s'ajuste jusqu'à ce que la quantité de terrains demandés soit égale à la quantité de terrains offerts. Dans une économie de marché, l'allocation des ressources rares s'effectue au moyen du mécanisme des prix.

Dans un même ordre d'idées, les prix déterminent le nombre de producteurs ainsi que les quantités produites. Prenons l'exemple de l'agriculture. La nourriture figurant au rang des biens de première nécessité, le travail des agriculteurs est essentiel à toute société. Comment décider qui sera fermier et qui ne le sera pas ? Dans une économie de marché, aucune agence de planification gouvernementale ne prend cette décision ni ne se charge de l'approvisionnement alimentaire. La répartition des travailleurs dans l'agriculture s'effectue à partir de la décision individuelle de millions de personnes. Un système aussi décentralisé fonctionne bien parce que les décisions dépendent des prix. Les prix des denrées et les salaires des travailleurs agricoles (le prix de leur travail) s'ajustent jusqu'à ce qu'une proportion suffisante d'individus se consacrent à l'agriculture.

Quelqu'un qui n'aurait jamais vu une économie de marché à l'œuvre pourrait penser qu'une telle idée est complètement grotesque. Les économies se composent de millions de personnes dont les activités sont interdépendantes. Qu'est-ce qui empêche alors la décentralisation des décisions de nous conduire au chaos ? Qui coordonne les actions de millions de personnes ayant chacune des goûts et des talents divers ? Qui s'assure de la réalisation des tâches ? La réponse tient en un mot : les *prix*. Si l'économie de marché est guidée par une main invisible, selon la célèbre métaphore d'Adam Smith, alors le système des prix représente la baguette dont se sert cette main invisible pour diriger l'orchestre économique.

Résumé

- Pour analyser les marchés concurrentiels, les économistes se servent du modèle de l'offre et de la demande. Dans un marché concurrentiel, les vendeurs et les acheteurs sont très nombreux. Ainsi, chacun d'eux n'a qu'une influence négligeable sur le prix du marché.
- La courbe de demande montre comment la quantité demandée d'un bien dépend de son prix. Selon la loi de la demande, lorsque le prix d'un bien diminue, la quantité demandée augmente. En conséquence, la courbe de demande présente une pente négative.
- Outre le prix du bien, les autres déterminants de la demande comprennent le revenu, le prix des biens substituts ou des biens complémentaires, les goûts, les anticipations et le nombre d'acheteurs. Lorsque l'un de ces facteurs change, la courbe de demande se déplace.
- La courbe d'offre montre comment la quantité offerte d'un bien dépend de son prix. Selon la loi de l'offre, lorsque le prix d'un bien augmente, la quantité offerte augmente également. En conséquence, la courbe d'offre présente une pente positive.
- Mis à part le prix du bien, d'autres facteurs déterminent l'offre : le prix des intrants, la technologie, les anticipations et le nombre de vendeurs. Si l'un de ces facteurs change, la courbe d'offre se déplace.
- L'équilibre de marché se situe à l'intersection des courbes d'offre et de demande. Au prix d'équilibre, la quantité demandée est égale à la quantité offerte.
- Le comportement des acheteurs et des vendeurs ramène le marché à son point d'équilibre. Lorsque le prix du marché est au-dessus du prix d'équilibre, un surplus se crée et provoque une diminution du prix. En revanche, lorsque le prix du marché se situe au-dessous du prix d'équilibre, une pénurie apparaît et entraîne une augmentation du prix.
- Afin d'analyser les conséquences d'un événement sur le prix et la quantité d'équilibre, on a

recours au graphique de l'offre et de la demande. Premièrement, on doit déterminer si cet événement déplace la courbe d'offre, la courbe de demande ou les deux courbes simultanément. Deuxièmement, il faut savoir dans quelle direction se fera le déplacement des courbes. Troisièmement, on compare le nouvel équilibre avec l'équilibre initial.

- Dans une économie de marché, les prix sont des signaux qui servent à guider les décisions économiques et, par conséquent, à allouer les ressources rares. Les prix garantissent l'égalité de l'offre et de la demande pour chaque bien mis en marché. Le prix d'équilibre détermine ensuite la quantité de biens que les acheteurs désirent acquérir et celle que les vendeurs décident de mettre en marché.

Concepts clés

Barème de demande, p. 66
Barème d'offre, p. 72
Bien inférieur, p. 69
Bien normal, p. 68
Biens complémentaires, p. 69
Biens substituts, p. 69
Courbe de demande, p. 66
Courbe d'offre, p. 72
Équilibre de marché, p. 76
Loi de la demande, p. 65
Loi de l'offre, p. 72
Loi de l'offre et de la demande, p. 77
Marché, p. 64
Marché concurrentiel, p. 64
Pénurie, p. 77
Prix d'équilibre, p. 76
Quantité demandée, p. 65
Quantité d'équilibre, p. 76
Quantité offerte, p. 72
Surplus, p. 76

Questions de révision

1. Qu'est-ce qu'un marché concurrentiel ? Décrivez brièvement d'autres types de marchés qui ne sont pas parfaitement concurrentiels.
2. Définissez le barème de demande et la courbe de demande, puis décrivez leur relation. Pourquoi une courbe de demande a-t-elle une pente négative ?
3. Un changement dans les goûts des consommateurs provoque-t-il un mouvement le long de la courbe de demande ou un déplacement de cette courbe ? Un changement de prix provoque-t-il un mouvement le long de la courbe de demande ou un déplacement de cette courbe ?
4. Les revenus de Jean-Félix diminuent et il utilise plus souvent le transport en commun. Dans ce cas, le transport en commun est-il un bien normal ou un bien inférieur ? Qu'advient-il de la courbe de demande de transport en commun de Jean-Félix ?
5. Définissez le barème d'offre et la courbe d'offre, puis décrivez leur relation. Pourquoi la courbe d'offre a-t-elle une pente positive ?
6. Une avancée technologique conduit-elle à un mouvement le long de la courbe d'offre ou à un déplacement de cette courbe ? Un changement de prix provoque-t-il un mouvement le long de la courbe d'offre ou un déplacement de cette même courbe ?
7. Définissez l'équilibre de marché. Décrivez les forces qui ramènent un marché à son point d'équilibre.
8. La bière et la pizza sont des biens complémentaires, car on a coutume de les consommer ensemble. Quand le prix de la bière augmente, qu'arrive-t-il à l'offre de pizza, à la demande de pizza, à la quantité offerte de pizza, à la quantité demandée de pizza et au prix de la pizza ?
9. Décrivez le rôle des prix dans une économie de marché.

ANNEXE

Les mathématiques de l'équilibre de marché

Dans l'annexe du chapitre 2, nous avons proposé un survol de l'utilisation des graphiques que font les économistes pour expliquer les relations mathématiques entre les variables. Nous avons déjà vu l'utilité de ces outils pour mieux comprendre les relations économiques.

Toutefois, il arrive que la nature de ces relations oblige à plus de précision et implique le recours aux mathématiques. Nous consacrons cette annexe à l'illustration de méthodes mathématiques simples permettant de déterminer le prix et la quantité d'équilibre d'un marché à l'aide des équations de l'offre et de la demande.

La figure 4.8 montre comment le croisement des courbes d'offre et de demande détermine le prix et la quantité d'équilibre. Bien que cela ne soit pas essentiel, nous traçons souvent ces courbes de façon linéaire pour plus de simplicité, si bien que nos « courbes » sont en fait des lignes droites !

Commençons par examiner la demande du marché. L'équation générale d'une courbe de demande linéaire est :

$$Q_D = a - bP$$

où Q_D est la quantité demandée, et P, le prix du produit. Les lettres a et b sont ce qu'on appelle des *paramètres de la demande*. Ces paramètres sont des nombres positifs qui représentent les divers éléments qui influent sur la demande. Les économistes utilisent parfois des lettres ou des symboles, plutôt que des nombres, pour préserver le caractère général de l'analyse.

Le paramètre a peut être considéré comme s'il intégrait toutes les variables qui, outre le prix du produit, influent sur la quantité demandée (le revenu, le prix d'autres produits, le nombre d'acheteurs, etc.). Puisqu'elles sont constantes le long de la courbe de demande, ces variables sont toutes incorporées dans le paramètre a, qui est constant. Une variation du paramètre a peut donc servir à représenter un déplacement de la courbe de demande, vers la droite (augmentation) ou vers la gauche (diminution).

Le paramètre b illustre la sensibilité de la quantité demandée aux variations de prix. Puisque b est un nombre positif et qu'un signe *moins* précède bP, la quantité demandée diminue à mesure que le prix du produit augmente. Cela s'explique bien sûr par la pente négative des courbes de demande.

Allons-y avec un exemple. Imaginons que la demande pour un produit est représentée par l'équation suivante :

$$Q_D = 20 - 2P$$

Dans cet exemple, le paramètre a prend la valeur 20, ce qui signifie que, quel que soit le prix du produit, les autres variables (le revenu, le prix d'autres produits, le nombre d'acheteurs, etc.) génèrent une quantité demandée de 20 unités. Quant au paramètre b, sa valeur de −2 signifie que toute augmentation du prix du produit de 1 $ entraîne une diminution de la quantité demandée de 2 unités.

Par convention, les économistes tracent les courbes de demande en plaçant le prix sur l'axe vertical (l'ordonnée ou l'axe des y) et la quantité demandée sur l'axe horizontal (l'abscisse ou l'axe des x). Pour déterminer le point d'intersection d'une courbe de demande linéaire avec l'axe du prix (l'axe des *y*), nous posons que $Q_D = 0$ et cherchons *P* à l'aide de l'équation de la demande. Le point d'intersection avec l'axe des *y* est donc déterminé par $0 = 20 - 2P$, ce qui nous donne $P = 10$ $. De même, pour déterminer l'intersection avec l'axe des quantités (l'axe des *x*), nous posons que $P = 0$ et cherchons Q_D, ce qui donne $Q_D = 20$. La figure 4A.1 présente la courbe de demande $Q_D = 20 - 2P$, en indiquant les points d'intersection avec l'axe des *x* et l'axe des *y* indiqués ci-dessus.

Examinons maintenant l'offre du marché. L'équation générale d'une courbe d'offre linéaire est :

$$Q_O = c + dP$$

où Q_O est la quantité offerte et *P* est encore le prix du produit. Les lettres *c* et *d* sont ce qu'on appelle les *paramètres de l'offre*. Le paramètre *c* représente tous les facteurs qui, hormis le prix du produit, influent sur l'offre (technologies, prix des intrants, nombre de vendeurs, etc.). Puisqu'ils sont constants le long de la courbe d'offre, ils sont tous incorporés dans le paramètre *c*, qui est constant. Une variation du paramètre *c* peut donc servir à représenter un déplacement de la courbe d'offre, vers la droite (augmentation) ou vers la gauche (diminution).

Le paramètre *d* reflète la sensibilité de la quantité offerte d'un bien aux variations de son prix. Puisque *d* est un nombre positif et qu'un signe + précède *dP*, la hausse du prix du produit entraîne une hausse de la quantité offerte. Cela s'explique bien sûr par la pente positive des courbes d'offre.

Allons-y avec un exemple. Imaginons que l'offre pour un produit est représentée par l'équation suivante :

$$Q_O = -10 + 4P$$

Dans cet exemple, le paramètre *c* prend la valeur –10. Quant au paramètre *d*, sa valeur de +4 signifie que toute augmentation du prix du produit de 1 $ entraîne une augmentation de la quantité offerte de 4 unités.

FIGURE 4A.1

La courbe de demande linéaire

Ce graphique illustre une courbe de demande linéaire de type $Q_D = a - bP$, où *a* et *b*, positifs, sont les paramètres de la demande. Plus précisément, l'équation de la demande est $Q_D = 20 - 2P$. L'égalité $Q_D = 20$ indique le point d'intersection avec l'axe des quantités (axe des *x*), et $P = 10$ $, le point d'intersection avec l'axe des prix (axe des *y*).

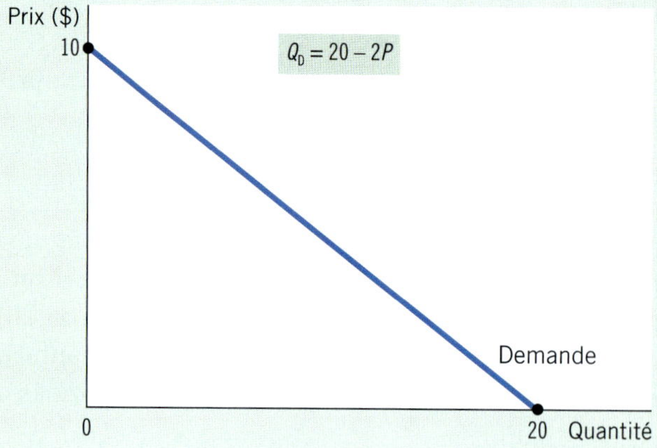

Comme pour la courbe de demande, afin de déterminer le point d'intersection de la courbe d'offre avec l'axe du prix (l'axe des *y*), nous posons que $Q_O = 0$ et cherchons *P* à l'aide de l'équation de l'offre. Le point d'intersection avec l'axe des *y* est donc déterminé par $0 = -10 + 4P$, ce qui nous donne $P = 2{,}50$ $. De même, pour déterminer l'intersection avec l'axe des quantités (l'axe des *x*), nous posons que $P = 0$ et cherchons Q_O, ce qui donne $Q_O = -10$.

Vous aurez remarqué que, puisqu'elles présentent une pente positive, les courbes d'offre peuvent croiser l'axe des *x* ou l'axe des *y* à une valeur positive ou négative, si bien que le paramètre d'offre *c* peut être positif ou négatif (bien que *d* soit toujours positif). La figure 4A.2 illustre une situation où *c* est négatif, ce qui est fréquent. Puisque les courbes d'offre n'ont de sens que pour les quantités et les prix positifs, nous illustrons en pointillés la « projection » de la courbe dans le quadrant négatif.

Nous avons vu que le prix et la quantité d'équilibre sont déterminés par le croisement des courbes d'offre et de demande. Le prix d'équilibre est celui où la quantité demandée est égale à la quantité offerte. À l'aide de nos équations de l'offre et de la demande, nous pouvons donc déterminer le prix d'équilibre en égalisant la quantité demandée et la quantité offerte ($Q_D = Q_O$) et en trouvant le prix *P* :

$$Q_D = Q_O$$

$$20 - 2P = -10 + 4P$$

$$30 = 6P$$

$$P = \frac{30}{6} = 5\ \$$$

Nous utilisons alors la courbe de demande pour obtenir la quantité d'équilibre :

$$Q_D = 20 - 2(5) = 10$$

que nous pouvons confirmer en utilisant la courbe d'offre pour obtenir la même quantité :

$$Q_O = -10 + 4(5) = 10$$

FIGURE 4A.2

La courbe d'offre linéaire

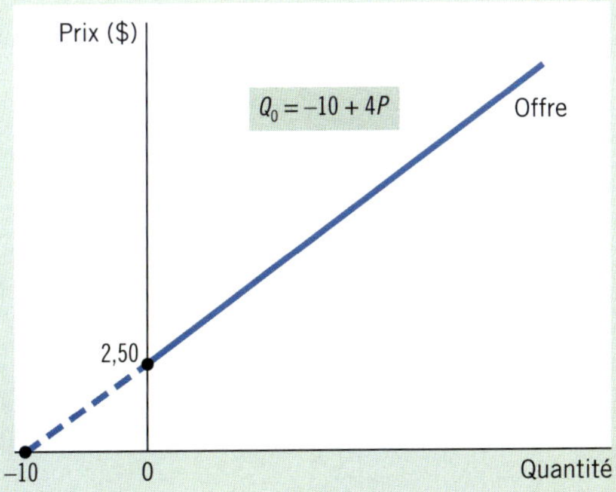

Ce graphique illustre une courbe d'offre linéaire de type $Q_O = c + dP$, où *c* et *d* sont les paramètres de l'offre, *d* étant positif, et *c*, négatif. Plus précisément, l'équation de l'offre est $Q_O = -10 + 4P$. L'égalité $Q_O = -10$ indique le point d'intersection avec l'axe des quantités (axe des *x*), et $P = 2{,}50$ $, le point d'intersection avec l'axe des prix (axe des *y*).

La figure 4A.3 illustre les courbes d'offre et de demande, ainsi que l'équilibre qu'elles génèrent.

Comme vous pouvez le constater, lorsque les équations de l'offre et de la demande sont linéaires, les mathématiques de l'équilibre de marché sont d'une grande simplicité.

FIGURE 4A.3

L'équilibre du marché

Ce graphique illustre l'équilibre du marché. On détermine le prix d'équilibre en égalisant $Q_D = Q_O$, ce qui nous donne $P = 5\,\$$. La quantité d'équilibre est ensuite obtenue en remplaçant le prix d'équilibre dans l'équation de la demande ou de l'offre. On obtient alors $Q = 10$.

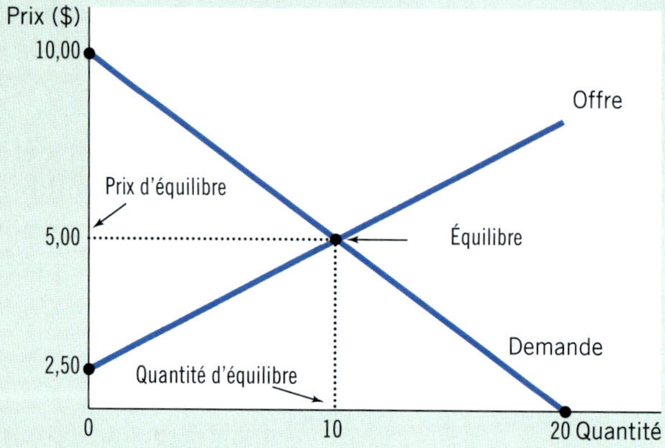

Les données de la macroéconomie

2
PARTIE

Le revenu d'un pays

5
CHAPITRE

À la fin de vos études, lorsque vous vous mettrez à la recherche d'un emploi, le succès de votre démarche dépendra en grande partie des conditions économiques. Certaines années, les entreprises augmentent leur production de biens et de services et embauchent davantage de personnel; il est alors facile de trouver du travail. Toutefois, les années où les entreprises réduisent leur production, les offres d'emploi se font rares et il faut plus de temps pour trouver du travail. Bien évidemment, les nouveaux diplômés préfèrent entrer sur le marché du travail lorsqu'il est en pleine expansion plutôt qu'au moment d'un ralentissement économique.

La conjoncture économique nous concerne à tel point que les journaux nous en tiennent constamment informés. On ne peut ouvrir un quotidien sans tomber sur une nouvelle statistique économique, qu'il s'agisse du produit intérieur brut (PIB), du taux de variation de l'indice des prix (taux d'inflation), du pourcentage de la main-d'œuvre sans emploi (taux de chômage), des dépenses de consommation (ventes au détail) ou du déséquilibre entre les importations et les exportations (déficit ou surplus commercial). Toutes ces statistiques sont agrégées; elles concernent la macroéconomie, c'est-à-dire l'ensemble de l'économie, plutôt qu'un ménage ou une entreprise spécifique.

Microéconomie
Étude de la prise de décisions des ménages et des entreprises ainsi que de leurs interactions sur les marchés.

Macroéconomie
Étude des phénomènes économiques globaux, notamment l'inflation, le chômage et la croissance économique.

Le chapitre 2 a montré que la science économique est divisée en deux branches: la microéconomie et la macroéconomie. La **microéconomie** s'intéresse aux décisions des ménages et des entreprises et à leurs interactions sur les marchés. La **macroéconomie**, pour sa part, étudie l'économie dans son ensemble. Elle a pour objectif d'expliquer les changements économiques qui ont des conséquences sur l'ensemble des ménages, des entreprises et des marchés. Elle s'intéresse à plusieurs questions: pourquoi les revenus moyens sont-ils élevés dans certains pays et faibles dans d'autres? Comment expliquer la hausse rapide des prix ou leur stabilité à différentes périodes? Comment expliquer les périodes de croissance et de contraction de la production et de l'emploi? Quelles interventions publiques peuvent favoriser une croissance rapide des revenus, une inflation faible et le plein-emploi? Ces questions sont toutes de nature macroéconomique, puisqu'elles concernent le fonctionnement global de l'économie.

La microéconomie et la macroéconomie sont étroitement liées, pour la simple raison que l'économie se compose de l'ensemble des ménages, des entreprises et des gouvernements, en interaction sur les divers marchés. Les outils essentiels de l'offre et de la demande sont donc aussi indispensables à l'analyse macroéconomique qu'à l'analyse microéconomique. Cependant, l'étude de l'économie dans son ensemble pose des défis intellectuels différents et passionnants.

Dans ce chapitre et au chapitre 6, nous étudierons les données nécessaires pour comprendre l'évolution de l'économie nationale. Le présent chapitre traite du *produit intérieur brut*, ou PIB, qui mesure le revenu total généré dans un pays. On considère cette statistique économique comme la mesure par excellence du bien-être économique de la société. Bien qu'elle soit loin d'être parfaite, il s'agit de la statistique qui attire le plus l'attention.

Les revenus et les dépenses dans l'économie

Lorsqu'on pense au succès économique d'une personne, son revenu est généralement la première variable qui vient à l'esprit. Une personne qui dispose d'un revenu élevé est en mesure de subvenir à ses besoins essentiels et plus. On ne s'étonnera pas de constater que les bénéficiaires d'un haut revenu ont également un meilleur niveau de vie: de plus belles maisons, une meilleure nourriture, des voitures de luxe, des vacances de rêve, etc.

La même logique s'applique à l'économie globale. Quand on veut savoir comment va l'économie, on se tourne normalement vers le revenu total généré par l'ensemble de la population, c'est-à-dire le produit intérieur brut (PIB).

Cette statistique mesure deux choses simultanément: le revenu total de tous les agents économiques et la dépense totale effectuée pour acheter tous les biens et les services produits. Si le PIB fournit ces deux données à la fois, c'est parce que la dépense totale dans une économie doit être égale à son revenu total.

Pourquoi? Pour la simple raison que chaque transaction requiert deux parties: un acheteur et un vendeur. Chaque dollar dépensé par un acheteur devient un dollar de revenu pour le vendeur. Prenons un exemple fictif: Zoé paie Marc pour tondre son gazon. Dans ce cas, Marc offre un service que Zoé achète. Elle dépense 100 $ tandis que lui gagne 100 $. Cette transaction figure sur les plans à la fois de la dépense et du revenu macroéconomiques. Le PIB, qui mesure la dépense totale et le revenu total, augmente alors de 100 $.

Le diagramme des flux circulaires de la figure 5.1 illustre cette égalité entre les revenus et les dépenses. Ce diagramme, déjà présenté au chapitre 2, montre toutes les transactions entre les ménages et les entreprises dans une économie simple. Les ménages achètent les biens et les services auprès des entreprises, en dépensant leur argent sur le marché des biens et des services. Ce flux de revenus des entreprises retourne par la suite sur le marché des facteurs pour payer les facteurs de production (salaires, loyers et profits). L'argent circule des ménages aux entreprises, puis retourne aux ménages, et ainsi de suite.

FIGURE 5.1

Le diagramme des flux circulaires

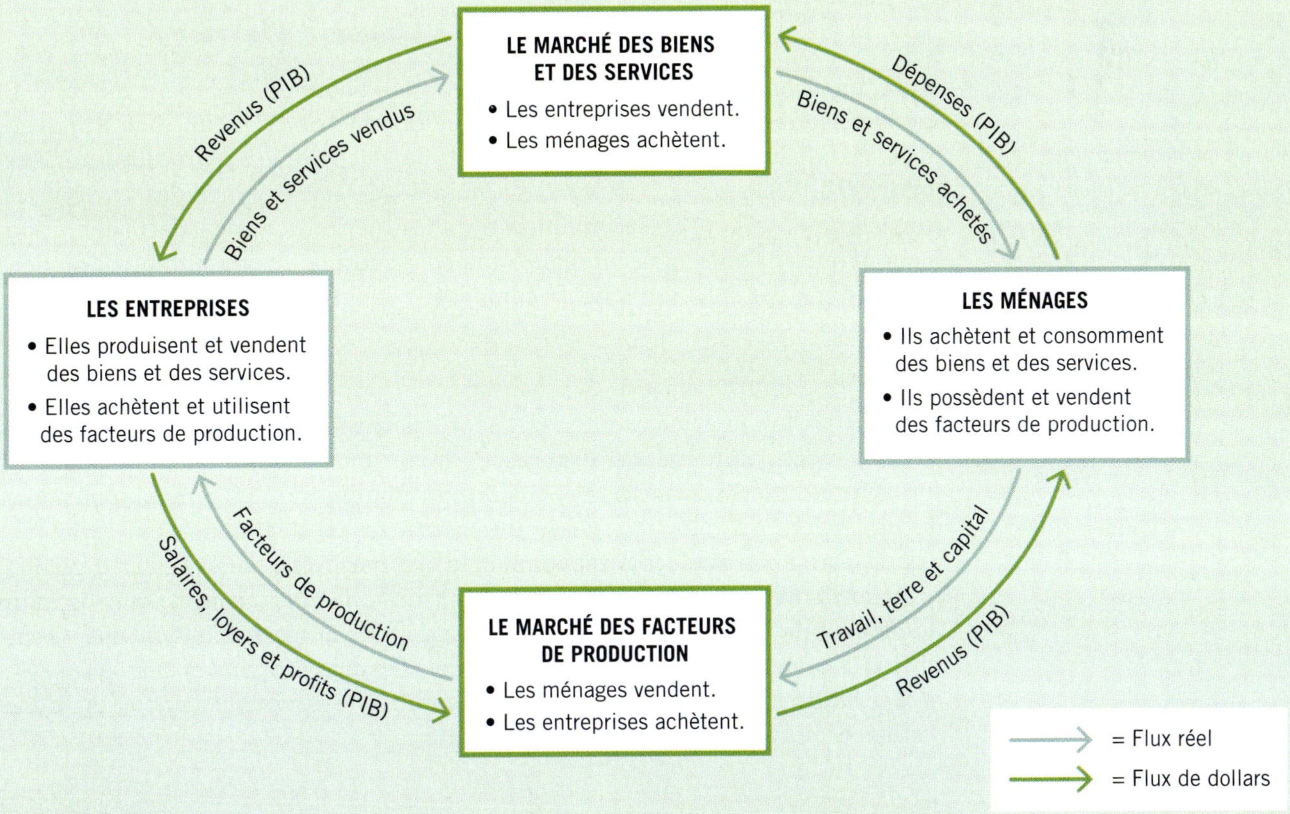

Les ménages achètent les biens et les services des entreprises, tandis que les entreprises retournent ces revenus aux employés sous forme de salaires, aux propriétaires sous forme de loyers et aux entrepreneurs sous forme de profits. Le PIB est égal au total des dépenses des ménages sur le marché des biens et des services. Il équivaut également au total des salaires, des loyers et des profits versés par les entreprises sur le marché des facteurs de production.

Le PIB de cette économie peut se calculer de deux façons : en faisant soit le total des dépenses des ménages, soit le total des revenus (salaires, loyers et profits) versés par les entreprises. Parce que chaque dollar dépensé devient un dollar de revenu, le PIB sera le même, quelle que soit la façon de le calculer.

Naturellement, l'économie réelle est beaucoup plus complexe que celle qui est schématisée à la figure 5.1. D'une part, les ménages ne dépensent pas la totalité de leur revenu, une portion de celui-ci allant dans les caisses de l'État sous forme d'impôts et une autre partie étant épargnée en prévision d'une utilisation future. D'autre part, les ménages n'achètent pas tous les biens et les services produits. Le gouvernement en achète également une partie, de même que les entreprises (sous forme de biens d'équipement). Néanmoins, que l'acheteur soit un ménage, un gouvernement ou une entreprise, chaque transaction met toujours en présence un acheteur et un vendeur. À l'échelle de l'économie globale, la dépense totale et le revenu total sont donc toujours égaux.

MINITEST

- Le produit intérieur brut mesure simultanément deux choses. Lesquelles ? Comment peut-il mesurer ces deux éléments à la fois ?

La mesure du produit intérieur brut

Produit intérieur brut (PIB)
Valeur, aux prix du marché, de tous les biens et les services finaux produits dans une économie durant une période donnée.

Maintenant que le produit intérieur brut a été abordé de manière générale, il est nécessaire d'en préciser la signification. Commençons par une définition qui met l'accent sur le PIB comme mesure de la dépense totale. Le **produit intérieur brut (PIB)** est la valeur, aux prix du marché, de tous les biens et les services finaux produits dans une économie durant une période donnée. Cette définition peut paraître simple, mais en réalité, bien des subtilités se posent lorsqu'on doit calculer le PIB d'une économie. Décomposons donc cette définition.

« Le PIB est la valeur, aux prix du marché, … »

Vous avez sûrement déjà entendu l'expression selon laquelle on ne peut pas comparer des pommes et des oranges. C'est pourtant ce qu'on fait en calculant le PIB. On additionne toutes sortes de produits pour mesurer la production en une seule statistique. Pour y parvenir, il faut trouver un dénominateur commun à tout ce qu'on produit, en l'occurrence la valeur marchande (soit le prix de vente, y compris toutes les taxes). Parce que les prix reflètent la somme que les individus sont prêts à payer pour acquérir des produits, ils correspondent à la valeur de ces derniers (*voir le chapitre 7 de* Principes de microéconomie *pour une analyse de la relation entre prix et valeur*). Si une pomme coûte le double d'une orange, elle contribue deux fois plus au PIB qu'une orange.

« … de tous… »

Le PIB est une mesure générale : il englobe tous les biens et les services produits dans l'économie et vendus légalement sur les marchés. Il mesure non seulement la valeur marchande des pommes, mais aussi celle des livres et des films, celle des coupes de cheveux, des soins de santé, etc.

Le PIB inclut également la valeur marchande des services d'habitation. Dans le cas des logements locatifs, la valeur est facile à calculer : il s'agit du loyer, qui est égal à la fois à la dépense des locataires et au revenu des propriétaires. Toutefois, bien des gens sont propriétaires de leur résidence et ne paient pas de loyer. Dans ce cas, Statistique Canada inclut une évaluation de la valeur locative des maisons dans le calcul du PIB. On suppose donc que les propriétaires se versent à eux-mêmes un loyer. Le loyer imputé est inclus à la fois dans la dépense du propriétaire et dans son revenu : le loyer ajoute donc à la valeur du PIB.

On fait la même chose pour la partie de la production gouvernementale qui n'est pas commercialisée. Dans ce cas, on mesure la valeur des coûts de production. Par exemple, les salaires des fonctionnaires représentent le coût de production des services publics ; ces salaires sont donc comptabilisés comme des dépenses publiques effectuées pour acheter les biens et les services produits par les fonctionnaires.

Néanmoins, certains produits, parce qu'ils sont trop difficiles à évaluer, échappent au calcul du PIB. Parmi eux, les biens produits et vendus au noir, comme les drogues illicites, de même que les articles produits et consommés à la maison et qui ne sont pas commercialisés. Ainsi, les légumes que vous achetez à l'épicerie font partie du calcul du PIB, mais pas ceux que vous faites pousser dans votre jardin.

De telles exclusions sont parfois susceptibles de mener à des résultats paradoxaux. Dans l'exemple précédent, la transaction entre Zoé et Marc pour la tonte de la pelouse entre dans le calcul du PIB, mais si Zoé et Marc décident de former un couple, cela change la donne. Même si Marc continue à tondre le gazon, ce service n'apparaît plus dans le PIB, puisqu'il n'est plus négocié sur le marché ; cela réduit donc le PIB.

Ainsi, le PIB sous-estime systématiquement l'activité économique d'un pays.

« ... les biens et les services... »

Le PIB comptabilise à la fois des biens tangibles (nourriture, vêtements, automobiles) et des services intangibles (coupes de cheveux, nettoyage, traitements chez le dentiste). Lorsque vous achetez un disque compact de votre groupe préféré, vous acquérez un bien et sa valeur entre dans le calcul du PIB. De même, si vous assistez à un concert de ce groupe, le prix de votre billet, donc la valeur de ce service, entre aussi dans le calcul.

« ... finaux... »

Lorsque Carlton Cards imprime des cartes de vœux sur du papier fabriqué par Produits forestiers Résolu, le papier est considéré comme un *bien intermédiaire*, et la carte, comme un *bien final*. Le PIB tient uniquement compte de la valeur des biens finaux, parce que si l'on ajoutait la valeur marchande du papier à celle de la carte, on compterait le bien intermédiaire en double et on surestimerait la véritable valeur de la production.

Il y a cependant deux exceptions à ce principe. Premièrement, on comptabilise, en considérant la variation des stocks des entreprises, les biens intermédiaires produits et stockés pour être utilisés ou vendus ultérieurement. Généralement, cette dépense est comprise dans les investissements. Lorsque ces biens finissent par être utilisés ou vendus, ils apparaissent comme des investissements négatifs dans les stocks, et leur valeur est soustraite du PIB. Deuxièmement, les biens intermédiaires exportés sont considérés comme finaux (pour le pays exportateur). On comptabilise donc tous les biens exportés, qu'ils soient intermédiaires ou finaux.

« … produits… »

Le PIB tient compte des biens et des services qui sont produits durant une période donnée, mais il ne tient pas compte des biens produits antérieurement. Ainsi, lorsqu'une personne vend une automobile d'occasion, la valeur de ce véhicule ne figure pas dans le calcul du PIB. La valeur des services liés à la revente du véhicule est cependant comptabilisée.

Quand Ford fabrique une nouvelle voiture, la valeur de cette dernière entre dans le calcul du PIB, qu'elle soit vendue ou non durant l'année de sa fabrication. En effet, la valeur d'un bien est toujours prise en compte durant la période de production, soit directement s'il est vendu, soit indirectement, compte tenu de la variation de la valeur des stocks des entreprises, s'il est vendu plus tard.

Revenu national brut (RNB)
Valeur du revenu total des résidants d'un territoire.

BON À SAVOIR

D'autres statistiques sur le revenu et la production

Lorsque Statistique Canada calcule chaque trimestre le PIB canadien, elle calcule également d'autres mesures du revenu pour dresser un portrait plus complet de la situation économique. Ces autres mesures diffèrent du PIB par l'exclusion ou l'inclusion de certaines catégories de revenus. Voici une brève définition de cinq de ces mesures, selon leur taille décroissante.

- Le **revenu national brut,** ou **RNB** (anciennement appelé *produit national brut* ou *PNB*), correspond au revenu total de tous les résidants d'un pays. Il diffère du PIB de la façon suivante : le PIB mesure la valeur du revenu total produit sur un territoire, alors que le RNB mesure la valeur du revenu total reçu par les résidants d'un territoire. La différence entre les deux définitions est subtile. Lorsque la société Bombardier produit des locomotives à La Pocatière, la valeur de cette production est comptabilisée dans le PIB canadien. Si des résidants allemands possèdent des obligations de Bombardier, une partie du revenu généré par la production leur est cependant versée. De même, si l'entreprise allemande BMW produit des voitures en Bavière, cette production est mesurée dans le PIB allemand. Si des résidants canadiens possèdent des titres de BMW, ils en reçoivent un revenu de placement. Pour calculer le RNB, on part du PIB et on soustrait les revenus versés par les entreprises et les gouvernements canadiens à des non-résidants, puis on ajoute la valeur des revenus provenant de l'étranger et reçus par les résidants canadiens. De cette façon, on mesure bien les revenus des résidants canadiens provenant de leur apport à la production, quel que soit le lieu de cette production.
- Le produit intérieur net (PIN) correspond au PIB diminué du montant de la dépréciation. La dépréciation (ou amortissement) correspond à l'usure des équipements et des infrastructures économiques, allant de la détérioration des camions à l'obsolescence des ordinateurs. Dans la comptabilité nationale, Statistique Canada lui donne le nom de « provision pour consommation de capital ».
- Le revenu intérieur net au coût des facteurs (RIN) est le PIN auquel on enlève la valeur des taxes indirectes (nettes des subventions). Le RIN représente la valeur de la rémunération (ou des revenus) des facteurs de production.
- Le revenu personnel est le revenu reçu par les ménages et les entreprises non incorporées. Contrairement au RIN, il exclut les bénéfices non répartis et les impôts des entreprises, ainsi que les taxes sur la masse salariale payées par les entreprises. Il comprend cependant deux autres sources de revenus des ménages : les intérêts sur les titres gouvernementaux et les revenus de transfert des gouvernements, tels que l'assurance emploi, l'aide sociale et les pensions de l'État.
- Le revenu disponible correspond au revenu dont les ménages disposent après avoir payé leurs impôts et avoir reçu des transferts personnels de l'État. Il est égal au revenu personnel moins les taxes et les impôts personnels. Les ménages peuvent faire deux choses avec ce revenu : l'épargner et l'utiliser pour consommer.

Même si ces mesures du revenu diffèrent, leurs fluctuations sont fortement corrélées. Lorsque le PIB croît rapidement, le revenu fait de même. Lorsque le PIB chute, le revenu tombe également. Pour suivre l'évolution de l'économie, le type de mesure du revenu employé importe peu.

« … dans une économie… »

Le PIB mesure la production d'un pays réalisée à l'intérieur de ses frontières. Si un citoyen américain travaille au Canada, sa production sera considérée dans le PIB canadien. De même, si une citoyenne canadienne possède une usine à Haïti, sa production ne sera pas comptabilisée dans le PIB canadien, mais dans le PIB haïtien. Les biens et les services faisant partie de la production intérieure sont inclus dans le PIB, quelle que soit la nationalité du producteur.

« … durant une période donnée. »

Le PIB indique la valeur de la production, soit la dépense totale et le revenu total, réalisée au cours d'une période donnée, généralement une année ou un trimestre. Le PIB est donc une variable de flux (*voir la section Bon à savoir ci-dessous*).

Quand le gouvernement annonce le PIB trimestriel, il s'agit la plupart du temps du PIB rapporté au taux annuel. Cela signifie que le chiffre publié correspond au montant de la dépense totale ou du revenu total trimestriel multiplié par quatre. Cette convention permet de comparer facilement les chiffres trimestriels et annuels du PIB.

De plus, les chiffres officiels pour le trimestre peuvent être désaisonnalisés pour tenir compte des variations saisonnières. Ces données corrigées font mieux apparaître les fluctuations annuelles de la production des biens et des services. Comme on pourrait s'en douter, la production atteint un sommet juste avant la période de Noël. Ainsi, lorsqu'ils veulent connaître la situation réelle de l'économie, les économistes et les décideurs publics ont besoin de masquer l'influence de ces fluctuations saisonnières habituelles. C'est pourquoi Statistique Canada ajuste les données trimestrielles en corrigeant ces variations cycliques. Les données publiées par la presse sont normalement désaisonnalisées.

Revoyons maintenant la définition du PIB : le produit intérieur brut (PIB) est la valeur, aux prix du marché, de tous les biens et les services finaux produits dans une économie durant une période donnée.

Le PIB est donc une mesure sophistiquée de l'activité économique. Dans les cours de macroéconomie plus avancés, vous apprendrez qu'il existe d'autres subtilités relatives à son calcul. Pour l'instant, il suffit de savoir que tous les mots de cette définition sont importants.

BON À SAVOIR

Les variables de flux et les variables de stock

Toutes les variables utilisées en macroéconomie peuvent être classées en variables de flux ou de stock. Une variable de flux possède une dimension temporelle. Pour la reconnaître, il suffit de savoir qu'elle est toujours suivie d'une durée. Par exemple, la vitesse d'une voiture sur la route (mesurée en kilomètres à l'heure), les achats de disques compacts (le nombre d'unités par semaine) et le revenu d'une personne (en dollars par année) sont des variables de flux. Une variable de stock, quant à elle, est une quantité instantanée : elle n'a donc pas de dimension dans le temps. On peut donner pour exemple la distance entre Montréal et Québec (250 km).

Le PIB et le revenu sont des variables de flux. Ainsi, le PIB annuel est approximativement quatre fois plus élevé que le PIB trimestriel.

MINITEST

- Lequel des deux produits suivants contribue le plus à l'augmentation du PIB: la production d'un kilogramme de poulet ou la production d'un kilogramme de caviar? Pourquoi?

Les composantes du PIB

Il existe bien des manières de dépenser au sein d'une économie. À un instant donné, la famille Tremblay dîne à la Belle Province, Ford construit une nouvelle usine en Ontario, la Marine royale canadienne répare un sous-marin et British Airways prend livraison d'un avion de Bombardier. Le PIB comprend tous ces types de dépenses pour acheter des biens et des services produits à l'intérieur du Canada.

Pour mieux saisir comment l'économie utilise ses ressources rares, les économistes s'intéressent à la composition du PIB par type de dépenses. À cette fin, ils divisent le PIB (représenté par la lettre Y) en quatre composantes: la consommation (C), l'investissement (I), les dépenses publiques (G) et les exportations nettes (XN):

$$Y = C + I + G + XN$$

Cette équation est une identité. Elle doit se vérifier en raison de la définition des variables. Dans le cas présent, comme chaque dollar dépensé se répartit entre les quatre composantes du PIB, leur total est égal au PIB. Examinons chacun de ces types de dépenses.

La consommation

Consommation
Biens et services achetés par les ménages, à l'exception de l'acquisition de maisons neuves.

La **consommation** représente les dépenses des ménages faites pour des biens et des services courants. Les dépenses faites pour des biens comprennent celles effectuées pour les biens durables, tels que les voitures et les appareils électroménagers, et pour les biens non durables, tels que la nourriture et les vêtements. Les dépenses faites pour des services comprennent celles effectuées chez le coiffeur et le dentiste. Les dépenses pour des études postsecondaires sont aussi incluses dans celles faites pour des services, même si l'on est porté à croire qu'elles ont plutôt leur place parmi les dépenses d'investissement.

L'investissement

Investissement
Achats d'équipements, de stocks et d'infrastructures, y compris l'achat de maisons neuves par les ménages.

L'**investissement** correspond aux dépenses faites pour des biens qui seront utilisés dans le futur pour produire des biens et des services. Ces biens sont appelés *biens d'équipement* ou *biens de capital*. Les dépenses d'investissement comprennent les dépenses en équipements, en infrastructures et en stocks. L'investissement comprend également l'acquisition des maisons neuves (cette dépense des ménages étant la seule qui figure dans la catégorie des investissements plutôt que dans celle de la consommation).

Comme nous l'avons mentionné plus tôt dans le chapitre, la variation des stocks entre dans le calcul du PIB. Par exemple, lorsque Bombardier fabrique un avion et ne le vend pas tout de suite, celui-ci vient augmenter la valeur des stocks de l'entreprise. Dans ce cas, on fait comme si Bombardier avait acheté lui-même cet avion. Lorsque l'avion sera effectivement vendu, la variation négative des stocks de Bombardier viendra contrebalancer la dépense de l'acheteur, dans le calcul du PIB. On traite ainsi les stocks, car le PIB mesure la valeur de la production, et les biens qui viennent augmenter les stocks font partie de la production de la période courante.

Notons que le mot *investissement* prend un sens différent dans la comptabilité nationale, par rapport à la langue de tous les jours. Lorsqu'on entend parler d'investissement, on pense généralement à des investissements financiers, tels que des actions, des obligations ou des fonds communs de placement (qui seront étudiés au chapitre 8 de ce volume). En macroéconomie, le terme *investissement* réfère plutôt à l'achat de biens, comme des biens de capital, des infrastructures et des stocks, utilisés pour produire d'autres biens.

Les dépenses publiques

Les **dépenses publiques** (ou gouvernementales) correspondent aux achats de biens et de services par les gouvernements locaux, territoriaux, provinciaux et fédéral, tels que les salaires des fonctionnaires et les dépenses effectuées pour acheter des biens courants.

Dépenses publiques
Achats de biens et de services courants effectués par les différents paliers de gouvernement.

La notion de dépenses publiques mérite d'être clarifiée. Lorsque l'État verse sa solde à un général, ce salaire fait partie des dépenses publiques. Mais qu'en est-il des sommes que la Régie des rentes du Québec verse à une personne âgée ou que le gouvernement fédéral distribue aux chômeurs? Ces dépenses sont appelées *paiements de transfert,* puisque ces versements ne se font pas en échange de biens ou de services. Sur le plan macroéconomique, les paiements de transfert sont considérés comme des taxes négatives. Tout comme les impôts, ce type de transfert modifie le revenu des ménages, sans toutefois influer directement sur la production. Comme le PIB mesure le revenu total et la dépense totale provenant de la production des biens et des services, les paiements de transfert ne figurent pas dans les dépenses publiques.

Les exportations nettes

Les **exportations nettes** sont égales aux dépenses effectuées par les étrangers pour acheter des biens et des services produits au Canada (exportations), desquelles on soustrait les dépenses faites par les résidants canadiens pour acheter des biens et des services produits à l'étranger (importations). Ainsi, la vente d'un produit canadien à un acheteur étranger, comme dans le cas où British Airways achète un avion à Bombardier, accroît le montant des exportations nettes.

Exportations nettes
Différence entre les achats, faits par les étrangers, de biens et de services produits dans le pays (exportations) et les achats, faits par les résidants, de biens et de services produits à l'étranger (importations).

Le terme *nettes* de l'expression *exportations nettes* provient du fait qu'il faut soustraire les importations des exportations. En effet, les importations de biens et de services sont comprises dans d'autres composantes du PIB. Imaginons qu'un ménage achète une voiture du fabricant allemand Volkswagen et la paye 30 000 $. Cette transaction augmente la consommation de 30 000 $, puisqu'il s'agit d'une dépense de consommation, mais comme il s'agit d'une importation, elle diminue d'autant les exportations nettes. Lorsqu'un ménage, une entreprise ou un gouvernement achètent des produits et des services à l'extérieur du pays, ces achats augmentent la consommation, l'investissement ou les dépenses publiques, sans pour autant faire partie du PIB. Il faut donc qu'ils réduisent les exportations nettes dans la même mesure.

ÉTUDE DE CAS

Les composantes du PIB canadien

Les tableaux 5.1 et 5.2 illustrent la composition du PIB canadien pour l'année 2012, alors que le PIB annuel a atteint 1 820 milliards de dollars. Cette somme, divisée par la population canadienne — à peu près 35 millions —, nous permet d'obtenir le PIB annuel par habitant, soit environ 52 000 $. La consommation a représenté 54 % de cette somme, soit environ 28 200 $ par personne, tandis que l'investissement a été de 12 550 $ par personne. Les dépenses gouvernementales se sont élevées à 11 270 $ par habitant, les exportations ont atteint 15 620 $ par habitant, et les importations, 16 350 $ par habitant. Par conséquent, les exportations nettes — soit les exportations moins les importations — se sont chiffrées à –1 030 $ par habitant. Parce que les importations étaient plus élevées que les exportations, les exportations nettes étaient donc négatives. Remarquez aussi que, quoique la valeur des exportations nettes soit relativement petite, elle reflète la différence entre deux sommes très élevées. Le commerce international est donc très important pour l'économie canadienne. Vous pouvez trouver d'autres données sur les différentes mesures de la production sur le site Web de Statistique Canada (www.statcan.gc.ca).

TABLEAU 5.1

Le PIB : dépense agrégée et ses composantes

Ce tableau montre le PIB canadien pour 2012 (total annuel) et la ventilation de ce PIB entre ses quatre composantes. En consultant ce tableau, on doit garder en tête l'identité $Y = C + I + G + XN$.

	TOTAL (MILLIARDS DE $ CA)	POURCENTAGE DU TOTAL PAR PERSONNE
Produit intérieur brut, Y	1 820	100
Consommation, C	987	54
Investissement, I	439	24
Dépenses gouvernementales, G	394	22
Exportations nettes, XN	– 36	– 2
(exportations moins importations)	(547 – 583)	(30 – 32)

Note : Les données sont arrondies ; par conséquent, le total ne correspond pas toujours à la somme des parties.

Source : Statistique Canada. (2013). *Produit intérieur brut en termes de dépenses.* CANSIM, tableau 380-0064. Repéré à www.statcan.gc.ca/tables-tableaux/sum-som/l02/cst01/econ04-fra.htm

TABLEAU 5.2

Le PIB : revenu agrégé et ses composantes

Ce tableau montre le PIB canadien pour 2012 (total annuel) et la ventilation de ce PIB entre les catégories de revenu.

	TOTAL (MILLIARDS DE $ CA/ANNÉE)	PAR HABITANT ($/ANNÉE)	POURCENTAGE DU TOTAL
PIB	1 820	52 000	100
Salaires et traitements	923	26 400	51
Profits et intérêts	406	11 600	22
Impôts indirects	184	5 300	10
Provision pour consommation de capital	307	8 800	17

Source : Statistique Canada. (2013). *Produit intérieur brut en termes de revenus.* CANSIM, tableau 380-0063. Repéré à www.statcan.gc.ca/tables-tableaux/sum-som/l02/cst01/econ03-fra.htm

- Dressez une liste des quatre composantes de la dépense agrégée. Laquelle est la plus importante ?

MINITEST

Le PIB nominal et le PIB réel

Comme nous venons de le voir, le PIB mesure la dépense totale d'une économie pour les produits et les services dans tous les marchés. Si le PIB augmente d'une année à l'autre, cela peut être pour une des deux raisons suivantes : 1) l'accroissement de la production des biens et des services ou 2) l'augmentation des prix de ces biens et de ces services. Pour savoir comment évolue la production, les économistes doivent donc faire la distinction entre ces deux phénomènes. Plus précisément, ils désirent pouvoir mesurer la quantité réelle de biens et de services produits dans l'économie, sans que les variations de prix faussent les données.

Ils se servent alors du PIB réel. Cette statistique constitue la réponse à une question hypothétique : quelle serait la valeur des biens et des services produits cette année, si on leur appliquait les prix d'une année donnée ? En évaluant la production de chaque année sur la base des prix d'une année commune, le PIB réel montre le véritable changement de la production des biens et des services au fil du temps.

Pour mieux comprendre comment on mesure le PIB réel, prenons un exemple.

Un exemple chiffré

Le tableau 5.3 illustre les données d'une économie qui ne produit que deux types de biens : des croissants et des fromages. Ce tableau montre les quantités de croissants et de fromages produits et leur prix pour les années 2013, 2014 et 2015.

Pour calculer la dépense totale de cette économie, on multiplie les quantités de croissants et de fromages par le prix respectif de ces deux biens. En 2013, une centaine de croissants se sont vendus à 1 $ l'unité. La valeur totale des croissants a donc été de 100 $. Durant la même période, une cinquantaine de fromages se sont vendus à 2 $ l'unité ; la dépense a donc été de 100 $. La dépense totale pour les croissants et les fromages réunis a ainsi atteint 200 $. Cette dernière somme, équivalant à la production des biens et des services à prix courants, correspond au **PIB nominal** de cette économie.

PIB nominal
Production de biens et de services évaluée à prix courants.

Le tableau montre le calcul du PIB nominal pour les trois années. La dépense totale passe de 200 $ en 2013 à 600 $ en 2014, pour atteindre 1 200 $ en 2015. Cette augmentation est en partie attribuable à l'augmentation des quantités de croissants et de fromages, mais également à la hausse des prix de ces biens.

Pour mesurer l'évolution des quantités produites en éliminant les effets de la hausse des prix, il faut calculer le **PIB réel**, qui correspond à la production des biens et des services évaluée à prix constants. Pour ce faire, on doit commencer par choisir une année de base, puis appliquer les prix des croissants et des fromages de cette année de base à toutes les autres années. Cela permet de comparer les quantités de biens produits au cours des différentes années.

PIB réel
Production de biens et de services évaluée à prix constants.

Prenons 2013 comme année de base. Il faut donc utiliser les prix des croissants et des fromages en vigueur en 2013 pour calculer la valeur des biens et des services produits en 2013, 2014 et 2015, comme l'illustre le tableau 5.3. Pour calculer le PIB réel en 2013, on se sert des prix des croissants et des fromages de 2013 (l'année de base) et des quantités de ces mêmes produits pour la même année (note importante : pour l'année de base, le PIB réel est toujours égal au PIB nominal). Pour calculer le PIB réel de 2014, on utilise les prix des croissants et des fromages en 2013 (l'année de base) et les quantités de croissants et de fromages produits en 2014. La même méthode s'applique au calcul du PIB réel de 2015. Lorsqu'on constate que le PIB réel passe de 200 $ en 2013 à 350 $ en 2014, pour atteindre 500 $ en 2015, on est assuré que cette augmentation est attribuable à l'augmentation de la production, car les prix ont été maintenus constants par rapport à l'année de base.

En résumé, le PIB nominal évalue la production des biens et des services à l'aide des prix courants. Le PIB réel évalue cette même production à l'aide des prix d'une année de base. Puisque le PIB réel élimine les changements de prix, cette statistique reflète uniquement l'évolution des quantités de biens et de services produits.

TABLEAU 5.3

Le PIB nominal, le PIB réel et le déflateur du PIB

Ce tableau montre le calcul du PIB nominal, du PIB réel et du déflateur du PIB dans une économie fictive qui ne produirait que des croissants et des fromages.

ANNÉE	PRIX	QUANTITÉ DE CROISSANTS	PRIX	QUANTITÉ DE FROMAGES
2013	1 $	100	2 $	50
2014	2 $	150	3 $	100
2015	3 $	200	4 $	150

ANNÉE	CALCUL DU PIB NOMINAL
2013	(1 $ le croissant × 100 croissants) + (2 $ le fromage × 50 fromages) = 200 $
2014	(2 $ le croissant × 150 croissants) + (3 $ le fromage × 100 fromages) = 600 $
2015	(3 $ le croissant × 200 croissants) + (4 $ le fromage × 150 fromages) = 1 200 $

ANNÉE	CALCUL DU PIB RÉEL (EN BASE 2013)
2013	(1 $ le croissant × 100 croissants) + (2 $ le fromage × 50 fromages) = 200 $
2014	(1 $ le croissant × 150 croissants) + (2 $ le fromage × 100 fromages) = 350 $
2015	(1 $ le croissant × 200 croissants) + (2 $ le fromage × 150 fromages) = 500 $

ANNÉE	CALCUL DU DÉFLATEUR DU PIB
2013	(200 $/200 $) × 100 = 100
2014	(600 $/350 $) × 100 = 171
2015	(1 200 $/500 $) × 100 = 240

Le PIB réel permet de dresser un portrait fidèle du niveau d'activité économique, puisqu'il mesure la production des biens et des services. Il reflète la capacité de l'économie à répondre aux besoins et aux désirs de ses habitants. Le PIB réel donne donc une meilleure idée du bien-être économique que le PIB nominal. Lorsque les économistes parlent du PIB, ils renvoient le plus souvent au PIB réel. Et lorsqu'il est question de croissance économique, il s'agit de la croissance, exprimée en pourcentage, du PIB réel d'une période à l'autre.

Le déflateur du PIB

Le PIB nominal reflète à la fois les prix et les quantités des biens et des services produits dans une économie. En revanche, les prix étant maintenus constants, le PIB réel ne mesure que les quantités de biens et de services produits. À partir de ces deux statistiques, on peut en déduire une troisième, le déflateur du PIB, qui permet de mesurer le niveau moyen des prix des biens et des services.

On calcule le **déflateur du PIB** de la manière suivante :

Déflateur du PIB
Mesure du niveau général des prix, calculé comme le rapport du PIB nominal et du PIB réel, multiplié par 100.

$$\text{Déflateur du PIB} = \frac{\text{PIB nominal} \times 100}{\text{PIB réel}}$$

Puisque le PIB nominal est égal au PIB réel pour l'année de base, le déflateur du PIB pour cette même année est toujours égal à 100. Pour les années subséquentes, le déflateur mesure les variations du PIB nominal qui ne sont pas attribuables aux variations du PIB réel.

Le déflateur du PIB (aussi appelé *indice implicite des prix du PIB*) mesure les prix courants par rapport à une année de base. Pour le vérifier, prenons deux exemples fort simples. Imaginons tout d'abord que les quantités de biens et de services produits augmentent au fil du temps, les prix demeurant constants. Dans ce cas, le PIB nominal et le PIB réel augmentent tous les deux, le déflateur du PIB restant constant. Supposons maintenant que les quantités de biens et de services produits restent les mêmes, mais que les prix augmentent. Dans ce deuxième cas, le PIB nominal augmente alors que le PIB réel demeure constant, ce qui entraîne une hausse du déflateur du PIB. Dans ces deux exemples, on remarquera que le déflateur du PIB reflète la modification des prix, et non celle des quantités.

Reprenons maintenant notre exemple chiffré du tableau 5.3. Le déflateur du PIB se trouve au bas du tableau. Pour l'année 2013, le PIB nominal et le PIB réel atteignent tous les deux 200 $ alors que le déflateur du PIB est égal à 100. En 2014, le PIB nominal passe à 600 $ tandis que le PIB réel est de 350 $; le déflateur est donc de 171.

Les économistes utilisent le terme *inflation* pour décrire une situation où le niveau général des prix augmente. Le taux d'inflation est la variation en pourcentage d'une mesure du niveau des prix, d'une période à une autre. Si l'on utilise le déflateur, le taux d'inflation entre deux années consécutives est calculé ainsi :

$$\text{Taux d'inflation de l'année 2} = \frac{(\text{Déflateur de l'année 2} - \text{Déflateur de l'année 1})}{\text{Déflateur de l'année 1}} \times 100$$

Parce que le déflateur est passé de 100 à 171 en 2014, on peut conclure que les prix ont augmenté en moyenne de 71 % en 2014. En 2015, le déflateur est passé à 240 ; le taux d'inflation est donc 100 × (240 – 171)/171, ou 40 %.

Le déflateur du PIB est un indicateur que les économistes utilisent pour mesurer le niveau des prix et le taux d'inflation de l'économie. Le déflateur est appelé ainsi, car on l'utilise aussi pour enlever l'inflation du PIB nominal, c'est-à-dire pour « déflater » le PIB nominal des augmentations dues à des hausses de prix. Un autre indicateur — l'indice des prix à la consommation — fera l'objet du prochain chapitre ; nous ferons alors ressortir les différences entre ces deux mesures.

La macroéconomie se consacre en grande partie à l'explication de la croissance à long terme et des fluctuations à court terme du PIB réel. Comme nous le verrons dans les chapitres suivants, différents modèles sont nécessaires pour expliquer ces deux phénomènes. Les fluctuations à court terme représentant des déviations par rapport à une tendance à long terme, nous commencerons par examiner le comportement de l'économie à long terme. Par la suite, nous nous pencherons sur les fluctuations à court terme.

ÉTUDE DE CAS

Le PIB, le RNB et la propriété étrangère

Nous avons examiné précédemment les différences entre le RNB et le PIB. Le RNB mesure la valeur de tous les revenus reçus par les résidants d'un pays, quel que soit l'endroit où le revenu est gagné. Le PIB, quant à lui, mesure la valeur de tous les revenus gagnés au pays, quels qu'en soient les bénéficiaires. Si l'on calcule la différence entre la valeur des PIB et RNB canadiens, on obtient une mesure de l'écart entre la valeur de la production des étrangers au Canada et celle des résidants canadiens à l'étranger. Cette différence augmente lorsque les étrangers achètent une plus grande part de la capacité productive canadienne ou lorsque les Canadiens achètent une moins grande part de la capacité productive étrangère.

Durant les années 1970, beaucoup de Canadiens ont commencé à s'inquiéter de l'augmentation de l'écart entre le PIB et le RNB. Cette augmentation était interprétée comme une preuve que les étrangers achetaient une part de plus en plus grande de la capacité de production canadienne. Le gouvernement fédéral a alors réagi en imposant des contrôles sur la propriété étrangère et en créant, en 1974, l'Agence d'examen de l'investissement étranger (AEIE).

L'abrogation de la loi en 1985 n'a pas suffi à calmer l'inquiétude que suscite la propriété étrangère, au point de faire parfois les manchettes et d'appeler une réaction du gouvernement. En 2008, le débat entourant la vente possible de l'entreprise à l'origine du Canadarm, le bras canadien qu'utilisent les navettes spatiales américaines et la Station spatiale internationale, en est un exemple, de même que celui, plus récent (2010) sur la tentative d'acquisition de la Potash Corporation of Saskatchewan par la société australienne BHP Billiton.

Dans quelle mesure les Canadiens devraient-ils s'inquiéter de la propriété étrangère ? De nombreux facteurs entrent en ligne de compte dans l'analyse de cette question, et notre étude de cas ne permettra certainement pas de trancher le débat. Nous pouvons cependant présenter quelques faits. La figure 5.2 montre ce qu'on appelle l'*investissement direct étranger* (*IDÉ*) au Canada, soit la propriété directe étrangère au Canada. Le terme *direct* signifie qu'on prête uniquement attention à la propriété qui est suffisamment importante pour influer sur la gestion des entreprises. La figure 5.2 montre aussi l'investissement direct canadien à l'étranger (IDCÉ). Ces valeurs indiquent la part de l'industrie étrangère que détiennent et contrôlent des Canadiens, en pourcentage du PIB canadien. Enfin, les bâtonnets indiquent la différence entre ces deux valeurs (IDÉ – IDCÉ). Toutes ces variables sont des stocks, malgré l'utilisation du terme *investissement*, et sont mesurées en pourcentage du PIB canadien.

La figure 5.2 est pour le moins intéressante. La propriété de l'industrie canadienne par des étrangers (IDÉ)

FIGURE 5.2

La propriété étrangère

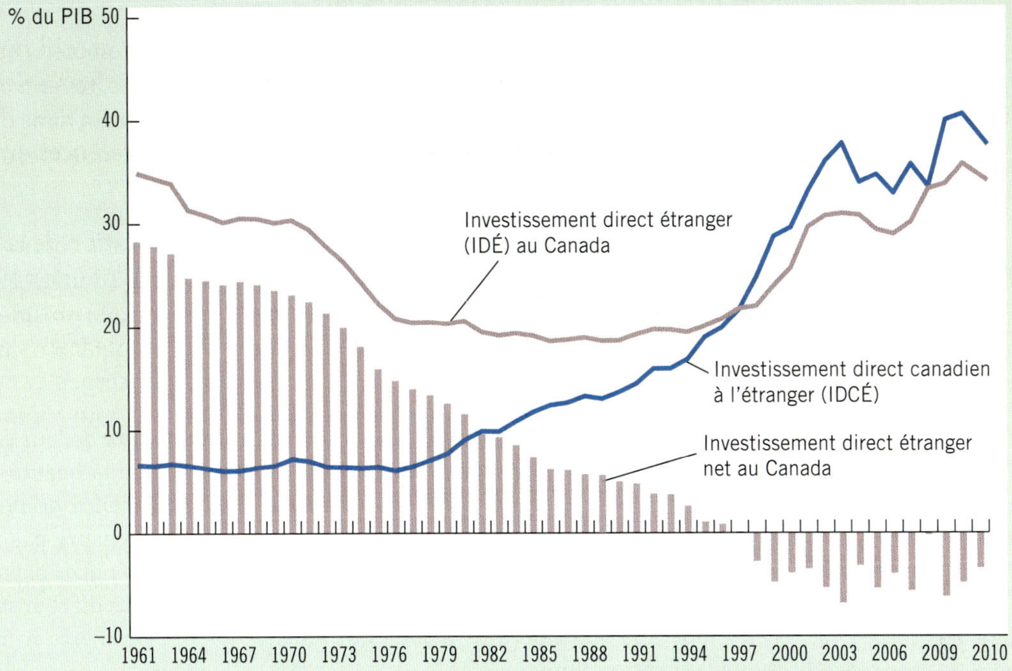

Source : Données tirées de Statistique Canada. (2012). CANSIM, tableaux v235396, v235412 et v646937.

Les courbes représentent les valeurs de l'investissement direct étranger (IDÉ) au Canada et de l'investissement direct canadien à l'étranger (IDCÉ), en pourcentage du PIB canadien. Les bâtonnets montrent l'investissement direct étranger net au Canada. Le passage des bâtonnets sous zéro au cours des dernières années indique que la propriété d'entreprises étrangères par des Canadiens est maintenant supérieure à la propriété d'entreprises canadiennes par des étrangers.

a diminué de 1961 à 1990, mais a rejoint depuis les niveaux du début des années 1960. En revanche, la propriété d'entreprises étrangères par des Canadiens a crû de façon plus ou moins constante depuis le milieu des années 1970. Cette croissance a été tellement rapide qu'aujourd'hui (en fait, depuis le milieu des années 1990), la propriété d'industries étrangères par des Canadiens est supérieure à la propriété d'industries canadiennes par des étrangers.

Les tendances de l'IDÉ et de l'ICDÉ reflètent l'intégration accrue des marchés des capitaux et des partenariats commerciaux. Certains ont invoqué la croissance de l'IDÉ pour montrer que la mondialisation entraînait la « vente du Canada » à des intérêts étrangers. Il est intéressant d'évaluer ces prétentions et d'en débattre à la lumière de la croissance rapide de l'ICDÉ et du fait que la propriété canadienne à l'étranger dépasse aujourd'hui la propriété étrangère au Canada.

MINITEST

- Donnez une définition du PIB réel et du PIB nominal. Lequel représente la meilleure mesure du bien-être économique ? Pourquoi ?

Le PIB et le bien-être économique

Nous avons affirmé plus tôt que le PIB constitue une bonne mesure du bien-être économique d'une société. Maintenant que nous avons défini précisément le PIB, nous pouvons analyser cette affirmation.

Le PIB mesure à la fois le revenu total et la dépense totale en biens et en services dans l'économie. Le PIB par habitant représente donc le revenu moyen et la dépense moyenne par habitant. L'immense majorité préférant sans doute gagner plus et dépenser plus, le PIB par habitant apparaît comme une mesure naturelle du bien-être économique individuel.

Cependant, tout le monde n'accepte pas le PIB par habitant comme mesure du bien-être économique. Lors d'une allocution prononcée le 18 mars 1968, à l'Université du Kansas, au cours de sa campagne pour les élections présidentielles aux États-Unis, le sénateur Robert Kennedy a fait une critique émouvante de cette statistique économique :

> [Le PIB] ne reflète pas la santé de nos enfants, la qualité de leur éducation ni le plaisir de leurs jeux. Il ne donne aucune idée de la beauté de notre poésie ou de la solidité de nos mariages, de l'intelligence de nos débats publics ou de l'intégrité de nos fonctionnaires. Il ne mesure pas non plus notre courage, notre sagesse ou notre attachement à notre pays. Bref, il mesure tout sauf ce qui donne de la valeur à la vie, et nous dit tout sur l'Amérique à l'exception des raisons qui nous rendent fiers d'être Américains. (Traduction libre).

Robert Kennedy avait en grande partie raison. Pourquoi attachons-nous donc autant d'importance au PIB ?

Simplement parce qu'un PIB par habitant élevé nous permet de bien vivre. Le PIB ne reflète certes pas la santé de nos enfants, mais les pays qui disposent d'un PIB par habitant élevé peuvent payer de bons soins de santé à leurs enfants. Le PIB ne dit rien non plus de la qualité de l'éducation. Cependant, dans les pays où il est élevé, on peut allouer plus de ressources au système éducatif. Le PIB ne donne aucune idée non plus de la beauté de notre poésie. Pourtant, dans les pays les plus riches, les citoyens ont les moyens d'apprendre à lire et à apprécier la poésie. Le PIB ne reflète en aucune façon notre intelligence, notre intégrité, notre courage, notre sagesse, notre patriotisme, mais toutes ces qualités se manifestent plus facilement dans un milieu où les personnes s'inquiètent moins de leur subsistance quotidienne. En résumé, le PIB ne mesure pas directement ce qui rend la vie digne d'être vécue, mais il mesure notre capacité de créer des conditions propices à une bonne qualité de vie.

Le PIB n'est donc pas une mesure parfaite du bien-être. Les loisirs, entre autres, contribuent à notre bien-être et ne sont pas considérés dans le PIB. Imaginons un instant qu'au lieu de profiter des week-ends, tout le monde se mette à travailler sept jours sur sept. La production de biens et de services augmenterait, mais nous ne pourrions pas en conclure qu'il y a amélioration des conditions de vie. Sur le plan du bien-être, les gains de production et de consommation seraient contrebalancés par la perte du temps de loisir.

Le PIB mesure la valeur des biens et des services, aux prix du marché. Il exclut donc la production qui ne passe pas par des marchés, et en particulier la valeur des biens et des services produits à la maison. Si un chef réalise un repas délicieux dans son restaurant, la valeur de ce repas figure au PIB. Si, par contre, il prépare le même repas à la maison pour sa conjointe, seule la valeur des ingrédients y figure. De la même façon, les soins donnés aux enfants dans une garderie sont compris dans le PIB, contrairement aux soins assumés par les parents à domicile. Le travail des bénévoles contribue également au bien-être de la société, sans toutefois que cet apport se reflète dans le PIB.

Le PIB reflète la production industrielle, mais il ne tient pas compte des dommages à l'environnement.

Un autre élément n'entre pas dans le PIB : la qualité de l'environnement. Imaginons que l'État élimine toutes les réglementations environnementales. Les entreprises pourraient alors produire des biens et des services sans tenir compte des effets de la pollution, et le PIB augmenterait. Il est fort probable, cependant, que le bien-être diminuerait, alors que les gains de production ne compenseraient pas la détérioration de la qualité de l'eau et de l'air.

Le PIB ne fait pas non plus état de la distribution du revenu. Une société de 100 personnes dans laquelle chacune aurait un revenu annuel de 50 000 $ aurait un PIB de 5 millions de dollars et un PIB par habitant de 50 000 $. Une société dans laquelle 10 personnes gagneraient 500 000 $ tandis que 90 autres n'auraient aucun revenu aurait le même PIB par habitant. Bien peu de gens conviendraient que ces deux situations sont équivalentes. Le PIB par habitant nous renseigne sur le revenu moyen de la population, mais cette statistique peut cacher des disparités importantes.

En fin de compte, on peut conclure que le PIB est un bon indicateur du bien-être économique, tant et aussi longtemps qu'on garde à l'esprit ses limites.

MINITEST

- Pourquoi les pouvoirs publics se préoccupent-ils du PIB ?

ÉTUDE DE CAS

Les différences internationales en matière de RNB et de qualité de vie

L'observation des données internationales permet d'apprécier l'utilité du PIB ou du RNB en tant qu'indicateur du bien-être économique. Les pays riches et les pays pauvres ont des statistiques de PIB et de RNB par habitant radicalement différentes. Si un PIB et un RNB élevés signifient un meilleur niveau de vie, il devrait y avoir une forte corrélation entre le PIB ou le RNB et les mesures de la qualité de vie. C'est effectivement le cas.

Le tableau 5.4 classe 14 pays, parmi les plus peuplés du monde, selon leur RNB par habitant. Il indique également l'espérance de vie (la durée prévisible de la vie estimée à la naissance), le nombre moyen d'années de scolarité, ainsi que l'indice de développement humain du Programme des Nations Unies pour le développement. Ces données dressent un tableau très clair de la situation. Dans les pays riches comme le Canada, les États-Unis, le Japon et l'Allemagne, l'espérance de vie approche 80 ans et la durée des études est longue. En revanche, dans les pays pauvres comme le Nigéria, le Bangladesh et le Pakistan, l'espérance de vie varie en général de 50 à 65 ans et la moitié de la population est analphabète.

Les données relatives aux autres aspects de la qualité de vie sont incomplètes, mais elles tendent à appuyer cette évaluation. Les pays qui ont de faibles PIB ou RNB par habitant enregistrent plus de cas d'insuffisance de poids à la naissance, des taux de mortalité infantile et de mortalité maternelle supérieurs, plus de cas de malnutrition infantile et une accessibilité réduite à l'eau potable. Dans ces mêmes pays, moins d'enfants d'âge scolaire vont à l'école, et le ratio entre professeurs et élèves est plus faible. Ces mêmes nations possèdent moins de téléviseurs, de téléphones, de routes asphaltées par habitant, et moins de familles ont accès à l'électricité. Les statistiques internationales ne laissent aucun doute sur la corrélation directe entre le PIB ou le RNB par habitant d'un pays et le niveau de vie de ses citoyens.

TABLEAU 5.4

Le RNB, l'espérance de vie, l'alphabétisme et le développement humain

Ce tableau compare le RNB par habitant avec trois autres critères de la qualité de vie dans 14 grands pays. Les données portent sur l'année 2011.

PAYS	RNB RÉEL PAR HABITANT ($ US DE 2005)	ESPÉRANCE DE VIE (ANNÉES)	NOMBRE MOYEN D'ANNÉES DE SCOLARITÉ	INDICE DE DÉVELOPPEMENT HUMAIN
États-Unis	43017	78,5	12,4	0,910
Canada	35166	81,0	12,1	0,908
Allemagne	34854	80,4	12,2	0,905
Japon	32295	83,4	11,6	0,901
France	30462	81,5	10,6	0,884
Russie	14561	68,8	9,8	0,755
Mexique	13245	77,0	8,5	0,770
Brésil	10162	73,5	7,2	0,718
Chine	7476	73,5	7,5	0,687
Indonésie	3716	69,4	5,8	0,617
Inde	3468	65,4	4,4	0,547
Pakistan	2550	65,4	4,9	0,504
Bangladesh	1529	68,9	4,8	0,500
Nigéria	2069	51,9	5,0	0,459

Source : Programme des Nations Unies pour le développement. (2011). *Rapport mondial sur le développement humain 2011*. Repéré à http://hdr.undp.org/en/media/HDR_2011_FR_Tables.pdf

DANS L'ACTUALITÉ

Un portrait du 1 %

En octobre 2011, les manifestations du mouvement Occupy Wall Street, à New York, ont abondamment fait les manchettes. Un mois plus tard, le mouvement Occupy s'était répandu partout dans le monde, y compris au Canada. Bien que ce mouvement défendait plusieurs idées, la concentration de la richesse entre les mains de quelques privilégiés — les mieux nantis qui représentent 1 % de la population — était le thème central des manifestations.

L'article qui suit fait le point sur la recherche qu'ont menée des économistes pour connaître les caractéristiques des plus riches faisant partie du 1 %. Le diagramme accompagnant l'article montre la variation, depuis 1920, de la part du revenu canadien total qu'ont reçue ces membres du 1 %.

Qui fait partie du 1 % ? Pas seulement des PDG

Tavia Grant

Les Canadiens les plus riches qui font partie du 1 % ont beau susciter la grogne, on en sait bien peu à leur sujet.

Plus maintenant. Un nouveau portrait de ce club sélect indique qu'il compte une grande majorité d'hommes, en particulier d'hommes plus âgés. Ils ont généralement une formation universitaire et la moitié d'entre eux travaille plus de 50 heures par semaine. Ce ne sont certainement pas tous des banquiers; le groupe compte des médecins, des dentistes, des gestionnaires et des vétérinaires dont le revenu annuel est d'au moins 230 000 $.

Un article publié la semaine dernière par des professeurs d'économie de l'Université de la Colombie-Britannique nous éclaire sur les tendances en matière d'inégalités de revenu au Canada, sur les Canadiens qui empochent les plus importants revenus et sur les politiques publiques les plus susceptibles de réduire l'écart de revenu grandissant au pays.

Les auteurs ont constaté que de façon générale, la distribution des revenus au Canada n'a pas été aussi inégale depuis « les jours sombres de la crise des années 1930 ».

« L'escalade progressive de l'inégalité au Canada est bien réelle, apprend-on dans l'article de 43 pages. Quelles que soient ses retombées, le mouvement Occupy aura à tout le moins attiré notre attention sur cette inégalité croissante. »

L'inégalité de revenu a fait l'objet de débats enflammés au cours de la dernière année, et de nombreuses études ont récemment montré qu'elle

La part du 1 % au Canada

Ce graphique montre la part du revenu national total qu'ont reçu le 1 % des Canadiens, figurant au sommet de l'échelle des revenus depuis 1920.

Source : Veall, Michael R. (2012). « Top income shares in Canada : recent trends and policy implications ». *Canadian Journal of Economics/Revue canadienne d'économique*, vol. 45, p. 1247-1272.

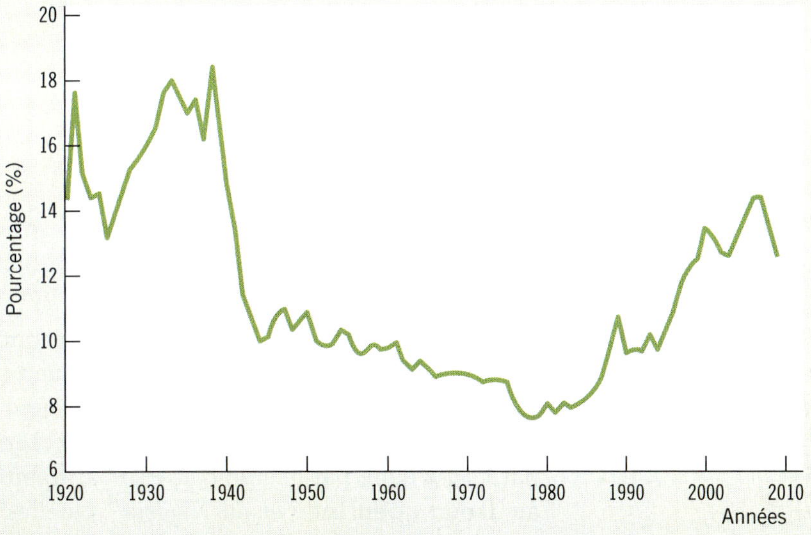

s'accroît dans la plupart des économies avancées. La disparité grandissante de revenus a été associée à une hausse de la criminalité et à une détérioration de la santé et de la croissance économique à long terme.

Au Canada, à la fin des années 1970, environ 8 % du revenu national total était concentré entre les mains de 1 % de la population. L'article de l'UBC révèle qu'au cours des dernières années, ce pourcentage est passé à 14 % — presque le double.

Plusieurs raisons expliquent ce fossé grandissant. L'écart salarial entre les diplômés universitaires et ceux qui n'ont pas fait d'études postsecondaires s'agrandit. Les perspectives salariales des travailleurs plus jeunes sont moins reluisantes que celles de la génération précédente. L'impartition, le déclin du taux de syndicalisation et les changements technologiques pourraient aussi jouer un rôle.

Des politiques permettraient de réduire l'écart, dont l'élimination des échappatoires fiscales, des hausses d'impôts pour les contribuables faisant partie du 1 % des plus riches et l'augmentation de crédits d'impôt remboursables pour les Canadiens à plus faible revenu. Rendre le réseau scolaire plus accessible et réduire le taux de décrochage scolaire profiterait probablement à la classe moyenne.

L'étude, intitulée *Canadian Inequality: Recent Development and Policy Options*, fournit d'autres données intéressantes, dont les suivantes:

- Le 1 % des contribuables gagnant les revenus les plus élevés compte 275 000 personnes.
- De ce nombre, 52 % travaillent au moins 50 heures par semaine, ce que font 20 % de l'ensemble des personnes employées.
- Le revenu annuel minimal requis pour faire partie du 1 % est 230 000 $. Le revenu moyen des membres de ce groupe est 450 000 $, comparé à seulement 36 000 $ pour l'ensemble de la population canadienne.
- On pourrait facilement parler d'une confrérie: 83 % des membres du 1 % sont des hommes, ce qui amène les auteurs à écrire qu'en dépit des gains importants qu'elles ont réalisés au cours des dernières décennies, les femmes demeurent très largement sous-représentées au sommet de la pyramide des revenus.
- Les jeunes (35 ans et moins) sont également sous-représentés dans la plus haute catégorie de revenu, mais on peut penser que la plupart n'ont pas encore atteint le sommet de l'échelle de revenu, sommet qu'ils devraient atteindre au cours de leur vie.
- Cinquante-huit pour cent des mieux nantis détiennent au moins un diplôme de baccalauréat, soit une proportion plus importante que dans la population canadienne, où 19 % des adultes ont un diplôme universitaire.
- Les Canadiens qui gagnent le mieux leur vie proviennent d'une variété de secteurs. Seulement 10 % d'entre eux travaillent dans l'industrie de la finance et des assurances (bien qu'ils soient la principale cible de la grogne populaire). Les cadres supérieurs et les PDG sont surreprésentés dans ce groupe, mais ne constituent quand même que 14 % du groupe. Le seul autre sous-groupe important, soit 10 % des mieux nantis, est celui des médecins, des dentistes et des vétérinaires, qui représentent pourtant moins de 1 % de la population active.

Les coauteurs de cet article sont Nicole Fortin, David Green, Thomas Lemieux et Kevin Milligan, de l'Université de la Colombie-Britannique, et Craig Riddell, du Réseau canadien de chercheurs dans le domaine du marché du travail et des compétences (RCCMTC). ■

Source: Grant, Tavia. (5 juin 2012). « Who are the richest 1 per cent in Canada? They're not just CEOs ». *The Globe and Mail.* (Traduction libre). Repéré à www.theglobeandmail.com

Conclusion

Ce chapitre présente la façon dont les économistes calculent le revenu total d'un pays. Ce type de mesure ne constitue toutefois qu'un point de départ. La macroéconomie se préoccupe essentiellement de comprendre les facteurs expliquant la croissance à long terme et à court terme du produit intérieur brut d'un pays. Pourquoi, par exemple, le PIB par habitant est-il plus élevé au Canada et au Japon qu'en Inde et au Nigeria? Quelles mesures les gouvernements des pays les plus pauvres peuvent-ils prendre pour assurer une croissance rapide du PIB? Pourquoi le PIB canadien croît-il rapidement certaines années et diminue-t-il à d'autres moments? Quelles mesures les dirigeants peuvent-ils adopter pour atténuer ces fluctuations? Ce sont quelques-unes des questions que pose la macroéconomie et auxquelles nous nous efforcerons de répondre plus loin.

Il suffit pour le moment de reconnaître l'importance du PIB. Nous avons tous, dans notre vie quotidienne, une idée de la situation économique. Toutefois, les économistes et les décideurs doivent dépasser cette vague intuition pour être en mesure de prendre de bonnes décisions. Ils ont besoin de fonder leur jugement sur des données concrètes. La quantification, à l'aide de statistiques telles que le PIB, constitue une première étape vers la science macroéconomique.

Résumé

- Toute transaction requiert un vendeur et un acheteur; par conséquent, la dépense totale de l'économie doit être égale au revenu total de cette même économie.
- Le produit intérieur brut (PIB) mesure tant la dépense totale effectuée pour acheter les biens et les services que le revenu total tiré de la production de ces mêmes biens et services. Plus précisément, le PIB correspond à la valeur marchande de tous les biens finaux produits dans un pays au cours d'une période donnée.
- Le PIB mesuré par les dépenses comprend quatre composantes: la consommation, l'investissement, les dépenses gouvernementales et les exportations nettes. La consommation inclut les dépenses en biens et en services des ménages, à l'exception de l'acquisition de maisons neuves. L'investissement regroupe les dépenses effectuées pour de l'équipement et des infrastructures, y compris l'acquisition de maisons neuves. Les dépenses gouvernementales se composent de l'achat des biens et des services courants des gouvernements locaux, provinciaux et fédéral. Les exportations nettes sont égales à la valeur des biens et des services fabriqués sur le territoire national et vendus à l'extérieur (exportations), de laquelle on soustrait la valeur des biens et des services fabriqués à l'étranger et vendus à l'intérieur du pays (importations).
- Le PIB nominal évalue la production des biens et des services à prix courants. Le PIB réel évalue cette même production à prix constants d'une année de base. Le déflateur du PIB — le ratio, en base égale à 100, entre le PIB nominal et le PIB réel — mesure le niveau des prix dans l'économie.
- Le PIB par habitant constitue un bon indicateur du bien-être économique, car les gens préfèrent disposer de revenus élevés. Il s'agit toutefois d'une mesure imparfaite du bien-être, car elle exclut, entre autres, la valeur des loisirs et d'un environnement sain.

Concepts clés

Questions de révision

1. Dites pourquoi, dans l'économie, le revenu total doit être égal à la dépense totale.

2. Qu'est-ce qui contribue le plus au PIB : la production d'une voiture économique ou celle d'une voiture de luxe ? Pourquoi ?

3. Un fermier vend son blé à un boulanger pour 2 $. Avec la farine, le boulanger fabrique un pain qu'il vend 3 $. Quelle est la contribution de chacun au PIB ?

4. Il y a déjà plusieurs années, Hélène a fait l'acquisition d'une collection de disques pour 500 $. Elle la revend 100 $ aujourd'hui dans une vente-débarras. Quel est l'effet de cette vente sur le PIB actuel ?

5. Énumérez les quatre composantes du PIB et donnez un exemple pour chacune.

6. Pourquoi les économistes emploient-ils le PIB réel plutôt que le PIB nominal pour mesurer le bien-être économique ?

7. En 2014, l'économie produit 100 miches de pain vendues 2 $ l'unité. En 2015, l'économie produit 200 miches de pain vendues 3 $ l'unité. Calculez le PIB nominal, le PIB réel et le déflateur du PIB pour chaque année, en considérant 2014 comme l'année de base. Quelle est la variation en pourcentage de ces trois statistiques d'une année à l'autre ?

8. Pourquoi est-il souhaitable pour un pays d'avoir un PIB par habitant élevé ? Donnez un exemple de changement qui ferait augmenter le PIB sans être désirable pour autant.

La mesure du coût de la vie

6
CHAPITRE

En 1931, le salaire annuel de base d'un député au Parlement fédéral était de 4 000 $. En 2013, ce salaire se situait à 160 200 $. À première vue, l'augmentation du salaire laisse croire que l'emploi de député est devenu immensément plus lucratif depuis 80 ans. Cependant, on sait que les prix de la plupart des biens et des services, ainsi que les autres salaires, ont également augmenté pendant la même période. En 1931, il ne coûtait que 5 cents pour acheter une glace à la vanille et 25 cents pour se procurer un billet d'entrée au cinéma. Parce que les prix étaient tellement plus faibles en 1931, il n'est pas facile de savoir si les députés nous coûtent vraiment plus cher maintenant. Ne serait-ce pas plutôt la valeur de la monnaie qui a diminué ?

Au chapitre 5, nous avons vu comment les économistes utilisent le produit intérieur brut (PIB) pour mesurer la quantité de biens et de services produits dans un pays. Dans le présent chapitre, nous expliquerons comment les économistes mesurent le coût de la vie. Pour comparer les prix et les revenus en vigueur il y a 82 ans avec ceux d'aujourd'hui, on doit traduire ces valeurs en unités de mesure du pouvoir d'achat; c'est exactement le rôle de l'indice des prix à la consommation. Après avoir étudié la façon de le calculer, nous verrons comment l'utiliser pour comparer les prix en dollars de différentes époques.

L'indice des prix à la consommation permet de suivre l'évolution du coût de la vie. Lorsque cet indice augmente, une famille doit dépenser davantage pour acheter les mêmes biens et services. Les économistes emploient le terme *inflation* pour désigner une augmentation générale des prix. Le *taux d'inflation* mesure la variation, en pourcentage, du niveau général des prix d'une période à l'autre. Comme nous le verrons dans les prochains chapitres, l'inflation est un aspect important de la performance macroéconomique et elle constitue une variable essentielle à l'élaboration des politiques économiques. Dans le présent chapitre, nous nous concentrerons sur la mesure de l'indice des prix à la consommation et de l'inflation.

L'indice des prix à la consommation

Indice des prix à la consommation (IPC)
Mesure du prix moyen des biens et des services achetés par un ménage type.

L'**indice des prix à la consommation (IPC)** mesure le prix moyen des biens et des services achetés par un ménage type. Statistique Canada le calcule et le publie mensuellement. Nous verrons comment il est calculé. Nous comparerons également cet indice à une autre mesure du niveau des prix — le déflateur du PIB — déjà abordée au chapitre 5.

Le calcul de l'indice des prix à la consommation

Lorsque Statistique Canada calcule l'IPC et le taux d'inflation, cette agence gouvernementale se base sur les prix de plus de 600 biens et services. Pour mieux comprendre comment cette donnée est calculée, examinons une économie simple, où la consommation se limite à deux produits : les croissants et les fromages. Le tableau 6.1 montre les cinq étapes suivies pour le calcul de l'IPC.

1. *La composition du panier :* Pour calculer l'indice des prix à la consommation, on doit sélectionner, dans une première étape, les biens consommés par le ménage type. Si ce dernier mange beaucoup plus de croissants que de fromages, alors le prix des croissants est primordial et il doit avoir une importance majeure dans le calcul du coût de la vie. Statistique Canada étudie donc d'abord le comportement des consommateurs pour composer un panier de biens et de services consommés par un ménage moyen, en établissant une pondération selon l'importance respective de ces biens et services. Dans l'exemple du tableau 6.1, le ménage type consomme quatre croissants et deux fromages.

2. *La recherche des prix :* La deuxième étape du calcul de l'IPC consiste à trouver le prix de chacun des biens et des services du panier, et ce, pour chaque période. Le tableau fournit les prix des croissants et des fromages pour trois années consécutives.

3. *Le calcul du coût du panier :* La troisième étape consiste à calculer le prix du panier pour une année donnée, à partir du prix de chaque bien et de chaque service. Le tableau 6.1 montre ce calcul pour les trois années considérées. Il faut remarquer que seuls les prix varient : les quantités restant constantes (quatre croissants et deux fromages), c'est l'évolution des prix qui est mise en relief.

TABLEAU 6.1

Le calcul de l'indice des prix à la consommation et du taux d'inflation : un exemple

Ce tableau montre comment calculer l'indice des prix à la consommation et le taux d'inflation pour une économie hypothétique, dans laquelle les consommateurs n'achètent que des croissants et des fromages.

1re ÉTAPE : ÉTUDE DU COMPORTEMENT DES CONSOMMATEURS POUR ÉTABLIR LA COMPOSITION DU PANIER DE BIENS
4 croissants, 2 fromages

2e ÉTAPE : RECHERCHE, POUR CHAQUE ANNÉE, DU PRIX DE CHACUN DES BIENS		
ANNÉE	PRIX D'UN CROISSANT	PRIX D'UN FROMAGE
2013	1 $	2 $
2014	2 $	3 $
2015	3 $	4 $

3e ÉTAPE : CALCUL DU COÛT DU PANIER DE BIENS POUR CHAQUE ANNÉE	
2013	(4 croissants × 1 $) + (2 fromages × 2 $) = 8 $
2014	(4 croissants × 2 $) + (2 fromages × 3 $) = 14 $
2015	(4 croissants × 3 $) + (2 fromages × 4 $) = 20 $

4e ÉTAPE : CHOIX D'UNE ANNÉE DE BASE (2013) ET CALCUL DE L'INDICE DES PRIX POUR CHAQUE ANNÉE	
2013	(8 $/8 $) × 100 = 100
2014	(14 $/8 $) × 100 = 175
2015	(20 $/8 $) × 100 = 250

5e ÉTAPE : À PARTIR DE L'INDICE DES PRIX À LA CONSOMMATION, CALCUL DU TAUX D'INFLATION	
2014	[(175 − 100)/100] × 100 = 75 %
2015	[(250 − 175)/175] × 100 = 43 %

4. *Le choix d'une année de base et le calcul de l'indice* : La quatrième étape consiste à choisir une année de base (le choix de cette année est totalement arbitraire) et à calculer l'indice, pour chaque année, en se rapportant chaque fois à l'année de base. Pour ce faire, le prix du panier de chaque année est divisé par le prix du panier de l'année de base. On multiplie ensuite ce rapport par 100 pour obtenir l'indice des prix à la consommation.

Dans l'exemple du tableau 6.1, l'année 2013 a été choisie comme année de base. Cette année-là, le coût du panier de croissants et de fromages s'est élevé à 8 $. Pour calculer l'indice des prix à la consommation des trois années considérées, on divise le coût du panier de chaque année par 8 $ et on multiplie le résultat par 100. L'indice des prix à la consommation pour 2013 est de 100 (l'indice est toujours égal à 100 pour l'année de base). Il passe à 175 en 2014, ce qui revient à dire que le prix du panier en 2014 a augmenté de 75 % par rapport à l'année de référence, ou encore qu'un panier de biens coûtant 100 $ en 2013 a coûté 175 $ en 2014. De la même manière, on peut dire que l'indice des prix à la consommation de 2015 (d'une valeur égale à 250) a augmenté de 150 % par rapport à l'année de base.

$$\text{IPC} = \frac{\text{Prix du panier de biens et de services d'une année particulière}}{\text{Prix du panier de biens et de services lors de l'année de base}} \times 100$$

Taux d'inflation
Taux de variation de l'indice des prix à la consommation par rapport à celui de la période précédente.

5. *Le calcul du taux d'inflation :* La cinquième et dernière étape consiste à calculer le taux d'inflation à partir de l'indice des prix à la consommation. Le taux d'inflation mesure, en pourcentage, la variation de l'indice des prix à la consommation par rapport à celui de la période précédente. Le taux d'inflation pour deux années consécutives se calcule comme suit :

$$\text{Taux d'inflation de l'année 2} = \frac{(\text{IPC de l'année 2} - \text{IPC de l'année 1})}{\text{IPC de l'année 1}} \times 100$$

Dans notre exemple, le taux d'inflation a été de 75 % en 2014 et de 43 % en 2015.

BON À SAVOIR

Quels sont les biens et les services utilisés pour construire l'indice des prix à la consommation ?

En établissant l'indice des prix à la consommation, Statistique Canada tente d'inclure dans son calcul tous les biens et les services achetés par le ménage type et leur attribue une pondération selon leur importance par rapport au total.

La figure 6.1 illustre la composition des dépenses de consommation selon les différentes catégories de biens et de services. Les chiffres correspondent au pourcentage des dépenses pour chaque catégorie de biens et de services du

FIGURE 6.1

La composition des dépenses de consommation

Cette figure montre la répartition des dépenses de consommation du ménage type, selon le panier de 2009. Ces pourcentages sont utilisés par Statistique Canada pour calculer l'IPC.

Source : Statistique Canada. (avril 2012). « Indice de prix à la consommation ». Catalogue 62-001.

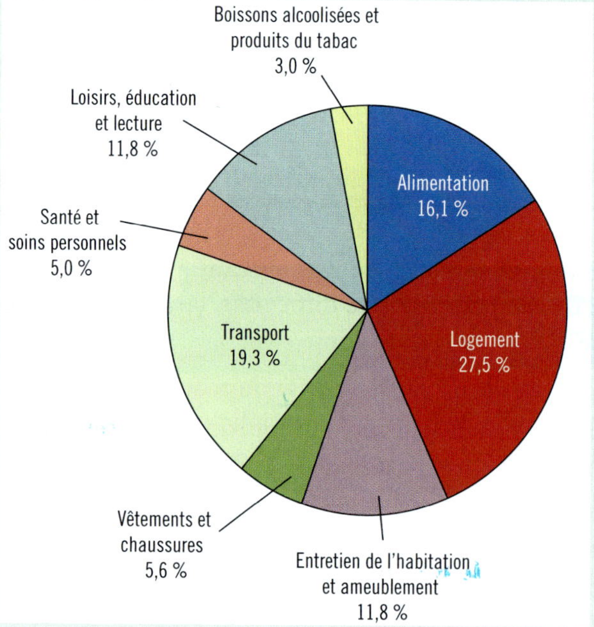

ménage type pour le panier de 2009. Le logement occupe une place prédominante, soit 27,5 % du budget moyen. Ce chiffre correspond au montant du loyer ou des paiements hypothécaires (ce qui veut dire qu'une augmentation des taux d'intérêt influe directement sur l'IPC). Le second poste, par ordre d'importance, revient au transport (19,3 %), qui comprend à la fois les dépenses pour l'achat d'un véhicule, l'essence, les tarifs aériens, les titres de transport en commun, etc. L'alimentation arrive ensuite, représentant 16,1 % de la valeur du panier ; elle comprend la nourriture consommée à la maison et au restaurant. La catégorie suivante — loisirs, éducation et lecture — regroupe les droits de scolarité et le prix des manuels scolaires. Ce poste représente 11,8 % du budget du consommateur moyen, mais il est sans doute plus élevé dans le cas d'un étudiant.

À moins que vous ne consommiez exactement les mêmes biens que ceux contenus dans le panier officiel de Statistique Canada, l'IPC ne peut pas mesurer exactement les changements survenus dans votre propre coût de la vie.

Même si l'exemple choisi constitue une simplification de la réalité, il permet de comprendre comment Statistique Canada calcule l'indice des prix à la consommation et le taux d'inflation. En fait, pour évaluer l'augmentation du coût de la vie d'un consommateur type, Statistique Canada recueille chaque mois les prix de centaines de biens et de services et les traite selon les cinq étapes expliquées précédemment. L'indice des prix à la consommation est rendu public mensuellement par l'intermédiaire des médias.

Statistique Canada fournit en outre d'autres indices de prix, en particulier les indices de prix pour chaque province et pour Whitehorse, Yellowknife et Iqaluit. Certains renseignements de l'IPC sont aussi publiés pour 16 autres centres urbains canadiens, ainsi que pour des catégories spécifiques (dont l'alimentation, les vêtements et le logement). Cette agence gouvernementale publie également l'**indice de référence**, qui mesure le coût d'un panier de biens et de services à l'exclusion des composantes de l'IPC les plus volatiles ainsi que de l'effet des taxes indirectes. L'évolution de l'indice de référence est un bon indicateur de la variation tendancielle de l'indice des prix à la consommation.

Indice de référence
Mesure du coût d'un panier de biens et de services à l'exclusion des composantes de l'IPC les plus volatiles ainsi que de l'effet des taxes indirectes.

MINITEST

- Expliquez brièvement comment se calcule l'indice des prix à la consommation et justifiez son utilité.

Les problèmes liés au calcul du coût de la vie

L'indice des prix à la consommation vise à mesurer l'évolution du coût de la vie. On pourrait aussi dire que l'IPC aide à estimer l'augmentation des revenus nécessaire pour maintenir un niveau de vie constant. Cet indice, cependant, est loin d'être parfait : il se heurte à quatre difficultés, largement reconnues, mais difficiles à résoudre.

Le premier de ces problèmes se nomme *biais de substitution*. La variation de tous les prix, d'une année à l'autre, n'est pas proportionnelle : certains prix augmentent plus que d'autres. Les consommateurs réagissent à cette variation relative des prix en substituant aux biens devenus plus chers des biens dont les prix relatifs diminuent. Cependant, comme le calcul de l'indice des prix à la consommation se base sur un panier fixe, il ne tient pas compte de ces possibilités de substitution ; l'IPC a donc tendance à surévaluer l'augmentation du coût de la vie.

Prenons un exemple simple. Imaginons que lors de l'année de base, les pommes sont moins chères que les poires et que les consommateurs achètent plus de pommes que de poires. Lorsque Statistique Canada compose son panier de biens, elle y inclut davantage de pommes que de poires. L'année suivante, les poires coûtent moins cher que les pommes : les consommateurs se tourneront naturellement vers les poires et mangeront moins de pommes que l'année précédente. Toutefois, comme Statistique Canada, dans le calcul de l'indice des prix à la consommation, se base sur un panier fixe et considère que les acheteurs consomment autant de chaque fruit qu'auparavant, cet indice signalera une augmentation du coût de la vie supérieure à la réalité.

L'*introduction de nouveaux produits* pose une deuxième difficulté dans le calcul de l'IPC. Lorsqu'un nouveau produit apparaît sur le marché, le pouvoir d'achat d'un dollar augmente, car il permet d'acheter un plus grand éventail de produits. Encore une fois, le panier invariable de biens et de services considéré pour le calcul de l'IPC ne reflète pas le changement du pouvoir d'achat. Prenons un nouvel exemple. Supposons que vous avez le choix entre un chèque-cadeau de 100 $ utilisable dans un seul magasin et un autre de même valeur, échangeable n'importe où. Lequel préféreriez-vous ? Certainement le second, car l'amélioration du choix augmente la valeur de chacun de vos dollars. La même chose se produit avec l'évolution dans le temps de l'économie : à mesure que de nouveaux produits arrivent sur le marché, les choix augmentent, ainsi que la valeur de chaque dollar. Cependant, parce que l'IPC est basé sur un panier fixe de biens et de services, il ne tient pas compte de l'augmentation de la valeur du dollar causée par l'augmentation des choix.

Prenons un autre exemple : lors de l'apparition des magnétoscopes, les consommateurs se sont mis à regarder des films à la maison. C'était à la fois plus pratique et moins cher que d'aller au cinéma. Un indice des prix à la consommation parfaitement ajusté aurait reflété cette apparition des magnétoscopes par une réduction du coût de la vie. Mais cela n'a pas été le cas. Statistique Canada a fini par réviser le panier des biens pour y inclure les magnétoscopes, et l'indice des prix a reflété par la suite la variation du prix des magnétoscopes. Toutefois, l'indice des prix n'a jamais pris en compte la réduction du coût de la vie liée à l'apparition de ce nouveau produit sur le marché.

L'indice des prix à la consommation pose une troisième difficulté : la variation *non mesurée de la qualité*. Si la qualité d'un produit se détériore d'année en année, cela réduit la valeur des dollars, même si le prix du bien ne change pas. À l'inverse, si la qualité augmente d'une année à l'autre, la valeur des dollars augmente, à prix égal. Statistique Canada fait de son mieux pour tenir compte des variations de qualité des biens et des services. À titre d'exemple, lorsqu'un modèle de voiture est plus puissant ou qu'il consomme moins d'essence que l'année précédente, elle rajuste les prix pour tenir compte de cette amélioration, puisque l'idée fondamentale de l'indice des prix à la consommation consiste à calculer le prix d'un panier de biens et de services fixe, donc d'une qualité constante. En dépit des efforts accomplis pour les évaluer, les variations de la qualité restent difficiles à mesurer.

Finalement, un *biais de substitution des lieux de vente* vient compliquer le problème : par exemple, lorsque les prix des biens et des services augmentent, les consommateurs se tournent plus volontiers vers les magasins à grande surface et délaissent les dépanneurs. Or, les premiers affichent des prix plus bas. Cette substitution n'est pas prise en compte lors du calcul de l'IPC, car les enquêteurs vérifient toujours les prix aux mêmes endroits.

Les économistes n'arrivent pas à se mettre d'accord sur l'ampleur de ces difficultés, ni sur les solutions envisageables. Des études récentes démontrent cependant que les sources de biais énumérées plus haut sont, cumulativement, responsables d'une surévaluation de l'inflation mesurée par l'indice des prix à la consommation d'environ 0,6 % par année. Ce biais semble toutefois plus petit au Canada que celui qu'on retrouve dans de nombreux pays. Aux États-Unis, par exemple, la surestimation du taux d'inflation serait d'environ 1 % par année. Cette question est d'autant plus importante que les prestations du Régime de pensions du Canada, du Régime des rentes du Québec et du programme de Sécurité de la vieillesse, de nombreuses déductions fiscales, certains paiements de transfert des gouvernements et de nombreux salaires des secteurs public et privé sont ajustés périodiquement en fonction de l'IPC, afin de ne pas pénaliser les gens lorsqu'il y a de l'inflation. Les biais de l'indice des prix à la consommation nous permettent cependant de penser que ces réajustements sont peut-être plus élevés que nécessaire pour maintenir le pouvoir d'achat de ces salaires et bénéfices.

Le déflateur du PIB et l'indice des prix à la consommation

Dans le chapitre précédent, nous avons abordé une autre mesure du niveau général des prix: le déflateur du PIB. Cette statistique correspond au rapport entre le PIB nominal et le PIB réel. Le PIB nominal d'une année correspond à la valeur de la production courante aux prix courants; le PIB réel, quant à lui, correspond à la valeur de la production courante aux prix de l'année de base. Le déflateur du PIB compare donc les prix courants avec ceux de l'année de base.

Les économistes et les pouvoirs publics suivent attentivement les variations du déflateur du PIB, tout comme celles de l'indice des prix à la consommation, pour estimer l'inflation. Habituellement, ces deux statistiques évoluent de façon comparable. Néanmoins, elles divergent parfois, pour deux raisons importantes.

La première différence vient du fait que le déflateur du PIB reflète les prix de tous les biens et services *produits sur le marché intérieur,* tandis que l'indice des prix à la consommation correspond aux prix de tous les *biens et services achetés par les consommateurs.* Imaginons, par exemple, que le prix d'un avion construit par Bombardier, pour Air Canada, augmente. Même si cet avion figure dans le PIB, il ne fait pas partie du panier de biens et de services achetés par un ménage type. Par conséquent, l'augmentation de ce prix a un impact sur le déflateur du PIB, mais pas sur l'indice des prix à la consommation.

Un autre exemple: supposons que Volkswagen majore les prix de ses véhicules. Comme il s'agit d'un produit allemand, ces voitures ne figurent pas dans le PIB canadien. Cependant, les consommateurs canadiens les achètent et elles font partie du panier de biens et de services de l'IPC. L'augmentation du prix d'un bien de consommation importé, comme un véhicule automobile, influe donc sur l'indice des prix à la consommation, sans modifier le déflateur du PIB.

La deuxième différence entre le déflateur du PIB et l'indice des prix à la consommation, plus subtile, provient de la pondération des prix. En effet, l'indice des prix à la consommation compare le prix d'un panier de biens et de services durant l'année de base (un panier invariable ou fixe) avec le prix de ce même panier pour l'année courante. Or, Statistique Canada ne modifie ce panier que tous les deux ans. En revanche, le déflateur du PIB compare les prix des biens et des services produits de façon courante avec les prix des mêmes biens et services produits lors de l'année de référence. L'ensemble des biens et des services utilisés pour effectuer le calcul du déflateur du PIB varie donc automatiquement chaque année. La différence n'a que peu d'importance quand tous les prix varient dans les mêmes proportions. Cependant, lorsqu'il y a des changements de prix relatifs, la façon de mesurer l'indice des prix est susceptible de se répercuter sur le taux d'inflation.

La figure 6.2 illustre le taux d'inflation annuel, calculé à la fois à partir du déflateur du PIB et de l'indice des prix à la consommation, et ce, depuis 1965. Comme on peut le constater, ces deux statistiques ne coïncident pas toujours. Cette figure démontre toutefois que les divergences sont l'exception plutôt que la règle. Dans les années 1970, le déflateur du PIB et l'indice des prix à la consommation indiquaient tous deux que le taux d'inflation était élevé, alors qu'il a été nettement inférieur depuis le début des années 1990.

FIGURE 6.2

Deux mesures de l'inflation

Cette figure illustre le taux d'inflation — la variation en pourcentage du niveau des prix — mesuré à partir du déflateur du PIB et de l'indice des prix à la consommation (données annuelles depuis 1965). Remarquez que ces deux mesures de l'inflation ont tendance à évoluer de façon semblable.

Source : Statistique Canada.

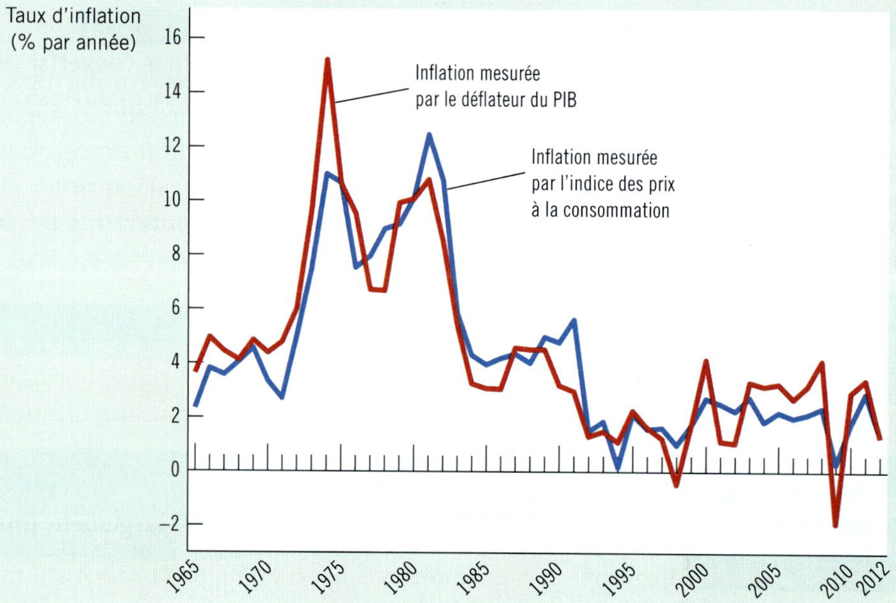

La correction des variables économiques pour tenir compte de l'inflation

La mesure du niveau général des prix permet de comparer, d'une époque à une autre, des valeurs en dollars. Maintenant que vous savez comment calculer les indices de prix, voyons comment en utiliser un pour comparer une valeur en dollars d'hier avec une valeur en dollars d'aujourd'hui.

La valeur de la monnaie au fil du temps

Supposons que le prix d'une Jetta TDI soit de 27 000 dollars au Canada et de 15 000 000 de roupies en Inde. Vous viendrait-il à l'idée de dire que le prix est très inférieur au Canada, puisque 27 000 est plus petit que 15 000 000 ? Bien sûr que non. Il est évident que ces deux prix ne sont pas directement comparables, puisqu'ils sont mesurés en unités différentes (dollars et roupies). Pour comparer le prix canadien avec le prix indien, il faut transformer le prix indien en dollars ou le prix canadien en roupies.

Le même problème se pose lorsqu'on veut comparer deux valeurs en dollars de différentes années. Tout comme la roupie et le dollar n'ont pas le même pouvoir d'achat, un dollar ne permet pas d'acheter la même quantité de biens et de services en 2013 qu'en 1931. En effet, la hausse graduelle des prix a érodé le pouvoir d'achat du dollar.

Revenons aux salaires des députés fédéraux. Comment comparer le salaire de 4 000 $ en 1931 avec le salaire actuel ?

Pour répondre à cette question, il faut connaître le niveau des prix de 1931 et celui d'aujourd'hui. L'augmentation du salaire est-elle simplement le reflet d'une augmentation générale des prix ? Autrement dit, cette hausse des salaires est-elle due à la perte de valeur de la monnaie ? Pour comparer le salaire de 1931 avec celui d'aujourd'hui, il faut convertir ces 4 000 $ en dollars actuels. L'indice des prix permet d'effectuer cette conversion.

« Oui, deux mille dollars peut sembler cher, mais n'oubliez pas que le prix est en dollars courants. »

Statistique Canada indique un IPC de 8,2 pour 1931 et de 123,1 pour 2013 (l'année de base étant 2002). On en déduit que le niveau général des prix a été multiplié par 15 (soit 123,1/8,2). Ce chiffre nous permet de convertir le salaire de 1931 en dollars de l'année 2013.

Salaire de 1931 en dollars de 2013

= salaire de 1931 × (IPC de 2013/IPC de 1931)

= 4 000 $ × (123,1/8,2)

= 60 049 $

Le salaire de 1931 équivaut à 60 049 $ de 2013, soit un salaire largement inférieur au salaire actuel des députés. En tenant ainsi compte de l'inflation, on constate que le salaire a augmenté d'environ 167 % en 82 ans (de 60 049 $ à 160 200 $). Cette hausse du salaire réel des députés n'est pas unique : les salaires réels ont augmenté pour toutes les catégories de travailleurs depuis le premier tiers du XXe siècle. Notons que la hausse du salaire nominal des députés de 3905 %, soit de 4 000 $ à 160 200 $, n'a pas permis une hausse semblable de leur

BON À SAVOIR

La feuille de calcul de l'inflation de la Banque du Canada

Le site Internet de la Banque du Canada fournit de nombreuses informations sur les taux d'intérêt, les prix, l'inflation, la monnaie et diverses statistiques financières. Vous pouvez y consulter une page interactive que la Banque du Canada a mise en ligne[1] et qui permet de comparer des valeurs en dollars de différentes années (de 1914 à aujourd'hui). Cette feuille utilise l'indice des prix à la consommation pour mesurer la valeur d'un bien acheté une année en dollars d'une autre année. Par exemple, on peut y découvrir qu'un bien payé 100 $ en 1914 valait 211,48 $ en 1950, 332,79 $ en 1970 et 1 585,25 $ en 2000. On peut aussi utiliser le calculateur pour mesurer le taux d'inflation au cours de n'importe quelle période. Par exemple, on peut y voir que le taux d'inflation annuel moyen entre 1970 et 1980 était de 8,57 %, alors qu'il n'était que de 2,00 % entre 2000 et 2010.

1. Voir à www.banqueducanada.ca/taux/renseignements-complementaires/feuille-de-calcul-de-linflation/.

BON À SAVOIR

Les indices hollywoodiens

Quel est le film le plus populaire de l'Histoire? La réponse pourrait vous surprendre. On juge habituellement le succès en fonction des recettes des salles de cinéma. En se fiant à cette statistique, on constate que *Avatar* arrive en tête avec des recettes de 751 millions de dollars, suivi de *Titanic* (654 millions), du *Chevalier noir* (533 millions) et de *La Guerre des étoiles* (475 millions). Pourtant, ce classement néglige un fait essentiel: l'augmentation progressive des prix, y compris ceux des billets d'entrée au cinéma. Si l'on tient compte des effets de l'inflation sur les recettes, ce classement change radicalement.

Si l'on rajuste les recettes en tenant compte de l'inflation, le portrait change du tout au tout. Le film ayant généré le plus de recettes est alors *Autant en emporte le vent,* avec des recettes de 1 560 millions de dollars de 2012. Il est suivi par *La Guerre des étoiles* (1 416 millions) et *La mélodie du bonheur* (1 132 millions). *Avatar* ne vient qu'en 14e place.

Autant en emporte le vent a été tourné en 1939. Dans les années 1930, avant l'avènement de la télévision, environ 90 millions d'Américains allaient au cinéma chaque semaine, contre environ 25 millions aujourd'hui. Toutefois, les films de cette époque figurent rarement au classement, parce que le prix des billets ne dépassait pas 0,25 $. En effet, *Autant en emporte le vent* ne se classe même pas dans les 50 premières places selon les recettes en dollars courants. Scarlett et Rhett ont donc tout intérêt à tenir compte des effets de l'inflation…

« Franchement ma chère, l'inflation est le cadet de mes soucis. »

pouvoir d'achat. En fait, la valeur de la monnaie n'a cessé de diminuer au cours des 82 années examinées.

L'indexation

Comme nous venons de le voir, pour comprendre la valeur d'une somme en dollars à divers moments dans le temps, il faut tenir compte des effets de l'inflation en utilisant les indices des prix. Ce type de correction est courant en économie. Lorsqu'une somme en dollars est automatiquement rajustée en fonction de l'inflation, d'après un contrat ou selon la loi, on dit qu'elle est **indexée**.

Indexation
Réajustement automatique d'une somme en fonction du taux d'inflation.

De nombreuses conventions collectives signées entre les entreprises et les syndicats prévoient une indexation partielle ou totale des salaires, selon l'indice des prix à la consommation. Cette disposition est aussi appelée *indemnité de vie chère*, ou IVC. Cette IVC a pour résultat de faire augmenter automatiquement les salaires à chaque hausse de l'IPC.

L'indexation se retrouve aussi fréquemment dans la loi. Les prestations du Régime de pensions du Canada, du Régime des rentes du Québec et de la Sécurité de la vieillesse sont ainsi rajustées annuellement pour compenser l'augmentation des prix. Les fourchettes de l'impôt sur le revenu personnel — les paliers de revenu au-delà desquels le taux d'imposition varie — sont également indexées en fonction de l'inflation. Il existe néanmoins bien des aspects de la fiscalité qui ne sont pas indexés, même s'ils devraient l'être. Nous reviendrons sur ce sujet lorsqu'il sera question des coûts de l'inflation, dans le chapitre 11.

Le taux d'intérêt réel et le taux d'intérêt nominal

La correction des variables économiques en fonction des effets de l'inflation est essentielle lorsqu'on examine les taux d'intérêt. En effet, la notion même d'intérêt fait appel à la comparaison de sommes d'argent à différents moments. Quand vous déposez des fonds dans votre compte d'épargne, vous recevez des intérêts sur cette somme. À l'inverse, lorsque vous empruntez pour payer vos droits de scolarité, vous devez payer des intérêts sur ce prêt étudiant. Dans les deux cas, afin de bien comprendre votre entente avec votre institution financière, il faut tenir compte du fait que des dollars dans le futur n'auront peut-être pas la même valeur que des dollars aujourd'hui. Il faut donc corriger les effets de l'inflation.

Prenons un exemple. Imaginons que Christophe dépose 1 000 $ dans un compte en banque qui lui rapporte un intérêt annuel de 5 %. Après un an, 50 $ d'intérêts se sont accumulés dans ce compte. Christophe retire alors ses 1 050 $ de la banque. Est-il plus riche de 50 $ que lorsqu'il a fait son dépôt il y a un an ?

La réponse dépend de ce que l'on entend par « plus riche ». Christophe dispose de 50 $ de plus que l'année précédente, soit une augmentation de 5 %. Cependant, Christophe n'est pas vraiment intéressé par la somme d'argent qu'il possède maintenant : il est plutôt préoccupé par le pouvoir d'achat de cet argent. Si les prix ont augmenté pendant l'année de son dépôt, chaque dollar vaut moins cher qu'auparavant. Son pouvoir d'achat n'a donc pas augmenté de 5 %. Si le taux d'inflation a été de 2 %, la somme dont il dispose pour l'achat de biens et de services n'a augmenté que de 3 %. Si le taux d'inflation s'est élevé à 10 %, le prix des marchandises a augmenté proportionnellement plus que le nombre de dollars dans son compte en banque. Dans ce dernier cas, son pouvoir d'achat a baissé de 5 %.

Voyons un exemple concret. Supposons que Christophe est un amateur de musique et qu'il utilise tous ses fonds pour acheter des CD. Lors du dépôt initial de 1 000 $, chaque CD se vendait au prix de 10 $. Le dépôt valait donc 100 CD. Un an plus tard, après avoir reçu 5 % d'intérêts, Christophe possède 1 050 $. Combien de CD peut-il maintenant acheter ? Cela dépend de ce qui est arrivé au prix des CD. Examinons quelques cas hypothétiques.

- Pas d'inflation : Si le prix d'un CD restait à 10 $, le nombre de CD qu'il pourrait acheter passerait de 100 à 105, une augmentation du pouvoir d'achat de 5 %.
- Trois pour cent d'inflation : Si le prix d'un CD passait de 10 $ à 10,30 $, le nombre de CD qu'il pourrait acheter passerait de 100 à environ 102. Son pouvoir d'achat augmenterait alors d'environ 2 %.
- Cinq pour cent d'inflation : Si le prix d'un CD passait de 10 $ à 10,50 $, le nombre de CD qu'il pourrait acheter resterait égal à 100. Son pouvoir d'achat ne bougerait pas.
- Huit pour cent d'inflation : Si le prix d'un CD passait de 10 $ à 10,80 $, le nombre de CD qu'il pourrait acheter passerait de 100 à environ 97. Son pouvoir d'achat diminuerait alors d'environ 3 %.
- Finalement, que se passerait-il s'il y avait de la déflation, c'est-à-dire une inflation négative (disons –2 %) ? Si le prix d'un CD passait de 10 $ à 9,80 $, le nombre de CD qu'il pourrait acheter passerait de 100 à environ 107. Son pouvoir d'achat augmenterait alors d'environ 7 %.

Ces exemples montrent que plus il y a d'inflation, moins le pouvoir d'achat de Christophe augmente. Si le taux d'inflation dépasse le taux d'intérêt, son pouvoir d'achat diminue. Et s'il y a déflation, son pouvoir d'achat augmente plus que de la valeur du taux d'intérêt.

Taux d'intérêt nominal
Rendement de l'épargne et coût de l'emprunt non corrigés de l'inflation.

Taux d'intérêt réel
Taux d'intérêt corrigé des effets de l'inflation.

Pour comprendre ce qui arrive au pouvoir d'achat d'un déposant, il faut donc tenir compte à la fois du taux d'intérêt et du taux d'inflation. Le taux d'intérêt qu'offre la banque s'appelle **taux d'intérêt nominal**, alors que le taux d'intérêt ajusté en fonction de l'inflation est le **taux d'intérêt réel**. On exprime la relation entre le taux d'intérêt nominal, le taux d'intérêt réel et le taux d'inflation selon la formule suivante :

$$\text{Taux d'intérêt réel} = \text{Taux d'intérêt nominal} - \text{Taux d'inflation}$$

Le taux d'intérêt réel correspond à la différence entre le taux d'intérêt nominal et le taux d'inflation. Le taux d'intérêt nominal montre la vitesse à laquelle le nombre de dollars dans un compte en banque augmente pendant une période donnée. Le taux d'inflation révèle la vitesse à laquelle monte le prix des choses que vous souhaitez acheter. Le taux d'intérêt réel est la différence entre ces deux mesures ; il indique la vitesse à laquelle s'accroît le pouvoir d'achat de votre compte bancaire dans le temps.

Comme le laisse entendre cette description, le taux d'intérêt réel est déterminant dans la prise de décisions économiques comme l'achat d'un actif financier ou d'une maison. Un compte d'épargne promettant un taux d'intérêt nominal de 10 % semble attrayant lorsque l'inflation est à 2 %, mais il l'est beaucoup moins si le taux d'inflation est de 9 %. En effet, si le taux d'inflation est de 2 %, les intérêts dans votre compte d'épargne grossissent bien plus vite que le prix des choses que vous souhaitez acheter. Si le taux d'inflation est de 9 %, votre épargne peine à suivre la hausse du prix des choses que vous désirez acheter. Manifestement, le compte d'épargne promettant un taux d'intérêt à 10 % est beaucoup moins attrayant lorsque l'inflation est élevée. Ce qui compte, c'est la différence entre l'intérêt nominal et l'inflation, soit le taux réel d'intérêt.

ÉTUDE DE CAS

Les taux d'intérêt dans l'économie canadienne

La figure 6.3 montre l'évolution des taux d'intérêt réel et nominal depuis 1965. Le taux d'intérêt nominal correspond au taux de rendement sur les obligations corporatives de trois mois. Le taux d'intérêt réel se calcule en soustrayant l'inflation — la variation en pourcentage de l'indice des prix à la consommation — du taux d'intérêt nominal.

Remarquez que le taux d'intérêt nominal excède toujours le taux d'intérêt réel, car les prix à la consommation ont toujours augmenté au cours de cette période. Par contre, si l'on examinait l'économie canadienne dans la deuxième moitié du XIXe siècle, ou l'économie japonaise au cours des années récentes, on trouverait des périodes de déflation. Durant ces périodes, le taux d'intérêt réel est supérieur au taux d'intérêt nominal.

On peut voir dans la figure que les deux taux d'intérêt n'évoluent pas toujours de concert. Durant les années

FIGURE 6.3

Le taux d'intérêt nominal et le taux d'intérêt réel

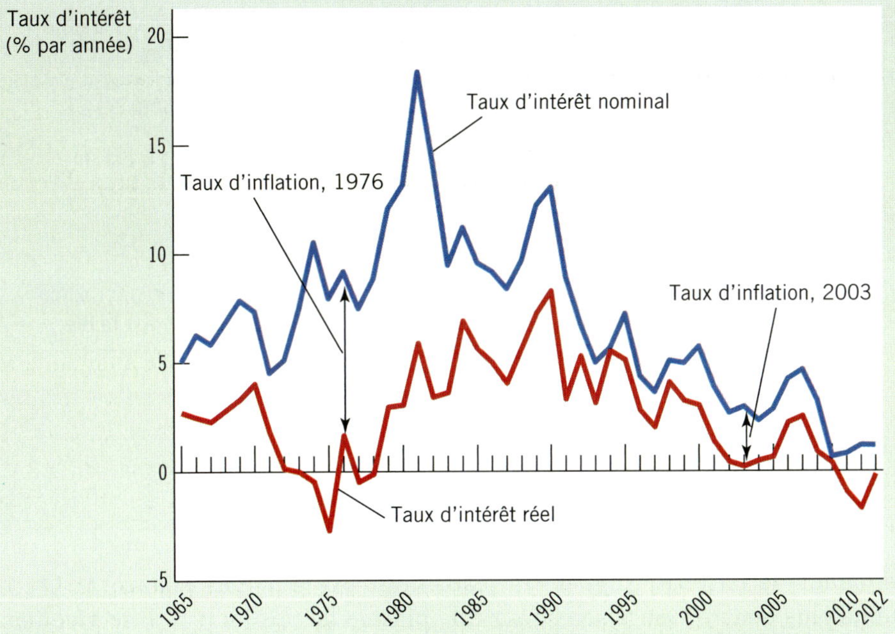

Ce graphique illustre l'évolution des taux d'intérêt nominal et réel depuis 1965. Le taux d'intérêt nominal correspond au taux des obligations de sociétés d'une échéance de trois mois. Le taux d'intérêt réel correspond au taux d'intérêt nominal moins le taux d'inflation mesuré à partir de l'indice des prix à la consommation. La distance verticale entre les deux droites indique le taux d'inflation. En raison des fluctuations de ce dernier, il n'est pas rare que les taux d'intérêt nominal et réel ne varient pas ensemble.

Source : Statistique Canada. (2013). « Indice des prix à la consommation, aperçu historique (1919-2012) ». Repéré à www.statcan.gc.ca/tables-tableaux/sum-som/l02/cst01/econ46a-fra.htm

1970, le taux d'intérêt nominal était très élevé mais, en raison d'une forte inflation, le taux d'intérêt réel était faible. Certaines années, ce taux d'intérêt réel était même négatif en raison de l'inflation plus élevée que la valeur du taux d'intérêt nominal. De la fin des années 1990 au milieu des années 2000, le taux d'intérêt nominal a diminué plus rapidement que l'inflation, ce qui a donné un taux d'intérêt réel en diminution. De 2009 à 2012, les taux d'intérêt nominaux étaient très faibles, ce qui a produit des taux d'intérêt réels proches de zéro.

De nombreux analystes croient que la faiblesse du taux d'intérêt réel a contribué au boum immobilier qu'a connu le Canada durant les années 2000. Les gens ont alors constaté que l'intérêt qu'ils auraient à payer sur leur hypothèque était peu élevé par rapport au taux d'inflation. L'achat d'une maison est donc apparu comme une démarche abordable, ce qui a favorisé la hausse de la demande et du prix de l'immobilier. Dans les prochains chapitres, lorsqu'il sera question des causes et des effets de l'évolution des taux d'intérêt, il faudra garder en mémoire la différence entre le taux d'intérêt réel et le taux d'intérêt nominal.

MINITEST

- Henry Ford payait ses employés 5 $ par jour en 1914. Si l'indice des prix à la consommation était de 5,9 en mai 1914 et de 123,0 en 2014, combien ce chèque de paye vaudrait-il en dollars de 2014 ?

BON À SAVOIR

Le calcul exact du taux d'intérêt réel

La formule exacte permettant de calculer le taux d'intérêt réel est :

$$r = (i - \pi) / (1 + \pi)$$

où

r: taux d'intérêt réel

i: taux d'intérêt nominal

π: taux d'inflation

Dans le cas où le taux d'intérêt nominal est de 5 % et le taux d'inflation est de 2 %, le taux d'intérêt réel est donc :

$$r = (0{,}05 - 0{,}02) / (1 + 0{,}02) = 0{,}0294 \text{ ou } 2{,}94\ \%$$

Vérifions que la formule donnée à la page 126 est une bonne approximation :

$$r = i - \pi = 0{,}05 - 0{,}02 = 0{,}03 \text{ ou } 3\ \%$$

2,94 % est en effet très proche de 3 %. Cette approximation reste valable tant que le taux d'inflation est faible.

Conclusion

Le joueur de baseball Yogi Berra plaisantait un jour en déclarant : « On n'a même plus quatre trente sous pour une piastre de nos jours ! » Effectivement, au cours des dernières décennies, la valeur réelle des cents et des dollars a beaucoup diminué : le niveau général des prix a connu une hausse constante et l'inflation a progressivement réduit le pouvoir d'achat du dollar. Lorsqu'on compare la valeur d'une même somme en dollars à des dates différentes, il ne faut jamais oublier que le dollar n'a pas la même valeur aujourd'hui que celle qu'il avait 20 ans auparavant ni — très probablement — que celle qu'il aura dans 20 ans.

Dans ce chapitre, nous avons vu comment les économistes estiment l'augmentation du niveau général des prix et comment ils se servent des indices de prix pour rajuster les variables économiques touchées par l'inflation. Cependant, cette analyse ne constitue qu'un point de départ. Il faut encore examiner les causes et les effets de l'inflation, de même que ses conséquences sur d'autres variables économiques. Pour ce faire, notre prochaine tâche consistera à dépasser l'étape de la simple mesure de ces indicateurs économiques. Les chapitres 5 et 6 ont permis de comprendre comment les économistes mesurent les prix et les quantités macroéconomiques ; nous sommes maintenant prêts à nous pencher sur les modèles qui expliquent les fluctuations de ces variables à court et à long terme.

Voici les thèmes des prochains chapitres. Premièrement, nous examinerons les déterminants de long terme du PIB réel et des variables macroéconomiques qui lui sont liées, soit l'épargne, l'investissement, le taux d'intérêt réel et le chômage.

Deuxièmement, nous ferons de même pour le niveau général des prix et les variables macroéconomiques qui lui sont liées, soit l'offre de monnaie, l'inflation et le taux d'intérêt nominal. Finalement, après avoir fait le tour de l'économie à long terme, nous nous pencherons sur les causes des fluctuations de court terme du PIB réel et du niveau des prix. Dans tous ces chapitres, l'analyse s'appuiera sur les connaissances acquises dans les chapitres 5 et 6, qui portaient sur la mesure des variables macroéconomiques.

Résumé

- L'indice des prix à la consommation compare le coût d'un panier de biens et de services pour une année donnée avec le coût de ce même panier lors d'une année de base. Cet indice reflète le niveau général des prix. La variation en pourcentage dans le temps de cet indice des prix correspond au taux d'inflation.
- L'indice des prix à la consommation est une mesure imparfaite du coût de la vie, et ce, pour quatre raisons. Tout d'abord, il ne tient pas compte de la possibilité pour les consommateurs de substituer à certains biens devenus trop chers d'autres biens qui seraient meilleur marché. De plus, il ne reflète pas l'augmentation du pouvoir d'achat due à l'introduction de nouveaux produits sur le marché. En outre, il ne tient pas compte des variations de la qualité des biens et des services. Finalement, il néglige la possibilité que les ménages cherchent des lieux de vente où les prix sont plus bas. En raison de ces difficultés, l'indice des prix à la consommation surévalue l'inflation d'environ 0,6 % par année.
- On se sert également du déflateur du PIB pour mesurer le niveau général des prix. Le déflateur se différencie de l'indice des prix à la consommation en ce qu'il prend en compte les biens et les services produits plutôt que les biens et les services consommés. Pour cette raison, les produits importés influent sur l'indice des prix à la consommation, mais pas sur le déflateur du PIB. En outre, alors que l'indice des prix à la consommation se base sur un panier de biens fixe, on modifie automatiquement le déflateur du PIB pour tenir compte des modifications dans les biens et les services produits dans le PIB.
- On ne peut comparer directement deux valeurs en dollars de deux époques différentes. Il faut tenir compte de l'inflation, en gonflant les valeurs passées, et ce, grâce à un indice des prix.
- Plusieurs lois et contrats privés comportent des dispositions d'indexation, c'est-à-dire qu'ils recourent à l'indice des prix à la consommation pour corriger les effets de l'inflation. Cependant, en ce qui concerne la fiscalité, cette indexation demeure partielle.
- Lorsqu'on observe les taux d'intérêt, il faut tenir compte de l'inflation. Le taux d'intérêt nominal correspond au taux d'intérêt habituellement annoncé et à l'augmentation du nombre de dollars d'un compte d'épargne au cours d'une période donnée. Par contre, le taux d'intérêt réel tient compte de l'inflation et est égal au taux d'intérêt nominal moins le taux d'inflation.

Concepts clés

Indexation, p. 124

Indice de référence, p. 119

Indice des prix à la consommation (IPC), p. 116

Taux d'inflation, p. 118

Taux d'intérêt nominal, p. 126

Taux d'intérêt réel, p. 126

Questions de révision

1. Laquelle de ces deux augmentations de prix influe le plus sur l'indice des prix à la consommation : une hausse de 10 % du prix du poulet ou une hausse équivalente du prix du caviar ? Pourquoi ?
2. Citez les quatre raisons pour lesquelles l'indice des prix à la consommation constitue une mesure imparfaite du coût de la vie.
3. Si le prix d'un avion de chasse augmente, laquelle de ces deux statistiques sera la plus touchée : l'indice des prix à la consommation ou le déflateur du PIB ? Pourquoi ?
4. Pendant une période donnée, le prix d'une friandise est passé de 0,10 $ à 0,60 $. Au cours de la même période, l'indice des prix à la consommation est passé de 150 à 300. En faisant les ajustements nécessaires pour tenir compte de l'inflation, calculez la variation réelle du prix de cette friandise.
5. Expliquez la signification du taux d'intérêt nominal et du taux d'intérêt réel. Comment sont-ils liés ?

L'économie réelle à long terme

3
PARTIE

PIB

La production et la croissance

7
CHAPITRE

Il suffit de voyager pour prendre conscience des profondes disparités actuelles entre les niveaux de vie dans le monde : le Canadien, l'Américain ou l'Allemand moyen jouissent d'un revenu 10 fois supérieur à celui d'un Indien, d'un Indonésien ou d'un Nigérian moyen. Des contrastes aussi marqués sur le plan des revenus se traduisent naturellement par de grandes différences dans la qualité de vie. Les citoyens des pays riches disposent d'un plus grand nombre d'automobiles, de téléphones et de téléviseurs, d'une meilleure alimentation, de logements plus confortables, de soins de santé de qualité supérieure et d'une plus longue espérance de vie.

Ne serait-ce qu'à l'intérieur d'un même pays, d'ailleurs, le niveau de vie a beaucoup changé au fil du temps. Durant le dernier siècle, au Canada, le revenu moyen calculé à partir du PIB réel par habitant a connu une augmentation de 2 % par année. Ce pourcentage peut paraître faible, mais avec un tel taux de croissance, le revenu moyen double tous les 35 ans. Grâce à cette croissance, le revenu moyen actuel est presque huit fois supérieur à ce qu'il était un siècle auparavant. Par conséquent, le Canadien moyen jouit d'une prospérité économique plus élevée que celle de ses parents, de ses grands-parents et de ses arrière-grands-parents.

Les taux de croissance varient grandement d'un pays à l'autre. Certains États du Sud-Est asiatique — Singapour, la Corée du Sud et Taïwan — ont atteint une croissance du revenu moyen de 7 % par année dans les dernières décennies. À un tel rythme, le revenu moyen double tous les 10 ans. Ces États, qui comptaient autrefois parmi les plus pauvres du monde, sont passés au rang des plus riches en l'espace d'une génération. Au cours des deux dernières décennies, la Chine a crû à un rythme encore plus élevé, soit 10 à 12 % par année, selon certaines estimations. Au contraire, dans certains pays africains, comme le Tchad, le Gabon et le Sénégal, les revenus moyens stagnent depuis plusieurs années.

Qu'est-ce qui explique de telles disparités ? Comment les pays riches maintiennent-ils leur niveau de vie élevé ? Quelles mesures les pays pauvres doivent-ils adopter afin de promouvoir une croissance rapide et de rejoindre les régions les plus développées ? Voilà des questions fondamentales sur lesquelles se penche la macroéconomie. Comme l'a fait remarquer Robert E. Lucas, prix Nobel d'économie en 1995 : « Les conséquences de telles questions sur le bien-être de l'humanité sont tout simplement extraordinaires ; une fois que l'on se met à y réfléchir, il est difficile de penser à autre chose. »

Dans les deux précédents chapitres, nous avons vu comment les économistes mesurent les quantités économiques et les prix. Nous commençons maintenant à étudier les déterminants de ces variables. Comme nous le savons déjà, le produit intérieur brut (PIB) d'une économie mesure à la fois le revenu total et la dépense totale générés par la production des biens et des services. Le PIB réel fournit une bonne indication de la prospérité économique et sa croissance constitue une mesure fiable du progrès économique. Portons maintenant notre attention sur les facteurs qui déterminent, à long terme, le niveau et la croissance du PIB. Nous étudierons plus tard les fluctuations à court terme du PIB réel, autour de cette tendance à long terme.

Nous procéderons en trois étapes. Tout d'abord, nous examinerons les statistiques internationales du PIB par habitant. Ces données nous permettront de comprendre la variabilité des niveaux de vie et de leur croissance dans le monde. Nous passerons ensuite au rôle de la productivité — la quantité de biens et de services produits en une heure de travail ou par travailleur. Nous verrons plus particulièrement que le niveau de vie dans un pays dépend essentiellement de la productivité de ses travailleurs. Nous aborderons aussi les facteurs favorisant cette productivité. Enfin, nous établirons un lien entre la productivité et la politique économique d'un pays.

La croissance économique dans le monde

Pour commencer notre étude de la croissance à long terme, examinons l'évolution de 13 économies nationales. Le tableau 7.1 résume les statistiques du PIB réel par habitant dans ces pays, sur plus de 100 ans d'histoire. La première colonne du tableau indique le pays. La deuxième montre les périodes, alors que les troisième et quatrième colonnes fournissent une évaluation du PIB réel par habitant en début et en fin de période. Notons que les périodes ne sont pas les mêmes pour tous les pays, en raison de problèmes avec les données anciennes pour certaines régions.

TABLEAU 7.1

La disparité de la croissance

PAYS	PÉRIODE	PIB RÉEL PAR HABITANT EN DÉBUT DE PÉRIODE*	PIB RÉEL PAR HABITANT EN FIN DE PÉRIODE	TAUX DE CROISSANCE (PAR ANNÉE)
Japon	1890-2008	1603$	37545$	2,71%
Brésil	1900-2008	830$	10735$	2,40%
Mexique	1900-2008	1236$	15212$	2,35%
Allemagne	1870-2008	2328$	38313$	2,05%
Canada	1870-2008	2532$	38611$	1,99%
Chine	1900-2008	763$	6417$	1,99%
États-Unis	1870-2008	4272$	50071$	1,80%
Argentine	1900-2008	2444$	14946$	1,69%
Royaume-Uni	1870-2008	5125$	38515$	1,47%
Inde	1900-2008	720$	3155$	1,38%
Indonésie	1900-2008	950$	4083$	1,36%
Pakistan	1900-2008	786$	2878$	1,21%
Bangladesh	1900-2008	664$	1535$	0,78%

*PIB réel en dollars canadiens de 2008

Sources : Données tirées de Barro, Robert J. et Sala-i-Martin, X. (1995). *Economic growth.* New York, NY : McGraw-Hill, tableaux 10.2 et 10.3 ; Banque mondiale. (2010). *Rapport sur le développement dans le monde 2010.* Washington, DC : Banque mondiale, tableau 1.

Ces données montrent que le niveau de vie varie considérablement d'un pays à l'autre. En 2008, le revenu par personne au Canada était 6 fois supérieur à celui de la Chine et 12 fois plus élevé que celui de l'Inde. Les pays les plus pauvres ont actuellement des revenus moyens que le Canada n'a pas connus depuis plusieurs décennies. Par exemple, en 2008, le citoyen typique au Pakistan disposait d'un revenu légèrement supérieur à celui d'un Canadien en 1870.

La dernière colonne du tableau indique le taux de croissance annuel moyen du PIB par habitant, pour la période indiquée. Par exemple, le PIB réel canadien par habitant était de 2532$ en 1870 et atteignait 38611$ en 2008, ce qui correspond à un taux de croissance annuel moyen de 1,99%. Autrement dit, en appliquant une augmentation de 1,99% par an pendant 138 ans à un PIB réel par personne de 2532$, on obtiendrait 38611$. Bien entendu, le PIB réel par habitant n'a pas augmenté de façon constante de 1,99% par année. Le taux de croissance a été supérieur certaines années et inférieur à d'autres moments. Le taux de croissance de 1,99% ne tient donc pas compte des fluctuations à court terme autour de la tendance à long terme : il représente le taux de croissance moyen du PIB réel sur une longue période.

Le taux de croissance moyen des 13 pays retenus a servi de critère de classement dans le tableau. Le Japon se situe en tête, avec un taux de croissance moyen de 2,71% par an. En 1890, le Japon ne figurait pas au rang des pays riches : son revenu moyen était un peu plus élevé que celui du Mexique et bien loin derrière celui de l'Argentine. En fait, le revenu japonais en 1890 représentait environ la moitié de celui de l'Inde en 2008. Cependant, grâce à une croissance spectaculaire, le Japon est devenu une grande puissance économique, disposant d'un revenu moyen légèrement inférieur à celui du Royaume-Uni, du Canada et des États-Unis. Au bas de ce tableau, on trouve le Pakistan et le Bangladesh, dont la croissance moyenne n'a été que de 1,21 % et 0,78 %, respectivement, au cours de la période observée. Les habitants de ces pays continuent donc de vivre dans une pauvreté extrême.

En raison des différences entre les taux de croissance, le classement des pays selon le revenu a varié considérablement au fil du temps. Comme nous l'avons vu, le Japon a connu une progression spectaculaire par rapport aux autres pays. Par contre, le Royaume-Uni a reculé, de façon relative. En 1870, c'était le pays le plus riche du monde : son revenu moyen était le double de celui du Canada et dépassait de 20 % celui des États-Unis. Même si son PIB par habitant a augmenté au cours du XXe siècle, comme celui de tous les pays répertoriés dans ce tableau, le Royaume-Uni a cependant été dépassé par ses deux anciennes colonies.

En somme, ces statistiques démontrent que les pays les plus riches du monde ne sont pas assurés de conserver leur position et que les pays les plus pauvres ne sont pas condamnés à la misère. Mais comment expliquer cette évolution ? Pourquoi certains pays croissent-ils à toute vitesse alors que d'autres n'avancent que péniblement ? Nous allons maintenant répondre à ces questions.

MINITEST

- Quel est le taux de croissance approximatif du PIB réel par habitant au Canada cette année ? Nommez un pays qui a enregistré une croissance plus rapide et un autre qui a connu une croissance plus lente.

BON À SAVOIR

Une image vaut mille données statistiques

Dans *Education and the good life,* Bertrand Russell disait que l'intelligence peut « permettre à un homme d'être profondément ému par les statistiques. » Toutefois, aujourd'hui, bien peu de gens sont émus par des données sur le PIB, à moins qu'on leur explique ce qu'elles représentent.

Les trois photos de la page suivante montrent autant de familles moyennes habitant respectivement le Royaume-Uni, le Mexique et le Mali. Chaque famille a été photographiée à l'extérieur de sa maison, parmi l'ensemble de ses biens matériels. Ces trois pays ont des niveaux de vie très différents les uns des autres, comme le révèlent ces photos, le PIB ou d'autres statistiques.

- L'économie du Royaume-Uni est très développée. En 2008, le PIB par habitant s'élève à 38 515 $ CA. Une partie infime de la population vit dans une pauvreté extrême, soit avec moins de 2 $ par jour. Parmi les jeunes en âge de fréquenter l'école secondaire, 91 % sont sur les bancs d'école. Les Britanniques peuvent compter sur une longue espérance de vie : la probabilité de vivre au moins jusqu'à 65 ans est de 85 % pour les hommes et de 91 % pour les femmes.
- Le Mexique fait partie des pays à revenu moyen. En 2008, le PIB par habitant est de 15 212 $, alors qu'environ 5 % de la population doit vivre avec moins de 2 $ par jour. Quelque 71 % des enfants d'âge scolaire y fréquentent l'école secondaire. Quant à la probabilité de vivre au moins jusqu'à 65 ans, elle est de 78 % pour les hommes et de 86 % pour les femmes.
- Le Mali est un pays pauvre. En 2008, le PIB par habitant ne dépasse pas 1 300 $. La pauvreté extrême y est la norme : plus des trois quarts de la population vivent avec moins de 2 $ par jour. Par ailleurs, seuls 29 % des enfants en âge de fréquenter l'école secondaire y poursuivent effectivement leurs études. L'espérance de vie y est également plus brève : la probabilité de vivre au moins jusqu'à 65 ans est de seulement 38 % pour les hommes et de 42 % pour les femmes.

Les économistes qui étudient la croissance économique tentent de déterminer les causes de ces écarts aussi prononcés entre les différents niveaux de vie.

Une famille moyenne du Royaume-Uni

Une famille moyenne du Mexique

Une famille moyenne du Mali

BON À SAVOIR

Êtes-vous plus riche que l'Américain le plus riche ?

Le magazine *American Heritage* a publié la liste des Américains les plus riches de tous les temps. Au tout premier rang, on trouve John D. Rockefeller, le magnat du pétrole, presque centenaire à son décès (1839-1937). Selon l'estimation du magazine, sa fortune aurait atteint l'équivalent de plus de 200 milliards de dollars actuels, soit beaucoup plus que celle de Bill Gates, le pionnier de l'informatique qui est aujourd'hui l'Américain le plus riche.

Malgré son immense fortune, Rockefeller n'a pas connu beaucoup des commodités que nous tenons maintenant pour acquises : télévision, jeux vidéo, Internet, courriel, etc. Au cœur de l'été, il ne pouvait pas se rafraîchir chez lui à l'aide d'un climatiseur. Pendant la plus grande partie de sa vie, il n'a pu se déplacer en voiture ou en avion et il n'a pu communiquer par téléphone avec sa famille ou ses amis. En cas de maladie, il ne pouvait bénéficier des nombreux médicaments, tels les antibiotiques, que les médecins prescrivent aujourd'hui couramment pour soigner leurs patients et améliorer leur qualité de vie.

Réfléchissez maintenant à la question suivante : combien d'argent faudrait-il vous offrir pour que vous renonciez pour toujours aux commodités modernes que Rockefeller n'a pas connues ? Le feriez-vous pour 200 milliards de dollars ? Peut-être que non. Dans la négative, serait-il juste de dire que vous seriez quand même dans une meilleure situation que John D. Rockefeller, présumé être l'Américain le plus riche de tous les temps ?

John D. Rockefeller

Le chapitre précédent a traité du fait que les indices des prix standard, grâce auxquels on peut comparer les valeurs de sommes d'argent à différentes époques, ne reflètent pas pleinement l'apparition de nouveaux biens dans l'économie. Il s'ensuit que le taux d'inflation est surestimé, tandis que le taux de croissance économique réelle est plutôt sous-estimé. La question de la richesse de Rockefeller montre toute l'importance d'un tel problème. En raison des extraordinaires progrès technologiques accomplis, l'Américain moyen actuel pourrait être considéré comme plus riche que l'Américain le plus riche d'il y a une centaine d'années, un fait qu'on ne saurait inférer à partir des statistiques économiques standard.

La productivité : son rôle et ses déterminants

D'une certaine façon, il est facile d'expliquer la grande disparité des niveaux de vie dans le monde. Comme nous le verrons, cette explication peut se résumer en un seul mot : productivité. D'un autre côté, pourtant, ces différences internationales restent très étonnantes. Pour comprendre la cause des grands écarts observés entre les revenus nationaux, nous devons nous interroger sur les facteurs qui déterminent le niveau de la productivité.

L'importance de la productivité

Commençons notre étude de la productivité et de la croissance économique par l'établissement d'un modèle très simple, qui s'inspire du fameux roman de Daniel Defoe, *Robinson Crusoé*. Comme vous le savez peut-être, le personnage principal de ce roman, Robinson Crusoé, a fait naufrage sur une île déserte. Vivant désormais seul, il doit pêcher son poisson, cultiver ses légumes et confectionner ses vêtements. Nous pouvons envisager les activités de Robinson — la production et la consommation des poissons, des légumes et des vêtements — comme une économie simplifiée. Certaines des leçons que nous tirerons de l'examen de cette économie pourront aussi s'appliquer aux économies plus complexes et plus proches de la réalité.

De quoi dépend le niveau de vie de Robinson Crusoé ? La réponse est évidente. S'il est un pêcheur habile, un excellent cultivateur et un bon couturier, il vivra bien. Par contre, s'il se révèle médiocre dans toutes ces tâches, il survivra péniblement. Comme il vit en autarcie, son niveau de vie dépend directement de sa productivité.

La **productivité** mesure la quantité de biens et de services qu'un travailleur peut produire par unité de temps. Dans le cas de l'économie de Robinson, on constate que sa productivité détermine son niveau de vie et que la croissance de ce niveau de vie est directement liée à celle de sa productivité. Plus Robinson est efficace, plus il capture de poissons à l'heure et plus il en aura dans son assiette. S'il trouve un meilleur endroit pour pêcher, sa productivité augmentera, ce qui élèvera d'autant son niveau de vie. Il aura alors le choix entre consommer plus de poissons ou passer moins de temps à pêcher, pour se consacrer à la production d'autres biens, qui lui apportent aussi du bien-être.

Productivité
Quantité de biens et de services qu'un travailleur peut produire par unité de temps.

Ce rôle clé joué par la productivité dans la détermination du niveau de vie s'applique aussi bien aux pays qu'aux naufragés solitaires. Rappelons que le produit intérieur brut (PIB) mesure deux choses simultanément : le revenu total gagné par tous les agents économiques et la dépense totale pour acheter les biens et les services produits dans cette même économie. La raison en est simple : dans une économie, le revenu et la dépense doivent être égaux. Autrement dit, le revenu d'une économie est égal à la valeur de sa production.

Tout comme Robinson, un pays a la possibilité de jouir d'un niveau de vie élevé, dans la mesure où il produit beaucoup de biens et de services. Les Canadiens vivent mieux que les Nigérians parce que les travailleurs canadiens sont plus productifs que leurs homologues nigérians. Le niveau de vie des Japonais a crû plus rapidement que celui des Argentins en raison d'une progression plus rapide de leur productivité. Il est utile de rappeler ici l'un des **dix principes d'économie** du chapitre 1 : le niveau de vie d'un pays dépend de sa capacité à produire des biens et des services.

Examinons d'un peu plus près cette relation entre le PIB par habitant et la productivité. La productivité (ou productivité moyenne du travail) représente la production par unité du facteur travail. Elle peut être mesurée de deux façons : soit en divisant le PIB par le nombre de travailleurs, soit en divisant le PIB par le nombre total d'heures travaillées. Dans le premier cas, la productivité représente la production qu'un travailleur peut réaliser en une année (si le PIB est mesuré annuellement). Dans le deuxième cas, la productivité mesure la production réalisée en moyenne par un travailleur durant une heure d'effort. Ces façons différentes de mesurer la productivité reflètent toutes deux l'efficacité des travailleurs. Nous retiendrons cependant, pour le propos qui suit, le concept de PIB par heure travaillée.

Considérons la formule suivante :

$$\frac{\text{PIB}}{\text{Population}} = \left(\frac{\text{PIB}}{\text{Heures totales travaillées}}\right) \times \left(\frac{\text{Heures totales travaillées}}{\text{Emploi}}\right) \times \left(\frac{\text{Emploi}}{\text{Population}}\right)$$

Le PIB par habitant (membre gauche de l'égalité) est égal au produit des trois termes de droite de l'égalité. Cette équation est une identité, car les heures travaillées, l'emploi et la population s'annulent du côté droit, ne laissant de part et d'autre que le rapport PIB/Population.

Qu'est-ce qui peut faire augmenter le PIB par habitant ? Cette augmentation peut être causée par une hausse de l'un ou de l'autre des termes du membre de droite de l'équation, qui sont les suivants :

- La productivité (PIB/Heures travaillées) ;
- Le nombre d'heures travaillées par personne employée ;
- La proportion de la population qui travaille.

Sur une courte période, chacun des termes du côté droit peut augmenter ou diminuer et, donc, contribuer à changer le PIB par habitant. Par exemple, une baisse du taux de chômage fait augmenter la proportion de la population qui travaille et, par conséquent, le PIB par habitant. Si, par contre, les jeunes prolongent la durée de leurs études, la proportion de la population totale qui travaille diminue, et le PIB par habitant s'en trouve réduit.

Cependant, lorsqu'on s'intéresse à la croissance du niveau de vie sur une longue période, la situation est différente. Si le PIB par habitant est multiplié par 15,2 sur une période de 138 ans (ce qui a été le cas du Canada), quels facteurs peut-on invoquer pour expliquer cette situation ? Prenons séparément chacun des termes du côté droit de la formule. Premièrement, considérons les heures travaillées par personne employée. Au Canada, l'employé moyen travaillait 2 965 heures par année en 1870, contre 1 727 heures seulement en 2008. En effet, la semaine de travail est bien plus courte aujourd'hui, ce qui cause, toutes choses étant égales par ailleurs, une réduction du PIB par habitant. Deuxièmement, voyons ce qui est arrivé à la proportion de la population totale qui travaille. Celle-ci a sans doute un peu varié au cours du siècle : elle a diminué en raison de l'augmentation de la durée des études, de la baisse de l'âge moyen de la retraite et de la prolongation de l'espérance de vie ; en même temps, elle a augmenté en raison de la présence accrue des femmes sur le marché du travail. Par conséquent, la variation nette est relativement faible. La seule variable qui peut expliquer la hausse du PIB par habitant observée au Canada est donc la hausse de la productivité moyenne du travail, autrement dit, l'efficacité des travailleurs.

Pour comprendre les différences de niveau de vie entre les pays et à travers le temps, il est donc primordial de se pencher sur la productivité. Toutefois, comprendre le lien entre le niveau de vie et la productivité n'est qu'une première étape. Celle-ci mène naturellement à la question suivante : pourquoi certaines économies sont-elles plus productives que d'autres ?

Les déterminants de la productivité

La productivité semble bel et bien déterminer le niveau de vie de Robinson Crusoé. Mais qu'est-ce qui explique cette productivité ? Robinson sera certainement un meilleur pêcheur s'il possède plus de cannes à pêche, s'il connaît les meilleures techniques pour pêcher du poisson, s'il y a beaucoup de poissons ou s'il invente un meilleur appât. Chacun de ces facteurs — baptisés *capital physique*, *capital humain*, *ressources naturelles* et *connaissances technologiques* — influe sur sa productivité et a son pendant dans les économies réelles complexes. Examinons maintenant chacun de ces facteurs.

Le capital physique par travailleur

Les travailleurs sont plus productifs s'ils disposent d'outils de travail. L'ensemble des outils, des équipements et des immeubles utilisés pour la production de biens et de services se nomme **capital physique**, ou tout simplement *capital*. Lorsqu'ils fabriquent un meuble, les ébénistes se servent de scies, de tours et de perceuses. Ces outils perfectionnés permettent d'accélérer la production et d'améliorer la qualité du produit fini. Un menuisier mal équipé ne produira pas autant que celui qui dispose de toutes les machines sophistiquées disponibles.

Capital physique
Stock d'outils, d'immeubles et d'équipements servant à la production de biens et de services.

Nous avons vu, au chapitre 2, que les intrants utilisés pour produire des biens et des services — travail, capital, etc. — se nomment *facteurs de production*.

L'une des caractéristiques essentielles du capital physique réside dans le fait qu'il s'agit d'un facteur de production produit. Autrement dit, le capital est l'intrant d'un processus de production, mais il est également l'extrant d'un processus de production antérieur. Le tour qu'utilise l'ébéniste pour produire un pied de table est en premier lieu produit par une usine de tours. Le fabricant de tours se sert lui-même d'autres équipements pour réaliser son produit. Par conséquent, le capital est un facteur de production qui entre dans la production de toutes sortes de biens et de services, y compris du capital.

Le capital humain par travailleur

Le deuxième facteur déterminant la productivité est le **capital humain**. Il peut être défini comme l'ensemble des connaissances et des compétences que les travailleurs ont acquises. Ces connaissances et compétences peuvent provenir tant d'un apprentissage scolaire — allant du préscolaire à l'université, en passant par l'école primaire, l'école secondaire et le collège — que de la formation professionnelle et de l'expérience de travail.

Capital humain
Connaissances et compétences que les travailleurs acquièrent par l'éducation, la formation et l'expérience.

La formation, l'apprentissage et l'expérience paraissent certes moins tangibles que les scies circulaires, les bulldozers et les bâtiments. Pourtant, le capital humain présente bien des caractéristiques du capital physique. Tout comme ce dernier, le capital humain accroît la capacité de production de biens et de services d'un pays. Il s'agit également d'un facteur de production produit. En effet, pour augmenter le capital humain, il faut des intrants, comme les professeurs, les bibliothèques et le temps passé à étudier. On peut en effet considérer les étudiants comme des « travailleurs » ayant la responsabilité de produire le capital humain qui sera utilisé dans la production future.

Les ressources naturelles par travailleur

Un troisième facteur détermine la productivité ; ce sont les **ressources naturelles**, qui sont les intrants fournis par la nature, tels que la terre, les rivières et les gisements de minerais. Les ressources naturelles prennent deux formes : les ressources renouvelables et les ressources non renouvelables. Les forêts sont un exemple de ressource renouvelable. Lorsqu'on abat un arbre, on peut en planter un autre à sa place. Le pétrole est un exemple de ressource non renouvelable. Comme le pétrole a été produit par la nature au cours de très longues périodes, à partir de déchets organiques, le stock disponible est limité. Une fois ce stock épuisé, il n'est pas possible d'en créer un nouveau.

Ressources naturelles
Intrants fournis par la nature, tels que la terre, les rivières et les gisements de minerais.

Des différences dans la dotation en ressources naturelles sont responsables d'une partie des écarts entre les niveaux de vie qu'on peut observer à travers le monde. Le succès économique du Canada est dû en partie à la grande quantité de terres idéales pour l'agriculture et à l'abondance de minerais, de forêts et de gisements d'hydrocarbures. À notre époque, certains pays du Moyen-Orient sont riches tout simplement parce qu'on y trouve des quantités extraordinaires de pétrole facile à extraire.

Même si les ressources naturelles sont importantes, il n'est pas nécessaire qu'un pays en soit doté pour pouvoir produire des biens et des services ou pour être productif. Le Japon, par exemple, compte parmi les plus productifs (et les plus riches) au monde, malgré sa dotation à peu près nulle en ressources naturelles. Le commerce international rend possible le succès de ce pays. En effet, le Japon importe la plupart des ressources naturelles dont il a besoin et exporte des biens manufacturés, entre autres à des pays riches en ressources.

Connaissances technologiques
Connaissances de la société quant aux meilleures manières de produire les biens et les services.

Les connaissances technologiques

Quatrième facteur déterminant la productivité, les **connaissances technologiques** sont tout simplement notre savoir concernant les meilleures méthodes de production de biens et de services. Il y a un siècle, la majorité des Canadiens travaillait dans le secteur de l'agriculture, parce que la technologie de l'époque obligeait ceux-ci à utiliser une main-d'œuvre nombreuse pour nourrir la population. Aujourd'hui, grâce aux progrès des techniques agricoles, un petit nombre de personnes suffisent à produire assez de nourriture pour tout le pays. Ce changement technologique a libéré un grand nombre de travailleurs pour produire d'autres types de biens et de services.

Les connaissances technologiques prennent plusieurs formes. Certaines technologies font rapidement partie du patrimoine commun, si l'invention d'une personne est rapidement connue et utilisée par tous. Ce fut le cas du travail à la chaîne, introduit par Henry Ford, mais imité très rapidement par les autres fabricants d'automobiles. En revanche, d'autres technologies demeurent la propriété de leurs inventeurs. La société Coca-Cola est la seule à connaître la recette secrète de sa célèbre boisson gazeuse. D'autres connaissances technologiques appartiennent à des entreprises durant un temps limité. Quand une société pharmaceutique met au point un nouveau médicament, par exemple, le système de brevet lui octroie temporairement l'exclusivité de la fabrication de ce produit. À l'expiration du brevet, toutes les autres entreprises acquièrent le droit de le copier. Toutes ces formes de connaissances technologiques sont essentielles à la production des biens et des services de l'économie.

Il importe de faire la distinction entre les connaissances technologiques et le capital humain. Même s'ils sont intimement liés, ils présentent tout de même des différences notables. Lorsqu'on pense aux connaissances technologiques, on évoque les connaissances existantes de la société. Le capital humain mesure plutôt l'intégration de ces connaissances par les travailleurs. Pour faire une analogie simple, disons que le savoir technologique illustre le contenu des livres, alors que le capital humain représente la compréhension qu'en ont les travailleurs grâce au temps de lecture qu'ils y ont consacré. Leur productivité dépend à la fois de la qualité des manuels existants et du temps qu'ils ont accordé à leurs études.

BON À SAVOIR

La fonction de production

Pour décrire la relation entre les intrants et la production, les économistes utilisent une fonction de production. Soit Y, la quantité de production, L, la quantité de travail, K, la quantité de capital physique, H, la quantité de capital humain, et N, la quantité de ressources naturelles. Nous pouvons alors poser l'équation suivante :

$$Y = A\,F(L, K, H, N)$$

Dans cette équation, $F(\,)$ est une fonction indiquant la façon dont les intrants sont combinés dans le processus de production. La variable A représente la technologie de production. Le progrès technologique fait augmenter A, de sorte que l'économie produit davantage pour toute combinaison donnée d'intrants.

De nombreuses fonctions de production ont une propriété appelée *rendements d'échelle constants*. Lorsqu'une fonction de production est à rendements d'échelle constants, le doublement de la quantité de tous les facteurs se traduira par un doublement de la production. Pour représenter une telle production, on peut alors écrire l'équation suivante, pour toute valeur positive de x :

$$xY = A\,F(xL, xK, xH, xN)$$

Le doublement de tous les intrants se traduirait dans cette équation par $x = 2$. Le côté droit de l'équation montre le doublement des intrants, et le côté gauche, celui de la production.

Les fonctions de production de ce type ont une propriété intéressante. Posons $x = 1/L$. L'équation devient alors :

$$Y/L = A\,F(1,\ K/L,\ H/L,\ N/L)$$

Notons que Y/L représente la production par travailleur, qui est l'une des façons de mesurer la productivité. Cette équation montre donc que la productivité dépend du capital physique par travailleur (K/L), du capital humain par travailleur (H/L) et des ressources naturelles par travailleur (N/L). La productivité dépend également de l'état de la technologie, représenté par la variable A. Les quatre facteurs déterminant la productivité se retrouvent donc dans cette équation.

ÉTUDE DE CAS

Les ressources naturelles limitent-elles la croissance ?

La population mondiale dépasse aujourd'hui les sept milliards de personnes, à peu près quatre fois plus qu'il y a un siècle. En même temps, plusieurs personnes disposent d'un niveau de vie beaucoup plus élevé que celui de leurs grands-parents. Le débat se poursuit cependant quant à la possibilité de maintenir tant la croissance démographique que la hausse des niveaux de vie.

Selon certains commentateurs, l'épuisement des ressources naturelles finira par limiter la croissance économique mondiale. À première vue, cela semble un argument de poids. Si les ressources non renouvelables sont limitées, comment la population, la production et le niveau de vie pourraient-ils croître indéfiniment ? Les ressources pétrolières et minérales ne finiront-elles pas par s'épuiser ? Lorsque de telles pénuries surviendront, ne mettront-elles pas un terme à la croissance économique ? Ne risquent-elles pas même de faire chuter le niveau de vie ?

Bien que cet argument paraisse solide, la plupart des économistes ne sont pas tellement préoccupés par les limites possibles de la croissance. En effet, les progrès technologiques permettent souvent de surmonter les obstacles posés par la pénurie de ressources. Une comparaison de l'économie d'aujourd'hui avec celle du passé démontre d'ailleurs que l'utilisation des ressources est devenue plus efficace. Les voitures les plus récentes consomment moins d'essence. Les maisons neuves, mieux isolées, consomment moins d'énergie pour le chauffage et la climatisation. On produit maintenant du pétrole à partir de sables bitumineux et le recyclage permet de réutiliser des ressources. La mise au point de carburants alternatifs, comme l'éthanol, permet de substituer des ressources renouvelables à des ressources non renouvelables.

Les protecteurs de l'environnement s'inquiétaient il y a 60 ans de l'emploi excessif du cuivre et de l'étain, deux ressources cruciales à l'époque. On se servait de l'étain pour la fabrication des boîtes de conserve, et les fils téléphoniques étaient en cuivre. Certaines personnes exigeaient le recyclage et le rationnement de ces deux métaux afin d'en laisser pour les générations suivantes. Toutefois, le plastique a remplacé l'étain dans la fabrication de beaucoup de contenants alimentaires, et la fibre optique — faite à partir de sable — est de plus en plus utilisée pour transmettre les conversations téléphoniques. Dans les deux cas, les progrès technologiques ont permis de résoudre le problème de la pénurie qui menaçait les ressources naturelles. En fait, qui parle aujourd'hui du problème de l'épuisement du cuivre ? De la même façon, William Stanley Jevons, l'un des économistes les plus célèbres de son époque, s'inquiétait de la disparition éventuelle du charbon en Angleterre. Dans son livre publié en 1865 et intitulé *The Coal Question,* Jevons prévoyait pour 1900 l'épuisement du charbon et l'arrêt presque complet de la production industrielle au Royaume-Uni. Plus de 145 ans plus tard, le charbon représente encore 24 % de l'énergie primaire mondiale. Comme plusieurs, Jevons avait sous-estimé les effets des progrès technologiques.

Cependant, tous ces efforts permettront-ils vraiment la poursuite de la croissance économique ? L'une des façons de répondre à cette question consiste à examiner les prix des ressources naturelles. Nous savons que dans une économie de marché, la rareté fait monter les prix. Si les ressources naturelles deviennent plus rares, leur prix ne manquera pas d'augmenter progressivement. Or, c'est l'inverse qui se vérifie. Même si les prix de plusieurs ressources naturelles fluctuent beaucoup à court terme, ces mêmes prix (ajustés pour tenir compte de l'inflation) demeurent stables ou ont tendance à baisser à long terme. Il semble donc que notre capacité à conserver ces ressources croît plus rapidement que l'épuisement des réserves. L'évolution des prix ne donne aucune raison de croire que les ressources naturelles limiteront un jour la croissance économique.

MINITEST

- Nommez et décrivez quatre facteurs déterminant la productivité d'un pays.

Les politiques favorisant la croissance économique

Jusqu'à maintenant, nous avons vu que le niveau de vie d'une société dépend de sa capacité à produire des biens et des services, et que cette productivité dépend à son tour du capital physique, du capital humain, des connaissances technologiques et des ressources naturelles. Posons maintenant la question que tous les dirigeants politiques devraient se poser : quelles politiques publiques favorisent l'augmentation de la productivité et des niveaux de vie ?

L'importance de l'épargne et de l'investissement

Comme le capital est un facteur de production produit, une société a la possibilité de modifier son stock de capital. Si elle fabrique beaucoup de nouveaux biens d'équipement, cette accumulation lui permettra de produire davantage de biens et de services dans le futur. Une bonne façon d'augmenter la productivité future consiste donc à investir aujourd'hui dans la production de biens de capital.

Selon l'un des **dix principes d'économie** présentés au chapitre 1, les gens sont soumis à des arbitrages. L'importance de ce principe se confirme lorsqu'on considère l'accumulation du capital. En raison de la rareté des ressources, on doit, pour produire du capital, réduire la production de biens et de services de consommation courante. Autrement dit, afin d'investir plus, la société doit réduire sa consommation et épargner une plus grande part de ses revenus courants. La croissance rendue possible par l'accumulation du capital exige donc des sacrifices : la société doit renoncer à une partie de sa consommation actuelle pour s'assurer une plus grande consommation future.

Au chapitre 8, nous verrons plus en détail comment les marchés financiers coordonnent l'épargne et l'investissement, mais aussi dans quelle mesure la politique gouvernementale les influence. Pour le moment, il suffit de savoir qu'en encourageant l'épargne et l'investissement, les pouvoirs publics favorisent la croissance et, à long terme, l'augmentation du niveau de vie.

Les rendements décroissants et l'effet de rattrapage

Que se passerait-il si un gouvernement se donnait pour mission d'augmenter les taux d'épargne et d'investissement nationaux — c'est-à-dire le pourcentage du PIB consacré à l'épargne et à l'investissement, plutôt qu'à la consommation ? Comme nous le verrons au chapitre 8, une épargne plus importante signifie que moins de ressources sont consacrées à la production de biens de consommation et que plus de ressources le sont à la production de biens d'équipement. En conséquence, l'accroissement du stock de capital conduirait à une amélioration de la productivité et à une accélération de la croissance du PIB. Mais la croissance du PIB se maintiendrait-elle ? Si l'on suppose que le taux d'épargne demeure plus élevé qu'auparavant, le taux de croissance économique serait-il accru pour une certaine période de temps seulement ou resterait-il indéfiniment plus élevé ?

Rendements marginaux décroissants
Propriété selon laquelle la croissance de la production diminue quand la quantité d'un facteur de production augmente.

Le capital est soumis à des **rendements marginaux décroissants** : à mesure que la quantité de capital augmente, la croissance de la production est de plus en plus faible. Autrement dit, quand les travailleurs disposent déjà d'une bonne quantité de capital pour produire des biens et des services, toute augmentation supplémentaire de capital améliore peu leur productivité. La relation entre le stock de capital par travailleur et la productivité peut être illustrée sur un graphique, appelé *graphique de productivité*. Un tel graphique est présenté à la figure 7.1. On peut y observer que plus la quantité de capital physique disponible par travailleur est importante, plus la productivité moyenne du travail est élevée. Cette relation positive entre le stock de capital par travailleur et la production par travailleur se vérifie par la pente positive de la courbe. Cette courbe a aussi une autre propriété importante : elle est concave, c'est-à-dire que la productivité augmente de moins en moins à mesure que le capital par travailleur s'accroît, ce qui signifie que les rendements marginaux du capital sont décroissants.

En raison des rendements marginaux décroissants du capital, la hausse de l'épargne n'augmente la croissance économique que durant un temps limité. À mesure que le taux d'épargne plus élevé permet d'accumuler plus de capital, les effets de l'accumulation du capital diminuent, ce qui fait ralentir à son tour la croissance. À long terme, l'augmentation du taux d'épargne conduit à des niveaux de productivité et de revenu plus élevés, mais elle ne se traduit pas par de plus grands taux de croissance de ces variables. Les études sur la croissance économique internationale indiquent que la hausse du taux d'épargne peut tout de même se traduire par une augmentation du taux de croissance durant plusieurs décennies.

Les rendements marginaux décroissants du capital ont une autre conséquence importante : toutes choses étant égales par ailleurs, il est plus facile pour un pays de croître rapidement s'il est pauvre. On désigne parfois sous le terme d'**effet de rattrapage** (ou convergence des niveaux de vie) l'effet des conditions initiales sur la croissance subséquente. Dans les pays pauvres, l'absence des outils les plus rudimentaires est parfois la cause d'une très faible productivité des travailleurs. Des investissements en capital, même faibles, engendrent alors une augmentation substantielle de la productivité. En revanche, dans les pays développés, la main-d'œuvre dispose déjà d'un important stock de capital. Une augmentation de capital ne fait donc progresser que très légèrement la productivité. Les recherches

Effet de rattrapage
Phénomène selon lequel, pour une même augmentation du capital par travailleur, la croissance dans les pays pauvres a tendance à être plus rapide que dans les pays riches, ce qui leur permet de rattraper le niveau de vie des pays riches.

FIGURE 7.1

La fonction de productivité

Ce graphique montre comment le stock de capital par travailleur influe sur la production par travailleur. Les autres déterminants de la production (capital humain, ressources naturelles, technologie) sont tenus constants. En raison des rendements marginaux décroissants du capital, la courbe s'aplatit à mesure que le stock de capital augmente.

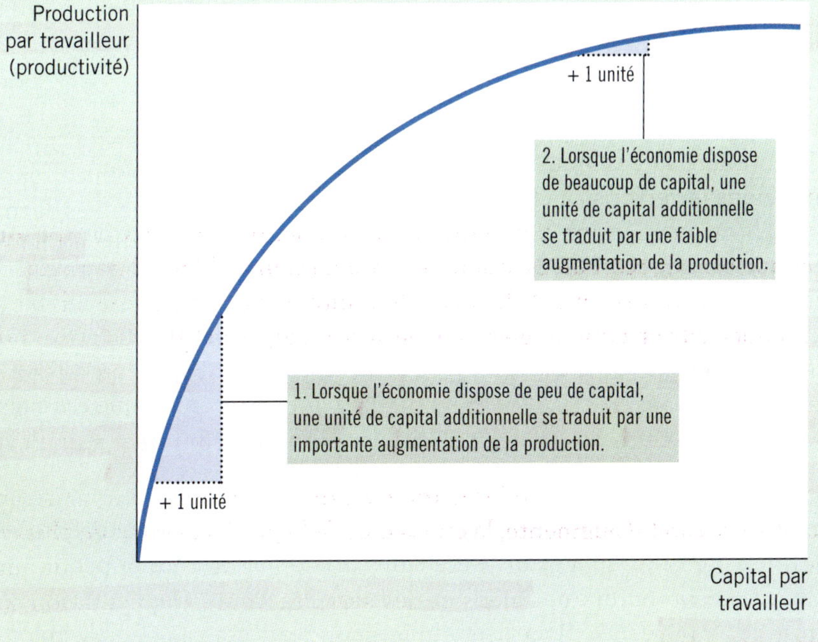

économiques internationales confirment cet effet de rattrapage. En isolant les autres variables — comme le pourcentage du PIB consacré à l'investissement —, on constate que la productivité dans les pays moins développés tend à croître plus rapidement que dans les pays riches. Ainsi, les pays pauvres ont tendance à croître plus rapidement et à rattraper les pays riches en ce qui concerne le niveau de vie.

Cet effet de rattrapage permet d'expliquer certains faits étonnants. De 1960 à 1990, le Canada et la Corée du Sud ont consacré une proportion semblable de leur PIB à l'investissement. Le PIB réel canadien n'a pourtant crû que d'environ 2,5 % par année au cours de cette période, alors que la croissance coréenne, à près de 7 %, paraît tout à fait spectaculaire. Cet écart s'explique par l'effet de rattrapage. En 1960, le revenu moyen de la Corée ne représentait pas le dixième de celui du Canada, surtout à cause d'une faible productivité provenant de maigres investissements dans le passé. À partir d'un faible stock de capital par travailleur, l'accumulation du capital entre 1960 et 1990 a fait énormément progresser la productivité coréenne : c'est ce qui explique ce taux de croissance exceptionnel.

On trouve également cet effet de rattrapage dans d'autres contextes. Par exemple, lorsque, à la fin de l'année, une école attribue un prix à l'élève qui a le plus progressé, il ne s'agit pas, la plupart du temps, de celui ou celle qui brillait le plus à la rentrée. Les élèves qui commencent l'année sans étudier ont plus de facilité à améliorer leurs notes que ceux qui travaillent fort dès le début. Notons que le fait d'être l'élève qui a le plus progressé est une bonne chose, mais qu'être le premier élève de la classe est encore mieux. La même remarque s'applique à la croissance économique de la Corée du Sud, qui a été plus rapide que celle du Canada dans les dernières décennies, même si le PIB par habitant coréen est encore inférieur à celui du Canada.

Les conséquences des rendements marginaux décroissants du capital sont explorées plus en profondeur dans l'annexe du présent chapitre.

La liberté économique et le droit de propriété

La liberté économique, la protection des droits de propriété et la stabilité politique sont des conditions préalables à la croissance. Nous avons déjà remarqué dans le chapitre 3, qui concerne l'interdépendance, que dans une économie de marché, la production dépend de l'interaction de millions d'individus et d'entreprises. En achetant une voiture, vous achetez la production d'un concessionnaire, d'un fabricant d'automobiles, d'une aciérie, d'une entreprise minière, etc. Cette répartition de la production entre plusieurs entreprises assure l'efficacité du processus. Pour y parvenir, on doit coordonner les transactions entre toutes les entreprises et aussi entre celles-ci et les consommateurs. Les économies de marché assurent cette coordination grâce au système des prix. Autrement dit, la main invisible assure l'équilibre de l'offre et de la demande grâce aux prix du marché.

Liberté économique
Possibilité d'entreprendre des activités productives avec le moins d'interventions gouvernementales possible.

Droit de propriété
Droit d'user, de jouir et de disposer d'une ressource rare dans les conditions fixées par la loi.

Ce qui permet à ce système de bien fonctionner est la **liberté économique**, c'est-à-dire la possibilité d'entreprendre des activités productives avec le moins d'interventions gouvernementales possible. La liberté économique est basée sur les choix individuels, l'échange volontaire, le droit de garder ce qu'on gagne et l'existence d'un droit de propriété bien défini et protégé par la loi.

Le respect des **droits de propriété** représente d'ailleurs l'un des éléments les plus importants pour permettre au système des prix de bien fonctionner. Par « droit de propriété », on entend la possibilité pour chacun d'employer ses ressources comme il l'entend. Une entreprise minière ne se lancera pas dans l'exploitation du minerai si elle risque de se voir confisquer son produit : elle n'investira que si on lui garantit qu'elle pourra vendre sa production afin d'en tirer un profit. De la même manière, un entrepreneur n'investira pas dans la construction de logements locatifs si le gouvernement l'empêche de les louer librement. Selon plusieurs analystes, l'arrêt presque complet de la construction locative au Québec, sauf celle qui est fortement subventionnée par l'État, est attribuable au contrôle du prix des loyers.

Les tribunaux jouent un rôle important dans une économie de marché : ils font respecter le droit de propriété. Le système de justice pénale sévit contre les voleurs. De plus, le système de justice civile garantit le respect des ententes entre acheteurs et vendeurs.

Dans les pays développés, on a tendance à considérer que le droit de propriété va de soi. Il faut vivre dans un pays moins développé pour comprendre les problèmes qui surgissent s'il y a défaillance dans ce domaine. Les déficiences de l'administration judiciaire, dans de nombreux pays, compromettent la mise en application des contrats et ne répriment pas la fraude. Dans certains cas, non seulement le gouvernement ne garantit pas le droit de propriété mais, de surcroît, il ne le respecte pas lui-même. Pour faire des affaires dans ce contexte, les entreprises doivent soudoyer les fonctionnaires de l'État. Ce genre de corruption nuit au rôle de coordination des marchés et réduit l'épargne locale et les investissements étrangers.

L'instabilité politique représente également une menace pour le droit de propriété, et donc pour l'investissement. Lorsque les révolutions et les coups d'État sont fréquents, le respect futur du droit de propriété est incertain. En effet, l'arrivée au pouvoir d'un gouvernement révolutionnaire mène souvent à la confiscation du capital des entreprises privées, comme ce fut le cas après les révolutions communistes. Si la situation politique est précaire, les citoyens ne sont guère incités à épargner, à investir ou à lancer de nouvelles entreprises. Il en va de même pour les étrangers, qui se montrent réticents à investir dans ce pays. La simple menace d'une révolution peut faire baisser l'investissement et le niveau de vie d'un pays.

Par conséquent, la prospérité économique dépend aussi de la stabilité politique. Un pays qui dispose d'un système judiciaire efficace et d'une constitution stable jouira d'un niveau de vie supérieur à celui d'un autre pays qui est affligé de fonctionnaires corrompus, d'un système judiciaire arbitraire et qui est susceptible de faire l'objet de révolutions ou de coups d'État.

La fiscalité

L'épargne et l'investissement dépendent aussi de la politique fiscale. Comme nous le verrons au prochain chapitre, une réduction des impôts et des taxes encourage l'investissement, car les profits nets attendus de l'ajout de capital sont alors plus élevés.

L'ouverture à l'investissement étranger

Comme il a été mentionné précédemment, certaines politiques peuvent encourager l'épargne et contribuer à l'augmentation des investissements et de la croissance économique à long terme. Cependant, l'épargne nationale ne constitue pas l'unique source des investissements : on peut aussi recourir à l'investissement étranger.

Ce type d'investissement prend différentes formes. Si, par exemple, Bombardier décide de construire une usine au Mexique, il s'agit pour les Mexicains d'un investissement direct étranger, car le capital mexicain est alors détenu et géré par une entreprise étrangère. Dans le cas où un Canadien achète des actions d'une entreprise mexicaine et que l'argent déboursé pour ces titres financiers est employé par la firme pour construire une nouvelle usine, il s'agit d'un investissement de portefeuille, car le capital vient de l'étranger tout en étant géré par les résidants du pays. Dans les deux cas, les Canadiens contribuent à l'accumulation du capital mexicain et leur épargne finance l'investissement mexicain.

Lorsqu'on investit à l'étranger ou chez soi, on espère obtenir un rendement sur cet investissement. L'usine de Bombardier fait augmenter le stock de capital, la productivité et le PIB mexicains. Une partie du revenu supplémentaire au Mexique devient un profit et Bombardier peut le rapatrier au Canada. Aussi, quand un investisseur canadien acquiert des actions mexicaines, il a droit à une part des bénéfices distribués par l'entreprise aux actionnaires.

Les investissements étrangers n'ont donc pas les mêmes conséquences sur tous les indicateurs du niveau de vie. Souvenez-vous que le produit intérieur brut (PIB) représente le revenu total gagné à l'intérieur du pays, que ce revenu soit gagné par les résidants ou par les non-résidants, alors que le revenu national brut (RNB) correspond au revenu total gagné dans le pays et à l'étranger par les résidants. Quand Bombardier ouvre son usine au Mexique, une partie des revenus revient à des gens qui ne vivent pas sur le territoire mexicain. Par conséquent, cet investissement étranger fait davantage augmenter le PIB du Mexique que son RNB.

Quoi qu'il en soit, le capital étranger constitue un facteur positif important pour la croissance d'un pays. Même si une partie des bénéfices revient à des propriétaires étrangers, cet investissement contribue à faire augmenter le stock de capital, ce qui mène à des augmentations de la productivité et des salaires. De plus, dans les pays en voie de développement, l'investissement étranger est une bonne façon d'acquérir des technologies de pointe créées et utilisées dans les pays riches. C'est pour cette raison que les économistes recommandent aux pays moins développés d'encourager l'investissement étranger, entre autres en levant les restrictions sur la propriété du capital national par les étrangers.

La mission principale de la Banque mondiale est précisément d'encourager les investissements dans les pays pauvres. Ses fonds proviennent des pays les plus développés, dont le Canada et les États-Unis. Ils servent à accorder des prêts aux pays en voie de développement, pour investir dans les réseaux de routes et d'égouts, dans la construction d'écoles, ou d'autres formes de capital. Elle conseille aussi ces pays sur la meilleure façon d'employer ces fonds. La Banque mondiale et son pendant, le Fonds monétaire international (FMI), ont été créés après la fin de la Seconde Guerre mondiale, au milieu des années 1940. Cette guerre a démontré que les souffrances économiques mènent souvent à une instabilité politique, à des tensions internationales et à des conflits. Il est donc dans l'intérêt de tous les pays d'encourager la prospérité mondiale. La Banque mondiale et le Fonds monétaire international s'efforcent de parvenir à cet objectif.

Le libre-échange et la mondialisation

Certains des pays les plus pauvres du monde ont tenté d'accélérer leur croissance économique par la substitution des importations, c'est-à-dire par une politique d'autarcie. Ce type de mesure vise à faire augmenter la productivité et le niveau de vie en isolant le pays du reste du monde. Les entreprises nationales réclament souvent une protection contre la concurrence étrangère pour pouvoir se développer et rester concurrentielles. Cet argument mis de l'avant par des industries naissantes a bien souvent conduit les gouvernements des pays en voie de développement à imposer des tarifs douaniers et des restrictions commerciales.

La plupart des économistes s'accordent aujourd'hui pour dire que les pays pauvres feraient mieux d'avoir des politiques d'ouverture pour s'intégrer à l'économie mondiale. Au chapitre 3, nous avons démontré comment le commerce international peut enrichir les citoyens d'un pays. Le commerce tient lieu en quelque sorte de technologie. Quand un pays exporte du blé et importe de l'acier, cela équivaut à trouver un moyen de transformer du blé en acier. Un pays qui élimine les barrières au commerce profite en quelque sorte d'une croissance économique équivalant à celle qui résulte d'un progrès technologique majeur.

L'impact négatif de l'application de politiques d'autarcie est d'autant plus évident lorsqu'on considère la taille de plusieurs économies en voie de développement. Le PIB total de l'Argentine, par exemple, ne dépasse pas celui du Grand Montréal. Imaginons ce qui arriverait si le gouvernement de cette agglomération décidait d'interdire aux résidants tout échange au-delà des limites municipales. Ne pouvant profiter des avantages du commerce, les Montréalais devraient produire tous les biens qu'ils consomment. En outre, ils devraient produire tous les biens d'équipement nécessaires à la production, plutôt que d'importer du matériel sophistiqué d'autres villes. Le niveau de vie des Montréalais chuterait immédiatement et le problème ne ferait que s'aggraver au fil du temps. C'est précisément ce qui est arrivé à l'Argentine tout au long du XXe siècle, en raison de la politique d'autarcie appliquée par son gouvernement. Par opposition, certaines économies du Sud-Est asiatique, soit celles de la Corée du Sud, de Singapour et de Taïwan, ont connu un taux de croissance élevé grâce à leur ouverture.

L'éducation

Pour assurer la croissance à long terme, l'éducation, ou l'investissement en capital humain, s'avère aussi importante que l'investissement en capital physique. Au Canada, chaque année de formation supplémentaire signifie, pour une personne, une augmentation de ses revenus d'environ 10 %. Dans les pays peu développés, où la rareté du capital humain se fait particulièrement sentir, les écarts de salaire entre les travailleurs qualifiés et les autres sont encore plus marqués. Les mesures gouvernementales qui visent à augmenter le niveau de vie doivent donc miser sur l'amélioration du système d'éducation et l'augmentation de la fréquentation scolaire.

Investir en capital humain, tout comme investir en capital physique, comporte un coût de renonciation. Lorsque les jeunes étudient, ils doivent renoncer à un salaire. Dans les pays peu développés, les enfants ont tendance à abandonner l'école très tôt — et ce, même si la formation leur rapporterait beaucoup —, car ils doivent travailler pour aider leur famille à survivre.

D'après beaucoup d'économistes, le capital humain est particulièrement important pour la croissance économique, car il est porteur d'externalités positives. Une **externalité** est l'effet de l'action d'une personne sur le bien-être d'un tiers. Par exemple, une personne instruite pourra plus facilement apporter de nouvelles idées pour produire plus efficacement des biens et des services. Si ces idées finissent par faire partie du patrimoine de connaissances communes de la société et qu'elles

Externalité
Effet du comportement d'un agent sur le bien-être d'un tiers.

profitent ainsi à tous, ce sont des externalités positives de l'éducation. Cet exemple démontre que les bénéfices de l'éducation pour une société dépassent de beaucoup l'avantage qu'une personne retire de sa formation et qu'ils suffisent à justifier des investissements dans le capital humain par l'intermédiaire de l'éducation publique.

La fuite des cerveaux — ou émigration des travailleurs les plus instruits vers les pays riches, où ils profitent d'un niveau de vie plus élevé — constitue un problème important pour les pays pauvres. Si le capital humain engendre des externalités positives, cette fuite des cerveaux appauvrit d'autant les pays en voie de développement. Les dirigeants de ces pays font alors face à un véritable dilemme : d'une part, le Canada et les autres pays développés offrent une meilleure formation universitaire et il est tout naturel que les étudiants des pays peu développés en profitent ; d'autre part, si certains de ces étudiants ne retournent pas dans leur pays d'origine après leurs études, la fuite des cerveaux contribue à la réduction du capital humain et à l'appauvrissement du pays. Le Canada est un pays riche, qui a développé un bon réseau universitaire ; il attire donc quelques-uns des meilleurs étudiants des pays pauvres. Cependant, le Canada souffre aussi d'un exode des cerveaux, alors que certains de ses travailleurs les plus productifs sont attirés par des emplois très payants aux États-Unis. Certains observateurs ont remarqué que des impôts plus modérés au Canada permettraient de retenir plusieurs de ces travailleurs.

DANS L'ACTUALITÉ

La mise en valeur du capital humain

Le capital humain est un facteur clé de la croissance économique. À cet égard, certains pays en développement offrent maintenant aux parents un encouragement financier immédiat pour qu'ils laissent leurs enfants achever leur scolarisation.

Un programme de sécurité sociale brésilien reçoit le prestigieux prix de l'AISS

L'Association internationale de la sécurité sociale a annoncé qu'elle décernait son premier « Prix pour une contribution exceptionnelle à la sécurité sociale » au gouvernement du Brésil pour son programme pionnier visant à réduire la pauvreté, Bolsa Família.

Lancé en 2003 par le Président Luiz Inácio Lula da Silva, Bolsa Família est un programme de transfert conditionnel en espèces qui aide aujourd'hui environ 50 millions de Brésiliens pauvres en complétant leurs revenus. En effet, le régime offre de l'argent aux familles à condition que les enfants se rendent régulièrement à l'école et qu'ils soient vaccinés. Les transferts en espèces sont effectués directement aux femmes en charge du ménage par le biais d'une carte de paiement, ce qui permet à ces dernières de prendre des décisions relatives à l'éducation et à la santé familiale favorisant le bien-être de l'enfant.

Bolsa Família est le programme le plus important au monde dans son genre et son coût est estimé à environ 0,5 pour cent du produit intérieur brut brésilien. Il vise à briser le cycle de la dépendance sociale et, en liant les transferts en espèces à la présence à l'école, il est parvenu à améliorer les résultats. De plus, le régime a permis de faire un pas en avant en matière d'égalité au Brésil et, depuis 2003, il a sorti environ 36 millions de Brésiliens de l'extrême pauvreté, dont 22 millions au cours des deux dernières années, soit depuis l'arrivée au pouvoir de la Présidente Dilma Rousseff.

La présidente s'est exprimée dans un message adressé à l'AISS : « C'est avec un grand honneur que le Brésil accepte ce Prix de l'AISS pour une contribution exceptionnelle à la sécurité sociale, qui démontre la

►

reconnaissance des efforts menés par le gouvernement brésilien à l'extension de la protection sociale à travers tout le pays. Le programme Bolsa Família garantit à 36 millions de Brésiliens de vivre au-dessus du seuil de pauvreté, permet à 16 millions d'enfants et d'adolescents d'être scolarisés et constitue un élément capital à la réduction de la mortalité infantile. Notre pays a des millions de raisons d'être fier de ce programme qui réduit les inégalités et profite à tous les Brésiliens. »

Lorsqu'il a annoncé la remise du prix, le Président de l'AISS, Errol Frank Stoové, a déclaré : « Ce prix reconnaît la réussite sans précédent de Bolsa Família, qui a permis de réduire la pauvreté parmi les familles les plus démunies du Brésil tout en améliorant l'éducation et la santé de leurs enfants. Il est la preuve que les programmes de transferts conditionnels en espèces peuvent être des formes de prestations de la sécurité sociale hautement efficaces. Nous espérons que le Prix de l'AISS encouragera d'autres gouvernements à prendre connaissance de l'expérience brésilienne et qu'ils considéreront l'adoption de programmes similaires au profit de leurs citoyens. »

Le Prix de l'AISS sera remis à un représentant de haut niveau du gouvernement du Brésil au Forum mondial de la sécurité sociale, qui aura lieu à Doha, au Qatar, du 10 au 15 novembre 2013. Les instances dirigeantes de l'AISS, des représentants des autorités qataries et plus de 1 000 décideurs et administrateurs de haut niveau de la sécurité sociale provenant de 150 pays assisteront à ce Forum.

[...] ■

Source : (15 octobre 2013). « Un programme de sécurité sociale brésilien reçoit le prestigieux prix de l'AISS ». *BFM Business*. Repéré à www.bfmtv.com

La santé et l'alimentation

Lorsqu'on parle de capital humain, on fait en général référence aux effets de l'éducation sur la productivité. Cependant, un autre type de dépense permet aussi d'augmenter le capital humain d'une population : les dépenses qui améliorent la santé générale de la population. Toutes choses étant égales par ailleurs, les travailleurs en bonne santé sont plus productifs que ceux qui ne le sont pas.

Robert Fogel, spécialiste en histoire économique, a suggéré qu'une meilleure santé, provenant d'une meilleure alimentation, est un facteur important pour expliquer la croissance économique à long terme. Il a estimé qu'en Grande-Bretagne, en 1780, une personne sur cinq n'était pas assez bien nourrie pour faire du travail manuel. Et parmi les personnes qui pouvaient travailler, une insuffisance calorique réduisait substantiellement l'effort qu'elles pouvaient fournir. À mesure que la nutrition s'est améliorée, la productivité des travailleurs a augmenté.

Fogel analyse en partie ces tendances historiques en examinant la taille des personnes. Une petite taille peut être un indicateur de sous-alimentation, surtout durant la grossesse de la mère et la petite enfance. Fogel a découvert qu'à mesure que les pays se développent économiquement, les gens mangent plus et la taille moyenne augmente. De 1775 à 1975, l'absorption calorique moyenne au Royaume-Uni a crû de 26 % et la taille moyenne des hommes a augmenté de 9,14 cm. Pour la Corée du Sud, lors de la période de forte croissance économique allant de 1962 à 1995, les chiffres sont de 44 % et de 5,08 cm. Bien sûr, la taille dépend de la génétique et d'autres facteurs. Toutefois, parce que la composition génétique d'une population ne change que très lentement, d'autres facteurs ont dû dominer. Parmi ceux-ci se trouve l'alimentation.

En outre, de nombreuses études ont démontré que la taille est un indicateur de productivité. En effet, toutes choses étant égales par ailleurs, les personnes de grande taille ont tendance à gagner de plus hauts revenus. Comme les salaires sont déterminés en bonne partie par la productivité, les grands doivent être plus productifs que les autres. Cet effet de la taille sur les salaires est plus important dans les pays moins développés, où la sous-alimentation est plus courante.

Fogel a reçu le prix Nobel d'économie en 1993 pour ses travaux en histoire économique, dont ceux sur la nutrition, en plus d'études sur l'esclavage aux États-Unis et le rôle du chemin de fer dans le développement économique américain. Dans son allocution d'acceptation du prix Nobel, Fogel a fait un survol des recherches sur les liens entre la santé et la croissance économique. Il y concluait que « l'amélioration de la nutrition compte pour environ 30 % de la croissance du revenu moyen au Royaume-Uni entre 1790 et 1980 ».

Aujourd'hui, la sous-alimentation est heureusement rare dans les pays développés tels le Canada et les États-Unis (l'obésité est un problème plus répandu). Toutefois, pour les populations des pays pauvres, la maladie et la sous-alimentation demeurent des obstacles à l'amélioration de la productivité et du niveau de vie. En 2012, l'ONU a estimé que le quart de la population subsaharienne était sous-alimentée[1].

Le lien de causalité entre la santé et le revenu va aussi dans le sens opposé : les pays pauvres le sont parce que leur population n'est pas en bonne santé, tout comme leur population n'est pas en bonne santé parce qu'ils sont pauvres et ne peuvent se payer de bons soins de santé et une bonne alimentation. Ce cercle vicieux ouvre cependant la porte à un cercle vertueux : des politiques qui favoriseraient une plus forte croissance économique amèneraient naturellement une amélioration de la santé, ce qui stimulerait à son tour la croissance économique.

La recherche et le développement

L'augmentation du niveau de vie depuis 100 ans s'explique en grande partie par les progrès technologiques. Le téléphone, le transistor, l'ordinateur et le moteur à combustion interne figurent au nombre des inventions qui ont amélioré la capacité à produire des biens et des services.

Même si une majorité des innovations technologiques proviennent de la recherche privée des entreprises et des inventeurs, leur promotion est d'intérêt public. Dans une très large mesure, les connaissances constituent un bien public : toute nouvelle découverte vient s'ajouter au patrimoine de connaissances de la société et tous ont la possibilité de l'utiliser. Tout comme le gouvernement a un rôle à jouer dans la production d'un bien public, telle la défense nationale, il devrait aussi encourager la recherche et le développement de nouvelles technologies.

Le gouvernement canadien intervient depuis longtemps dans le domaine de la recherche et de la diffusion des connaissances technologiques. Par exemple, la recherche menée dans les fermes et les stations expérimentales fédérales a permis l'introduction du blé Marquis dans les provinces de l'Ouest en 1911. Cette céréale mûrit plus rapidement que les autres variétés de blé, ce qui permet ainsi d'en faire la culture dans plus de régions des Prairies. Ce type de recherche a contribué grandement à la prospérité économique du Canada. Plus récemment, le

1. Selon Food and Agriculture Organization of the United Nations. (2012). *The State of Food Insecurity in the World 2012*. Repéré à www.fao.org

gouvernement canadien a financé des recherches qui ont mené au développement du réacteur nucléaire CANDU. Les pouvoirs publics continuent d'encourager le progrès des connaissances au moyen de subventions, entre autres par l'entremise du Conseil de recherches en sciences naturelles et en génie (CRSNG), du Conseil de recherches médicales (CRM) et du Conseil de recherches en sciences humaines (CRSH). Les gouvernements fédéral et provinciaux soutiennent également la recherche en octroyant des dégrèvements fiscaux aux entreprises pour la recherche et le développement.

Les gouvernements encouragent aussi la recherche grâce à la protection qu'offrent les brevets. Lorsqu'une personne ou une entreprise crée un nouveau produit, comme un nouveau médicament, l'inventeur peut déposer une demande de brevet. Une fois reconnu le caractère original de ce produit, les pouvoirs publics attribuent un brevet qui accorde au détenteur l'exclusivité des droits sur sa fabrication durant un certain nombre d'années. Ce brevet donne donc à l'inventeur un droit de propriété sur son invention, faisant d'un bien public (une nouvelle idée) un bien privé. En garantissant ainsi un profit aux inventeurs — même de manière temporaire —, les brevets incitent les entreprises et les individus à entreprendre ou à poursuivre des activités de recherche.

DANS L'ACTUALITÉ

Le point de vue d'un économiste

Daron Acemoglu, économiste au MIT, explique pourquoi certains pays sont prospères, tandis que d'autres ne le sont pas.

Qu'est-ce qui fait qu'un pays est riche ?

Daron Acemoglu

Nous sommes les riches, les développés, ceux qui possèdent. Et presque tous les autres en Afrique, en Asie du Sud et en Amérique du Sud — dans les Somalie, les Bolivie et les Bangladesh de ce monde — représentent ceux qui ne possèdent pas. Il en a toujours été ainsi : la planète est divisée entre les riches et les pauvres, les bien-portants et les malades, l'abondance et la famine. Cependant, l'ampleur des inégalités entre les pays est aujourd'hui sans précédent : le citoyen moyen aux États-Unis est 10 fois plus prospère que le Guatémaltèque moyen, plus de 20 fois plus riche que le Coréen du Nord moyen et plus de 40 fois plus aisé que les gens vivant au Mali, en Éthiopie, au Congo ou en Sierra Leone.

Une question sans réponse tracasse les spécialistes des sciences sociales depuis des siècles : « pourquoi ? ». Or, ils auraient plutôt dû se demander « comment ? », car les inégalités ne sont pas prédéterminées. Contrairement aux enfants, les pays ne naissent pas riches ou pauvres. Ce sont les gouvernements qui les rendent comme ils sont.

La recherche d'une théorie sur les inégalités dans le monde remonte au philosophe politique français Montesquieu. Au milieu du XVIIIe siècle, il a suggéré une explication très simple : les habitants des endroits chauds sont intrinsèquement paresseux. D'autres généralisations ont bientôt suivi : serait-il possible que l'éthique protestante du travail selon Max Weber soit le véritable moteur du succès économique ? ou encore que les pays riches sont ceux qui étaient auparavant des colonies britanniques ? Peut-être est-ce aussi simple que de déterminer quels pays ont la plus importante population de descendance européenne ? L'ennui avec toutes ces théories, même si elles pouvaient correspondre superficiellement à certains cas particuliers, c'est que d'autres cas montraient le contraire.

Il en va de même avec les théories avancées aujourd'hui. L'économiste Jeffrey Sachs, directeur de l'Earth Institute de l'Université Columbia

►

aux États-Unis, attribue le succès relatif des pays à la géographie et au climat. Dans les régions les plus pauvres du monde, soutient-il, le sol tropical pauvre en éléments nutritifs fait de l'agriculture un défi, et les climats tropicaux sont propices aux maladies, en particulier le paludisme. Si l'on voulait régler ces problèmes, on enseignerait aux citoyens de ces pays de meilleures techniques agricoles, on éliminerait le paludisme ou, à tout le moins, on leur fournirait de l'artémisinine pour lutter contre cette maladie mortelle, et on parviendrait ainsi à éradiquer la pauvreté. Encore mieux, peut-être devrait-on simplement déménager tous ces gens loin de leurs terres inhospitalières.

Quant à Jared Diamond, célèbre écologiste et auteur à succès, il propose une théorie différente. L'origine des inégalités dans le monde proviendrait de la dotation historique des plantes et des espèces animales des différentes régions ainsi que de l'avancement de la technologie. Selon Diamond, les premières cultures qui ont appris à semer ont aussi été les premières à apprendre à utiliser une charrue et à adopter d'autres technologies, le moteur de toute économie prospère. Alors, peut-être que la solution aux inégalités dans le monde repose sur la technologie : il suffirait de brancher le monde en développement à Internet et aux téléphones cellulaires.

Bien que Sachs et Diamond mettent en évidence certains aspects de la pauvreté, ils ont un trait en commun avec Montesquieu et tous les autres qui l'ont suivi : ils ne tiennent pas compte des incitatifs. Les individus ont besoin d'incitatifs pour investir et prospérer. Ils ont besoin de savoir que s'ils travaillent fort, ils gagneront de l'argent et pourront le garder. Pour assurer ces incitatifs, il faut surtout des institutions saines, c'est-à-dire la primauté du droit, la sécurité et un système de gouvernance qui offre des occasions de réaliser des choses et d'innover. C'est ce qui distingue ceux qui possèdent de ceux qui ne possèdent pas. Ce n'est pas la géographie ou le climat, la technologie ou les maladies, ni même l'ethnicité.

Pour le dire simplement, si l'on règle la question des incitatifs, on résout par le fait même le problème de la pauvreté. Et si l'on veut s'occuper des institutions, cela signifie qu'il faut s'occuper des gouvernements.

Comment peut-on affirmer que les institutions sont si fondamentales dans la richesse ou la pauvreté d'un État ? Regardez Nogales, une ville coupée en deux par la barrière qui sert de frontière entre le Mexique et les États-Unis. Il n'y a aucune différence géographique entre les deux moitiés de Nogales. Le climat est le même ; les vents et le sol aussi. Les maladies dominantes dans la région, compte tenu de la géographie et du climat, sont les mêmes, tout comme le milieu ethnique, culturel et linguistique des résidants. Selon toute vraisemblance, les deux côtés de la ville devraient être économiquement identiques.

Pourtant, ils sont bien loin de l'être.

D'un côté de la frontière, dans le comté de Santa Cruz, en Arizona, le revenu médian des ménages s'élève à 30 000 dollars américains. Quelques mètres plus loin, il est de 10 000 dollars américains. D'un côté, la plupart des adolescents vont à l'école secondaire publique et la majorité des adultes ont un diplôme d'études secondaires. De l'autre, peu de résidants vont à l'école secondaire, sans parler des établissements de niveau universitaire. Les citoyens de l'Arizona sont relativement en bonne santé et ont accès à des soins de santé gratuits s'ils ont plus de 65 ans. Le réseau routier, les services d'électricité et de téléphone sont efficaces, les égouts et le système de santé publique sont fiables. Rien de tout cela n'est acquis de l'autre côté de la frontière. Là, les routes sont mauvaises, le taux de mortalité infantile est élevé, et l'électricité et le service téléphonique sont chers et irréguliers.

La différence fondamentale, c'est que les gens au nord de la frontière profitent de la loi et de l'ordre ainsi que de services gouvernementaux fiables. Ils peuvent vaquer à leurs activités quotidiennes et aller travailler sans craindre pour leur vie, leur sécurité ou leurs droits de propriété. Au sud de la frontière, les habitants sont aux prises avec des institutions qui perpétuent le crime, les magouilles et l'insécurité.

Nogales est sans doute l'exemple le plus flagrant, mais il n'est pas le seul. Prenez Singapour. Cette île tropicale jadis pauvre est devenue l'État le plus riche d'Asie après que les colons britanniques ont protégé les droits de propriété et encouragé le commerce. La Chine aussi, où des décennies de stagnation et de famine ont pris fin dès que Deng Xiaoping a commencé à introduire des droits de propriété privée en agriculture et, plus tard, dans le secteur industriel. Le Botswana est un autre exemple : pendant que l'économie dans le reste de l'Afrique s'atrophie, le Botswana prospère depuis 40 années grâce à des institutions tribales fortes et à des premiers dirigeants postcoloniaux qui ont fait preuve de vision pour bâtir le pays.

Observez maintenant quelques échecs économiques et politiques, à commencer par la Sierra Leone, où l'absence d'institutions efficaces et une abondance de diamants ont alimenté des décennies de guerre civile et de dissensions, ainsi que la corruption qui a toujours libre cours ; ou encore par la Corée du Nord communiste, un miroir géographique, ethnique et culturel de son voisin capitaliste, au sud, mais pourtant 10 fois plus pauvre ; ou par l'Égypte, berceau de l'une des plus grandes civilisations du monde, mais dont l'économie stagne depuis que le pays a été colonisé par les Ottomans, et ensuite par les Européens. Les gouvernements postcoloniaux ont simplement aggravé les choses en restreignant les activités économiques et le fonctionnement des marchés. En fait, il est possible d'utiliser la théorie pour jeter un éclairage sur presque toute la planète en fait de tendances en matière d'inégalités.

Si nous comprenons pourquoi des pays sont pauvres, la question qui devrait venir à l'esprit est la suivante : que pouvons-nous faire pour les aider ? Notre capacité à instaurer des institutions depuis l'extérieur est limitée, comme en témoignent les récentes expériences américaines en Afghanistan et en Irak. Nous ne sommes pas sans ressources et, dans plusieurs cas, beaucoup peut être accompli. Même les citoyens les plus réprimés du monde se dressent contre les tyrans lorsqu'ils en ont la chance. C'est d'ailleurs arrivé en Ukraine pendant la Révolution orange de 2004, et ailleurs, plus récemment.

Les États-Unis doivent jouer un rôle actif et encourager ces mouvements. La politique étrangère américaine devrait punir les régimes répressifs par des embargos commerciaux et des moyens diplomatiques. [...]

À l'échelle microéconomique, nous pouvons aider les citoyens étrangers en les éduquant et en leur fournissant les outils modernes du militantisme : Internet, peut-être même une technologie de cryptage et des plateformes de téléphonie mobile pouvant échapper aux pare-feu et à la censure pratiquée par les gouvernements répressifs, comme ceux de la Chine et de l'Iran, qui craignent le pouvoir de l'information.

Il ne fait aucun doute qu'éliminer les inégalités dans le monde n'est pas une tâche facile, d'autant plus qu'elles sont ancrées depuis des millénaires et se sont aggravées de façon exponentielle depuis 150 ans. Toutefois, si nous acceptons le fait que des gouvernements et des institutions incompétents jouent un rôle dans la pauvreté, nous avons de bonnes chances de renverser la vapeur. ■

Source : Acemoglu, Daron. (18 novembre 2009). « What makes a nation rich ». *Esquire*. (Traduction libre). Repéré à www.esquire.com

La croissance démographique

Les économistes s'intéressent depuis longtemps aux effets du nombre d'habitants sur une société. L'effet le plus direct est sans doute sur la taille du marché du travail : une plus grande population se traduit normalement par plus de travailleurs. Il n'est donc guère étonnant que les pays fortement peuplés, comme les États-Unis, la Chine et le Japon, produisent plus que de petits pays comme le Luxembourg et les Pays-Bas.

Mais si la population est élevée, cela signifie aussi que le nombre de consommateurs l'est aussi. Un PIB total élevé, en raison d'une grande population, ne signifie donc pas que le niveau de vie du citoyen typique est élevé.

En plus de ces effets évidents de la population sur l'économie, comment la croissance démographique influe-t-elle sur un pays, particulièrement sur son PIB par habitant ?

Les ressources naturelles

Thomas Robert Malthus (1766-1834), un pasteur anglais, fait partie des premiers penseurs dans le domaine de l'économie. Dans son ouvrage célèbre intitulé *Essai sur le principe de population*, Malthus a formulé l'une des prévisions les plus sinistres de l'Histoire. D'après lui, l'augmentation continuelle de la population allait empêcher la société de produire suffisamment pour s'assurer une subsistance adéquate et, par conséquent, l'humanité serait éventuellement condamnée à vivre dans la misère.

Le raisonnement de Malthus est fort simple. Il observe tout d'abord que « la nourriture est indispensable à la vie humaine » et que « l'attirance sexuelle est

Thomas Robert Malthus

nécessaire et perdurera telle quelle». Il en conclut donc que «la croissance démographique dépasse de beaucoup la croissance des moyens de subsistance pour l'homme». Selon Malthus, la seule limite à la croissance démographique provient de la «misère et du vice». Les tentatives des organismes de charité ou des gouvernements pour lutter contre la pauvreté sont donc contre-productives, car elles permettent aux pauvres d'avoir plus d'enfants, ce qui accentue encore plus la rareté des biens nécessaires à la survie.

Fort heureusement, les terribles projections de Malthus se sont révélées fausses. Même si la population mondiale a environ sextuplé au cours des deux derniers siècles, les niveaux de vie dans le monde ont, en moyenne, grandement augmenté. La croissance économique a permis de réduire sensiblement la faim chronique et la malnutrition par rapport aux conditions qui sévissaient à l'époque de Malthus. Certes, la famine continue de frapper, mais elle est davantage le résultat d'une inégalité de revenus et de l'instabilité politique que d'une production alimentaire insuffisante.

Pourquoi Malthus s'est-il trompé? Il n'avait pas prévu que l'ingéniosité humaine aurait des effets plus importants que la croissance démographique. De nouvelles méthodes de production et l'invention de nouveaux produits ont aidé à atteindre un niveau de prospérité supérieur à celui que Malthus — ou quiconque de son époque — aurait jamais pu imaginer. Les pesticides, les engrais, l'équipement agricole, le développement de nouvelles variétés de plantes ont permis à chaque agriculteur de nourrir un plus grand nombre de personnes. Même avec plus de personnes à nourrir, nous avons besoin de moins en moins de producteurs agricoles, car chaque agriculteur est beaucoup plus productif.

Le stock de capital

Alors que Malthus s'inquiétait des effets de la croissance démographique sur l'utilisation des ressources naturelles, les économistes modernes se préoccupent plus de ses conséquences sur l'accumulation du capital par travailleur. Selon leurs théories, une forte croissance démographique fait diminuer le PIB par habitant car, à mesure que la population et l'emploi augmentent, le capital doit être réparti entre un plus grand nombre de travailleurs. La réduction du capital par travailleur fait diminuer la productivité et le PIB par habitant.

Une forte croissance démographique a aussi une incidence sur le capital humain. Les pays dont la population croît rapidement ont une importante population d'âge scolaire. Le système d'éducation est souvent surchargé et ses performances en sont touchées.

Les disparités entre les taux de croissance démographique des différents pays sont énormes. Durant les dernières décennies, la population vivant dans des régions développées comme le Canada, les États-Unis et les pays d'Europe occidentale n'a augmenté que d'environ 1% par année. À de rares exceptions près, les taux de fécondité y sont, en fait, trop faibles pour maintenir la population à son niveau actuel. Plusieurs observateurs croient que ces pays vont au-devant de graves problèmes, entre autres celui de l'insuffisance des revenus fiscaux pour subvenir aux besoins d'une population vieillissante, où la proportion de retraités recevant des pensions gouvernementales ou des soins de santé publics sera à la hausse. En revanche, dans de nombreux pays africains, la croissance démographique atteint 3 % par année. À ce taux, la population double tous les 23 ans. Dans de telles circonstances, il est très difficile de fournir assez d'outils et de qualifications aux travailleurs pour faire augmenter leur productivité.

Même si la croissance démographique rapide qu'on observe généralement dans les pays pauvres n'est pas la cause première de leurs insuccès économiques, on considère généralement que la réduction de leur taux de natalité favoriserait l'augmentation de leur niveau de vie. Pour y parvenir, certains pays ont légiféré pour imposer un nombre maximum d'enfants par famille. C'est le cas de la Chine, qui n'autorise qu'un ou deux enfants par couple ; les contrevenants doivent payer de fortes amendes. Dans les pays plus libres, on essaie plutôt de réduire la croissance démographique en sensibilisant la population aux diverses méthodes de régulation des naissances.

Pour un pays, la meilleure façon de réduire la natalité consiste à appliquer l'un des **dix principes d'économie** : les gens réagissent aux incitatifs. La décision d'avoir un enfant, comme toute décision, comporte un coût de renonciation. Si celui-ci augmente, les couples préféreront limiter la taille des familles. On a constaté que les femmes qui ont la possibilité de recevoir une bonne formation et d'occuper un emploi intéressant ont tendance à avoir moins d'enfants. Les programmes qui prônent l'égalité des femmes et des hommes limitent donc efficacement la natalité dans les pays en voie de développement.

Notons finalement qu'à mesure que le niveau de vie s'élève dans les pays moins développés, le taux de natalité chute rapidement. En fait, à mesure que les revenus augmentent, les parents ont tendance à privilégier la qualité de vie offerte à leur famille plutôt que le nombre d'enfants.

Les progrès technologiques

Même si une croissance démographique rapide peut amoindrir la prospérité en réduisant le capital par travailleur, elle peut aussi avoir des effets positifs. En effet, certains économistes ont proposé que l'augmentation de la population mondiale a pu être un moteur de progrès technologiques et de croissance de la prospérité. Le mécanisme est simple : s'il y a plus d'habitants sur Terre, il y a aussi plus de scientifiques, d'ingénieurs et d'inventeurs pour contribuer aux connaissances technologiques, ce qui bénéficie à tous.

L'économiste Michael Kremer a corroboré cette hypothèse, dans un article paru en 1993. Kremer commence par noter qu'au cours des millénaires, la croissance économique a augmenté lorsque la population a crû. Par exemple, la croissance économique était plus élevée lorsque la population mondiale était de un milliard de personnes (vers 1800) que lorsqu'elle n'était que de 100 millions (vers 500 av. J.-C.). Ce fait vient appuyer l'hypothèse selon laquelle s'il y a plus de monde, il y aura aussi plus de progrès technologiques.

Le second élément de preuve qu'apporte Kremer vient de la comparaison entre différentes régions du monde. La fonte d'une partie des calottes polaires, il y a environ 12 000 ans, a isolé certaines régions les unes des autres pendant des milliers d'années. Si les progrès technologiques sont plus rapides lorsqu'il y a plus de gens pour faire des découvertes, on s'attendrait à ce que les régions les plus populeuses aient connu une croissance économique plus importante.

Selon Kremer, c'est exactement ce qui s'est produit. En 1500 (lorsque Colomb a rétabli le contact), la région la plus avancée de la planète était formée de la grande masse Eurasie-Afrique. Suivaient, en matière de développement technologique, les civilisations aztèque et maya en Amérique centrale, les chasseurs-cueilleurs de l'Australie, puis les peuples primitifs de la Tasmanie, qui ne possédaient même pas le moyen de faire du feu ou des outils simples. Une importante population est donc, selon Kremer, un préalable pour les progrès de la technologie.

MINITEST

- Donnez trois exemples de mesures gouvernementales permettant d'élever le niveau de vie. Ces mesures comportent-elles des inconvénients?

Conclusion : l'importance de la croissance à long terme

Dans ce chapitre, nous avons présenté les facteurs qui déterminent le niveau de vie dans un pays, d'une part, et les mesures que peuvent adopter les gouvernements pour stimuler la croissance économique et faire augmenter le niveau de vie de la population, d'autre part. L'un des **dix principes d'économie** résume ce chapitre : le niveau de vie d'un pays dépend de sa capacité à produire des biens et des services. Les gouvernements qui veulent favoriser la croissance du niveau de vie doivent donc faire augmenter la capacité de production, en encourageant l'accumulation des facteurs de production et en s'assurant que ceux-ci sont utilisés de la manière la plus efficace possible.

Les économistes ne sont pas tous d'accord sur la manière pour le gouvernement de promouvoir la croissance économique. La protection du droit de propriété et le maintien de la stabilité politique représentent une contribution gouvernementale minimale. L'intervention sous forme de subventions accordées aux secteurs industriels particulièrement importants sur le plan technologique continue cependant à faire l'objet de controverses. L'importance de ces questions est indubitable, car le monde dont hériteront les générations futures sera en grande partie tributaire des actions que les gouvernements entreprendront pour encourager la croissance économique.

Résumé

- À l'échelle mondiale, on enregistre de grandes disparités dans la prospérité économique mesurée au moyen du PIB par habitant. Le revenu moyen dans les pays les plus avancés est plus de 10 fois supérieur à celui des pays les plus pauvres. Comme il y a des écarts importants entre les taux de croissance du PIB, le classement relatif des pays peut se modifier radicalement à long terme.
- Le niveau de vie d'un pays dépend directement de sa capacité à produire des biens et des services. La productivité est quant à elle fonction de la quantité de capital physique et humain dont disposent les travailleurs, ainsi que des connaissances technologiques.
- Des politiques gouvernementales peuvent influer sur le taux de croissance économique de

▶

plusieurs façons : en encourageant l'épargne et l'investissement, en attirant les investissements étrangers, en favorisant l'éducation, en protégeant le droit de propriété, en maintenant la stabilité politique, en favorisant le libre-échange, en limitant la croissance démographique et en stimulant la recherche et le développement de nouvelles technologies.

- L'accumulation du capital est sujette à des rendements marginaux décroissants : plus une économie dispose de capital, moins l'ajout de capital supplémentaire aura d'effet sur la production. En raison des rendements décroissants, l'augmentation de l'épargne et de l'investissement conduit tout d'abord à une forte croissance, qui finit par ralentir au fur et à mesure que l'économie atteint un niveau supérieur de productivité, de revenu et de capital accumulé. C'est pour cette même raison que le rendement marginal du capital est particulièrement élevé dans les pays en voie de développement. Toutes choses étant égales par ailleurs, ces pays peuvent atteindre une croissance rapide grâce à l'effet de rattrapage.
- La croissance démographique a des effets variés sur la croissance économique. D'un côté, une croissance démographique plus importante peut réduire la croissance économique en rendant les ressources plus rares et en faisant diminuer le capital par travailleur. D'autre part, une population plus nombreuse peut favoriser la croissance des connaissances technologiques et la croissance économique, en faisant augmenter le nombre de scientifiques et d'inventeurs.

Concepts clés

Capital humain, p. 141
Capital physique, p. 140
Connaissances technologiques, p. 142
Droit de propriété, p. 146
Effet de rattrapage, p. 145
Externalité, p. 149
Liberté économique, p. 146
Productivité, p. 139
Rendements marginaux décroissants, p. 144
Ressources naturelles, p. 141

Questions de révision

1. Que mesure le PIB réel d'un pays ? Que mesure la croissance du PIB réel ? Préférez-vous vivre dans un pays où le PIB est élevé avec un taux de croissance faible, ou bien dans un pays où le PIB est faible avec un taux de croissance élevé ? Justifiez votre réponse.
2. Nommez et décrivez trois facteurs déterminants de la productivité.
3. Dans quelle mesure peut-on dire qu'un diplôme universitaire constitue du capital ?
4. Expliquez pourquoi un taux d'épargne élevé se traduit par un niveau de vie élevé. Pourquoi un dirigeant politique renoncerait-il à encourager l'épargne ?
5. Un taux d'épargne élevé produit une croissance plus rapide ; ce phénomène économique est-il temporaire ou permanent ? Justifiez votre réponse.
6. Pourquoi l'élimination d'une restriction commerciale comme un tarif douanier stimule-t-elle la croissance économique ?
7. Quels sont les impacts de la croissance démographique sur le PIB par habitant ?
8. Décrivez deux moyens par lesquels le gouvernement canadien pourrait encourager les progrès technologiques.

ANNEXE

L'accumulation du capital et l'état stationnaire

Dans ce chapitre, nous avons vu que le capital est sujet à des rendements marginaux décroissants : à mesure que la quantité de capital augmente, la croissance de la productivité est de moins en moins rapide. Autrement dit, quand les travailleurs disposent déjà d'une quantité importante de capital pour produire des biens et des services, une augmentation de capital n'améliore que faiblement leur productivité.

La relation entre le stock de capital par travailleur et la productivité est illustrée à la figure 7A.1. On peut y observer que plus la quantité de capital physique disponible par travailleur est importante, plus la productivité est élevée. Par ailleurs, rappelons que la courbe de productivité est concave, en raison des rendements marginaux décroissants du capital.

Observons d'un peu plus près la chaîne de causalité qui relie l'investissement au niveau de vie. À mesure que l'investissement permet d'accumuler du capital, le stock de capital par travailleur s'élève, ce qui fait augmenter la productivité et le PIB par habitant.

Soit *K*, le stock de capital, et *I*, l'investissement. La chaîne de causalité ci-après montre les effets d'un investissement sur le stock de capital, la productivité et la production :

$I \rightarrow \uparrow K \rightarrow \uparrow (K/\text{Travailleur}) \rightarrow \uparrow \text{Productivité} \rightarrow \uparrow \text{PIB} \rightarrow \uparrow I$

FIGURE 7A.1

L'investissement et la croissance

Cette figure illustre les effets de l'investissement sur le stock de capital, la productivité et la production.

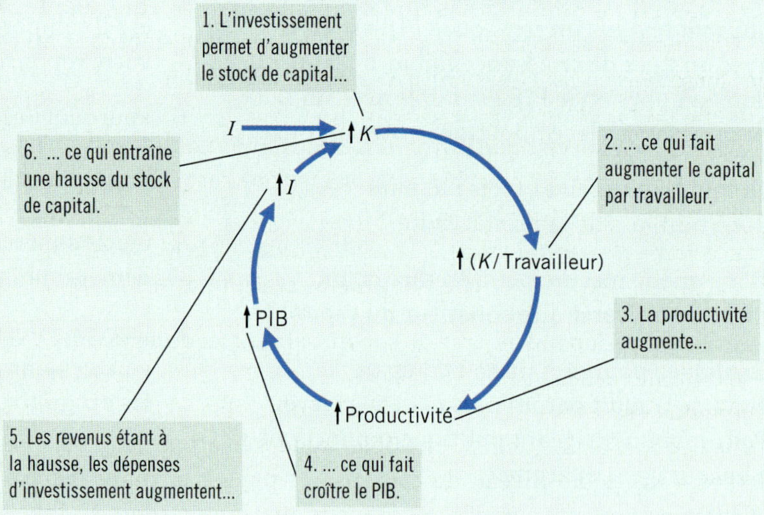

Cependant, en raison des rendements marginaux décroissants, à mesure qu'on accumule du capital, la productivité et le PIB par habitant augmentent de moins en moins : la croissance du niveau de vie ralentit. À un certain moment, l'ajout de capital n'a plus d'effet sur la productivité (lorsque la courbe de productivité devient horizontale), et la croissance économique s'arrête. Cette analyse est plutôt angoissante, car elle signifie que la croissance du niveau de vie devrait stopper un jour.

Va-t-on s'arrêter tout en haut de la courbe de productivité ? Même pas ! En fait, l'économie devrait cesser toute progression bien avant le moment où les rendements marginaux du capital tendraient vers zéro. Ce point d'équilibre, où la croissance de la productivité cesse, est appelé *état stationnaire*. Pour le comprendre et afin de saisir l'importance du taux d'épargne dans la détermination du niveau de vie, nous devrons nous pencher d'un peu plus près sur l'investissement.

À quoi sert l'investissement ? On serait porté à répondre rapidement que l'investissement sert exclusivement à augmenter le stock de capital. En fait, l'achat de capital remplit deux rôles : remplacer le capital qui s'est usé dans le processus de production et accroître le stock de capital existant. La valeur du capital qui s'use est appelée *amortissement* ou *dépréciation*. Si l'investissement canadien est cette année égal à 200 milliards de dollars et que l'amortissement vaut 150 milliards, on n'ajoute cette année, de façon nette, que 50 milliards au stock de capital de l'an passé.

$$\text{Investissement} = \text{Dépréciation} + \text{Variation de capital}$$

ou

$$\text{Variation de capital} = \text{Investissement} - \text{Dépréciation}$$

Examinons d'un peu plus près l'investissement et la dépréciation du capital. L'investissement est une fraction du PIB. La dépréciation est, quant à elle, liée proportionnellement à la valeur du stock de capital existant. Plus le stock de capital est élevé, plus la dépréciation est importante.

Or, en raison des rendements marginaux décroissants du capital, un doublement du stock de capital ne produira pas une croissance du PIB équivalente. En fait, le PIB croîtra moins que le stock de capital. Nous voici maintenant au cœur du problème : lorsque le capital augmente, le PIB augmente d'un plus petit pourcentage. La dépréciation étant liée au capital, et l'investissement, au PIB, la dépréciation s'élève donc plus vite que l'investissement. Inévitablement, on en arrive à un point où I = dépréciation : tout l'investissement ne sert qu'à remplacer le stock de capital qui s'use. Il ne reste plus rien pour faire augmenter le capital. Étant donné que le stock de capital stagne, la productivité et le PIB sont constants. La croissance a donc cessé. Il s'agit là de notre état stationnaire.

Cet état stationnaire dépend du taux d'investissement (et donc du taux d'épargne) de notre économie. Les pays qui épargnent et investissent un petit pourcentage de leurs revenus cesseront toute croissance à un faible niveau de capital et du PIB. En effet, si l'investissement est faible, la dépréciation finit par égaler l'investissement à un faible niveau de capital. Les pays épargnant beaucoup, qui sont donc davantage prêts à sacrifier la consommation présente en faveur d'une plus grande consommation future, atteindront leur état stationnaire à un niveau plus élevé de capital et de PIB. Comme il a été mentionné précédemment dans ce chapitre, à long terme, l'augmentation du taux d'épargne conduit à des niveaux de productivité et de revenu plus élevés, mais ne se traduit pas par de plus forts taux de croissance de ces variables.

On peut illustrer ce phénomène sur le graphique de productivité de la figure 7A.2. On y voit que le pays A, qui épargne et investit un faible pourcentage de son PIB, a atteint son état stationnaire à un point situé en bas et à gauche, le long de la courbe de productivité. Le pays B, quant à lui, épargne et investit beaucoup par rapport à son PIB. Son état stationnaire se trouve donc plus à droite et en haut, le long de cette même courbe.

Si ce modèle était exact, toute croissance du niveau de vie aurait depuis longtemps cessé au Canada. En effet, au pays, la productivité augmente de façon soutenue depuis la révolution industrielle, soit depuis 1820 environ. Or, 150 ans sont amplement suffisants pour atteindre l'état stationnaire et la stagnation du niveau de vie. Ce n'est cependant pas le cas. Comme nous le constatons dans ce chapitre, le PIB par habitant a même tendance à augmenter plus rapidement maintenant que durant les années 1870, 1900 ou 1920 (quoique plus lentement que pendant la période 1950-1970). Il manque visiblement quelque chose à notre modèle.

En fait, deux facteurs cruciaux sauvent les pays avancés (donc près de l'état stationnaire) : les progrès technologiques et l'augmentation du capital humain. Rappelez-vous que ces deux variables peuvent faire augmenter la productivité du travail. Donc, s'il se produit un progrès technologique, toutes choses étant égales par ailleurs (entre autres, pour un niveau de capital constant), la productivité s'accentue. Cela fait augmenter le PIB, et l'investissement suit : l'investissement devient plus élevé que la dépréciation, et le stock de capital se met à remonter.

FIGURE 7A.2

L'état stationnaire

Ce graphique montre comment le taux d'épargne et d'investissement influe sur l'état stationnaire d'un pays. Plus le taux d'épargne et d'investissement d'un pays est élevé, plus son état stationnaire se trouve à droite et en haut, sur la courbe de productivité.

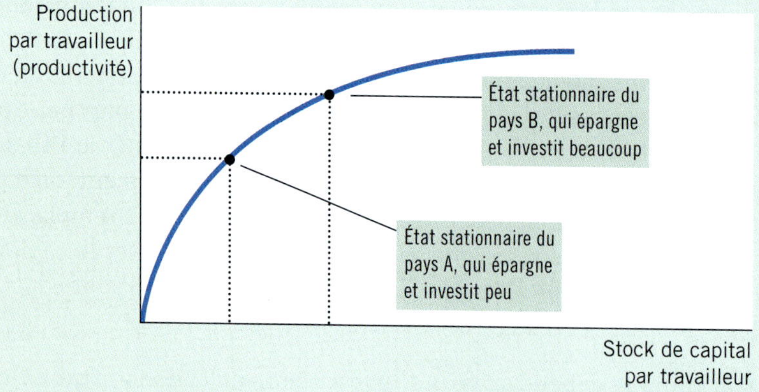

On se dirige alors vers un nouvel état stationnaire, à des niveaux de capital et de PIB plus élevés.

Ce phénomène est illustré sur le graphique de la figure 7A.3. On y voit que les changements technologiques déplacent la courbe de productivité et font passer l'économie du point A au point B. Par la suite, la productivité et le PIB étant plus élevés, l'investissement augmente et on accumule du capital, ce qui amène le pays à un nouvel état stationnaire, au point C. Un nouveau progrès des connaissances ou du capital humain fera déplacer à nouveau la courbe, et le processus continuera.

Tant qu'il y a progrès de la technologie et du capital humain, on peut repousser l'état stationnaire et poursuivre la croissance du niveau de vie. Mais s'il y a rendements décroissants du capital, en est-il de même des connaissances et de la qualité de la main-d'œuvre ? Autrement dit, les progrès technologiques ralentiront-ils ? Plusieurs économistes se sont penchés sur cette question depuis une vingtaine d'années. Leurs réponses ne sont pas définitives, mais on croit de plus en plus que la technologie montre des rendements marginaux constants ou même croissants. Si c'est le cas, la croissance de nos niveaux de vie pourrait continuer très longtemps.

FIGURE 7A.3

Comment les pays développés peuvent-ils continuer à croître malgré l'état stationnaire ?

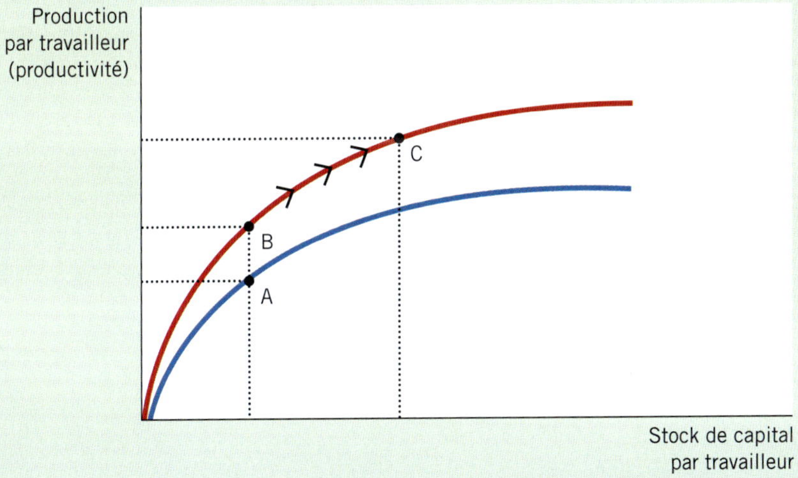

L'économie est initialement à son état stationnaire, au point A. Un changement technologique fait augmenter la productivité et déplacer la courbe de productivité vers le haut, jusqu'au point B. La hausse des revenus fait augmenter l'investissement et le stock de capital. L'économie se dirige vers un nouvel état stationnaire, au point C.

Le moteur de la croissance de la productivité et du niveau de vie des pays pauvres est l'accumulation du capital. Pour les pays industrialisés, cela n'est pas suffisant. En effet, en raison des rendements marginaux décroissants du capital, ils finissent par atteindre un état stationnaire, où l'investissement ne fait plus que remplacer le stock de capital qui s'use : toute croissance du capital, de la productivité et du niveau de vie cesse alors. Il faut dès lors un progrès des connaissances et du capital humain pour repousser toujours plus loin l'état stationnaire et permettre que la croissance du PIB par habitant continue. Lorsque vous entendrez des politiciens (bien informés) vous dire qu'à notre époque, la recherche, le développement et l'éducation sont cruciaux pour assurer une amélioration du niveau de vie, vous saurez qu'ils disent la vérité.

L'épargne, l'investissement et le système financier

8
CHAPITRE

Imaginons que vous êtes frais émoulu de l'université (diplômé en économie, bien entendu) et que vous désirez vous lancer en affaires pour constituer une société de prévisions économiques. Avant de tirer un revenu de la vente de vos prévisions, il vous faudra acheter des ordinateurs pour effectuer vos calculs et meubler vos nouveaux locaux avec des bureaux et des classeurs. Tout cet équipement sera le capital qui vous permettra de produire et de vendre vos services.

Comment vous procurerez-vous les fonds nécessaires pour faire ces dépenses d'investissement? Peut-être disposez-vous d'économies suffisantes? Il est plus probable que, comme la plupart des entrepreneurs, vous n'ayez pas assez de fonds pour financer seul le démarrage de votre entreprise; vous devrez donc trouver d'autres sources de financement. Il existe plusieurs façons de financer ces dépenses d'équipement. Vous pouvez emprunter à une banque, à un ami ou à votre famille. Dans ce cas, vous vous engagerez sans doute non seulement à rembourser ultérieurement le montant du prêt, mais aussi à payer des intérêts. Il vous est également possible d'obtenir des fonds pour lancer votre entreprise en échange d'une part de vos bénéfices futurs. D'une manière ou d'une autre, votre investissement sera financé par l'épargne d'un tiers.

Système financier
Ensemble des institutions qui contribuent à coordonner l'épargne des uns et les investissements des autres.

Le **système financier** est l'ensemble des institutions qui permettent l'appariement entre l'épargne des uns et l'investissement des autres. Comme nous l'avons déjà vu au chapitre 7, l'épargne et l'investissement sont deux facteurs clés de la croissance économique à long terme. Dès qu'une économie épargne une portion importante de son PIB, elle dispose des ressources nécessaires pour investir dans le capital; un capital plus important accroît la productivité et le niveau de vie. Il nous faut maintenant expliquer comment l'épargne et l'investissement sont coordonnés. À tout moment, il y a des individus qui désirent épargner une portion de leurs revenus pour l'avenir, tandis que d'autres souhaitent investir dans des entreprises, qu'elles soient nouvelles ou déjà établies. Comment coordonner ces deux groupes de personnes? Comment s'assurer que l'offre de fonds de ceux qui épargnent correspond à la demande de fonds de ceux qui investissent?

Dans ce chapitre, nous étudierons le fonctionnement du système financier, en commençant par les institutions financières. Par la suite, nous aborderons les relations entre le système financier et certaines variables macroéconomiques, dont l'épargne et l'investissement. Pour finir, nous mettrons au point un modèle de l'offre et de la demande de fonds sur les marchés financiers. Notre analyse montrera comment le taux d'intérêt assure l'équilibre entre l'offre et la demande et comment certaines décisions économiques des gouvernements influent sur ce taux d'intérêt et sur l'allocation des ressources financières.

Les institutions financières canadiennes

De façon globale, le système financier transfère les ressources des épargnants (qui dépensent moins d'argent qu'ils en gagnent) aux emprunteurs (qui dépensent plus d'argent qu'ils en gagnent). Les raisons d'épargner sont diverses: on peut vouloir financer les études universitaires de ses enfants ou s'assurer d'une retraite confortable. Les raisons d'investir sont tout aussi nombreuses: par exemple, l'investissement peut avoir pour but l'achat d'une maison ou la création d'une entreprise. Les épargnants placent leur argent en espérant le récupérer plus tard, avec des intérêts. Les emprunteurs utilisent ces fonds en étant conscients qu'ils devront non seulement les rembourser plus tard, mais aussi verser des intérêts.

La Bourse de Tokyo

Le système financier est composé d'un grand nombre d'institutions qui coordonnent les échanges entre les épargnants et les emprunteurs. Avant d'analyser les mécanismes du système financier, commençons par examiner les institutions financières majeures, qui peuvent être regroupées en deux catégories: les marchés financiers et les intermédiaires financiers.

Les marchés financiers

Par **marchés financiers**, on entend les marchés qui contribuent à transmettre directement les fonds des épargants aux investisseurs. Les deux plus importants marchés financiers sont le marché obligataire et le marché des actions.

Marchés financiers
Marchés qui permettent aux épargnants de transférer des fonds aux investisseurs.

Le marché des obligations

Si, par exemple, le fabricant de matériel de transport Bombardier veut financer la construction d'une nouvelle usine, il a la possibilité de le faire directement auprès du public en émettant des obligations. Une **obligation** est une reconnaissance de dette qui précise les engagements de l'emprunteur envers le détenteur de cette obligation. Une obligation stipule à quel moment le prêt doit être remboursé, soit l'échéance, de même que le taux d'intérêt payable périodiquement jusqu'à cette échéance. L'acheteur d'une obligation de Bombardier prête donc de l'argent à Bombardier en échange du versement périodique des intérêts et du remboursement ultérieur du montant emprunté (appelé *principal* ou *capital*). L'acquéreur a le choix de conserver l'obligation jusqu'à l'échéance ou de la vendre plus tôt à un tiers.

Obligation
Reconnaissance de dette par laquelle une entreprise ou un gouvernement s'engage à verser des intérêts convenus et à rembourser le prêt à des dates déterminées.

Des millions d'obligations circulent dans l'économie canadienne. Quand une grande entreprise, le gouvernement fédéral ou les gouvernements provinciaux ont besoin d'emprunter pour financer une nouvelle usine, un nouveau chasseur supersonique ou une nouvelle école, par exemple, ils émettent généralement des obligations. En consultant les pages financières de votre quotidien local, vous trouverez la liste des prix de ces obligations et les taux d'intérêt des émissions d'obligations les plus importantes. Ces obligations diffèrent en fonction de deux caractéristiques essentielles.

La première est le *terme,* c'est-à-dire le temps qui s'écoule entre l'émission et l'échéance. Certaines obligations ont un terme très court (quelques mois), alors que d'autres s'étalent sur 30 années ou plus (le gouvernement britannique émet même des obligations n'ayant aucune échéance, appelées *rentes perpétuelles* — *consols,* en anglais ; ce type d'obligation rapporte des intérêts *ad vitam æternam,* sans remboursement de principal). Le taux d'intérêt d'une obligation varie en partie selon sa durée. En effet, les obligations à long terme présentent un risque supérieur à celui des obligations à court terme, puisque les détenteurs doivent attendre plus longtemps avant de récupérer le principal. Si un détenteur d'obligations à long terme a besoin de son argent avant la date d'échéance, il n'a pas d'autre possibilité que de vendre ses obligations à quelqu'un d'autre, parfois au rabais. Pour compenser ce risque, le taux d'intérêt des obligations à long terme est habituellement supérieur à celui des obligations à court terme.

La seconde caractéristique importante d'une obligation est son *risque de crédit,* qui mesure la probabilité que l'emprunteur ne soit pas en mesure de payer les intérêts ou de rembourser le principal (c'est ce que l'on appelle un *défaut de paiement*). Il arrive parfois que les emprunteurs fassent défaut en déclarant faillite. Si le risque de faillite est important, les prêteurs exigent un taux d'intérêt élevé en compensation. Le risque de crédit est fonction, entre autres, du taux d'endettement de l'émetteur, des variations récentes de sa dette et de la stabilité de ses revenus. Parce que le gouvernement canadien a la réputation d'être un emprunteur fiable, les taux d'intérêt sur ses obligations sont faibles. Certains gouvernements étrangers, fortement endettés et dont la dette augmente plus rapidement que les revenus, doivent payer plus cher. Les provinces émettent également des obligations. Étant donné que les économies provinciales sont moins diversifiées que l'économie canadienne, donc que leurs revenus sont plus variables, les obligations des provinces présentent un risque plus élevé et leur taux d'intérêt est supérieur à celui des obligations fédérales. Les taux d'intérêt des obligations des provinces ne sont pas identiques ; ils varient en fonction de la volatilité des revenus et de l'importance de la dette de chaque province.

Les obligations de société offrent en général des taux d'intérêt supérieurs à ceux des obligations des provinces, car les revenus des sociétés sont plus variables que ceux des provinces. Quant aux entreprises et aux gouvernements qui connaissent d'importantes difficultés financières, ils sont réduits à émettre des obligations de pacotille (*junk bonds*, en anglais), à taux d'intérêt très élevés.

Afin d'illustrer le rôle du risque de crédit dans la détermination des taux d'intérêt pour les obligations, examinons le taux annuel payé le 16 juin 2012 sur des obligations venant à échéance en 2037 : 2,30 % pour les obligations fédérales, 3,37 % pour les obligations du gouvernement de la Colombie-Britannique et 4,42 % pour les obligations émises par Suncor Energy Inc. Pour évaluer le risque du crédit, les acheteurs d'obligations consultent les agences de notation comme Standard & Poor's, Moody's ou Dominion Bond Rating Service, qui portent un jugement sur les risques propres aux différentes obligations.

Le marché des actions

Action
Titre de propriété d'une société qui donne droit à une part de ses profits.

Pour construire sa nouvelle usine, Bombardier peut également obtenir des fonds en vendant des actions. Une **action** est un titre de propriété de la société qui donne droit à une part de ses profits. Par exemple, si Bombardier a émis un total de 1 000 000 d'actions, chacune des actions représente la propriété de un millionième de l'entreprise.

La vente d'actions pour obtenir du capital s'appelle *financement par capitaux propres*, alors que la vente d'obligations constitue un *financement par emprunt*. Même si les entreprises ont recours à la fois au financement par capitaux propres et au financement par emprunt pour réaliser de nouveaux investissements, les obligations et les actions sont des modes de financement très différents. Un détenteur d'actions de Bombardier est l'un des propriétaires de la société, alors qu'un détenteur d'obligations de Bombardier en est un créditeur. Si Bombardier fait de forts bénéfices, les actionnaires en profitent, alors que les détenteurs d'obligations se contenteront de recevoir l'intérêt sur ses dettes. Par contre, si Bombardier connaît des difficultés financières, les détenteurs d'obligations recevront leur dû avant que les actionnaires reçoivent quoi que ce soit. Les actions, par rapport aux obligations, comportent donc plus de risques et offrent un meilleur potentiel de rendement.

Une fois qu'une entreprise a émis des actions, ces dernières s'échangent entre actionnaires sur les marchés boursiers. Lors de ces transactions, l'entreprise émettrice ne reçoit rien. Aux États-Unis, les trois places boursières les plus importantes sont le New York Stock Exchange, l'American Stock Exchange et le NASDAQ (National Association of Securities Dealers Automated Quotation System). Au Canada, la Bourse de Toronto (Toronto Stock Exchange ou TSX) domine le marché. Le TSX Venture Exchange de Calgary, une Bourse beaucoup plus spéculative, procède à des campagnes de souscription pour les petites sociétés minières. La Bourse de Montréal, quant à elle, est maintenant spécialisée

BON À SAVOIR

Comment lire les cotes de la Bourse

Certains quotidiens présentent des tableaux des cotes boursières qui montrent les transactions récentes concernant plusieurs milliers de sociétés. Les sites Web de nouvelles fournissent également ces données. Lorsque vous suivez la performance des actions d'une compagnie, quatre données sont particulièrement importantes. Ces informations sont rapportées dans les pages financières de certains quotidiens. On peut aussi les obtenir d'agences d'informations en ligne. Ces données sont définies comme suit :

- *Cours :* Le cours correspond au prix d'un titre. Il constitue l'information la plus importante à propos d'une action. Plusieurs prix différents sont généralement répertoriés pour un même titre. Le dernier cours, ou cours de clôture, représente le prix de la dernière transaction effectuée la veille, juste avant la fermeture de la Bourse. Certains journaux indiquent également les cours les plus hauts et les plus bas de la dernière séance, et parfois de l'année écoulée. La variation du prix de fermeture de l'avant-veille à la veille est parfois aussi présentée.
- *Volume :* La plupart des journaux présentent le nombre d'actions vendues durant la dernière journée de transaction. Ce nombre est appelé le *volume quotidien.*
- *Dividendes :* Les entreprises versent une partie de leurs profits aux actionnaires : ce sont les dividendes (les profits non distribués, ou bénéfices non répartis, servent à financer de nouveaux investissements). On retrouve également dans les journaux les dividendes par action versés par l'entreprise au cours de l'année précédente et parfois le taux de rendement des actions, soit le dividende exprimé en pourcentage du cours de l'action.
- *Ratio cours-bénéfice :* Les bénéfices d'une entreprise représentent la différence entre ses recettes, tirées de la vente de ses produits, et l'ensemble de ses dépenses. Le bénéfice par action correspond au profit total de l'entreprise divisé par le nombre d'actions en circulation. Le ratio cours-bénéfice équivaut au cours de l'action divisé par le montant du profit par action réalisé par l'entreprise durant l'année. Généralement, ce taux se situe aux alentours de 15. Un ratio plus élevé indique un prix élevé des actions au regard des derniers résultats financiers de l'entreprise. Il y a deux causes possibles d'une telle situation : ou bien on prévoit de meilleurs résultats à l'avenir, ou bien le titre est surévalué. Inversement, un ratio inférieur à 15 signifie une sous-évaluation de l'action ou la crainte d'une dégradation des résultats financiers.

Pour quelles raisons les journaux rapportent-ils quotidiennement ces données ? Parce que bien des gens qui placent leur épargne à la Bourse les consultent chaque jour avant de décider quelles actions acheter ou vendre. D'autres actionnaires, en revanche, adoptent une stratégie d'achat à long terme : ils achètent des titres d'entreprises solides et les conservent longtemps, sans se soucier des fluctuations quotidiennes rapportées dans les journaux.

Performance sur un an		Nom de l'entreprise	Symbole de l'action	Montant des dividendes	Rendement	Ratio cours-bénéfice	Volume des transactions de la veille	Performance de la veille		Cours de clôture	% de changement à la clôture par rapport à la veille
365 jours											
Haut	Bas	Action	Sym.	Div.	Rendement %	Ratio c/b	Vol.	Haut	Bas	Fermeture	Variation nette
79,29	46,01	CP Railway	CP	1,40	1,87	22,21	419 765	75,37	73,05	74,86	+1,48
71,55	51,80	Cdn Tire	CTC.A	1,20	1,79	11,69	134 822	67,20	66,10	67,10	+1,01
57,91	41,53	Tim Hortons	THI	0,84	1,57	22,70	730 645	53,85	53,50	53,58	−0,16
15,92	10,30	WestJet	WJA	0,24	1,58	14,29	270 811	15,40	15,05	15,15	−0,02

dans les produits financiers dérivés. La majorité des pays possèdent leur propre Bourse, où s'échangent les actions des entreprises nationales.

L'offre et la demande d'actions déterminent leur prix de vente. Parce qu'une action est un droit de propriété sur l'entreprise, la demande d'actions d'une entreprise et son prix reflètent les anticipations du public en ce qui concerne la rentabilité future de cette entreprise. Quand les acheteurs sont optimistes à propos des profits futurs de cette entreprise, la demande d'actions augmente, ce qui en fait monter le prix. À l'inverse, lorsque de maigres profits ou même des pertes sont anticipés, le prix des actions chute.

Le niveau général des prix des actions est mesuré par les indices boursiers. Ces derniers permettent de suivre l'évolution générale des prix des actions. Un indice boursier correspond à la moyenne du prix d'un panier d'actions. Le plus connu des indices, le Dow Jones, se calcule depuis 1896; il comprend maintenant le prix des actions de 30 importantes entreprises américaines, dont Intel, General Electric, Microsoft, Coca-Cola, AT&T et IBM. L'indice le plus connu et le plus suivi au Canada, le S&P/TSX Composite Index, comprend le prix de 200 importantes entreprises dont les actions se transigent à la Bourse de Toronto. Ces indices boursiers font l'objet d'une surveillance constante, parce qu'ils reflètent la rentabilité attendue des entreprises et servent d'indicateurs des conditions économiques à venir.

Les intermédiaires financiers

Intermédiaires financiers
Institutions financières qui permettent aux épargnants de transmettre indirectement des fonds aux emprunteurs.

Les **intermédiaires financiers** sont les institutions financières qui permettent aux épargnants d'offrir indirectement des fonds aux emprunteurs. Le terme *intermédiaire* donne une idée juste du rôle joué par ces institutions, entre les emprunteurs et les épargnants. Nous examinerons ici deux des principaux intermédiaires financiers: les banques et les fonds communs de placement.

Les banques

Si un petit épicier désire financer l'agrandissement de son magasin, il suivra probablement une stratégie différente de celle de Bombardier. En effet, à la différence d'entreprises importantes comme Bombardier, il ne pourra pas obtenir des fonds sur le marché des obligations ou sur celui des actions. La plupart des acheteurs d'actions et d'obligations préfèrent celles qui sont émises par de grandes entreprises déjà connues. L'épicier devra donc solliciter un prêt auprès de sa banque.

Les banques sont les intermédiaires financiers les plus connus du public. Elles acceptent les dépôts du public et prêtent ces fonds aux emprunteurs. Les banques versent un intérêt aux déposants et perçoivent un intérêt supérieur auprès des emprunteurs. La différence entre ces deux taux d'intérêt couvre les frais des banques et engendre un profit, qui sert à rémunérer leurs propriétaires.

Outre celui d'intermédiaires financiers, les banques jouent un autre rôle dans l'économie: elles facilitent la vente de biens et de services en permettant à leurs clients d'émettre des chèques en échange de leurs dépôts et d'accéder à ces dépôts à l'aide de leur carte de débit. Autrement dit, elles créent un actif très spécial, appelé *instrument d'échange*, dont leurs clients se servent pour effectuer leurs transactions. Cette caractéristique des banques les différencie des autres institutions financières. Les actions et les obligations, tout comme les dépôts bancaires, représentent un réservoir de valeur qui correspond à la richesse provenant de l'épargne accumulée. Toutefois, l'accès à cette richesse est moins rapide, moins facile et plus coûteux que l'émission d'un chèque. Cela étant dit, nous laisserons provisoirement de côté ce second rôle des banques; nous y reviendrons lorsqu'il sera question du système monétaire, au chapitre 10.

Les fonds communs de placement

Les fonds communs de placement sont un type d'intermédiaire financier qui prend de plus en plus d'importance dans l'économie canadienne. Un **fonds commun de placement** est une institution qui vend des parts aux épargnants et qui utilise les fonds ainsi recueillis pour acheter un portefeuille, c'est-à-dire une sélection de titres financiers constituée soit d'actions, soit d'obligations, soit d'une combinaison des deux. Le détenteur de parts de fonds communs de placement accepte les risques liés au rendement de son placement : si la valeur de son portefeuille augmente, il gagne de l'argent, si elle baisse, il en perd.

Fonds commun de placement
Institution qui vend des parts au public et consacre les fonds récoltés à l'achat d'un portefeuille d'actifs financiers.

Les fonds communs de placement présentent l'avantage de permettre aux petits épargnants de diversifier leurs avoirs. Les détenteurs d'actions et d'obligations peuvent ainsi ne pas mettre tous leurs œufs dans le même panier. La valeur d'une action ou d'une obligation étant directement liée aux succès d'une seule entreprise, mieux vaut en effet diversifier son portefeuille en répartissant les risques entre plusieurs entreprises. Les fonds communs de placement rendent cette diversification facile. Pour un petit épargnant qui ne dispose que de quelques centaines de dollars, l'achat de titres de fonds communs de placement représente un moyen simple de devenir indirectement actionnaire ou créditeur de centaines de grandes entreprises. En échange de ce service, la société qui gère les fonds perçoit annuellement, à titre de rémunération, un pourcentage (en général, entre 0,5 et 2,0 %) de la valeur des actifs.

Les fonds communs de placement se targuent en outre d'offrir au public des conseils de gestionnaires financiers professionnels. Ces derniers, qui accordent naturellement une grande attention à l'évolution et aux perspectives d'avenir des entreprises dont ils acquièrent des parts, se concentrent sur l'achat d'actions de sociétés qu'ils considèrent comme potentiellement très rentables et vendent les parts des entreprises qui leur semblent moins intéressantes. Les gestionnaires des fonds communs de placement prétendent que ce type de gestion fait augmenter le rendement pour les épargnants.

Les économistes se montrent quelque peu sceptiques envers cet argument puisque, en raison du nombre de gestionnaires financiers qui scrutent les perspectives économiques de chaque entreprise, le prix des actions reflète en général leur véritable valeur. En pratique, il est donc difficile de battre le marché en se défaisant des actions peu intéressantes pour acheter de bonnes actions. De fait, certains fonds communs de placement, dits *fonds indiciels*, qui achètent tous les titres d'un indice boursier, obtiennent en moyenne une meilleure performance que les fonds gérés beaucoup plus activement. Cela s'explique par la minimisation des coûts salariaux des gestionnaires professionnels ainsi que des coûts d'acquisition et de vente des actions.

En résumé

Une grande variété d'institutions financières sont présentes dans l'économie canadienne. Outre le marché des obligations, la Bourse, les banques et les fonds communs de placement, on trouve également les caisses de retraite, les coopératives d'épargne et de crédit, les compagnies d'assurance et même les usuriers locaux. Il s'agit d'institutions fort différentes, mais lorsqu'on analyse le système financier, il importe de se concentrer sur leurs similarités plutôt que sur leurs différences. Toutes servent la même finalité : diriger les fonds des épargnants vers les emprunteurs.

MINITEST

- Qu'est-ce qu'une action ?
- Qu'est-ce qu'une obligation ?
- Quelles sont les différences et les similitudes entre les deux ?

BON À SAVOIR

Les crises financières

En 2008 et 2009, l'économie américaine, tout comme celle d'autres pays dans le monde, a été secouée par une crise financière qui a mené à un fort ralentissement des activités économiques. Comme nous examinerons ces événements plus en détail dans les prochains chapitres, nous n'esquisserons ici que les six principales caractéristiques des crises financières.

Première caractéristique : une baisse importante du prix de certains actifs. En 2008 et 2009, l'actif en cause était l'immobilier. Le prix des propriétés qui avait connu un boum au début de la décennie a fléchi d'environ 30 % en quelques années à peine. Pareil recul n'avait pas été enregistré aux États-Unis depuis les années 1930.

Deuxième caractéristique : l'insolvabilité des institutions financières. En 2008 et 2009, beaucoup de banques et d'autres établissements financiers avaient misé sur les prix de l'immobilier en détenant des hypothèques garanties par des propriétés. Lorsque les prix ont chuté, un grand nombre de propriétaires ont cessé de rembourser leur prêt. Ces défauts de paiement ont acculé plusieurs institutions financières à la faillite.

Troisième caractéristique : la baisse de confiance dans les institutions financières. Bien que certains dépôts dans les banques soient assurés par des politiques gouvernementales, ils ne le sont pas tous. Au fur et à mesure que l'insolvabilité s'est accrue, toutes les institutions financières sont devenues vulnérables à la faillite. Les individus et les entreprises qui avaient des dépôts non assurés dans ces institutions ont retiré leur argent. Devant cette vague de retraits, les banques se sont mises à vendre des actifs (parfois au rabais) et elles ont limité les nouveaux prêts.

Quatrième caractéristique : le resserrement du crédit. Les institutions financières étant aux prises avec des difficultés, les emprunteurs potentiels avaient du mal à obtenir des prêts, même s'ils avaient des projets d'investissement rentables. En résumé, le système financier n'arrivait plus à remplir sa fonction habituelle de diriger les ressources des épargnants vers les emprunteurs en leur offrant les meilleures occasions d'investir.

Cinquième caractéristique : le ralentissement de l'économie. Étant donné que les entrepreneurs ne trouvaient plus de financement pour de nouveaux projets d'investissement, la demande générale de biens et de services a diminué. Par conséquent, pour des raisons que nous étudierons davantage dans les prochains chapitres, le revenu national a chuté et le taux de chômage a augmenté.

Sixième et dernière caractéristique : le cercle vicieux. En raison du ralentissement économique, la rentabilité d'un grand nombre d'entreprises et la valeur de beaucoup d'actifs ont diminué, ce qui renvoie à la première caractéristique. Ainsi, les problèmes qui surviennent dans le système financier et le ralentissement économique se renforcent mutuellement.

Les crises financières, comme celle de 2008-2009, peuvent avoir de graves conséquences. Fort heureusement, elles finissent toujours par se résoudre. Les institutions financières finissent aussi par se résoudre, parfois avec l'aide de politiques gouvernementales. Elles reprennent ensuite leur rôle d'intermédiation financière.

L'épargne et l'investissement dans la comptabilité nationale

Pour comprendre l'évolution générale de l'économie, il importe de suivre l'actualité financière. Comme nous venons de le voir, les diverses composantes du système financier, soit le marché des obligations, le marché des actions, les banques et les fonds communs de placement, ont toutes pour mission de coordonner l'épargne et l'investissement. Dans le chapitre 7, nous avons vu que cette épargne et cet investissement constituent deux éléments déterminants de la croissance du PIB et du niveau de vie. Les marchés financiers sont donc d'une importance cruciale pour les macroéconomistes.

Nous commencerons l'analyse des marchés financiers en abordant les principales variables macroéconomiques permettant d'en mesurer l'activité. Plus que le fonctionnement du marché financier, c'est sa comptabilité qui retiendra notre attention pour le moment. Par comptabilité, nous entendons la façon de définir et d'agréger les chiffres. Nous savons que le comptable d'une personne calcule ses dépenses et ses revenus. Il faut comprendre que le même genre de calcul peut être appliqué à l'ensemble de l'économie : c'est la comptabilité nationale, qui s'intéresse non seulement au PIB, mais aussi à diverses statistiques qui y sont liées.

Les règles de la comptabilité nationale présentent un certain nombre d'identités importantes. Une *identité* est une équation qui se vérifie toujours, quelles que soient les valeurs assignées aux variables, et ce, en raison de la définition même de ces variables. Les identités clarifient les relations entre les différentes variables. Nous donnons ci-dessous des exemples d'identités relatives aux marchés financiers.

Quelques identités importantes

Nous avons vu que le produit intérieur brut (PIB) mesure à la fois le revenu total et la dépense totale en biens et en services d'une économie. Le PIB (représenté par la lettre Y) se divise en quatre types de dépenses : la consommation (C), l'investissement (I), les dépenses publiques courantes (G) et les exportations nettes (XN). Nous pouvons donc poser l'équation suivante :

$$Y = C + I + G + XN$$

Cette équation est une identité, puisque chaque dollar dépensé pour acheter le PIB total — le membre de gauche de l'équation — se retrouve également dans l'une des quatre composantes du membre de droite. Cette équation se vérifie toujours, en raison de la façon dont les variables sont définies et mesurées. Les identités sont utiles, car elles aident à clarifier les relations entre les variables. Nous nous concentrons ici sur les identités comptables qui éclairent les rôles macroéconomiques des marchés financiers.

Dans le présent chapitre, nous simplifierons notre analyse en examinant une économie fermée. Une économie fermée n'est pas en relation avec les autres : elle ne participe pas au commerce international des biens et des services, elle n'effectue aucun emprunt et n'accorde aucun prêt à l'étranger. De toute évidence, les économies réelles sont des économies ouvertes, puisqu'elles interagissent sur le plan mondial. Nous reviendrons plus loin sur l'analyse macroéconomique de ces économies ouvertes ; pour l'instant, l'hypothèse d'une économie fermée nous simplifie la tâche, tout en nous permettant de tirer des leçons. En outre, une telle hypothèse s'applique parfaitement à l'économie mondiale (dans la mesure où les échanges entre la Terre et la planète Mars restent encore fort modestes...).

Dans une économie fermée, les importations et les exportations sont nulles. Comme les exportations nettes sont égales à zéro, il est possible d'écrire l'équation du PIB de la façon suivante :

$$Y = C + I + G$$

Cette équation démontre que le PIB est égal à la somme de la consommation, de l'investissement et des dépenses publiques. Tout ce qui est produit dans une économie fermée est donc soit consommé par les ménages ou par le gouvernement, soit investi.

Pour voir ce qui se produit dans les marchés financiers, il suffit de soustraire les dépenses publiques (G) et la consommation (C) des deux côtés de cette identité. On obtient alors :

$$Y - C - G = I$$

Épargne nationale (ou épargne)
Revenu (PIB) net de la consommation et des dépenses publiques courantes.

Le membre de gauche de l'équation ($Y - C - G$) est tout simplement le revenu total restant après les dépenses courantes des ménages (C) et des gouvernements (G). Ce solde représente l'**épargne nationale (ou épargne)**, désignée par la lettre S. En substituant S à ($Y - C - G$), on obtient une dernière équation :

$$S = I$$

Cette équation signifie que l'épargne est égale à l'investissement.

Pour comprendre la signification de l'épargne nationale, il convient de préciser sa définition. Convenons que T représente le montant des impôts perçus par le gouvernement, moins les transferts et subventions qu'il verse (assurance emploi et aide sociale, entre autres). L'équation de l'épargne nationale s'écrit donc indifféremment :

$$S = Y - C - G$$

ou

$$S = (Y - T - C) + (T - G)$$

Ces deux équations sont équivalentes, puisque les deux T du membre de droite de la seconde équation s'annulent. Cependant, elles correspondent chacune à une façon différente de mesurer l'épargne nationale. Dans la seconde équation, l'épargne se décompose en deux parties : l'épargne privée ($Y - T - C$) et l'épargne gouvernementale ou publique ($T - G$). On peut donc réécrire ainsi l'équation qui définit l'épargne :

$$S = S_P + S_G$$

Épargne privée
Partie du revenu après impôts qui n'est pas consacrée aux dépenses courantes des ménages.

Épargne publique
Recettes publiques dont sont soustraites les dépenses publiques courantes.

Revenons sur les deux composantes de l'épargne. L'**épargne privée** (S_P) correspond au revenu disponible, soit le revenu moins les impôts nets des transferts et des subventions, auquel on soustrait les dépenses de consommation. Plus précisément, le secteur privé engendre une épargne à partir de Y, après avoir payé des impôts équivalant à T et consacré une somme C à la consommation. L'épargne privée équivaut donc à ($Y - T - C$). Pour sa part, l'**épargne publique** (S_G) comprend l'excédent des revenus fiscaux du gouvernement sur ses dépenses publiques courantes. Le gouvernement perçoit des recettes fiscales équivalant à T et dépense G en biens et en services courants. Lorsque T est supérieur à G, l'État enregistre un **surplus budgétaire**, puisqu'il reçoit plus d'argent qu'il en dépense. Ce surplus ($T - G$) correspond à l'épargne publique. Si, inversement, le gouvernement dépense plus qu'il perçoit d'impôts, G est alors supérieur à T et le gouvernement accuse un **déficit budgétaire**; l'épargne publique ($T - G$) a alors une valeur négative.

Surplus budgétaire
Excédent des recettes par rapport aux dépenses gouvernementales.

Déficit budgétaire
Excédent des dépenses par rapport aux recettes gouvernementales.

Voyons maintenant comment ces identités comptables interagissent dans les marchés financiers. L'équation $S = I$ fait apparaître un élément important: pour l'économie dans son ensemble, l'épargne doit être égale à l'investissement. Cela nous amène à poser quelques questions fondamentales: quels mécanismes garantissent une telle identité? Qui assure la coordination entre l'épargne et l'investissement? C'est dans le système financier que se trouve la réponse: le marché des obligations, le marché des actions, les banques, les fonds communs de placement et les autres intermédiaires et marchés financiers se situent entre les deux membres de l'équation qui met en relation l'épargne et l'investissement. Leur rôle est de diriger l'épargne nationale vers l'investissement national.

La distinction entre épargne et investissement

Les termes *épargne* et *investissement* peuvent prêter à confusion. Ils sont couramment utilisés, et parfois de façon interchangeable. Pourtant, en macroéconomie, et plus précisément en comptabilité nationale, il importe de les distinguer et de les employer correctement.

Prenons un exemple. Imaginons que Victor gagne beaucoup plus d'argent qu'il en dépense; il dépose donc à la banque les dollars épargnés ou bien il achète des obligations ou des actions. Comme son revenu est supérieur à la somme qu'il consacre à la consommation, il se considère comme un investisseur. Toutefois, selon une perspective macroéconomique, il est plutôt un épargnant.

En macroéconomie, l'investissement correspond à l'achat de nouveau capital physique, comme les biens d'équipement ou les bâtiments. Quand Edgar contracte un emprunt à la banque pour se bâtir une nouvelle maison, il contribue à l'investissement national. De même, Bombardier contribue à l'investissement en employant le produit de la vente de ses actions pour faire construire une nouvelle usine.

L'équation $S = I$ indique que l'épargne est égale à l'investissement pour l'économie globale, même si cela ne se vérifie pas à l'échelle d'un ménage ou d'une entreprise. L'épargne de Victor dépasse son investissement et il peut déposer l'excédent dans un compte en banque. Edgar investit plus qu'il épargne et emprunte la différence à la banque. Cette dernière, ainsi que les autres institutions financières, permet l'existence de telles différences entre l'épargne et l'investissement individuels, puisqu'elle aide à financer les investissements des uns avec l'épargne des autres.

MINITEST

- Donnez une définition de l'épargne privée, de l'épargne publique, de l'épargne nationale et de l'investissement. Quelles sont les relations entre ces différents concepts?

Le marché des fonds prêtables

Nous avons étudié le rôle, selon une perspective macroéconomique, de quelques institutions financières essentielles de notre économie. Nous sommes maintenant en mesure de construire un modèle des marchés financiers pour expliquer comment ces derniers coordonnent l'épargne et l'investissement. Ce modèle servira également à l'analyse de différentes politiques gouvernementales ayant une influence sur l'épargne et l'investissement.

Marché des fonds prêtables
Marché où ceux qui épargnent offrent des fonds à ceux qui demandent des fonds pour investir.

Pour simplifier les choses, supposons qu'il n'existe qu'un seul marché financier dans l'économie : le **marché des fonds prêtables**. Tous les épargnants y apportent leurs fonds et tous les emprunteurs y obtiennent leurs prêts. Par conséquent, les fonds prêtables représentent la partie des revenus que les gens ont décidé d'épargner et de prêter plutôt que de la consacrer à la consommation, ainsi que les sommes que les investisseurs ont choisi d'emprunter pour financer leurs nouveaux projets d'investissement. Posons également l'hypothèse qu'il n'existe qu'un seul taux d'intérêt dans ce marché, représentant à la fois le rendement de l'épargne et le coût des emprunts.

L'hypothèse d'un marché financier unique ne correspond évidemment pas à la réalité, puisqu'il existe de nombreux types d'institutions financières. Cette simplification nous permet toutefois de construire un modèle économique simple, comme nous l'avons déjà fait au chapitre 2. Nous négligerons donc la diversité des institutions financières et postulerons qu'il n'y a qu'un seul marché financier dans l'économie.

L'offre et la demande de fonds prêtables

Le marché des fonds prêtables, comme tous les autres marchés économiques, est équilibré par l'offre et la demande. Pour saisir son fonctionnement, on doit commencer par comprendre les sources de l'offre et de la demande de fonds prêtables.

L'offre de fonds prêtables provient des agents économiques disposant d'un revenu qu'ils souhaitent épargner et prêter. Ce prêt peut s'effectuer directement, comme lorsqu'un ménage achète les obligations d'une entreprise, ou encore indirectement, par l'intermédiaire d'un dépôt bancaire qui servira à financer un prêt. Dans les deux cas, l'offre de fonds prêtables provient de l'épargne.

La demande de fonds prêtables vient à la fois des ménages, des sociétés et des gouvernements qui désirent contracter des emprunts pour financer leurs investissements. La demande peut venir, par exemple, des familles qui contractent une hypothèque pour s'acheter une maison, des entreprises qui s'endettent pour acheter de nouveaux biens d'équipement ou bâtir une usine, ou encore des gouvernements qui ont besoin de fonds pour construire des ponts. Dans ces trois cas, la demande de fonds prêtables est une demande aux fins d'investissement.

Le taux d'intérêt correspond au prix de l'emprunt, c'est-à-dire qu'il est égal à la somme que les emprunteurs paieront pour obtenir ce prêt et que les prêteurs recevront en retour. Un taux d'intérêt élevé fait augmenter le coût des emprunts et, par conséquent, réduit la quantité demandée de fonds prêtables. En revanche, un taux d'intérêt élevé attire les épargnants et fait augmenter la quantité offerte de fonds prêtables. Autrement dit, les courbes de demande et d'offre de fonds prêtables sont respectivement à pente négative et positive.

La figure 8.1 montre le taux d'intérêt assurant l'équilibre entre l'offre et la demande de fonds prêtables. Au taux d'équilibre indiqué (5 %), la quantité de fonds prêtables demandée est égale à la quantité de fonds prêtables offerte, soit 120 milliards de dollars.

Le taux d'intérêt s'ajuste pour équilibrer ce marché. Si le taux d'intérêt est inférieur au taux d'équilibre, la quantité de fonds prêtables offerte est inférieure à la quantité demandée ; il en résulte une pénurie de fonds prêtables, ce qui incite les prêteurs à augmenter le taux d'intérêt. Par contre, si le taux d'intérêt est supérieur au niveau d'équilibre, la quantité des fonds prêtables offerte dépasse la quantité demandée : les prêteurs se retrouveront en concurrence pour fournir des fonds aux rares investisseurs et le taux d'intérêt aura tendance à baisser. De cette façon, le taux d'intérêt finit par atteindre le niveau auquel l'offre et la demande s'équilibrent.

On se souviendra que les économistes font la distinction entre le taux d'intérêt réel et le taux d'intérêt nominal. Le taux d'intérêt nominal, qui est celui que diffusent les médias, correspond au rendement de l'épargne et au coût de l'emprunt. Le taux d'intérêt réel est le taux d'intérêt nominal corrigé de l'inflation. Puisque l'inflation réduit peu à peu la valeur de la monnaie, le taux d'intérêt réel représente le rendement réel de l'épargne et le véritable coût de l'emprunt. L'offre et la demande de fonds prêtables sont donc fonction du taux d'intérêt réel plutôt que du taux d'intérêt nominal : le taux d'intérêt d'équilibre de la figure 8.1 doit donc être interprété comme le taux d'intérêt réel. Dans ce chapitre, le terme *taux d'intérêt* désigne le taux d'intérêt réel.

Le modèle de l'offre et de la demande des fonds prêtables démontre que les marchés financiers fonctionnent comme les autres marchés de l'économie. Sur le marché du chocolat, par exemple, le prix s'ajuste en fonction de l'offre et de la demande, comme si une « main invisible » coordonnait le comportement des producteurs de chocolat et celui des consommateurs de chocolat. Une fois qu'on

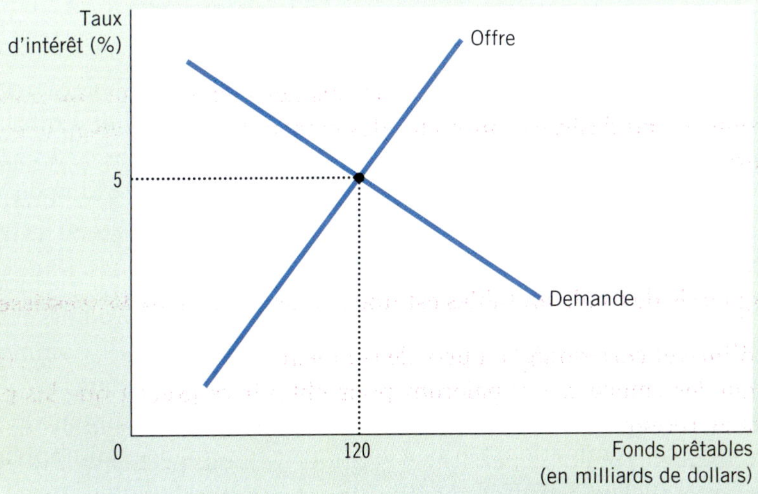

FIGURE 8.1

Le marché des fonds prêtables

Le taux d'intérêt assure un équilibre entre l'offre et la demande de fonds prêtables. L'offre provient de l'épargne nationale, constituée de l'épargne privée et de l'épargne publique. La demande émane des entreprises, des gouvernements et des ménages qui veulent emprunter pour investir. Dans ce cas-ci, le taux d'intérêt d'équilibre se situe à 5 %, et 120 milliards de dollars de fonds prêtables sont à la fois demandés et offerts.

a compris que l'offre de fonds prêtables provient de l'épargne et que la demande correspond à l'investissement, on saisit mieux comment le taux d'intérêt équilibre l'offre et la demande dans le marché des fonds prêtables, en coordonnant le comportement des épargnants et celui des investisseurs.

Grâce à cette analyse du marché des fonds prêtables, nous sommes en mesure d'évaluer l'incidence de différentes politiques gouvernementales sur l'épargne et l'investissement. Comme le modèle utilisé illustre l'offre et la demande, nous étudierons ces politiques selon les trois étapes présentées au chapitre 4, c'est-à-dire en nous posant les questions suivantes : Ces politiques provoquent-elles un déplacement de la courbe d'offre ou de la courbe de demande (ou des deux courbes à la fois) ? Dans quelle direction le déplacement de la courbe se produit-il ? Comment le prix et la quantité d'équilibre sont-ils modifiés par les politiques dans le graphique d'offre et de demande ?

Une première politique économique : des incitatifs à l'épargne

Les familles canadiennes épargnent sensiblement moins que les familles japonaises ou allemandes, mais le font en général plus que les familles américaines. Les raisons de ces disparités internationales restent obscures. Toutefois, de nombreux dirigeants politiques considèrent que le faible taux d'épargne des Canadiens pose un sérieux problème. Selon l'un des **dix principes d'économie** énoncés au chapitre 1, le niveau de vie d'un pays dépend de sa capacité à produire des biens et des services. Comme nous l'avons vu au chapitre 7, l'investissement est, à long terme, un déterminant important de la productivité d'un pays. Si le Canada parvenait à élever ses taux d'épargne et d'investissement au niveau de ceux d'autres pays, le taux de croissance du PIB augmenterait et le niveau de vie des citoyens canadiens s'améliorerait plus rapidement.

Un autre des **dix principes d'économie** indique que les gens réagissent aux incitatifs. Bien des économistes se basent sur ce principe pour dire que le faible taux d'épargne au Canada est partiellement attribuable à la fiscalité, qui décourage l'épargne. Les gouvernements fédéral et provinciaux tirent une bonne partie de leurs ressources de l'impôt sur le revenu ; or, le revenu inclut les intérêts et les dividendes provenant de l'épargne. Pour comprendre l'effet des impôts sur l'épargne, prenons l'exemple d'une jeune femme de 25 ans qui économise 1 000 $ et qui les place dans une obligation de 30 ans, qui rapporte un intérêt annuel de 9 %. En l'absence d'impôt sur les intérêts, cette somme initiale de 1 000 $ vaudra, 30 ans plus tard, 13 268 $. Cependant, si cet intérêt est imposable, à un taux de 33 % par exemple, le taux d'intérêt après impôt se trouve réduit à 6 %. Dans ce cas, au bout de 30 ans, la somme composée ne dépassera pas 5 743 $. En faisant diminuer à long terme les revenus générés par les placements, l'imposition des intérêts réduit l'incitation à épargner.

Afin d'encourager l'épargne, de nombreux économistes proposent de modifier la fiscalité. Par exemple, l'introduction de la taxe fédérale sur les produits et services (TPS), en 1991, a reçu l'approbation de la plupart des spécialistes. Comme il s'agit d'une taxe sur la consommation, elle encourage l'épargne, puisque le revenu non dépensé n'est pas taxé. Les taxes de vente provinciales sont un autre exemple de taxe sur la consommation. L'Alberta est la seule province qui n'applique pas une telle taxe, mais les avantages d'un impôt sur la consommation plutôt que sur le revenu sont tels que les spécialistes de la fiscalité suggèrent que l'Alberta imite les autres provinces. Étant donné les avantages de prélever un impôt sur la consommation plutôt que sur le revenu, il est intéressant de noter que le gouvernement fédéral a diminué le taux de la TPS de 7 % à 6 % en 2006, puis à 5 % en 2008.

Un élargissement des contributions permises aux régimes enregistrés d'épargne-retraite constituerait également une incitation à l'épargne. En investissant dans des REER, les ménages profitent en effet d'une exonération fiscale qui encourage l'épargne. À la figure 8.2, on peut voir les effets d'un tel incitatif sur le marché des fonds prêtables.

Tout d'abord, il faut se demander sur quelle courbe du modèle d'offre et de demande de fonds prêtables cette modification de la fiscalité aurait un impact. Comme elle inciterait les ménages à épargner davantage, et ce, *pour tout niveau du taux d'intérêt,* la mesure fiscale modifierait la quantité offerte de fonds prêtables pour tous les taux d'intérêt. En conséquence, la courbe d'offre de fonds prêtables se déplacerait. Cependant, la courbe de demande resterait en place, ces modifications fiscales n'influençant pas les sommes que les investisseurs désirent emprunter, quel que soit le taux d'intérêt.

Maintenant, essayons de comprendre dans quel sens s'effectuerait le déplacement de la courbe d'offre. L'épargne étant moins lourdement imposée sous le nouveau régime fiscal, les ménages, incités à épargner davantage, consommeraient moins. Ils déposeraient les fonds additionnels à la banque ou achèteraient des obligations. Par conséquent, l'offre de fonds prêtables augmenterait et la courbe d'offre se déplacerait vers la droite, soit de O_1 à O_2, comme le montre la figure 8.2.

En observant le graphique, il est possible de comparer l'ancien et le nouvel équilibre : l'augmentation de l'offre de fonds prêtables a pour résultat une

FIGURE 8.2

Les incitatifs à l'épargne et l'offre de fonds prêtables

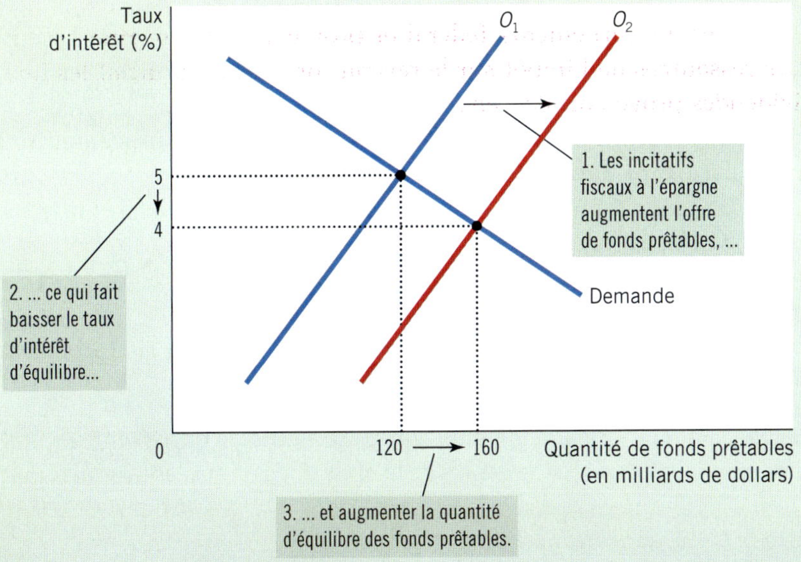

Une modification de la fiscalité qui encouragerait les Canadiens à épargner davantage aurait pour conséquence un déplacement vers la droite, de O_1 à O_2, de la courbe d'offre de fonds prêtables. Cette modification de l'offre ferait baisser le taux d'intérêt d'équilibre et stimulerait l'investissement. Dans cet exemple, le taux d'intérêt d'équilibre passe de 5 % à 4 %, et la quantité d'équilibre des fonds épargnés et investis passe de 120 milliards à 160 milliards de dollars.

réduction du taux d'intérêt de 5 % à 4 %. Cette baisse fait passer la quantité de fonds prêtables demandée de 120 milliards à 160 milliards de dollars. Le déplacement de la courbe d'offre modifie l'équilibre du marché le long de la courbe de demande. Les ménages et les entreprises empruntent davantage pour investir, en raison de la diminution du taux d'intérêt. En conséquence, si une réforme de la fiscalité encourage l'épargne, elle fait baisser le taux d'intérêt et stimule l'investissement.

Si les économistes sont d'accord pour reconnaître les effets d'une augmentation de l'épargne, ils restent néanmoins divisés sur le type de mesures fiscales à mettre en œuvre pour y parvenir. La majorité d'entre eux entérine les réformes fiscales destinées à faire augmenter l'épargne et à stimuler l'investissement et la croissance économique. Pourtant, certains restent sceptiques quant à l'effet de telles mesures sur l'épargne nationale et mettent également en doute leur équité. Par exemple, ils font valoir qu'une augmentation des contributions permises aux REER favoriserait ceux qui jouissent d'un revenu élevé. Nous reviendrons plus en profondeur sur cette question au chapitre 18.

Une deuxième politique économique : des incitatifs à l'investissement

Supposons maintenant que le Parlement adopte une réforme fiscale qui rend l'investissement plus attrayant. C'est essentiellement ce que fait le gouvernement lorsqu'il accorde un crédit d'impôt pour investissement. Un tel crédit offre une réduction d'impôt à toute firme qui acquiert un nouvel équipement ou construit une usine. Examinons les effets d'une telle législation sur le marché des fonds prêtables, comme l'illustre la figure 8.3.

FIGURE 8.3

Les incitatifs à l'investissement et la demande de fonds prêtables

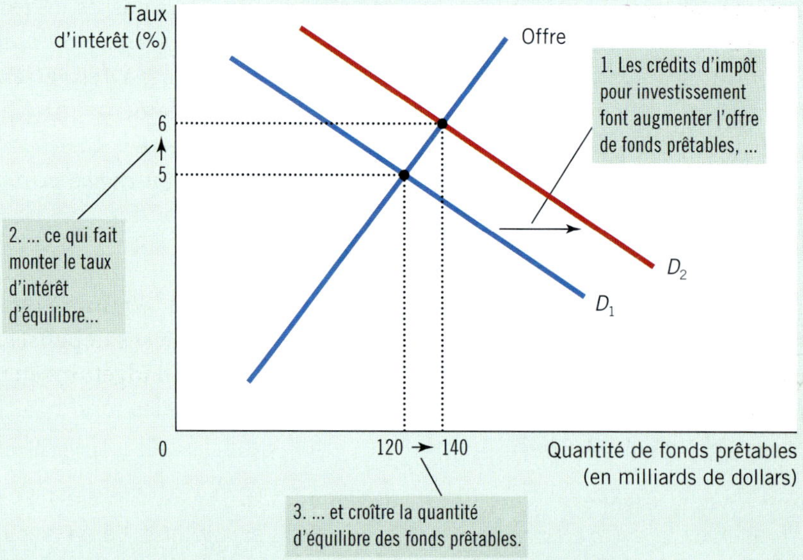

Si l'adoption d'un crédit d'impôt pour investissement incite les entreprises canadiennes à investir davantage, la demande de fonds prêtables augmente. Le taux d'intérêt d'équilibre s'accroît également, et cette hausse stimule l'épargne. Dans ce cas, un déplacement de la courbe de demande de D_1 à D_2 fait passer le taux d'intérêt d'équilibre de 5 % à 6 %, tandis que la quantité d'équilibre des fonds prêtables épargnés et investis passe de 120 milliards à 140 milliards de dollars.

Premièrement, une telle loi aurait-elle un impact sur l'offre ou sur la demande ? Comme cette réforme fiscale incite les entreprises à investir et, par conséquent, à emprunter davantage, elle modifie l'investissement pour tout niveau du taux d'intérêt, ce qui a pour résultat un déplacement de la demande de fonds prêtables. En revanche, comme cette modification ne touche pas directement l'épargne, elle n'influe pas sur la courbe d'offre de fonds prêtables.

Ensuite, voyons dans quelle direction s'effectuera le déplacement de la courbe de demande. Les entreprises ont tout intérêt à investir davantage : la quantité de fonds prêtables demandée augmentera, et ce, pour tout niveau du taux d'intérêt. La courbe de demande se déplacera donc vers la droite, de D_1 à D_2, comme on peut le voir sur le graphique de la figure 8.3.

Enfin, observons le changement de l'équilibre : l'augmentation de la demande de fonds prêtables fait grimper le taux d'intérêt de 5 % à 6 %. Les ménages réagissent à la hausse du taux d'intérêt en épargnant plus. La quantité de fonds prêtables offerte s'accroît donc, passant de 120 milliards à 140 milliards de dollars. Ce changement de comportement se traduit par un mouvement le long de la courbe d'offre. Par conséquent, si une modification de la fiscalité encourage les investissements, le résultat sera une augmentation du taux d'intérêt, de l'épargne et de l'investissement.

Une troisième politique économique : les déficits et les surplus budgétaires gouvernementaux

Depuis plus de 30 ans, certains des problèmes économiques les plus sérieux au Canada proviennent des effets directs ou indirects des déficits gouvernementaux et de l'accumulation de la dette publique qui en a résulté. Lorsque ses dépenses excèdent ses recettes fiscales, le gouvernement accuse un *déficit budgétaire* ; si ses dépenses sont inférieures à ses recettes fiscales, il dispose d'un *surplus budgétaire* ; lorsque ses dépenses sont égales à ses revenus, il y a *équilibre budgétaire*. Les gouvernements financent normalement leurs déficits en empruntant dans le marché des obligations. La somme de tous leurs emprunts passés correspond à la *dette publique*. De 1975 à 1997, puis depuis 2008, le gouvernement fédéral a enregistré d'importants déficits budgétaires, qui l'ont conduit à s'endetter lourdement. Durant les mêmes périodes, de nombreux gouvernements provinciaux ont fait de même, ce qui a provoqué une forte hausse de la dette publique provinciale. Au cours des dernières années, un important débat a fait rage à propos des effets de ces déficits sur l'allocation des ressources et la croissance économique à long terme.

Commençons par supposer que le gouvernement a un budget équilibré puis, que ce soit en raison d'une baisse des impôts ou d'une hausse de ses dépenses, qu'il connaît un déficit. On peut analyser les effets d'un tel déficit budgétaire en reprenant les trois étapes déjà utilisées pour observer le marché des fonds prêtables, comme le montre la figure 8.4.

Premièrement, il convient de se demander quelle courbe se déplace lors d'une augmentation du déficit budgétaire. Gardons à l'esprit que l'épargne nationale, à l'origine de l'offre de fonds prêtables, englobe à la fois l'épargne privée et l'épargne publique. Une modification du solde budgétaire a des conséquences sur l'épargne publique et, donc, sur l'offre de fonds prêtables. Comme le déficit gouvernemental n'influe pas sur la quantité de fonds que les ménages, les gouvernements et les entreprises veulent emprunter pour financer leurs investissements, pour un taux d'intérêt donné, la courbe de demande ne se déplace pas.

FIGURE 8.4

Les conséquences d'un déficit budgétaire gouvernemental

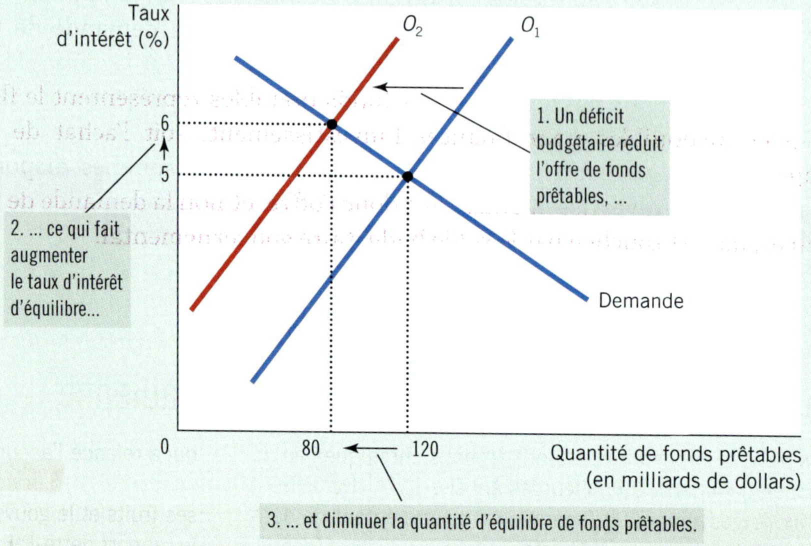

Quand le gouvernement dépense plus qu'il perçoit en recettes fiscales, le déficit budgétaire réduit l'épargne nationale. L'offre de fonds prêtables diminue et le taux d'intérêt d'équilibre augmente. En empruntant pour financer son déficit budgétaire, le gouvernement produit un effet d'éviction sur les emprunts des ménages et des entreprises souhaitant financer leurs investissements. Dans notre exemple, la courbe d'offre se déplace de O_1 à O_2, le taux d'équilibre passe de 5 % à 6 % et la quantité d'équilibre de fonds prêtables diminue de 120 milliards à 80 milliards de dollars.

À la deuxième étape, il faut déterminer la direction dans laquelle s'effectue le déplacement de la courbe d'offre de fonds prêtables. En cas de déficit budgétaire public, l'épargne publique devient négative. Autrement dit, lorsque le gouvernement emprunte pour financer son déficit budgétaire, il réduit la quantité de fonds prêtables disponible pour l'investissement des ménages, des entreprises et des gouvernements. Un déficit budgétaire déplace donc la courbe d'offre de fonds prêtables vers la gauche, de O_1 à O_2, comme le montre la figure 8.4.

Pour terminer, on doit comparer le nouvel équilibre avec l'ancien. Sur le graphique, lorsque le déficit budgétaire réduit l'offre de fonds prêtables, le taux d'intérêt grimpe de 5 % à 6 %. Cette hausse du taux se répercute sur le comportement des ménages et des entreprises dans le marché des emprunts, en les incitant à demander moins de fonds. Le nombre d'acheteurs d'une nouvelle maison diminue et les entreprises réduisent leurs investissements. Cette réduction de l'investissement, due aux emprunts publics, se nomme **effet d'éviction**. Ce phénomène économique est représenté sur le graphique par un déplacement le long de la courbe de demande, alors que l'équilibre passe d'une quantité demandée de 120 milliards à 80 milliards de dollars. Quand le gouvernement emprunte pour financer son déficit budgétaire, il évince donc les emprunteurs privés qui souhaitent financer leurs investissements.

Effet d'éviction
Réduction de l'investissement privé provoquée par les déficits publics.

Voici ce qu'il faut retenir sur les déficits budgétaires publics et leurs conséquences sur l'offre et la demande de fonds prêtables : lorsqu'un gouvernement réduit l'épargne nationale à cause de ses déficits, il fait monter les taux d'intérêt et diminue l'investissement. Comme l'investissement est essentiel à la croissance économique à long terme, les déficits gouvernementaux réduisent le taux de croissance économique.

Vous pourriez vous demander pourquoi un déficit budgétaire gouvernemental influe sur l'offre de fonds prêtables plutôt que sur la demande. Après tout, le gouvernement finance un déficit en vendant des obligations : il emprunte donc des fonds. Pourquoi ce déficit ne déplace-t-il pas alors la demande de fonds prêtables ? Pour répondre à cette question, il faut revenir à la définition des fonds prêtables. Dans notre modèle, les fonds prêtables représentent le flux de ressources disponibles pour financer l'investissement, soit l'achat de biens de capital. Ainsi, un déficit budgétaire public réduit les sommes disponibles pour financer ces investissements. C'est donc l'offre, et non la demande de fonds prêtables, qui est touchée par le solde budgétaire gouvernemental.

ÉTUDE DE CAS

L'alourdissement de la dette publique canadienne

Les déficits budgétaires ne sont devenus chroniques au Canada qu'à partir du milieu des années 1970. De 1950 à 1974, le gouvernement fédéral a enregistré autant de déficits que de surplus budgétaires, et la plupart des déséquilibres budgétaires étaient assez peu prononcés. Cependant, de 1975 à 1997, le gouvernement du Canada est entré dans un cycle de déficits majeurs, accumulant une dette de plus de 550 milliards de dollars. En 1998, pour la première fois en 28 ans, le gouvernement fédéral a affiché un surplus budgétaire, qui s'est élevé à 3,0 milliards de dollars, et il a consacré cette somme au remboursement d'une partie de sa dette. De 1998 à 2008, le budget fédéral a été en surplus chaque année, ce qui a permis de réduire la dette d'environ 90 milliards de dollars. Après 2008, cependant, le gouvernement fédéral a renoué avec les déficits budgétaires. Entre 2008 et 2012, le gouvernement augmentait sa dette nette de plus de 140 milliards de dollars, annulant en quelques années tous les remboursements de la période précédente.

La figure 8.5 présente la dette du gouvernement fédéral ainsi que les dettes combinées des gouvernements provinciaux et territoriaux, exprimées en pourcentage du PIB. Tout au long des années 1950 et jusqu'en 1975, le ratio dette-PIB fédéral a décliné. En effet, même si un déficit budgétaire survenait régulièrement pendant cette période, il était assez modeste pour que la dette publique croisse plus lentement que le PIB. Comme le PIB représente une mesure de la possibilité pour l'État de lever des impôts, une baisse du rapport dette-PIB indique, dans une bonne mesure, que le gouvernement vit selon ses moyens. Or, cela n'est plus du tout le cas après 1975, alors que l'accumulation des déficits budgétaires fait croître la dette publique plus rapidement que le PIB. Le ratio dette-PIB a donc augmenté rapidement, même si, en trois occasions (1982, 1989 et 1996), le gouvernement est parvenu à en limiter l'accroissement. Les deux premières fois, cet arrêt temporaire a été suivi d'un ralentissement économique qui a de nouveau gonflé les dépenses budgétaires et réduit les recettes fiscales, ce qui a relancé l'accumulation de la dette. À partir de 1996, l'effort déployé pour museler la dette publique a porté ses fruits et le gouvernement fédéral a réussi à réduire le rapport dette-PIB de 72 % en 1996 à 32 % en 2008. Malheureusement, en raison du ralentissement économique qui a débuté en 2007, le gouvernement fédéral a renoué avec les déficits en 2009, ce qui a fait grimper le rapport dette-PIB à 38 % en 2010 (comparativement à 33 % en 2009). En 2011, le rapport dette-PIB s'est stabilisé à 38 %, puis a commencé à diminuer. La plupart des analystes croient que, moyennant le maintien d'une croissance économique modeste, la tendance du rapport dette-PIB sera à nouveau à la baisse pour les prochaines années.

Jusqu'en 1982, les gouvernements provinciaux ont conservé, dans leur ensemble, un niveau d'endettement relativement constant par rapport au PIB. Même si les provinces connaissaient des déficits budgétaires, la croissance de la dette combinée de toutes les provinces ne dépassait pas celle de l'économie. Par conséquent, le ratio dette-PIB provincial s'est maintenu à environ 6 % de 1970 à 1982. Une importante récession, en 1982, s'est soldée par de graves déficits et une augmentation du ratio dette-PIB provincial, qui a atteint 30 % en 1997. De 1999 à 2008, le taux d'endettement du secteur provincial a diminué, jusqu'à 21 % du PIB. Après 2009, la récession a de nouveau fait remonter le rapport dette-PIB des provinces, jusqu'à 27 % en 2011. Comme pour la dette fédérale, en présumant le maintien d'une croissance modeste, les analystes croient que le rapport dette-PIB de l'ensemble des provinces recommencera à descendre. Les pointillés dans la figure 8.5 représentent une estimation prudente de la direction que prendront les ratios dette-PIB du gouvernement fédéral et de l'ensemble des gouvernements provinciaux et territoriaux.

Au 31 mars 2011, les gouvernements canadiens cumulaient une dette nette d'un peu plus de 1 100 milliards de dollars, celle-ci comprenant la dette du gouvernement fédéral et celles

►

FIGURE 8.5

Les dettes fédérale, provinciales et territoriales au Canada

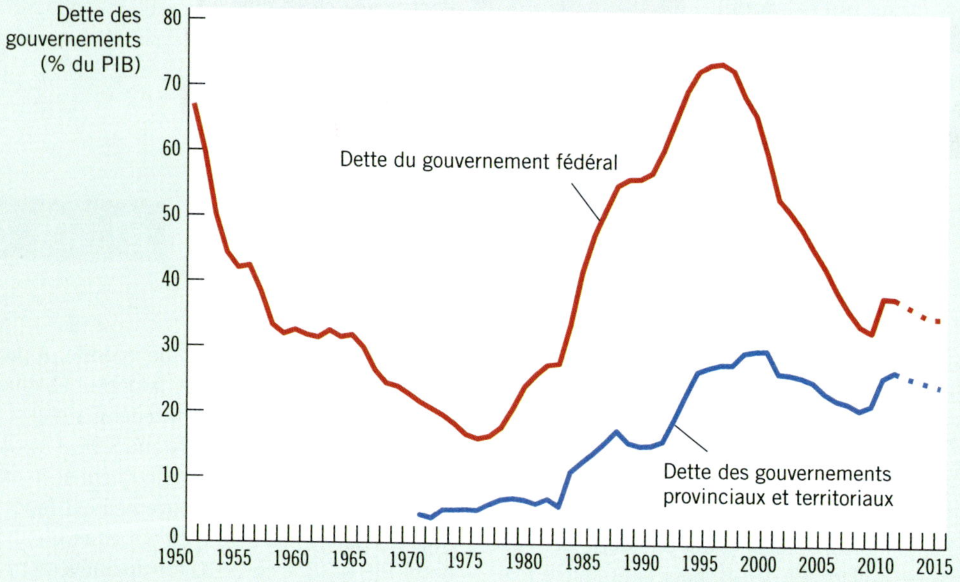

Note : La dette publique nette correspond à la différence entre l'actif financier et le passif.

Sources : Données tirées de Statistique Canada. Les données sur la dette nette depuis 1987 proviennent des *Tableaux de référence financiers*, octobre 2011, ministère des Finances du Canada. Repéré à www.fin.gc.ca. Les statistiques du PIB proviennent de la série V646925 de CANSIM.

Voici la dette du gouvernement fédéral et les dettes combinées des 10 gouvernements provinciaux et des gouvernements territoriaux, exprimées en pourcentage du PIB. On ne dispose de données sur la dette des gouvernements provinciaux que depuis 1970. La dette fédérale a enregistré une chute spectaculaire après la Seconde Guerre mondiale, mais elle a commencé à grimper rapidement en 1975, en raison d'une suite ininterrompue de déficits gouvernementaux majeurs. À partir de 1980, les gouvernements provinciaux ont également participé à cette augmentation de la dette publique. De 1997 à 2008, les deux paliers de gouvernement ont réussi à réduire leur taux d'endettement. À partir de 2009, une grave récession a contraint les deux paliers de gouvernement à enregistrer d'importants déficits budgétaires, ce qui a fait bondir leur ratio dette-PIB. Les pointillés décrivant la période jusqu'en 2015 représentent l'estimation des auteurs quant à la direction future des ratios dette/PIB.

de l'ensemble des administrations provinciales, territoriales et locales. Cela représente 65 % du PIB canadien. Pour mesurer l'ampleur de cette dette, on peut la comparer à ses valeurs antérieures. En 1996, la somme des dettes gouvernementales correspondait à 102 % du PIB. La situation s'est donc nettement améliorée depuis, mais, en reculant un peu plus loin, on constate que le ratio dette-PIB n'était que de 22 % en 1975. En reculant encore, on verrait qu'il dépassait certainement 100 % immédiatement après la Seconde Guerre mondiale.

On peut aussi évaluer la taille de la dette du gouvernement fédéral en la comparant à celle de gouvernements d'autres pays. L'exercice est difficile à faire parce que tous n'ont pas la même définition de la dette, mais on peut dire, sans risque de se tromper, qu'en 2011, le ratio dette-PIB du Canada était en deçà de celui des États-Unis et bien inférieur à celui de pays comme la Grèce et l'Espagne.

Enfin, on peut évaluer l'ampleur de la dette publique en comparant le risque de crédit entre les pays. En 2012, le Canada comptait parmi les rares pays (avec l'Australie, la Suisse, la Norvège, le Danemark et la Suède) qui semblaient sûrs de conserver leur cote de crédit AAA auprès d'agences comme Moody's et Standard & Poor's.

Selon toutes ces mesures, le niveau de la dette publique au Canada n'est pas extraordinairement élevé, que ce soit par rapport à ses niveaux antérieurs ou en comparaison avec d'autres pays.

Comme nous l'avons déjà vu au chapitre 7, l'épargne nationale est un déterminant essentiel de la croissance économique à long terme. En détournant une partie de l'épargne privée pour financer leurs déficits budgétaires, les gouvernements réduisent les ressources normalement destinées aux investissements et, par conséquent, diminuent le niveau de vie des générations futures. Au cours des dernières années, les citoyens canadiens ont pris conscience de ce problème. Les partis politiques de tous les horizons qui ont exercé le pouvoir au Canada ont adopté des mesures économiques visant la réduction des déficits. D'ailleurs, aucun parti politique important ne prêche plus le retour aux déficits publics élevés et persistants du passé.

BON À SAVOIR

Dépenses ou impôts ?

On entend souvent les économistes préconiser l'élimination d'un déficit budgétaire gouvernemental par une baisse des dépenses publiques plutôt que par une hausse des impôts. Cela est-il dû à un parti pris idéologique ? D'autres raisons peuvent-elles être invoquées pour expliquer ce choix ?

Pour bien comprendre ce choix, il faut revenir à la définition de l'épargne nationale :

$$S = S_p + S_G \quad \text{ou} \quad S = (Y - T - C) + (T - G)$$

L'épargne nationale (S) est égale à la somme de l'épargne privée (S_P) et de l'épargne gouvernementale (S_G).

Si le gouvernement diminue G (les dépenses publiques), il augmente l'épargne gouvernementale, sans toucher à l'épargne privée. L'épargne nationale augmente donc de façon certaine. Si le gouvernement choisit plutôt d'augmenter T (recettes fiscales moins transferts et subventions), qui se trouve dans les deux termes de droite, il augmente l'épargne publique tout en réduisant l'épargne privée (car le revenu disponible diminue). L'effet net sur l'épargne nationale devrait donc être moins important. Si l'on ajoute l'effet négatif d'une hausse des impôts sur le désir de travailler et d'investir (car les ménages conserveront une plus petite part de leurs revenus), on comprend mieux les suggestions des économistes.

BON À SAVOIR

Quelle est l'ampleur de la dette publique ?

La question peut sembler curieuse considérant l'étude de cas qui précède, dans laquelle un diagramme montre l'évolution de la dette publique dans le temps. Il a bien fallu en connaître le montant pour la représenter dans un diagramme ! En fait, il existe diverses façons de voir la dette publique et de la calculer.

Dans l'étude de cas précédente, nous avons défini la dette nette publique comme étant la différence entre la valeur de l'actif financier du gouvernement — les « comptes d'épargne » dans lesquels sont versées les recettes fiscales jusqu'au paiement des factures relatives aux programmes de dépenses et à d'autres fins — et la valeur du passif, c'est-à-dire la valeur des obligations que le gouvernement vend parfois pour financer de nouveaux programmes de dépenses. En 2011, le gouvernement fédéral détenait 304 milliards de dollars d'actifs financiers, mais devait 921 milliards sous forme d'obligations qu'il devra rembourser tôt ou tard. La différence entre ces sommes — 617 milliards de dollars — correspond à la dette nette du gouvernement fédéral au 31 mars 2011.

Cette façon de calculer la dette nette semble on ne peut plus sensée. C'est du moins la façon dont la plupart des gens calculeraient leur propre dette si on le leur demandait. Ils prendraient probablement la valeur de leur compte d'épargne et celle de leur maison, qu'ils désigneraient comme leur actif. Ils calculeraient ensuite les sommes qu'ils doivent encore sur leur hypothèque, sur leur voiture et sur leurs cartes de crédit pour déterminer leur passif. La différence entre les deux constituerait leur dette nette. C'est l'approche élémentaire qui sert à calculer la dette nette du gouvernement illustrée dans la figure 8.5.

Selon l'économiste William Robson, de l'Institut C. D. Howe, la mesure de la dette nette présentée dans la figure 8.5 n'est qu'une partie de l'équation, parce qu'elle ne porte que sur l'actif et le passif *en cours*. Or, les gouvernements mettent en place des programmes de dépenses que les contribuables devront payer dans les années à venir. Lorsque les coûts des programmes de dépenses sont censés s'accroître plus vite que les recettes fiscales destinées à les payer, les contribuables se retrouvent avec une *dette non provisionnée.*

Par exemple, le système public de soins de santé, que régit la *Loi canadienne sur la santé,* garantit le paiement par l'État des coûts des soins de santé de tous les Canadiens. Lors de la promulgation de la *Loi* en 1984, l'âge médian au Canada était de 30,6 ans, ce qui signifie que la moitié des Canadiens n'avait pas atteint cet âge et que l'autre moitié l'avait dépassé. Les Canadiens de 65 ans et plus ne composaient alors que 10 % de la population. En 2011, l'âge médian de la population canadienne était estimé à 39,9 ans, et les personnes de 65 ans et plus composaient 14,4 % de la population. Selon les estimations, l'âge médian en 2036 oscillera entre 42 et 45 ans, et les personnes de 65 ans et plus composeront 20 % de la population. Le vieillissement de la population est une donnée importante parce que 44 % des soins de santé financés par les deniers publics sont consacrés aux personnes de 65 ans et plus ; il faut donc s'attendre à une augmentation des coûts relatifs aux soins de santé à mesure que la population vieillira.

C'est ce type de données qu'invoque Robson pour souligner que le système public de soins de santé tel qu'il est actuellement conçu oblige les contribuables canadiens à financer une grande partie des dépenses en soins de santé pour l'avenir. Bien sûr, une population vieillissante signifie aussi que les administrations publiques pourront consacrer moins d'argent à des postes comme l'éducation au primaire. Les calculs de Robson montrent cependant que les dépenses publiques sont appelées à grossir considérablement par rapport à leur niveau actuel. Puisque le système fiscal tel qu'il est conçu ne générera pas suffisamment de recettes pour payer ces coûts projetés, les contribuables font face à une dette non provisionnée (et à des hausses d'impôt futures). Robson estimait en 2004 que la dette non provisionnée augmentait la mesure habituelle de la dette nette publique d'environ le tiers.

En plus d'augmenter notre estimation de la dette publique, ces calculs de dette non provisionnée ont une autre répercussion importante. Le fait que les impôts soient appelés à augmenter pour payer cette dette non provisionnée signifie que les futurs contribuables — les jeunes d'aujourd'hui — risquent de devoir supporter un fardeau fiscal nettement plus lourd que celui des contribuables actuels. Une grande part de ce fardeau supplémentaire est imputable à la dette non provisionnée associée au système public de soins de santé. Les jeunes Canadiens en bonne santé sont donc directement concernés par les débats entourant la prestation et le financement des soins de santé : ils devront en payer les coûts, et ce, bien avant d'avoir atteint l'âge où l'on apprécie le plus les avantages d'un bon système de soins de santé bien géré.

DANS L'ACTUALITÉ

L'endettement croissant des gouvernements sème l'inquiétude

Le Fonds monétaire international (FMI), dont le rôle est de garantir la stabilité du système monétaire international, s'inquiète de la hausse de l'endettement des gouvernements un peu partout à travers le monde.

FMI : la stabilité financière mondiale menacée par l'endettement et la Fed

AFP

La stabilité financière dans le monde reste sous la menace d'un changement de cap de la politique monétaire aux États-Unis et de l'endettement massif des pays riches, a estimé le FMI mercredi.

Dans un premier rapport, le Fonds monétaire international se penche sur la question qui devrait dominer son assemblée générale cette semaine à Washington et qui agite les marchés depuis plusieurs mois : la réduction imminente des injections de liquidités de la Réserve fédérale (Fed). [...]

« Pic historique » de la dette

Dans un second rapport publié mercredi, l'institution pointe un autre risque pour la stabilité financière : l'endettement des États.

En moyenne, la dette publique des pays développés devrait atteindre le «pic historique» de 110 % de leur produit intérieur brut en 2014, soit 35 points de plus qu'en 2007, écrit le Fonds dans son rapport sur la surveillance budgétaire.

«En dépit des progrès sur la réduction des déficits, les fragilités budgétaires profondes restent élevées dans les pays développés», indique le rapport.

Avec un ratio de dette/PIB de 242,3 % prévu en 2014, le Japon devrait encore figurer en tête du peloton des pays développés les plus endettés, suivi par la Grèce (174 %), l'Italie (133,1 %) et le Portugal (125,3 %).

Les États-Unis, paralysés par une impasse budgétaire, devraient eux voir leur endettement progresser à 107,3 % de leur PIB en 2014, loin devant la France et ses 94,8 %. [...] ■

Source : AFP. (9 octobre 2013). «FMI : la stabilité financière mondiale menacée par l'endettement et la Fed». *Libération*. Repéré à www.liberation.fr

MINITEST

- Si une majorité de Canadiens vivaient sans se soucier du lendemain, quelles seraient les conséquences sur l'épargne, sur l'investissement et sur le taux d'intérêt ?

Conclusion

Dans *Hamlet*, la pièce de Shakespeare, Polonius recommande à son fils de ne prêter ni d'emprunter d'argent à personne. Si tout le monde suivait ce conseil, ce chapitre serait inutile.

Mais l'opinion de Polonius ne serait pas appuyée par beaucoup d'économistes. Dans notre économie, on emprunte et on prête souvent, généralement pour une bonne raison. On emprunte pour se lancer en affaires ou acquérir une maison, et on prête dans l'espoir que l'intérêt permettra de prendre une retraite confortable. Le système financier coordonne l'ensemble de ces activités d'épargne et d'emprunt.

Par bien des aspects, les marchés financiers ressemblent aux autres marchés de l'économie. Le prix des fonds prêtables (le taux d'intérêt) est déterminé, tout comme les autres prix, par l'offre et la demande. On peut analyser les déplacements de l'offre et de la demande dans les marchés financiers comme dans les autres marchés. Selon l'un des **dix principes d'économie** déjà étudiés au chapitre 1, les marchés représentent en général une bonne façon d'organiser l'activité économique. Ce principe s'applique également aux marchés financiers ; en assurant l'équilibre entre l'offre et la demande de fonds prêtables, les marchés financiers contribuent à allouer de la meilleure façon possible les ressources rares de l'économie.

À la différence des autres marchés, cependant, les marchés financiers font le lien entre le présent et l'avenir. Les épargnants offrent des fonds prêtables de manière à convertir une partie de leurs revenus actuels en pouvoir d'achat futur ; les emprunteurs demandent ces mêmes fonds pour investir aujourd'hui, ce qui leur permet d'augmenter leur capital et de produire ultérieurement des biens et des services. Le bon fonctionnement des marchés financiers est donc essentiel pour la génération actuelle, mais également pour les prochaines générations qui en hériteront les fruits.

Résumé

- Le système financier canadien regroupe plusieurs composantes : le marché des obligations, le marché des actions, les banques et les fonds communs de placement. Il permet de redistribuer l'épargne des différents agents économiques vers les entreprises, les gouvernements et les ménages désirant investir.
- Les identités fondamentales de la comptabilité nationale mettent en évidence les relations entre les variables macroéconomiques. Dans le cas particulier d'une économie fermée, l'épargne nationale est, par définition, égale à l'investissement. Les institutions financières sont l'intermédiaire par lequel l'épargne des uns finance les investissements des autres.
- Le taux d'intérêt est déterminé par l'offre et la demande de fonds prêtables. L'offre de fonds provient des ménages, des gouvernements et des entreprises qui décident d'épargner une partie de leur revenu et de la prêter ; la demande émane des ménages, des gouvernements et des entreprises qui empruntent pour investir. Pour analyser l'impact d'une politique économique ou d'un événement sur le taux d'intérêt, il faut considérer leurs conséquences sur l'offre et la demande de fonds prêtables.
- L'épargne nationale est égale à la somme de l'épargne privée et de l'épargne publique. Un déficit budgétaire gouvernemental correspond à une épargne publique négative, qui a pour conséquence de réduire l'épargne nationale et l'offre de fonds prêtables finançant les investissements. Lorsqu'un déficit gouvernemental a un effet d'éviction sur l'investissement, il limite la croissance à la fois de la productivité et du PIB.

Concepts clés

Questions de révision

1. Quel rôle joue le système financier ? Nommez et décrivez deux marchés qui font partie du système financier, ainsi que deux intermédiaires financiers.
2. Pourquoi les détenteurs d'actions et d'obligations ont-ils tout intérêt à diversifier leurs avoirs ? Quel type d'institution financière facilite le plus cette diversification ?
3. Qu'est-ce que l'épargne nationale ? l'épargne privée ? l'épargne publique ? Comment ces trois variables sont-elles reliées ?
4. Qu'est-ce que l'investissement ? Quelle est la relation entre l'investissement et l'épargne nationale ?
5. Donnez un exemple de réforme fiscale qui pourrait faire augmenter l'épargne privée. Quelles seraient les conséquences de l'application de cette mesure sur le marché des fonds prêtables ?
6. Qu'est-ce qu'un déficit budgétaire gouvernemental ? Comment influe-t-il sur les taux d'intérêt, sur l'investissement et sur la croissance économique ?
7. Comment un gouvernement accumule-t-il une dette ? Si un gouvernement maintient un surplus budgétaire, qu'arrive-t-il à sa dette ?

Le chômage et son taux naturel

9
CHAPITRE

La perte d'un emploi est certainement une expérience économique pénible à vivre. La plupart des gens comptent sur un salaire pour maintenir leur niveau de vie et plusieurs retirent de leur travail un sentiment d'accomplissement personnel. Une mise à pied signifie à la fois une réduction immédiate du niveau de vie, des inquiétudes concernant l'avenir et une atteinte à l'estime de soi. On ne s'étonne donc pas que les partis politiques fassent campagne en insistant sur la création d'emplois.

Dans les chapitres précédents, nous avons étudié les facteurs qui déterminent le niveau de vie d'un pays et sa croissance. Nous savons déjà qu'un pays qui épargne et investit une part importante de ses revenus jouit, en ce qui concerne son capital physique et son PIB, d'une croissance supérieure à celle d'un pays qui épargnerait et investirait moins. Dans ce chapitre, nous verrons que le taux d'emploi est aussi un facteur déterminant du niveau de vie. Même si le chômage est inévitable dans une économie complexe comprenant des milliers d'entreprises et des millions de travailleurs, son taux varie grandement selon les pays et les époques. Si un pays a un bon taux d'emploi, son PIB sera plus élevé que si une grande partie de sa population est désoeuvrée.

Nous commençons notre étude du chômage dans ce chapitre. Le problème du chômage se divise en deux catégories : le problème de long terme et celui de court terme. Le *taux de chômage naturel* est le taux de chômage normal pour une économie. Le *chômage cyclique* (ou *conjoncturel*) correspond aux fluctuations du chômage autour du taux de chômage naturel, résultant des fluctuations de l'activité économique. Nous étudierons le chômage cyclique de façon plus détaillée lorsqu'il sera question des fluctuations économiques de court terme, dans les parties subséquentes de cet ouvrage. Nous nous bornerons pour le moment à aborder les facteurs déterminants du taux de chômage naturel. Tout d'abord, il faut bien comprendre que le qualificatif *naturel* ne signifie nullement qu'un tel taux de chômage est désirable ; il ne signifie pas non plus que ce taux est constant, ni imperméable aux décisions économiques gouvernementales. Il indique simplement que le chômage naturel ne disparaît pas de lui-même, même à long terme.

Nous commencerons par examiner le chômage en nous posant les trois questions suivantes : comment le gouvernement mesure-t-il le taux de chômage ? Quels problèmes pose l'interprétation de ces données ? Combien de temps les personnes sans emploi restent-elles généralement en chômage ?

Nous verrons ensuite pourquoi le chômage touche en tout temps les économies et comment les dirigeants politiques peuvent aider les chômeurs. Nous examinerons quatre causes du taux de chômage naturel : la recherche d'emploi, le salaire minimum, les syndicats et les salaires d'efficience. Nous constaterons également que le chômage ne peut pas être attribuable à une cause unique. De fait, ce phénomène provient d'un grand nombre de problèmes interreliés. Il n'existe donc pas de solution simple permettant de réduire le taux de chômage naturel et, par la même occasion, d'alléger les souffrances des chômeurs.

La définition du chômage

Commençons par définir précisément le chômage et la façon dont il est mesuré par le gouvernement.

La mesure du chômage

C'est Statistique Canada qui mesure le chômage. Cet organisme publie chaque mois des données statistiques sur le chômage, ainsi que sur les types d'emplois, les heures hebdomadaires travaillées en moyenne par travailleur et la durée des périodes de chômage. Ces données proviennent de l'*Enquête sur la population active* (EPA), étude réalisée régulièrement auprès d'environ 54 000 ménages canadiens.

D'après les réponses données à ce sondage, Statistique Canada répartit les individus âgés de 15 ans et plus dans ces ménages en trois catégories :

- Occupés (ou en emploi) ;
- En chômage ;
- Inactifs.

On considère qu'une personne est employée (ou occupée) si elle a eu un emploi rémunéré pendant la semaine précédant l'enquête. Une personne est en chômage si elle n'a pas occupé un emploi rémunéré et qu'elle recherche un emploi. Elle est aussi en chômage si elle a été mise à pied temporairement ou si elle attend de commencer un nouvel emploi. Lorsqu'une personne ne satisfait pas aux conditions précédentes, par exemple une étudiante à plein temps, une femme au foyer ou une personne retraitée, elle est considérée comme inactive. La figure 9.1 montre la répartition de la population âgée de 15 ans et plus en mai 2013.

Une fois que Statistique Canada a réparti entre les trois catégories toutes les personnes interrogées lors de l'enquête, des calculs lui permettent de dresser un portrait du marché du travail. La **population active** est la somme des personnes occupées et des chômeurs.

Population active
Nombre total de personnes ayant un emploi ou étant en chômage.

$$\text{Population active} = \text{Personnes occupées} + \text{Personnes en chômage}$$

Le **taux de chômage** correspond au pourcentage de la population active qui ne travaille pas :

Taux de chômage
Pourcentage de la population active en chômage.

$$\text{Taux de chômage} = \frac{\text{Nombre de personnes en chômage}}{\text{Population active}} \times 100$$

On calcule ce taux de chômage non seulement pour l'ensemble de la population âgée de 15 ans et plus, mais également pour certains groupes plus spécifiques : les 15 à 24 ans, la population plus âgée, les hommes ou les femmes, etc.

FIGURE 9.1

La répartition de la population en mai 2013

Statistique Canada divise la population âgée de 15 ans et plus en trois catégories : occupés, en chômage et inactifs.

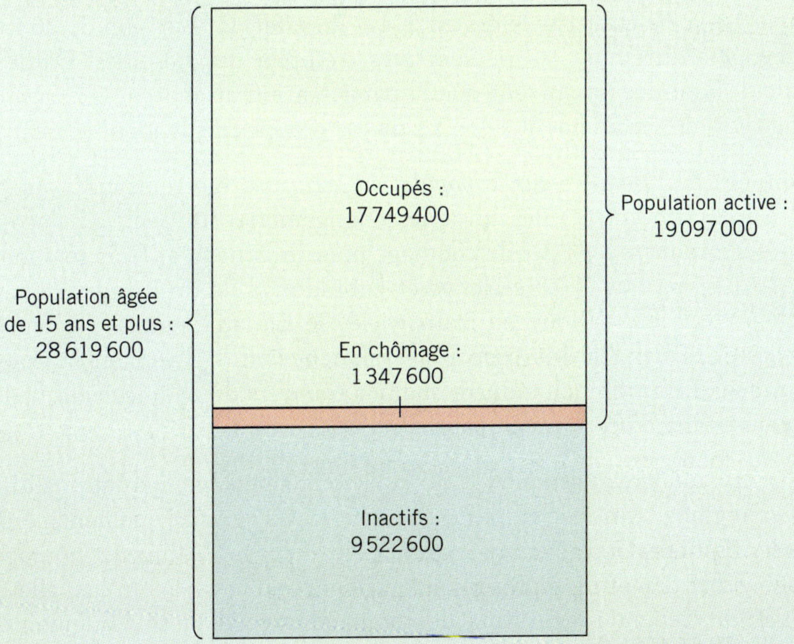

Source : Statistique Canada. (2013). « Caractéristiques de la population active ». Repéré à www.statcan.gc.ca/tables-tableaux/sum-som/l02/cst01/lfss01a-fra.htm

Taux d'activité
Pourcentage de la population âgée de 15 ans et plus faisant partie de la population active.

Statistique Canada publie aussi des données sur le **taux d'activité**, c'est-à-dire le pourcentage de la population âgée de 15 ans et plus faisant partie de la population active :

$$\text{Taux d'activité} = \frac{\text{Population active}}{\text{Population âgée de 15 ans et +}} \times 100$$

Ce dernier taux mesure la proportion de la population qui a décidé de participer au marché du travail. Tout comme le taux de chômage, le taux d'activité est calculé tant d'une façon globale que pour certains groupes particuliers.

Examinons les données pour mai 2013 : à ce moment-là, 17 749 400 personnes étaient occupées, alors que 1 347 600 se trouvaient en chômage.

À partir de ces données, on peut calculer la population active :

$$\text{Population active} = 17\,749\,400 + 1\,347\,600 = 19\,097\,000$$

On peut aussi calculer le taux de chômage :

$$\text{Taux de chômage} = (1\,347\,600/19\,097\,000) \times 100 = 7{,}1\,\%$$

La population canadienne âgée de 15 ans et plus totalisait 28 619 600 personnes. Sachant cela, il est possible de calculer le taux d'activité :

$$\text{Taux d'activité} = (19\,097\,000/28\,619\,600) \times 100 = 66{,}7\,\%$$

Le tableau 9.1 regroupe les statistiques sur les taux de chômage et d'activité de certains groupes particuliers. Si l'on examine attentivement ce tableau, trois observations sautent aux yeux. Tout d'abord, les femmes présentent un taux d'activité inférieur à celui des hommes du même âge. Cependant, cet écart est en train de disparaître. Deuxièmement, les jeunes de 15 à 24 ans sont plus durement frappés par le chômage que le reste de la population active. Troisièmement, si le taux de chômage des femmes est généralement semblable à celui des hommes du même âge, ce n'était pas le cas en 2011. En effet, la récession de 2008-2009 a touché plus durement les perspectives d'emploi des hommes. D'une façon générale, les données montrent que la participation au marché du travail et le chômage varient grandement selon les divers groupes de la population active.

Les données de l'*Enquête sur la population active* permettent aussi aux politiciens et aux économistes de suivre les changements influant sur l'économie. La figure 9.2 montre les taux de chômage pour le Canada et trois régions canadiennes : l'Atlantique (Terre-Neuve-et-Labrador, l'Île-du-Prince-Édouard, la Nouvelle-Écosse et le Nouveau-Brunswick), le Canada central (le Québec et l'Ontario) et l'Ouest (le Manitoba, la Saskatchewan, l'Alberta et la Colombie-Britannique). Le graphique montre qu'il y a toujours du chômage et que le taux de chômage varie d'une année à l'autre.

La figure 9.2 montre aussi que le taux de chômage et ses fluctuations diffèrent selon les régions. Ainsi, le taux de chômage est systématiquement plus élevé dans les provinces atlantiques que dans le reste du pays. Le taux de chômage dans l'Ouest a généralement été plus faible qu'ailleurs au pays. Du milieu à la fin des années 1980, cependant, le taux de chômage dans l'Ouest a augmenté pour atteindre la moyenne canadienne. Cela a été causé, entre autres, par une baisse des prix du gaz naturel et du pétrole — un événement qui a bénéficié à l'économie des provinces de l'Est, mais qui a nui à celle des provinces de l'Ouest. Finalement, le taux de chômage dans le Canada central suit de près la moyenne canadienne. On s'y attendrait d'ailleurs, car le Québec et l'Ontario comprennent plus de 60 % de la main-d'œuvre canadienne.

Soulignons enfin que les comparaisons des taux de chômage entre les pays s'avèrent parfois trompeuses. Les États-Unis, par exemple, ne définissent pas le taux de chômage exactement comme le Canada. Ainsi, la population active américaine désigne les personnes âgées de 16 ans et plus qui cherchent un emploi, alors qu'au Canada, la population active comprend les personnes âgées de 15 ans et plus. Ce genre de différence entraîne des écarts importants. En 2011, par exemple, le taux de chômage officiel au Canada était de 7,4 %, mais n'aurait été que de 6,5 % selon la définition qu'en donnent les États-Unis.

TABLEAU 9.1

Les statistiques sur l'emploi selon les diverses catégories de travailleurs

Ce tableau montre le taux de chômage et le taux d'activité de diverses catégories de travailleurs en 2012.

CATÉGORIE DE TRAVAILLEURS	TAUX DE CHÔMAGE (%)	TAUX D'ACTIVITÉ (%)
Hommes et femmes, 15 ans et plus	7,2	66,7
Hommes, 15-24 ans	15,9	63,5
Hommes, 25-44 ans	6,3	92,0
Hommes, 45-64 ans	6,2	80,0
Femmes, 15-24 ans	12,6	63,6
Femmes, 25-44 ans	6,1	82,2
Femmes, 45-64 ans	5,4	71,5

Source : Statistique Canada. (2013). « Caractéristiques de la population active selon l'âge et le sexe ». Repéré à www.statcan.gc.ca/tables-tableaux/sum-som/l02/cst01/labor20a-fra.htm

FIGURE 9.2

Les taux de chômage national et régionaux, 1966-2011

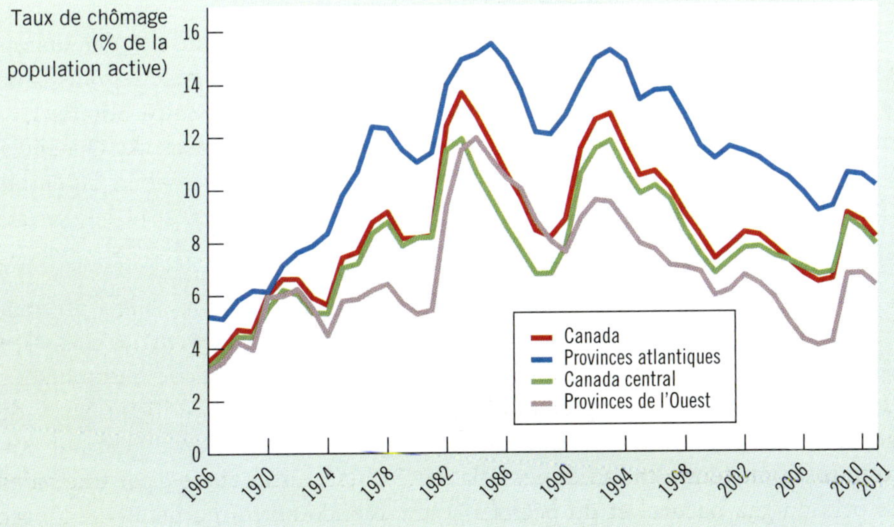

Source : Données tirées de Statistique Canada. CANSIM, tableau 282-0002.

ÉTUDE DE CAS

Le taux d'activité des hommes et des femmes dans l'économie canadienne

Au cours du siècle dernier, le rôle de la femme dans la société canadienne a considérablement évolué. Diverses raisons sont invoquées pour expliquer ce phénomène. D'une part, les progrès techniques ont grandement contribué à réduire le temps nécessaire à l'exécution des tâches ménagères, grâce aux machines à laver et à sécher le linge, aux réfrigérateurs, aux congélateurs et aux lave-vaisselle. D'autre part, la régulation des naissances a permis de restreindre le nombre d'enfants par famille. Enfin, cette modification du rôle de la femme est aussi attribuable à l'évolution des mentalités. Cette coïncidence de différents facteurs a profondément modifié la société en général, et l'économie en particulier.

C'est probablement sur le marché du travail que les conséquences d'une telle évolution se sont davantage fait sentir. La figure 9.3 présente les taux d'activité des hommes et des femmes au Canada depuis 1951. Tout juste après la Seconde Guerre mondiale, les hommes et les femmes contribuaient de manière fort différente à la société : la grande majorité des hommes faisaient partie de la population active, soit 84 %, contre seulement 24 % des femmes. Cette disproportion s'est atténuée durant les dernières décennies, les femmes s'intégrant graduellement au marché du travail. Les données de 2013 montrent que 62,1 % des femmes âgées de 15 ans et plus font maintenant partie de la population active, contre 71,1 % des hommes. Sur le plan du taux d'activité, les hommes et les femmes progressent donc vers l'égalité.

Si la participation croissante des femmes au marché du travail s'explique facilement, la baisse du taux d'activité des hommes semble déconcertante à première vue. Cependant, plusieurs raisons expliquent ce phénomène. Tout d'abord, les jeunes hommes vont à l'école plus longtemps que leurs pères et que leurs grands-pères. Ensuite, les hommes prennent leur retraite plus tôt et vivent plus longtemps. Enfin, la participation des femmes au marché du travail incite un plus grand nombre de pères à rester au foyer pour s'occuper des enfants. Or, les étudiants, les retraités et les pères au foyer, s'ils ne cherchent pas d'emploi ou n'en occupent pas un, sont considérés comme inactifs.

FIGURE 9.3

Le taux d'activité des hommes et des femmes au Canada depuis 1951

Ce graphique indique les pourcentages d'hommes et de femmes faisant partie de la population active. Durant les dernières décennies, beaucoup de femmes sont entrées dans la population active, alors qu'une partie des hommes l'ont quittée.

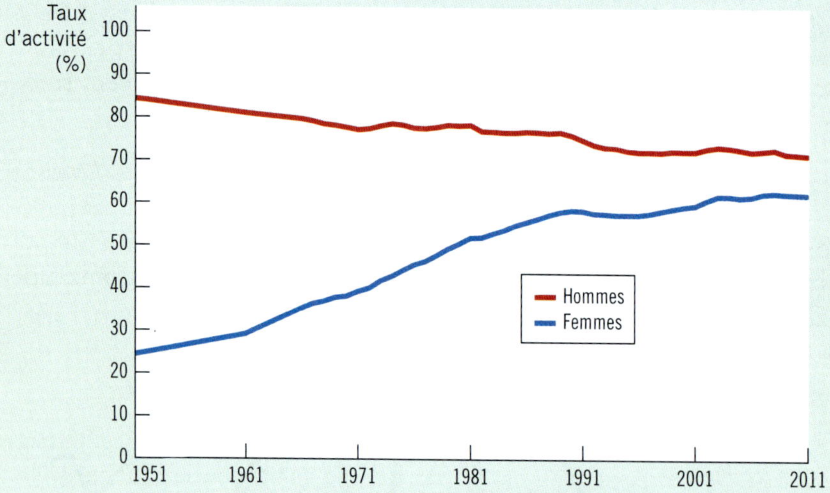

Sources : Données de 1966-2007 : Statistique Canada. Valeurs observées de 1951 et de 1961 : Leacy, F. H. (sous la dir. de). (1983). *Statistiques historiques du Canada* (2e éd.). Ottawa, Canada : Statistique Canada. Chiffres de 1952 à 1960 et de 1962 à 1965 : interpolation linéaire faite à partir des valeurs observées en 1951, 1961 et 1966.

Le taux de chômage, une statistique fiable ?

Mesurer le taux de chômage est une opération plus complexe qu'on le croit. Alors qu'il est facile de faire la différence entre une personne qui travaille à temps plein et une personne sans emploi, la distinction entre une personne en chômage et une personne qui ne fait pas partie de la population active est beaucoup plus subtile.

De plus, les entrées et les sorties de la population active représentent un phénomène courant. Plus du tiers des chômeurs sont des personnes qui viennent de se joindre à la population active. Ces nouveaux venus sur le marché du travail sont, entre autres, les jeunes à la recherche d'un premier emploi, dont les étudiants nouvellement diplômés, mais surtout les travailleurs qui reviennent sur le marché du travail après un épisode d'inactivité. De plus, près de la moitié des périodes de chômage se terminent par une sortie de la population active.

En raison de ces flux importants en direction et en provenance de la population active, les statistiques s'avèrent difficiles à interpréter. D'une part, certains chômeurs ne cherchent peut-être pas très activement un emploi, se souciant avant tout d'être admissibles aux prestations d'assurance emploi ou ayant été mis à pied temporairement et attendant un rappel. Certains se disent peut-être chômeurs parce qu'ils perçoivent des prestations d'assurance emploi ou qu'ils travaillent au noir. Il serait peut-être plus réaliste de considérer que toutes ces personnes ne font pas partie de la population active ou, dans certains cas, qu'elles occupent un emploi.

D'autre part, certains individus ne figurant pas dans la population active désirent réellement travailler. Après avoir cherché sans succès, ils y ont renoncé. On les qualifie de **chercheurs découragés**, car ils ne font plus partie des statistiques du chômage, même s'ils sont véritablement des travailleurs sans emploi. De la même façon, certains travailleurs occupent un emploi à temps partiel, alors qu'ils voudraient travailler à temps plein. Bien que ces personnes soient sous-employées, elles ne figurent pas dans les statistiques du chômage.

Chercheurs découragés
Personnes qui veulent travailler, mais qui ont quitté la population active, parce qu'elles désespèrent de trouver un emploi.

Le tableau 9.2 montre, pour 2011, le taux de chômage officiel ainsi que diverses estimations de la sous-utilisation de la main-d'œuvre au Canada. Il n'est guère facile de mesurer de façon précise les conditions réelles du marché du travail. Quoique imparfaite, la mesure officielle du chômage reste néanmoins une donnée utile pour estimer le nombre de sans-emploi.

Quelle est la durée moyenne d'une période de chômage ?

En 2011, la durée moyenne d'un épisode de chômage était de 18,8 semaines. Malheureusement, cette moyenne peut cacher des écarts prononcés. Par exemple, la durée moyenne du chômage variait fortement à l'intérieur du Canada, allant de seulement 13,9 semaines à l'Île-du-Prince-Édouard à un maximum de 23,2 semaines au Québec. Toutes ces moyennes peuvent aussi couvrir une grande variation entre les expériences de chômage vécues par chaque personne. Prenons un exemple simple : imaginons qu'Olivier est en chômage pendant 51 semaines,

TABLEAU 9.2

Les mesures diverses de sous-utilisation de la main-d'œuvre

Ce tableau montre diverses mesures de sous-utilisation de la main-d'œuvre dans l'économie canadienne. Les données sont une moyenne de l'année 2011.

MESURE ET DESCRIPTION	POURCENTAGE DE LA POPULATION ACTIVE
En chômage 1 à 4 semaines	2,5
En chômage 5 à 13 semaines	2,0
En chômage 14 à 25 semaines	1,1
En chômage 26 à 52 semaines	1,1
En chômage 53 semaines ou +	0,6
TAUX DE CHÔMAGE OFFICIEL	**7,4**
Chercheurs découragés	0,2
En attente d'un rappel	0,6
Involontairement à temps partiel	1,6
Taux officiel + Chercheurs découragés + En attente d'un rappel + Involontairement à temps partiel	9,8

Source : Données tirées de Statistique Canada. CANSIM II, tableaux 2820048 et 2820086. Repéré à www5.statcan.gc.ca/cansim

alors que Valentine, Edgar, Victor et Valérie connaissent chacun une période de chômage d'une durée d'une semaine. La durée moyenne du chômage dans notre exemple est de 11 semaines, mais cette donnée décrit très mal la situation vécue par chaque chômeur. La moyenne de 11 semaines ne révèle pas, entre autres, que le chômage est de court terme et un problème relativement mineur pour Valentine, Edgar, Victor et Valérie, alors qu'il est plus durable et plus grave pour Olivier.

Dans notre exemple simple, la majorité des épisodes de chômage étaient courts ; pour quatre des cinq personnes, le chômage ne durait qu'une semaine. Les données du tableau 9.2 montrent que cela est également vrai pour le Canada : le tiers des chômeurs le sont pendant un mois ou moins (soit 2,5/7,4 = 0,33), et 60 %, pendant moins de trois mois. Même si être en chômage durant une période pouvant atteindre trois mois n'est pas un problème mineur, c'est tout de même moins grave que d'être chômeur pendant plus de trois mois, ou même pendant plus d'un an.

Il faut donc être prudent en interprétant les données et en suggérant des formes d'aide aux sans-emploi, car la plupart des gens en chômage retrouvent rapidement du travail. Le vrai problème du chômage concerne ceux qui connaissent des périodes prolongées de recherche d'emploi infructueuse, et les politiques pour en mitiger les effets devraient donc être définies à leur intention.

Pourquoi y a-t-il toujours du chômage ?

Jusqu'à maintenant, nous avons parlé de la méthode de calcul du taux de chômage, de la difficulté d'interpréter les statistiques ainsi que des caractéristiques de la durée du chômage. Le concept de chômage est donc à présent clairement défini.

Pourtant, nous n'avons pas encore abordé les causes du chômage. Sur la plupart des marchés, les prix assurent un équilibre entre l'offre et la demande. Sur un marché du travail idéal, les salaires devraient assurer l'égalité entre la quantité de travail demandée et la quantité offerte, et ainsi garantir le plein emploi de tous les travailleurs.

La réalité est bien loin de cet idéal. On trouve toujours des gens sans travail, même en période de prospérité économique. Autrement dit, le taux de chômage ne tombe jamais à zéro ; il fluctue au contraire autour du taux de chômage naturel. La figure 9.4 compare le taux de chômage canadien observé et une estimation du taux de chômage naturel. Le **taux de chômage naturel** correspond au taux vers lequel l'économie tend à long terme. On ne peut pas le déterminer avec précision, mais la plupart des économistes s'accordent à penser qu'il tourne autour de 6 % à 8 % au Canada. Ils parviennent à cette estimation du taux de chômage naturel en examinant les variables qui, selon eux, causent ce chômage. Nous reviendrons sur ces éléments déterminants dans la suite de ce chapitre.

Taux de chômage naturel
Taux de chômage vers lequel l'économie tend à long terme.

Les valeurs du taux de chômage naturel indiquées à la figure 9.4 n'engagent que les auteurs du présent ouvrage. Comme ce taux est estimé, il reste contestable. Les valeurs illustrées sur cette figure proviennent cependant d'un assez large consensus, parmi les économistes, sur l'évolution du taux de chômage naturel canadien depuis 1966. Au cours des années 1970 et 1980, le taux de chômage naturel a doublé, passant de 4 % à plus de 8 %. Il s'est mis à diminuer vers le milieu des années 1990. En 2005, selon l'opinion majoritaire, le taux de chômage naturel se situait entre 6 et 7 %. La récession de 2008-2009 a sans doute poussé le taux naturel vers le haut. Nous estimons le taux de chômage naturel canadien à environ 7 % en 2013.

FIGURE 9.4

Le taux de chômage observé et le taux de chômage naturel, 1966-2011

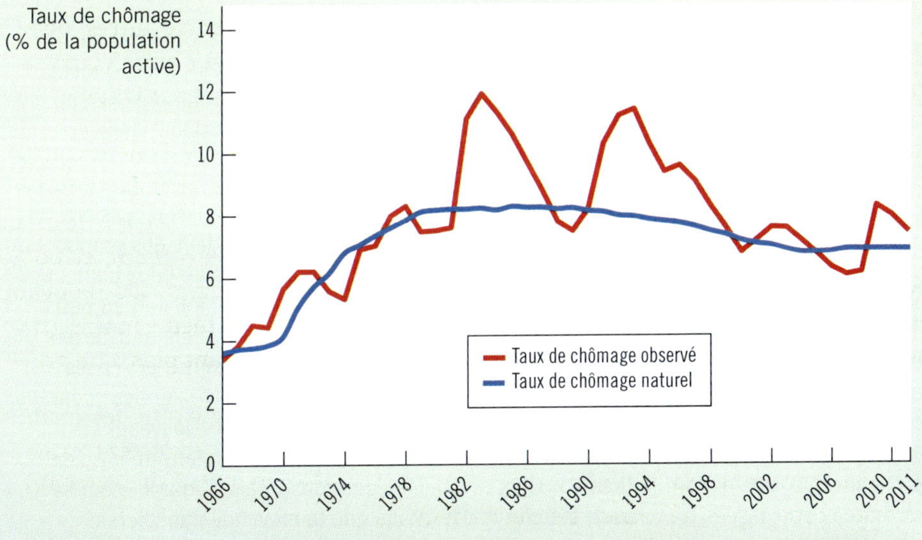

Sources : Données tirées de Statistique Canada. CANSIM II, série V691799, et estimation des auteurs.

La plupart des économistes considèrent que le taux de chômage naturel a augmenté durant les années 1970, avant de se stabiliser autour de 8 % durant les années 1980, puis de diminuer lentement après le milieu des années 1990. La différence entre le taux de chômage observé et le taux de chômage naturel équivaut au chômage cyclique. Dans cette figure, les pics marqués du taux de chômage observé correspondent aux récessions du début des années 1980 et 1990, et à celle de 2008-2009.

Chômage cyclique (ou conjoncturel)
Écart entre le taux de chômage observé et le taux de chômage naturel.

La figure 9.4 indique également que le taux de chômage observé fluctue de part et d'autre du taux de chômage naturel, les différences entre ces deux taux étant dues au **chômage cyclique (ou conjoncturel)**. Le chômage cyclique est causé par les fluctuations économiques de court terme. Nous y reviendrons plus loin, lorsqu'il sera question des fluctuations de court terme du chômage autour de son taux naturel. Pour l'instant, nous ne tiendrons pas compte des fluctuations de court terme et nous nous concentrerons sur le problème du chômage chronique dans les économies de marché. Nous étudierons donc les facteurs déterminants du taux de chômage naturel.

Chômage frictionnel
Chômage de courte durée causé par le temps requis aux travailleurs pour rechercher et trouver les emplois correspondant à leurs capacités et à leurs goûts.

Comme nous le verrons dans les prochaines pages, quatre causes peuvent nous aider à comprendre l'existence du chômage à long terme. La première d'entre elles est directement liée au temps nécessaire aux travailleurs pour trouver un emploi qui leur convient. On nomme **chômage frictionnel** le chômage découlant du processus d'appariement des emplois et des travailleurs ; ce type de chômage ne dure normalement que de courtes périodes.

Les trois autres causes du chômage découlent du fait qu'il n'y a pas suffisamment d'emplois dans le marché du travail pour permettre à tous ceux qui le veulent

BON À SAVOIR

Une comparaison de deux récessions

Le marché du travail au Canada est constitué de différents marchés régionaux. Statistique Canada a défini 70 de ces marchés et compile pour chacun d'eux des données sur l'emploi, la main-d'œuvre et le chômage. Dans ces 70 marchés, la demande et l'offre de travail se rencontrent. Cela signifie que le taux de chômage au Canada est en fait une moyenne des taux dans chacun des 70 marchés régionaux.

La différence entre ces marchés peut être assez grande. Voici un exemple : sur cinq mois, soit de janvier à mai 2012, la variation de l'emploi dans les 11 marchés régionaux définis en Ontario par Statistique Canada s'échelonnait entre un minimum de –3,9 % dans le nord-ouest de l'Ontario, à un maximum de + 2,6 % dans la région d'Ottawa.

En raison de pareilles différences, lorsqu'on entend dire que « le Canada est entré en récession », on doit garder à l'esprit qu'une telle affirmation n'est pas forcément vraie pour toutes les régions du pays. Certaines seront touchées de façon importante par rapport à la moyenne canadienne, tandis que d'autres le seront moins. D'autres régions encore pourraient ne pas subir de récession du tout.

Cela s'explique par le fait que toutes les régions du pays diffèrent en ce qui a trait à la composition industrielle. Une chute du prix du pétrole causerait vraisemblablement une récession dans les provinces productrices de pétrole, telles que l'Alberta et la Saskatchewan, mais pas en Ontario, où l'économie repose fortement sur l'industrie automobile ; cette province tirerait d'ailleurs profit de prix moins élevés pour le pétrole et l'essence. En revanche, une récession provoquée par une baisse de la demande de voitures se répercutera principalement en Ontario et aura peu d'effets sur le taux de chômage au Manitoba.

Le tableau 9.3 illustre les effets de deux récessions sur différents marchés régionaux. Les données correspondent à la hausse du taux de chômage pour chaque province au cours de la première année de deux récessions : celle de 1990-1991 et celle de 2008-2009.

Pendant la première année de chacune de ces récessions, le taux de chômage au Canada a augmenté dans des proportions presque identiques, soit un peu plus de deux points de pourcentage. Bien que cette baisse de l'emploi ait eu peu d'impacts en Alberta, en Colombie-Britannique et à Terre-Neuve-et-Labrador en 1990-1991, ces mêmes provinces ont été plus durement touchées pendant le ralentissement de 2008-2009. Les marchés du travail au Nouveau-Brunswick et en Saskatchewan s'en sont relativement bien tirés au cours des deux récessions, mais l'Ontario, pour sa part, a souffert davantage que la moyenne canadienne.

Étant donné que c'est le gouvernement fédéral qui met en œuvre les changements dans la fiscalité et dans les programmes de dépenses, et que ces changements affectent tous les Canadiens de la même façon, Ottawa a donc du mal à cibler la récession dans les régions les plus touchées.

TABLEAU 9.3

Une comparaison de deux récessions

	CHANGEMENT DANS LE TAUX DE CHÔMAGE (%)	
	1990-1991	2008-2009
Terre-Neuve-et-Labrador	1,0	2,3
Île-du-Prince-Édouard	2,3	1,2
Nouvelle-Écosse	1,4	1,5
Nouveau-Brunswick	0,6	0,3
Québec	1,7	1,2
Ontario	3,4	2,5
Manitoba	1,2	1,0
Saskatchewan	0,3	0,7
Alberta	1,3	2,9
Colombie-Britannique	1,5	3,1
CANADA	2,2	2,1

Source : Données tirées de Statistique Canada. CANSIM, tableau 282-0002. Repéré à http ://www5.statcan.gc.ca/cansim/a05 ?lang = eng&id = 2820002

de travailler. Cette situation correspond à une offre de travail supérieure à la demande. Le type de chômage ainsi créé est qualifié de **chômage structurel** et dure généralement plus longtemps. Ce chômage se produit lorsque les salaires sont, pour une raison quelconque, supérieurs au niveau d'équilibre. Nous examinerons trois raisons possibles de ce déséquilibre salarial : les lois sur le salaire minimum, les syndicats et les salaires d'efficience.

Chômage structurel
Chômage de longue durée causé par une insuffisance du nombre d'emplois disponibles par rapport au nombre de personnes désirant travailler.

MINITEST

- Comment mesure-t-on le taux de chômage ? Comment le taux de chômage peut-il surestimer le nombre de personnes sans emploi ? Comment peut-il le sous-estimer ?

La recherche d'emploi

La **recherche d'emploi** est l'une des quatre causes du chômage. La recherche d'emploi est le processus par lequel les travailleurs cherchent un emploi correspondant à leurs compétences et à leur formation. Si tous les emplois proposés et tous les travailleurs étaient identiques, n'importe quel travailleur pourrait occuper n'importe quel poste et la recherche d'emploi ne poserait aucun problème.

Recherche d'emploi
Processus par lequel les travailleurs trouvent un emploi correspondant à leurs capacités et à leurs goûts.

Un chômeur trouverait rapidement un emploi approprié. En pratique, les travailleurs ont des aptitudes et des goûts différents, les emplois sont différents les uns des autres et l'information concernant les candidats disponibles et les emplois offerts circule lentement entre les multiples entreprises et les ménages.

Le chômage frictionnel est inévitable

Le chômage frictionnel provient souvent des changements influant sur la demande de travail entre les différentes entreprises. Lorsque les consommateurs décident d'acheter les ordinateurs de marque Compaq plutôt que Dell, par exemple, Compaq embauche et Dell licencie. Les employés de Dell cherchent un nouvel emploi et Compaq doit sélectionner des travailleurs pour les postes nouvellement créés. Cette transition produit une période de chômage.

De même, chaque région produit une gamme différente de biens et de services. Si la production varie d'une région à l'autre, cela peut conduire à une hausse de l'emploi dans un coin du pays et à une baisse ailleurs. Supposons que le prix du pétrole diminue. Les producteurs albertains réagissent en réduisant leur production et en licenciant du personnel. Au même moment, la baisse du prix de l'essence stimule les ventes des fabricants d'automobiles ontariens, ce qui fait ainsi augmenter leur production et l'embauche. Ces fluctuations de la composition de la demande industrielle ou régionale s'appellent *variations sectorielles*. Elles ont pour conséquence un chômage temporaire, car il faut du temps aux chercheurs d'emploi pour trouver du travail dans un autre secteur ou une autre région.

Les transformations continuelles de l'économie rendent inévitable le chômage frictionnel. Il y a un siècle, l'agriculture, l'industrie du bois et le secteur manufacturier traditionnel (vêtements, produits du cuir, etc.) étaient les secteurs qui employaient le plus de travailleurs au Canada. L'agriculture, qui était la principale source d'emplois au Canada en 1913, est aujourd'hui devenue une activité marginale. Maintenant, les services, la fabrication d'automobiles, l'exploitation du pétrole et l'industrie aéronautique ont remplacé ces secteurs dans l'économie canadienne. De tels changements mènent à la création d'emplois dans certaines entreprises et à la suppression d'emplois ailleurs. Le résultat final est une amélioration de la productivité et du niveau de vie. Cependant, au cours de ce processus, des travailleurs œuvrant dans des secteurs en perte de vitesse se retrouvent en chômage et cherchent alors un emploi.

Les données statistiques canadiennes démontrent que les entreprises en expansion augmentent le nombre de leurs employés d'environ 10 % par année, alors que les entreprises en décroissance en suppriment un peu moins de 10 %. Il y a donc, chaque année, un important flux de travailleurs allant des entreprises actives dans des secteurs en contraction vers celles qui sont présentes dans des secteurs en expansion. Ce mouvement de la population active est normal dans une économie dynamique, mais le marché du travail a du mal à apparier rapidement les chômeurs et les emplois disponibles. Des estimations récentes indiquent qu'un chômeur sur huit, au Canada, serait ainsi, à tout moment, en chômage frictionnel.

Les politiques publiques et la recherche d'emploi

Même si un certain chômage frictionnel est inévitable, l'ampleur de ce chômage ne l'est pas. Plus la circulation de l'information relative aux postes offerts et à la disponibilité des travailleurs est rapide, plus rapide sera l'appariement entre les chercheurs d'emplois et les emplois disponibles. L'utilisation croissante d'Internet, par exemple, devrait faciliter la recherche d'emploi et ainsi contribuer à réduire le chômage frictionnel. Certaines mesures gouvernementales pourraient également améliorer la situation : si une politique réduit le temps de recherche d'emploi des chômeurs, elle peut diminuer le taux de chômage naturel de l'économie.

C'est ce que tentent de faire, de diverses manières, certains programmes gouvernementaux. Par exemple, les bureaux de placement donnent de l'information non seulement sur les postes disponibles, mais également sur les programmes de formation, facilitant ainsi la reconversion de travailleurs des industries en déclin vers les secteurs en expansion et aidant les plus démunis à échapper à la pauvreté. La plupart de ces programmes de formation sont gérés par l'assurance emploi et par Emploi-Québec. Les dernières modifications du programme fédéral d'assurance emploi réaffectent d'ailleurs une partie des fonds disponibles pour les chômeurs vers le financement des programmes de formation. Les partisans des programmes publics de recherche d'emploi pensent que ces derniers facilitent le fonctionnement de l'économie et aident à maintenir le plein emploi, tout en réduisant les inégalités inhérentes aux transformations économiques.

Au contraire, les détracteurs de ces programmes contestent la valeur de l'intervention gouvernementale dans le processus de recherche d'emploi. Ils font valoir que le marché est plus efficace. De fait, la plupart des chômeurs trouvent un emploi sans que l'État s'en mêle. L'information sur les postes disponibles et sur les candidats en recherche d'emploi circule très bien par les annonces dans les journaux, Internet, les divers bulletins, les bureaux de placement universitaires, les chasseurs de têtes ainsi que par le bouche-à-oreille. Pour l'essentiel, la formation des travailleurs se réalise aussi sans intervention gouvernementale, par l'intermédiaire des écoles ou de la formation en entreprise. Les opposants aux programmes gouvernementaux considèrent que le gouvernement ne fait pas mieux — ou même qu'il fait pire — que les employeurs et les travailleurs eux-mêmes pour fournir les bons renseignements aux bonnes personnes et pour choisir les meilleurs domaines de formation. Ils prétendent aussi que les travailleurs et les employeurs font des choix plus judicieux sans intervention publique.

L'assurance emploi

Le gouvernement fédéral canadien assume la responsabilité du programme d'**assurance emploi**. Ce programme vise à compenser la perte de revenus des chômeurs et à faciliter leur recherche d'emploi en leur octroyant des prestations. Il s'agit d'un programme coûteux (en 2011-2012, les dépenses se sont élevées à près de 18 milliards de dollars) et controversé. Nombre d'économistes sont convaincus que si l'assurance emploi aide les gens sans emploi, elle cause aussi une augmentation du taux de chômage en suscitant une hausse du chômage frictionnel.

Assurance emploi
Programme gouvernemental qui permet aux travailleurs de bénéficier d'une indemnité pendant un certain temps après la perte de leur emploi.

Depuis 1971, deux critères président à la détermination du montant et de la durée des prestations d'assurance emploi : la durée du travail pendant l'année et le taux de chômage dans la région de résidence. La durée des prestations est, en effet, directement proportionnelle au nombre d'heures travaillées ; un taux de chômage élevé dans la région permet au prestataire de se qualifier pour l'assurance emploi avec moins d'heures travaillées et de recevoir des versements prolongés. Depuis 1971, les détails du programme ont fait l'objet de modifications fréquentes.

En 2012, les travailleurs vivant dans une région où le taux de chômage excédait 16 % ne devaient travailler que 420 heures (12 semaines de 35 heures chacune) pour toucher 37 semaines de prestations. Ceux qui habitaient une région où le taux de chômage était de 6 % ou moins devaient avoir travaillé 700 heures (20 semaines de travail à temps plein) pour être admissibles, et les prestataires bénéficiaient de l'assurance emploi durant un maximum de 19 semaines. Dans les régions où le taux de chômage est élevé, on peut donc se qualifier pour recevoir des prestations d'assurance emploi en travaillant un faible nombre d'heures et on peut recevoir ces prestations pendant une longue période. Dans les régions où le taux de chômage est faible, on doit, pour se qualifier, travailler un grand nombre d'heures et on ne peut recevoir ces prestations que pour une courte période. Les mesures législatives annoncées en 2012 et entrées en vigueur en 2013 ont resserré certaines modalités du programme d'assurance emploi. En particulier, les mesures ont modifié la définition de ce que sont un « emploi convenable » et une « recherche d'emploi raisonnable », de façon à réduire l'admissibilité aux prestations d'assurance emploi.

Les caractéristiques du programme d'assurance emploi donnent à penser que tout en allégeant le fardeau pour les chômeurs, ce programme fait aussi augmenter le chômage lui-même. Cette affirmation se fonde sur l'un des **dix principes d'économie** du chapitre 1 : les gens réagissent aux incitatifs. Les prestations d'assurance emploi prenant fin au moment de l'embauche pour un nouveau poste, certains chômeurs ne se consacreront pas entièrement à la recherche d'un emploi et seront enclins à refuser certaines offres moins alléchantes. De plus, le programme incite les gens à entrer dans le marché du travail, alors qu'ils ne l'auraient peut-être pas fait autrement. Cela s'explique facilement : l'assurance emploi fait augmenter le revenu total qu'ils reçoivent en travaillant. En effet, non seulement les travailleurs touchent un salaire, mais ils deviennent aussi admissibles aux prestations d'assurance emploi en quittant leur poste.

Plusieurs études en économie du travail ont permis d'observer cet effet incitatif de programmes comme celui de l'assurance emploi. Les résultats de ces études confirment l'hypothèse des économistes voulant que ces programmes influencent les comportements relatifs au marché du travail. Ils révèlent par exemple que la période de travail requise pour être admissible à des prestations influe sur la durée de l'emploi. Plus précisément, les personnes qui reçoivent des prestations ont tendance à quitter leur emploi plus vite que si elles n'avaient pas été admissibles. Des études ont également révélé que des employeurs ne procèdent à des mises à pied que lorsque les travailleurs sont admissibles aux prestations. On peut formuler l'hypothèse qu'il s'agit d'un avantage concédé aux travailleurs par les employeurs en échange d'un salaire inférieur.

D'autres études ont établi une corrélation entre la probabilité de trouver un emploi et le nombre de semaines de prestations restantes : la probabilité de succès pour la recherche d'emploi augmente à l'approche de la fin des versements. Enfin, plusieurs études ont confirmé que le taux d'activité dépend directement de la générosité des prestations d'assurance emploi. Tous ces résultats confirment que ce programme modifie le comportement des travailleurs en faisant augmenter le taux de chômage.

En dépit de ces effets, il ne faudrait pas immédiatement conclure que l'assurance emploi est un programme désastreux. En effet, il atteint son objectif principal, soit réduire la précarité économique des chômeurs. De plus, comme le soulignent des études, le programme permet aux sans-emploi de chercher plus longtemps et de décrocher ainsi un meilleur emploi. En vertu de ces conclusions, certains économistes arguent que l'assurance emploi améliore l'appariement entre les chercheurs d'emploi et les emplois disponibles.

DANS L'ACTUALITÉ

À quel point les chômeurs réagissent-ils aux incitatifs ?

Au cours du ralentissement économique de 2008-2009, les économistes et les pouvoirs publics ont cherché à savoir dans quelle mesure le système d'assurance emploi influence le comportement des chômeurs.

La longue récession enflamme le débat sur les prestations d'assurance emploi

Sara Murray

Une entreprise qui recrute des cadres, située à Sacramento en Californie, a déclaré avoir eu du mal récemment à pourvoir six postes d'ingénieurs chez un fabricant en Oregon, qui offre un salaire annuel de 60 000 $. Elle soupçonne que les prestations d'assurance emploi à long terme font partie du problème.

« Nous avons appelé plusieurs ingénieurs sans emploi, dit Karl Dinse, associé actif dans l'entreprise de recrutement. Ils ont répondu que si on leur offrait 80 000 $, ils considéreraient l'offre. » Certains candidats ont suggéré que M. Dinse communique avec eux de nouveau lorsque leurs prestations arriveraient à leur terme.

Rick Jewell, pour sa part, voit autrement l'extension des prestations d'assurance emploi. Il ne voulait pas en demander, mais il n'avait pas le choix. En décembre 2008, il a perdu son poste de conducteur de chariot élévateur à 12 $ l'heure dans une entreprise de cosmétiques, à Greenwood, Indiana. Il a reçu 315 $ de prestations par semaine jusqu'en juin 2009, moment où le Congrès a refusé de renouveler la loi qui accordait aux travailleurs de l'Indiana et de quelques autres États jusqu'à 99 semaines d'aide financière.

« J'en ai assez d'être à la maison. J'en ai assez de ne plus être le soutien de famille », lance monsieur Jewell. Il affirme qu'il cherche du travail chaque jour depuis son licenciement. Sa femme et lui vivent du salaire de madame, soit 480 $ par semaine, qu'elle touche en tant que superviseure de la distribution dans la même entreprise de cosmétiques.

Pendant la longue récession et la reprise anémique, le gouvernement a prolongé le versement des prestations d'assurance emploi plus que jamais depuis que ce programme a été mis en place dans les années 1930. D'ailleurs, depuis qu'on a commencé à produire des statistiques en 1967, c'est de nos jours que la durée moyenne du chômage est la plus longue.

Les politiciens et les économistes prennent actuellement part à un vif débat qui pourrait avoir de graves conséquences pour les chômeurs : les prestations plus généreuses d'assurance emploi les ont-elles incités à être plus sélectifs dans leur recherche d'emploi ? Ou est-ce que ce programme était une réaction prudente à la pire récession à frapper depuis plusieurs générations ?...

Depuis des années, les économistes se demandent dans quelle mesure les prestations gouvernementales prolongent la durée du chômage et accroissent vraisemblablement le taux de chômage. La plupart estiment qu'une augmentation de la durée des prestations décourage effectivement certains chômeurs de chercher du travail ou d'accepter des emplois disponibles. Par contre, tous ne sont pas du même avis quand il s'agit d'évaluer l'ampleur de cet effet, en particulier si les emplois se font rares.

« Étant donné la conjoncture, je doute que l'effet soit si important, déclare Raj Chetty, économiste à l'Université Harvard. Je pense que les gens sont prêts à prendre n'importe quel emploi. »

Les économistes qui se situent plus à droite voient un inconvénient dans l'extension des prestations. « Personne ne devient riche grâce à des prestations d'assurance emploi, et je ne dis pas que les gens sont paresseux, soutient Michael Tanner, du Cato Institute, un centre de recherche libertarien, à Washington, D. C. Cependant, si vous attendez un chèque, même si le montant est peu élevé, vous serez moins motivé à chercher du travail ou à accepter un emploi qui vous intéresse moins. »

Pratiquement tous les aspects de la récente récession étaient inhabituels. Comparativement aux autres récessions que nous avons traversées depuis la Seconde Guerre mondiale, la dernière a été plus forte et plus longue, et plus de gens ont perdu leur emploi. Un an plus tard, bien que l'économie ait commencé à croître, le taux de chômage de 9,5 % est toujours très élevé. À peu près la moitié des chômeurs — sur un total de 6,8 millions de personnes — sont sans travail depuis plus de six mois, et 4,3 millions d'entre eux, depuis plus d'un an. Le chômeur typique n'est plus sur le marché du travail depuis un nombre médian de 25,5 semaines.

La réaction du gouvernement a aussi été inhabituelle, et pas seulement en raison de la grande opération de sauvetage des banques. En temps normal, les chômeurs reçoivent des prestations pendant au plus 26 semaines ; celles-ci sont principalement financées par une taxe prélevée chez les employeurs. Pendant les récessions, les gouvernements fédéral et des États financent conjointement jusqu'à 20 semaines supplémentaires dans les États les plus touchés. Au cours de la dernière récession, le Congrès a ajouté 53 semaines de plus de prestations, à même les fonds fédéraux. Au cours de la forte récession des années 1980, la période maximale de versement des prestations n'a jamais dépassé 55 semaines.

Le programme d'indemnisation du chômage créé en 1935 a été conçu pour dépanner les travailleurs pendant les périodes temporaires de chômage. Les prestations sont basées sur le salaire récent du travailleur et la moyenne est de 310 $ par semaine. Seuls les employés qui ont perdu leur emploi pour des raisons indépendantes de leur volonté sont admissibles à ce programme. Ceux qui démissionnent ou qui viennent d'entrer sur le marché du travail n'y ont pas droit. Les prestataires doivent refaire une demande hebdomadaire ou bimensuelle, selon leur État, et confirmer qu'ils cherchent du travail.

Dans les années 1980, seulement la moitié de tous les chômeurs ont touché des prestations. Pendant le premier trimestre de 2010, cependant, 69 % des chômeurs en ont reçu. Selon les économistes, ce taux élevé est attribuable au fait que les prestations duraient vraiment plus longtemps, entre autres parce que Washington a offert des incitatifs aux États pour qu'ils prolongent la période de versement de prestations aux travailleurs qui cherchaient un emploi à temps partiel et à ceux qui s'inscrivaient à des programmes de formation.

Diverses études suggèrent que 53 semaines supplémentaires de prestations augmentent de 4,2 à 10,6 semaines la durée du chômage. Les estimations les plus élevées se basent sur des études menées il y a des décennies, lorsque les mises à pied étaient souvent temporaires. À la suite de la récession de 2008-2009, beaucoup de travailleurs n'ont jamais retrouvé leur ancien poste. [...] En ce moment, alors qu'il y a cinq travailleurs pour un emploi, il n'est pas certain qu'on puisse appliquer à la situation les résultats d'études universitaires qui reflètent une autre époque.

Lawrence Summers, gourou économique du président Obama, a écrit en 1993, alors qu'il était professeur d'économie, que les programmes d'aide gouvernementale contribuent au chômage à long terme en offrant aux individus un incitatif et les moyens de ne pas travailler. Lorsqu'un éditorialiste du *Wall Street Journal* a repris cet argument en avril dernier, M. Summers a répliqué dans une lettre ouverte : « Dans le sillage de la pire crise économique en huit décennies... il ne fait aucun doute que la cause déterminante du chômage est la détresse économique, et non l'existence d'un programme d'assurance emploi. » ■

Source : Murray, Sara. (6 juillet 2010). « Long recession ignites debate on jobless benefits ». *The Wall Street Journal*. (Traduction libre). Repéré à http://online.wsj.com/news/articles/

La structure du programme a beaucoup évolué au cours des années. Les modifications introduites en 1971 ont facilité l'accès à l'assurance emploi et prolongé la durée des prestations. De nombreux économistes croient que ces changements ont provoqué une augmentation substantielle du taux de chômage naturel au Canada. Depuis 1990, les changements adoptés ont eu l'effet contraire : les conditions d'admissibilité au programme sont beaucoup plus strictes et la durée de versement des prestations est moins longue. Les économistes considèrent que ces modifications ont contribué à réduire le taux de chômage naturel au Canada, qui avait atteint un sommet à la fin des années 1980.

L'étude de l'assurance emploi démontre que le taux de chômage est une mesure bien imparfaite du bien-être économique d'un pays. La majorité des économistes s'accordent à penser que l'élimination de ce programme réduirait le taux de chômage, mais ils n'arrivent pas à se mettre d'accord en ce qui a trait aux retombées d'un tel changement sur le bien-être économique.

MINITEST

- Quelles conséquences une augmentation du prix du pétrole aurait-elle sur le chômage frictionnel ? Ce chômage est-il souhaitable ? Quelles mesures le gouvernement peut-il prendre pour amoindrir l'impact de cette augmentation de prix sur le chômage ?

Les lois sur le salaire minimum

Maintenant que nous avons compris pourquoi le processus d'appariement des emplois disponibles et des travailleurs est la cause du chômage frictionnel, nous verrons comment le chômage structurel découle du manque de postes disponibles par rapport au nombre de candidats.

Pour expliquer le chômage structurel, il faut d'abord comprendre les effets des lois sur le salaire minimum. Même si le salaire minimum n'est pas la cause principale du chômage dans l'économie canadienne, il a un impact sur certains groupes de travailleurs particulièrement touchés par le chômage. Par ailleurs, l'analyse du salaire minimum nous permettra par la suite de mieux comprendre les autres causes du chômage structurel.

Le graphique de la figure 9.5 montre le marché du travail, qui, comme tous les autres marchés, est soumis au jeu de l'offre et de la demande. L'offre de travail provient de la main-d'œuvre, et la demande, des employeurs. Sans intervention gouvernementale, les salaires s'ajustent de manière à équilibrer l'offre et la demande.

FIGURE 9.5

Le chômage causé par un salaire supérieur au niveau d'équilibre

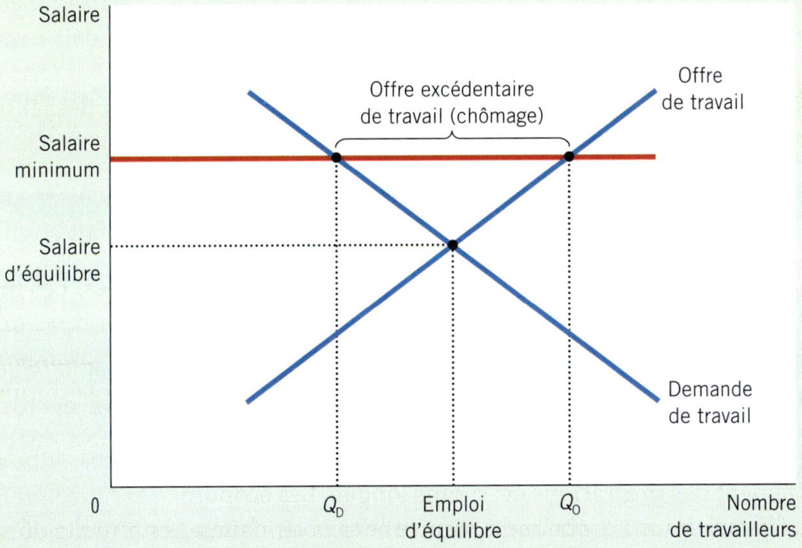

Le salaire qui équilibre le marché du travail se situe à l'intersection de l'offre et de la demande. À ce niveau, la quantité de travail offerte et la quantité de travail demandée sont égales. Toutefois, lorsque le salaire est artificiellement maintenu au-dessus de son niveau d'équilibre, en raison de la législation sur le salaire minimum, par exemple, la quantité de travail offerte s'élève à Q_O, alors que la quantité de travail demandée tombe à Q_D. Le surplus qui en résulte, soit la différence entre Q_O et Q_D, correspond au chômage.

Le même graphique montre aussi le marché du travail dans le contexte d'une législation sur le salaire minimum. Si ce salaire se situe au-dessus du niveau d'équilibre, comme dans le cas illustré, la quantité de travail offerte excède la quantité demandée : il y a surplus de travailleurs et du chômage apparaît. Notons aussi que le salaire minimum fait augmenter le revenu des personnes ayant un emploi, mais il fait diminuer le revenu des personnes qui n'en ont plus.

Pour comprendre l'impact du salaire minimum, il faut se souvenir que l'économie comprend non pas un seul, mais bien plusieurs marchés de l'emploi, selon les diverses catégories de travailleurs. Les effets du salaire minimum varient selon la compétence et l'expérience des employés. Les personnes très qualifiées et disposant d'une grande expérience ne sont nullement touchées, car leur salaire d'équilibre dépasse nettement le salaire minimum. Dans leur cas, ce dernier ne constitue pas une contrainte.

C'est sur le marché de l'emploi des jeunes que les conséquences du salaire minimum sont les plus importantes. Les adolescents sont les travailleurs les moins qualifiés dans le marché du travail et ils manquent d'expérience. En outre, ils sont les plus susceptibles d'accepter un salaire inférieur pour obtenir une formation sur le terrain. Certains vont jusqu'à travailler gratuitement comme stagiaires. Le salaire minimum est donc plus contraignant pour les jeunes que pour le reste de la population active.

Plusieurs économistes ont étudié l'impact qu'a eu la législation sur le salaire minimum sur le marché de l'emploi des jeunes. Leurs études ont établi un lien entre l'évolution du salaire minimum et celle de l'emploi chez les jeunes. Même si le débat au sujet de l'effet du salaire minimum sur l'emploi se poursuit, les études arrivent toutes plus ou moins au même résultat : une augmentation de 10 % du salaire minimum crée une baisse de l'emploi des jeunes qui varie de 1 % à 3 %. Il ne faut pas non plus en déduire que la hausse de 10 % du salaire minimum signifie automatiquement une augmentation équivalente du salaire moyen des jeunes. Une telle hausse ne concerne pas les jeunes qui touchent déjà beaucoup plus que le salaire minimum. De plus, l'application de cette loi est loin d'être parfaite. Par conséquent, la chute variant de 1 % à 3 % de l'emploi des jeunes est particulièrement significative.

Non seulement le salaire minimum influe sur la quantité de travail demandée, mais il a également un impact sur la quantité offerte. Comme il fait augmenter le salaire horaire qu'un jeune peut espérer gagner, le salaire minimum incite de nombreux jeunes à chercher du travail. Les études sur la question ont démontré qu'une augmentation du salaire minimum affecte le comportement des adolescents. Lorsque le salaire minimum augmente, certains jeunes décident d'abandonner l'école pour aller gagner leur vie. Ces nouveaux décrocheurs prennent la place de ceux qui ont quitté l'école avant eux et qui se retrouvent maintenant au chômage.

Le salaire minimum suscite constamment des polémiques. Les tenants du salaire minimum considèrent qu'une telle politique permet de hausser le revenu des travailleurs les plus défavorisés. Ils font valoir, avec raison, que deux adultes travaillant 35 heures par semaine à un salaire horaire de 10,15 $ ont un revenu annuel de 36 946 $, soit l'équivalent d'un peu moins de la moitié du revenu familial médian au Canada, qui ne leur garantit qu'un niveau de vie précaire. Nombre de ces défenseurs du salaire minimum reconnaissent ses effets pervers, y compris le chômage mais, tout compte fait, ils les considèrent comme marginaux et sont convaincus que la hausse du salaire minimum améliore le sort des plus défavorisés.

Les détracteurs du salaire minimum soutiennent qu'il ne constitue pas la meilleure solution pour lutter contre la pauvreté. Ils insistent sur le fait qu'il crée du chômage, incite les adolescents à abandonner l'école et empêche certains travailleurs non qualifiés d'obtenir la formation sur le terrain dont ils ont besoin. Pour ces raisons, ils estiment que la législation sur le salaire minimum n'atteint nullement son objectif. Ceux qui travaillent au salaire minimum ne sont pas tous des chefs de famille luttant pour sortir de la pauvreté. De fait, moins d'un tiers des employés payés au salaire minimum sont membres d'une famille qui vit sous le seuil de la pauvreté. La grande majorité de ces salariés se compose d'étudiants appartenant à la classe moyenne et travaillant à temps partiel pour obtenir de l'argent de poche.

Il est important de remarquer que le salaire minimum n'est pas une cause majeure du chômage. Moins de 4 % de la main-d'œuvre travaille au salaire minimum. Les lois sur le salaire minimum concernent la plupart du temps les personnes les moins qualifiées et les moins expérimentées de la population active, comme les adolescents. Les lois régissant le salaire minimum ne peuvent donc expliquer l'existence du chômage structurel que dans ces catégories de la population.

La figure 9.5 montre les effets de la législation sur le salaire minimum, mais elle illustre également un autre principe général : si les salaires sont supérieurs au niveau d'équilibre, quelle qu'en soit la raison, cela crée du chômage. Le salaire minimum n'est qu'une des causes possibles de salaires « trop élevés ». Dans les deux dernières parties de ce chapitre, nous verrons que deux autres raisons peuvent aussi être invoquées pour expliquer le maintien des salaires au-dessus de leur niveau d'équilibre : les syndicats et les salaires d'efficience. Dans ces deux cas, les mécanismes de base restent les mêmes que ceux illustrés à la figure 9.5, mais ils touchent cette fois beaucoup plus de travailleurs.

Notons finalement que le chômage structurel, qui est causé par le salaire minimum, est d'une nature différente du chômage frictionnel, qui est créé par le processus de recherche d'emploi. Le besoin de chercher un emploi n'est pas causé par une inadéquation systématique entre l'offre et la demande de travail. Lorsque des travailleurs sont à la recherche d'un emploi, ils *cherchent* l'emploi qui leur convient le mieux. Lorsque les salaires sont au-dessus des salaires d'équilibre, la quantité de travail offerte excède la quantité demandée : les travailleurs sont en chômage, car ils *attendent* qu'un emploi se libère pour eux.

MINITEST

- Expliquez en quelques mots pourquoi le salaire minimum crée du chômage.

Les syndicats et les négociations collectives

Un **syndicat** est une association de travailleurs chargée de négocier avec l'employeur les salaires et les conditions de travail des employés. En 2012, 31,5 % des travailleurs canadiens étaient syndiqués. Le taux de syndicalisation était cependant beaucoup plus faible il y a deux générations : 10 % de la population active en 1941 et 20 % en 1951. La progression du syndicalisme au Canada a coïncidé avec un mouvement inverse aux États-Unis : un tiers de la population active y était

Syndicat
Organisation qui négocie avec l'employeur les salaires et les conditions de travail des employés.

syndiquée durant les années 1940 et 1950, alors que le taux d'appartenance à un syndicat ne dépasse pas 12 % aujourd'hui. Par rapport à l'Amérique du Nord, le taux d'affiliation syndicale européen est très élevé. En Suède et au Danemark, il dépasse 75 % de l'ensemble des travailleurs.

Au Canada, le taux d'affiliation syndicale varie d'une province et d'un type d'emploi à l'autre. Il atteint un sommet au Québec, où 39,9 % de la population active est syndiquée, contre 23,5 % en Alberta. Dans le secteur public canadien — éducation, administration publique et santé — 71 % des travailleurs appartiennent à un syndicat, tandis que dans le secteur privé, la proportion tombe à 16 %.

L'analyse économique des syndicats

Un syndicat est un type de cartel et, à ce titre, il regroupe des vendeurs agissant de concert pour exercer un pouvoir de marché. La plupart des travailleurs au sein de l'économie canadienne négocient individuellement leurs salaires, leurs avantages sociaux et leurs conditions de travail avec leur employeur. Les travailleurs syndiqués négocient en groupe. Le résultat de ce processus est appelé **négociation collective**.

Négociation collective
Processus par lequel les syndicats et les employeurs s'entendent sur les salaires et les conditions de travail des employés.

Grève
Arrêt de travail imposé par un syndicat.

Lorsqu'un syndicat négocie avec une entreprise, il réclame en général des augmentations de salaire, une amélioration des conditions de travail ou des avantages sociaux, et ce, à un niveau supérieur à ce que la firme proposerait aux employés en l'absence d'un syndicat. Quand les deux parties ne parviennent pas à un accord, le syndicat peut organiser un arrêt de travail, c'est-à-dire une **grève**. Étant donné qu'une grève réduit la production, les ventes et les profits, l'employeur aura tendance à accepter de payer des salaires supérieurs à ceux qu'il aurait normalement offerts. Les études économiques sur la syndicalisation ont démontré que les travailleurs syndiqués gagnent un salaire d'environ 10 % à 20 % supérieur à celui de travailleurs comparables mais non syndiqués.

Lorsqu'un syndicat parvient à faire augmenter les salaires au-dessus de leur niveau d'équilibre, il fait augmenter la quantité de travail offerte et diminuer la quantité de travail demandée, provoquant ainsi du chômage. Ceux qui conservent leur emploi en profitent, mais cela se fait au détriment de ceux qui perdent leur poste en raison de la hausse des salaires. Les syndicats créent souvent des tensions entre les divers groupes de travailleurs, c'est-à-dire entre ceux de l'*intérieur*, qui profitent de salaires syndicaux plus élevés, et ceux qui se retrouvent à l'*extérieur* et qui n'ont pas d'emploi syndiqué.

Les travailleurs extérieurs peuvent réagir de deux manières à la hausse des salaires des travailleurs syndiqués : certains restent en chômage et attendent de trouver un poste syndiqué, tandis que d'autres sont embauchés par des entreprises dans des secteurs non syndiqués. Par conséquent, lorsque les syndicats parviennent à faire augmenter les salaires dans un secteur de l'économie, l'offre de travail augmente dans les autres secteurs. Cette augmentation de l'offre se traduit par une baisse des salaires dans les entreprises non syndiquées. Autrement dit, les avantages d'une négociation collective sont limités aux travailleurs syndiqués, alors que les autres supportent une partie de ses coûts.

Le rôle économique des syndicats dépend en partie des lois concernant la syndicalisation et la négociation collective. Les ententes entre les membres d'un cartel sont normalement considérées comme illégales : une entreprise qui vend un produit à un prix supérieur, grâce à une telle entente, tombe sous le coup de la *Loi sur la concurrence*. Le gouvernement peut alors intenter une poursuite civile et criminelle contre ce cartel. Cependant, les syndicats échappent à cette loi, parce que les dirigeants politiques qui ont rédigé les lois antitrust étaient persuadés que les travailleurs avaient besoin d'une position de force pour négocier avec les employeurs. Certaines lois encouragent donc la formation de syndicats. En particulier, le décret sur la stabilisation des salaires du Conseil national du travail en temps de guerre, promulgué en 1944, accordait aux employés du secteur privé le droit de se syndiquer et de participer à une négociation collective. La *Loi sur les relations de travail dans la fonction publique* de 1967 a étendu ces droits aux travailleurs du secteur public fédéral et les lois provinciales ont imité cet exemple. Il n'est donc pas étonnant que 71 % des employés de la fonction publique soient syndiqués.

Dans le secteur privé, les syndicats doivent convaincre la majorité des employés d'une entreprise qu'ils ont intérêt à se syndiquer. Même si ces tentatives d'adhésion ne réussissent pas toujours, la menace même d'une syndicalisation pousse les entreprises à en réduire l'attrait en augmentant les salaires et en améliorant les conditions de travail.

Les syndicats : une bonne ou une mauvaise chose pour l'économie ?

Voilà une question qui divise les économistes. Examinons les arguments des opposants et ceux des partisans.

« Messieurs, nous sommes très proches d'un accord final, à l'exception du fait que la direction veut maximiser les profits et que le syndicat veut plus de fric. »

Les opposants à la syndicalisation font valoir que les syndicats agissent comme des cartels : ils obtiennent des salaires dépassant le niveau d'un marché concurrentiel, réduisent la quantité de travail demandée, provoquent le chômage de certains travailleurs et la réduction des salaires dans d'autres secteurs. L'allocation du travail devient à la fois inefficiente et inéquitable. Inefficiente parce que les salaires artificiellement gonflés des syndiqués réduisent l'emploi sous le niveau optimal, et inéquitable parce que la syndicalisation avantage certains travailleurs au détriment des autres.

Les partisans de la syndicalisation répliquent que les syndicats constituent un antidote nécessaire à l'emprise des firmes qui emploient des travailleurs. L'exemple extrême de cet abus de pouvoir est la « ville de compagnie », dans laquelle une seule entreprise emploie presque toute la population locale. Dans une telle ville, les travailleurs qui refusent les conditions de travail et les salaires offerts par l'entreprise n'ont d'autre possibilité que de déménager ou de ne pas travailler. En l'absence de syndicats, cette entreprise a tous les pouvoirs pour baisser les salaires ou rendre plus difficiles les conditions de travail, car elle ne fait face à aucune concurrence. Dans ce cas, le syndicat contrebalance le pouvoir de l'entreprise et empêche les travailleurs d'être à la merci de l'employeur.

Les défenseurs des syndicats affirment également que la syndicalisation oblige les firmes à répondre efficacement aux préoccupations des travailleurs. Lors de l'embauche d'un employé, ce dernier et l'entreprise doivent se mettre d'accord sur de nombreuses conditions de travail : les horaires, les heures supplémentaires, les vacances, les congés de maladie, l'assurance maladie, les possibilités de promotion, la sécurité au travail, etc. En représentant les employés, les syndicats aident les firmes à mieux comprendre les préférences des travailleurs. Même si les syndicats font passer les salaires au-dessus du niveau d'équilibre et, ce faisant, créent du chômage, ils ont le mérite de contribuer à la satisfaction et à la productivité du personnel.

En fin de compte, les économistes ne s'entendent pas au sujet de l'influence négative ou positive des syndicats sur l'économie. Comme beaucoup d'autres organismes, leur influence est probablement bénéfique dans certaines circonstances et néfaste dans d'autres.

MINITEST

- Comment un syndicat dans l'industrie de l'automobile peut-il influer sur les salaires et l'emploi chez Ford ? dans d'autres secteurs économiques ?

La théorie des salaires d'efficience

Salaires d'efficience
Salaires supérieurs aux salaires d'équilibre, volontairement payés par les entreprises afin d'améliorer la productivité des travailleurs.

La théorie des **salaires d'efficience** représente, après la recherche d'emploi, les lois sur le salaire minimum et les syndicats, la quatrième raison qui explique l'existence d'un chômage chronique dans l'économie. D'après cette théorie, les entreprises fonctionnent de façon plus efficace lorsque les salaires dépassent leur niveau d'équilibre. Il serait donc rentable de verser des salaires élevés, même en présence d'une offre de travail excédentaire.

Le chômage créé par les salaires d'efficience est de même nature que celui qui résulte des lois sur le salaire minimum et des syndicats : en effet, dans les trois cas, le chômage est dû à des salaires supérieurs aux salaires d'équilibre, qui empêchent l'offre et la demande de s'ajuster. Cependant, le premier se distingue des deux autres par une différence majeure. Dans le cas du salaire minimum et de la syndicalisation, les entreprises n'ont pas la possibilité de baisser les salaires, même en cas d'un surplus de travailleurs. Or, la théorie des salaires d'efficience affirme pour sa part qu'une telle contrainte est très souvent inutile, car les entreprises ont tout intérêt à maintenir des salaires plus élevés que les salaires d'équilibre.

Qu'est-ce qui motive une entreprise à verser des salaires élevés ? Cette décision semble à première vue étrange, car les salaires représentent une grande part des coûts de l'entreprise ; pour maximiser ses profits, elle devrait avoir tendance à réduire le plus possible les coûts. La théorie des salaires d'efficience repose sur l'idée fondamentale que des salaires élevés améliorent parfois la productivité des travailleurs.

Il existe plusieurs variantes de cette théorie, chacune apportant une explication différente pour justifier le choix des entreprises de payer des salaires élevés. Nous examinerons quatre de ces variantes.

La santé des travailleurs

La première et la plus simple de ces variantes met l'accent sur le lien entre les salaires et la santé des travailleurs. Des travailleurs bien payés se nourrissent mieux, sont donc en meilleure santé et produisent plus. Une entreprise pourrait donc considérer qu'une telle politique salariale s'avère rentable.

Cette variante s'applique davantage aux entreprises présentes dans les pays moins développés, où la sous-alimentation constitue un problème courant. En Afrique, par exemple, où le chômage sévit dans les villes, nombre d'entreprises redoutent les conséquences du versement de faibles salaires sur la santé et la productivité de leurs employés. Autrement dit, les préoccupations concernant la nutrition expliquent parfois que les entreprises ne réduisent pas les salaires, en dépit d'un surplus de main-d'œuvre. Au Canada, les salaires d'équilibre de la plupart des travailleurs sont suffisants pour leur garantir une alimentation saine. Les entreprises canadiennes ne craignent donc pas que le salaire d'équilibre mette en péril la santé de leurs travailleurs.

Le roulement du personnel

Une seconde variante de la théorie des salaires d'efficience insiste sur la relation entre les salaires et le roulement du personnel. Les travailleurs quittent un emploi pour de multiples raisons : emploi dans une autre entreprise, déménagement dans une autre ville, sortie de la population active, etc. La fréquence des départs est inversement proportionnelle aux incitatifs qui motivent les travailleurs à conserver leur emploi. Plus les salaires sont élevés, moins les travailleurs auront tendance à quitter volontairement leur emploi. En rétribuant mieux son personnel, une entreprise devrait donc réduire son roulement.

Quel est l'intérêt pour l'entreprise de réduire le roulement du personnel ? Elle peut ainsi faire diminuer le coût d'embauche et de formation du nouveau personnel. De plus, même après une période de formation, les nouveaux employés ne sont pas aussi productifs que les travailleurs expérimentés. Un taux de roulement élevé a donc pour conséquence une augmentation des coûts de production. Les entreprises peuvent considérer qu'il est plus profitable de verser des salaires supérieurs au niveau d'équilibre pour réduire le roulement du personnel.

La qualité des travailleurs

Une troisième variante de la théorie des salaires d'efficience met en relief la relation entre les salaires et la qualité des travailleurs. Toutes les firmes cherchent à embaucher les meilleurs candidats disponibles, mais lorsqu'une entreprise fait des entrevues de sélection, il lui est difficile de juger parfaitement la qualité des recrues. En offrant un salaire élevé, elle attire davantage de candidats de valeur et fait donc augmenter la qualité moyenne de ses travailleurs. En cas d'offre de travail excédentaire, on pourrait croire qu'il est rentable de faire baisser les salaires. Ce faisant, les candidats les plus compétents — qui ont probablement des options de rechange plus intéressantes que les moins compétents — seraient moins enclins à postuler pour un emploi. La qualité générale des candidats diminuerait. Si l'influence du salaire sur la qualité des travailleurs est forte, il peut donc être rentable d'offrir un salaire supérieur à celui du marché.

L'effort des travailleurs

La quatrième et dernière variante de la théorie des salaires d'efficience souligne le lien entre les salaires et l'ardeur au travail des employés. Ces derniers ont souvent la possibilité de travailler plus ou moins fort ; les entreprises ont donc intérêt à les surveiller et à congédier les resquilleurs. Toutefois, détecter les travailleurs fautifs est une activité coûteuse et imparfaite. Une firme qui se retrouve devant ce dilemme cherche normalement un moyen de réduire le resquillage.

Une solution possible est de verser des salaires supérieurs à ceux d'équilibre. De hauts salaires rendent les travailleurs plus enclins à vouloir conserver leur emploi et, par conséquent, à redoubler d'effort dans le travail. En proposant des salaires supérieurs au niveau d'équilibre, les entreprises créent du chômage et incitent également leur personnel à travailler le mieux possible. Si les salaires se trouvaient à leur niveau d'équilibre, les employés auraient moins de raisons de faire des efforts, puisque en cas de licenciement, ils n'auraient aucun mal à se retrouver du travail au même salaire. Ainsi, les firmes haussent les salaires au-dessus des niveaux d'équilibre, créant chez leurs travailleurs un incitatif à réduire leur resquillage. Notons que cette variante reprend la vieille idée marxienne de «l'armée de réserve des chômeurs». Marx pensait que les employeurs avaient tout intérêt à conserver un certain taux de chômage pour assurer la discipline des travailleurs.

ÉTUDE DE CAS

Henry Ford et le généreux salaire de 5 $ par jour

Henry Ford, fondateur de Ford Motor Company, était un visionnaire. Il inaugura dans son entreprise les techniques de production modernes. Au lieu de faire construire ses automobiles par de petites équipes d'ouvriers qualifiés, il créa la chaîne de montage, où des ouvriers sans compétences particulières répétaient les mêmes tâches simples à longueur de journée. Le résultat fut le célèbre Modèle T de Ford.

En 1914, Ford bouleversa encore le marché en instaurant la journée de travail à 5$. À l'époque, cela correspondait à plus du double du salaire normal dans l'industrie. C'était aussi un salaire bien supérieur au salaire d'équilibre. L'annonce de ce salaire attira des foules de chercheurs d'emploi devant ses usines. Les candidatures excédaient de beaucoup les besoins en personnel.

La politique salariale de Ford confirme les multiples prédictions de la théorie des salaires d'efficience. Les taux d'absentéisme et de roulement du personnel sont tombés et la productivité a augmenté. La motivation des travailleurs était telle que les coûts de production étaient inférieurs à ce qu'ils étaient ailleurs, malgré des salaires quotidiens plus élevés. Ainsi, payer des salaires au-dessus des salaires d'équilibre était profitable pour la firme. Les comptes rendus historiques de cet épisode confirment également la théorie des salaires d'efficience. Un chroniqueur des débuts de Ford Motor Company a écrit ceci: «Ford et ses associés ont déclaré à plusieurs reprises que cette hausse salariale fut une excellente affaire pour l'entreprise: elle a permis d'améliorer la discipline des travailleurs, les a rapprochés de l'entreprise et a augmenté leur efficacité.»

Pourquoi Henry Ford a-t-il adopté cette stratégie? Et pourquoi les autres entreprises n'ont-elles pas eu cette idée avant lui? Selon certains analystes, la décision de Ford était liée à la chaîne de montage. En effet, les travailleurs d'une même chaîne sont étroitement dépendants les uns des autres. En cas d'absence ou de ralentissement de l'un des employés, les autres ont plus de difficultés à accomplir leur tâche. En accélérant la production, les chaînes de montage accentuent l'importance de l'ardeur au travail, de la qualité des travailleurs et d'un faible roulement du personnel. Par conséquent, payer des salaires d'efficience était, à l'époque, une stratégie plus avantageuse pour la société Ford que pour les autres entreprises.

MINITEST

- Donnez quatre raisons qui pourraient motiver une entreprise à verser des salaires supérieurs au niveau d'équilibre du marché.

Conclusion

Dans ce chapitre, nous avons étudié les méthodes qui permettent de mesurer le chômage, ainsi que les raisons pour lesquelles le chômage est toujours présent dans une économie. Nous avons également vu pourquoi la recherche d'emploi, le salaire minimum, les syndicats et les salaires d'efficience créent du chômage. Lequel de ces quatre facteurs contribue le plus au taux de chômage naturel dans l'économie canadienne et ailleurs ? Il est bien difficile de le dire. Les économistes n'arrivent pas à se mettre d'accord sur l'importance relative de chacun de ces quatre facteurs.

Nous pouvons toutefois tirer de notre analyse une importante leçon : même si le chômage sévit dans toutes les économies, son taux naturel n'est pas fixe. Certains événements et certaines politiques gouvernementales ont des effets sur ce taux de chômage. La révolution informatique transforme le processus de recherche d'emploi, les gouvernements ajustent le salaire minimum et modifient les conditions d'admissibilité à l'assurance emploi, le taux de syndicalisation varie, les entreprises utilisent plus ou moins les salaires d'efficience et, par conséquent, le taux de chômage naturel fluctue. Le chômage est un problème complexe pour lequel il n'existe pas de solution simple. Retenons surtout que la manière dont nous organisons notre société influe grandement sur l'ampleur de ce phénomène.

Résumé

- Le taux de chômage est égal au pourcentage des individus qui souhaitent travailler, mais qui n'ont pas d'emploi. Statistique Canada fournit chaque mois cette statistique à partir d'une enquête réalisée auprès de milliers de ménages canadiens.
- Le taux de chômage est une mesure très imparfaite. Certains individus se déclarent chômeurs, mais ne veulent pas réellement travailler, alors que d'autres ne sont pas chômeurs même s'ils aimeraient trouver un emploi, car ils ont quitté la population active par suite de recherches infructueuses.
- Dans l'économie canadienne, la plupart des chercheurs d'emploi se trouvent du travail rapidement. Les chômeurs qui le sont pendant plus de six mois sont relativement peu nombreux. Néanmoins, la majorité des chômeurs à un moment précis sont en chômage pour de longues périodes.
- Le temps pris par les travailleurs pour trouver un poste convenant à leurs compétences et à leur domaine d'intérêt explique en partie le chômage. L'assurance emploi, programme gouvernemental qui garantit des revenus aux chômeurs, fait augmenter ce chômage frictionnel.
- Une deuxième raison expliquant l'existence du chômage dans notre économie est la législation sur le salaire minimum. En gonflant les salaires des travailleurs non qualifiés et

sans expérience pour les maintenir au-dessus du niveau d'équilibre, cette législation fait augmenter la quantité de travail offerte et en réduit la quantité demandée. Elle crée ainsi une offre excédentaire, correspondant au chômage.

- Une troisième cause de chômage tient au pouvoir de marché des syndicats. Lorsque ces derniers poussent les salaires au-dessus du niveau d'équilibre dans les entreprises syndiquées, ils créent un surplus de travailleurs dans le marché.
- La théorie des salaires d'efficience constitue une quatrième explication du chômage. D'après cette théorie, les entreprises payent à leurs employés un salaire plus élevé que le salaire d'équilibre, parce que cela s'avère rentable. Ces salaires supérieurs améliorent la santé des travailleurs, réduisent le roulement du personnel, font augmenter la qualité des travailleurs et encouragent les efforts des employés.

Concepts clés

Assurance emploi, p. 201
Chercheurs découragés, p. 195
Chômage cyclique (ou conjoncturel), p. 198
Chômage frictionnel, p. 198
Chômage structurel, p. 199
Grève, p. 208
Négociation collective, p. 208
Population active, p. 191
Recherche d'emploi, p. 199
Salaires d'efficience, p. 210
Syndicat, p. 207
Taux d'activité, p. 192
Taux de chômage, p. 191
Taux de chômage naturel, p. 197

Questions de révision

1. Quelles sont les trois catégories dans lesquelles Statistique Canada classe les personnes âgées de 15 ans et plus ? Comment établit-on la population active, le taux de chômage et le taux d'activité ?
2. Au Canada, le chômage est-il en général de courte ou de longue durée ? Expliquez pourquoi.
3. Pourquoi le chômage frictionnel est-il inévitable ? Comment le gouvernement peut-il tenter de le réduire ?
4. Les lois régissant le salaire minimum représentent-elles une meilleure explication du chômage structurel chez les jeunes adultes ou chez les diplômés de niveau postsecondaire ? Pour quelles raisons ?
5. Les syndicats ont-ils un effet sur le taux de chômage naturel ?
6. Sur quels arguments les défenseurs des syndicats s'appuient-ils pour justifier le rôle de ces derniers dans l'économie ?
7. Donnez quatre raisons pour lesquelles une entreprise pourrait améliorer sa rentabilité en haussant les salaires de ses employés.

La monnaie et les prix à long terme

4

PARTIE

PIB
PPA

Le système monétaire

10
CHAPITRE

Lorsque vous allez au restaurant, vous obtenez quelque chose qui améliore votre bien-être : un repas. En échange, vous donnez au serveur quelques morceaux de papier, ornés de différents symboles : des oiseaux, des édifices gouvernementaux, le portrait de la reine ou d'un défunt premier ministre. Vous pouvez également lui donner un bout de papier ou de plastique portant le nom d'une banque et votre signature. Quelle que soit la façon de régler l'addition — argent comptant, chèque, transfert électronique de fonds au point de vente ou carte de crédit —, le restaurateur s'est efforcé de satisfaire votre appétit, en contrepartie de quelques morceaux de papier ou de plastique qui, en eux-mêmes, ne valent rien.

Pour nous qui vivons dans une économie moderne, cette coutume n'a rien d'étrange. Même si la monnaie n'a pas de valeur intrinsèque, le propriétaire du restaurant est assuré qu'une autre personne l'acceptera en échange d'un bien ou d'un service auquel lui-même accorde de la valeur. Cette troisième personne ne doute pas qu'une quatrième acceptera aussi cet argent, sachant qu'une cinquième fera de même, et ainsi de suite. Votre chèque ou votre argent comptant représente un droit de recevoir, en échange, des biens et des services.

L'usage social de la monnaie comme moyen d'échange se justifie pleinement dans une société complexe et diversifiée comme la nôtre. Imaginez un instant qu'aucun moyen de paiement n'est accepté par tout le monde en échange de biens et de services. On devrait s'en remettre au **troc**, c'est-à-dire à l'échange d'un bien ou d'un service contre un autre. Au restaurant, par exemple, il vous faudrait offrir à la propriétaire quelque chose dont elle a elle-même besoin, comme laver la vaisselle ou sa voiture, ou lui confier la recette secrète de la tourtière de votre grand-mère. Un système économique basé sur le troc ne peut pas allouer ses ressources rares de manière efficace. La réalisation d'échanges, dans ce type d'économie, requiert ce qu'on appelle une *double coïncidence de besoins* — un pur hasard faisant que chacune des deux personnes désire ce que l'autre lui propose.

Troc
Échange d'un bien ou d'un service contre un autre.

La monnaie simplifie les échanges. Le restaurateur ne se soucie pas que vous lui proposiez ou non un bien ou un service dont il a besoin. Il se montre ravi d'accepter votre monnaie, sachant que d'autres l'accepteront à leur tour. Une telle convention permet au commerce de se dérouler de façon indirecte : le propriétaire du restaurant accepte votre argent comptant et l'utilise pour payer son chef cuisinier, qui s'en sert lui-même pour envoyer sa fille à la garderie ; ce paiement permet de rétribuer l'éducateur, qui vous engage pour tondre le gazon. La circulation de la monnaie dans le système économique facilite la production et l'échange, permettant ainsi à chacun de se spécialiser dans un domaine où il est le plus productif et d'augmenter le niveau de vie de l'ensemble de la population.

Dans le présent chapitre, nous commencerons par examiner les rôles de la monnaie. Nous étudierons également les différentes formes qu'elle peut prendre. Nous nous demanderons ensuite comment elle est créée par le système monétaire et de quelle façon le gouvernement peut en déterminer la quantité en circulation. La monnaie joue un rôle d'une telle importance que nous consacrerons une bonne partie du reste de l'ouvrage à étudier les effets des variations de la masse monétaire sur différentes variables économiques, notamment l'inflation, les taux d'intérêt, la production et l'emploi. Poursuivant l'analyse du long terme entreprise aux chapitres 7 à 9, nous examinerons, dans le chapitre 11, les effets à long terme des variations de la masse monétaire ; leurs effets à court terme représentent un sujet plus complexe, que nous aborderons plus loin dans cet ouvrage. Le présent chapitre expose les notions de base nécessaires à l'étude de la monnaie.

Qu'est-ce que la monnaie ?

Qu'est-ce que la monnaie ou l'argent ? Voilà une bien étrange question. Lorsqu'on dit que le milliardaire Bill Gates a beaucoup d'argent, tout le monde comprend que sa fortune lui permet de s'offrir presque tout ce qu'il désire. Dans ce sens, « monnaie » ou « argent » sont des synonymes du terme *richesse*.

Pour les économistes, cependant, le mot **monnaie** revêt un sens plus étroit : il représente l'ensemble des actifs utilisés pour acheter des biens et des services. Les dollars que vous sortez de votre portefeuille pour payer l'addition au restaurant

Monnaie
Ensemble des actifs utilisés couramment comme moyen de paiement lors d'achats de biens et de services.

ou pour acheter une chemise dans une boutique en constituent un bon exemple. En revanche, si vous déteniez, comme Bill Gates, une grande partie des actions de Microsoft Corporation, vous seriez riche, mais ce type d'actifs ne serait pas pour autant une forme de monnaie. Pour vous payer un repas ou une chemise, il vous faudrait d'abord vous procurer de la monnaie. Selon la définition des économistes, la monnaie n'inclut que certains types d'actifs couramment acceptés par les vendeurs en échange de biens ou de services.

Les rôles de la monnaie

Dans notre système économique, la monnaie remplit trois rôles : elle est un moyen d'échange, une unité de compte et une réserve de valeur. Par ces trois rôles, la monnaie se différencie d'autres types d'actifs, comme les actions, les obligations, l'immobilier, les œuvres d'art ou même les cartes de hockey. Examinons maintenant en détail chacun de ces trois rôles.

Un **moyen d'échange** est un intermédiaire offert par les acheteurs et accepté par les vendeurs lors de l'achat d'un bien ou d'un service. En échange d'une chemise, vous donnez de la monnaie au vendeur de la boutique. Vous réalisez ainsi une transaction. En entrant dans le magasin, vous savez qu'en échange de ses articles, le vendeur acceptera votre monnaie, car c'est l'intermédiaire couramment utilisé.

Moyen d'échange
Intermédiaire donné par les acheteurs et accepté par les vendeurs lors de l'achat d'un bien ou d'un service.

Une **unité de compte** est l'étalon de mesure de la valeur, utilisée pour exprimer les prix et comptabiliser les dettes. Lorsque vous allez magasiner, vous constatez qu'une chemise vaut 40 $ et qu'un hamburger coûte 4 $. Même s'il est exact de dire que le prix d'une chemise équivaut à celui de 10 hamburgers ou qu'un hamburger vaut un dixième de chemise, on ne calcule jamais les prix ainsi. Quand vous contractez un emprunt auprès d'une banque, le montant de vos remboursements est exprimé en dollars, et non en quantité de biens et de services. Pour mesurer ou comptabiliser une valeur économique, on se sert de la monnaie comme unité de compte.

Unité de compte
Étalon de mesure de la valeur.

Une **réserve de valeur** représente un moyen de reporter le pouvoir d'achat vers le futur. Quand un vendeur accepte de la monnaie en échange d'un bien ou d'un service, il peut la conserver pendant un certain temps pour la dépenser plus tard. De toute évidence, la monnaie ne représente pas la seule réserve de valeur dans notre économie, car on peut également reporter le pouvoir d'achat en utilisant d'autres types d'actifs. On utilise le terme *richesse* pour désigner l'ensemble des réserves de valeur, que ce soit la monnaie ou les actifs non monétaires.

Réserve de valeur
Actif que l'on peut utiliser pour reporter vers le futur un pouvoir d'achat.

Les économistes utilisent le terme **liquidité** pour désigner la facilité de transformation d'un actif en moyen d'échange. La monnaie étant le moyen d'échange utilisé dans notre économie, elle représente le plus liquide de tous les types d'actifs. La liquidité des autres types d'actifs varie énormément. La plupart des actions et des obligations se vendent rapidement, moyennant un faible coût. En revanche, la vente d'une maison, d'un tableau de Rembrandt ou d'une carte de hockey de Mario Lemieux datant de 1990 requiert plus de temps et d'efforts : ces actifs sont donc moins liquides.

Liquidité
Facilité avec laquelle un actif peut être transformé en moyen d'échange.

Quand on choisit la forme sous laquelle on désire conserver sa richesse, il faut comparer la liquidité de chaque type d'actif avec sa fiabilité en tant que réserve de valeur. La monnaie constitue le type d'actif le plus liquide, sans toutefois être la meilleure réserve de valeur, puisque l'inflation fait perdre à la monnaie sa valeur. Autrement dit, une hausse du prix des biens et des services diminue la valeur de chaque dollar dans votre portefeuille. Dans le chapitre suivant, il sera essentiel de bien saisir cette relation entre le niveau des prix et la valeur de la monnaie, pour être en mesure de comprendre l'impact de la monnaie sur l'économie.

Les formes de monnaie

Monnaie-marchandise
Monnaie qui prend la forme d'un bien ayant une valeur intrinsèque.

Lorsque la monnaie prend la forme d'un bien ayant une valeur intrinsèque, il s'agit d'une **monnaie-marchandise**. Le terme *valeur intrinsèque* signifie que même sans servir de moyen d'échange, ce bien a une valeur en soi. L'or en constitue un excellent exemple : il a une valeur en lui-même en raison de son emploi industriel et de son usage en joaillerie. De nos jours, l'or a cessé d'être un moyen de paiement. Cependant, la relative facilité qu'on avait à le transporter, à le peser et à en mesurer la pureté en a longtemps fait un moyen de paiement par le passé. Une économie qui utilise l'or comme monnaie (ou du papier-monnaie convertible en or à la demande) est dite *en régime d'étalon-or*.

Les cigarettes constituent un autre exemple de monnaie-marchandise. Durant la Seconde Guerre mondiale, les prisonniers de guerre échangeaient des biens et des services en se servant de cigarettes comme unité de compte, moyen d'échange et réserve de valeur. Lors de l'effondrement de l'Union soviétique, à la fin des années 1980, les cigarettes ont commencé à remplacer le rouble ; même les non-fumeurs acceptaient des cigarettes comme moyen d'échange, assurés de pouvoir s'en servir eux-mêmes pour acheter d'autres produits.

DANS L'ACTUALITÉ

Maquereau-économie

L'argent évolue naturellement pour faciliter les échanges, même dans les prisons.

Des conserves de poisson s'imposent comme monnaie

Justin Scheck

Il y a quelques années, lorsque Larry Levine a aidé un client à préparer ses documents de divorce, il a reçu du maquereau en guise de dédommagement. « À la fin de la cause, j'avais une pile de boîtes de maquereau », dit-il. Monsieur Levine et son client étaient en prison au complexe correctionnel fédéral de Lompoc, en Californie. Comme d'autres détenus fédéraux aux États-Unis, ils ont appris qu'une boîte de maquereau — un *mack*, en jargon carcéral — était la devise commune.

« C'est la monnaie locale », confirme Mark Bailey, qui a payé monsieur Levine en poisson. Monsieur Bailey purgeait une peine de deux ans pour fraude fiscale relativement à une chaîne de clubs de danseuses dont il était propriétaire. Monsieur Levine faisait neuf ans de prison pour trafic de drogues. Ce dernier a utilisé ses macks pour se faire faire la barbe, faire repasser ses vêtements et cirer ses chaussures par d'autres prisonniers. « Pour une coupe de cheveux, c'est deux macks », dit-il, le pourboire auquel s'attendent les détenus qui travaillent au salon de coiffure de la prison.

L'économie basée sur les conserves de maquereau prospère dans

« Quand je serai grand, je veux être une monnaie d'échange, une unité de compte et une réserve de valeur. »

les prisons fédérales américaines depuis environ 2004, affirment les anciens détenus et certains consultants carcéraux. C'est arrivé par défaut quand on a interdit de fumer dans les prisons fédérales, le paquet de cigarettes étant jusqu'alors la monnaie d'échange. Les prisonniers ont besoin d'un substitut pour les dollars, car ils n'ont pas le droit de posséder de l'argent comptant. Ce qu'ils perçoivent d'emplois en prison (qui paient un maximum de 0,40 $ l'heure, selon le bureau fédéral des prisons) ou reçoivent de membres de la famille est versé dans des comptes spéciaux qui leur permettent d'acheter de la nourriture et des articles de toilette, notamment. Après la disparition des cigarettes, les détenus ont dû trouver d'autres articles susceptibles de servir de monnaie. Les carnets de timbres représentaient une solution de rechange facile. « C'était environ un demi-carnet pour un fruit », se souvient Tony Serra, un célèbre avocat de la défense criminelle qui a terminé une peine de neuf mois, l'an dernier à Lompoc, à la suite de poursuites fiscales. « Ailleurs dans l'ouest des États-Unis, les prisonniers se servent de barres énergétiques ou de boîtes de thon, raconte Ed Bales, un consultant qui conseille les gens qui s'en vont en prison. Toutefois, dans pratiquement tout le système carcéral fédéral, poursuit-il, le maquereau est devenu la monnaie de choix. »

Global Source Marketing, fournisseur de maquereau, confirme que la demande en provenance des prisons augmente depuis 2004. Récemment, elle est passée des conserves — que les gardiens n'aiment pas parce que les détenus peuvent les transformer en couteaux de fortune — aux sachets en plastique ou en papier métallique de filets de maquereau, explique Jon Linder, vice-président chez Power Commissary Inc., à Bohemia, dans l'État de New York.

Le maquereau est très recherché dans les prisons américaines, mais pas tellement ailleurs, fait observer Mark Muntz, président de Global Source, qui importe des filets de poisson gras à chair foncée des conserveries asiatiques. Monsieur Muntz a bien tenté de vendre du maquereau à des détaillants de produits bon marché. « On a même essayé les magasins à 1 $, dit-il, mais ça n'a jamais bien fonctionné, peu importe le détaillant. Par contre, le produit est très populaire dans les prisons. »

Monsieur Muntz affirme avoir vendu pour plus d'un million de dollars de maquereau l'an dernier aux prisons fédérales, ce qui représente près de la moitié de ses ventes destinées à ces établissements, dépassant les boîtes de thon, de crabe, de poulet et d'huîtres.

Contrairement aux autres produits fins plus chers, disent les anciens prisonniers, le maquereau est un bon remplaçant du billet vert parce que chaque boîte ou sachet coûte environ 1 $ et que très peu de détenus veulent les manger, mis à part les haltérophiles en manque de protéines.

Alors les détenus planquent des conserves de maquereau dans les casiers fournis par la prison et ils les utilisent pour se procurer des biens, y compris des produits illicites comme de la nourriture volée ou de l'eau-de-vie maison, ainsi que des services tels que le cirage de chaussures et le nettoyage de cellule. ■

Source : Scheck, Justin. (2 octobre 2008). « Packs of fish catch on as currency ». *The Wall Street Journal*. (Traduction libre). Repéré à http://online.wsj.com

Une monnaie sans valeur intrinsèque est une **monnaie fiduciaire**. Cette monnaie est acceptée comme mode de paiement en raison d'une décision ou d'un décret du gouvernement. Par exemple, comparez les dollars dans votre portefeuille (imprimés par la Banque du Canada) avec les dollars de votre jeu de Monopoly (imprimés par la société qui fabrique ce jeu). Vous pourrez payer votre addition au restaurant avec les premiers, mais sûrement pas avec les seconds. Pourquoi ? En raison d'un décret du gouvernement canadien qui fait du dollar la seule monnaie « ayant cours légal » au Canada, ainsi que chaque billet dans votre porte-monnaie vous le rappelle.

Monnaie fiduciaire
Monnaie sans valeur intrinsèque, dont le statut est décrété par le gouvernement.

Si l'autorité de l'État s'impose pour établir et réglementer une monnaie fiduciaire (en poursuivant les faux-monnayeurs, entre autres), d'autres facteurs sont également essentiels pour assurer le succès d'un tel système. Dans une très large mesure, le fait d'accepter la monnaie fiduciaire relève autant de la confiance en sa valeur et d'une convention sociale que d'une volonté étatique. Durant les années 1980, le gouvernement soviétique n'a jamais abandonné le rouble comme monnaie officielle. Cependant, les Moscovites préféraient accepter les cigarettes (ou même les dollars américains) en échange de biens et de services, parce qu'ils faisaient davantage confiance à ce type de monnaie.

La monnaie dans l'économie canadienne

Comme nous le verrons plus loin, la quantité de monnaie en circulation dans une économie s'appelle *masse monétaire* et exerce une importante influence sur de nombreuses variables économiques. Mais, avant d'aborder ce sujet, il faut se poser une question : qu'est-ce que la « quantité de monnaie en circulation » ? Si vous étiez chargé de mesurer la quantité de monnaie en circulation dans l'économie canadienne, que devriez-vous inclure dans cette mesure ?

Numéraire
Billets de banque et pièces de monnaie entre les mains du public.

Le type d'actif le plus évident qu'il faut comptabiliser dans cette mesure est le **numéraire** — les billets de banque et les pièces de monnaie entre les mains du public. Le numéraire représente le moyen d'échange le plus accepté dans notre économie et fait sans aucun doute partie de la masse monétaire.

Néanmoins, le numéraire n'est pas le seul type d'actif permettant d'acheter des biens et des services. Les cartes de débit et les chèques personnels sont acceptés

BON À SAVOIR

Pourquoi les cartes de crédit et les cartes de débit ne sont pas de la monnaie

Il semble logique d'inclure les cartes de crédit dans le calcul de la masse monétaire. Après tout, les gens s'en servent pour de nombreux achats. Ne constituent-elles pas, dès lors, un moyen d'échange ?

Même si, à première vue, un tel argument semble juste, les cartes de crédit sont exclues de toutes les mesures de la masse monétaire, car ces cartes ne sont pas vraiment un moyen de paiement, mais plutôt un moyen de différer un paiement. Lorsque vous payez votre repas au restaurant avec une carte de crédit, la banque émettrice de la carte paie le restaurateur. Vous devrez par la suite rembourser la banque (peut-être en acquittant des intérêts). Au moment de ce versement, vous ferez peut-être un chèque à partir de votre compte chèques, dont le solde fait déjà partie du calcul de la masse monétaire.

Remarquez que les cartes de crédit diffèrent des cartes de débit, qui débitent automatiquement les fonds d'un compte bancaire pour payer les biens achetés, plutôt que de permettre au détenteur de différer le paiement. Une carte de débit donne un accès immédiat au dépôt du détenteur. Elle se rapproche donc plus d'un chèque que d'une carte de crédit. Les soldes des comptes bancaires, que l'on transfère grâce aux cartes de débit, sont inclus dans la masse monétaire.

Même si les cartes de crédit ne sont pas considérées comme une forme de monnaie, elles n'en jouent pas moins un rôle important dans le système monétaire. Les détenteurs de ces cartes paient la plupart de leurs factures à la fin du mois, plutôt que de manière sporadique, au gré de leurs achats. Ces individus gardent sans doute moins de numéraire que s'ils n'avaient pas de cartes de crédit. En conséquence, l'utilisation croissante de ces cartes limite la quantité de monnaie que les gens choisissent de conserver.

à peu près partout. La richesse que vous possédez dans votre compte bancaire est presque aussi pratique, pour régler vos achats, que la richesse contenue dans votre portefeuille. La mesure de la quantité de monnaie en circulation devra donc également inclure les **dépôts à vue**, soit les sommes déposées dans des comptes bancaires et disponibles sur demande, en utilisant des chèques ou une carte de débit.

Dépôt à vue
Dépôt bancaire qui permet au déposant de retirer des fonds, sur demande, en utilisant un chèque ou une carte de débit.

Or, à partir du moment où vous considérez comme de la monnaie les sommes déposées dans les comptes chèques, il vous faut aussi tenir compte des autres types de comptes ouverts dans les banques et les autres institutions financières. Les déposants ne peuvent normalement pas faire de chèques à partir de leurs comptes d'épargne, mais ils peuvent facilement transférer des fonds de leur compte d'épargne vers leur compte chèques. En outre, les déposants des fonds communs de placement du marché monétaire peuvent parfois émettre des chèques prélevés sur ces actifs. Tous ces dépôts devraient sans doute aussi faire partie de la masse monétaire canadienne.

Il n'est pas aisé, dans une économie complexe comme la nôtre, de discerner, parmi tous les types d'actifs, ce qui est de la « monnaie » de ce qui n'en est pas. Les pièces de monnaie dans votre poche font assurément partie de la masse monétaire, mais la Place Ville-Marie, certainement pas. Entre ces deux extrêmes se trouvent de nombreux actifs pour lesquels tous ne s'entendent pas sur la frontière entre ce qui est de la monnaie et ce qui n'en est pas. Il existe, par conséquent, plusieurs mesures différentes de la masse monétaire canadienne. La figure 10.1 montre deux des plus importantes, soit les agrégats monétaires M1+ et M2. M2 comprend plus d'actifs que M1+.

Aux fins de cet ouvrage, il n'est pas utile d'insister sur les différences entre les mesures de la masse monétaire au Canada. Aucune discussion, plus loin dans le

FIGURE 10.1

Deux agrégats monétaires de l'économie canadienne

Deux définitions courantes de la masse monétaire : M1+ et M2. Cette figure montre leur valeur en avril 2013.

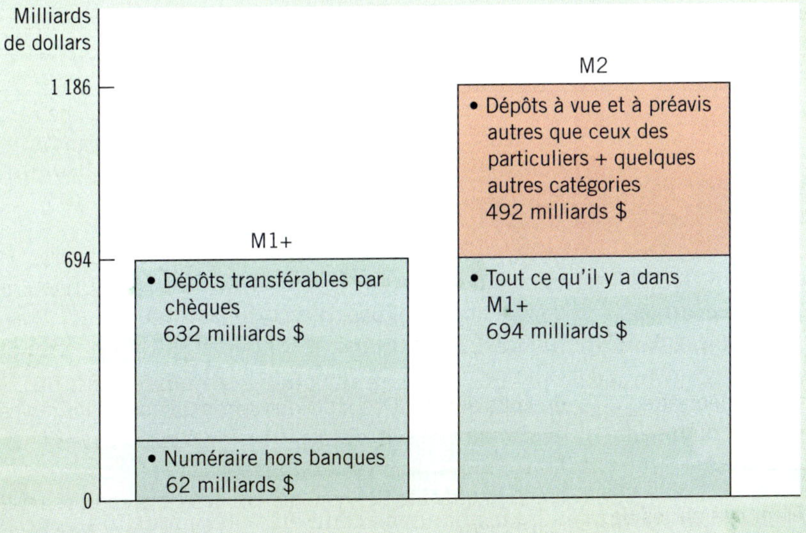

Source : Banque du Canada.

livre, ne dépendra des différences entre M1+ et M2. L'essentiel est de savoir que la masse monétaire inclut non seulement le numéraire, mais aussi des dépôts bancaires ou des sommes qui sont déposées dans d'autres institutions financières et qui sont facilement accessibles et utilisables pour l'acquisition de biens et de services.

ÉTUDE DE CAS

Où est passée toute la monnaie ?

Quand on mesure la masse monétaire du Canada, on fait face à une énigme. En 2013, on retrouvait environ 62 milliards de dollars de numéraire en circulation. Pour donner une idée concrète de cette somme, on peut la diviser par 27 millions de Canadiens adultes (âgés de plus de 18 ans), ce qui donne une moyenne de 2 300 $ par adulte. La plupart des gens sont surpris par un tel nombre, car l'immense majorité des Canadiens ne se promènent pas avec autant d'argent liquide sur eux.

Où donc se trouve toute cette monnaie ? Personne ne le sait vraiment. Une certaine fraction est détenue par les entreprises, mais il est vraisemblable qu'une bonne part de cette monnaie se trouve entre les mains de gens qui pratiquent l'évasion fiscale, le trafic de drogues ou d'autres formes de crimes. La plupart des gens considèrent que conserver une large part de sa richesse sous forme de numéraire ne serait pas une bonne idée : non seulement l'argent liquide peut être volé ou perdu, mais de plus, le numéraire ne rapporte pas d'intérêts, contrairement aux sommes placées à la banque. Les gens ne conservent donc généralement que de faibles sommes en numéraire. En revanche, les criminels ne déposent pas leur argent dans un compte bancaire, car l'enregistrement des opérations laisse des traces de leurs activités illégales. Le numéraire constitue peut-être pour eux la meilleure réserve de valeur.

Un calcul similaire pour l'économie américaine aboutit à 3 650 $ par personne de 16 ans et plus, une somme encore plus étonnante. Il est certes possible que l'activité criminelle soit plus florissante de l'autre côté de la frontière, mais il est plus probable qu'une grande partie de ces liquidités se trouvent à l'extérieur du pays. En effet, dans les pays ayant un système monétaire instable, les gens préfèrent le dollar américain à la devise locale. Il n'est pas rare de voir, un peu partout dans le monde, des dollars américains servant de moyen d'échange, d'unité de compte et de réserve de valeur, alors que le dollar canadien est rarement utilisé hors du Canada.

MINITEST

- Énumérez et décrivez les trois rôles de la monnaie.

La Banque du Canada

Banque du Canada
Banque centrale du Canada.

Banque centrale
Organisme responsable de la régulation du système bancaire et de la masse monétaire.

Lorsqu'une économie utilise un système de monnaie fiduciaire, comme c'est le cas de l'économie canadienne, une organisation doit se charger de la régulation du système. Au Canada, c'est la responsabilité de la **Banque du Canada**. Si vous observez un billet de banque, vous remarquez qu'il porte les mots *Banque du Canada* et qu'il est signé par le gouverneur et le premier sous-gouverneur de la Banque. La Banque du Canada est une **banque centrale**, c'est-à-dire une institution chargée de réguler le système bancaire et la quantité de monnaie en circulation. Parmi les principales banques centrales du monde, on peut citer la Banque d'Angleterre, la Banque du Japon, la Banque centrale européenne et la Réserve fédérale des États-Unis.

La loi de la Banque du Canada

Jusqu'à la crise des années 1930, il n'y avait pas de banque centrale au Canada. Les billets étaient émis par le ministère des Finances et par les principales banques à charte, comme la Banque de Montréal, qui étaient conjointement responsables de la régulation du système monétaire. Le régime de l'étalon-or, alors en vigueur, garantissait la convertibilité des billets de banque en une certaine quantité d'or. Les problèmes économiques ayant résulté de la crise et le besoin de limiter la quantité de monnaie fiduciaire, lors de l'abandon de l'étalon-or, ont alors conduit à la formation d'une commission royale chargée d'étudier la question. Cette dernière a recommandé la création d'une banque centrale. En 1934, le Parlement a donc édicté la *Loi sur la Banque du Canada,* établissant les responsabilités de cet organisme. Fondée en 1935 et nationalisée en 1938, la Banque du Canada est la propriété du gouvernement canadien.

La Banque du Canada est dirigée par un conseil d'administration formé par le gouverneur, le premier sous-gouverneur et 12 administrateurs, dont le sous-ministre des Finances. L'actuel gouverneur de la Banque du Canada, Stephen Poloz, est en place depuis juin 2013. Le ministre des Finances choisit tous les membres du conseil d'administration, dont le mandat est d'une durée de trois ans, à l'exception du gouverneur et du premier sous-gouverneur, qui sont nommés pour sept ans.

Cette structure administrative confère théoriquement au gouvernement tous les pouvoirs sur la Banque du Canada : en plus de désigner la totalité du conseil d'administration, le gouvernement peut, exceptionnellement, donner des ordres écrits au gouverneur, ordres que ce dernier doit exécuter. En réalité, cependant, la Banque du Canada jouit d'une grande indépendance par rapport au pouvoir politique. Tout comme les juges de la Cour suprême sont nommés à vie pour garantir leur autonomie, le septennat du gouverneur de la Banque le protège des pressions politiques lorsqu'il formule la politique monétaire. Et il est généralement convenu que le gouverneur démissionnerait immédiatement à la réception d'un ordre écrit du ministre des Finances. Les remous qui s'ensuivraient sur les marchés financiers dissuadent le ministre d'adopter une telle mesure — il n'y a encore jamais eu recours.

Les banques à charte, comme la Banque de Montréal, la Banque Royale, la Banque Toronto-Dominion, la CIBC, la Banque Scotia et la Banque Nationale, appartiennent à leurs actionnaires. Le rôle principal de ces banques est de maximiser leurs profits, au bénéfice des actionnaires. Les banques centrales, comme la Banque du Canada, sont aujourd'hui la propriété de l'État et versent leurs profits au gouvernement. Cependant, leur première mission n'est pas de maximiser les profits, mais plutôt de promouvoir l'intérêt général. Le préambule de la *Loi sur la Banque du Canada* se lit comme suit :

> Considérant qu'il est important d'instituer une banque centrale afin de réglementer le crédit et la monnaie dans l'intérêt de la vie économique de la nation ; de contrôler et protéger la valeur de la monnaie nationale sur les marchés internationaux ; d'atténuer autant que possible par son action les fluctuations du niveau général de la production, du commerce, des prix et de l'emploi ; et de façon générale de favoriser la prospérité économique et financière du Canada [...][1]

1. *Loi de la Banque du Canada* (L.R.C. 1985, chapitre B-2).

La Banque du Canada doit s'acquitter de quatre tâches connexes. La première, figurant dans la *Loi*, lui accorde le droit exclusif d'émettre les billets de banque. Son second rôle consiste à agir comme banque auprès des banques à charte. Tout comme vous pouvez posséder un dépôt à vue à la Banque de Montréal — ou dans toute autre grande banque commerciale —, la Banque de Montréal dispose d'un dépôt à vue à la Banque du Canada. Ces dépôts servent aux banques commerciales à se payer entre elles. La Banque du Canada peut consentir des prêts quotidiens aux banques lorsque celles-ci manquent de fonds pour payer d'autres banques. En cas de graves difficultés financières, les banques manquant de liquidités peuvent parfois se voir accorder un prêt de dernier ressort par la Banque du Canada — qui est le prêteur pour les institutions ne pouvant emprunter nulle part ailleurs — afin de garantir la stabilité du système bancaire. La troisième mission de la Banque du Canada est d'agir en tant qu'agent financier du gouvernement fédéral. Ce dernier possède un dépôt à vue à la Banque du Canada, de même que dans les grandes banques à charte. La Banque du Canada se charge de la gestion des comptes du gouvernement, de sa réserve de devises étrangères et de sa dette.

La quatrième tâche de la Banque du Canada, sans doute la plus importante, consiste à assurer la régulation de la masse monétaire, qu'on appelle aussi l'**offre de monnaie**. La régulation de l'offre de monnaie s'appelle la **politique monétaire**.

Offre de monnaie (ou masse monétaire)
Quantité de monnaie en circulation dans l'économie.

Politique monétaire
Politique de régulation de la masse monétaire par la banque centrale.

La politique monétaire

La Banque du Canada peut faire augmenter ou diminuer le nombre de dollars en circulation dans l'économie. On peut se plaire à imaginer la Banque du Canada semant dans tout le pays, du haut d'un hélicoptère, les billets de 20 $ qu'elle imprime, ou encore les aspirant de tous les portefeuilles à l'aide d'un énorme aspirateur. Même si, en pratique, les méthodes de la Banque du Canada s'avèrent plus complexes et plus subtiles, la métaphore de l'hélicoptère-aspirateur représente une bonne première approximation de la politique monétaire. Nous reviendrons plus loin sur les méthodes de régulation de l'offre de monnaie utilisées par la Banque du Canada.

L'importance de cet organisme vient du fait que les variations de la masse monétaire influent profondément sur l'économie. Deux des **dix principes d'économie** du chapitre 1 nous rappellent que les prix montent lorsque l'État émet trop de monnaie, d'une part, et que la société, à court terme, est soumise à un arbitrage entre l'inflation et le chômage, d'autre part. Toute l'importance de la Banque du Canada repose sur ces deux principes.

Pour des raisons que nous expliquerons plus loin, les décisions de la Banque du Canada déterminent le taux d'inflation à long terme et exercent une influence majeure sur les taux de chômage et d'inflation, ainsi que sur le niveau de production à court terme. Le gouverneur de la Banque du Canada est considéré, à juste titre, comme le deuxième personnage en puissance du pays sur le plan économique. Pour en savoir plus sur le sujet, consultez le site de l'organisme (www.banqueducanada.ca).

MINITEST

- Quelle est la différence entre une banque centrale comme la Banque du Canada et une banque commerciale comme la Banque de Montréal ?

Les banques à charte et l'offre de monnaie

Jusqu'à maintenant, nous avons défini le concept de « monnaie » et nous avons décrit sommairement les rôles de la Banque du Canada. Bien que cette dernière soit responsable de la politique monétaire canadienne, elle n'a qu'une influence indirecte sur l'offre de monnaie, par l'intermédiaire du système bancaire. Voyons maintenant quels rôles les banques à charte (ainsi que les caisses populaires et les sociétés de fiducie) jouent dans le système monétaire.

Rappelons-nous que la quantité de monnaie que possède le public comprend à la fois du numéraire (les billets de banque et les pièces de monnaie dans vos poches) et les dépôts à vue (la valeur de vos comptes chèques). Puisque les dépôts à vue sont détenus dans des banques, le comportement de ces institutions peut influer sur la quantité des dépôts à vue dans l'économie et, donc, sur l'offre de monnaie. Nous nous intéressons maintenant au rôle des banques dans la détermination de la masse monétaire et à la tâche compliquée, pour la banque centrale, de réguler l'offre de monnaie.

Un cas simple : le système bancaire à réserves totales

Pour comprendre l'influence des banques sur l'offre de monnaie, commençons par imaginer un monde sans institutions bancaires. Dans ce monde simplifié, le numéraire constitue la seule forme de monnaie. Supposons que la quantité totale de numéraire en circulation soit de 100 $: l'offre de monnaie est donc égale à 100 $.

Quelqu'un décide alors d'établir une banque, qui reçoit le nom de Première Banque nationale. Cette banque n'est qu'un établissement de dépôts, c'est-à-dire qu'elle accepte uniquement de conserver le numéraire, sans consentir de prêts. Sa mission consiste à garantir aux titulaires des comptes un endroit sûr pour conserver leur monnaie, jusqu'à ce qu'ils veuillent la retirer ou émettre des chèques. Les dépôts qui ne sont pas convertis en prêts sont appelés

« J'ai beaucoup entendu parler d'argent, et j'aimerais bien à mon tour en essayer. »

Réserves
Dépôts que les banques ont conservés sans les prêter.

Système bancaire à réserves totales
Système dans lequel les banques conservent en réserve 100 % des dépôts.

réserves. Dans ce monde imaginaire, tous les dépôts constituent des réserves ; ce système est un **système bancaire à réserves totales**.

La situation financière de la Première Banque nationale, résumée sous la forme d'un compte en T, indique les variations de l'actif et du passif. Voici le compte en T de la Première Banque nationale, lorsqu'elle détient toute la monnaie en circulation :

Première Banque nationale

Actif		Passif	
Réserves	100 $	Dépôts	100 $

On trouve un actif de 100 $ à gauche (les réserves dans le coffre), ainsi qu'un passif de 100 $ à droite (la somme due aux déposants). Remarquez que le passif de la banque est égal à son actif.

Revenons à l'offre de monnaie dans notre économie imaginaire. Avant l'ouverture de la Première Banque nationale, la masse monétaire de 100 $ était uniquement constituée du numéraire détenu par le public. Une fois la banque ouverte, la monnaie n'existe plus que sous la forme de dépôts à vue : il n'y a plus de numéraire en circulation, la totalité de la monnaie se trouvant dans les coffres de la banque. Chaque dépôt réduit d'une certaine somme la quantité de numéraire en circulation et fait augmenter de la même somme le montant des dépôts à vue, et ce, sans modifier la masse monétaire. On peut donc en conclure que si les banques conservent en réserve tous les dépôts, elles n'ont aucune influence sur l'offre de monnaie.

La création de monnaie dans un système à réserves fractionnaires

Les banquiers de la Première Banque nationale finissent un jour par reconsidérer leur politique de réserves totales. Ils jugent improductif le fait de laisser tout cet argent dormir dans les coffres. Pourquoi ne pas consentir des prêts et faire des profits en recevant des intérêts ? Les familles qui veulent s'acheter une maison, les entreprises qui souhaitent construire de nouvelles usines et les étudiants qui doivent financer leurs études, tous seraient bien contents de payer des intérêts pour pouvoir emprunter de l'argent pendant un certain temps. Bien entendu, la Première Banque nationale se doit de conserver quelques réserves en cas de retrait de la part des déposants. Cependant, si les nouveaux dépôts se succèdent au même rythme que les retraits, la Première Banque nationale n'aura besoin de garder qu'une fraction de ses dépôts en réserve. Elle adopte donc un **système bancaire à réserves fractionnaires**.

Système bancaire à réserves fractionnaires
Système dans lequel les banques ne conservent en réserve qu'une partie des dépôts.

Coefficient de réserve
Fraction des dépôts que les banques conservent en réserve.

On appelle **coefficient de réserve** la fraction des dépôts totaux qu'une banque conserve à titre de réserves. Ce coefficient est fonction à la fois de la réglementation gouvernementale et des politiques des banques. Dans certains pays, la banque centrale exige le maintien d'un montant minimum de réserves appelé *réserves obligatoires*. Il arrive parfois que les banques maintiennent des réserves dépassant le minimum légal ou, s'il n'y a pas de réserves obligatoires, que les banques décident elles-mêmes d'en conserver, pour s'assurer de ne pas être à court de liquidités. Aux fins de la démonstration, nous prendrons un coefficient de réserve donné, afin de voir comment l'offre de monnaie est touchée par des réserves fractionnaires.

Supposons que la Première Banque nationale observe un coefficient de réserve de 10 %, ce qui veut dire qu'elle conserve 10 % des dépôts en réserve et qu'elle prête le reste. Le compte en T de la banque se présente de la façon suivante :

Première Banque nationale

Actif		Passif	
Réserves	10 $	Dépôts	100 $
Prêts	90 $		

La banque a toujours un passif de 100 $, puisque les prêts qu'elle a consentis ne modifient en rien ses obligations envers ses déposants. Mais la banque a maintenant deux types d'actifs : 10 $ de réserves dans ses coffres et 90 $ de prêts (ces prêts sont des éléments du passif pour les emprunteurs, mais font partie de l'actif pour la banque, à laquelle ces sommes sont dues). L'actif et le passif sont toujours égaux.

Analysons de nouveau la quantité de monnaie dans l'économie. Avant que la Première Banque nationale consente des prêts, l'offre de monnaie s'élevait à 100 $, soit la valeur des dépôts à vue. Une fois que la banque décide d'effectuer des prêts, l'offre de monnaie augmente. En effet, si les déposants ont toujours 100 $ de dépôts à vue, les emprunteurs disposent maintenant de 90 $ de numéraire. L'offre de monnaie, soit la somme du numéraire hors banques et des dépôts à vue, atteint maintenant 190 $. On en conclut donc que, quand les banques ne conservent en réserve qu'une fraction des dépôts, elles créent de la monnaie.

À première vue, la monnaie créée par les banques à réserves fractionnaires semble tomber du ciel. Elle n'a pourtant rien de miraculeux : remarquez que les prêts de la Première Banque nationale, puisés dans ses réserves, créent de la monnaie, mais ne créent pas pour autant de la richesse (définie comme l'actif moins le passif). Ces prêts fournissent de la monnaie aux emprunteurs, ce qui leur donne la possibilité d'acheter des biens et des services. Par contre, les emprunteurs s'endettent aussi, ce qui fait que leurs emprunts ne les enrichissent pas. Autrement dit, les banques créent des actifs monétaires qui sont un actif, mais aussi un passif pour les emprunteurs. Au bout du compte, l'économie est plus liquide et ses moyens d'échange se multiplient, sans toutefois que la richesse soit augmentée.

Le multiplicateur monétaire

La création de monnaie n'est pas réservée à la seule Première Banque nationale. Imaginons qu'un de ses emprunteurs consacre les 90 $ qu'il a empruntés à l'achat d'un bien et que le vendeur de ce bien dépose cette somme à la Deuxième Banque nationale. Le compte en T de cette dernière se présente comme suit :

Deuxième Banque nationale

Actif		Passif	
Réserves	9 $	Dépôts	90 $
Prêts	81 $		

Après le dépôt, cette banque enregistre un passif de 90 $. Si la Deuxième Banque nationale observe également un coefficient de réserve de 10 %, elle conserve un actif de 9 $ en réserve et peut accorder des prêts totalisant 81 $. Cette banque crée donc 81 $ de monnaie supplémentaire. En admettant que ces 81 $ soient déposés à la Troisième Banque nationale, qui maintient également un coefficient de réserve de 10 %, cette troisième banque se retrouvera avec des réserves de 8,10 $ et des prêts de 72,90 $, comme on peut le voir dans son compte en T :

Troisième Banque nationale

Actif		Passif	
Réserves	8,10 $	Dépôts	81 $
Prêts	72,90 $		

Le processus se poursuit ainsi un bon moment. Chaque fois que de la monnaie est déposée et qu'un nouveau prêt est consenti, de la nouvelle monnaie est créée.

À combien peut-on évaluer la création de monnaie dans cette économie? Additionnons :

Dépôt initial	=	100,00 $	
Prêt de la Première Banque nationale	=	90,00 $	[= 0,9 × 100 $]
Prêt de la Deuxième Banque nationale	=	81,00 $	[= 0,9 × 90 $]
Prêt de la Troisième Banque nationale	=	72,90 $	[= 0,9 × 81 $]
•		•	
•		•	
•		•	
Offre totale de monnaie	=	1 000,00 $	

Même si ce processus de création monétaire peut continuer à l'infini, il n'aboutit pas à une création infinie de monnaie. Dans cet exemple, si l'on continue d'additionner laborieusement tous les chiffres, on se rend compte qu'avec les 100 $ initiaux, on peut obtenir 1 000 $ au total. La quantité de monnaie que le système bancaire parvient à créer à partir de chaque dollar de réserves s'appelle le **multiplicateur monétaire**. Dans cette économie fictive où, avec 100 $ de réserves, on parvient à générer 1 000 $ de monnaie, le multiplicateur monétaire est égal à 10.

Multiplicateur monétaire
Quantité de monnaie totale créée par le système bancaire à partir de chaque dollar de réserve.

Comment calculer ce multiplicateur monétaire? Rien de plus simple : le multiplicateur monétaire est l'inverse du coefficient de réserve. Si R est le coefficient de réserve de toutes les banques dans une économie donnée, chaque dollar de réserve génère 1/R dollar de monnaie. Dans l'exemple donné ci-dessus, R = 1/10 et le multiplicateur monétaire est donc égal à 10.

Expliquons maintenant pourquoi le multiplicateur monétaire est inversement proportionnel au coefficient de réserve. Si les banques disposent de 1 000 $ en dépôts et que le coefficient de réserve est de 1/10 (10 %), cela signifie que ces établissements doivent disposer de 100 $ de réserves. Le multiplicateur monétaire inverse simplement cette proportion : si le système bancaire dispose d'un total de 100 $ de réserves, il ne peut avoir que 1 000 $ de dépôts. Autrement dit, si R est le coefficient mesurant le rapport entre les réserves et les dépôts, le coefficient des dépôts par rapport aux réserves dans le système bancaire — le multiplicateur monétaire — doit être de 1/R.

Cette formule démontre que la quantité de monnaie que les banques peuvent créer est fonction du coefficient de réserve. Si ce dernier est égal à 1/20 (5 %), le système bancaire aura 20 fois plus de dépôts que de réserves et le multiplicateur monétaire sera égal à 20. Chaque dollar de réserve générera 20 $ de monnaie. Si le coefficient de réserve passe à 1/5 (20 %), les dépôts seront 5 fois supérieurs aux réserves, le multiplicateur monétaire sera de 5 et chaque dollar de réserve générera 5 $ de monnaie. On peut donc en conclure que plus le coefficient de réserve est élevé, moins les banques seront en mesure de faire des prêts et plus le multiplicateur monétaire sera faible. Par conséquent, lorsque le coefficient de réserve est égal à 100 %, soit 1, le multiplicateur monétaire est également de 1, c'est-à-dire que les banques ne consentent pas de prêts et ne créent pas de monnaie.

Le capital des banques, l'effet de levier financier et la crise financière de 2007-2009

Dans les sections précédentes, nous avons expliqué le fonctionnement des banques de façon très simplifiée. Le système bancaire moderne est cependant un peu plus compliqué ; cette complexité a d'ailleurs joué un rôle de premier plan dans la crise financière de 2007-2009. Avant de nous pencher sur cette crise, examinons donc de façon plus réaliste comment fonctionnent les banques.

Les bilans des banques que vous avez vus jusqu'à maintenant reflètent le fait qu'une banque accepte des dépôts et les utilise ensuite soit pour accorder des prêts, soit pour détenir des réserves. D'un angle plus réaliste, une banque obtient des ressources financières non seulement en acceptant des dépôts, mais aussi, à l'instar d'autres entreprises, en émettant des capitaux propres et des titres de créance. Les ressources qu'une banque possède par l'émission à ses propriétaires de capitaux propres s'appellent le **capital de la banque**. Une banque utilise ses ressources financières de diverses façons dans le but de dégager des bénéfices pour ses propriétaires. Elle ne fait pas qu'accorder des prêts et détenir des réserves, elle achète également des titres financiers, comme des actions et des obligations.

Capital de la banque (ou capitaux propres ou avoir des actionnaires)
Ressources que les propriétaires d'une banque ont eux-mêmes mises dans l'institution.

Voici un exemple plus réaliste du bilan d'une banque :

Banque Nationale Plus Réaliste

Actif		Passif et capitaux propres	
Réserves	200 $	Dépôts	800 $
Prêts	700 $	Dettes	150 $
Titres	100 $	Capitaux propres (avoir des actionnaires)	50 $

Du côté droit du bilan se trouvent le passif et les capitaux propres de la banque (ces derniers sont aussi appelés *avoir des actionnaires*). Cette banque a obtenu 50 $ de ressources par l'entremise de ses propriétaires. Elle a également accepté 800 $ en dépôts et émis 150 $ de dettes. Le total de 1 000 $ a été utilisé de trois façons ; celles-ci figurent du côté gauche du bilan où les actifs de la banque sont représentés. Ainsi, la banque détient 200 $ de réserves, elle a accordé 700 $ sous forme de prêts bancaires et utilisé 100 $ pour acheter des titres, tels que des obligations d'État ou de sociétés. La banque décide de l'allocation de ses ressources entre différentes catégories d'actifs en fonction du risque et du rendement ; toute réglementation (comme les réserves obligatoires) limite également les choix de la banque.

D'après les règles de la comptabilité, le total des réserves, des prêts et des titres qui apparaissent du côté gauche du bilan doit toujours être égal au total des dépôts, des dettes et des capitaux de la colonne de droite. Il n'y a là aucun mystère. La valeur de l'avoir des propriétaires est, par définition, égale à celle des actifs de la banque (réserves, prêts, titres) moins la valeur de son passif (dépôts et dettes). Par conséquent, les sommes des colonnes de gauche et de droite sont toujours égales.

Levier financier
Utilisation d'argent emprunté pour compléter les fonds disponibles à des fins d'investissement.

Beaucoup d'entreprises dépendent du **levier financier**, c'est-à-dire de l'utilisation d'argent emprunté pour compléter les fonds disponibles à des fins d'investissement. En effet, chaque fois qu'une personne s'endette pour financer un projet d'investissement, elle recourt au levier financier. Ce dernier est particulièrement important pour les banques, parce que leur rôle principal consiste justement à emprunter et à prêter de l'argent. Pour bien comprendre le système bancaire, il est donc fondamental de comprendre le levier financier.

Ratio de levier financier
Ratio des actifs par rapport au capital de la banque.

Le **ratio de levier financier** correspond au ratio de tous les actifs de la banque par rapport à son capital. Dans notre exemple, le ratio de levier financier est de 1 000 $/50 $ ou 20. Un ratio de 20 signifie que pour chaque dollar de capital que les propriétaires de la banque ont avancé, la banque possède 20 $ d'actifs. De ces 20 $ d'actifs, 19 $ sont financés avec de l'argent emprunté — soit en acceptant des dépôts ou en émettant des dettes.

Vous avez peut-être appris dans un cours de science qu'un levier peut amplifier une force : un rocher que vous ne pouvez pas déplacer à la seule force de vos bras bougera plus facilement si vous utilisez un levier. Le levier financier donne un résultat semblable. Pour bien comprendre, reprenons notre exemple. Supposons que la valeur des actifs de la banque augmente de 5 %, parce que des titres qu'elle détient ont pris de la valeur, par exemple. Les 1 000 $ d'actifs vaudraient donc maintenant 1 050 $. Étant donné que la banque doit toujours 950 $ à ses déposants et à ses créanciers, le capital de la banque est passé de 50 $ à 100 $. Donc, si le ratio de levier financier se chiffre à 20, une hausse de 5 % de la valeur des actifs accroît l'avoir des actionnaires de 100 %.

Le même principe s'applique à la baisse, mais les conséquences sont alors fâcheuses.

Supposons que des emprunteurs ne puissent pas rembourser leurs prêts, réduisant par le fait même de 5 % la valeur des actifs de la banque à 950 $. Étant donné qu'en vertu de la loi, les déposants et les créanciers sont payés avant les propriétaires de la banque, la valeur de l'avoir des propriétaires tombe à zéro. Ainsi, si le ratio de levier financier est de 20, un recul de 5 % de la valeur des actifs se traduit par une chute de 100 % du capital de la banque. Si la valeur des actifs diminuait de plus de 5 %, les actifs vaudraient moins que le passif. Dans ce cas, la banque serait *insolvable* et elle ne serait plus en mesure de rembourser en entier ses créanciers et ses déposants.

Les organismes de réglementation exigent que les banques détiennent un certain capital. De tels **besoins en capitaux** visent à s'assurer que les banques puissent rembourser leurs déposants (sans avoir à recourir aux fonds d'assurance-dépôts offerts par le gouvernement). La somme des capitaux exigée dépend du type d'actifs que détient la banque. Si ses actifs sont sûrs (des obligations d'État, par exemple), les organismes de réglementation requièrent moins de capitaux que si la banque possède des actifs à risque, tels que des prêts à des emprunteurs dont le crédit est douteux.

Besoins en capitaux
Réglementation gouvernementale selon laquelle une banque doit détenir au moins une certaine somme de capitaux.

En 2008 et 2009, beaucoup de banques américaines se sont retrouvées avec trop peu de capitaux après que leurs actifs ont subi des pertes — en particulier les prêts hypothécaires et les titres de placement adossés à des prêts hypothécaires. La pénurie de capitaux a forcé les banques à limiter les prêts, un phénomène appelé parfois *resserrement du crédit* (ou *credit crunch*, en anglais), ce qui a contribué à son tour à un ralentissement important des activités économiques (cette crise est analysée plus en détail au chapitre 14). Pour régler le problème, le département du Trésor américain, de concert avec la Réserve fédérale américaine, a injecté des milliards de dollars de fonds publics dans le système bancaire afin d'augmenter le capital des banques. Par conséquent, les contribuables sont temporairement devenus copropriétaires d'un grand nombre de banques. Cette politique inhabituelle avait pour but de recapitaliser le système bancaire pour que le niveau des prêts revienne à un niveau normal, ce qui s'est effectivement produit à la fin de 2009. Les banques canadiennes ont beaucoup mieux traversé la crise financière que les banques américaines, en partie parce que le Bureau du surintendant des institutions financières (BSIF) les contraint à maintenir des réserves obligatoires élevées. Elles se sont donc montrées beaucoup plus résilientes devant la crise financière, parce qu'elles ont été en mesure de maintenir suffisamment de capitaux, et ce, malgré les pertes qu'ont essuyées certains de leurs actifs.

Vers la fin de 2010, un accord international (appelé *Accord de Bâle III*, du nom de la ville suisse où ont lieu les réunions du comité international sur le contrôle bancaire) a exigé que les banques centrales rehaussent les planchers des capitaux obligatoires de leurs banques nationales. L'impact de ces nouvelles exigences sur les banques canadiennes devrait être faible, puisque ces mesures rejoignent largement les exigences actuelles du BSIF.

Les instruments de régulation monétaire de la Banque du Canada

Nous avons déjà mentionné que c'est la Banque du Canada qui est responsable de la régulation de la quantité de monnaie en circulation dans l'économie canadienne. Maintenant que nous comprenons comment fonctionnent les banques, nous pouvons mieux comprendre comment la banque centrale s'acquitte de cette tâche. La régulation ne peut se faire que par des méthodes indirectes, puisque ce sont les banques qui créent de la monnaie dans un système à réserves fractionnaires. Ainsi, lorsque la Banque du Canada décide de modifier l'offre de monnaie, elle doit envisager les impacts de ses opérations sur la création de monnaie par les banques.

Au cours de son histoire, la Banque du Canada a eu recours à différents moyens de régulation monétaire. L'ensemble des banques centrales dans le monde utilise différents outils de politique monétaire, dont les opérations d'*open market*, les avances aux banques, les variations des réserves obligatoires et les variations du taux d'intérêt pour les prêts au jour le jour. La Banque du Canada utilise actuellement comme outils les opérations d'*open market* et les variations du taux d'intérêt pour les prêts au jour le jour, aussi appelé *taux directeur*.

Les modifications du taux directeur

La Banque du Canada, comme toutes les banques centrales, est la banque des banques à charte. Ces dernières possèdent un dépôt à vue à la Banque du Canada, dans lequel elles peuvent déposer une partie de leurs réserves.

Donnons un exemple : Denyse achète la voiture de Zoé et la paye en lui faisant un chèque de 5 000 $, tiré sur son compte de la Banque de Montréal. Zoé dépose ce chèque dans son compte de la Banque Scotia. La Banque de Montréal devra alors déduire cette somme du compte de Denyse et la transférer à la Banque Scotia. Ce transfert interbancaire sera effectué entre les comptes que les deux banques à charte possèdent à la Banque du Canada. Ainsi, 5 000 $ seront déduits du dépôt à vue de la Banque de Montréal et seront ajoutés au dépôt à vue de la Banque Scotia. Cependant, si la Banque de Montréal ne dispose pas d'une somme de 5 000 $ dans son compte à la Banque du Canada, que se passe-t-il ? Elle doit emprunter cette somme à la Banque du Canada, car elle a un découvert. Le taux d'intérêt exigé par les banques centrales pour ce type de prêt s'appelle **taux d'escompte**.

Taux d'escompte
Taux d'intérêt auquel la Banque du Canada consent des prêts aux banques.

Depuis 1998, la Banque du Canada offre des facilités de prêts aux banques à charte, au taux d'escompte, et elle leur verse sur les dépôts un taux d'intérêt inférieur de 0,5 % par rapport au taux d'escompte. Ce dernier taux est appelé **taux créditeur**. À titre d'exemple, si le taux d'escompte est de 4 %, la Banque de Montréal doit payer ce taux d'intérêt lorsque la Banque du Canada lui avance des fonds ; par contre, cette dernière ne lui verse que 3,5 % d'intérêt en cas de solde créditeur. Ce qu'on appelle la *fourchette opérationnelle* est donc d'un demi-point de pourcentage (de 3,5 % à 4 %). Cette fourchette opérationnelle influe sur tous les taux d'intérêt au Canada.

Taux créditeur
Taux d'intérêt auquel la Banque du Canada rémunère les dépôts des banques à charte.

Les dépôts des banques à la Banque du Canada sont aussi appelés **encaisses de règlement**. Depuis 1998, la Banque du Canada maintient à près de zéro le total des encaisses de règlement du système bancaire. Pour chaque banque ayant un excédent de réserves, il y en a donc une autre qui a un découvert. La banque centrale a encouragé la formation d'un marché actif dans lequel les banques prêtent, pour 24 heures, leurs encaisses excédentaires aux banques manquant de liquidités. Les transactions se font à un taux situé à l'intérieur de la fourchette (dans notre exemple, ce taux est entre 3,50 % et 4,00 %). Le taux du milieu de la fourchette, autour duquel les banques se prêtent entre elles leurs dépôts excédentaires, est appelé *taux cible de financement à un jour* ou

Encaisses de règlement
Nom des dépôts des banques à charte faits à la Banque du Canada.

taux directeur. Il influence l'ensemble des taux de financement à court terme au Canada. Les banques à charte n'ont jamais à payer plus que le haut de la fourchette pour leurs emprunts à court terme, puisqu'elles peuvent toujours choisir d'emprunter auprès de la Banque du Canada plutôt qu'auprès d'une autre banque à charte. Elles ne prêteront pas non plus à un taux d'intérêt inférieur au taux créditeur, car elles peuvent prêter à une autre banque à un taux plus élevé.

Taux directeur
Taux d'intérêt auquel la Banque du Canada souhaiterait que les banques se prêtent des fonds pour une durée d'un jour.

Une modification du taux directeur fait varier le taux d'escompte et le taux créditeur dans les mêmes proportions, ce qui maintient une fourchette dans laquelle le taux d'escompte est toujours supérieur de 0,25 % au taux directeur et de 0,5 % au taux créditeur. La Banque du Canada utilise le taux directeur pour modifier l'offre de monnaie. En effet, la hausse de ce taux décourage les banques d'emprunter auprès de la Banque du Canada, ce qui entraîne une réduction des réserves du système bancaire de l'offre de monnaie. Une réduction du taux directeur produit l'effet inverse : les banques, incitées à emprunter auprès de la Banque du Canada, haussent leurs réserves et créent ainsi de la monnaie.

Si la Banque du Canada décide d'augmenter la quantité de monnaie en circulation, elle réduit le taux directeur ; à l'inverse, si elle souhaite réduire l'offre de monnaie, elle peut augmenter le taux directeur. Le taux directeur de la Banque du Canada est un indice économique important, d'une part parce qu'il influence l'offre de monnaie, mais également parce qu'il a un impact sur tous les taux d'intérêt de court terme. Il reflète l'opinion de la banque centrale sur la politique monétaire optimale à adopter. Depuis novembre 2000, la Banque du Canada a établi un calendrier de publication du taux directeur — huit fois par an, soit environ toutes les six semaines. Elle se réserve aussi le droit de modifier le taux directeur à n'importe quel autre moment, en cas de nécessité.

Les opérations d'*open market*

Pour augmenter la quantité de monnaie en circulation, les banques centrales peuvent acheter quelque chose, tandis que pour la diminuer, elles vendent quelque chose, peu importe ce qu'elles achètent ou vendent. Par exemple, si la Banque du Canada achète un nouvel ordinateur pour son équipe de recherche et le paye avec un billet neuf de 1 000 $, l'entreprise qui vient de livrer cet ordinateur reçoit 1 000 $ comptant ; l'offre de monnaie vient d'augmenter de 1 000 $. Si la banque centrale vend un ordinateur d'occasion pour 200 $, la quantité de monnaie en circulation diminue immédiatement de 200 $.

En fait, la Banque du Canada ne passe pas son temps à vendre ou à acheter de grandes quantités d'ordinateurs. Par conséquent, ce genre d'opération n'influe pas substantiellement sur la quantité de monnaie en circulation. Par contre, elle achète du public et lui vend un grand volume d'obligations du gouvernement canadien. Lorsqu'elle achète ou vend ces obligations, elle réalise des **opérations d'*open market***. Pour augmenter l'offre de monnaie, elle achète des bons du Trésor (les bons du Trésor sont tout simplement des obligations à court terme émises par l'État). Les dollars que la Banque du Canada verse en contrepartie de ses achats font augmenter la quantité de monnaie en circulation, dont une partie sera détenue sous forme de numéraire, tandis que le reste sera déposé dans des comptes bancaires. Chaque dollar supplémentaire

Opérations d'*open market*
Opérations d'achat ou de vente d'obligations d'État par la banque centrale.

conservé en numéraire fera augmenter l'offre de monnaie d'exactement un dollar. Par contre, chaque dollar supplémentaire déposé dans un compte bancaire accroîtra l'offre de monnaie dans une plus grande proportion, parce qu'il augmente les réserves des banques et, donc, la possibilité de création de monnaie.

Pour réduire la quantité de monnaie en circulation, la Banque du Canada effectue l'opération inverse : elle vend des obligations d'État au public, qui les achète avec du numéraire ou à partir de ses dépôts bancaires, ce qui fait diminuer directement la quantité de monnaie en circulation. De plus, à mesure que les gens retirent de l'argent de leurs dépôts bancaires pour payer ces obligations, les réserves des banques diminuent. En réaction, les banques réduisent les prêts, et le processus de création monétaire s'inverse.

Les opérations d'*open market* sont faciles à réaliser. En fait, les achats ou les ventes d'obligations par la Banque du Canada sont similaires à celles qu'entreprennent les personnes qui décident de modifier leur portefeuille de placements. Bien sûr, il y a une différence majeure : les transactions sur les titres gouvernementaux que vous faites ne modifient pas la masse monétaire, car la monnaie ne fait que changer de main. Notons aussi que les opérations d'*open market* permettent à la banque centrale de modifier l'offre de monnaie, tant d'une petite que d'une grande quantité, sans changement aux lois ou à la réglementation.

Assouplissement quantitatif
Achat et vente par la banque centrale d'obligations d'État à long terme et d'obligations non gouvernementales.

Si les opérations d'*open market* concernent habituellement des obligations d'État à court terme (les bons du Trésor), rien n'empêche la Banque du Canada d'acheter et de vendre des obligations à plus long terme ou même d'acheter et de vendre des obligations non gouvernementales. Les opérations d'*open market* impliquant ces types d'obligations relèvent de l'**assouplissement quantitatif**. Durant la crise financière de 2008-2009, la Réserve fédérale américaine a eu recours à l'assouplissement quantitatif pour augmenter les fonds propres des banques. En achetant pour une durée limitée des actifs des banques privées, la Réserve fédérale a permis à celles-ci de restaurer leurs réserves obligatoires et, ainsi, de continuer à prêter aux emprunteurs.

La Banque du Canada n'a pas eu à recourir à l'assouplissement quantitatif durant la crise financière, car les banques canadiennes ont été en mesure de maintenir leurs fonds propres et ont pu traverser la crise sans avoir besoin de l'intervention de la banque centrale. L'assouplissement quantitatif est un instrument de contrôle monétaire que les banques centrales n'utilisent habituellement que dans des circonstances extraordinaires. Ce n'en est pas moins un outil auquel la Banque du Canada peut recourir au besoin.

Opérations sur le marché des changes
Achat ou vente de devises étrangères par la Banque du Canada.

La Banque du Canada intervient également en vendant ou en achetant des devises étrangères sur le marché des changes. Cette fois, il ne s'agit plus d'opérations d'*open market*, mais plutôt d'**opérations sur le marché des changes**. Si la Banque du Canada achète sur ce marché 100 millions de dollars américains au prix de 110 millions de dollars canadiens, l'offre de monnaie augmente immédiatement de 110 millions de dollars. Lorsqu'elle décide de se défaire d'une partie de ses réserves en devises, elle obtient des dollars canadiens en échange. Ces dollars retirés de la circulation réduisent d'autant l'offre de monnaie canadienne.

Il arrive que la Banque du Canada décide de vendre des devises étrangères sur le marché des changes pour soutenir le taux de change du dollar canadien, sans vouloir pour autant réduire l'offre de monnaie. Elle utilise alors les dollars canadiens acquis sur les marchés des changes pour acheter des obligations d'État et remet ainsi des dollars canadiens en circulation. Ce processus d'annulation d'une opération sur le marché des changes par une opération d'*open market* se nomme **stérilisation**. La Banque du Canada y recourt régulièrement.

Stérilisation
Opération d'*open market* qui vise à annuler les effets, sur la quantité de monnaie en circulation, d'opérations effectuées sur le marché des changes.

Les réserves obligatoires

Certaines banques centrales imposent aux banques un montant de **réserves obligatoires** minimum. Un coefficient de réserve obligatoire force les banques à maintenir un minimum de réserves en proportion des dépôts. Les réserves obligatoires influent sur la quantité de monnaie que le système bancaire crée pour chaque dollar de réserve. Une hausse du coefficient de réserve obligatoire force les banques à conserver des réserves plus importantes et, par conséquent, à réduire la fraction de chaque dollar déposé qui sera consacrée aux prêts ; cela se traduit par une réduction du multiplicateur monétaire et, donc, de l'offre de monnaie. À l'inverse, une diminution du coefficient de réserve obligatoire fait augmenter le multiplicateur monétaire et accroît la masse monétaire.

Réserves obligatoires
Contrainte imposée par la banque centrale sur le montant minimal des réserves, exprimé en pourcentage des dépôts du public.

La Banque du Canada a rarement modifié le coefficient de réserve obligatoire dans le but de modifier la masse monétaire, car on croit que de fréquents changements troubleraient les activités bancaires. En fait, de 1994 à 1998, la Banque a éliminé graduellement les réserves obligatoires, pour que les banques soient sur un pied d'égalité avec les autres institutions financières qui ne sont pas assujetties à cette obligation.

Les difficultés liées à la régulation de l'offre de monnaie

La Banque du Canada, par l'intermédiaire des opérations d'*open market* et du taux directeur, dispose d'outils puissants pour modifier la quantité de monnaie en circulation. Néanmoins, la banque centrale fait face à deux problèmes liés au fait que l'offre de monnaie est créée par le système bancaire de réserves fractionnaires.

Tout d'abord, la Banque du Canada n'a aucune influence sur les sommes que les ménages choisissent de détenir sous forme de dépôts bancaires. Plus ces derniers conservent de monnaie à la banque, plus les réserves augmentent, ainsi que la possibilité de prêts. L'inverse est aussi vrai : une réduction des dépôts fait diminuer les réserves bancaires et, par le fait même, la création monétaire. Cela pose un problème. Imaginons qu'un beau jour, les Canadiens perdent confiance dans leur système bancaire et décident de vider leurs comptes pour ne conserver que du numéraire. Dans de telles circonstances, le système bancaire perd ses réserves et ne crée plus de monnaie. La masse monétaire diminue, en dehors de toute intervention de la Banque du Canada.

Le deuxième problème provient du fait que la Banque du Canada n'a aucune prise sur le montant des prêts consentis par les banquiers. On sait que la création de monnaie dépend directement des prêts consentis par les institutions bancaires ; or, ces dernières peuvent tout aussi bien décider de conserver davantage de réserves et de restreindre les sommes consacrées aux prêts. Supposons, par exemple, que les banquiers fassent montre de prudence en raison d'une économie incertaine et préfèrent augmenter les réserves en diminuant les prêts. Dès lors, le système bancaire crée moins de monnaie qu'il le ferait normalement. En conséquence, l'offre de monnaie diminue sans que la Banque du Canada soit intervenue.

On constate donc que dans un système à réserves fractionnaires, la quantité de monnaie en circulation dépend en partie des déposants et des banquiers. La Banque du Canada ne peut ni prédire ni guider le comportement de ces acteurs économiques et elle ne peut donc pas maîtriser parfaitement la masse monétaire. Toutefois, cela n'est pas forcément grave. La banque centrale recueille toutes les semaines des données sur les dépôts et elle suit attentivement les fluctuations de la masse monétaire causées par les changements de comportement des déposants ou des banquiers. Si elle croit que l'offre de monnaie augmente trop rapidement, elle hausse le taux directeur pour diminuer la pression. À l'inverse, si elle veut éviter que l'offre de monnaie diminue ou que son rythme de croissance soit trop faible, elle abaisse le taux directeur. Tout comme un automobiliste se sert de l'accélérateur pour maintenir sa vitesse, elle surveille le compteur et modifie le taux directeur, l'équivalent de la pression du pied sur la pédale, pour maintenir sa « vitesse de croisière », c'est-à-dire la quantité idéale de monnaie.

BON À SAVOIR

La réponse de la Banque du Canada à la crise financière de 2007-2009

En temps normal, les politiques qu'utilise la Banque du Canada pour contrôler la masse monétaire sont efficaces pour assurer le bon fonctionnement de l'économie. En de rares occasions, toutefois, elle doit prendre des mesures extraordinaires. L'une de ces occasions s'est présentée lors de la crise financière qui a débuté en 2007 dans le système financier américain.

Au chapitre 8 (*voir la section Bon à savoir:* Les crises financières), nous avons décrit la façon dont la crise au sein du système financier américain a déclenché une suite d'événements qui ont mené à beaucoup de faillites, tant à l'intérieur qu'à l'extérieur du secteur financier, à une chute vertigineuse du prix des actifs, à une augmentation rapide du taux de chômage et à des inquiétudes à l'égard du système financier mondial, qui menaçait de s'effondrer.

Pendant la crise, en plus de compter sur la réglementation déjà en vigueur, la Banque du Canada a pris plusieurs mesures extraordinaires conçues pour calmer les marchés financiers et permettre au système financier canadien de mieux traverser la tempête. Ces mesures — décrites ci-dessous — sont généralement reconnues pour avoir considérablement diminué les effets de la crise financière au pays.

L'un des principaux rôles de la Banque du Canada consiste à veiller à ce que les institutions financières puissent interagir entre elles de façon efficace et sans accrocs. Comme nous l'avons vu précédemment, la Banque offre des prêts à court terme (habituellement, d'une journée ou moins) aux banques privées lorsque des clients encaissent des chèques tirés d'autres institutions financières. Si les banques n'ont pas de réserves suffisantes auprès de la Banque du Canada, où de telles transactions sont réglées, la Banque leur consent un prêt et facture un taux d'intérêt appelé *taux d'escompte*. En somme, grâce à la banque centrale, les institutions financières ont plus de facilité à convertir tout actif en monnaie — l'actif financier que tous sont disposés à accepter. Autrement dit, la Banque ajoute de la *liquidité* dans le système financier et, ce faisant, assure son bon fonctionnement.

En temps normal, la quantité de liquidité offerte par la Banque est déterminée par la somme nécessaire pour maintenir à près de zéro le total des encaisses de règlement, afin d'atteindre la cible fixée pour le taux de financement à un jour. Malheureusement, la crise financière commencée en 2007 a marqué le début d'une période qui n'a rien de normal. Les institutions financières, incertaines de l'exposition au risque des autres institutions, laquelle était due à la participation dans les prêts hypothécaires à risque et à la possession d'actifs dits « toxiques », ont arrêté de faire des affaires entre elles. Pour les entreprises, il est alors devenu extrêmement difficile d'obtenir des prêts pour financer les opérations bancaires quotidiennes, et plusieurs ont fait faillite. La liquidité dans le système — la facilité avec laquelle les actifs peuvent être convertis en monnaie — a rapidement diminué.

Au milieu de la crise, la Banque du Canada a mis en œuvre des mesures extraordinaires pour injecter de la liquidité dans le système financier. Premièrement, la Banque a prolongé au-delà d'un jour ouvrable la période des prêts à court terme qu'elle accordait aux institutions financières. Deuxièmement, elle a élargi la gamme d'actifs qu'elle acceptait en garantie de ces prêts à court terme, permettant ainsi aux institutions de les obtenir plus facilement. Troisièmement, la Banque a allongé la liste des participants aux marchés financiers à qui elle proposait des prêts à court terme. Finalement, elle a augmenté considérablement les sommes qu'elle offrait aux institutions financières. En décembre 2008, la Banque fournissait 41 milliards de dollars en liquidité pour soutenir un éventail plus vaste que jamais de participants au système financier.

Les conditions financières se sont améliorées en 2009 et, par conséquent, la Banque du Canada a pu commencer à réduire ces mesures extraordinaires. En 2010, la crise financière s'était résorbée et les conditions financières s'étaient grandement améliorées au Canada ainsi que partout dans le monde.

Bien que cette crise se soit soldée par des taux de chômage élevés, des déficits gouvernementaux et des faillites, on croit généralement que ses conséquences auraient été bien pires si la Banque du Canada et d'autres grandes banques centrales dans le monde n'avaient pas appliqué ces politiques novatrices. Devant l'inquiétude que la crise financière se transforme en un ralentissement économique semblable à la Grande Dépression des années 1930, les banques centrales ont entrepris des actions qui semblent avoir été couronnées de succès.

ÉTUDE DE CAS

Les paniques bancaires et l'offre de monnaie

Vous n'avez probablement jamais été un témoin direct d'une panique bancaire, mais il se peut que vous en ayez vu une dans des films comme *Mary Poppins* ou *It's a Wonderful Life* (*La vie est belle*, de Frank Capra). Lorsque tous les déposants redoutent une faillite bancaire, ils se précipitent pour retirer leurs avoirs des banques, ce qui provoque une panique. Le système canadien n'a pas connu un tel phénomène depuis longtemps, mais ce n'est pas le cas ailleurs. Au Royaume-Uni, en 2007, la Northern Rock a connu une panique bancaire et le gouvernement a nationalisé cette banque. Aux États-Unis, en septembre 2008, la faillite de la banque d'affaires Lehman Brothers a fait craindre le pire. Les répercussions internationales de ces événements ont conduit à de nombreuses faillites et fusions bancaires, ainsi qu'à l'intervention de plusieurs gouvernements pour préserver la liquidité et la stabilité des institutions financières nationales. En 2012 et en 2013, le spectre d'une panique bancaire s'est manifesté en Grèce, en Espagne et à Chypre, lorsqu'un grand nombre d'épargnants, inquiets de la santé

Des déposants inquiets

financière de leurs banques, se sont mis à en retirer leurs économies.

Dans un système bancaire à réserves fractionnaires, les paniques bancaires surviennent lorsque les banques ne sont pas en mesure de faire face à un retrait massif des déposants. Même si une banque est solvable, parce que son actif excède son passif, elle ne dispose pas du numéraire suffisant pour que l'ensemble des déposants puissent récupérer leurs dépôts rapidement. Dans de telles circonstances, les banques se voient obligées de fermer leurs guichets jusqu'au remboursement d'une partie des sommes prêtées ou jusqu'à ce qu'elles reçoivent de l'aide d'un prêteur en dernier ressort (comme la Banque du Canada), ce qui leur fournit les liquidités nécessaires afin de remettre leurs avoirs aux déposants.

Les faillites bancaires compliquent grandement la régulation de l'offre de monnaie, comme on a pu le constater aux États-Unis pendant la crise des années 1930. Après une vague de paniques bancaires et de fermetures, les ménages et les banquiers se sont montrés plus prudents. Les ménages ont retiré leur épargne des banques, préférant conserver leur monnaie sous forme de numéraire. Cette attitude a renversé le processus de création de monnaie, puisque les banquiers ont réagi à la baisse des réserves en réduisant les prêts. Simultanément, ils augmentaient leur coefficient de réserve pour disposer de liquidités suffisantes en cas de retraits massifs des déposants. Ceci a fait chuter le multiplicateur monétaire et l'offre de monnaie. De 1929 à 1933, 28 % de la masse monétaire des États-Unis s'est ainsi évaporée, sans que la Réserve fédérale (la banque centrale américaine) soit intervenue. Bien des économistes attribuent le taux de chômage élevé et la déflation de cette époque à la réduction massive de l'offre de monnaie. Dans les prochains chapitres, nous étudierons les mécanismes par lesquels les fluctuations de la masse monétaire influent sur le taux de chômage et les prix.

Dans les années 1930, les banques canadiennes étaient plus solides, plus diversifiées et plus sûres que les banques américaines, et c'est la raison pour laquelle le Canada a pu échapper à la vague de faillites qui a balayé les États-Unis. Les coefficients de réserve ont très peu augmenté au Canada, et l'offre de monnaie n'a que peu diminué. Toutefois, la crise a touché le Canada aussi durement que son voisin du Sud, peut-être parce que l'économie canadienne dépendait du commerce international et des exportations de matières premières, dont la valeur s'est effondrée durant la crise.

Aujourd'hui, les faillites bancaires ne représentent généralement pas un problème pour le système bancaire canadien ou pour la Banque du Canada. Quelques banques canadiennes de moindre importance ont fait faillite dans les années 1980 sans que l'on assiste à des retraits massifs. Le Bureau du surintendant des institutions financières surveille les banques de près pour essayer de prévenir ces faillites. De plus, le gouvernement fédéral, par l'intermédiaire de la Société d'assurance-dépôts du Canada (SADC), garantit les dépôts dans les banques canadiennes jusqu'à concurrence de 100 000 $. Les petits épargnants ne se précipitent pas vers leur succursale bancaire pour en retirer leurs avoirs parce qu'ils savent que même si leur institution bancaire connaît des difficultés, la SADC assure leurs dépôts. Cette politique d'assurance des dépôts n'a cependant pas que des avantages. En effet, les banques où les dépôts sont garantis peuvent avoir trop peu d'incitatifs à éviter les prêts trop risqués. Cependant, une conséquence positive de l'assurance-dépôts est un système bancaire plus stable. Le résultat est peut-être que la plupart des gens ne voient les paniques bancaires que dans les films.

MINITEST

- Décrivez le processus par lequel les banques créent de la monnaie. Si la Banque du Canada souhaite réduire la quantité de monnaie en circulation, comment utilisera-t-elle les trois instruments dont elle dispose ?

Conclusion

Le système monétaire joue un rôle clé dans notre vie quotidienne. Chaque fois que nous achetons ou que nous vendons quelque chose, nous nous en remettons à une convention sociale fort utile appelée *monnaie*. Maintenant que vous savez ce qu'est la monnaie et ce qui détermine la masse monétaire, nous pourrons étudier, dans les chapitres suivants, les conséquences des modifications de la masse monétaire sur l'économie.

Résumé

- Le mot *monnaie* désigne l'ensemble des actifs que les gens utilisent régulièrement pour acheter des biens et des services.
- La monnaie remplit trois rôles différents. En tant que moyen d'échange, elle permet d'effectuer des transactions ; comme unité de compte, elle sert à mesurer les prix et les valeurs économiques ; à titre de réserve de valeur, elle constitue une façon de reporter à plus tard le pouvoir d'achat.
- La monnaie-marchandise, comme l'or, possède une valeur intrinsèque. Elle possèderait une valeur propre même si elle ne servait pas de moyen d'échange. La monnaie fiduciaire, comme les billets et les pièces, n'a pas de valeur intrinsèque et ne vaut rien si elle ne sert pas de moyen d'échange.
- Dans l'économie canadienne, la monnaie prend la forme de monnaie fiduciaire et de dépôts bancaires, dont les comptes chèques.
- En tant que banque centrale, la Banque du Canada a la responsabilité d'assurer la régulation de l'offre de monnaie au pays. Le gouverneur et le premier sous-gouverneur de la Banque du Canada ont un mandat de sept ans, alors que les autres administrateurs sont nommés pour une durée de trois ans. Le gouvernement du Canada, propriétaire de la Banque du Canada, procède à la nomination des membres de ce conseil.
- Les déposants procurent aux banques les ressources financières dont elles ont besoin grâce aux dépôts qu'ils font dans leurs comptes bancaires. Ces dépôts font partie du passif de la banque. Les propriétaires de la banque en fournissent aussi (ce que nous appelons *capital de la banque* ou *capitaux propres*). Par l'effet de levier financier (l'utilisation de sommes empruntées pour investir), une petite variation de la valeur de l'actif de la banque peut entraîner une importante variation de la valeur des capitaux de la banque. Pour protéger l'avoir des déposants, les autorités de réglementation obligent les banques à conserver un certain montant de capitaux propres.
- La Banque du Canada modifie principalement l'offre de monnaie grâce au taux directeur. En abaissant ce taux, elle augmente la quantité de monnaie en circulation, alors qu'elle diminue la masse monétaire en haussant le taux directeur. La Banque du Canada modifie également l'offre de monnaie au moyen d'opérations d'*open market*. L'achat d'obligations d'État par la Banque du Canada accroît l'offre de monnaie, alors que leur vente la fait diminuer.
- En prêtant une partie de leurs dépôts, les banques font augmenter la quantité de monnaie en circulation. En raison du rôle des banques et de leur influence sur l'offre de monnaie, le pouvoir exercé par la Banque du Canada sur la masse monétaire reste limité.

Concepts clés

Questions de révision

1. Qu'est-ce qui distingue la monnaie des autres types d'actifs ?
2. Donnez une définition de la monnaie-marchandise et de la monnaie fiduciaire. Laquelle des deux utilisez-vous ?
3. Qu'est-ce qu'un dépôt à vue ? Pourquoi les dépôts à vue sont-ils inclus dans le calcul de la masse monétaire ?
4. Qui est responsable de la politique monétaire au Canada ?
5. Si la Banque du Canada désire augmenter l'offre de monnaie par des opérations d'*open market*, que doit-elle faire ?
6. Pourquoi les banques ne conservent-elles pas 100 % des dépôts du public sous forme de réserves ? Quelle relation existe-t-il entre les réserves détenues par les banques et la création de monnaie par le système bancaire ?
7. Le ratio de levier financier de la banque A est égal à 10, pendant que celui de la banque B est de 20. Une diminution identique de la valeur des actifs fait en sorte que les actifs de chacune des banques diminuent de 7 %. Laquelle des deux banques subit une plus grande perte dans son capital ? Expliquez.
8. Qu'est-ce que le taux directeur ? Lorsque la Banque du Canada augmente ce taux, quelle est la conséquence sur l'offre de monnaie ?
9. Que sont les réserves obligatoires ? Qu'arrive-t-il à l'offre de monnaie si la banque centrale augmente le coefficient de réserve obligatoire ?
10. Pour quelles raisons la Banque du Canada n'est-elle pas en mesure de maîtriser parfaitement l'offre de monnaie ?

La croissance monétaire et l'inflation

11
CHAPITRE

De nos jours, un cornet de crème glacée coûte 1 $ ou 2 $, mais il y a 70 ans, les choses étaient bien différentes. Dans une crèmerie de Trois-Rivières, on pouvait s'acheter un petit cornet de crème glacée pour 0,03 $ et un grand pour 0,05 $.

Cette hausse du prix de la crème glacée ne vous surprend probablement pas. Dans notre économie, la plupart des prix ont tendance à augmenter au cours des années. Une telle augmentation générale des prix se nomme *inflation*. Dans cet ouvrage, nous avons déjà vu que les économistes mesurent le taux d'inflation par la variation dans le temps, en pourcentage, de l'indice des prix à la consommation, du déflateur du PIB ou de toute autre mesure du niveau général des prix. Les statistiques démontrent que durant les 70 dernières années, les prix ont progressé en moyenne de 3,8 % annuellement. Cette augmentation cumulative de près de 4 % par année a entraîné une multiplication par 14 du niveau des prix (soit $1{,}038^{70}$).

Pour tous les Canadiens nés durant les dernières décennies, l'inflation peut sembler naturelle et inévitable, mais en fait, il n'en est rien. Durant de longues périodes au XIXe siècle, les prix ont même eu tendance à diminuer — un phénomène appelé *déflation*. En 1933, le niveau moyen des prix de l'économie canadienne était inférieur de 37 % à celui de 1920, et une telle déflation posait un problème majeur. Les agriculteurs, lourdement endettés, souffraient de la baisse du prix de vente des récoltes, qui réduisait leur revenu et les empêchait de rembourser leurs dettes. Ils réclamaient une intervention gouvernementale pour lutter contre la déflation. Le Japon aussi a récemment fait l'expérience de la déflation.

Bien que l'inflation semble la norme pour la période contemporaine, le taux d'augmentation des prix a beaucoup varié. Durant les années 1990, le niveau moyen des prix ne s'est élevé que de 2 % par année. Par contre, durant les années 1970, le taux d'inflation était en moyenne de 7 % par année, ce qui faisait doubler les prix chaque décennie. La majorité des gens considèrent ces taux d'inflation élevés comme un problème.

L'expérience internationale est encore plus variable. En 2012, alors que le taux d'inflation canadien était de 1,2 %, il atteignait 0,1 % au Japon, 12 % au Pakistan et 24 % au Venezuela. Et les taux élevés du Pakistan et du Venezuela semblent modérés lorsqu'on les compare à celui que la banque centrale du Zimbabwe a annoncé en février 2008 : 24 000 %. Et de nombreux observateurs indépendants croient ce dernier nombre fortement sous-estimé. Une telle inflation très élevée est appelée *hyperinflation*.

Pourquoi une économie fait-elle l'expérience de l'inflation et pourquoi cette inflation est-elle élevée ou faible ? Dans le présent chapitre, nous répondrons à cette question grâce à la *théorie quantitative de la monnaie*. Cette théorie a été résumée au chapitre 1 dans l'un des **dix principes d'économie** : les prix montent lorsque le gouvernement émet trop de monnaie. Cette idée n'est pas nouvelle en sciences économiques. En effet, la théorie quantitative de la monnaie a été discutée au XVIIIe siècle par le célèbre philosophe David Hume et reprise plus récemment par l'économiste Milton Friedman, Nobel d'économie en 1976. Cette théorie explique à la fois l'inflation modérée, telle que nous la connaissons au Canada, et l'hyperinflation.

Après avoir présenté une théorie de l'inflation, nous passerons à une question connexe : l'inflation est-elle un problème ? À première vue, la réponse semble évidente : l'inflation est problématique dans la mesure où les gens préfèrent ne pas en avoir. Dans les années 1970, lorsque le Canada connaissait un fort taux d'inflation, les sondages situaient l'inflation en tête de liste des grands problèmes nationaux.

Quels sont donc les coûts exacts de l'inflation pour la société ? La réponse risque de vous surprendre. Contrairement à ce qu'on pense généralement, les coûts de l'inflation ne sont pas si faciles à évaluer. En fait, même si les économistes croient que l'hyperinflation est un phénomène catastrophique, certains font valoir que les coûts d'une inflation modérée sont moins élevés que le pense le public en général.

La théorie classique de l'inflation

Nous commencerons notre étude de l'inflation par la théorie quantitative de la monnaie. On qualifie fréquemment cette théorie de *classique*, car elle a été élaborée par les premiers penseurs en économie. Aujourd'hui, la plupart des économistes y ont recours pour expliquer la détermination à long terme du niveau des prix et du taux d'inflation.

Le niveau des prix et la valeur de la monnaie

Si nous observons que durant une période donnée, le prix d'un cornet de crème glacée passe de 0,05 $ à 1,00 $, quelles conclusions pouvons-nous en tirer ? Pourquoi les consommateurs acceptent-ils de payer tant d'argent de plus pour un cornet ? On en déduira peut-être que les gens en sont venus à aimer davantage la crème glacée (peut-être en raison d'un nouveau parfum, inventé par quelque chimiste), mais cela est peu probable. Il est bien plus probable que l'attrait de la crème glacée a peu changé durant toute cette période et que la valeur de la monnaie utilisée pour acheter la crème glacée a baissé. La première observation est donc la suivante : l'inflation concerne plus la valeur de la monnaie que la valeur des biens.

« Alors, qu'est-ce que ce sera ? Le même prix ou la même taille que l'année dernière ? »

Une telle constatation nous rapproche d'une théorie de l'inflation. Lorsque l'indice des prix à la consommation (ou quelque autre indice mesurant le niveau des prix) s'élève, les commentateurs sont souvent tentés d'observer chacun des prix individuels composant cet indice et de déclarer, par exemple : « L'indice des prix à la consommation a monté de 3 % le mois dernier, poussé par une hausse de 20 % du prix du café et de 30 % du prix du mazout. » Cette approche permet certes de donner plusieurs informations intéressantes, mais elle néglige l'essentiel : l'inflation est un phénomène global, lié d'abord et avant tout à la valeur du moyen d'échange qu'est la monnaie.

On peut voir de deux manières le niveau général des prix dans l'économie. Jusqu'à présent, nous l'avons simplement considéré comme la mesure du prix d'un panier de biens et de services donnés. Une hausse du niveau des prix signifie que les gens doivent payer plus pour acheter les mêmes biens et services. On peut aussi voir le niveau des prix comme une mesure de la valeur de la monnaie. Tout accroissement du niveau des prix signifie une diminution de la valeur de la monnaie, puisque chaque dollar permet au consommateur d'acheter moins de biens et de services.

Pour éclairer ce concept, utilisons les mathématiques. Soit P, le niveau général des prix tel qu'il est mesuré par l'indice des prix à la consommation ou le déflateur du PIB. L'inconnue P correspond donc au nombre de dollars nécessaires pour acheter un panier de biens et de services. Inversons maintenant cette idée : la quantité de biens et de services acquis pour 1 $ est égale à $1/P$. Autrement dit, si P correspond au prix des biens mesuré en dollars, $1/P$ correspond à la valeur de la monnaie, mesurée en quantité de biens et de services.

Ces mathématiques sont les plus simples à comprendre dans le cas d'une économie qui ne produit qu'un seul bien, comme les cornets de crème glacée. Dans ce cas, P est le prix du cornet. Lorsque le prix d'un cornet (P) est de 2 $, la valeur d'un dollar ($1/P$) est de $\frac{1}{2}$ cornet. Lorsque le prix d'un cornet augmente à 3 $, la valeur d'un dollar ($1/P$) tombe à $\frac{1}{3}$ de cornet. Nous produisons en réalité des milliers de biens et de services différents dans l'économie, ce qui nous amène à utiliser un indice de prix plutôt que le prix d'un seul bien. La logique demeure toutefois la même: une augmentation générale des prix réduit la valeur de la monnaie.

L'offre de monnaie, la demande de monnaie et l'équilibre monétaire

Qu'est-ce qui détermine la valeur de la monnaie? Comme c'est très souvent le cas en économie, ce sont l'offre et la demande. Tout comme l'offre et la demande de bananes déterminent le prix des bananes, l'offre et la demande de monnaie déterminent la valeur de la monnaie. La prochaine étape de l'élaboration de la théorie quantitative de la monnaie consiste donc à étudier les facteurs déterminant l'offre et la demande de monnaie.

Considérons tout d'abord l'offre de monnaie. Au chapitre 10, nous avons vu comment la Banque du Canada et le système bancaire déterminent l'offre de monnaie. Lorsqu'elle augmente le taux cible sur le financement à un jour, la Banque du Canada dissuade les banques de lui emprunter des réserves. Une augmentation du taux directeur réduit donc les réserves du système bancaire, ce qui réduit la masse monétaire. Inversement, la baisse du taux directeur incite les banques à emprunter auprès de la Banque du Canada, ce qui augmente leurs réserves et accroît la masse monétaire. De même, lorsqu'elle vend des obligations dans les opérations d'*open market*, la Banque du Canada reçoit de l'argent et réduit la masse monétaire. Lorsqu'elle achète plutôt des obligations, la Banque débourse de l'argent, ce qui accroît la masse monétaire. Aux fins de ce chapitre, nous négligerons les complexités du système bancaire et supposerons que l'offre de monnaie dépend entièrement de la Banque du Canada.

Passons maintenant à la demande de monnaie. La demande de monnaie mesure la quantité de richesse que le public désire conserver sous forme d'actifs très liquides. De nombreux facteurs influent sur la quantité de monnaie demandée par le public. La quantité de numéraire que les consommateurs décident de conserver, par exemple, est fonction de l'utilisation des cartes de crédit et des cartes de débit, ainsi que de la disponibilité de guichets automatiques. Comme nous le verrons en détail au chapitre 15, la quantité de monnaie demandée dépend aussi du taux d'intérêt qu'une personne pourrait obtenir en détenant des obligations, plutôt qu'en gardant sa monnaie dans son portefeuille ou dans un compte-chèques générant un intérêt très faible.

Si de nombreuses variables influent sur la demande de monnaie, l'une d'elles est prépondérante: le niveau moyen des prix dans l'économie. Les gens conservent de la monnaie parce qu'il s'agit du moyen d'échange. En effet, à la différence des autres actifs, comme les obligations ou les actions, la monnaie permet d'acheter des biens et des services. Par conséquent, la quantité de monnaie que les consommateurs décident de garder dépend des prix de ces biens et services. Plus les prix sont élevés, plus une transaction requiert de monnaie et plus les gens en conservent sous forme de numéraire ou dans leurs comptes bancaires. Autrement dit, un niveau des prix plus élevé (ou une plus faible valeur de la monnaie) augmente la quantité de monnaie demandée.

Qu'est-ce qui garantit que la quantité de monnaie mise en circulation par la Banque du Canada est égale à la quantité de monnaie demandée par les gens? Tout dépend de l'horizon temporel considéré. Un peu plus loin dans cet ouvrage, nous étudierons le rôle joué par les taux d'intérêt sur l'équilibre à court terme. Dans le cadre du présent chapitre, il faut surtout comprendre que pour une période plus longue, la réponse à cette question est à la fois différente et plus simple. À long terme, le niveau général des prix équilibre l'offre et la demande de monnaie. Si le niveau des prix dépasse le niveau d'équilibre, le public souhaite détenir plus de monnaie que ce que la Banque du Canada a émis ; le niveau des prix doit alors diminuer pour équilibrer l'offre et la demande. À l'inverse, lorsque le niveau des prix se situe sous le niveau d'équilibre, les gens désirent conserver moins de monnaie que la masse monétaire en circulation ; le niveau des prix doit alors augmenter pour équilibrer l'offre et la demande. Au niveau d'équilibre des prix, la quantité de monnaie que le public désire détenir est égale à la quantité de monnaie mise en circulation par la banque centrale.

La figure 11.1 illustre ces concepts. L'axe des abscisses du graphique (l'axe horizontal) représente la quantité de monnaie. L'axe des ordonnées situé à gauche du graphique correspond à la valeur de la monnaie, soit $1/P$, tandis que l'axe des ordonnées situé à droite représente le niveau des prix, soit P. Notez bien que l'échelle du niveau des prix, à droite, est inversée, le prix le plus faible se trouvant au sommet de cet axe, et le prix le plus élevé, à sa base. Cette inversion montre que plus la valeur de la monnaie est élevée (au sommet de l'axe de gauche), plus le niveau des prix est faible (au sommet de l'axe de droite).

Les deux courbes de ce graphique représentent l'offre et la demande de monnaie. La courbe d'offre est verticale, car la Banque du Canada détermine la quantité de monnaie en circulation. La courbe de demande présente une pente négative,

FIGURE 11.1

Comment l'offre et la demande de monnaie déterminent le niveau d'équilibre des prix

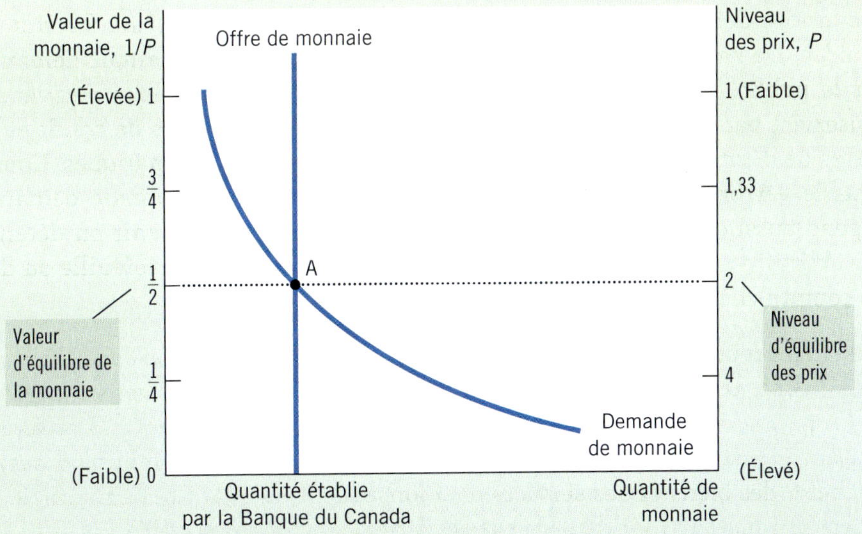

L'axe des abscisses (l'axe horizontal) montre la quantité de monnaie. La valeur de la monnaie se trouve sur l'axe des ordonnées situé à gauche du graphique, tandis que le niveau des prix est représenté par l'axe des ordonnées situé à droite. La courbe d'offre est verticale, puisque la masse monétaire est déterminée par la Banque du Canada. La courbe de demande de monnaie montre une pente négative, car le public désire détenir d'autant plus de monnaie que la valeur d'un dollar est faible. Au point d'équilibre A, la valeur de la monnaie (axe de gauche) et le niveau des prix (axe de droite) s'ajustent pour que les quantités de monnaie offerte et demandée soient en équilibre.

reflétant le fait que lorsque la valeur de la monnaie est faible (et que les prix sont élevés), les gens demandent une grande quantité de monnaie, puisqu'ils achètent des biens et des services qui coûtent cher. Au niveau d'équilibre, soit au point A sur la figure, la quantité de monnaie demandée est égale à la quantité de monnaie offerte. Cet équilibre entre l'offre et la demande de monnaie détermine la valeur de la monnaie et le niveau des prix.

Les conséquences d'une injection monétaire

Examinons maintenant les effets d'une modification de la politique monétaire. Pour ce faire, nous poserons l'hypothèse qu'à partir d'une économie en équilibre, la Banque du Canada décide brusquement de doubler l'offre de monnaie en imprimant des billets pour les éparpiller en hélicoptère au-dessus du pays ou, d'une manière plus réaliste, en réduisant le taux directeur. Quels changements une telle décision provoque-t-elle ? Comment le nouvel équilibre se compare-t-il à l'ancien ?

La figure 11.2 illustre ce qui se produit. L'injection monétaire entraîne un déplacement de la courbe d'offre vers la droite, de OM_1 à OM_2, et l'équilibre passe de A à B. Ainsi, la valeur de la monnaie (sur l'axe de gauche) diminue de $\frac{1}{2}$ à $\frac{1}{4}$, et le niveau d'équilibre des prix (sur l'axe de droite) augmente de 2 à 4. En d'autres termes, une hausse de l'offre de monnaie rend la monnaie plus abondante, ce qui provoque une montée des prix et fait chuter la valeur de chaque dollar.

Théorie quantitative de la monnaie
Théorie selon laquelle la quantité de monnaie en circulation détermine le niveau général des prix et le taux de croissance de la masse monétaire détermine le taux d'inflation.

Cette explication de la détermination du niveau général des prix et de la raison pour laquelle il peut changer au cours du temps s'appelle la **théorie quantitative de la monnaie**. D'après cette théorie, la quantité de monnaie en circulation

FIGURE 11.2

Une augmentation de l'offre de monnaie

Lorsque la Banque du Canada augmente l'offre de monnaie, la courbe d'offre se déplace de OM_1 à OM_2. La valeur de la monnaie (sur l'axe de gauche) et le niveau des prix (sur l'axe de droite) s'ajustent afin d'assurer l'équilibre entre l'offre et la demande. L'équilibre passe de A à B. Donc, une augmentation de l'offre de monnaie augmente le niveau des prix et la monnaie perd de sa valeur.

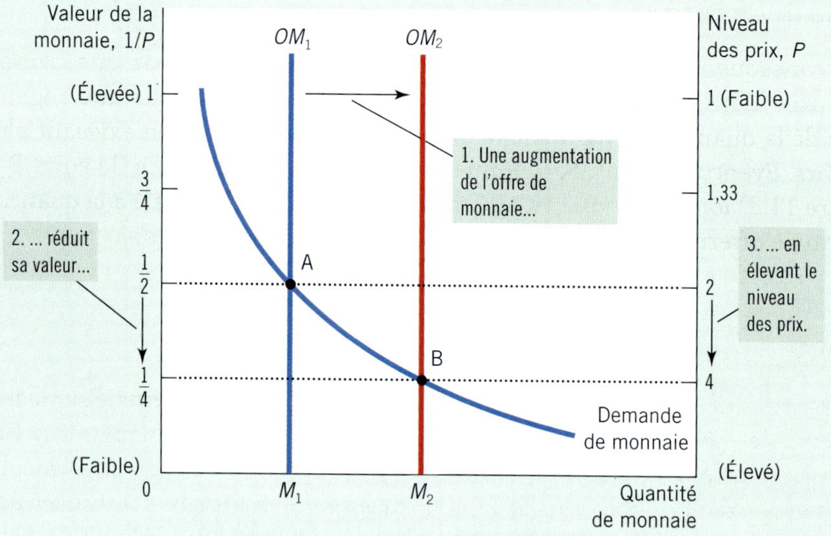

dans l'économie détermine sa valeur et la croissance de la quantité de monnaie est la cause première de l'inflation. Comme l'a remarqué l'économiste Milton Friedman, « l'inflation est toujours et partout un phénomène monétaire ».

Un examen rapide du processus d'ajustement

Pour le moment, nous avons comparé l'ancien équilibre et le nouvel équilibre après une injection de monnaie. Comment l'économie passe-t-elle de l'ancien au nouvel équilibre? Pour répondre de façon précise à cette question, il est nécessaire de comprendre les fluctuations économiques à court terme, que nous n'aborderons qu'au chapitre 15. Il est néanmoins intéressant d'examiner rapidement l'ajustement qui suit une variation de la masse monétaire.

L'effet immédiat d'une injection monétaire est la création d'une offre excédentaire de monnaie. Avant cette opération, l'économie se trouvait en équilibre (le point A de la figure 11.2). Au niveau des prix de départ, le public détenait exactement la quantité voulue de monnaie. Après la distribution de monnaie du haut des hélicoptères, les citoyens, qui se sont empressés de ramasser les billets, possèdent plus de dollars qu'ils en veulent. Au niveau actuel des prix, la quantité offerte (OM_2) dépasse la quantité demandée.

Les gens tentent de se débarrasser de cette monnaie excédentaire de plusieurs façons : en achetant des biens et des services, en plaçant leur monnaie dans des obligations ou des comptes d'épargne et en consentant des prêts. Les prêts ainsi consentis permettent à d'autres personnes d'acheter divers produits. Dans tous les cas, cette injection monétaire se traduit par un accroissement de la demande de biens et de services.

Cependant, la capacité de production de l'économie reste inchangée. Comme nous l'avons vu au chapitre 7, la production dépend à long terme du travail, du capital physique et humain, des ressources naturelles ainsi que des connaissances technologiques. Or, l'augmentation de l'offre de monnaie n'a modifié aucun de ces facteurs.

Par conséquent, l'augmentation de la demande se traduit par une croissance des prix. Cette hausse du niveau des prix entraîne à son tour une augmentation de la quantité de monnaie demandée, chaque transaction exigeant plus de dollars. Éventuellement, l'économie atteint un nouvel équilibre (le point B de la figure 11.2) lorsque la quantité de monnaie demandée est égale à la quantité de monnaie offerte. De cette manière, le niveau général des prix s'ajuste pour équilibrer l'offre et la demande de monnaie.

La dichotomie classique et la neutralité monétaire

Nous avons examiné les effets d'une variation de l'offre de monnaie sur le niveau général des prix. Mais quels sont les effets des variations monétaires sur les autres variables macroéconomiques telles que la production, l'emploi, les salaires réels et les taux d'intérêt réels? Cette question a longtemps fasciné les économistes et en particulier, dès le XVIIIe siècle, le philosophe David Hume. La réponse présentée ici doit beaucoup à ses recherches.

Hume et ses contemporains considéraient que toutes les variables économiques se répartissent en deux catégories : les **variables nominales** (mesurées en unités monétaires) et les **variables réelles** (mesurées en unités physiques). Par exemple,

Variables nominales
Variables mesurées en unités monétaires.

Variables réelles
Variables mesurées en unités physiques.

le revenu d'un producteur de maïs, qui s'exprime en dollars, constitue une variable nominale, alors que la quantité de maïs produit est une variable réelle, mesurée en tonnes. De la même manière, le PIB nominal est une variable nominale, car il mesure, en dollars, la valeur de la production économique ; le PIB réel est une variable réelle qui indique la quantité totale de biens et de services produits et qui n'est pas touchée par le niveau des prix. Cette répartition des variables en deux groupes se nomme aujourd'hui **dichotomie classique** — une *dichotomie* est une division en deux catégories, et l'adjectif *classique* renvoie aux économistes du XVIIIe siècle qui ont formulé cette distinction.

Dichotomie classique
Distinction théorique entre les variables nominales et les variables réelles.

L'application de la dichotomie classique se révèle parfois délicate, en particulier quand il est question des prix. Les prix sont habituellement exprimés en monnaie et constituent donc des variables nominales. Si l'on dit que le prix du maïs est de 200 $ la tonne ou que celui du blé est de 100 $ la tonne, ces deux prix sont effectivement des variables nominales. Mais qu'en est-il des prix *relatifs* — le prix d'une chose par rapport au prix d'une autre ? Reprenons le même exemple : on peut dire que le prix d'une tonne de maïs est égal à celui de deux tonnes de blé. Toutefois, ce prix relatif n'est plus exprimé en unités monétaires ; lorsqu'on compare les prix de deux biens, les dollars s'annulent et le résultat du calcul est mesuré en unités physiques. Les prix en dollars sont donc des variables nominales, tandis que les prix relatifs constituent des variables réelles.

Plusieurs applications découlent d'une telle conclusion. Le salaire réel (le salaire en dollars, corrigé pour tenir compte de l'inflation) est une variable réelle, parce qu'il mesure le taux auquel sont échangés les biens et les services contre du travail. Le taux d'intérêt réel (le taux d'intérêt nominal, corrigé pour tenir compte de l'inflation) est également une variable réelle, car il mesure le taux auquel on peut échanger des biens et des services aujourd'hui pour d'autres dans le futur.

Pourquoi répartir ainsi les variables en deux groupes ? La dichotomie classique est utile parce que des forces différentes influent sur les variables nominales et les variables réelles. Selon l'analyse classique, les variables nominales sont influencées par le système monétaire alors que la monnaie est très peu importante pour expliquer les variables réelles.

Cette conception était déjà implicitement présente dans notre analyse de l'économie réelle à long terme. Dans les chapitres précédents, nous avons examiné les facteurs déterminant respectivement le PIB réel, l'épargne, l'investissement, le taux d'intérêt réel et le taux de chômage, et ce, sans jamais faire référence à la monnaie. Nous avons vu, au cours de cette analyse, que la production dépend de la productivité et de l'offre de facteurs de production, que le taux d'intérêt réel est celui qui équilibre l'offre et la demande de fonds prêtables, que le salaire réel est déterminé par l'offre et la demande de travail et que le chômage résulte d'un salaire réel qui dépasse son niveau d'équilibre. Ces conclusions n'ont rien à voir avec l'offre de monnaie.

Selon l'analyse classique, les variations de l'offre de monnaie ont des effets sur les variables nominales, mais pas sur les variables réelles. Si la banque centrale double la masse monétaire, par exemple, le niveau des prix double, les salaires doublent et toutes les autres valeurs exprimées en dollars doublent également. Mais les variables réelles comme la production, l'emploi, les salaires réels et le taux d'intérêt réel ne changent pas. L'absence totale d'impact des variations monétaires sur les variables réelles se nomme **neutralité monétaire**.

Neutralité monétaire
Proposition selon laquelle les variations de l'offre de monnaie n'influent pas sur les variables réelles.

Une analogie permet de mieux comprendre ce que signifie cette neutralité monétaire. Souvenez-vous que la monnaie, en tant qu'unité de compte, sert d'étalon pour mesurer et comptabiliser les valeurs économiques. Si une banque centrale double l'offre de monnaie, tous les prix doublent et la valeur de l'unité de compte est divisée par deux. Un changement similaire surviendrait si le gouvernement décidait de réduire le mètre étalon en le faisant passer de 100 à 50 cm. Selon la nouvelle unité de mesure, toutes les distances *mesurées* (variables nominales) doubleraient, mais les distances *physiques* (variables réelles) resteraient identiques. Le dollar, comme le mètre, sert simplement d'unité de mesure; une modification de sa valeur ne devrait pas avoir d'effet réel.

La neutralité monétaire convient-elle pour décrire d'une façon réaliste le monde dans lequel nous vivons? Pas vraiment. Une réduction de moitié de la longueur du mètre étalon n'aurait sans doute aucune conséquence à long terme, mais elle entraînerait à court terme une grande confusion et bien des erreurs. De nombreux économistes s'accordent aujourd'hui à dire qu'à court terme — soit pour une période de moins d'un an ou deux — un changement monétaire a des effets sur les variables réelles. D'ailleurs, Hume lui-même doutait sérieusement que la neutralité monétaire s'applique en toutes circonstances (nous reviendrons sur cette non-neutralité aux chapitres 14 à 16, ce qui permettra de mieux comprendre pourquoi la Banque du Canada fait régulièrement varier l'offre de monnaie).

L'analyse classique explique bien le fonctionnement de l'économie à long terme. Sur une durée de quelques années, les variations monétaires ont des effets importants sur les variables nominales, tel le niveau des prix, mais des effets négligeables sur les variables réelles, tel le PIB réel. Lorsqu'on s'intéresse aux variations économiques à long terme, la neutralité monétaire offre une bonne description de la réalité.

La vitesse de circulation de la monnaie et l'équation quantitative

On peut examiner la théorie quantitative de la monnaie sous un angle différent, en considérant la question suivante: combien de fois par année, en moyenne, une pièce de un dollar sert-elle à l'achat de biens et de services récemment produits? La réponse à cette question est donnée par une variable qui se nomme **vitesse de circulation de la monnaie**. En physique, le terme *vitesse* fait référence à la rapidité de déplacement d'un objet. En économie, la vitesse de circulation de la monnaie représente la rapidité avec laquelle un dollar voyage dans l'économie, en passant d'un portefeuille à un autre.

Vitesse de circulation de la monnaie
Vitesse à laquelle la monnaie change de mains.

Pour mesurer la vitesse de circulation de la monnaie, il suffit de diviser la valeur nominale de la production (PIB nominal) par la quantité de monnaie. Si P correspond au niveau des prix (le déflateur du PIB, en base 1, et non en base 100), Y à la production (le PIB réel) et M à la quantité de monnaie, la vitesse de circulation de la monnaie est égale à:

$$V = (P \times Y)/M$$

Pour vérifier cette équation, imaginez une économie qui ne produirait que des pizzas. Supposons que cette économie produise 100 pizzas par année, que chaque pizza se vende 10$ et que la quantité de monnaie circulant dans l'économie s'élève à 50 $. La vitesse de circulation de la monnaie serait alors la suivante :

$$V = (10\,\$ \times 100)/50\,\$ = 20$$

Dans cette économie, les gens dépensent 1 000 $ par année en pizzas (100 pizzas à 10 $ chacune). Pour que cette dépense de 1 000 $ puisse être possible avec seulement 50 $ en circulation dans l'économie, il faut que chaque dollar soit utilisé en moyenne 20 fois par an.

Il est possible de réécrire ainsi cette équation :

$$M \times V = P \times Y$$

Équation quantitative
Équation montrant la relation entre la masse monétaire, la vitesse de circulation de la monnaie et la valeur nominale de la production de biens et de services : $M \times V = P \times Y$.

Cette équation indique que le produit de la quantité de monnaie (M) multipliée par la vitesse de circulation (V) est égal au produit du niveau des prix (P) multiplié par la production (Y). C'est ce que nous appelons l'**équation quantitative**, car elle établit la relation entre la quantité de monnaie (M) et la valeur nominale de la production ($P \times Y$). Selon cette équation, une augmentation de la quantité de monnaie doit se traduire par l'une des trois variations suivantes : une hausse du niveau des prix, une hausse de la production ou une réduction de la vitesse de circulation de la monnaie.

Dans la plupart des cas, on peut considérer que la vitesse de circulation de la monnaie est relativement stable. La figure 11.3 montre le PIB nominal, la quantité de monnaie (correspondant à l'agrégat M2) et la vitesse de circulation de la monnaie de l'économie canadienne depuis 1968. Durant cette période, l'offre de monnaie et le PIB nominal ont fortement augmenté. Quant à la vitesse de circulation de la monnaie, même si elle n'a pas été parfaitement constante, elle n'a guère varié. Il est donc possible, dans certains cas, de simplifier et de considérer que la vitesse de circulation de la monnaie est constante.

Nous disposons maintenant de tous les éléments nécessaires pour expliquer le niveau d'équilibre des prix et du taux d'inflation :

1. La vitesse de circulation de la monnaie est relativement constante dans le temps.

2. Pour cette raison, lorsque la Banque du Canada fait varier la quantité de monnaie (M), elle provoque une variation proportionnelle de la valeur nominale de la production ($P \times Y$).

3. La production de biens et de services (Y) est essentiellement fonction de l'offre des facteurs de production (main-d'œuvre, capital humain et physique) et de la technologie disponible. En raison de la neutralité monétaire, la monnaie n'influe pas sur la production.

4. Comme la production (Y) dépend uniquement des facteurs de production et de la technologie, lorsque la Banque du Canada fait varier l'offre de monnaie (M) et cause des changements proportionnels de la valeur nominale de la production ($P \times Y$), ces changements se reflètent seulement dans la variation du niveau général des prix (P).

5. Par conséquent, lorsque la Banque du Canada augmente rapidement l'offre de monnaie, cette hausse se traduit par un taux d'inflation élevé.

Ces cinq étapes résument l'essentiel de la théorie quantitative de la monnaie.

FIGURE 11.3

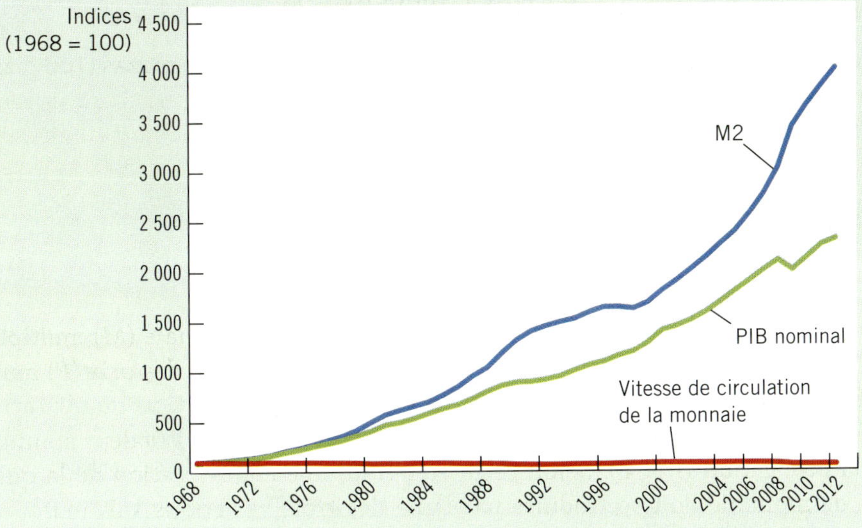

Source : Données tirées de Statistique Canada. (2012). « Produit intérieur brut, en termes de dépenses ». CANSIM, séries V498086 et V41552796. Repéré à www5.statcan.gc.ca/cansim

Le PIB nominal, la quantité de monnaie et la vitesse de circulation de la monnaie

Ce graphique illustre, d'une part, la valeur nominale de la production mesurée par le PIB nominal et, d'autre part, la quantité de monnaie mesurée par l'agrégat M2, leur rapport correspondant à la vitesse de circulation de la monnaie. Pour qu'on puisse comparer aisément ces trois séries, celles-ci ont été ramenées à une valeur de 100 en 1968. Remarquez que le PIB nominal et la masse monétaire ont enregistré une augmentation spectaculaire depuis 1968, alors que la vitesse de circulation de la monnaie est restée relativement stable.

ÉTUDE DE CAS

La monnaie et les prix lors d'hyperinflations

Les tremblements de terre sont destructeurs, mais ils présentent néanmoins le mérite de fournir aux sismologues des données précieuses pour vérifier leurs différentes théories, prévoir les futures catastrophes et s'y préparer en conséquence. D'une façon similaire, les périodes d'hyperinflation constituent pour les économistes des expériences naturelles qui leur permettent d'étudier les conséquences des variations de la masse monétaire sur l'économie.

L'intérêt de ces périodes d'inflation galopante tient aux extrêmes variations de la masse monétaire et du niveau des prix qu'on peut alors observer. L'hyperinflation se définit généralement par un taux excédant 50 % par mois. Un tel taux entraîne une multiplication par plus de 100 du niveau général des prix en seulement un an.

Les données concernant ces phénomènes montrent un lien très net entre la quantité de monnaie et le niveau général des prix, comme on le voit sur les graphiques de la figure 11.4. Ces graphiques illustrent quatre cas d'hyperinflation survenus pendant les années 1920 en Autriche, en Hongrie, en Allemagne et en Pologne. Chacun de ces graphiques montre la relation entre la quantité de monnaie en circulation dans l'économie et le niveau général des prix. La pente de la courbe de la monnaie montre la croissance de la masse monétaire et la pente de la courbe des prix indique le taux d'inflation. Plus la pente est élevée, plus le taux de croissance de la masse monétaire et le taux d'inflation sont élevés.

Pour chaque graphique, on remarque que les courbes montrant la quantité de monnaie et le niveau des prix sont presque parallèles. Dans chaque cas, la croissance de la quantité de monnaie est relativement modérée au début, mais finit par s'emballer, l'inflation suivant un parcours identique. Lorsque la masse monétaire se stabilise enfin, le niveau des prix se stabilise aussi. Ces épisodes illustrent bien l'un des **dix principes d'économie** : les prix montent lorsque le gouvernement émet trop de monnaie.

Des cas récents d'hyperinflation ont montré que ce phénomène ne fait pas partie de l'histoire ancienne. Durant la période de 1971 à 1973, par exemple, le Chili a enregistré des taux d'inflation annuels de 500 %. Une décennie plus tard, en 1985, le taux d'inflation annuel dépassait 11 000 % en Bolivie. Depuis 2000, le gouvernement du Zimbabwe a imprimé des billions (10^{12}) de dollars zimbabwéens, ce qui a entraîné des taux d'inflation *quotidiens* qui ont dépassé 100 %. Le pire de l'inflation s'est produit en novembre 2008, alors que le taux a atteint 79,6 milliards % par mois.

FIGURE 11.4

La masse monétaire et les prix lors de quatre hyperinflations

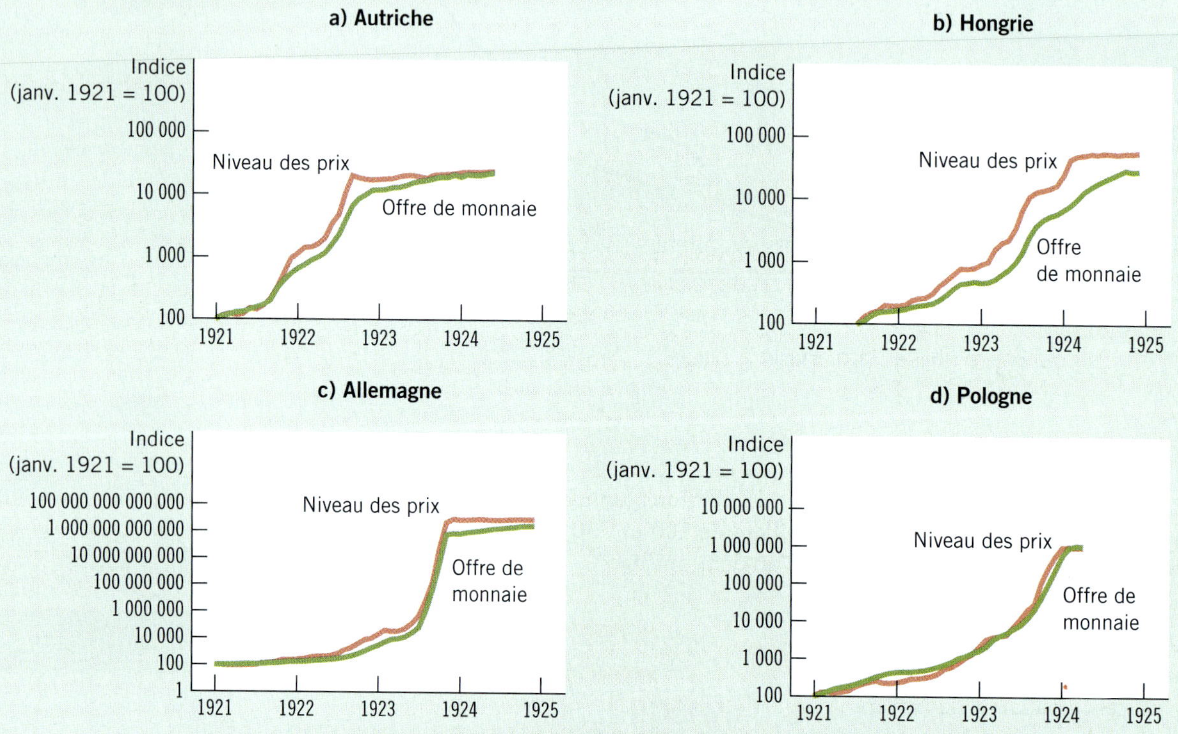

Source : Sargent, Thomas J. (1983). « The end of four big inflations ». Dans Robert Hall (dir.). *Inflation*. Chicago, IL : University of Chicago Press, p. 41 à 93.

Cette figure illustre la quantité de monnaie et le niveau des prix lors de quatre périodes d'hyperinflation (remarquez que ces variables sont représentées selon une échelle logarithmique, ce qui signifie que des intervalles égaux sur l'axe des ordonnées correspondent à des variations égales en pourcentage). Pour chaque exemple, la quantité de monnaie et le niveau des prix bougent de façon similaire. Le lien très fort entre ces deux variables corrobore la théorie quantitative de la monnaie, selon laquelle la croissance de l'offre de monnaie constitue la cause principale de l'inflation.

La taxe d'inflation

S'il est si facile d'expliquer l'inflation, pourquoi certains pays se trouvent-ils aux prises avec l'hyperinflation ? Pourquoi les banques centrales décident-elles de créer une quantité de monnaie telle qu'elle perd de sa valeur à toute vitesse ?

Tout simplement parce que les gouvernements de ces pays ont recours à la création de monnaie pour financer leurs dépenses. Pour payer les travaux de voirie, les salaires des policiers ou encore les transferts aux personnes âgées ou défavorisées, le gouvernement doit trouver les fonds nécessaires. Normalement, il lève des impôts sur le revenu ou sur les biens et les services ; il peut également emprunter auprès du public en émettent des obligations, mais il peut aussi couvrir ses dépenses en créant de la monnaie. Plus concrètement, le gouvernement émet des obligations et les vend à la banque centrale. Celle-ci crédite alors le compte du gouvernement, qui peut dépenser cet argent frais, ce qui fait augmenter la masse monétaire.

Lorsque le gouvernement procède ainsi, on dit qu'il lève une **taxe d'inflation**. Cette taxe d'inflation diffère des autres taxes, dans la mesure où personne ne reçoit un avis d'imposition pour cet impôt. De façon plus subtile, le gouvernement

Taxe d'inflation
Recette du gouvernement liée à la création de monnaie.

DANS L'ACTUALITÉ

L'hyperinflation au XXIe siècle

Lorsque les dépenses des gouvernements excèdent leurs revenus, ceux-ci doivent financer leur déficit. Ils peuvent alors être tentés, comme l'a fait le gouvernement du Zimbabwe, d'utiliser la planche à billets. Évidemment, l'augmentation de la masse monétaire provoque une inflation élevée et une demande pour des billets de banque ayant une valeur de plus en plus forte.

Un billet de 100 milliards de dollars au Zimbabwe

HARARE — Le Zimbabwe va mettre en circulation à partir de lundi un nouveau billet de banque d'une valeur de cent milliards de dollars zimbabwéens pour tenter de remédier à la pénurie de devises, avec une inflation folle à 2,2 millions pour cent, a annoncé samedi la Banque centrale.

Un communiqué de la banque, cité par le quotidien gouvernemental *The Herald* et la radio d'État, indique que le nouveau billet de 100 000 000 000 dollars — valant environ un dollar américain au marché noir ces jours-ci — entrera en circulation lundi.

L'émission est la dernière en date d'une série de vaines tentatives des autorités monétaires du Zimbabwe pour pallier le manque de liquidité, avec une demi-douzaine de billets nouveaux mis en circulation depuis le début de l'année. En janvier, un billet de 10 millions de dollars avait ainsi été lancé, puis en avril, un billet de 50 millions, en mai dernier, des billets de 100 et 250 millions, puis d'un demi-milliard.

J'ai tout ce qu'il faut pour me payer un bonbon.

Ancien grenier agricole de l'Afrique australe, le Zimbabwe s'enfonce depuis plus de huit ans dans une terrible récession économique, doublée d'une impasse politique depuis la réélection violente et contestée en juin du président Robert Mugabe, au pouvoir depuis 28 ans.

L'hyperinflation record y a atteint le taux annuel de 2,2 millions pour cent, a indiqué la Banque centrale cette semaine, taux astronomique mais pourtant sous-estimé, selon plusieurs économistes.

Pour les Zimbabwéens qui vivent dans la pénurie, dont 80 % d'entre eux sont sous le seuil de pauvreté, ces chiffres signifient que de multiples denrées ou services changent de prix chaque jour.

Ainsi, le nouveau billet de 100 milliards serait suffisant, ce week-end en tout cas, pour payer un aller-retour en bus entre la banlieue et le centre d'Harare. Mais un peu juste pour une boisson gazeuse ou un pain, qui se vendait pourtant autour de 60 milliards en début de semaine. ■

Source : Agence France-Presse. (20 juillet 2008). « Un billet de 100 milliards $ au Zimbabwe ». *La Presse*. Repéré à www.lapresse.ca

fait marcher la planche à billets, le niveau des prix grimpe et la valeur de la monnaie détenue par les gens diminue. En fait, la taxe d'inflation est une taxe qui frappe toutes les personnes détenant de la monnaie.

L'ampleur de cette taxe d'inflation varie selon les pays et les époques. Au cours des dernières années au Canada, cette taxe n'a représenté qu'une source de recettes négligeable, comptant pour moins de 1 % des revenus publics. Toutefois, durant les années 1770, le Congrès continental des États-Unis avait abondamment recours à la taxe d'inflation pour financer ses dépenses militaires. À cette époque, le gouvernement arrivait difficilement à lever des impôts réguliers ou à emprunter, et l'impression de billets constituait le moyen le plus simple de payer les militaires. Comme la théorie quantitative le prédit, une inflation impressionnante s'en est suivie : les prix mesurés en dollars continentaux ont été multipliés par plus de 100 en quelques années.

Toutes les périodes hyperinflationnistes s'apparentent à celle de la révolution américaine. L'État, faisant face à des dépenses élevées, à des recettes fiscales insuffisantes et à une capacité d'emprunter limitée, se résout à créer de la monnaie pour financer ses dépenses. Une injection massive de monnaie dans l'économie déclenche alors une inflation colossale. Cette hyperinflation dure jusqu'à ce que le gouvernement, par exemple, réduise les dépenses publiques et n'ait plus recours à cette taxe d'inflation.

L'effet Fisher

Selon le principe de la neutralité monétaire, une augmentation du taux de croissance de la masse monétaire fait monter le taux d'inflation, mais sans avoir de répercussions sur les variables réelles. Une application intéressante de ce principe porte sur les taux d'intérêt. Les taux d'intérêt sont particulièrement importants, car ils relient l'économie présente et l'économie future par l'intermédiaire de leurs effets sur l'épargne et l'investissement.

Pour bien comprendre le lien entre la monnaie, l'inflation et le taux d'intérêt, il faut reprendre la distinction établie au chapitre 6 entre le taux d'intérêt nominal et le taux d'intérêt réel. Le *taux d'intérêt nominal* correspond à celui qui est affiché dans votre succursale bancaire. Si vous possédez un compte d'épargne, il mesure l'accumulation des intérêts durant une période donnée. Le *taux d'intérêt réel,* pour sa part, corrige le taux d'intérêt nominal pour tenir compte de l'inflation et mesure l'accroissement du pouvoir d'achat de votre compte bancaire. Il équivaut au taux d'intérêt nominal après correction de l'inflation. La relation entre les deux peut s'écrire comme suit :

Taux d'intérêt réel = Taux d'intérêt nominal − Taux d'inflation

Par exemple, si la banque affiche un taux d'intérêt nominal de 7 % par année et que le taux d'inflation est de 3 %, la valeur réelle des dépôts croît de 4 % par année.

On peut réécrire l'équation donnée précédemment pour montrer que le taux d'intérêt nominal est égal à la somme du taux d'intérêt réel et du taux d'inflation :

Taux d'intérêt nominal = Taux d'intérêt réel + Taux d'inflation

En formulant ainsi le taux d'intérêt nominal, il est possible de comprendre les différentes forces économiques agissant sur les deux variables du membre de droite de l'équation. D'une part, comme nous l'avons vu au chapitre 8, l'offre et la demande de fonds prêtables déterminent le taux d'intérêt réel. D'autre part, d'après la théorie quantitative de la monnaie, la croissance de l'offre de monnaie influe directement sur le taux d'inflation.

Examinons maintenant comment la croissance de la masse monétaire se répercute sur les taux d'intérêt. À long terme, en raison de la neutralité monétaire, une variation de la masse monétaire ne touche pas le taux d'intérêt réel, car c'est une variable réelle. Or, pour que le taux d'intérêt réel ne bouge pas, le taux d'intérêt nominal doit s'ajuster parfaitement à toutes les variations du taux d'inflation. Par conséquent, quand la Banque du Canada augmente le taux de croissance de la monnaie, il en résulte à la fois une augmentation du taux d'inflation et une hausse du taux d'intérêt nominal. Cet ajustement du taux d'intérêt nominal au taux d'inflation a été baptisé **effet Fisher**, du nom de l'économiste Irving Fisher (1867-1947), qui a été le premier à l'étudier.

Effet Fisher
Ajustement parfait du taux d'intérêt nominal au taux d'inflation.

N'oubliez pas que notre analyse de l'effet Fisher porte sur le long terme. L'effet Fisher ne se manifeste pas nécessairement à court terme, si l'inflation n'est pas anticipée. Un taux d'intérêt représente un paiement en échange d'un prêt. Ce paiement est typiquement décidé lors de la signature du contrat. Si une hausse subite de l'inflation prend à la fois le prêteur et l'emprunteur par surprise, le taux d'intérêt sur lequel ils se sont entendus ne reflétera pas l'inflation plus élevée. Mais si l'inflation demeure élevée, les gens finiront par l'anticiper et les ententes sur les taux d'intérêt nominaux refléteront cette anticipation. Plus précisément, on pourrait donc dire que selon l'effet Fisher, le taux d'intérêt nominal s'ajuste à l'inflation anticipée. À long terme, l'inflation anticipée devrait se confondre avec l'inflation réalisée, mais ce n'est pas nécessairement le cas à court terme.

L'effet Fisher est crucial pour comprendre les fluctuations du taux d'intérêt nominal. La figure 11.5 illustre le taux d'inflation et le taux d'intérêt nominal de l'économie canadienne depuis 1968 et montre clairement la corrélation entre

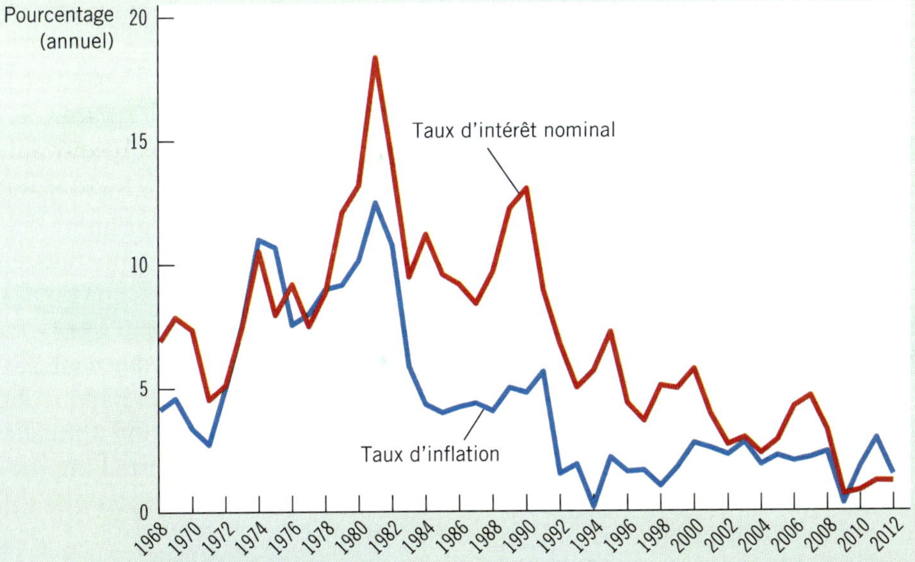

Source: Statistique Canada. (2012). CANSIM, séries V41690973 et V122491. Repéré à www5.statcan.gc.ca/cansim/

FIGURE 11.5

Le taux d'intérêt nominal et le taux d'inflation

Ce graphique présente le taux d'intérêt nominal des obligations commerciales à trois mois et le taux d'inflation, mesuré par l'indice des prix à la consommation, depuis 1968. La corrélation étroite entre ces deux variables illustre parfaitement l'effet Fisher: lorsque le taux d'inflation grimpe, le taux d'intérêt nominal le suit.

ces deux variables. On peut voir en effet que le taux d'intérêt nominal a augmenté du début des années 1960 jusqu'aux années 1970, l'inflation s'étant également accrue durant cette période, tandis qu'au début des années 1980 et tout au long des années 1990 jusqu'en 2009, on a assisté au phénomène inverse : une baisse du taux d'intérêt nominal due à la maîtrise de l'inflation par la Banque du Canada.

MINITEST

- Un gouvernement fait passer le taux de croissance annuel de la masse monétaire de 5 % à 50 %. Qu'arrive-t-il à l'inflation ? aux taux d'intérêts nominaux ? Quelles sont les raisons qui peuvent amener un gouvernement à adopter une telle mesure ?

Les coûts de l'inflation

À la fin des années 1970, lorsque l'inflation dépassait 10 % par année, le taux d'inflation dominait l'ensemble des débats concernant la politique économique. Bien que l'inflation soit restée modérée depuis les années 1990, cette variable macroéconomique fait tout de même l'objet d'une préoccupation constante. L'inflation préoccupe le public, car on croit qu'il s'agit d'un problème grave. Mais est-ce bien le cas ? Et, dans l'affirmative, pourquoi ?

Le mythe de la perte de pouvoir d'achat

Si vous interrogez les gens autour de vous au sujet des problèmes posés par l'inflation, ils vous répondront que de toute évidence, l'inflation réduit leur pouvoir d'achat. Quand les prix montent, en effet, le même dollar ne permet plus d'acheter autant de biens et de services. Il semble donc que l'inflation réduit directement le niveau de vie.

Mais, en y regardant de près, on découvre que cette perception est erronée. Lorsque les prix montent, les acheteurs payent plus cher les produits, certes, mais en même temps, les vendeurs de ces produits touchent des revenus supérieurs. Comme la grande majorité des gens gagnent leur vie en vendant leurs services, la hausse des revenus suit la montée des prix. Par conséquent, l'inflation en elle-même ne réduit pas le pouvoir d'achat réel des ménages.

Pourtant, les gens continuent à croire en ce mythe parce qu'ils ne tiennent pas compte du principe de la neutralité monétaire. Les travailleurs qui reçoivent une augmentation de salaire de 10 % par an ont tendance à s'en attribuer totalement le mérite, évoquant leurs efforts et leur talent. Lorsque l'inflation grignote 6 % de cette augmentation pour ne leur en laisser que 4 %, ils se sentent injustement brimés. De fait, comme nous l'avons vu au chapitre 7, les revenus réels dépendent de variables réelles, soit le capital physique et humain, les ressources naturelles et les connaissances technologiques. Les revenus nominaux sont liés à ces mêmes facteurs, de même qu'au niveau général des prix. Si la Banque du Canada faisait passer le taux d'inflation de 6 % à 0 %, l'augmentation annuelle du salaire des travailleurs tomberait à 4 %. Ces derniers ont peut-être l'impression que l'inflation les lèse, mais leur salaire réel ne s'accroîtrait pas plus vite s'il y en avait moins.

Si les revenus nominaux tendent à suivre l'augmentation des prix, pourquoi l'inflation pose-t-elle problème ? La réponse à cette question est complexe.

En réalité, les économistes ont défini plusieurs coûts de l'inflation. Chacun de ces coûts montre qu'une croissance persistante de la masse monétaire peut avoir, en fait, certaines conséquences sur les variables réelles.

Les coûts d'usure

Nous savons que l'inflation a les mêmes conséquences qu'un impôt pour les détenteurs de monnaie. Cet impôt ne représente pas en lui-même un coût pour la société : il s'agit tout simplement d'un transfert de ressources des ménages vers le gouvernement. Néanmoins, la plupart des impôts incitent les gens à modifier leur comportement dans le but d'éviter d'en payer : cette distorsion des incitatifs aboutit alors à une perte sèche pour la société dans son ensemble. À l'instar de tous les autres impôts (autres que forfaitaires), la taxe d'inflation provoque aussi une perte sèche, car les gens gaspillent des ressources rares afin d'y échapper.

Comment peut-on éviter de payer la taxe d'inflation ? Tout d'abord en conservant moins de monnaie, puisque l'inflation provoque une érosion de sa valeur réelle. Pour cela, il suffit d'aller à la banque plus souvent et de retirer 50 $ par semaine au lieu de 200 $ par mois. De cette manière, vous détiendrez plus de monnaie dans un compte en banque portant intérêt et moins dans votre portefeuille où elle perd de la valeur en raison de l'inflation.

Ces coûts du maintien d'encaisses réduites s'appellent **coûts d'usure** de l'inflation, par analogie avec l'usure des chaussures consécutive aux nombreux déplacements à la banque. Bien entendu, il ne faut pas prendre ce terme au sens littéral. Le véritable coût de la réduction du numéraire ne tient pas à l'usure de la semelle des chaussures, mais plutôt à la perte de temps et aux inconvénients liés au maintien d'avoirs liquides aussi faibles que possible, en raison de l'inflation.

Coûts d'usure
Coûts liés au fait que l'inflation incite les gens à détenir moins de monnaie.

Ces coûts d'usure paraissent insignifiants et, de fait, ils le sont dans l'économie canadienne, où l'inflation s'est maintenue à un niveau modéré au cours des dernières années. Cependant, en cas d'hyperinflation, ces coûts peuvent devenir énormes. L'anecdote ci-après raconte l'expérience personnelle d'un citoyen bolivien lors d'un épisode d'hyperinflation :

> Lorsqu'Edgar Miranda touche son salaire mensuel de 25 millions de pesos, il n'a pas une minute à perdre : chaque minute, cette devise perd de sa valeur. Aussi, pendant que sa femme se précipite au marché pour acheter leur provision mensuelle de riz et de pâtes, il court changer le reste de sa paie en dollars sur le marché noir.
>
> M. Miranda met en pratique la première règle de survie dans le pays du monde le plus ravagé par l'inflation. La Bolivie constitue un excellent exemple de la façon dont l'inflation incontrôlée sape les fondements d'une société. Les prix augmentent de façon si alarmante que les chiffres dépassent l'entendement. Au cours des six derniers mois, ils ont augmenté au taux annuel de 38 000 %. Selon les statistiques officielles, cependant, l'inflation atteignait 2 000 % l'année dernière et devrait passer à 8 000 % cette année — mais d'autres estimations indiquent des chiffres nettement supérieurs. En tout état de cause, le taux d'inflation de la Bolivie dépasse de très loin les 370 % d'Israël et les 1 100 % de l'Argentine — deux autres pays affligés d'une inflation majeure.

> Sachant cela, on comprend mieux pourquoi M. Miranda, qui a 38 ans, change immédiatement sa paie en dollars américains : le jour même, un dollar coûte 500 000 pesos et ses 25 millions équivalent à 50 $, alors que deux jours plus tard le taux de change du dollar atteindra 900 000 pesos et il n'obtiendra que 27 $ pour la même somme[1].

Cette histoire démontre que les coûts de l'inflation sont parfois considérables. Avec un tel taux, M. Miranda ne peut courir le risque de conserver la devise locale comme réserve de valeur. En fait, il lui faut convertir le plus rapidement possible ses pesos en biens de consommation courants ou en dollars américains, qui constituent une réserve de valeur plus stable. Mais le temps et les efforts que M. Miranda consacre à la protection de ses avoirs constituent un gaspillage de ressources. Si les autorités monétaires maintenaient une politique non inflationniste, il serait ravi de conserver la devise bolivienne et de consacrer son temps et son énergie à des activités plus productives. De fait, peu de temps après la publication de cet article, le taux d'inflation en Bolivie a connu une réduction très importante grâce à une politique monétaire plus restrictive.

Les coûts d'affichage

La grande majorité des entreprises ne modifient pas les prix de leurs produits tous les jours. En fait, elles affichent les mêmes prix durant des semaines ou des mois, voire des années. Au Canada, la firme typique modifie ses prix une fois par année, en moyenne.

Coûts d'affichage
Coûts liés aux modifications de prix.

Les firmes ne changent pas souvent leurs prix, parce qu'une telle opération est coûteuse. Les coûts liés aux changements de prix sont appelés **coûts d'affichage**. Les coûts d'affichage comprennent le coût de la décision concernant les nouveaux prix, le coût de l'impression des catalogues et des listes de prix, les modifications apportées au site Internet, les frais d'envoi aux concessionnaires et la publicité ; il faut même considérer le coût des désagréments résultant des démêlés avec des clients mécontents des changements de prix.

L'inflation entraîne donc une augmentation des coûts d'affichage pour les entreprises. Actuellement, le faible taux d'inflation de l'économie canadienne ne rend nécessaire qu'un seul changement de prix annuel pour la plupart des entreprises. Cependant, en cas d'inflation élevée, il leur faut ajuster leurs prix beaucoup plus souvent. Lors d'épisodes d'hyperinflation, les firmes doivent modifier leurs prix quotidiennement, et parfois même plus souvent.

La variabilité des prix relatifs et la mauvaise allocation des ressources

Imaginez que le restaurant Au plaisir gourmand imprime son nouveau menu au mois de janvier et le conserve jusqu'à l'année suivante. En l'absence d'inflation, les prix relatifs d'Au plaisir gourmand, c'est-à-dire les prix de ses menus comparativement aux autres prix de l'économie, restent identiques pendant 12 mois. En revanche, si le taux d'inflation atteint 12 % par année, les prix relatifs d'Au plaisir gourmand tombent d'environ 1 % par mois. Ces prix (en comparaison des

1. Paru dans un article du *Wall Street Journal*, 13 août 1985, p. 1.

prix des autres restaurants) sont élevés en début d'année, juste après l'impression du nouveau menu, et bas dans les derniers mois. Plus l'inflation s'aggrave, plus cette variabilité automatique s'accentue. Comme les prix affichés ne changent qu'une fois de temps en temps, l'inflation entraîne une variation des prix relatifs anormalement élevée.

Pourquoi cela nous importe-t-il? Pour la bonne raison que l'allocation des ressources dans les économies de marché se fait en fonction des prix relatifs. Les consommateurs prennent la décision d'acheter en comparant les qualités et les prix des divers biens et services offerts. L'ensemble de ces décisions détermine la répartition des facteurs de production entre les entreprises et les secteurs de l'économie. Une distorsion des prix relatifs, provoquée par l'inflation, modifie les choix des consommateurs et empêche les marchés d'allouer les ressources d'une manière optimale.

Les distorsions fiscales

Les impôts créent des distorsions dans les incitatifs et entraînent une modification du comportement des gens, ce qui conduit à une allocation des ressources moins efficiente. Ces effets deviennent encore plus problématiques en cas d'inflation, lorsque les législateurs ne tiennent pas compte de ce phénomène lors de l'élaboration du régime fiscal. Les économistes concluent que l'inflation alourdit le fardeau fiscal frappant les revenus tirés de l'épargne.

Le traitement des *gains en capital* — soit les profits réalisés lors de la vente d'un actif à un prix supérieur à son coût d'acquisition — constitue un bon exemple de la façon dont l'inflation décourage l'épargne. Imaginons qu'en 1980 vous avez consacré une partie de votre épargne à l'achat d'actions de la Banque Scotia, à 10 $ chacune, et que vous les avez revendues en 2014 pour 50 $ chacune. Selon la législation fiscale, vous avez fait un gain en capital de 40 $, gain que vous devrez inscrire dans votre déclaration de revenus. Cependant, si le niveau général des prix a doublé de 1980 à 2014, les 10 $ investis en 1980 valent 20 $ en dollars de 2014 (si l'on considère le pouvoir d'achat). Lors de la vente de vos actions pour 50 $, votre gain réel (l'augmentation de votre pouvoir d'achat) se chiffre à seulement 30 $. Mais le ministère du Revenu ne tient pas compte de l'inflation et vous impose sur un gain de 40 $. Par conséquent, l'inflation exagère le gain en capital, ce qui fait hausser du même coup le taux d'imposition sur ce type de revenu.

Le traitement des revenus d'intérêt constitue un autre exemple du fait que l'inflation décourage l'épargne. Le fisc traite l'intérêt *nominal* sur l'épargne comme un revenu, même si une partie de cet intérêt nominal ne fait que compenser la perte de valeur causée par l'inflation. On observe les effets de cette politique dans l'exemple du tableau 11.1. Ce tableau compare deux économies imposant toutes deux les intérêts à un taux de 25 %. Dans l'économie A, l'inflation est nulle et les taux d'intérêt nominal et réel s'établissent à 4 %; dans ce cas, l'impôt de 25 % sur l'intérêt réduit le taux d'intérêt réel de 4 % à 3 %. Dans l'économie B, le taux d'intérêt réel est toujours de 4 %, mais le taux d'inflation atteint 8 %. Étant donné l'effet Fisher, le taux d'intérêt nominal s'établit à 12 %. Comme l'impôt sur le revenu s'applique à la totalité de ces 12 % d'intérêt, le fisc en prélève le quart, ce qui laisse un taux d'intérêt nominal après impôt de 9 % et un taux d'intérêt réel après impôt de 1 %. Dans ce cas, le prélèvement fiscal de 25 % sur les intérêts fait passer le taux d'intérêt réel de 4 % à 1 %. Parce que le taux d'intérêt réel est

TABLEAU 11.1

L'alourdissement du fardeau fiscal dû à l'inflation

En l'absence d'inflation, un taux d'impôt sur les revenus d'intérêt égal à 25 % ramène le taux d'intérêt réel de 4 % à 3 %. En présence d'une inflation de 8 %, ce même taux d'impôt fait passer le taux d'intérêt réel de 4 % à 1 %.

	ÉCONOMIE A (STABILITÉ DES PRIX)	ÉCONOMIE B (INFLATION)
Taux d'intérêt réel	4 %	4 %
Taux d'inflation	0 %	8 %
Taux d'intérêt nominal (Taux d'intérêt réel + Taux d'inflation)	4 %	12 %
Montant des intérêts payés en impôts (0,25 × Taux d'intérêt nominal)	1 %	3 %
Taux d'intérêt nominal après impôt (0,75 × Taux d'intérêt nominal)	3 %	9 %
Taux d'intérêt réel après impôt (Taux d'intérêt nominal après impôt – Taux d'inflation)	3 %	1 %

un déterminant important de l'épargne, celle-ci est beaucoup moins attrayante dans une économie souffrant de l'inflation (économie B) que dans une économie où les prix sont stables (économie A).

L'imposition des gains en capital et des revenus d'intérêt montre comment la fiscalité et l'inflation interagissent. On pourrait trouver beaucoup d'autres exemples semblables. En raison de l'incidence de l'inflation sur les impôts, une forte inflation aura tendance à décourager l'épargne. Or, l'épargne constitue la source de l'investissement, qui est lui-même essentiel pour assurer la croissance économique à long terme. On comprend maintenant pourquoi un alourdissement de la fiscalité imputable à l'inflation réduit la croissance à long terme. Notons néanmoins que les économistes n'arrivent pas à se mettre d'accord sur l'ampleur de ces effets.

Outre l'élimination de l'inflation elle-même, une solution consisterait à indexer les impôts afin de tenir compte des effets de l'inflation. En ce qui concerne les gains en capital, par exemple, le régime fiscal pourrait permettre d'indexer le prix d'acquisition afin d'évaluer le gain réel à imposer. Quant aux revenus d'intérêt, le gouvernement pourrait se contenter d'imposer le revenu d'intérêt réel, une fois éliminée la portion servant uniquement à compenser l'inflation. Les lois fiscales évoluent, d'une certaine manière, vers une forme d'indexation. Les tranches de revenus auxquelles s'appliquent les taux d'imposition sont revues chaque année en fonction de l'évolution de l'indice des prix à la consommation. Toutefois, bien d'autres aspects de la fiscalité — comme le traitement fiscal des gains en capital et des revenus d'intérêt — ne font encore l'objet d'aucune indexation.

Idéalement, les lois fiscales devraient être telles que l'inflation n'a pas d'impact sur la valeur des impôts à payer. Cependant, dans le monde réel, les lois fiscales sont loin d'être parfaites. Une meilleure indexation serait probablement souhaitable, mais elle aurait le désavantage de compliquer encore plus le régime fiscal, dont la complexité est déjà sans doute bien trop grande.

Le désagrément et la confusion

Que diriez-vous si le mètre, qui est l'unité de mesure de base pour la longueur, raccourcissait de 5 % chaque année ? Notre existence en serait inutilement compliquée. Par exemple, une vitesse maximale de 100 km/h sur l'autoroute représenterait une vitesse réelle différente chaque année. Il faudrait alors modifier la vitesse permise afin de maintenir une vitesse réelle constante.

Qu'est-ce que cela a à voir avec l'inflation ? Rappelons que la monnaie, qui sert d'unité de compte dans l'économie, permet de mesurer les prix et la valeur des actifs et des passifs. Autrement dit, la monnaie sert d'étalon de mesure de la valeur. Le rôle de la Banque du Canada se compare un peu à celui de Mesures Canada, un organisme d'Industrie Canada chargé d'assurer la fiabilité des unités de mesure les plus usitées. En augmentant la masse monétaire, la Banque du Canada crée de l'inflation et entraîne une réduction de la valeur de l'unité de compte. Cette réduction de la valeur de la monnaie est tout à fait semblable à ce qui se produirait si le mètre raccourcissait.

Le désagrément et l'incompréhension qu'entraîne l'inflation sont difficiles à évaluer. Nous venons de voir qu'en cas d'inflation, le code fiscal surestime les revenus réels. La même chose se produit lorsque les comptables n'évaluent pas correctement les revenus d'une entreprise quand les prix augmentent avec le temps. La valeur de la monnaie varie lorsqu'il y a de l'inflation, ce qui complique le calcul des bénéfices — la différence entre les revenus et les coûts — dans une économie inflationniste. Par conséquent, les investisseurs ont dans une certaine mesure du mal à distinguer les entreprises bénéficiaires des autres, ce qui empêche dès lors les marchés financiers de jouer leur rôle d'allocation de l'épargne d'une façon optimale.

Le coût d'une inflation non anticipée : la redistribution arbitraire de la richesse

Les coûts que nous avons abordés jusqu'à présent se produisent même lorsque l'inflation est stable et prévisible. Cependant, l'inflation crée un coût additionnel lorsqu'elle n'est pas anticipée correctement. Une inflation surprise redistribue la richesse et les revenus d'une façon qui n'a rien à voir avec le mérite ou les besoins. Cette redistribution survient parce que la plupart des prêts sont libellés en unités de compte — donc en valeur nominale.

Prenons un exemple. Imaginons que Samuel Létudiant contracte un emprunt de 20 000 $ à 7 % d'intérêt auprès de la Grande Banque pour payer ses études universitaires, emprunt qu'il devra rembourser dans exactement 10 ans. Compte tenu des intérêts composés qui s'accumulent, la dette totale à rembourser au bout de 10 ans se monte à 40 000 $. Toutefois, la valeur réelle de cette dette dépend du taux d'inflation qui aura cours pendant la prochaine décennie. S'il y a de l'hyperinflation, les prix et les salaires grimperont tellement que Samuel pourra rembourser cette somme avec son argent de poche. Par contre, si l'économie traverse une période de déflation majeure, la chute des prix et des salaires alourdira considérablement sa dette.

Cet exemple illustre le fait que des changements inattendus du niveau des prix redistribuent la richesse entre les débiteurs et les créanciers. Une inflation plus élevée que prévu enrichit l'emprunteur au détriment de la Grande Banque, puisque la valeur réelle de sa dette s'en trouve réduite : Samuel la remboursera en dollars ayant une valeur plus faible que prévu. Une inflation plus faible que prévu (ou une déflation), par contre, enrichit la Grande Banque aux dépens de Samuel, car elle fait augmenter la valeur réelle de sa dette. Samuel doit alors la rembourser avec des dollars ayant une valeur supérieure à celle qu'il envisageait. S'il était possible de prévoir l'inflation, Samuel et la Grande Banque pourraient en tenir compte et s'entendre sur un taux d'intérêt nominal (rappelez-vous l'effet Fisher). Cependant, comme l'inflation est difficilement prévisible, les emprunteurs comme les débiteurs prennent des risques qu'ils préféreraient éviter.

Ces coûts de l'inflation doivent également être mis en relation avec un autre facteur : l'inflation est particulièrement volatile et incertaine lorsque son taux est élevé. L'expérience vécue par divers pays en témoigne. Les pays à faible inflation, comme l'Allemagne lors de la seconde moitié du XXe siècle, enregistrent une grande stabilité du taux d'inflation. Les pays connaissant une forte inflation, comme plusieurs pays d'Amérique latine, font au contraire l'expérience d'une grande instabilité de leur taux. Il n'existe aucun exemple de pays ayant connu une inflation à la fois forte et peu variable. Cette relation entre l'ampleur et la volatilité de l'inflation produit naturellement un coût supplémentaire. Lorsqu'un pays pratique une politique monétaire inflationniste, il doit non seulement subir les coûts de cette inflation, mais également accepter une redistribution arbitraire de la richesse associée à l'inflation non anticipée.

L'inflation est un mal, mais la déflation peut être pire

L'inflation est, partout sur Terre, un phénomène habituel depuis plusieurs décennies. Toutefois, le niveau des prix a déjà diminué, entre autres aux États-Unis à la fin du XIXe siècle et durant les années 1930. En outre, le niveau général des prix a diminué durant les dernières années au Japon. Nous allons donc conclure notre discussion des coûts de l'inflation par un bref examen des coûts de la déflation.

Selon certains économistes, une déflation légère et constante peut être bonne pour l'économie. Milton Friedman a fait remarquer que la déflation réduit le taux d'intérêt nominal (rappelez-vous l'effet Fisher) et qu'un taux d'intérêt nominal plus faible réduit le coût lié au fait de détenir de la monnaie. Le coût d'usure de la monnaie serait minimisé grâce à un taux d'intérêt nominal près de zéro, ce qui veut dire que le taux de déflation devrait être égal au taux d'intérêt réel. Cette suggestion de politique monétaire porte le nom de *règle de Friedman*.

Des coûts sont cependant aussi associés à la déflation. Certains de ces coûts sont le miroir des coûts de l'inflation. Par exemple, une variation du niveau général des prix crée des coûts d'affichage et augmente la variabilité des prix relatifs, que les prix soient en hausse ou en baisse. De plus, comme la déflation est souvent une surprise, elle redistribue arbitrairement de la richesse des débiteurs vers les créditeurs. Étant donné que les emprunteurs sont souvent plus pauvres que les prêteurs, cette redistribution est particulièrement pernicieuse.

Le problème qui est sans doute le plus grave concerne les conditions économiques générales. Dans les chapitres subséquents, nous verrons que la déflation peut se produire lorsqu'un événement, comme une forte contraction monétaire, réduit fortement la demande pour les biens et les services dans l'économie. Cette diminution de la demande agrégée peut mener à des revenus en chute et à un taux de chômage en hausse. En d'autres mots, la déflation est souvent le symptôme plus que la cause de problèmes économiques majeurs.

MINITEST

- Énoncez et décrivez les six coûts de l'inflation.

ÉTUDE DE CAS

La croissance monétaire, l'inflation et la Banque du Canada

Au début des années 1970, la masse monétaire canadienne croissait rapidement et le taux d'inflation annuel a fini par dépasser 10 %. À la même époque, une théorie économique, le monétarisme, ralliait de plus en plus d'adeptes. Les monétaristes proposaient, entre autres, que la banque centrale fasse croître la masse monétaire à un taux faible et constant.

En réponse au problème grandissant de l'inflation et sous l'influence des monétaristes, la Banque du Canada a adopté, en 1975, une politique dite de *gradualisme monétaire*. La banque centrale a ainsi annoncé qu'elle allait réduire le taux de croissance de la masse monétaire (M1) en suivant un sentier de croissance cible. La Banque du Canada espérait que le taux d'inflation diminuerait graduellement, en même temps que le taux de croissance monétaire. Le résultat a été différent des attentes. Tout d'abord, l'inflation n'a pas diminué, malgré la réduction du taux de croissance de M1. Puis, au début des années 1980, le taux d'inflation a chuté beaucoup plus rapidement que la croissance monétaire. Le lien entre la croissance monétaire et l'inflation étant moins précis que prévu, la banque centrale a décidé d'abandonner sa politique de monétarisme graduel. Selon le gouverneur de la Banque du Canada de l'époque : « Nous n'avons pas abandonné M1. M1 nous a abandonnés. »

Sur de longues périodes, la croissance de l'offre de monnaie est très variable d'un pays à l'autre. Les variations de la vitesse de circulation sont faibles en comparaison : le lien entre la croissance monétaire et l'inflation paraît donc évident, particulièrement dans les cas d'hyperinflation. Cependant, pour chaque pays, si la croissance du stock de monnaie est souvent assez constante, on ne peut pas en dire autant de la vitesse de circulation de la monnaie. Or, lorsque cette dernière fluctue à court terme, le taux d'inflation peut varier même si la croissance monétaire est stable.

Depuis 1992, la Banque du Canada a cessé de viser explicitement l'offre de monnaie, pour se tourner vers une cible d'inflation. En vertu de ce changement, qui a depuis été suivi par de nombreuses banques centrales, la Banque du Canada ajuste sa politique monétaire en modifiant son taux directeur, afin d'atteindre un taux d'inflation cible de 2 % par année.

L'offre de monnaie n'est qu'une des nombreuses informations dont la Banque du Canada tient compte dans la détermination de son taux directeur. Si, après avoir examiné toute l'information pertinente, la banque centrale croit que l'inflation menace d'augmenter au-dessus de la cible de 2 %, elle augmente le taux directeur, ce qui réduit le taux de croissance de la masse monétaire et l'inflation future. Si la banque centrale croit que le taux d'inflation va tomber sous les 2 %, elle diminue le taux directeur, ce qui produit une augmentation de la croissance monétaire et de l'inflation future.

La Banque du Canada utilise avec succès depuis 1992 ses outils de politique monétaire afin de maintenir l'inflation près de sa cible de 2 %. Alors que la banque centrale examine un grand nombre de variables avant de prendre une décision au sujet du taux directeur, il n'y a eu souvent qu'une relation ténue entre la croissance monétaire et l'inflation canadienne depuis 20 ans. Cela veut-il dire que la croissance monétaire n'est pas un facteur causal important de l'inflation ? Et, si c'est le cas, comment la Banque du Canada a-t-elle pu, en utilisant sa politique monétaire, maintenir l'inflation si près de sa cible ?

Milton Friedman, l'un des fondateurs du monétarisme, a proposé une analogie pour comprendre la relation entre

►

la croissance monétaire et l'inflation. Dans une maison chauffée à l'électricité, en hiver, si l'on met le thermostat à 20 °C, on remarquera que les fluctuations de la température à l'extérieur sont compensées par une plus forte consommation d'électricité. En même temps, la température intérieure varie très peu et on n'observe pas de relation entre la consommation d'électricité et la température à l'intérieur de la maison. De la même façon, dans un pays où la banque centrale cible habilement l'inflation, on observera des fluctuations de la vitesse de circulation de la monnaie et des variations dans le sens opposé de l'offre de monnaie, alors que l'inflation est assez stable et qu'il y a une faible relation entre la croissance monétaire et l'inflation.

Toutes choses étant égales par ailleurs, une augmentation de la consommation d'électricité produira une hausse de la température à l'intérieur de la maison. De la même façon, *ceteris paribus*, une plus forte croissance monétaire fera augmenter l'inflation. Mais, si le thermostat fonctionne bien, la consommation d'électricité n'augmentera que si toutes choses ne sont pas égales par ailleurs, c'est-à-dire si la température extérieure diminue. De façon similaire, une banque centrale qui cible efficacement l'inflation n'augmentera la croissance monétaire que si toutes choses ne sont pas égales par ailleurs, par exemple si la vitesse de circulation diminue. On ne pourrait observer la véritable relation entre la consommation d'électricité et la température intérieure qu'en modifiant de façon aléatoire la température du thermostat. On ne pourrait donc comprendre la vraie relation entre la croissance du stock de monnaie et l'inflation qu'en procédant à des expériences aléatoires avec la politique monétaire. Même si des économistes seraient sans doute heureux d'entreprendre de telles expériences, nul doute que la Banque du Canada serait plus hésitante.

DANS L'ACTUALITÉ

La Fed et l'inflation

L'inflation galopante guette-t-elle les États-Unis ? Il ne fait aucun doute que nos voisins du Sud montrent quelques signes précurseurs classiques d'une inflation débridée. Un examen plus approfondi de la situation porte à croire que rien n'est aussi simple.

Pourquoi l'inflation américaine est-elle si faible ?

Martin Feldstein

CAMBRIDGE — Comment expliquer que l'assouplissement quantitatif coexiste depuis un certain temps avec une stabilité des prix aux États-Unis ? Ou encore, comme je l'entends souvent : « Comment se fait-il qu'en imprimant autant d'argent, la Réserve fédérale n'ait pas entraîné une inflation plus élevée ? »

L'inflation est en effet restée très faible. Au cours des cinq dernières années, l'indice des prix à la consommation a augmenté à un taux annuel de seulement 1,5 %. L'outil particulièrement privilégié par la Fed pour mesurer l'inflation — l'indice des dépenses de consommation personnelle, excluant l'alimentaire et l'énergie — n'a lui non plus augmenté que de 1,5 %.

Or, les achats d'obligations à long terme par la Fed au cours de cette période ont été plus considérables que jamais auparavant. La Réserve fédérale a en effet acquis pour plus de 2000 milliards $ en bons du Trésor et titres adossés à des créances hypothécaires, soit près de dix fois le taux annuel d'achat d'obligations ayant caractérisé la dernière décennie. Rien qu'au cours de la dernière année, le stock d'obligations figurant au bilan de la Fed a augmenté de plus de 20 %.

L'expérience historique démontre combien une croissance monétaire rapide est de nature à alimenter une inflation élevée. Ceci s'est particulièrement vérifié lors de l'hyperinflation allemande des années 1920, et d'un même épisode en Amérique latine dans les années 1980. Quant aux États-Unis, plusieurs évolutions de croissance monétaire, même modérées, se sont traduites par l'évolution correspondante du taux d'inflation. Dans les années 1970, la masse monétaire américaine augmentait à un taux annuel moyen de 9,6 %, soit le taux le plus élevé du dernier demi-siècle ; l'inflation tournait en moyenne autour de 7,4 %, encore une fois un record du demi-siècle passé. Dans les années 1990, la croissance monétaire annuelle s'élevait en moyenne à 3,9 %, et le taux d'inflation moyen à seulement 2,9 %.

C'est pourquoi l'absence de toute conséquence inflationniste d'un achat aussi massif d'obligations de la part de la Fed au cours des cinq dernières années apparaît si étonnante. L'énigme se dissipe cependant si l'on admet qu'assouplissement quantitatif et utilisation de la « planche à billets » — ou plus précisément augmentation du stock de monnaie — sont deux choses différentes.

Le stock monétaire le plus étroitement lié à l'inflation consiste principalement dans les dépôts détenus par les entreprises et les ménages au sein des banques commerciales. Traditionnellement, l'augmentation des achats d'obligations par la Fed engendre l'accroissement de cette masse monétaire. Or, un changement fondamental des règles de la Fed en 2008 a rompu le lien entre achat d'obligations par celle-ci et volume du stock monétaire en résultant. Ainsi, on assiste à une situation dans laquelle la Fed a pu acquérir une quantité colossale d'obligations sans entraîner d'accroissement de la masse monétaire — et donc d'augmentation du taux d'inflation.

Cette corrélation entre achats d'obligations et masse monétaire dépend du rôle joué par les « réserves excédentaires » des banques commerciales. Lorsque la Fed acquiert des bons du Trésor ou d'autres actifs tels que les titres adossés à des créances hypothécaires, elle crée des « réserves » pour les banques commerciales, que les banques déposent auprès de la Fed elle-même.

Les banques commerciales sont tenues de maintenir des réserves équivalentes à une part de leurs dépôts transférables par chèque. Dans la mesure où les réserves excédentaires par rapport au montant requis n'engendraient aucun intérêt auprès de la Fed avant 2008, les banques commerciales ont été incitées à prêter aux ménages et aux entreprises jusqu'à ce que la croissance des dépôts en résultant ait utilisé l'ensemble de ses réserves excédentaires. Ces dépôts accrus auprès des banques commerciales consistaient par définition en une augmentation de la masse monétaire s'y rapportant.

La multiplication des prêts bancaires permet aux ménages et aux entreprises d'accroître leurs dépenses. Ces nouvelles dépenses sont synonymes d'augmentation du niveau du PIB nominal (production aux prix du marché). Une partie de cet accroissement du PIB nominal prend alors la forme d'un PIB réel plus élevé (corrigé de l'inflation), tandis que le reste se manifeste en tant qu'inflation. C'est de cette manière que les achats d'obligations par la Fed augmentaient auparavant la masse monétaire — et ainsi le taux d'inflation.

Le lien entre achats d'obligations par la Fed et croissance subséquente de la masse monétaire a changé après 2008, la Fed ayant commencé à verser des intérêts sur les réserves excédentaires. Le taux d'intérêt sur ces dépôts totalement sûrs et liquides a amené les banques à conserver des réserves en excès auprès de la Fed plutôt que de prêter et de créer des dépôts afin d'absorber les réserves accrues, comme elles l'auraient fait avant 2008.

Ainsi, le volume de réserves excédentaires détenues auprès de la Fed a considérablement augmenté, passant de moins de 2 milliards $ en 2008 à 1 800 milliards $ aujourd'hui. Cependant, compte tenu de la nouvelle politique de la Fed consistant à verser des intérêts sur les réserves excédentaires, cette disponibilité accrue en réserves excédentaires n'a, après 2008, pas entraîné de croissance des dépôts beaucoup plus rapide, ni abouti à une masse monétaire significativement plus importante.

Le volume de la masse monétaire au sens large (connu sous le nom de M2) a augmenté à un taux moyen de seulement 6,2 % par an entre la fin de l'année 2008 et la fin de l'année 2012. Alors que le PIB nominal a généralement tendance à augmenter sur de longues périodes dans la même mesure que la masse monétaire, les taux d'intérêt ayant été extrêmement bas et diminuant, les ménages et les institutions ont été incités après 2008 à détenir davantage d'argent par rapport au PIB nominal total. Par conséquent, alors que M2 a augmenté de plus de 6 %, le PIB nominal a seulement progressé de 3,5 %, et l'indice des prix du PIB de tout juste 1,7 %.

Pour autant, l'absence d'inflation importante ces dernières années ne signifie pas nécessairement que l'inflation n'augmentera pas à l'avenir. Lorsque les entreprises et les ménages finissent par accroître leur demande en prêts, les banques commerciales disposant du capital adéquat sont en mesure de répondre à cette demande au travers de nouveaux prêts, sans avoir à se heurter aux limites qui pourraient dans d'autres cas résulter de réserves inadéquates. La croissance des dépenses des entreprises et des ménages en résultant pourrait être la bienvenue dans un premier temps, mais pourrait également rapidement devenir une source d'inflation indésirable.

La Fed pourrait en principe limiter la conséquence inflationniste des prêts en rehaussant le taux d'intérêt sur les réserves excédentaires, ou en procédant à des opérations d'*open-market* afin d'accroître le taux d'intérêt à court terme des fonds fédéraux. Il se pourrait toutefois que la Fed hésite à agir, ou qu'elle le fasse de manière insuffisante, en raison de son double mandat, axé à la fois sur l'emploi et sur la stabilité des prix.

Une telle issue sera plus probable si les taux élevés de chômage et de sous-emploi persistent alors même que le taux d'inflation augmente. C'est pourquoi les investisseurs ont raison de se préoccuper d'un possible retour de l'inflation, et cela même si les achats massifs d'obligations par la Fed ces dernières années ne l'ont pas provoqué. ■

Source : Feldstein, Martin. (28 juin 2013). « Pourquoi l'inflation américaine est-elle si faible ? » (traduit par Martin Morel). *Project Syndicate*. Repéré à www.project-syndicate.org/commentary/the-inflationary-risk-of-us-commercial-bank-reserves-by-martin-feldstein/french

Conclusion

Dans ce chapitre, nous avons abordé les causes et les coûts de l'inflation. Nous avons vu que la croissance de la masse monétaire constitue la cause première de l'inflation à long terme. Lorsque la banque centrale crée une grande quantité de monnaie, la valeur de cette dernière tombe rapidement. Pour maintenir la stabilité des prix, la banque centrale doit conserver un contrôle strict sur l'offre de monnaie.

Les coûts de l'inflation sont subtils. Ils sont au nombre de six : les coûts d'usure, les coûts d'affichage, une mauvaise allocation des ressources causée par l'instabilité accrue des prix relatifs, les distorsions fiscales, le désagrément et la confusion, de même qu'une distribution arbitraire de la richesse. Quelle est l'importance de ces coûts ? Les économistes s'accordent à dire que ces coûts s'avèrent énormes lors d'une période d'hyperinflation, mais ils ne s'entendent pas sur leur ampleur en cas d'inflation modérée — c'est-à-dire lorsque les prix montent de moins de 10 % par an.

Bien que nous ayons examiné différents aspects de l'inflation, cette présentation demeure incomplète. Comme nous l'avons vu, lorsque la Banque du Canada réduit le taux de croissance monétaire, l'inflation ralentit, comme le prédit la théorie quantitative de la monnaie. Cependant, durant la transition vers un taux d'inflation inférieur, le changement de la politique monétaire a des effets importants sur la production et l'emploi. Cela signifie qu'en dépit de la neutralité monétaire à long terme, la politique monétaire a des effets sur les variables réelles à court terme. Nous reviendrons plus loin sur les raisons de cette non-neutralité à court terme, afin d'approfondir notre compréhension des causes et des coûts de l'inflation.

Résumé

- Le niveau général des prix dans l'économie assure l'équilibre entre l'offre et la demande de monnaie. Lorsque la banque centrale augmente la masse monétaire, le niveau des prix monte. Une croissance continue de l'offre de monnaie entraîne de l'inflation.
- D'après le principe de la neutralité monétaire, les modifications de la masse monétaire ont des effets sur les variables nominales, sans avoir d'impact sur les variables réelles. La plupart des économistes sont convaincus que cette neutralité monétaire décrit bien le fonctionnement de l'économie à long terme.
- Un gouvernement peut payer une partie de ses dépenses en imprimant de la monnaie. Lorsqu'un pays recourt largement à cette taxe d'inflation, il en résulte de l'hyperinflation.
- L'effet Fisher représente l'une des applications du principe de la neutralité monétaire. Selon l'effet Fisher, une hausse du taux d'inflation fait augmenter le taux d'intérêt nominal, sans modifier le taux d'intérêt réel.
- De nombreuses personnes sont convaincues que l'inflation les appauvrit, parce qu'elle fait augmenter le coût des produits qu'elles achètent. Cette perception est erronée, car l'inflation accroît également les revenus nominaux.
- Les économistes ont défini six coûts liés à l'inflation : les coûts d'usure causés par la réduction des encaisses, les coûts d'affichage dus à l'ajustement fréquent des prix, la mauvaise allocation des ressources entraînée par la variabilité accrue des prix relatifs, les distorsions fiscales, le désagrément et la confusion provenant d'une modification de la valeur de l'unité de compte ainsi qu'une redistribution arbitraire de la richesse. La plupart de ces coûts s'avèrent importants en cas d'hyperinflation, mais leur ampleur reste incertaine lors d'une inflation modérée.

Concepts clés

Questions de révision

1. Expliquez les effets d'une augmentation du niveau des prix sur la valeur réelle de la monnaie.
2. D'après la théorie quantitative de la monnaie, quels seraient les effets d'une augmentation de la masse monétaire ?
3. Quelle différence y a-t-il entre les variables nominales et les variables réelles ? Illustrez votre réponse en donnant deux exemples différents. Selon le principe de la neutralité monétaire, quelles variables sont touchées par une variation de la masse monétaire ?
4. Pourquoi peut-on dire que l'inflation se compare à une taxe ? Une telle comparaison aide-t-elle à expliquer l'hyperinflation ?
5. D'après l'effet Fisher, quels sont les effets d'une hausse du taux d'inflation sur le taux d'intérêt réel ? sur le taux d'intérêt nominal ?
6. Nommez les six coûts de l'inflation. D'après vous, lesquels de ces coûts sont les plus importants dans l'économie canadienne ?
7. Si l'inflation s'avère inférieure aux prévisions, qui en profite, les créanciers ou les débiteurs ? Justifiez votre réponse.

Les principes macroéconomiques des économies ouvertes

5 PARTIE

et Cie
FAILLITE

Les principes macroéconomiques de base d'une économie ouverte

12
CHAPITRE

Au moment d'acheter une voiture, vous comparez les derniers modèles de Ford et de Toyota. Quand vient le temps de planifier vos vacances, vous avez à choisir entre une station de ski au Québec et une plage cubaine. Lorsque vous économisez en vue de la retraite, vous placez vos avoirs dans des fonds communs de placement, qui investissent soit dans des entreprises canadiennes, soit dans des entreprises étrangères. Dans tous ces cas, vous ne participez pas seulement au fonctionnement de l'économie canadienne, mais également à celui des économies du monde entier.

L'ouverture d'une économie nationale au commerce international présente des avantages évidents : les échanges permettent à chaque pays de se spécialiser dans ce qu'il fait le mieux et de consommer une grande variété de biens et de services produits dans le monde entier. C'est justement l'un des **dix principes d'économie** énoncés au chapitre 1 : les échanges améliorent le bien-être de tous. Le chapitre 3 de ce volume a détaillé les avantages des échanges. Nous y avons vu qu'ils permettent d'améliorer le niveau de vie dans tous les pays, alors que chacun se spécialise dans la production des biens et des services pour lesquels il détient un avantage comparatif.

Jusqu'à présent, notre analyse de la macroéconomie a négligé de considérer les interactions des diverses économies. En fait, les échanges internationaux sont assez peu importants pour la compréhension de beaucoup de concepts macroéconomiques. Par exemple, l'analyse du taux de chômage naturel au chapitre 9 et des causes de l'inflation au chapitre 11 n'a fait intervenir aucun aspect international. En fait, pour simplifier l'analyse, les économistes posent souvent l'hypothèse d'une **économie fermée** — c'est-à-dire qui n'entretient aucune relation avec les autres économies.

Économie fermée
Économie qui n'entretient aucune relation commerciale ou financière avec le reste du monde.

Économie ouverte
Économie qui interagit librement avec celle des autres pays.

Néanmoins, certains problèmes nouveaux apparaissent dans le contexte d'une **économie ouverte** — c'est-à-dire une économie qui interagit librement avec celle des autres pays. Ce chapitre et le chapitre 13 présentent la macroéconomie en économie ouverte. Nous commencerons par aborder les variables fondamentales qui influent sur le fonctionnement d'une économie ouverte. La presse écrite ou télévisée mentionne souvent ces variables : exportations, importations, balance commerciale et taux de change. Au chapitre 13, nous élaborerons un modèle pour expliquer comment ces variables sont déterminées et comment elles sont touchées par les différentes politiques gouvernementales.

Les flux internationaux de biens et de capitaux

Une économie ouverte entretient deux sortes de relations avec les autres économies : d'une part, elle échange des biens et des services sur les marchés mondiaux et, d'autre part, elle échange des actifs financiers, tels que des actions et des obligations, sur les marchés financiers internationaux. Ces deux types d'activités sont étroitement liés.

Les flux de biens et de services : exportations, importations et exportations nettes

Exportations
Biens et services produits dans le pays et vendus à l'étranger.

Importations
Biens et services produits à l'étranger et achetés dans le pays.

Exportations nettes (ou balance commerciale)
Différence entre la valeur des exportations et celle des importations.

Les **exportations** correspondent aux biens et aux services produits sur le marché intérieur et vendus à l'étranger, tandis que les **importations** représentent les biens et les services produits à l'étranger et achetés sur le marché intérieur. Lorsque l'avionneur canadien Bombardier construit un appareil et le vend à Air France, cette transaction est une exportation pour le Canada et une importation pour la France. Lorsque le fabricant d'automobiles suédois Volvo produit une voiture et la vend à un résident canadien, il s'agit d'une importation canadienne et d'une exportation suédoise.

Les **exportations nettes (ou balance commerciale)** d'un pays représentent la différence entre la valeur de ses exportations et celle de ses importations :

Exportations nettes = Valeur des exportations – Valeur des importations

Les ventes de Bombardier accroissent les exportations nettes canadiennes, tandis que les ventes de Volvo les réduisent. Les exportations nettes indiquent si, globalement, le pays est acheteur ou vendeur net sur les marchés mondiaux de biens et de services. C'est pourquoi on parle également de balance commerciale pour désigner les exportations nettes. Si la balance commerciale est positive, les exportations dépassent les importations, ce qui signifie que le pays vend plus de biens et de services qu'il en achète des autres pays. Il enregistre dans ce cas un **excédent commercial**. Si, par contre, les exportations nettes sont négatives, les exportations sont inférieures aux importations, ce qui signifie que le pays vend moins aux autres pays qu'il achète de l'étranger. Il enregistre dans ce cas un **déficit commercial**. Si les exportations nettes sont nulles, le pays présente une **balance commerciale équilibrée**.

Excédent commercial
Situation dans laquelle les exportations sont supérieures aux importations.

Déficit commercial
Situation dans laquelle les importations sont supérieures aux exportations.

Balance commerciale équilibrée
Situation dans laquelle les exportations sont égales aux importations.

ÉTUDE DE CAS

L'ouverture progressive de l'économie canadienne

L'importance grandissante du commerce international et des échanges financiers constitue probablement le changement le plus important ayant touché l'économie canadienne depuis 1960. La figure 12.1 illustre cette évolution, en montrant la valeur totale des biens et des services exportés et importés, exprimée en pourcentage du produit intérieur brut. Dans les années 1960, les exportations représentaient en moyenne 20 % du PIB. En 2000, elles atteignaient presque la moitié de la valeur du PIB. Les importations de biens et de services ont évolué de la même façon. Aujourd'hui, même si le ratio du commerce international sur le PIB a diminué par rapport au début du millénaire, les exportations et les importations sont nettement plus importantes qu'en 1960.

La figure 12.1 montre également la valeur des échanges commerciaux du Canada avec les États-Unis — exportations et importations —, exprimée en pourcentage du produit intérieur brut. On remarque que les échanges du Canada avec son voisin du Sud constituent la plus grande part du commerce extérieur canadien. En outre, les fluctuations des importations et des exportations canadiennes au fil du temps sont essentiellement dues aux variations des échanges commerciaux avec ce partenaire majeur.

L'augmentation du commerce international observée sur la figure 12.1 s'explique en partie par l'amélioration des moyens de transport. Alors qu'en 1950, les navires marchands transportaient en moyenne moins de 10 000 tonnes de fret, beaucoup de navires en transportent de nos jours plus de 100 000 tonnes. Les avions à réaction long-courriers ont fait leur apparition en 1958, et les gros porteurs, en 1967, réduisant beaucoup le coût du transport aérien. De tels progrès ont permis la distribution, à l'échelle du globe, de marchandises jusque-là produites localement. Les fleurs coupées, par exemple, sont cultivées en Israël et transportées par avion au Canada pour y être vendues. Les fruits et les légumes, qui ne poussent qu'en été chez nous, se trouvent en plein hiver sur nos marchés, en provenance de l'hémisphère Sud.

Les progrès dans le domaine des télécommunications ont également favorisé le commerce international, car ils ont permis aux entreprises de joindre facilement leur clientèle à l'étranger. En 1956, on posait le premier câble téléphonique transatlantique. En 1966, on ne pouvait tenir que 138 conversations téléphoniques en même temps entre l'Amérique du Nord et l'Europe. Aujourd'hui, la communication par satellite autorise plus d'un million d'appels téléphoniques simultanés.

Les progrès technologiques ont aussi favorisé les échanges internationaux en modifiant le type de biens produits. À l'époque où les matières premières volumineuses (comme l'acier) ou les denrées périssables (comme les aliments) constituaient l'essentiel de la production mondiale, le transport de ces marchandises était particulièrement coûteux et parfois impossible. En revanche, les biens produits grâce à la technologie moderne sont souvent légers et faciles à transporter. Par exemple, les appareils électroniques grand public ont un faible poids par rapport à leur valeur, ce qui facilite grandement leur transport et leur vente à l'extérieur des pays producteurs. L'industrie cinématographique constitue un exemple extrême de ce phénomène : quand Hollywood produit un film, des copies peuvent être distribuées partout dans le monde à un coût pratiquement nul. En fait, les films sont l'une des exportations majeures des États-Unis.

FIGURE 12.1

L'internationalisation de l'économie canadienne

Cette figure montre la valeur des exportations et des importations canadiennes, exprimée en pourcentage du PIB, depuis 1960. On y trouve à la fois la valeur des exportations et des importations totales et celle des échanges avec les États-Unis. On remarque une augmentation spectaculaire du commerce international, en particulier avec les États-Unis, après l'entrée en vigueur de l'Accord de libre-échange canado-américain, en janvier 1989.

Source : Statistique Canada.

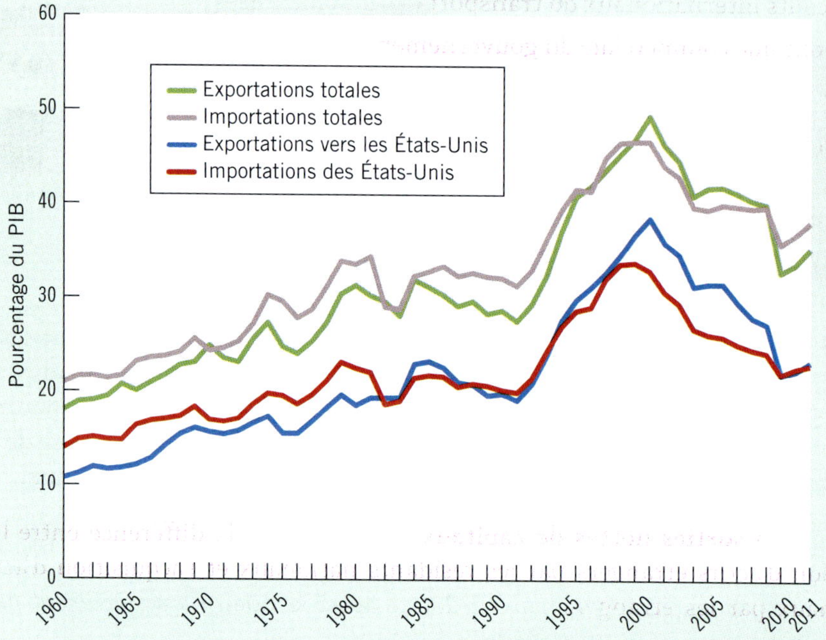

Note : La valeur des exportations et des importations comprend les transferts, les recettes et les paiements des revenus d'investissements.

Les politiques commerciales des gouvernements ont également encouragé les échanges internationaux. Par exemple, l'accord canado-américain sur les produits de l'industrie automobile — appelé *Pacte de l'automobile* — signé en 1965 a permis aux constructeurs d'automobiles d'échanger des pièces et des véhicules de part et d'autre de la frontière sans payer de droits de douane. Le développement de l'industrie automobile canadienne est dû en grande partie à cet accord. En 1988, le Canada a signé un accord de libre-échange avec les États-Unis (ALE) pour éliminer progressivement les tarifs douaniers sur une plus grande échelle. Cette entente a été suivie, en 1994, par l'entrée en vigueur de l'Accord de libre-échange nord-américain (ALENA), conclu entre le Canada, les États-Unis et le Mexique. Les conséquences de ces ententes sur les exportations et les importations canadiennes se voient clairement à la figure 12.1 : depuis 1989, elles ont augmenté d'une façon spectaculaire, essentiellement en raison de l'accroissement des échanges avec les États-Unis.

Comme nous l'avons vu au chapitre 3, les économistes sont convaincus depuis longtemps que les échanges internationaux sont avantageux. Avec le temps, les dirigeants politiques se sont ralliés à cette opinion. Les ententes comme l'ALENA et celles qui sont négociées dans le cadre de l'Organisation mondiale du commerce (OMC) visent la réduction progressive des barrières commerciales, tels les tarifs douaniers et les quotas d'importation. La tendance à l'augmentation des échanges internationaux, illustrée à la figure 12.1, est un phénomène que la plupart des économistes et des politiciens approuvent et encouragent.

Au chapitre 13, nous élaborerons une théorie de la balance commerciale, mais nous pouvons dès maintenant énumérer les divers facteurs qui influent sur les exportations et les importations. Ces facteurs sont les suivants :

- La préférence des consommateurs pour les biens nationaux ou étrangers ;
- Les prix des biens à l'intérieur du pays et à l'étranger ;

- Les taux de change entre la monnaie nationale et les devises étrangères;
- Les revenus des consommateurs nationaux et étrangers;
- Les coûts internationaux du transport des marchandises;
- La politique commerciale du gouvernement.

Le volume des échanges internationaux change au fil du temps, en réponse aux modifications de ces variables.

« Il ne s'agit pas simplement d'acheter une voiture, mais de lutter contre le déficit commercial de notre pays par rapport au Japon. »

Les flux de ressources financières: les sorties nettes de capitaux

Jusqu'à présent, nous avons vu comment les résidants des pays à économie ouverte participent au marché mondial des biens et des services; il faut savoir qu'ils participent également aux marchés financiers mondiaux. Un Canadien qui dispose de 20 000 $ peut certes acheter une voiture de Toyota, mais il pourrait tout aussi bien acheter des actions de cette même entreprise. La première de ces transactions représente un flux de biens, et la seconde, un flux de capitaux.

L'expression **sorties nettes de capitaux** (SNC) désigne la différence entre l'acquisition d'actifs étrangers par les résidants nationaux et l'acquisition d'actifs nationaux par les étrangers (on lui donne aussi le nom d'*investissement net à l'étranger*):

Sorties nettes de capitaux
Différence entre les acquisitions d'actifs étrangers par des résidants nationaux et les acquisitions d'actifs nationaux par les étrangers.

SNC = Acquisition d'actifs étrangers par les résidants nationaux
− Acquisition d'actifs nationaux par les étrangers

Lorsqu'un résidant canadien achète des titres de Telmex, la société de téléphonie mexicaine, cet achat fait augmenter le premier terme sur le côté droit de la formule et, par conséquent, les sorties nettes de capitaux canadiens; inversement, lorsqu'un résidant japonais achète des obligations émises par le gouvernement canadien, cette transaction augmente le second terme du côté droit de la formule, et fait donc diminuer les sorties nettes de capitaux canadiens.

Les flux de capitaux peuvent prendre deux formes. Si Chez Cora Déjeuners ouvre un établissement de restauration en Russie, il s'agit d'un *investissement direct à l'étranger*. En revanche, quand un Canadien achète des actions d'une entreprise russe, il s'agit d'un *investissement de portefeuille*. Dans le premier cas, le propriétaire canadien gère activement son investissement, tandis que dans le second, il joue un rôle beaucoup plus passif. Dans les deux cas, puisque les résidants canadiens acquièrent des actifs étrangers, ils font augmenter les sorties nettes de capitaux canadiens.

Une sortie nette de capitaux (parfois appelée *investissement net à l'étranger*) peut être soit positive, soit négative. Lorsqu'elle est positive, les résidants nationaux acquièrent plus d'actifs étrangers que les étrangers se procurent d'actifs de ce pays. On dit alors que les capitaux sortent du pays. En revanche, lorsque la sortie nette de capitaux est négative, les résidants nationaux achètent moins d'actifs étrangers que les étrangers acquièrent d'actifs de ce pays. On dit alors que les capitaux entrent dans le pays. Autrement dit, lorsque les sorties nettes de capitaux sont négatives, cela signifie que le pays profite d'entrées nettes de capitaux.

Nous élaborerons, au chapitre 13, une théorie expliquant les sorties nettes de capitaux. Pour l'instant, examinons simplement les principales variables qui déterminent les entrées et les sorties de capitaux :

- Les taux d'intérêt réels sur les actifs étrangers ;
- Les taux d'intérêt réels sur les actifs nationaux ;
- La perception des risques économiques et politiques liés à la détention d'actifs nationaux et étrangers ;
- Les réglementations gouvernementales nationales et internationales concernant la détention d'actifs étrangers.

Considérons le choix qui s'offre à des investisseurs canadiens qui peuvent acheter soit des obligations du gouvernement mexicain, soit des obligations du gouvernement canadien (souvenons-nous qu'une obligation est une reconnaissance de dette de la part de l'émetteur). Afin de prendre leur décision, les investisseurs canadiens comparent les taux d'intérêt réels de ces deux types d'obligations. Plus ce taux est élevé, plus le titre financier est rentable. Au moment de faire la comparaison, les investisseurs doivent cependant tenir compte des contraintes que le gouvernement mexicain impose ou pourrait imposer dans le futur aux investisseurs étrangers et également du fait que l'un ou l'autre des émetteurs pourrait *manquer à ses engagements* (c'est-à-dire ne pas payer les intérêts, ni rembourser le principal au moment de l'échéance).

L'égalité des exportations nettes et des sorties nettes de capitaux

Une économie ouverte est en relation avec le reste du monde sur deux marchés : celui des biens et des services et celui des actifs financiers. Les exportations nettes et les sorties nettes de capitaux mesurent chacune un certain type de déséquilibre sur les marchés. D'une part, les exportations nettes fournissent des données sur le déséquilibre entre les exportations et les importations d'un pays ; d'autre part, les sorties nettes de capitaux montrent le déséquilibre entre la valeur des actifs étrangers acquis par les résidants et celle des actifs nationaux acquis par les étrangers.

Un principe comptable important stipule que pour l'ensemble de l'économie, ces deux déséquilibres doivent compenser l'un pour l'autre. Ainsi, les sorties nettes de capitaux (*SNC*) doivent toujours égaler les exportations nettes (*XN*) :

$$SNC = XN$$

Cette égalité se vérifie, car toute transaction modifiant l'un des côtés doit également modifier l'autre côté d'une même valeur. Il s'agit donc d'une *identité* — une équation qui se vérifie par la nature des variables qui la composent et la façon de les mesurer.

Pour vérifier l'exactitude de cette identité, prenons un exemple. Imaginons que vous êtes un programmeur informatique et que vous vivez au Canada. Un jour, vous écrivez un programme et vous le vendez à un consommateur japonais pour la somme de 40 000 yens. La vente du programme correspond à une exportation canadienne ; elle augmente donc les exportations nettes canadiennes. Que faut-il vérifier d'autre pour s'assurer que l'identité est toujours exacte ? La réponse dépend de ce que vous ferez de vos 40 000 yens.

Supposons que vous cachiez tout simplement les yens sous votre matelas. Dans ce cas, vous prenez une partie de votre revenu pour acquérir des actifs japonais. Autrement dit, un Canadien (vous) a acquis un actif étranger (la monnaie japonaise). L'augmentation des exportations nettes canadiennes correspond à l'augmentation des sorties nettes de capitaux canadiens.

D'un angle plus réaliste, si vous voulez investir dans des actifs japonais, vous ne le ferez pas en conservant votre monnaie japonaise. Vous êtes plus susceptible d'acheter 40 000 yens d'actions dans une entreprise japonaise ou bien des obligations d'État du Japon. Cependant, le résultat de votre décision demeure le même : un Canadien détient maintenant plus d'actifs étrangers. L'augmentation des sorties nettes de capitaux canadiens (l'achat d'actions ou d'obligations d'État du Japon) est exactement égale à l'augmentation des exportations nettes canadiennes (la vente du programme informatique).

Modifions un peu notre exemple. Supposons maintenant qu'au lieu d'utiliser les 40 000 yens pour acquérir des actifs japonais, vous achetiez un bien fabriqué au Japon comme une console de jeu. En raison de votre achat, les importations canadiennes augmentent. L'exportation du programme informatique et l'importation de la console de jeu s'équilibrent. Étant donné que les exportations et les importations s'accroissent de la même somme, les exportations nettes demeurent inchangées. Dans ce cas-ci, aucun Canadien n'acquiert d'actifs étrangers et aucun étranger n'acquiert d'actifs canadiens : il n'y a alors pas de répercussion sur les sorties nettes de capitaux canadiens.

Il existe une dernière possibilité. Vous pourriez aller à votre banque pour échanger les 40 000 yens contre des dollars canadiens. En fait, cette option ne changera rien à la situation parce que la banque doit maintenant faire quelque chose de ces 40 000 yens. Elle peut acheter des actifs japonais (une sortie nette de capitaux canadiens) ou un bien japonais (une importation canadienne). Elle peut aussi vendre les yens à un autre Canadien qui souhaiterait faire une telle transaction. En fin de compte, les exportations nettes canadiennes égaleront les sorties nettes de capitaux canadiens.

Même si cet exemple a commencé par un programmeur canadien qui a vendu un programme à l'étranger, l'histoire est semblable lorsque des Canadiens achètent des biens et des services d'un autre pays. Ainsi, si Simons achète pour 45 millions de dollars de vêtements de la Chine et les vend à des Canadiens, il faut que la Chine fasse quelque chose de cette somme d'argent. Elle pourrait placer 45 millions de dollars dans l'économie canadienne. Cette entrée de capitaux en provenance de la Chine pourrait prendre la forme d'achats d'obligations du gouvernement du Canada. Dans ce cas, la vente de vêtements réduit les exportations nettes canadiennes et la vente d'obligations réduit les sorties nettes de capitaux canadiens. La Chine a aussi la possibilité d'acheter un avion d'affaires Bombardier avec ces 45 millions de dollars. Les importations canadiennes de vêtements s'équilibrent alors avec les exportations canadiennes d'avions. Ainsi, les exportations nettes et les sorties nettes de capitaux demeurent inchangées. Dans tous les cas, la transaction a le même effet sur les exportations nettes et sur les sorties nettes de capitaux.

On peut résumer ces conclusions pour l'ensemble de l'économie comme suit :

- Lorsqu'un pays est en situation d'excédent commercial ($XN > 0$), il vend plus de biens et de services aux non-résidants qu'il en achète d'eux. Que fait-il avec les devises étrangères qu'il reçoit pour ses ventes nettes de biens et de services à l'étranger? Il doit les utiliser pour acheter des actifs étrangers. Il y a donc sorties nettes de capitaux ($SNC > 0$).

- Lorsqu'un pays est en déficit commercial ($XN < 0$), il achète plus de biens et de services des non-résidants qu'il leur en vend. Comment finance-t-il l'achat net de ces biens sur les marchés internationaux? Il doit vendre des actifs à l'étranger. Il y a donc entrées nettes de capitaux ($SNC < 0$).

Le flux international des biens et des services et le flux international des capitaux constituent les deux côtés d'une même médaille.

BON À SAVOIR

La balance du compte courant

Les sorties nettes de capitaux (*SNC*) représentent la différence entre la valeur en dollars des actifs étrangers acquis par les résidants nationaux et la valeur en dollars des actifs nationaux acquis par les étrangers. Par exemple, si un Mexicain dépense 100 $ pour acheter 10 actions de la société Tim Hortons (à 10 $ l'action), il fait entrer au Canada une somme de 100 $ en capitaux financiers. Si un Canadien dépense 160 $ pour acheter 40 actions de la société de téléphonie mexicaine Telmex (à 4 $ l'action), il fait sortir du Canada une somme de 160 $ en capitaux financiers. L'effet net de ces deux transactions est une sortie nette de capitaux de 60 $.

Une autre paire de flux financiers sera ultérieurement associée à ces deux achats d'actions. Plus tard, Tim Hortons paiera sans doute un dividende au Mexicain qui a acheté 10 de ses actions. Supposons que le dividende représente 3 % du cours de l'action : le paiement du dividende entraînera une sortie de capitaux financiers de 0,30 $ l'action, soit 3 $ au total. De la même façon, il est possible que Telmex verse un dividende au Canadien qui a acheté 40 de ses actions. Supposons un dividende de 5 % : le Canadien recevra alors 0,20 $ l'action, soit un total de 8 $. Ces deux paiements (par Tim Hortons et Telmex) occasionneront une entrée nette de capitaux de 5 $ en dividendes. Les citoyens des deux pays pourraient aussi entreprendre l'achat ou la vente d'obligations, ce qui amènerait par la suite des versements d'intérêts.

On tient compte des achats d'actions (qui, dans notre exemple, ont provoqué une sortie nette de capitaux de 60 $) lorsqu'on mesure les *SNC*, mais comment tenir compte des flux de capitaux financiers qui résulteront des versements de dividendes? Même question pour les achats d'obligations : on en tient compte dans les sorties nettes de capitaux, mais que faire avec les flux de capitaux financiers qui résulteront des futurs versements d'intérêts? La réponse est simple : ils sont mesurés dans la balance du compte courant. On définit la balance du compte courant ainsi :

Balance du compte courant = Exportations nettes + Entrée nette de dividendes et d'intérêts

La balance du compte courant représente donc la différence entre le total des paiements reçus de l'étranger pour les biens et les services ayant été achetés au pays — y compris les versements d'intérêts et de dividendes — et le total des paiements analogues faits à l'étranger. Nous avons déjà traité de la plus importante partie du compte courant lorsque nous avons étudié les exportations, les importations et les exportations nettes. Nous n'avions cependant pas abordé explicitement la question des flux nets de dividendes et d'intérêts, et ce, pour deux raisons. D'abord, ils sont peu élevés par rapport aux sorties nettes de capitaux qui les engendrent : dans notre exemple, une sortie nette de capitaux de 60 $ donnera lieu à une entrée nette de dividendes de seulement 5 $. Ensuite, le fait que le flux de versements de dividendes et d'intérêts surviendra dans le futur et que ces versements se reproduiront à maintes occasions (tant que le Mexicain conserve ses actions de Tim Hortons et que le Canadien demeure propriétaire de ses actions de Telmex) complexifie l'analyse de l'incidence des sorties nettes de capitaux. C'est pour ces deux raisons que la deuxième partie de la balance du compte courant est souvent laissée de côté dans l'analyse de base des économies ouvertes. On note cependant que sur le graphique de la figure 12.1, les intérêts et les dividendes perçus ont été inclus dans les exportations, tout comme les intérêts et les dividendes payés ont été inclus dans les importations.

Les étudiants attentifs auront peut-être d'ailleurs remarqué que la différence entre le PIB et le RNB tient justement dans les paiements internationaux d'intérêts et de dividendes. Pour calculer le RNB, on part du PIB et on soustrait les revenus versés à des non-résidants, puis on ajoute la valeur des revenus provenant de l'étranger et reçus par les résidants nationaux. En fait, lorsqu'on utilise le concept de RNB, le compte courant est, par définition, égal aux exportations nettes.

L'épargne, l'investissement et leur relation avec les flux internationaux

L'épargne et l'investissement d'un pays sont des déterminants cruciaux de sa croissance économique à long terme. Comme nous l'avons vu au chapitre 8, l'épargne et l'investissement sont égaux dans une économie fermée. Toutefois, les choses sont plus compliquées dans une économie ouverte. Examinons maintenant la relation que l'épargne et l'investissement entretiennent avec les flux internationaux de biens et de capitaux, mesurés par les exportations nettes et les sorties nettes de capitaux.

L'expression *exportations nettes* a déjà été expliquée au chapitre 5, lorsque nous avons abordé le produit intérieur brut (PIB). On peut mesurer le PIB (désigné par la variable Y) en faisant la somme des dépenses de consommation (C), des dépenses d'investissement (I), des dépenses gouvernementales (G) et des exportations nettes (XN) :

$$Y = C + I + G + XN$$

La dépense totale pour acheter de la production est donc la somme des dépenses de consommation, des dépenses d'investissement, des dépenses publiques et des exportations nettes. Chaque dollar dépensé se classe nécessairement dans l'une de ces quatre catégories. Cette équation est donc une identité : elle se vérifie à cause de la nature des variables et de la façon de mesurer les dépenses.

On doit se rappeler que l'épargne nationale (ou l'épargne tout court) correspond à la différence entre le revenu d'un pays et les dépenses courantes, qui regroupent les dépenses de consommation (C) et les dépenses publiques (G). L'épargne (S) est donc égale à $Y - C - G$. Si l'on reprend l'équation précédente (celle du PIB, soit $Y = C + I + G + XN$) et qu'on soustrait C et G des deux côtés de l'égalité, on obtient :

$$Y - C - G = I + XN$$

$$S = I + XN$$

Comme les exportations nettes (XN) sont égales aux sorties nettes de capitaux (SNC), on peut alors écrire :

$$S = I + SNC$$

Épargne = Investissement + Sorties nettes de capitaux

L'épargne d'un pays est donc égale à la somme de l'investissement et des sorties nettes de capitaux. Autrement dit, lorsqu'un Canadien épargne un dollar de son revenu, ce dollar peut financer l'accumulation de capital national ou encore l'achat de capital à l'étranger.

Une telle équation vous rappelle sans doute quelque chose. Nous avons déjà abordé cette identité lors de l'analyse du système financier, dans le cas particulier d'une économie fermée. Dans une telle économie, les sorties nettes de capitaux sont nulles ($SNC = 0$) ; par conséquent, l'épargne est égale à l'investissement ($S = I$). En revanche, une économie ouverte offre deux façons d'utiliser l'épargne nationale : l'investissement intérieur et les sorties nettes de capitaux (l'investissement à l'étranger).

Nous avons déjà vu que le système financier se trouve entre les deux membres de cette identité. Par exemple, imaginons que la famille Tremblay décide d'économiser pour la retraite; une telle décision contribue à l'épargne nationale, soit le côté gauche de notre équation. Si les Tremblay déposent leur épargne dans un fonds commun de placement, ce dernier achètera peut-être des actions émises par Bombardier, qui utilisera le produit de cette vente pour construire une usine au Québec. En outre, le même fonds commun de placement peut également utiliser une partie de l'argent déposé par les Tremblay pour acheter des actions de Toyota, qui s'en servira pour construire une usine à Osaka. Ces transactions seront mesurées dans le côté droit de l'équation. De la perspective de la comptabilité nationale canadienne, la dépense de Bombardier pour la construction de sa nouvelle usine constitue un investissement intérieur, tandis que l'achat des titres de Toyota par un résidant canadien représente une sortie nette de capitaux. Toute l'épargne canadienne se retrouve donc dans les investissements dans l'économie canadienne ou dans les sorties nettes de capitaux.

L'épargne, l'investissement et les flux internationaux sont donc liés de façon inextricable. Lorsque l'épargne d'un pays dépasse son investissement, ses sorties nettes de capitaux sont positives, ce qui indique qu'une partie de son épargne sert à acheter des actifs à l'étranger. Lorsque l'investissement dans un pays dépasse son épargne, ses sorties nettes de capitaux sont négatives, ce qui indique que les étrangers financent une partie de l'investissement intérieur en achetant des actifs nationaux.

En résumé

Le tableau 12.1 résume plusieurs des idées présentées jusqu'à présent dans le chapitre. Il décrit les trois situations possibles pour une économie ouverte: un déficit commercial, une balance commerciale équilibrée et un excédent commercial.

Considérons premièrement un pays en excédent commercial. Par définition, un pays en excédent commercial exporte plus qu'il importe. Ses exportations nettes (XN) sont alors positives. Il faut donc que le revenu ($Y = C + I + G + XN$) soit plus élevé que les dépenses intérieures ($C + I + G$). Et si Y est plus élevé que $C + I + G$, alors l'épargne $Y - C - G$ doit être plus grande que l'investissement. Parce que ce pays épargne plus qu'il investit, il doit envoyer une partie de son épargne à l'étranger. Les sorties nettes de capitaux doivent donc être positives.

La même logique s'applique au cas d'un pays en déficit commercial. Par définition, un pays en déficit commercial exporte moins qu'il importe. Ses exportations nettes

TABLEAU 12.1

Les flux internationaux de biens et de capitaux : un résumé

Ce tableau illustre les trois situations possibles pour une économie ouverte.

DÉFICIT COMMERCIAL	ÉQUILIBRE DES ÉCHANGES	SURPLUS COMMERCIAL
Exportations < Importations	Exportations = Importations	Exportations > Importations
Exportations nettes < 0	Exportations nettes = 0	Exportations nettes > 0
$Y < C + I + G$	$Y = C + I + G$	$Y > C + I + G$
Épargne < Investissement	Épargne = Investissement	Épargne > Investissement
Sorties nettes de capitaux < 0	Sorties nettes de capitaux = 0	Sorties nettes de capitaux > 0

(XN) sont donc négatives. Il faut alors que le revenu ($Y = C + I + G + XN$) soit inférieur aux dépenses intérieures ($C + I + G$). Et si Y est plus faible que $C + I + G$, alors l'épargne $Y - C - G$ doit être inférieure à l'investissement. Parce que ce pays investit plus qu'il épargne, il doit vendre des actifs aux étrangers pour financer une partie de son investissement. Les sorties nettes de capitaux doivent donc être négatives.

Finalement, un pays ayant une balance commerciale équilibrée se situe entre ces deux cas. Ses exportations sont égales à ses importations ; ses exportations nettes sont donc égales à zéro. Le revenu est égal aux dépenses intérieures : l'épargne est alors égale à l'investissement et les sorties nettes de capitaux sont nulles.

ÉTUDE DE CAS

L'épargne, l'investissement et les sorties nettes de capitaux

Le Canada est un débiteur net sur les marchés financiers mondiaux. Cela signifie que les étrangers détiennent plus d'actifs canadiens que les Canadiens détiennent d'actifs étrangers. Dans les années 1960 et 1970, il y avait certaines inquiétudes quant à l'ampleur des investissements étrangers au pays. À cette époque, certains allaient même jusqu'à demander qu'on limite la propriété étrangère au Canada. Était-il souhaitable d'accéder à cette demande? Autrement dit, le fait que le Canada est un débiteur net est-il inquiétant?

Pour répondre à ces questions, il faut comprendre ce que les identités comptables macroéconomiques révèlent sur l'économie canadienne. Le graphique a) de la figure 12.2 présente l'épargne et l'investissement, en pourcentage du produit intérieur brut canadien, depuis 1961.

FIGURE 12.2

L'épargne, l'investissement et les sorties nettes de capitaux

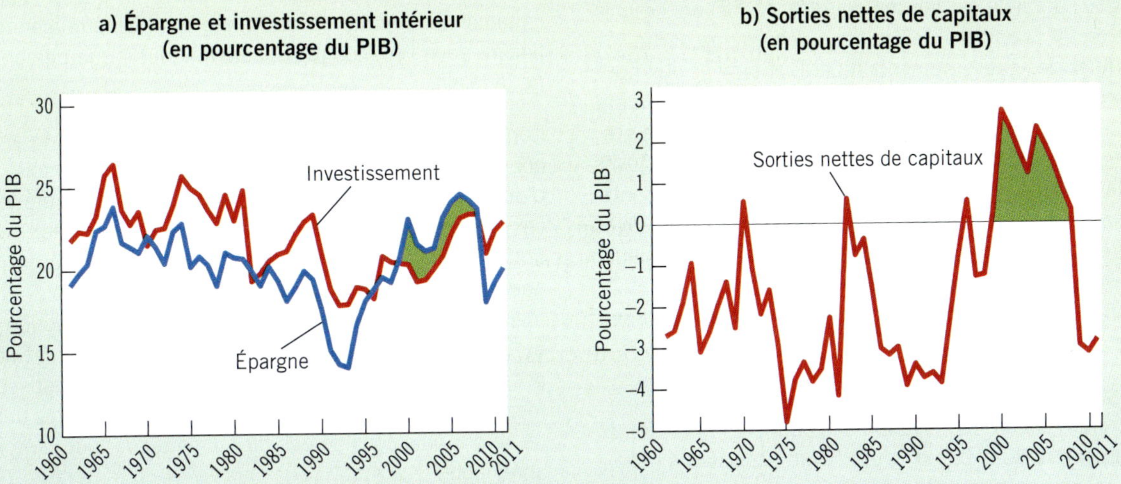

Source : Données tirées de Statistique Canada.

Le graphique a) montre l'épargne et l'investissement intérieurs exprimés en pourcentage du PIB canadien. Le graphique b) illustre les sorties nettes de capitaux exprimées en pourcentage du PIB. De 1961 à 1998, à l'exception de trois années, les sorties nettes de capitaux ont toujours été négatives et importantes par rapport au PIB. De 1999 à 2008, les sorties nettes de capitaux sont devenues positives, l'épargne nationale ayant augmenté suffisamment pour financer l'investissement canadien et l'achat d'actifs étrangers. La récession de 2008 à 2009 a amené une forte baisse de l'épargne, ce qui a rendu les flux nets de capitaux négatifs à nouveau.

Le graphique b) montre les sorties nettes de capitaux (SNC), en pourcentage du PIB. Il est à noter que selon les identités comptables, les sorties nettes de capitaux doivent toujours être égales à la différence entre l'épargne et l'investissement.

Comme l'illustre le graphique b), de 1961 à 1998, le Canada a généralement été en situation d'entrées nettes de capitaux. En général, les étrangers achetaient chaque année plus d'actifs canadiens que les Canadiens achetaient d'actifs étrangers. Ces achats nets d'actifs canadiens de la part des étrangers ont permis à l'investissement au Canada de dépasser l'épargne de 2,3 % du PIB par année, en moyenne, entre 1961 et 1998. Parce qu'elles doivent égaler les sorties nettes de capitaux, les exportations nettes ont généralement été négatives durant cette période, comme on le voit à la figure 12.1.

Depuis 1999, cependant, la situation a changé du tout au tout. Alors que durant la presque totalité des 40 années précédentes, il y avait des entrées nettes de capitaux, celles-ci sont devenues des sorties nettes de capitaux en 1999. Même si cette situation s'était déjà produite, en 1970, 1982 et 1996, les sorties nettes de capitaux sont devenues plus importantes et plus durables depuis 1999. Qu'est-ce qui a bien pu modifier de façon si importante la situation canadienne et qu'est-ce qui a inversé les flux nets de capitaux en 2009?

Comme on le voit sur le graphique a) de la figure 12.2, l'épargne nationale est passée de 14 % du PIB en 1993 à plus de 24 % en 2005. Cela est dû en grande partie aux efforts des gouvernements fédéral et provinciaux pour éliminer leur déficit budgétaire respectif. Conséquemment, depuis 1999, l'augmentation de l'épargne nationale a été tellement importante que malgré la forte hausse de l'investissement, l'épargne canadienne a été plus que suffisante pour satisfaire la demande intérieure de fonds pour l'investissement. Le résultat: une partie de l'épargne canadienne est devenue disponible pour des prêts aux étrangers et les entrées nettes de capitaux sont devenues des sorties nettes.

En raison d'une chute de l'investissement intérieur et d'une chute encore plus grande de l'épargne nationale, des entrées nettes de capitaux (c'est-à-dire des valeurs négatives pour les sorties nettes de capitaux) ont de nouveau été enregistrées de 2009 à 2012. Les deux déclins sont imputables à la récession qu'a traversée le Canada en 2008 et 2009. À cause de la récession, les recettes fiscales ont diminué et des pressions politiques ont amené les gouvernements à augmenter les dépenses publiques, ce qui a entraîné les finances publiques vers un déficit, réduisant du coup l'épargne nationale. En même temps, la crise financière a resserré le crédit, ce qui a contraint les entreprises à limiter leurs dépenses d'investissement. Étant donné que la chute de l'épargne nationale a surpassé celle de l'investissement intérieur, les sorties nettes de capitaux ont été négatives. Comme les exportations nettes sont égales aux sorties nettes de capitaux, les exportations nettes aussi ont été négatives à partir de 2009, comme le montre la figure 12.1.

Les déficits commerciaux et leur contrepartie — les entrées nettes de capitaux (soit des sorties nettes de capitaux négatives) — représentent-ils un problème pour l'économie canadienne? Si les entrées nettes de capitaux et le déficit commercial observés depuis 2009 persistent pendant des années, la situation finira-t-elle par devenir un problème? Pour répondre à cette question, il faut se pencher sur l'épargne et l'investissement au pays.

Considérons d'abord un déficit commercial (et par conséquent des *SNC* négatives) découlant d'une chute de l'épargne, comme cela a été le cas dans les années 1980. Moins d'épargne signifie que le pays met moins de revenus de côté pour assurer son avenir. Si l'épargne nationale chute, cependant, il n'y a pas de raison de s'en faire pour les déficits commerciaux qui s'ensuivent. Si l'épargne nationale avait diminué sans entraîner de déficit commercial, l'investissement au Canada aurait chuté. Cette baisse aurait eu à son tour un effet indésirable sur la croissance du stock de capital, de la productivité du travail et des salaires réels. Autrement dit, quand l'épargne canadienne diminue, il vaut mieux que des étrangers investissent dans l'économie canadienne plutôt que personne ne le fasse.

Considérons maintenant un déficit commercial (et par conséquent des *SNC* négatives), découlant cette fois d'un boum dans l'investissement, comme cela a été le cas dans les années 1970. Dans cet exemple, l'économie emprunte à l'étranger pour financer l'achat de nouveaux biens d'équipement. Si ce capital supplémentaire augmente d'une façon notable la production de biens et de services, les dettes qui s'accumulent ne posent pas problème. D'un autre côté, si les investissements ne donnent pas les résultats escomptés, les dettes ne seront plus considérées du même œil, à tout le moins après coup.

Il n'y a pas de réponse simple et correcte à la question visant à savoir si les déficits commerciaux et leur contrepartie, les entrées nettes de capitaux, posent un problème pour l'économie. Tout comme un individu peut bien ou mal s'endetter, un pays peut agir de la même façon. Le déficit commercial n'est pas un problème en soi, mais il peut parfois se révéler le symptôme d'un problème.

- Définissez les exportations nettes et les sorties nettes de capitaux. Expliquez comment celles-ci sont reliées.

MINITEST

Les prix des transactions internationales : les taux de change nominal et réel

Jusqu'à maintenant, nous avons mesuré les flux internationaux de biens, de services et de capitaux. En plus de ces variables, les macroéconomistes étudient les prix caractérisant ces transactions internationales. Tout comme le prix joue un rôle de coordination crucial entre les vendeurs et les acheteurs dans un marché local ou national, les prix internationaux permettent de coordonner les décisions des vendeurs et des acheteurs sur les marchés mondiaux. Nous aborderons ici les deux prix internationaux les plus importants : le taux de change nominal et le taux de change réel.

Le taux de change nominal

Le **taux de change nominal** est le taux auquel on échange la monnaie d'un pays contre celle d'un autre. Si vous allez à la banque, vous pourrez voir, par exemple, que le taux de change d'un dollar est de 80 yens. Cela signifie que contre un dollar canadien, la banque vous donnera 80 yens japonais, et inversement. (En réalité, la banque affiche des taux légèrement différents pour l'achat et la vente des devises. Cette différence correspond au profit que l'institution financière tire de ce service. Aux fins de notre exemple, nous ne tiendrons pas compte de cette différence.)

Taux de change nominal
Taux auquel on échange la monnaie d'un pays contre celle d'un autre.

Il existe toujours deux façons d'exprimer un taux de change. Si le taux de change est de 80 yens pour un dollar, il est aussi égal à 1/80 (= 0,0125) de dollar par yen. Dans cet ouvrage, nous exprimons toujours le taux de change nominal en unités de devises étrangères pour un dollar canadien, soit 80 yens pour un dollar, dans notre exemple.

Si le taux de change varie de telle sorte qu'un dollar achète une plus grande quantité de devises étrangères, on parle alors d'une **appréciation (ou renforcement)** du dollar. Si, au contraire, le dollar achète moins de devises, on parle de **dépréciation (ou affaiblissement)** du dollar. Par exemple, quand le taux de change augmente de 80 à 90 yens pour un dollar, on dit que le dollar s'apprécie. Au même moment, puisque le yen japonais achète moins de dollars canadiens, on dit que le yen se déprécie. Lorsque le taux de change passe de 80 à 70 yens pour un dollar, on dira en revanche que le dollar se déprécie et que le yen s'apprécie.

Appréciation (ou renforcement)
Hausse de la valeur d'une monnaie par rapport à celle d'une autre devise, mesurée par la quantité de devises étrangères qu'elle permet d'acheter.

Dépréciation (ou affaiblissement)
Baisse de la valeur d'une monnaie par rapport à celle d'une autre devise, mesurée par la quantité de devises étrangères qu'elle permet d'acheter.

Vous avez peut-être déjà entendu, dans les médias, des remarques à propos du dollar *faible* ou *fort*. On fait généralement allusion dans ces cas aux variations récentes du taux de change nominal. Lorsqu'une monnaie s'apprécie, on dit souvent qu'elle *se renforce*, car elle peut maintenant acheter plus de devises étrangères. De la même façon, lorsqu'une monnaie se déprécie, on dit qu'elle *s'affaiblit*.

Lorsque les économistes étudient les variations des taux de change, ils utilisent souvent un indice de taux de change correspondant à la moyenne pondérée de plusieurs taux. Tout comme l'indice des prix à la consommation mesure les prix moyens ayant cours dans l'économie, l'indice des taux de change mesure la valeur moyenne d'une devise. Par conséquent, lorsque les économistes parlent de l'appréciation du dollar ou de sa dépréciation, ils font souvent référence à un indice des taux de change, qui tient compte de plusieurs taux de change individuels.

BON À SAVOIR

La valeur du dollar canadien

Quand ils pensent à la valeur de leur dollar, les Canadiens le comparent généralement au dollar américain. Cela n'a rien d'étonnant puisque, lorsqu'ils prennent des vacances ou font des affaires à l'étranger, la majorité des Canadiens se rend aux États-Unis. C'est pour cette raison que la valeur du dollar canadien par rapport à celle de la devise américaine les préoccupe.

Il importe de rappeler, néanmoins, qu'il y a également un taux de change nominal pour le dollar canadien par rapport à chacune des autres devises étrangères. En outre, le Canada commerce avec bien d'autres pays que son voisin du Sud. Il existe donc de nombreuses définitions de la valeur du dollar canadien : on peut le comparer avec le dollar américain ou la livre britannique, mais aussi avec toutes les autres monnaies de la planète.

Les quatre graphiques de la figure 12.3 représentent l'évolution récente du taux de change du dollar canadien ($ CA) par rapport à quatre autres devises : le dollar

FIGURE 12.3

La valeur du dollar canadien

Les graphiques montrent l'évolution de la valeur du dollar canadien relativement à la valeur des autres devises, de janvier 1998 à juin 2012.

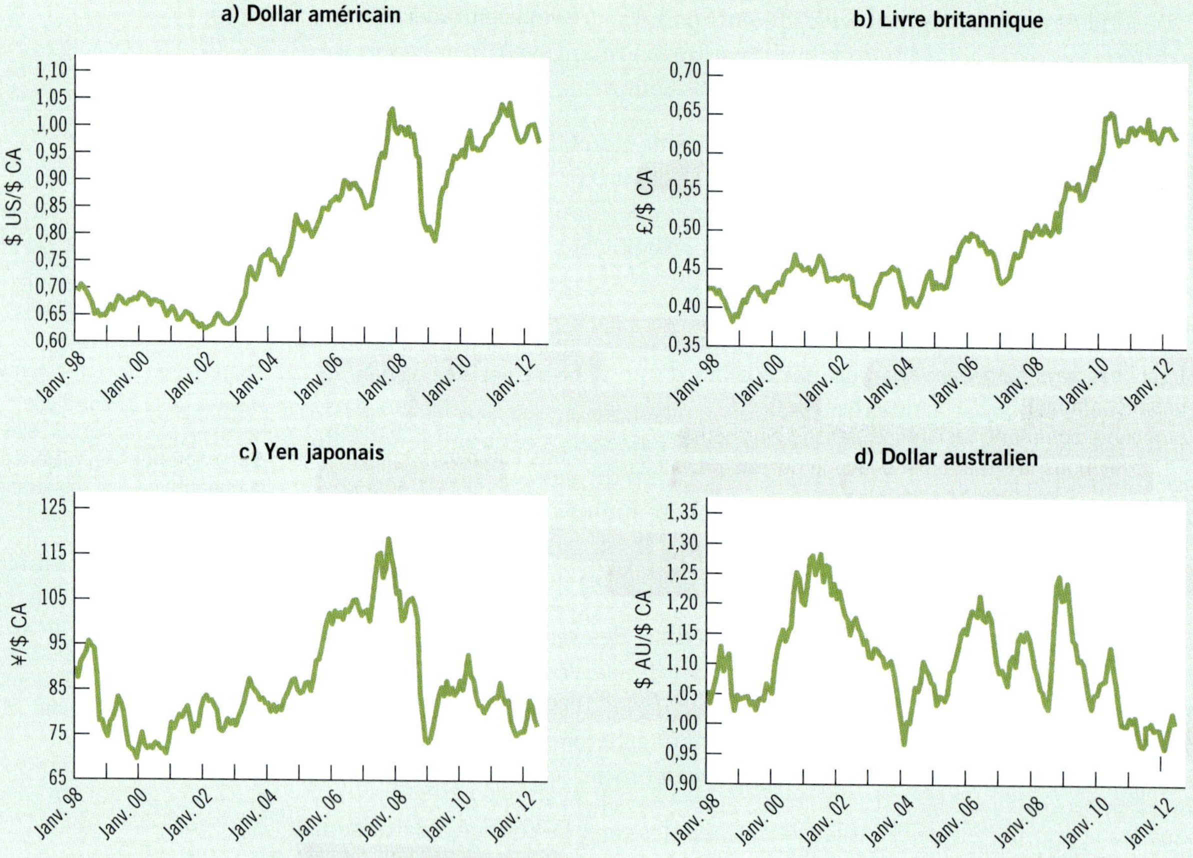

Source : Statistique Canada.

américain ($ US), la livre sterling (britannique — £), le yen japonais (¥) et le dollar australien ($ AU). Le graphique a) montre que de janvier 1998 à janvier 2010, le dollar canadien a lentement perdu de la valeur vis-à-vis du dollar américain, puis a repris de la valeur à partir de 2003 pour dégringoler entre la fin de 2008 et le début de 2009, et enfin augmenter au cours de 2009. Sur le graphique c), on voit que le dollar canadien a connu une évolution semblable vis-à-vis du yen japonais. Après une chute à pic de sa valeur relativement au yen entre 1998 et 2001, le dollar canadien a progressivement repris de la valeur par rapport à la devise japonaise jusqu'en 2008 alors qu'il a plongé avant de récupérer partiellement sa valeur pendant 2009. Par rapport au dollar australien, comme l'indique le graphique d), la valeur du dollar canadien a fluctué en dents de scie. Finalement, le graphique b) illustre que le dollar canadien s'est maintenu relativement à la livre sterling jusqu'en 2007, après quoi il n'a pas cessé de se renforcer.

L'information sur les taux de change est utile aux Canadiens qui cherchent une destination vacances. Ainsi, ces graphiques suggèrent qu'un voyage au Royaume-Uni aurait été beaucoup moins cher en janvier 2010 qu'à tout autre moment depuis 1998.

BON À SAVOIR

L'euro

Vous avez peut-être déjà entendu parler ou même vu des monnaies telles que le franc français, le mark allemand ou la lire italienne. Ces monnaies n'existent plus aujourd'hui. Dans les années 1990, de nombreux pays européens ont décidé d'abandonner leur monnaie nationale respective et d'adopter une monnaie commune, l'euro. L'euro est entré en circulation le 1er janvier 2002. La politique monétaire en vigueur dans la zone euro est maintenant du ressort de la Banque centrale européenne (BCE), qui regroupe des représentants de tous les pays participant à l'euro. La BCE émet les euros et en contrôle la quantité en circulation, tout comme la Banque du Canada contrôle la quantité de dollars en circulation dans l'économie canadienne.

Pourquoi ces pays européens ont-ils adopté une monnaie commune ? Entre autres avantages, une monnaie commune facilite les transactions commerciales. Imaginons la situation si chacune des dix provinces et chacun des trois territoires du Canada possédait sa propre monnaie. Chaque fois que vous traverseriez une frontière provinciale ou territoriale, vous devriez changer la monnaie en votre possession et effectuer tous les calculs liés aux taux de change en vigueur à ce moment-là. Ce ne serait pas pratique et ça pourrait même vous dissuader d'acheter des biens et des services à l'extérieur de votre province ou territoire. C'est pour ces mêmes raisons que ces pays européens ont conclu que leurs économies s'intégrant de plus en plus, il valait mieux éviter de tels inconvénients.

Dans une certaine mesure, l'adoption d'une monnaie unique en Europe est le fruit d'une décision fondée sur des facteurs politiques. Certains partisans de l'euro souhaitaient réduire les sentiments nationalistes et sensibiliser davantage les Européens à l'importance de leur histoire et de leur destin communs. Ils estimaient que l'utilisation d'une monnaie unique dans une grande partie du continent favoriserait l'atteinte d'un tel objectif.

L'adoption d'une monnaie commune comporte toutefois aussi des coûts. Dès lors que les pays européens n'ont qu'une seule monnaie, ils ne peuvent avoir qu'une seule politique monétaire. S'ils ne s'entendent pas sur la teneur de la meilleure politique monétaire possible, ils devront néanmoins en établir une, plutôt que de laisser chaque pays faire comme bon lui semble. Ainsi, puisque l'adoption d'une monnaie unique comporte des avantages et des inconvénients, la discussion se poursuit entre les économistes pour déterminer si la création de l'euro a été une bonne décision ou non.

Depuis 2010, l'euro suscite bien des débats. Plusieurs États européens, dont la Grèce, l'Italie, l'Espagne et le Portugal, ont affronté une série de difficultés économiques. Le gouvernement grec, en particulier, avait accumulé une dette publique insoutenable et s'est retrouvé en défaut de paiement. Par conséquent, il a été contraint d'augmenter les impôts et de réduire considérablement les dépenses publiques. Pour de nombreux économistes, ces problèmes auraient été plus faciles à gérer si le gouvernement grec avait disposé d'un outil supplémentaire : une politique monétaire nationale. L'éventuelle sortie de la zone euro et le retour de la devise grecque ont fait l'objet de débats en 2012, particulièrement lors de la campagne électorale tenue en juin de la même année. Un an et demi plus tard, le gagnant de cette élection semblait déterminé à maintenir la Grèce au sein de la zone euro, mais ses chances de succès à long terme étaient pour le moins incertaines.

Le taux de change réel

Taux de change réel
Taux auquel on échange les biens et les services d'un pays contre les biens et les services d'un autre pays.

Le **taux de change réel** est le taux auquel on peut échanger les biens et les services d'un pays contre les biens et les services d'un autre pays. Imaginons que vous allez magasiner et constatez qu'une caisse de bière allemande coûte deux fois plus cher qu'une caisse de bière canadienne. On dira alors que le taux de change réel est d'une demi-caisse de bière allemande pour une caisse de bière canadienne. Comme pour le taux de change nominal, nous allons exprimer le taux de change réel selon la perspective canadienne, c'est-à-dire en unités de biens étrangers par unités de biens nationaux. Cependant, dans le cas du taux de change réel, celui-ci est exprimé en marchandises plutôt qu'en monnaie.

Les taux de change réel et nominal sont intimement liés. Il suffit d'un exemple pour le constater : imaginons qu'un boisseau de blé canadien se vend 200 dollars, alors qu'un boisseau de blé russe se vend 1 600 roubles. Quel est le taux de change réel entre le blé canadien et le blé russe ? Pour répondre à cette question, on doit avoir recours au taux de change nominal pour convertir les deux prix en une devise commune. Si le taux de change nominal est de 4 roubles pour un dollar canadien, le prix d'un boisseau canadien à 200 dollars est alors égal à 800 roubles. Le blé canadien ne coûte donc que la moitié du prix du blé russe. Le taux de change réel est donc de $\frac{1}{2}$ boisseau de blé russe pour un boisseau de blé canadien.

On peut résumer ainsi ce calcul du taux de change réel :

$$\text{Taux de change réel} = \frac{\text{Taux de change nominal} \times \text{Prix canadien}}{\text{Prix étranger}}$$

Dans cet exemple, il faut donc faire le calcul suivant :

$$\text{Taux de change réel} = \frac{\text{800 roubles/boisseau de blé canadien}}{\text{1 600 roubles/boisseau de blé russe}}$$

$$= \frac{1}{2} \text{ boisseau de blé russe par boisseau de blé canadien}$$

Le taux de change réel dépend donc du taux de change nominal et des prix des biens dans les deux pays concernés, calculés en monnaie nationale.

Pourquoi le taux de change réel est-il important ? Comme vous l'avez peut-être deviné, le taux de change réel est un déterminant clé des exportations et des importations. Quand l'entreprise Five Roses choisit d'acheter du blé pour produire de la farine, elle cherche à savoir lequel du blé canadien ou du blé russe est le moins cher. C'est le taux de change réel qui peut la renseigner à ce sujet. Examinons un autre exemple de l'utilisation qu'on peut faire du taux de change réel : imaginons que vous hésitez entre un séjour à Mont-Tremblant, au Québec, et un séjour à Cancún, au Mexique. Vous avez demandé à votre agent de voyages le prix d'une chambre à Mont-Tremblant (en dollars) et celui d'une chambre à Cancún (en pesos), ainsi que le taux de change pour le dollar et le peso mexicain. Si vous choisissez votre destination en comparant les prix, vous fondez votre décision sur le taux de change réel.

Lorsqu'ils étudient l'économie à l'échelle globale, les macroéconomistes s'intéressent au niveau général des prix plutôt qu'à certains prix individuels (comme le prix du blé). Pour calculer le taux de change réel, ils se servent d'indices, comme l'indice des prix à la consommation, qui mesure le prix d'un panier de biens et de services. En utilisant un indice de prix pour un panier de biens canadiens (P), un indice de prix pour un panier de biens étrangers (P^*) et le taux de change nominal entre le dollar canadien et la devise étrangère concernée (e), on peut calculer le taux de change réel (E) pour le dollar canadien et cette devise étrangère :

$$E = (e \times P)/P^*$$

Ce taux de change mesure le prix d'un panier de biens et de services sur le marché national par rapport au même panier à l'étranger.

La figure 12.4 présente des données relatives aux taux de change réel et nominal entre le dollar canadien et le dollar américain. Les taux de change nominal et réel se suivent de près parce que le niveau des prix au Canada (P) et celui aux États-Unis (P^*) ont tendance à évoluer de concert ; les variations entre les deux taux de change sont donc principalement imputables aux variations du taux de change nominal (e). Puisque la plupart des échanges commerciaux du Canada se font, comme nous l'avons mentionné plus tôt, avec les États-Unis, les mouvements du taux de change réel entre les devises canadienne et américaine sont une bonne indication des variations de prix des produits canadiens par rapport à ceux de l'étranger.

Nous verrons plus précisément dans le prochain chapitre que le taux de change réel d'un pays est un facteur déterminant de ses exportations nettes de biens et de services. Une dépréciation réelle (baisse du taux de change réel canadien) signifie une baisse du prix des biens canadiens par rapport à celui des biens étrangers. Un tel changement incite les consommateurs canadiens et étrangers à acheter plus de biens et de services au Canada, aux dépens des autres pays. Les exportations canadiennes augmentent donc, tandis que les importations diminuent : on enregistre alors une hausse des exportations nettes. À l'inverse, une

FIGURE 12.4

Les taux de change réel et nominal

Cette figure montre les valeurs de taux de change nominal (e) et réel [$(e \times P)/P^*$] entre les dollars canadien et américain, de 1970 à 2012. Les deux taux de change se suivent habituellement de près parce que les variations de prix au Canada et aux États-Unis sont le plus souvent étroitement liées.

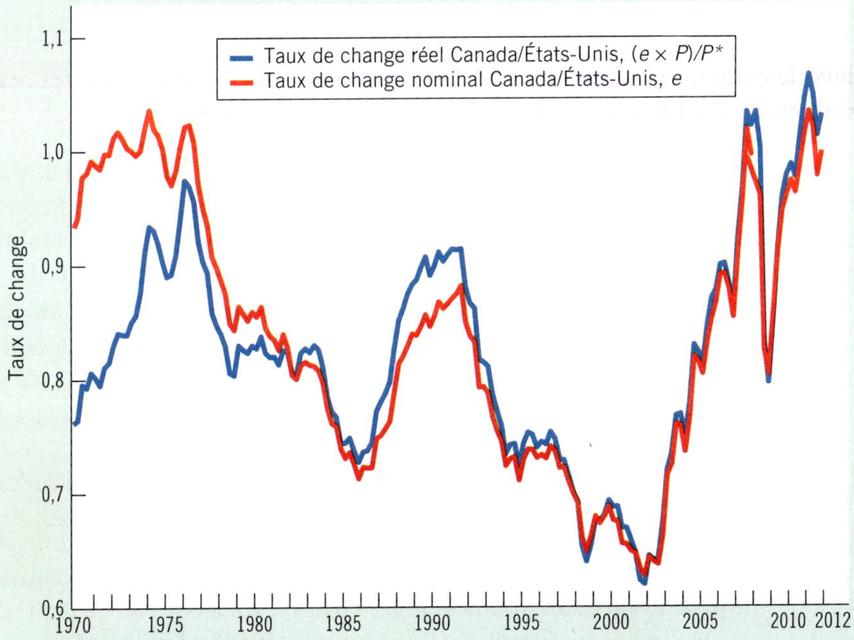

Sources : U.S. Bureau of Labor Statistics et Statistique Canada.

appréciation réelle (augmentation du taux de change réel canadien) signifie un renchérissement des marchandises canadiennes par rapport aux produits étrangers et, par conséquent, une baisse des exportations canadiennes.

MINITEST

- Définissez le taux de change nominal et le taux de change réel, en expliquant comment ceux-ci sont reliés. Si le taux de change nominal passe de 100 à 120 yens pour un dollar, le dollar s'est-il apprécié ou déprécié ?

Une première théorie des taux de change : la parité des pouvoirs d'achat

Les taux de change nominaux varient considérablement dans le temps. En 1970, un dollar canadien s'échangeait contre 3,49 marks allemands ou 600 lires italiennes. En 2001, alors que l'Allemagne et l'Italie s'apprêtaient à adopter l'euro, le même dollar canadien valait 1,41 marks et 1 397 lires. Autrement dit, de 1970 à 2001, le dollar s'est déprécié de plus de 50 % par rapport au mark et s'est apprécié de plus de 100 % par rapport à la lire.

Comment expliquer ces variations importantes et opposées ? Les économistes ont mis au point différents modèles pour expliquer la détermination des taux de change, chacun d'eux mettant l'accent sur certaines des forces en jeu. Nous présentons ici la théorie la plus simple, celle de la **parité des pouvoirs d'achat (PPA)**. Selon cette théorie, une unité d'une devise donnée devrait permettre d'acheter la même quantité de biens dans tous les pays. La plupart des économistes pensent que la parité des pouvoirs d'achat explique les fluctuations des taux de change à long terme. Pour mieux comprendre cette théorie, nous étudierons le raisonnement sur lequel elle s'appuie, de même que ses implications et ses limites.

Parité des pouvoirs d'achat (PPA)
Théorie selon laquelle une unité de monnaie d'un pays donné devrait permettre d'acheter la même quantité de biens dans tous les pays.

Les fondements de la théorie de la parité des pouvoirs d'achat

Cette théorie repose sur la loi du *prix unique*, selon laquelle un bien doit se vendre le même prix en tout lieu. Supposons que le café se vende moins cher à Vancouver qu'à Halifax. Quelqu'un pourrait acheter du café à Vancouver à 4 $ le kilo et le revendre à Halifax pour 5 $ le kilo, réalisant un profit de 1 $ le kilo grâce à cette différence de prix. Ce processus, qui consiste à tirer avantage des différences de prix entre les marchés, s'appelle **arbitrage**. Dans notre exemple, en mettant à profit cette possibilité d'arbitrage, on augmente la demande de café à Vancouver et l'offre de café à Halifax. Le prix du café monte donc à Vancouver (en raison de la plus forte demande) et tombe à Halifax (en raison de l'augmentation de l'offre). Cette modification des prix se poursuivra jusqu'à ce que les prix finissent par s'égaler sur les deux marchés.

Arbitrage
Action d'acheter un bien sur un marché et de le revendre à profit sur un autre marché.

Voyons maintenant comment cette loi du prix unique s'applique au contexte international. Si un dollar (ou toute autre monnaie) permet d'acheter plus de café au Canada qu'au Japon, les négociants internationaux en profiteront pour acheter du café au Canada et le revendre au Japon. Cette exportation canadienne fera monter le prix du café au Canada et le fera baisser au Japon. Si, au contraire, un dollar permet d'acheter plus de café au Japon qu'au Canada, les négociants achèteront le café au Japon pour le revendre au Canada. Cette importation canadienne réduira le prix du café au Canada en l'augmentant au Japon. En fin de compte, la loi du prix unique stipule qu'un dollar doit acheter la même quantité de café dans tous les pays.

Cette logique nous amène à la théorie de la parité des pouvoirs d'achat. D'après cette théorie, une devise doit avoir le même pouvoir d'achat dans tous les pays. Un dollar doit permettre d'acheter la même quantité de biens au Canada qu'au Japon, et un yen doit permettre d'acheter la même quantité de biens dans les deux pays. Cette théorie porte bien son nom: *parité* signifie «égalité», et *pouvoir d'achat* fait référence à la valeur de la monnaie en termes de quantité de biens qu'elle permet d'acheter. Selon la *parité des pouvoirs d'achat,* une unité monétaire doit avoir la même valeur réelle dans tous les pays.

Les implications de la parité des pouvoirs d'achat

Que pouvons-nous apprendre, au sujet du taux de change, de cette théorie de la parité des pouvoirs d'achat? Que le taux de change nominal pour les monnaies de deux pays est lié au niveau des prix dans ces deux pays. Or, si un dollar achète la même quantité de biens et de services au Canada (où les prix s'expriment en dollars) et au Japon (où les prix sont donnés en yens), le nombre de yens par dollar doit refléter les prix des biens au Canada comme au Japon. Si le kilo de café coûte 500 ¥ au Japon, par exemple, et 5 $ au Canada, le taux de change nominal sera alors de 100 yens pour un dollar (500 ¥/5 $ = 100 ¥ par dollar). Si ce n'était pas le cas, le pouvoir d'achat du dollar ne serait pas le même dans les deux pays.

Pour mieux comprendre cette théorie, il faut utiliser un peu d'arithmétique. Supposons que P représente le prix d'un panier de biens au Canada (exprimé en dollars), et P^*, le prix d'un panier de biens au Japon (en yens), tandis que e correspond au taux de change nominal (le nombre de yens pour un dollar). Prenons maintenant la quantité de biens achetés pour un dollar au Canada et à l'étranger. Au Canada, le niveau des prix est égal à P: le pouvoir d'achat d'un dollar sur le marché intérieur (sa valeur) est donc égal à $1/P$. Autrement dit, un dollar permet d'acheter $1/P$ biens. À l'étranger, on peut échanger un dollar pour e unités de devises étrangères, lesquelles ont un pouvoir d'achat de $e \times (1/P^*)$, soit e/P^*. Pour que le pouvoir d'achat d'un dollar soit le même dans les deux pays, il faut que:

$$1/P = e/P^*$$

Si l'on multiplie les deux membres de cette égalité par P, on obtient une seconde égalité:

$$1 = eP/P^*$$

On note que le membre de gauche de l'équation est une constante et que le membre de droite correspond au taux de change réel. Par conséquent, *si le pouvoir d'achat du dollar est exactement le même à l'intérieur du pays et à l'étranger, le taux de change réel — le prix relatif des marchandises étrangères — doit être constant et égal à 1.*

Afin de voir l'implication de cette analyse pour le taux de change nominal, on peut réécrire la dernière équation pour isoler le taux de change nominal:

$$e = P^*/P$$

Le taux de change nominal est donc égal au rapport entre le niveau des prix étrangers (en devises étrangères) et le niveau des prix nationaux (en monnaie nationale). Selon la théorie de la parité des pouvoirs d'achat, le taux de change nominal pour les monnaies de deux pays doit refléter les niveaux de prix de ces deux pays.

D'après cette théorie, les taux de change nominaux varient lorsque les niveaux de prix varient. Comme nous l'avons déjà vu au chapitre 11, les prix d'un pays s'établissent au niveau qui permet l'égalité entre l'offre de monnaie et la demande de monnaie. Si le taux de change nominal dépend du niveau des prix, il est donc fonction de l'offre et de la demande de monnaie. Quand la banque centrale d'un pays augmente l'offre de monnaie, elle fait monter les prix et provoque alors une dépréciation de la devise nationale par rapport aux autres monnaies. Par conséquent, lorsque la banque centrale émet une grande quantité de monnaie, cette monnaie perd de sa valeur non seulement par rapport aux biens et aux services qu'elle permet d'acheter, mais aussi par rapport aux devises étrangères qu'elle permet d'acquérir.

Nous sommes maintenant en mesure de répondre à la question soulevée au début de cette section : pourquoi, entre 1970 et 2001, le dollar canadien s'est-il déprécié par rapport au mark allemand et apprécié par rapport à la lire italienne ? C'est parce que l'Allemagne a maintenu une politique monétaire moins inflationniste que celle du Canada, alors que l'Italie a suivi une politique monétaire plus inflationniste. De 1970 à 2001, le taux d'inflation annuel canadien a été de 5,2 %. Pendant la même période, l'inflation en Allemagne s'est élevée à 3,3 %, tandis que celle de l'Italie a atteint 9,5 %. Puisqu'il y a eu une augmentation des prix canadiens par rapport aux prix allemands, le dollar s'est déprécié par rapport au mark. À l'inverse, puisque les prix canadiens ont diminué par rapport aux prix italiens, le dollar s'est apprécié par rapport à la lire italienne.

L'Allemagne et l'Italie ont maintenant la même monnaie (l'euro). Ces deux pays partagent donc la même politique monétaire et le même taux d'inflation. Toutefois, les leçons que nous venons de voir s'appliquent aussi à l'euro : le dollar canadien vaudra plus ou moins par rapport à l'euro dans 20 ans, dans la mesure où la Banque du Canada générera moins ou plus d'inflation que la Banque centrale européenne.

ÉTUDE DE CAS

Le taux de change nominal durant une période d'hyperinflation

Les macroéconomistes ont rarement l'occasion de faire des expériences. Ils doivent la plupart du temps glaner leurs données dans les événements historiques. L'hyperinflation — qui survient lorsqu'un gouvernement utilise la planche à billets pour financer les dépenses publiques — constitue l'une de ces expériences naturelles qu'offre l'histoire. L'hyperinflation est un phénomène si extrême qu'elle permet d'illustrer clairement certains principes économiques fondamentaux.

Prenons pour exemple l'hyperinflation survenue en Allemagne au début des années 1920. La figure 12.5 montre l'offre de monnaie, le niveau des prix et le taux de change nominal en Allemagne durant cette période (en cents américains pour un mark allemand). On remarque l'évolution parallèle de ces séries de données. Lorsque l'offre de monnaie commence à s'emballer, le niveau des prix croît également et la monnaie se déprécie. Lorsque l'offre de monnaie se stabilise, le niveau des prix et le taux de change font de même.

La tendance illustrée sur ce graphique se répète lors de chaque hyperinflation. Il n'y a aucun doute sur la réalité du lien fondamental entre la monnaie, les prix et le taux de change nominal. La théorie quantitative de la monnaie, abordée au chapitre 11, explique l'influence de l'offre de monnaie sur le niveau des prix. La théorie de la parité des pouvoirs d'achat, abordée dans le présent chapitre, montre à son tour comment le niveau des prix se répercute sur le taux de change nominal.

►

FIGURE 12.5

L'hyperinflation allemande

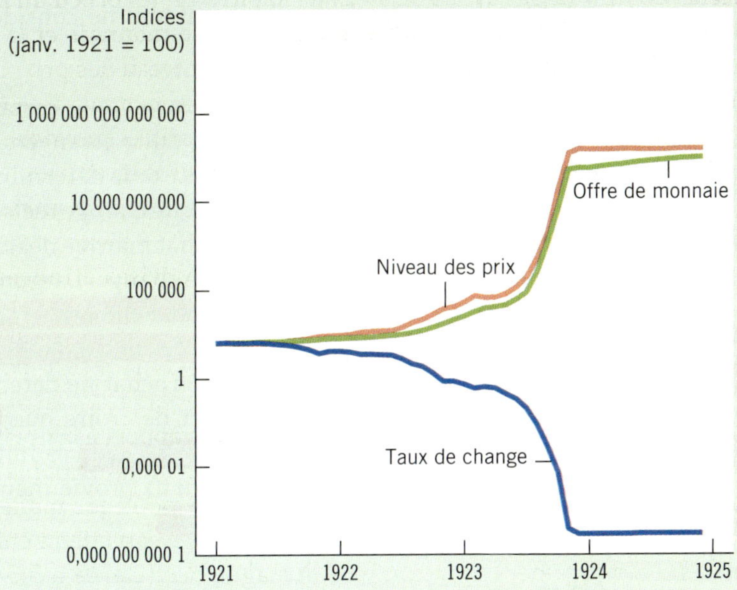

Source : Sargent, Thomas J. (1983). « The end of four big inflations ». Dans Robert Hall (dir.). *Inflation.* Chicago, IL : University of Chicago Press, p. 41 à 93.

Ce graphique illustre l'offre de monnaie, le niveau des prix et le taux de change (en cents américains pour un mark) durant l'hyperinflation survenue en Allemagne, de janvier 1921 à décembre 1924. On remarque le parallélisme de l'évolution de ces trois variables. Lorsque la quantité de monnaie a commencé à croître rapidement, le niveau des prix a augmenté au même rythme et le mark s'est déprécié par rapport au dollar. Au moment où la banque centrale allemande a stabilisé l'offre de monnaie, le niveau des prix et le taux de change se sont aussi stabilisés.

Les limites de la théorie de la parité des pouvoirs d'achat

La parité des pouvoirs d'achat est un modèle simple de la détermination des taux de change. Elle permet d'expliquer de manière satisfaisante plusieurs phénomènes économiques, en particulier les tendances à long terme telles que la dépréciation du dollar canadien par rapport au mark allemand et son appréciation par rapport à la lire italienne. Cette théorie explique également les variations majeures des taux de change en cas d'hyperinflation.

Cependant, la parité des pouvoirs d'achat ne reflète qu'une partie de la réalité. En fait, les taux de change n'évoluent pas systématiquement pour maintenir inchangée la valeur réelle d'une monnaie dans tous les pays du monde. Cette théorie ne se vérifie donc pas toujours, et ce, pour deux raisons.

La première est que beaucoup de produits ne sont pas facilement échangeables. Imaginons que les coupes de cheveux sont plus chères à Paris qu'à Montréal. Les voyageurs internationaux éviteront sans doute de se faire couper les cheveux à Paris et certains coiffeurs montréalais choisiront peut-être de s'installer dans la capitale française. Cependant, ce type d'arbitrage restera probablement trop limité pour éliminer les différences de prix. Par conséquent, l'écart entre les pouvoirs d'achat va sans doute perdurer, et un dollar (ou un euro) continuera de permettre d'acheter moins de coupes de cheveux à Paris qu'à Montréal.

La seconde raison expliquant l'échec de la théorie de la parité des pouvoirs d'achat tient au fait que même les biens échangeables ne sont pas toujours de parfaits substituts, lorsqu'ils sont produits dans différents pays. Certains consommateurs préfèrent la bière allemande, d'autres, la bière canadienne. De plus, les goûts pour la bière évoluent dans le temps. Si la bière allemande devient soudainement plus populaire, la hausse de la demande fera augmenter son prix. En dépit de ces différences de prix sur les deux marchés, il se pourrait bien qu'il n'existe aucune possibilité d'arbitrage, les consommateurs ne considérant pas que les deux bières sont équivalentes.

Ainsi, puisque certains biens ne sont pas échangeables et que certains biens échangeables ne sont pas de parfaits substituts de produits étrangers, la parité des pouvoirs d'achat ne constitue pas une théorie parfaite de la détermination des taux de change. C'est pour ces deux raisons que les taux de change réels fluctuent au fil du temps. La théorie de la parité des pouvoirs d'achat marque néanmoins un bon point de départ pour la compréhension des taux de change. L'argumentation est convaincante : lorsque le taux de change réel diffère du niveau prévu par la parité des pouvoirs d'achat, les gens sont incités à vendre et à acheter des biens au-delà des frontières. Même si la parité des pouvoirs d'achat ne détermine pas entièrement le taux de change réel, elle nous permet de croire que les variations du taux de change réel seront temporaires ou minimes. Les importantes et persistantes fluctuations des taux de change nominaux proviennent donc de l'évolution des prix à l'intérieur d'un pays et à l'étranger.

DANS L'ACTUALITÉ

La loi du prix unique entre le Canada et les États-Unis

Des écarts de prix persistants semblent perdurer entre le Canada et les États-Unis. La loi du prix unique, qui sous-tend la théorie de la parité des pouvoirs d'achat, ne s'avère que si les personnes peuvent échanger sans restrictions, ce qui n'est pas le cas entre ces deux pays.

Différence de prix entre le Canada et les É.-U. — Flaherty veut revoir les tarifs douaniers

Presse Canadienne

OTTAWA — Le ministre canadien des Finances, Jim Flaherty, a reconnu hier que les politiques gouvernementales sur les tarifs à l'importation pouvaient jouer un rôle dans l'écart des prix à la consommation entre le Canada et les États-Unis.

Après avoir appelé la veille un comité du Sénat à se pencher sur les prix plus élevés sur plusieurs produits au pays, le ministre a soutenu hier que les tarifs douaniers élevés pouvaient présenter un problème. Mais M. Flaherty n'est pas allé jusqu'à dire qu'ils seront éliminés ou réduits. Il a affirmé que l'enquête du Sénat permettrait de déterminer la pertinence de telles mesures.

Le ministre a affirmé aux journalistes, après la tenue du caucus conservateur à Ottawa, vouloir avoir l'heure juste en fonction des critiques par certains joueurs du commerce de détail des tarifs à l'importation. M. Flaherty a déclaré que le gouvernement adoptera « toutes mesures qu'il jugera nécessaires ».

Les tarifs sur plusieurs produits entre le Canada, les États-Unis et le Mexique ont été éliminés en vertu d'accords commerciaux bilatéraux et continentaux signés à la fin des années 1980 et au début des années 1990. Néanmoins, il existe encore des droits de douane sur certains biens n'étant pas couverts par ces accords, de même que sur une série d'articles, de vêtements et de produits électroniques arrivant au Canada de l'Asie, de l'Europe, de l'Amérique du Sud et d'autres pays.

Le Conseil canadien du commerce de détail a affirmé que les tarifs douaniers représentent un facteur majeur dans l'écart des prix et soutenu que M. Flaherty en est déjà conscient. La porte-parole Anne Kothawala a indiqué mercredi que les tarifs pouvaient compter pour 18 % des prix de certains produits.

Bien qu'il n'existe aucune comparaison officielle des prix à la consommation transfrontalière, ou sur l'impact des fluctuations de la valeur des devises, l'économiste de la Banque de Montréal Douglas Porter a déclaré en avril dernier que les Canadiens payaient en moyenne 20 % de plus sur plusieurs produits. ■

Source : La Presse canadienne. (9 septembre 2011). « Différence de prix entre le Canada et les É.-U. : Flaherty veut revoir les tarifs douaniers ». *Le Devoir*. Repéré à www.ledevoir.com

ÉTUDE DE CAS

L'indice Big Mac

Lorsque les économistes se servent de la théorie de la parité des pouvoirs d'achat pour expliquer les variations des taux de change, ils utilisent le prix d'un même panier de biens dans différents pays. Le magazine international *The Economist* réalise une telle étude en recueillant quelques fois par année les prix d'un panier de biens contenant « deux boulettes de steak haché, une sauce spéciale, de la laitue, du fromage, des cornichons, des oignons et un pain aux graines de sésame », le tout vendu par McDonald's dans le monde entier sous le nom de « Big Mac ».

On peut trouver un Big Mac à peu près partout.

Si l'on connaît les prix en devises locales des Big Mac dans deux pays, il est possible de calculer le taux de change prédit selon la théorie de la parité des pouvoirs d'achat. Ce taux de change égalise le coût des Big Mac pour les deux pays. Si le prix d'un Big Mac est de 2 $ aux États-Unis et de 200 ¥ au Japon, la théorie de la parité des pouvoirs d'achat prédit que le taux de change devrait être de 100 yens pour un dollar.

La théorie de la parité des pouvoirs d'achat semble-t-elle fonctionner si l'on utilise le prix du Big Mac ? Les exemples du tableau 12.2 sont tirés d'un article publié le 12 janvier 2012 dans *The Economist*, alors que le prix du Big Mac s'établissait à 4,20 $ US aux États-Unis.

TABLEAU 12.2

L'indice Big Mac

PAYS	PRIX DU BIG MAC	TAUX DE CHANGE PRÉDIT PAR LA THÉORIE	TAUX DE CHANGE OBSERVÉ
Canada	4,73 $ CA	1,13 $ CA/$ US	1,02 $ CA/$ US
Corée du Sud	3 700 wons	882 wons/$ US	1 159 wons/$ US
Japon	320 yens	76,2 yens/$ US	76,9 yens/$ US
Suède	41 couronnes	9,8 couronnes/$ US	6,9 couronnes/$ US
Mexique	37 pesos	8,8 pesos/$ US	13,7 pesos/$ US
Zone euro	3,49 euros	0,83 euro/$ US	0,79 euro/$ US
Grande-Bretagne	2,49 livres	0,88 livre/$ US	0,65 livre/$ US

Source : Données tirées de *The Economist*. (12 janvier 2012). « The Big Mac index ». Repéré à www.economist.com/content/big-mac-index

On constate que les taux de change prédits par la théorie et les taux de change observés ne sont pas les mêmes. Cela s'explique par le fait que l'arbitrage international des Big Mac n'a rien d'aisé. Néanmoins, les deux taux de change sont habituellement assez proches. La parité des pouvoirs d'achat n'est donc pas une théorie précise pour le calcul des taux de change, mais elle constitue néanmoins une première approximation valable.

MINITEST

- Durant les 20 dernières années, le Mexique a connu une forte inflation, alors qu'elle est restée faible au Japon. Quelle déduction feriez-vous au sujet du nombre de pesos nécessaires pour acheter un yen japonais, il y a 20 ans et aujourd'hui ?

La détermination du taux d'intérêt dans une petite économie ouverte avec mobilité parfaite des capitaux

Pour prédire si les taux d'intérêt canadiens vont augmenter ou diminuer, les économistes examinent attentivement les changements attendus des taux d'intérêt américains, puisque les taux d'intérêt canadiens ont tendance à suivre les mouvements des taux américains.

Pourquoi les taux d'intérêt canadiens et américains évoluent-ils souvent de façon parallèle ? Au chapitre 8, nous avons étudié le marché des fonds prêtables pour comprendre la détermination du taux d'intérêt réel dans une économie fermée — c'est-à-dire une économie qui n'échange pas de biens ou de services, et n'emprunte ni ne prête aux autres économies. Naturellement, une telle hypothèse ne s'applique pas à l'économie canadienne. Comme nous venons de le voir, le Canada est une économie ouverte, où les échanges avec divers pays représentent une portion importante du PIB. Pour cette raison, les économistes préfèrent se servir d'un modèle de l'économie canadienne prenant en compte ces flux commerciaux. Le modèle normalement utilisé par les économistes pour le Canada est celui d'une petite économie ouverte avec mobilité parfaite des capitaux.

Dans cette section-ci du chapitre, nous commençons par modifier la description du marché des fonds prêtables donnée au chapitre 8 pour tenir compte cette fois de l'hypothèse d'une petite économie ouverte avec mobilité parfaite des capitaux. Nous verrons qu'il est facile de comprendre comment est déterminé le taux d'intérêt réel dans une telle économie. Au chapitre 13, nous continuerons sur la même voie en modifiant notre analyse du marché des fonds prêtables afin de l'adapter à une petite économie ouverte.

Une petite économie ouverte

Petite économie ouverte
Économie ouverte qui, en raison de sa taille, n'a qu'un impact négligeable sur les prix internationaux, et en particulier sur le taux d'intérêt mondial.

Que veut-on dire lorsqu'on qualifie le Canada de **petite économie ouverte** avec mobilité parfaite des capitaux ?

Le qualificatif *petit* fait référence à la faible taille d'une économie par rapport au reste de l'économie mondiale. Dans ce contexte, l'économie examinée n'aura qu'un effet négligeable sur les prix des biens et des services et sur les taux d'intérêt mondiaux. Une augmentation de la demande de puces d'ordinateur de la part des Canadiens n'aura probablement que peu d'effet sur leur prix mondial, puisque la demande canadienne est trop faible par rapport à la demande mondiale pour avoir un quelconque impact à l'échelle internationale. Les marchés financiers canadiens sont également petits, car une augmentation de l'offre d'obligations canadiennes aura des conséquences négligeables sur l'offre obligataire mondiale. Les fluctuations des marchés financiers canadiens ne se font donc que peu sentir sur les taux d'intérêt mondiaux.

La mobilité parfaite des capitaux

Par **mobilité parfaite des capitaux**, on entend que les Canadiens ont accès sans restriction aux marchés financiers internationaux et que les étrangers ont accès sans restriction au marché financier canadien.

Mobilité parfaite des capitaux
Accès sans restriction aux marchés financiers internationaux.

Pour une petite économie comme celle du Canada, une telle mobilité des capitaux implique que le taux d'intérêt réel canadien doit être égal au taux d'intérêt ayant cours sur les marchés financiers internationaux. Une équation élémentaire résume cette réalité. Si r représente le taux d'intérêt réel canadien, et r^m, le taux d'intérêt réel mondial, alors on peut écrire la formule suivante :

$$r = r^m$$

Pourquoi ces deux taux d'intérêt réels sont-ils égaux? Quelques exemples suffisent à le comprendre. Si r^m est égal à 8 % et que r s'élève à 5 %, alors cette situation ne peut durer, pour la simple raison que les Canadiens, qui ont accès aux marchés financiers mondiaux, préféreront acheter des actifs étrangers donnant un taux d'intérêt de 8 %, plutôt que des actifs canadiens ne rapportant que 5 %. Il est donc à prévoir que les épargnants canadiens se délesteront de leurs actifs nationaux au profit d'actifs étrangers. La vente d'actifs canadiens forcera les emprunteurs canadiens à offrir un taux d'intérêt plus alléchant. On peut alors s'attendre à ce que le taux canadien grimpe jusqu'à 8 %, afin d'égaler le taux d'intérêt mondial.

De façon similaire, si r^m est égal à 5 % et que r s'élève à 8 %, un tel déséquilibre ne pourra pas durer non plus. Les emprunteurs canadiens, qui ont accès aux marchés internationaux, préféreront emprunter sur les marchés extérieurs à 5 % d'intérêt, plutôt que sur le marché national à 8 %. Afin de trouver des emprunteurs, les épargnants canadiens n'auront d'autre choix que de leur offrir leur épargne à 5 %, soit le taux d'intérêt mondial. Tant et aussi longtemps que les actifs canadiens et étrangers représenteront les uns pour les autres des substituts proches, la différence des taux d'intérêt donnera lieu à un arbitrage, de la part à la fois des emprunteurs et des épargnants.

La logique de l'égalisation des taux d'intérêt réels canadiens par rapport au taux d'intérêt dans le reste du monde vous rappelle sans doute notre analyse de la loi du prix unique et de la parité des pouvoirs d'achat. Effectivement, ces concepts sont étroitement liés : les gens tirent parti des possibilités d'arbitrage, ce qui garantit la disparition des écarts de prix. La seule différence ici est qu'il s'agit non pas du prix des biens, mais du coût de l'emprunt, c'est-à-dire du taux d'intérêt réel. La théorie selon laquelle le taux d'intérêt réel canadien doit être égal à celui du reste du monde est appelée **parité des taux d'intérêt**.

Parité des taux d'intérêt
Théorie selon laquelle les taux d'intérêt réels de différents pays, sur des actifs financiers comparables, devraient être les mêmes partout, lorsqu'il y a mobilité parfaite des capitaux.

Les limites de la parité des taux d'intérêt

Tout comme la parité des pouvoirs d'achat n'explique pas parfaitement la valeur des taux de change, il y a également des limites à l'explication de la détermination des taux d'intérêt réels par la parité des taux d'intérêt. Le taux d'intérêt réel au Canada n'est pas toujours égal au taux d'intérêt réel dans le reste du monde, et cela, pour deux raisons distinctes.

La première, c'est que les actifs financiers présentent un *risque de non-remboursement*, ce qui signifie que même si le vendeur d'un actif financier promet de rembourser l'acheteur à une échéance fixe, la possibilité qu'il ne respecte pas ses engagements existe toujours. Dans ce cas, on dit que le vendeur est *en défaut*. Les acheteurs tentent de jauger le niveau de risque afin de mieux évaluer les divers actifs financiers. Plus le risque de non-remboursement est important, plus les acheteurs (les épargnants) demanderont aux vendeurs (les emprunteurs) un taux d'intérêt élevé. Dans la mesure où le vendeur d'un actif financier présente un risque de non-remboursement supérieur à celui d'un autre, la différence des taux d'intérêt sur ces actifs ne constitue pas forcément une possibilité d'arbitrage. Pour cette raison, certaines différences entre les taux d'intérêt peuvent perdurer.

La deuxième raison pour laquelle la parité des taux d'intérêt ne tient pas toujours vient du fait que les actifs financiers offerts dans les différents pays ne sont pas forcément de parfaits substituts. Considérons les taux d'imposition des divers gouvernements sur les intérêts, les gains en capital et les dividendes : des actifs de même nature dans deux pays pourront présenter le même taux de rendement avant impôt, mais des régimes fiscaux différents risquent de créer un écart entre leurs rendements respectifs après impôt. Or, ceux qui recherchent des possibilités d'arbitrage s'intéressent uniquement aux rendements nets (après impôt). Par conséquent, même si les rendements après impôt sont égalisés internationalement par l'arbitrage, les différences entre les taux d'intérêt avant impôt demeurent.

En raison de ces différences dues au risque de non-remboursement et aux régimes fiscaux, la parité des taux d'intérêt ne constitue donc pas une théorie parfaite pour expliquer la détermination du taux d'intérêt dans une petite économie ouverte. C'est la raison pour laquelle on ne s'attend pas à ce que les taux d'intérêt réels au Canada soient identiques à ceux qui sont en vigueur dans le reste du monde. Néanmoins, la parité des taux d'intérêt demeure un argument convaincant en faveur d'un écart relativement faible entre les taux d'intérêt réels canadiens et internationaux, et des taux d'intérêt nationaux fluctuant de concert avec ceux qui sont en vigueur dans le reste du monde.

Les données confirment la validité de cet argument. Au cours de la période allant de 1984 à 2011, les taux d'intérêt réels de la dette publique à long terme au Canada et aux États-Unis ont évolué en parallèle. Le taux d'intérêt réel moyen était de 4,0 % au Canada et de 3,2 % aux États-Unis. Cette différence de 0,8 % s'explique par la compensation que les prêteurs canadiens doivent offrir, en moyenne, pour le risque supérieur de non-remboursement et les taux d'imposition canadiens plus élevés. Cette différence s'est accentuée durant les années 1980 et au début des années 1990, en raison de l'augmentation des taux d'imposition canadiens par rapport aux taux américains, et des crises constitutionnelles canadiennes fréquentes qui inquiétaient les prêteurs et accentuaient, à leurs yeux, les risques de non-remboursement.

Depuis 1996, la différence de taux entre les deux pays s'est amoindrie. De 1996 à 2011, elle ne représentait plus en moyenne que 0,5 %. Ce changement reflète l'amélioration de l'état des finances publiques canadiennes ainsi que l'accalmie constitutionnelle actuelle. Si l'on considère le taux d'intérêt américain comme l'équivalent du taux mondial, r^m, ces données justifient l'utilisation de l'hypothèse de parité des taux d'intérêt dans notre modèle. Nous reprendrons cette hypothèse dans l'élaboration de la théorie macroéconomique de l'économie ouverte.

Conclusion

Ce chapitre avait pour objectif de présenter quelques concepts fondamentaux pour étudier une économie ouverte. Vous savez maintenant que les exportations nettes d'un pays doivent être égales aux sorties nettes de capitaux et que l'épargne doit être égale à la somme de l'investissement et des sorties nettes de capitaux. Vous devriez maintenant comprendre pourquoi un pays qui connaît un excédent commercial envoie de façon nette des capitaux financiers à l'étranger et pourquoi un pays qui est en situation de déficit commercial reçoit des entrées nettes de capitaux. Nous avons également exploré la signification des taux de change nominal et réel, de même que les implications et les limites de la théorie de la parité des pouvoirs d'achat pour la détermination des taux de change. Pour finir, nous avons expliqué pourquoi les taux d'intérêt réels au Canada tendent à fluctuer parallèlement aux taux mondiaux.

Les variables macroéconomiques présentées ici constituent un point de départ pour l'analyse des interactions d'une économie ouverte avec les autres pays. Dans le prochain chapitre, nous élaborerons un modèle expliquant la détermination de ces variables. Nous pourrons alors aborder les conséquences de certains événements ou de certaines politiques économiques sur la balance commerciale et sur les taux de change.

Résumé

- Les exportations nettes représentent la différence entre la valeur des biens et des services exportés et la valeur des biens et des services importés. Les sorties nettes de capitaux représentent la différence entre la valeur des actifs étrangers acquis par les résidants nationaux et celle des actifs nationaux acquis par les étrangers. Parce que toute transaction internationale implique l'échange d'un bien ou d'un service contre des actifs, les sorties nettes de capitaux d'une économie sont toujours égales à ses exportations nettes.
- L'épargne nationale peut servir au financement de l'investissement dans le pays ou à l'achat d'actifs étrangers. L'épargne nationale est donc toujours égale à la somme de l'investissement et des sorties nettes de capitaux.

- Le taux de change nominal mesure le prix relatif des monnaies de deux pays, tandis que le taux de change réel mesure le prix relatif des biens et des services dans deux pays. Quand le taux de change nominal varie de sorte qu'une unité de monnaie peut acheter plus d'une autre devise, on parle d'*appréciation* ou de *renforcement* de cette monnaie. En revanche, si le taux de change nominal varie de sorte qu'une unité d'une monnaie peut acheter moins d'une autre devise, on parle alors de *dépréciation* ou d'*affaiblissement* de cette monnaie.
- Selon la théorie de la parité des pouvoirs d'achat, un dollar (ou toute autre unité d'une devise) doit acheter la même quantité de biens dans tous les pays. Cette théorie implique que les variations du taux de change nominal entre deux devises reflètent les variations du niveau des prix dans ces deux pays. En conséquence, les monnaies des pays qui connaissent une inflation relativement forte se déprécient. À l'inverse, les pays qui conservent une inflation relativement faible voient leur monnaie s'apprécier.
- La plupart des économistes se servent pour le Canada d'un modèle de petite économie ouverte avec mobilité parfaite des capitaux. Dans cette situation, on suppose qu'il y a parité des taux d'intérêt, théorie selon laquelle les taux d'intérêt canadiens sont identiques aux taux en vigueur ailleurs dans le monde. En raison des différences entre les taux d'imposition et des inquiétudes concernant les risques de non-remboursement, on ne s'attend pas à ce que les taux d'intérêt au Canada soient égaux aux taux d'intérêt mondiaux. Cependant, on s'attendrait à ce que les taux d'intérêt canadiens fluctuent comme les taux mondiaux.

Concepts clés

Questions de révision

1. Définissez les exportations nettes et les sorties nettes de capitaux. Expliquez pourquoi et comment celles-ci sont liées.
2. Décrivez la relation entre l'épargne, l'investissement et les sorties nettes de capitaux.
3. Si une voiture japonaise coûte 500 000 ¥, qu'une voiture canadienne comparable coûte 10 000 $ et qu'un dollar vaut 100 ¥, quels sont les taux de change nominal et réel ?
4. Décrivez la logique économique qui sous-tend la théorie de la parité des pouvoirs d'achat.
5. Si la Banque du Canada se mettait à imprimer beaucoup de dollars canadiens, comment évoluerait le taux de change du dollar par rapport au yen japonais ?
6. Décrivez la logique économique qui sous-tend la théorie de la parité des taux d'intérêt.

Une théorie macroéconomique de l'économie ouverte

13
CHAPITRE

Les questions relevant du commerce international préoccupent les Canadiens, d'abord parce qu'une proportion importante de la population travaille dans des secteurs qui dépendent du commerce international, ensuite parce que des millions de consommateurs achètent des biens et des services provenant de l'étranger. Les sempiternels conflits avec leurs partenaires commerciaux expliquent aussi cette inquiétude des Canadiens au sujet des échanges internationaux. Le cas du bois d'œuvre en est une bonne illustration. Les producteurs américains se plaignaient que la politique commerciale canadienne donnait aux producteurs canadiens un avantage indu. Les frictions engendrées par ces revendications ont dégénéré en un conflit, qui a mené à près de 25 ans de débats et de négociations. Le problème a finalement été résolu par la signature d'une entente, en septembre 2006.

Les Canadiens ont également déjà exprimé leur inquiétude envers les achats d'actifs canadiens par des étrangers. Rappelons les débats qui ont entouré l'achat d'Alcan par Rio Tinto et l'offre d'achat par Lowe's de Rona. Comme nous l'avons déjà vu, les sorties nettes de capitaux ont souvent été négatives au Canada durant les 40 dernières années. Au cours de cette période, les étrangers ont acheté plus d'actifs canadiens que les Canadiens ont acheté d'actifs étrangers. De nombreuses entreprises situées au Canada appartiennent donc, en raison de ces flux, à des étrangers. Devant une telle situation, le gouvernement a mis en place, dans le passé, une législation limitant la propriété étrangère dans l'économie canadienne. Comme nous l'avons montré au chapitre 12, les sorties nettes de capitaux sont devenues largement positives de 1999 à 2008. Durant cette période de 10 ans, les Canadiens ont acheté plus d'actifs étrangers que les étrangers ont acheté d'actifs canadiens. Selon certains, cette situation est, elle aussi, problématique : une partie de l'épargne canadienne sert à l'achat d'actifs à l'étranger, plutôt qu'à financer l'investissement au Canada.

Imaginons que vous êtes premier ministre et que certains de vos concitoyens vous demandent d'agir pour régler le problème des sorties nettes de capitaux positives, alors que d'autres sont prêts à monter aux barricades dès qu'elles deviennent négatives. Que feriez-vous ? Imposeriez-vous des limites au commerce international ? Devriez-vous empêcher les Américains d'acquérir les entreprises pétrolières et gazières au Canada ou, au contraire, les encourager à faire des investissements ici ?

Pour comprendre comment les sorties nettes de capitaux d'un pays sont déterminées et comment les interventions gouvernementales peuvent les modifier, on doit s'appuyer sur une théorie macroéconomique de l'économie ouverte. Au chapitre 12, nous avons présenté les variables macroéconomiques importantes concernant les relations entre les économies, soit les exportations nettes, les sorties nettes de capitaux et les taux de change réel et nominal. Nous avons également décrit le Canada comme une « petite » économie ouverte, dans la mesure où ce qui se produit au Canada n'exerce pas d'influence sur le taux d'intérêt mondial et les prix des produits et des services sur les marchés internationaux. Dans le présent chapitre, nous élaborons un modèle intégrant ces variables et expliquant comment elles sont interreliées, dans le contexte d'une petite économie ouverte comme le Canada.

Ce modèle macroéconomique se base sur trois éléments provenant des chapitres précédents. Tout d'abord, nous faisons l'hypothèse que le PIB réel est fixe et qu'il dépend à la fois de la quantité de facteurs de production et de la technologie. Ensuite, nous supposons que le niveau des prix de l'économie soit donné et dépende de l'offre et de la demande de monnaie. Finalement, en supposant qu'il y ait parfaite mobilité des capitaux et absence de prime de risque, nous posons l'hypothèse d'un taux d'intérêt réel égal au taux d'intérêt mondial. Ce chapitre intègre donc concrètement les leçons des chapitres précédents portant sur la production, le taux d'intérêt et le niveau des prix à long terme.

Ce modèle permettra d'expliquer la détermination de la balance commerciale et du taux de change. À première vue, il s'agit d'un modèle simple qui reproduit le jeu de l'offre et de la demande dans une petite économie ouverte. Il est pourtant plus complexe que les modèles précédents, car il explique la détermination simultanée de l'équilibre dans deux marchés interreliés : le marché des fonds prêtables et le marché des changes. Grâce à ce nouveau modèle, nous pourrons analyser les conséquences de divers événements et de différentes politiques gouvernementales sur la balance commerciale et le taux de change.

L'offre et la demande sur les marchés des fonds prêtables et des changes

Pour comprendre les forces en présence dans une économie ouverte, on doit s'intéresser à l'offre et à la demande sur deux marchés. Le premier est celui des fonds prêtables, qui coordonne l'épargne, l'investissement et les mouvements de capitaux vers l'étranger (appelés *sorties nettes de capitaux*). Le second est le marché des changes, qui coordonne l'échange de monnaie nationale contre les devises étrangères. Nous analyserons d'abord l'offre et la demande sur chacun de ces marchés, pour combiner ensuite nos observations et expliquer l'équilibre global en économie ouverte.

Le marché des fonds prêtables

En abordant pour la première fois le système financier au chapitre 8, nous sommes partis de l'hypothèse simple que ce système se compose d'un marché unique, le marché des fonds prêtables : tous les épargnants y déposent leurs économies et tous les emprunteurs y obtiennent des prêts. Il n'existe qu'un seul taux d'intérêt sur ce marché, représentant à la fois le rendement sur l'épargne et le coût de l'emprunt.

Pour bien comprendre le fonctionnement du marché des fonds prêtables dans une économie ouverte, commençons par reprendre l'identité présentée au chapitre précédent :

$$S = I + SNC$$

$$\text{Épargne} = \text{Investissement} + \text{Sorties nettes de capitaux}$$

Dans une économie ouverte, la valeur de l'épargne n'est pas toujours égale à celle de l'achat de biens de capital. Si l'épargne nationale dépasse l'investissement dans le pays, l'excédent sert à l'acquisition d'actifs à l'étranger. Dans un tel cas, les sorties nettes de capitaux (*SNC*) sont positives. À l'inverse, si l'épargne nationale ne permet pas de financer totalement l'acquisition de biens de capital au pays, l'épargne étrangère vient combler la différence. Dans ce dernier cas, les sorties nettes de capitaux sont négatives. Cette formulation rassemble les trois composantes du marché des fonds prêtables, dans une économie ouverte, et montre comment elles sont reliées.

Au Canada, l'offre de fonds prêtables provenant de l'épargne nationale a souvent été insuffisante pour satisfaire la demande de fonds prêtables pour investissement ; lorsque cela se produisait, on avait $S < I$. Dans ce contexte, ce qui manquait était fourni par l'épargne des étrangers, et le solde des sorties nettes de capitaux du Canada était négatif. Cette analyse décrit bien la situation canadienne pour la plus grande partie des 40 dernières années. À d'autres périodes, l'offre de fonds prêtables provenant de l'épargne nationale était plus que suffisante pour satisfaire la demande de fonds prêtables pour investissement au Canada ; on avait donc $S > I$. Une partie de l'épargne canadienne servait alors à l'achat d'actifs étrangers, et les *SNC* étaient positives. Cet exemple correspond bien à la situation canadienne de 1999 à 2008. Dans les deux cas (*SNC* positives et négatives), l'identité reliant *S*, *I* et *SNC* est respectée.

Lors de notre analyse du marché des fonds prêtables au chapitre 8, nous avons vu que la quantité offerte et la quantité demandée de fonds prêtables dépendent du taux d'intérêt réel. Une hausse du taux d'intérêt réel encourage l'épargne, ce qui fait augmenter la quantité offerte de fonds prêtables. Une hausse du taux d'intérêt réel augmente aussi le coût des emprunts qui servent à financer les projets d'investissement, ce qui fait diminuer la quantité demandée de fonds prêtables.

Pour bien comprendre le marché des fonds prêtables dans une petite économie ouverte, il faut revenir sur l'analyse donnée au chapitre 12 concernant les taux d'intérêt: dans une économie avec mobilité parfaite des capitaux, comme celle du Canada, si l'on ne tient pas compte des disparités de traitement fiscal et des risques de non-paiement, le taux d'intérêt national est égal au taux d'intérêt mondial. La raison en est simple. Supposons que le taux d'intérêt canadien soit de 5 % et que le taux d'intérêt mondial soit de 8 %. Un tel déséquilibre ne peut pas durer, car les épargnants canadiens, qui ont librement accès aux marchés financiers mondiaux, opteraient pour des actifs mieux rémunérés: ils vendraient leurs actifs canadiens et achèteraient des actifs étrangers, plus profitables. Pour mettre fin à cette liquidation d'actifs, les emprunteurs canadiens devraient offrir le taux d'intérêt mondial plus alléchant, soit 8 %. À l'inverse, si le taux d'intérêt mondial s'établissait à 5 % et que le taux d'intérêt canadien était de 8 %, ce sont les emprunteurs canadiens qui se tourneraient vers les marchés étrangers. Pour trouver des emprunteurs, les épargnants canadiens devraient donc consentir des prêts au taux d'intérêt mondial inférieur, soit 5 %.

Le marché des fonds prêtables est illustré à la figure 13.1 par le diagramme classique d'offre et de demande. Tout comme dans notre analyse du système financier se trouvant au chapitre 8, la courbe de demande a une pente négative, puisque l'augmentation du taux d'intérêt réduit la quantité demandée de fonds; de même, la courbe d'offre a une pente positive, puisque l'augmentation du taux d'intérêt accroît la quantité offerte de fonds. Toutefois, à la différence de l'exemple donné au chapitre 12, la courbe d'offre d'une petite économie ouverte avec mobilité parfaite des capitaux ne représente qu'une partie des fonds prêtables disponibles. En effet, cette courbe d'offre ne tient compte que de l'épargne nationale — l'épargne des Canadiens — disponible pour chaque niveau du taux d'intérêt réel. Cette courbe montre qu'une hausse du taux d'intérêt se traduit par une hausse de la quantité de fonds à prêter par les Canadiens. Dans une économie fermée, on ne se préoccupe que de l'offre de fonds prêtables découlant de l'épargne des résidants. Dans ce cas, le taux d'intérêt réel se situerait à l'intersection des courbes d'offre et de demande de fonds prêtables. Cependant, dans une petite économie ouverte avec mobilité parfaite des capitaux, le taux d'intérêt est égal au taux d'intérêt mondial: il faut alors prendre en considération l'épargne des étrangers.

Sur le graphique a) de la figure 13.1, le taux d'intérêt mondial dépasse le taux d'intérêt qu'il y aurait au Canada si ce pays avait une économie fermée. En raison de la mobilité parfaite des capitaux, le taux canadien est égal au taux mondial. À ce taux, la quantité demandée de fonds prêtables au Canada (I) s'élève à 100 milliards de dollars, et la quantité offerte (S), à 150 milliards de dollars. Au taux d'intérêt mondial, l'offre d'épargne canadienne suffit amplement à combler la demande. L'offre excédentaire de fonds prêtables, soit 50 milliards de dollars, devient disponible pour l'achat d'actifs étrangers. Il y a alors des sorties nettes de capitaux (SNC) de 50 milliards de dollars. L'identité fondamentale $S = I + SNC$ est donc respectée.

Sur le graphique b) de la figure 13.1, le taux d'intérêt mondial est inférieur au taux d'intérêt qu'il y aurait au Canada si ce pays avait une économie fermée. Au taux d'intérêt mondial, la quantité demandée de fonds prêtables au Canada (*I*) s'élève à 130 milliards de dollars, et la quantité offerte (*S*), à 90 milliards de dollars. À ce taux d'intérêt mondial, l'offre d'épargne canadienne est insuffisante pour combler la demande. La demande excédentaire de fonds prêtables, soit 40 milliards de dollars, doit provenir de l'épargne des étrangers. Il y a donc des sorties nettes de capitaux (*SNC*) de –40 milliards de dollars. (Ne vous méprenez pas sur le signe négatif devant la valeur des *SNC*. Nous avons défini les sorties nettes de capitaux comme la différence entre la valeur des achats d'actifs étrangers par les Canadiens et la valeur des achats d'actifs canadiens par les étrangers. Une valeur négative signifie tout simplement un achat net d'actifs

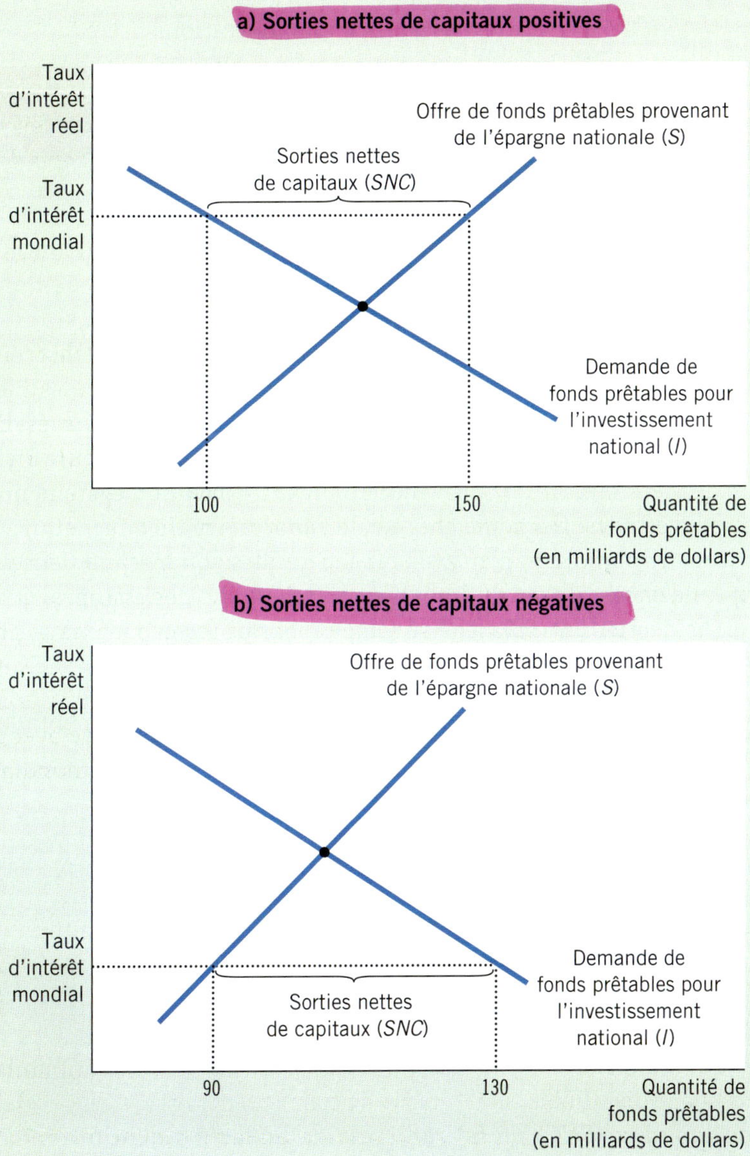

FIGURE 13.1

Le marché des fonds prêtables

Dans la petite économie ouverte avec mobilité parfaite des capitaux qu'est le Canada, le taux d'intérêt est égal au taux d'intérêt mondial. L'investissement détermine la quantité demandée de fonds prêtables, alors que l'épargne nationale détermine la quantité offerte de fonds prêtables par les Canadiens. Sur le graphique a), au taux d'intérêt mondial, l'investissement est de 100 milliards de dollars et les Canadiens épargnent 150 milliards de dollars. Les sorties nettes de capitaux, soit la différence entre l'investissement et l'épargne, sont donc égales à 50 milliards de dollars : elles correspondent aux actifs étrangers acquis par les Canadiens. Sur le graphique b), au taux d'intérêt mondial, l'investissement est de 130 milliards de dollars alors que l'épargne des Canadiens ne dépasse pas 90 milliards de dollars. Le manque d'épargne canadienne, soit 40 milliards de dollars, est comblé par l'épargne étrangère. Dans ce cas, les sorties nettes de capitaux sont négatives, ce qui signifie que les étrangers achètent plus d'actifs canadiens que les Canadiens achètent d'actifs étrangers.

canadiens par les étrangers.) Notons que l'identité fondamentale $S = I + SNC$ est à nouveau respectée.

Ces deux graphiques démontrent que le marché des fonds prêtables ne s'équilibre pas de la même façon selon qu'il s'agit d'une économie fermée ou d'une petite économie ouverte avec mobilité parfaite des capitaux. Dans une petite économie ouverte, l'offre et la demande de fonds prêtables ne déterminent plus le taux d'intérêt, qui est alors égal au taux d'intérêt mondial. La quantité de fonds prêtables offerte par les épargnants de ce pays ne doit pas forcément être égale à la quantité de fonds prêtables demandée pour l'investissement. La différence entre ces deux quantités correspond aux sorties nettes de capitaux. Dans notre identité, les sorties nettes de capitaux sont égales à la différence entre l'offre de fonds prêtables provenant de l'épargne (S) et la demande pour ces mêmes fonds (I), au taux d'intérêt mondial. Nous pouvons rappeler une autre identité utilisée au chapitre 12, soit :

$$SNC = XN$$

Sorties nettes de capitaux = Exportations nettes

On peut donc formuler autrement ce résultat : les exportations nettes sont déterminées par la différence entre l'offre de fonds prêtables provenant de l'épargne (S) et la demande de fonds prêtables (I), au taux d'intérêt mondial. Ces deux formulations sont équivalentes, puisque les exportations nettes doivent être égales aux sorties nettes de capitaux.

Le marché des changes

Le marché des changes constitue le second marché de notre modèle d'économie ouverte. Ce marché existe parce que les gens veulent échanger des biens, des services ou des actifs financiers avec d'autres pays, tout en étant payés dans leur propre devise nationale. En d'autres mots, un Canadien qui se procure un bien, un service ou des actifs financiers provenant d'un autre pays doit également acheter des devises de ce pays. La même chose vaut pour un étranger achetant un bien, un service ou des actifs canadiens : il doit acheter des dollars canadiens. Or, pour échanger ces devises, il faut un marché, soit le marché des changes. Dans cette section, nous décrivons le marché sur lequel les dollars canadiens s'échangent contre des devises étrangères.

Pour comprendre ce marché, reprenons d'abord l'identité fondamentale utilisée plus haut :

$$SNC = XN$$

Sorties nettes de capitaux = Exportations nettes

En combinant cette identité avec celle que nous avons posée antérieurement, soit :

$$S = I + SNC$$

Épargne = Investissement + Sorties nettes de capitaux

nous pouvons écrire :

$$S - I = XN$$

Épargne − Investissement = Exportations nettes

Chacune de ces formulations est une identité et est donc vraie, par définition. La dernière nous sera utile pour décrire le marché des changes : elle montre que la différence entre l'offre de fonds prêtables, qui provient de l'épargne nationale (*S*), et la demande de fonds prêtables pour l'investissement (*I*) doit être égale à la différence entre les exportations et les importations (*XN*). Cela se vérifie effectivement, car la différence entre l'offre et la demande de fonds prêtables doit être égale aux sorties nettes de capitaux (*SNC*), lesquelles sont égales à leur tour aux exportations nettes.

Les deux membres de cette identité correspondent aux deux côtés du marché des changes, soit l'offre et la demande. La différence entre l'épargne et l'investissement dans un pays correspond aux sorties nettes de capitaux. Cette différence représente donc l'*offre nette* de dollars sur le marché des changes, destinée à l'achat net d'actifs étrangers. Lorsqu'un fonds commun de placement canadien se porte acquéreur d'obligations du gouvernement japonais, il doit échanger des dollars contre des yens ; ce faisant, il offre des dollars sur le marché des changes. Les exportations nettes représentent quant à elles la *demande nette* de dollars canadiens sur ce marché, dans le but d'acheter des biens et des services canadiens. Par exemple, si une entreprise japonaise décide d'acheter un avion fabriqué par Bombardier, elle doit changer ses yens en dollars : elle demande alors des dollars sur le marché des changes.

Quel est le prix qui assure l'égalité de l'offre et de la demande sur ce marché des changes ? C'est le taux de change réel. Comme nous l'avons déjà vu au chapitre 12, le taux de change réel mesure le prix relatif des produits nationaux et étrangers et il constitue, par conséquent, un facteur déterminant des exportations nettes. Lorsque le taux de change réel du dollar augmente, les biens canadiens deviennent

BON À SAVOIR

Les demandeurs et les offreurs de dollars canadiens

Dans les faits, deux groupes distincts font des transactions sur le marché des changes. Un premier groupe offre des dollars canadiens et demande, en échange, des devises étrangères. Deux raisons peuvent expliquer ce besoin d'autres devises : le désir d'acheter des biens et des services étrangers (donc d'importer) ou le désir d'acheter des actifs étrangers. Le second groupe réunit les offreurs de devises étrangères, qui demandent en échange des dollars canadiens. Ces vendeurs de devises étrangères souhaitent ou bien importer des biens et des services canadiens (c'est-à-dire nos exportations) ou bien acheter des actifs canadiens ; c'est pour l'une ou l'autre de ces raisons qu'ils ont besoin d'obtenir des dollars canadiens.

« Voulez-vous mes dollars ? »

Afin de rendre notre modèle d'équilibre général plus facile à utiliser, nous avons regroupé les offreurs et les demandeurs de dollars canadiens à des fins de placements (achats d'actifs). Les offreurs vendent des dollars canadiens pour acheter des actifs étrangers, alors que les demandeurs achètent des dollars canadiens afin d'acheter des actifs canadiens.

La différence entre cette offre et cette demande de dollars canadiens, qui correspond à l'offre nette de dollars canadiens, est donc égale aux sorties nettes de capitaux (*SNC*).

De la même façon, nous avons regroupé les demandeurs et les offreurs de dollars à des fins de commerce international. Les demandeurs achètent des dollars afin de se procurer des biens et des services au Canada. Cette demande provient donc des exportations canadiennes. Quant aux Canadiens qui veulent importer des produits étrangers, ils offrent des dollars sur le marché des changes. La différence entre la demande et l'offre de dollars à des fins de commerce international, qui correspond à la demande nette de dollars canadiens, est alors égale à la valeur des exportations nettes (*XN*) du Canada.

Il est à noter que, tout comme les sorties nettes de capitaux (*SNC*) et les exportations nettes (*XN*), l'offre nette et la demande nette de dollars canadiens peuvent être positives ou négatives.

plus chers par rapport aux biens étrangers, ce qui fait ainsi diminuer leur attrait auprès des consommateurs canadiens et étrangers. Les exportations diminuent alors, tandis que les importations augmentent. Pour cette raison, les exportations nettes chutent. L'augmentation du taux de change réel fait donc baisser la quantité demandée nette de dollars sur le marché des changes.

La figure 13.2 illustre l'offre et la demande sur le marché des changes. La courbe de demande a une pente négative, pour la raison que nous venons de donner : une hausse du taux de change réel renchérit les biens canadiens et fait baisser la quantité nette de dollars demandée pour l'achat de biens produits au Canada. La courbe d'offre est verticale, car l'offre nette de dollars pour financer

FIGURE 13.2

Le marché des changes

Le taux de change réel est déterminé par l'offre et la demande de dollars. L'offre nette de dollars à échanger contre des devises étrangères provient des sorties nettes de capitaux. Ces dernières sont égales à la différence entre l'offre et la demande de fonds prêtables. Puisque ni l'épargne ni l'investissement ne dépendent du taux de change réel, la courbe d'offre est verticale. Sur le graphique a), les sorties nettes de capitaux sont positives et égales à 50 milliards de dollars. Sur le graphique b), les sorties nettes de capitaux sont négatives et égales à –40 milliards de dollars. La demande nette de dollars provient des exportations nettes. Puisqu'un taux de change réel faible stimule les exportations nettes (en faisant augmenter la quantité demandée nette de dollars pour le paiement de ces biens et de ces services canadiens exportés), la courbe de demande a une pente négative. Au taux de change d'équilibre, l'offre nette de dollars pour l'achat d'actifs étrangers est égale à la demande nette de dollars pour le paiement des exportations nettes canadiennes.

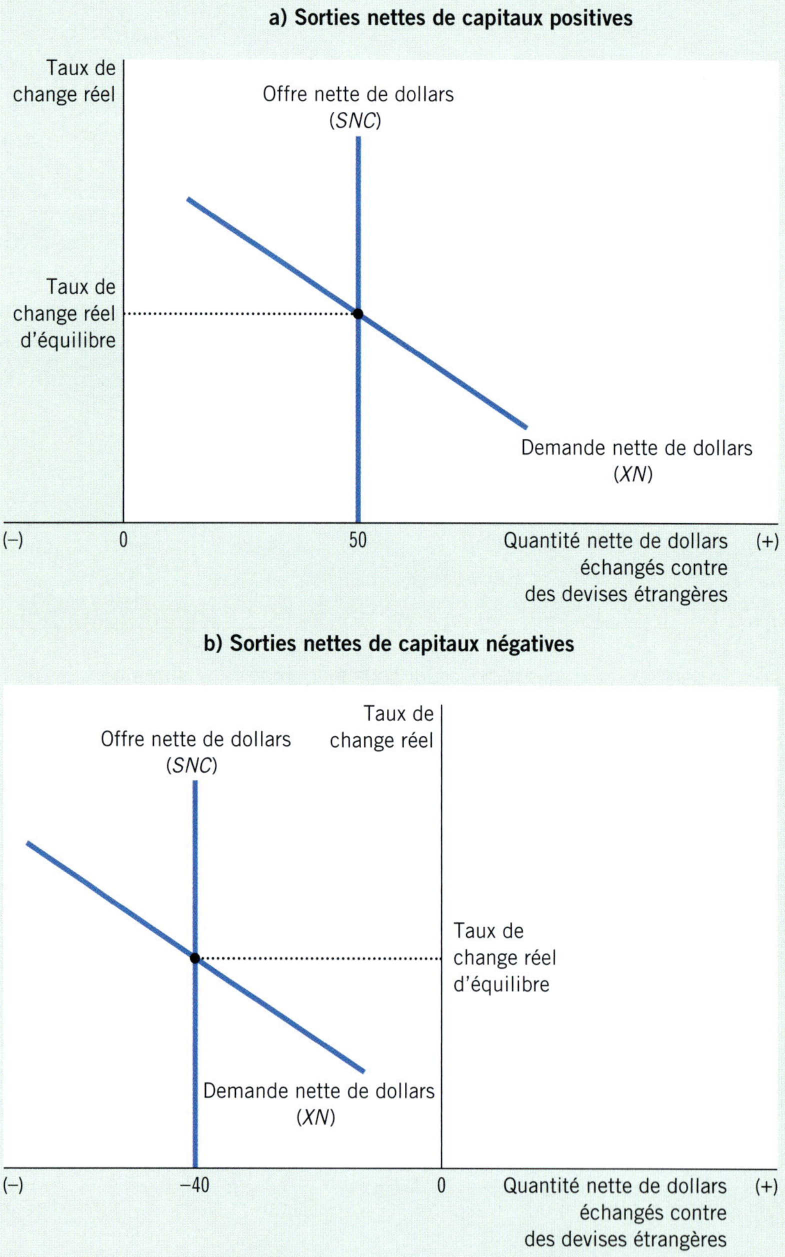

les sorties nettes de capitaux ne dépend pas du taux de change réel. Comme nous l'avons vu, les sorties nettes de capitaux varient avec le taux d'intérêt réel mondial. Lorsqu'on analyse le marché des changes, on considère que le taux d'intérêt mondial et les sorties nettes de capitaux sont des variables déjà connues.

Le taux de change réel assure l'égalité entre l'offre et la demande de dollars, comme le prix de n'importe quel bien s'ajuste pour égaliser l'offre et la demande de ce bien. Si le taux de change réel se situait au-dessous du niveau d'équilibre, la quantité de dollars offerte serait inférieure à la quantité demandée. Cette pénurie ferait grimper la valeur de la monnaie. À l'inverse, si le taux de change réel dépassait le niveau d'équilibre, la quantité offerte serait supérieure à la quantité demandée et un tel surplus ferait diminuer la valeur du dollar. Lorsque le taux de change réel est à son niveau d'équilibre, la quantité demandée nette de dollars pour l'achat des exportations nettes canadiennes est exactement égale à la quantité offerte nette de dollars pour l'achat d'actifs à l'étranger.

Revenons à nouveau sur la distinction entre l'offre et la demande dans ce modèle. Nous savons que les exportations nettes sont à l'origine de la demande nette de dollars, tandis que l'offre nette de dollars est issue des sorties nettes de capitaux. Par conséquent, lorsqu'un résidant canadien importe une voiture japonaise, il réalise une transaction qui, selon notre modèle, réduit la quantité nette de dollars demandée (en raison de la baisse des exportations nettes), plutôt que de faire augmenter l'offre de dollars. De même, lorsqu'un citoyen japonais achète une obligation du gouvernement canadien, notre modèle considère cette transaction comme une diminution de l'offre nette de dollars (en raison de la diminution des sorties nettes de capitaux), et non comme une hausse de la demande de dollars. Cette formulation peut paraître étrange *a priori,* mais elle sera utile dans l'analyse des diverses politiques économiques.

BON À SAVOIR

La parité des pouvoirs d'achat : un cas particulier

Un lecteur alerte se demandera pourquoi nous élaborons une théorie des taux de change dans ce chapitre : ne l'avons-nous pas déjà fait au chapitre précédent ?

La théorie du taux de change formulée au chapitre 12 s'appelle *parité des pouvoirs d'achat.* Elle énonce qu'un dollar (ou toute autre unité d'une monnaie donnée) doit permettre l'achat de la même quantité de biens et de services dans tous les pays. Le taux de change réel étant alors fixe (et égal à 1), toute variation du taux de change nominal entre deux devises reflète les modifications de l'écart entre le niveau des prix dans ces pays.

Le modèle que nous élaborons dans le présent chapitre se fonde lui aussi sur la théorie de la parité des pouvoirs d'achat. Selon cette théorie, le commerce international réagit rapidement aux changements de prix à l'échelle internationale. Si les prix des biens dans un pays sont inférieurs à ceux dans un autre, le premier exportera vers le second jusqu'à ce que cette différence se résorbe par arbitrage.

Autrement dit, la théorie de la parité des pouvoirs d'achat considère que les exportations nettes réagissent fortement à de faibles variations du taux de change réel. Or, si les exportations nettes étaient aussi sensibles, les courbes de demande de la figure 13.2 seraient horizontales.

La théorie de la parité des pouvoirs d'achat constitue donc un cas particulier de notre modèle. Dans le cas où le taux de change réel permet la parité des pouvoirs d'achat au Canada et à l'étranger, la courbe de demande de dollars est horizontale plutôt que de présenter une pente négative. Cette particularité constitue un excellent point de départ pour l'étude des taux de change, sans pour autant tout expliquer.

Ce chapitre examine des exemples plus réalistes, pour lesquels la courbe de demande de dollars présente une pente négative. Le taux de change réel dans notre modèle peut donc varier, comme c'est le cas dans la réalité.

MINITEST

- Expliquez d'où viennent l'offre et la demande sur le marché des fonds prêtables et sur le marché des changes.

L'équilibre dans une petite économie ouverte

Jusqu'à maintenant, nous avons examiné séparément deux marchés: celui des fonds prêtables et celui des changes. Voyons maintenant comment ils interagissent.

Les sorties nettes de capitaux: le lien entre les deux marchés

Récapitulons d'abord ce que nous avons vu jusqu'à présent dans ce chapitre. Nous savons maintenant que quatre variables macroéconomiques majeures sont coordonnées dans une économie ouverte: l'épargne nationale (S), l'investissement (I), les sorties nettes de capitaux (SNC) et les exportations nettes (XN). Rappelons les identités suivantes:

$$S = I + SNC$$

et

$$SNC = XN$$

Sur le marché des fonds prêtables, l'offre provient de l'épargne nationale et la demande provient de l'investissement. Les sorties nettes de capitaux représentent la différence entre S et I, au taux d'intérêt mondial. Sur le marché des changes, l'offre nette de dollars provient des sorties nettes de capitaux, et la demande nette de dollars, des exportations nettes, le taux de change réel assurant l'équilibre entre l'offre et la demande.

Les *sorties nettes* de capitaux représentent donc la variable qui relie le marché des fonds prêtables et le marché des changes. Sur le marché des fonds prêtables, les sorties nettes de capitaux représentent la différence entre l'épargne et l'investissement, au taux d'intérêt mondial. Toute variation de l'investissement, de l'épargne ou du taux d'intérêt mondial modifie automatiquement les sorties nettes de capitaux. Toute variation des sorties nettes de capitaux signifie que les Canadiens achètent ou vendent des actifs étrangers. Or, afin d'acheter des actifs d'un autre pays, il faut offrir des dollars en échange de devises étrangères: tout changement des sorties nettes de capitaux se répercute donc sur le marché des changes.

Nous avons déjà mis en lumière l'importance fondamentale du taux d'intérêt mondial pour expliquer la valeur des sorties nettes de capitaux. Lorsque le taux d'intérêt mondial excède le taux d'intérêt équilibrant la demande et l'offre de fonds prêtables au Canada — situation illustrée à la figure 13.1 a) —, les sorties nettes de capitaux sont positives et égales à la différence entre l'épargne nationale et la demande de fonds prêtables. Lorsque le taux d'intérêt mondial est inférieur au taux d'intérêt équilibrant la demande et l'offre de fonds prêtables au Canada — comme le montre la figure 13.1 b) —, les sorties nettes de capitaux deviennent négatives et correspondent encore une fois à la différence entre l'épargne et la demande de fonds prêtables.

L'équilibre simultané sur les deux marchés

Regroupons toutes les parties de ce modèle sur la figure 13.3 pour voir comment les deux marchés déterminent simultanément les variables macroéconomiques d'une économie ouverte.

Le graphique a) de la figure 13.3 représente le marché des fonds prêtables, qui est identique à celui de la figure 13.1 a). L'épargne est mesurée par l'offre de fonds prêtables, alors que l'investissement correspond à la demande de fonds prêtables. Le taux d'intérêt mondial détermine la quantité de fonds prêtables demandée (100 milliards de dollars) et la quantité offerte par les épargnants (150 milliards de dollars). La différence de 50 milliards entre ces deux sommes correspond à l'épargne disponible pour être investie dans des actifs étrangers. Dans ce cas,

FIGURE 13.3

L'équilibre réel dans une petite économie ouverte

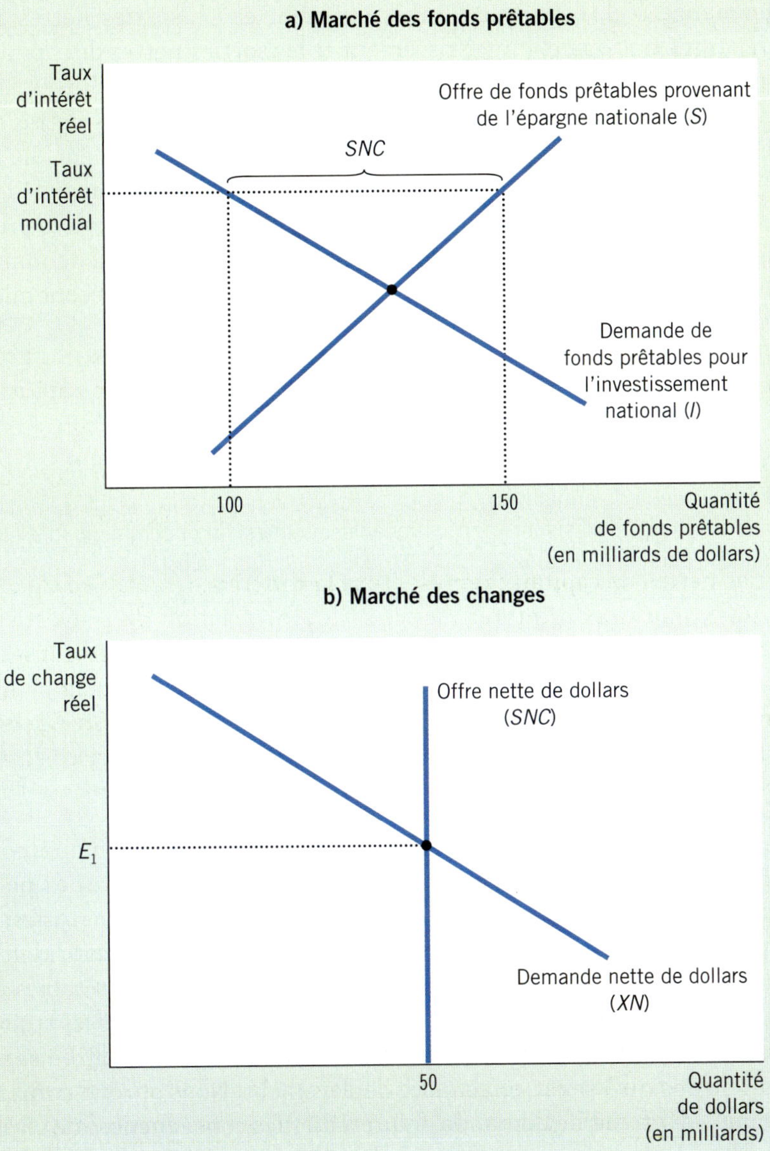

Sur le graphique a), le taux d'intérêt réel est égal au taux d'intérêt mondial. À ce taux, l'épargne (*S*) excède la demande de fonds prêtables (*I*). La différence (*S* – *I*) correspond aux sorties nettes de capitaux (*SNC*). Sur le graphique b), les sorties nettes de capitaux représentent l'offre nette de dollars canadiens sur le marché des changes. La demande nette de dollars canadiens est déterminée par les exportations nettes du Canada. Le taux de change réel (E_1) équilibre l'offre et la demande de dollars sur le marché des changes.

l'offre de fonds prêtables est excédentaire, le surplus sert à l'achat d'actifs étrangers et les *SNC* sont positives.

Le graphique b) de la figure 13.3 illustre le marché des changes, et est repris de la figure 13.2 a). L'épargne dépassant les besoins d'investissement national, les Canadiens achètent des actifs étrangers. Ils doivent alors acquérir des devises étrangères en vendant des dollars canadiens sur le marché des changes. Pour cette raison, les sorties nettes de capitaux indiquées sur le graphique a) de la figure 13.3 correspondent à l'offre nette de dollars destinés à être échangés contre des devises étrangères. Le taux de change réel n'influe pas sur les sorties nettes de capitaux : la courbe d'offre nette de dollars est donc verticale. La demande nette de dollars provient quant à elle des exportations nettes. Toute diminution du taux de change réel fait augmenter les exportations nettes : la courbe de demande du marché des changes a donc une pente négative. Le taux de change réel (E_1) égalise la quantité offerte nette de dollars et la quantité demandée nette de dollars.

Les deux marchés illustrés à la figure 13.3 déterminent simultanément le taux de change réel, l'épargne, l'investissement et les sorties nettes de capitaux. L'épargne nationale, l'investissement et les sorties nettes de capitaux sont déterminés sur le graphique a). Les valeurs de l'épargne et de l'investissement dépendent directement du taux d'intérêt mondial, et les sorties nettes de capitaux représentent la différence entre l'épargne et l'investissement. Le taux de change réel, qui est déterminé sur le graphique b), correspond au prix des biens et des services canadiens par rapport à celui des biens et des services produits à l'étranger. Nous utiliserons maintenant ce modèle, pour analyser comment ces variables sont modifiées lorsqu'un événement ou une politique économique fait bouger l'une des courbes.

MINITEST

- Dans le modèle d'économie ouverte que nous venons d'élaborer, deux marchés sont responsables de la détermination d'un prix et de la valeur de trois variables. De quels marchés s'agit-il ? Quelles sont les trois variables en question et comment sont-elles déterminées par ces deux marchés ? Quel prix est déterminé ainsi ?

L'influence des événements et des politiques sur une petite économie ouverte

Maintenant que nous avons élaboré un modèle macroéconomique pour une économie ouverte, nous pouvons analyser les impacts de certaines politiques ou de certains événements sur l'équilibre macroéconomique. À mesure que nous avancerons, nous devrons nous rappeler que le modèle considère l'offre et la demande sur deux marchés seulement : celui des fonds prêtables et celui des changes. Pour analyser chaque événement, nous reprendrons les trois étapes proposées au chapitre 4 : nous déterminerons d'abord quelle courbe se déplace et, ensuite, dans quel sens s'effectue ce déplacement. Nous aurons enfin recours au graphique d'offre et de demande pour étudier les conséquences de ce déplacement sur l'équilibre économique.

BON À SAVOIR

Des valeurs négatives pour les sorties nettes de capitaux

Dans cette section, le modèle d'économie ouverte sert à l'analyse des impacts des politiques gouvernementales et des événements susceptibles de modifier l'équilibre de l'économie. Dans le cas de l'économie ouverte illustré à la figure 13.3, les sorties nettes de capitaux (*SNC*) présentent une valeur positive. Cependant, nous avons déjà constaté que les *SNC* du Canada ont souvent été négatives dans le passé. Cela aurait-il des conséquences pour notre analyse ?

Les conséquences de *SNC* négatives pour notre modèle sont en fait minimes. Lorsque cela se produit, c'est parce que l'épargne n'est pas suffisante pour couvrir l'investissement et que le pays a recours à l'épargne étrangère pour combler la différence. La valeur des *SNC* représente donc toujours les sorties nettes de capitaux, mais elle est de signe négatif. Comme les *SNC* doivent être égales aux exportations nettes (*XN*), cela implique que les exportations nettes sont également négatives. Les étrangers achètent de façon nette des actifs canadiens et, par conséquent, des dollars canadiens sur le marché des changes. Au bout du compte, les Canadiens importent plus de biens qu'ils en exportent et, pour cette raison, ils doivent échanger leurs dollars contre des devises étrangères.

Fort heureusement, il importe peu que les valeurs des sorties nettes de capitaux et des exportations nettes soient positives ou négatives ; seul compte le sens du changement de ces valeurs. C'est dans le but de simplifier l'analyse que nous évoquons des exemples montrant une valeur positive pour les sorties nettes de capitaux et les exportations nettes. Néanmoins, l'analyse serait similaire si les sorties nettes de capitaux et les exportations nettes étaient négatives.

Une augmentation du taux d'intérêt mondial

Nous avons déjà vu que dans une petite économie ouverte avec mobilité parfaite des capitaux, le taux d'intérêt est égal au taux d'intérêt mondial. Dès lors, un événement extérieur ayant une répercussion sur le taux d'intérêt mondial aura une incidence sur l'économie nationale. Les médias s'intéressent particulièrement au taux d'intérêt américain. En effet, parce que l'économie américaine est la plus importante du monde, les variations des taux américains modifient les taux d'intérêt mondiaux. En fait, on peut même considérer le taux d'intérêt américain comme étant le taux mondial. Ainsi, toute variation du taux américain se répercute automatiquement sur l'économie canadienne.

La figure 13.4 illustre les conséquences d'une hausse du taux d'intérêt mondial pour une petite économie ouverte avec mobilité parfaite des capitaux. Sur le graphique a), représentant le marché des fonds prêtables, aucune courbe ne se déplace. En fait, la hausse du taux d'intérêt mondial (r^m) provoque un déplacement vers le haut le long des courbes d'offre et de demande. La quantité offerte de fonds prêtables augmente et la quantité de fonds prêtables demandée pour les investissements décroît. Ces deux variations se traduisent par une augmentation de l'excédent de l'épargne sur l'investissement au Canada. Cet excédent correspond aux sorties nettes de capitaux et mesure la quantité d'épargne disponible pour l'achat net d'actifs à l'étranger.

Le graphique b) montre que l'accroissement des sorties nettes de capitaux se traduit par un déplacement vers la droite de la courbe d'offre nette de dollars sur le marché des changes, soit de SNC_1 à SNC_2. Cet afflux de dollars entraîne une dépréciation réelle de E_1 à E_2, ce qui réduit ainsi la valeur du dollar par rapport aux autres devises. Une telle dépréciation fait baisser le prix des produits canadiens par rapport aux produits étrangers. Les consommateurs sur les marchés national et international se tournent alors vers les produits fabriqués au Canada, ce qui fait augmenter les exportations et diminuer les importations. Les exportations nettes augmentent donc. Par conséquent, dans une petite économie ouverte avec mobilité parfaite des capitaux, une hausse du taux d'intérêt mondial stimule l'épargne, réduit l'investissement, déprécie le dollar et fait augmenter les exportations nettes.

Notre analyse permet de comprendre l'attention que les Canadiens prêtent à l'évolution du taux d'intérêt mondial et le fait que ses variations préoccupent les exportateurs, les importateurs, les consommateurs et les entreprises. Une augmentation du taux d'intérêt mondial cause une dépréciation réelle du dollar et avantage les exportateurs, car le prix des marchandises canadiennes est plus faible sur les marchés extérieurs. Par contre, la dépréciation de la monnaie ne fait guère l'affaire des importateurs, puisque cela augmente le prix des marchandises provenant de l'étranger. Les consommateurs canadiens, touchés par la hausse des prix des biens importés, sont également défavorisés. Enfin, les entreprises

FIGURE 13.4

Les conséquences d'une hausse du taux d'intérêt mondial

Lorsque le taux d'intérêt mondial augmente, la quantité offerte de fonds prêtables provenant de l'épargne des Canadiens augmente et la quantité de fonds prêtables demandée pour l'investissement diminue. Pour ces deux raisons, les sorties nettes de capitaux augmentent. Il s'ensuit une hausse de l'offre nette de dollars sur le marché des changes, qui déprécie la devise canadienne, ce qui provoque un accroissement des exportations nettes.

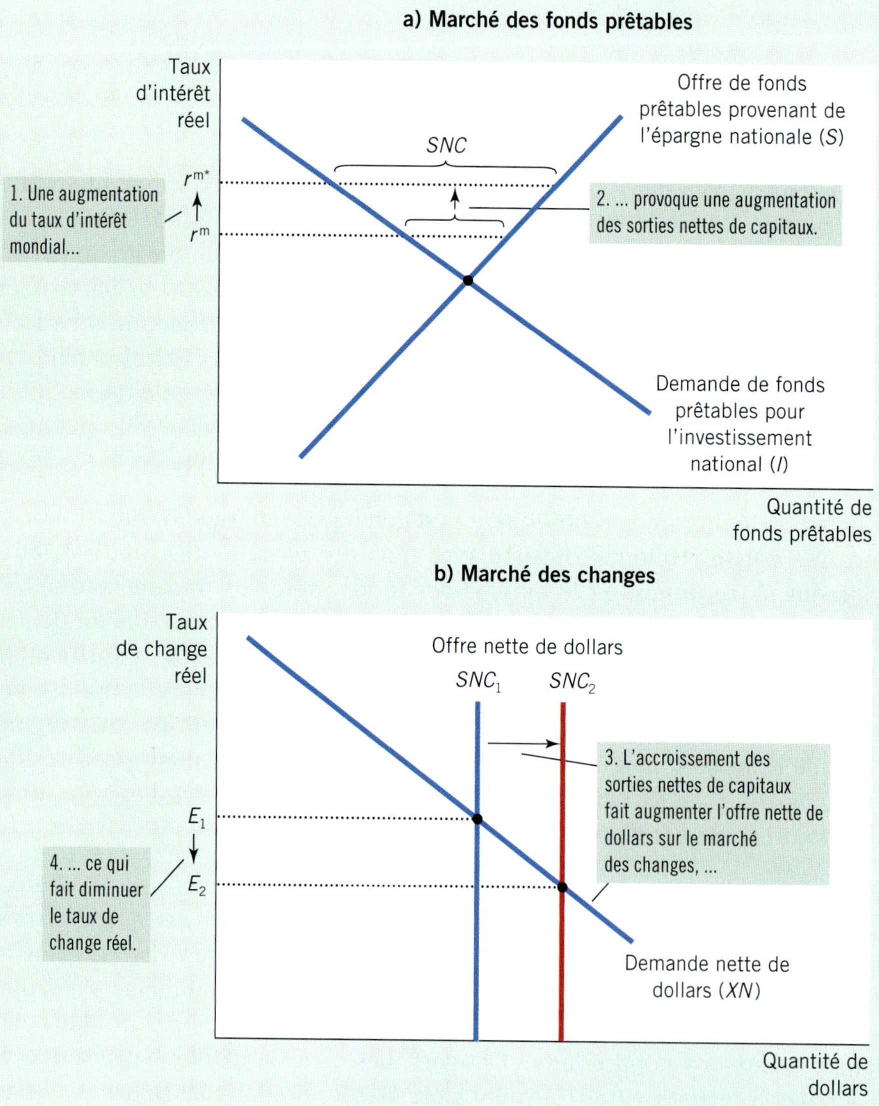

doivent payer des taux d'intérêt plus élevés sur les emprunts destinés au financement de leurs projets.

Les déficits et les surplus budgétaires des gouvernements

Nous avons déjà examiné, au chapitre 8, les effets d'un déficit budgétaire gouvernemental sur l'offre et la demande de fonds prêtables dans une économie fermée. Un déficit budgétaire représente une épargne publique *négative* et réduit l'épargne (S), qui est la somme de l'épargne publique (S_G) et de l'épargne privée (S_P). Par conséquent, l'offre de fonds prêtables diminue; en économie fermée, ceci fait augmenter le taux d'intérêt et diminuer l'investissement.

Examinons maintenant les conséquences d'un tel déficit budgétaire dans une économie ouverte. Tout d'abord, quelle courbe se déplace dans notre modèle? Tout comme dans une économie fermée, la conséquence immédiate se fait sentir sur l'épargne nationale et, donc, sur la courbe d'offre de fonds prêtables. Ensuite, dans quel sens cette courbe se déplace-t-elle? Comme c'était le cas dans une économie fermée, le déficit budgétaire représente une épargne publique *négative*, qui réduit l'épargne nationale et provoque un déplacement vers la gauche de la courbe d'offre de fonds prêtables. On voit ce déplacement sur le graphique a) de la figure 13.5.

La dernière étape de notre analyse est la comparaison entre l'ancien et le nouvel équilibre, sur le graphique a) de la figure 13.5. Celui-ci montre la conséquence du déficit budgétaire sur le marché canadien des fonds prêtables. Le Canada étant une petite économie, le taux d'intérêt mondial n'est pas touché par le déplacement de l'offre de fonds prêtables canadienne. Au taux d'intérêt mondial constant, l'épargne nationale est moins élevée qu'elle l'était auparavant. Ainsi, on passe de A à B, et l'excédent de l'épargne par rapport à l'investissement se réduit à la distance entre B et C, alors qu'il était initialement représenté par la distance entre A et C. Le déficit public réduit donc l'excédent de l'épargne par rapport à l'investissement, ce qui réduit les sorties nettes de capitaux.

Le graphique b) illustre les conséquences du déficit budgétaire sur le marché des changes. La diminution des sorties nettes de capitaux réduit l'offre nette de dollars sur le marché des changes. Cette réduction se traduit par un déplacement de la courbe d'offre de SNC_1 à SNC_2. Une telle diminution cause une appréciation du taux de change réel, qui passe de E_1 à E_2. La valeur relative du dollar canadien augmente donc par rapport aux autres devises. Cela entraîne une hausse du prix des produits canadiens par rapport à celui des produits étrangers. Les consommateurs canadiens et internationaux se détournent alors des produits canadiens, ce qui fait ainsi diminuer les exportations et augmenter les importations canadiennes. Pour ces raisons, dans une petite économie ouverte avec mobilité parfaite des capitaux, un déficit budgétaire se solde par une appréciation du dollar et une chute des exportations nettes.

Cette analyse montre que les décisions passées des gouvernements d'augmenter les déficits budgétaires ont provoqué une appréciation du taux de change réel et une baisse des exportations nettes. Entre la fin des années 1990 et 2009, les gouvernements fédéral, provinciaux et territoriaux du Canada ont éliminé les déficits et ont même réalisé des excédents budgétaires. On peut comprendre les implications d'une telle politique, simplement en inversant les déplacements illustrés à la figure 13.5. Une réduction des déficits budgétaires fait augmenter l'épargne. Au taux d'intérêt mondial, une hausse de l'excédent de l'épargne par rapport à l'investissement cause une augmentation des sorties nettes de capitaux. Cela accroît l'offre nette de dollars sur le marché des changes et entraîne une baisse du taux de change réel. Une telle dépréciation du dollar réduit le prix relatif des produits canadiens, ce qui augmente l'attrait des biens et des services canadiens pour les consommateurs canadiens et étrangers. Ceci stimule les exportations et réduit les importations. Pour ces raisons, dans une petite économie ouverte avec mobilité parfaite des capitaux, une élimination des déficits budgétaires produit une dépréciation du dollar et une hausse des exportations nettes.

Compte tenu de telles conclusions, l'intérêt marqué des Canadiens pour les soldes budgétaires des gouvernements ne surprend guère. Les modifications des soldes budgétaires, entre les déficits et les surplus, ont des effets sur le taux de change réel. Les prix des biens importés achetés par les Canadiens et les prix des biens exportés par les firmes canadiennes sont donc touchés.

FIGURE 13.5

Les conséquences d'un déficit budgétaire

Un déficit budgétaire réduit l'offre de fonds prêtables provenant de l'épargne nationale. En conséquence, la courbe d'offre se déplace vers la gauche, comme le montre le graphique a). Les sorties nettes de capitaux baissent, passant de la distance entre A et C à la distance entre B et C. Sur le graphique b), la diminution des *SNC* réduit l'offre nette de dollars sur le marché des changes. Cette baisse de l'offre de dollars provoque un déplacement vers la gauche de la courbe d'offre, de SNC_1 à SNC_2, de même qu'une augmentation du taux de change, de E_1 à E_2. Cette appréciation suscite une diminution des exportations nettes.

a) Marché des fonds prêtables

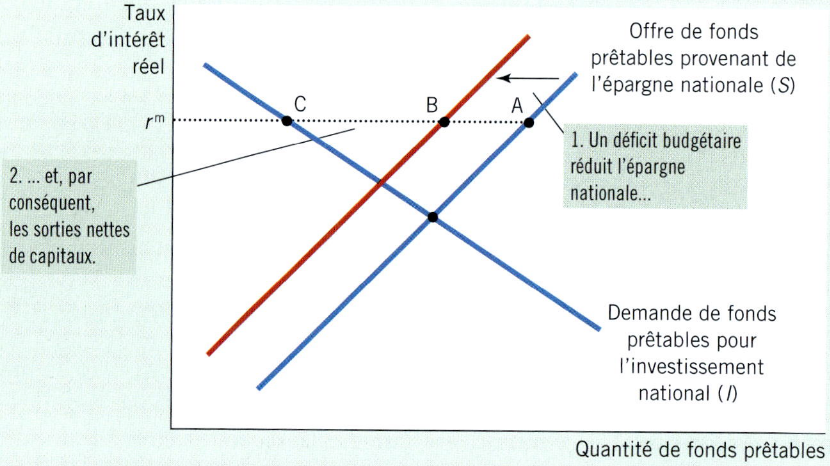

b) Marché des changes

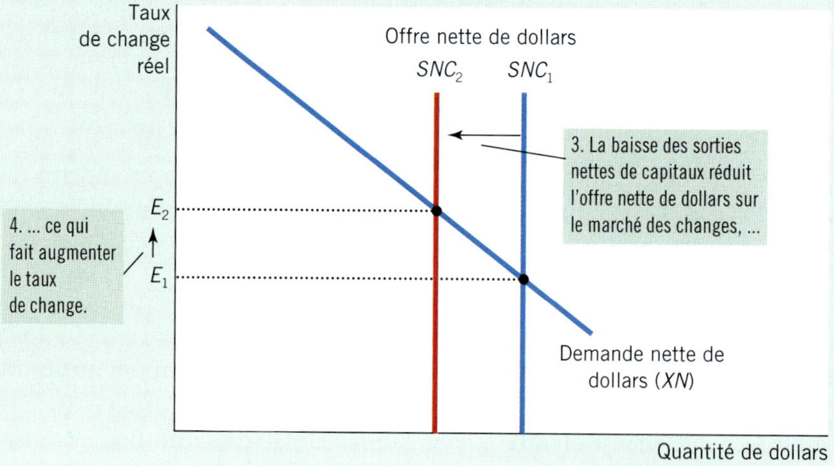

DANS L'ACTUALITÉ

Les sorties nettes de capitaux en Chine et aux États-Unis et leurs effets

Kenneth Rogoff, professeur d'économie à l'université Harvard et ancien économiste en chef du Fonds monétaire international (FMI) analyse le déficit commercial des États-Unis et l'accumulation de réserves en dollars par la Chine.

La Chine et ses dollars

Kenneth Rogoff

CAMBRIDGE — Quand la Chine comprendra-t-elle enfin qu'elle ne peut pas continuer indéfiniment à accumuler des dollars? Elle en détient déjà plus de 2000 milliards. Les Chinois cherchent-ils réellement, d'ici cinq ou dix ans, à disposer de 4000 milliards? Maintenant que les États-Unis contemplent les coûts à long terme du repêchage financier, outre ceux de la protection sociale qui augmentent inexorablement, les Chinois n'ont-ils pas intérêt à se souvenir de l'expérience que l'Europe a connue dans les années soixante-dix?

Dans les années cinquante et soixante, les Européens amassent une énorme réserve de bons du trésor américain, car ils s'efforcent de maintenir des taux de change fixes, un peu comme la Chine aujourd'hui. Mais dans les années soixante-dix, le financement de la guerre du Vietnam et la flambée des prix du pétrole achèvent d'amplifier l'inflation de manière désastreuse, et la capacité des Européens à acheter des dollars se réduit.

Les Chinois n'ont peut-être pas de souci à se faire. Les dirigeants du monde n'ont-ils pas dit, au sommet du G20 de Pittsburgh, qu'ils feraient tout leur possible pour éviter la répétition de ce phénomène? L'un des piliers sur lesquels repose leur stratégie de prévention n'est-il pas de corriger les «déséquilibres globaux», cet euphémisme qui désigne l'énorme déficit commercial des États-Unis et les excédents qui lui répondent dans d'autres pays. Non des moindres parmi eux: la Chine.

La bonne nouvelle, c'est que les dirigeants du monde reconnaissent que ces déséquilibres mondiaux sont un immense problème. Beaucoup d'économistes, dont je suis, sont convaincus que l'appétit américain de capitaux étrangers, pour apaiser la frénésie consumériste, a joué un rôle décisif dans le déclenchement de la crise. Cet afflux d'argent pas cher venait ranimer un système financier dont les réglementations et les contrôles étaient déjà fragiles. C'est de discipline, plus que de sous, dont il avait besoin.

Malheureusement, ce n'est pas la première fois que l'on entend des dirigeants — surtout aux États-Unis — affirmer qu'ils ont identifié un problème. Quand la crise financière s'est déclenchée, le déficit extérieur des États-Unis absorbait presque 70% des fonds excédentaires économisés par la Chine, le Japon, l'Allemagne, la Russie, l'Arabie saoudite, et par tous les pays connaissant un excédent de leur balance courante. Or, au lieu d'agir en conséquence, les États-Unis ont continué à faciliter les choses pour leur secteur financier. Les Européens, invités à stimuler leur productivité et leur demande intérieure, n'ont procédé qu'à de timides réformes économiques, tandis que la Chine a poursuivi sa stratégie de croissance tirée par l'exportation.

Il aura fallu la crise financière, pour mettre un frein au cycle d'emprunts américain — les États-Unis ont aujourd'hui ramené leur déficit du compte courant à 3% de leur revenu annuel, alors qu'il était encore de 7% il y a quelques années. Mais les Américains ne risquent-ils pas de se lasser de ce sursaut de discipline?

Avec un gouvernement des États-Unis qui parvient actuellement à tirer des marchés financiers un bon 12% de son revenu annuel (environ 1500 milliards de dollars), le recours aux emprunts étrangers serait de trop, excepté si l'épargne des ménages et des entreprises augmentait soudain. Pour l'instant, le secteur privé de l'Amérique connaît un excédent suffisant pour assouvir environ 75% de l'appétit vorace du gouvernement. Mais le secteur privé américain saura-t-il longtemps rester économe?

À mesure que l'économie se normalisera, la consommation et l'investissement reprendront. Quand on en sera là — à supposer que le gouvernement ne se serre pas subitement la ceinture (et rien ne porte à penser qu'il en ait l'intention) — il est très vraisemblable que l'Amérique sera à nouveau tiraillée par son appétit d'argent étranger.

Le gouvernement américain prétend vouloir freiner les emprunts, mais étant donné que l'économie va mettre encore un an ou deux au moins à s'extraire des griffes de la récession, on voit mal comment le gouvernement pourra tenir les engagements qu'il a pris à Pittsburgh.

►

Bien sûr, la Réserve fédérale pourrait durcir sa politique monétaire. Mais cette institution ne se montrera pas trop inquiète de la prochaine crise financière, tant que les répercussions de la crise actuelle se feront sentir. Dans notre nouveau livre, *This Time is Different: Eight Centuries of Financial Folly*, nous considérons, Carmen Reinhart et moi, que s'il y a une leçon à tirer des crises financières, c'est que leurs contrecoups ont une très longue traîne.

C'est de la Chine que devra venir un vrai changement. C'est elle qui aura le plus à perdre d'une débâcle du dollar. La Chine, pour permettre à ses exportateurs de faire les économies nécessaires pour gagner en qualité et escalader la chaîne de valeur ajoutée, s'est tournée jusqu'ici vers les marchés extérieurs. Or rien, en principe, n'empêche les planificateurs chinois de suivre ce modèle, mais en axant l'économie vers une stratégie de croissance fondée sur la demande intérieure.

Oui, il faut que la Chine améliore sa couverture sociale et qu'elle développe ses marchés de capitaux intérieurs, avant que la consommation ne décolle. Mais, sa consommation actuelle couvrant 35 % du revenu national (par rapport aux 70 % des États-Unis !), la Chine a de la marge.

Les dirigeants chinois ont pleinement conscience que leur réserve de bons du Trésor est un problème. Sinon, ils ne réclameraient pas aussi ouvertement du Fonds monétaire international qu'il trouve une autre devise mondiale que le dollar.

C'est à juste titre qu'ils s'inquiètent. Si la crise du dollar n'est pas pour tout de suite, le risque qu'elle survienne dans les cinq ou dix ans à venir n'est sûrement pas mince. Ce jour-là, la Chine n'aura pas envie de se retrouver coincée avec ses 4 000 milliards de dollars. Il revient en premier lieu à la Chine de préparer l'après-Pittsburgh. ■

Source : Rogoff, Kenneth. (2 octobre 2009). « La Chine et ses dollars ». *Project Syndicate*. Repéré à www.project-syndicate.org/commentary/china-s-dollar-problem/french

La politique commerciale

Politique commerciale
Ensemble des mesures gouvernementales influant sur la quantité de biens et de services importés ou exportés par un pays.

Tarif douanier
Taxe imposée sur les biens importés, c'est-à-dire sur les produits fabriqués à l'étranger et vendus dans le pays.

Quota d'importation
Restriction frappant la quantité d'un bien produit à l'étranger qui peut être importé.

Une **politique commerciale** est une politique qui tente d'influer directement sur les importations et les exportations de biens et de services. Il existe plusieurs types de politiques commerciales, mais la plupart tentent de favoriser une industrie nationale particulière. L'une des plus courantes consiste à imposer des **tarifs douaniers**, c'est-à-dire une taxe sur des biens importés. Une autre consiste à adopter des **quotas d'importation**, soit une restriction sur la quantité de certains produits étrangers qui peuvent être importés. Beaucoup de pays adoptent de telles mesures commerciales, bien souvent sans leur donner ce nom. Par exemple, les gouvernements canadien et américain ont déjà exercé des pressions sur les constructeurs d'automobiles japonais pour qu'ils vendent un moins grand nombre de leurs véhicules en Amérique du Nord. Ces restrictions prétendument volontaires des exportations constituent en réalité une forme de quota d'importation.

Analysons maintenant les conséquences macroéconomiques d'une politique commerciale. Imaginons que les dirigeants de l'industrie automobile nord-américaine, préoccupés par la concurrence japonaise, arrivent à convaincre le gouvernement canadien d'imposer des quotas d'importation sur les véhicules en provenance du Japon. Pour faire valoir son point de vue, le lobby de l'automobile justifierait une telle mesure restrictive en arguant qu'elle réduirait le déficit commercial canadien. Cette justification est-elle valable ? La réponse, à partir de notre modèle, se trouve à la figure 13.6.

Afin d'analyser cette politique commerciale, il faut d'abord établir quelle courbe se déplacera. Le premier impact d'une telle mesure se fait évidemment sentir sur les importations. Les exportations nettes, c'est-à-dire la différence entre les exportations et les importations, sont donc également touchées. Et comme les exportations nettes déterminent la demande nette de dollars sur le

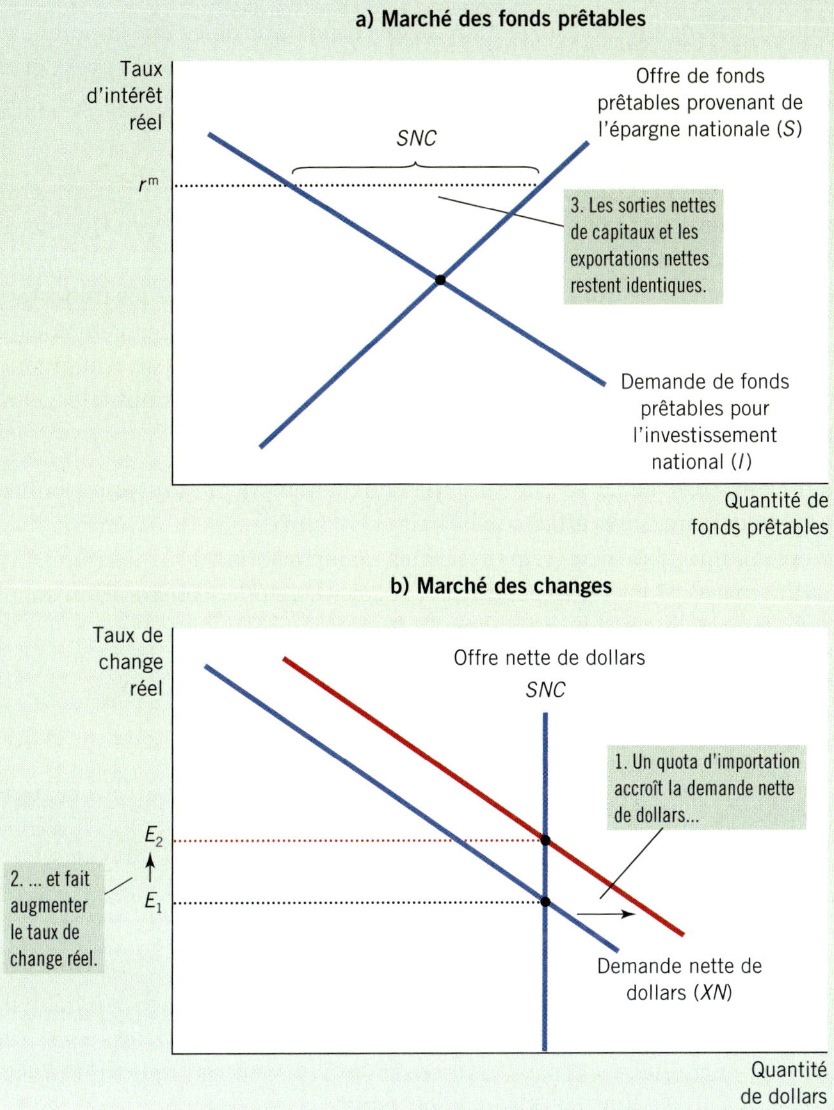

FIGURE 13.6

Les conséquences d'un quota d'importation

Lorsque le gouvernement canadien impose un quota sur les importations d'automobiles japonaises, cela n'entraîne aucune conséquence sur le marché des fonds prêtables, illustré au graphique a), ni sur l'offre nette de dollars du marché des changes, illustrée au graphique b). L'unique incidence est une augmentation des exportations nettes (la différence entre les exportations et les importations), pour chaque niveau du taux de change. Cela provoque une hausse de la demande nette de dollars sur le marché des changes, comme le montre le déplacement de la courbe de demande sur le graphique b). Cette augmentation fait apprécier le dollar, qui passe de E_1 à E_2. Une telle appréciation réduit les exportations nettes, ce qui neutralise complètement l'effet initial du quota d'importation sur la balance commerciale.

marché des changes, l'imposition d'un quota d'importation influe sur la courbe de demande de ce marché.

La deuxième étape de l'analyse consiste à voir dans quel sens cette courbe de demande se déplace. Parce que le quota limite les importations de véhicules japonais au Canada, les importations diminuent pour tout niveau du taux de change réel. Les exportations nettes, soit la différence entre les exportations et les importations, sont donc poussées à la hausse pour chaque niveau du taux de change réel. Puisque les étrangers ont besoin de dollars canadiens pour acheter les exportations nettes canadiennes, cette hausse se traduit par un accroissement de la demande nette de dollars sur le marché des changes. Un tel mouvement est illustré sur le graphique b) de la figure 13.6 : la courbe de demande se déplace vers la droite.

La troisième et dernière étape de l'analyse consiste à comparer le nouvel équilibre avec l'ancien. Le graphique b) montre que l'augmentation de la demande nette de dollars provoque une appréciation de la devise canadienne, de E_1 à E_2. En l'absence de changements sur le marché des fonds prêtables du graphique a), on n'enregistre aucune variation des sorties nettes de capitaux. Comme ces dernières demeurent constantes, les exportations nettes ne peuvent pas changer, même si le quota réduit les importations.

Cette stabilité des exportations nettes en présence d'une baisse initiale des importations s'explique par la hausse du taux de change réel. L'appréciation du dollar sur le marché des changes rend les produits canadiens plus chers par rapport aux produits étrangers, ce qui réduit les exportations et augmente les importations. Au total, un quota réduit les importations (effet initial, sur les véhicules automobiles), mais il réduit aussi les exportations en même temps qu'il augmente les importations (effet lié à l'appréciation du dollar). En fin de compte, les exportations nettes restent identiques.

Nous devons tirer de cette analyse une conclusion surprenante : les politiques commerciales sont sans effet sur la balance commerciale. Autrement dit, une intervention qui porte directement sur les exportations ou sur les importations ne modifie pas du tout les exportations nettes. Une telle constatation surprend moins si l'on revient à l'identité vue précédemment :

$$XN = SNC = S - I$$

Les exportations nettes (*XN*) sont égales aux sorties nettes de capitaux (*SNC*) et, donc, à la différence entre l'épargne et l'investissement ($S - I$). L'absence d'effet des politiques commerciales sur la balance commerciale est due au fait que de telles interventions ne modifient ni l'épargne (*S*) ni l'investissement (*I*). Pour un niveau donné d'épargne et d'investissement, le taux de change réel varie pour maintenir inchangée la valeur de la balance commerciale, quelles que soient les politiques commerciales.

Même si les politiques commerciales n'ont aucune incidence sur la balance commerciale nationale, elles ont cependant un impact réel sur certains secteurs industriels, entreprises ou pays. L'imposition d'un quota d'importation sur les véhicules de fabrication japonaise réduit la concurrence pour Ford, qui vend alors plus facilement ses voitures. De même, la montée du dollar complique la tâche pour Bombardier, le constructeur aéronautique canadien, par rapport à son concurrent brésilien Embraer. Les exportations d'aéronefs chutent, alors que leurs importations augmentent. Dans ce cas précis, le quota imposé aux constructeurs d'automobiles japonais aboutit à une baisse des exportations nettes d'avions pour le Canada. Cependant, même si les exportations nettes du Canada vers le Japon augmentent et que les exportations nettes du Canada vers le Brésil diminuent, la balance commerciale canadienne ne change pas.

Les conséquences des politiques commerciales sont donc microéconomiques plutôt que macroéconomiques. Bien que les partisans de ce type d'intervention affirment parfois (à tort) que les politiques commerciales ont une influence sur la balance commerciale, leurs motivations sont sans doute davantage liées aux effets de ces politiques sur une industrie ou un secteur particuliers. On ne se surprendra pas d'entendre un directeur de General Motors faire l'apologie des quotas d'importation pour les véhicules japonais. En revanche, les économistes s'opposent pratiquement toujours à de tels quotas. Le libre-échange permet aux différents pays de se spécialiser dans les domaines dans lesquels ils ont un avantage comparatif, ce qui améliore le bien-être dans tous les pays. Les restrictions commerciales, en limitant les bénéfices tirés du commerce international, réduisent du même coup le bien-être économique général.

L'instabilité politique et la fuite de capitaux

L'instabilité politique qui régnait au Mexique en 1994, due entre autres à l'assassinat d'un dirigeant politique connu, a provoqué la nervosité dans les marchés financiers. Les investisseurs ont réévalué à la baisse le niveau de stabilité du pays et, par conséquent, revu à la hausse le risque de leurs placements au Mexique. Beaucoup ont alors décidé de retirer une partie de leurs capitaux du pays, pour les investir aux États-Unis et dans d'autres lieux sûrs. Ce mouvement de retrait soudain et massif de fonds s'appelle **fuite de capitaux**. Pour en étudier les conséquences sur l'économie mexicaine, nous reprendrons notre analyse en trois étapes, en appliquant notre modèle d'économie ouverte au Mexique plutôt qu'au Canada.

Fuite de capitaux
Réduction soudaine et importante de la demande d'actifs dans un pays donné.

Le graphique a) de la figure 13.7 illustre le marché mexicain des fonds prêtables avant la fuite de capitaux. Au taux d'intérêt mondial, r^m, l'offre de fonds prêtables provenant de l'épargne mexicaine excède la demande mexicaine de fonds prêtables. Cette épargne excédentaire sert à l'achat d'actifs étrangers — en d'autres termes, les sorties nettes de capitaux mexicaines sont positives. On le voit sur le graphique a), où les *SNC* correspondent à la distance entre A et B. Ce niveau de sorties nettes de capitaux détermine l'offre nette de pesos mexicains sur le marché des changes, représentée sur le graphique b) par la courbe SNC_1. Le point d'équilibre entre l'offre et la demande nettes de pesos correspond au taux de change réel, E_1.

Déterminons maintenant quelle courbe se déplace — celle d'offre ou celle de demande — et dans quel sens se fait le déplacement, s'il y a fuite de capitaux de l'économie mexicaine. Comme nous l'avons vu, si les prêteurs mettent en doute la capacité de remboursement des emprunteurs, ils exigent alors un taux d'intérêt supérieur. Si les marchés financiers s'interrogent sur la solvabilité du Mexique, les prêteurs exigeront un taux d'intérêt supérieur à celui qu'ils demandent aux autres pays. Dans une petite économie ouverte comme celle du Mexique, cela implique un taux d'intérêt supérieur au taux mondial.

Soit θ, l'intérêt supplémentaire que les emprunteurs mexicains doivent payer aux prêteurs, autrement dit, la *prime de risque*. Les emprunteurs doivent maintenant payer le taux d'intérêt mondial, r^m, plus la prime de risque, θ. Pour épargner le même montant de fonds prêtables qu'avant cette crise de confiance, les épargnants mexicains exigent aussi un taux d'intérêt égal à $r^m + \theta$. On peut voir, sur le graphique a), le déplacement vers le haut de la courbe d'offre de fonds prêtables provenant de l'épargne mexicaine. Ce déplacement est égal à la valeur de la prime de risque, ce qui indique que les Mexicains n'offriront la même quantité d'épargne sur le marché des fonds prêtables que s'ils reçoivent une compensation en raison du risque supplémentaire encouru. Après tout, ils sont libres de placer leur épargne au Canada, au Japon ou sur tout autre marché des fonds prêtables. En payant cette prime de risque, les emprunteurs mexicains freinent la vente des actifs mexicains et, en recevant cette prime, les épargnants mexicains épargnent autant qu'avant la fuite des capitaux, ce qui permet dès lors de stopper la fuite de capitaux.

Cependant, comme nous le constatons sur le graphique a), l'ajout d'une prime de risque réduit l'investissement. L'effet net de ces changements : il y

FIGURE 13.7

Les conséquences d'une fuite de capitaux

Considérant le Mexique comme un pays moins sûr pour l'investissement, les épargnants mexicains et internationaux exigent une prime de risque pour continuer à détenir des actifs de ce pays. La réaction des épargnants mexicains s'observe sur le graphique a) par un déplacement vers le haut de la courbe d'offre de fonds prêtables. Les emprunteurs doivent désormais verser un taux d'intérêt de $r^m + \theta$, qui est supérieur à celui en vigueur avant la crise de confiance, et la quantité de fonds prêtables demandée pour l'investissement diminue. La hausse du taux d'intérêt mexicain et le déplacement de la courbe d'offre créent une augmentation des sorties nettes de capitaux. La valeur des sorties nettes de capitaux passe de la distance entre A et B à la distance entre X et Y. Cela signifie une augmentation de l'offre nette de pesos mexicains sur le marché des changes. Ce phénomène, illustré sur le graphique b) par le déplacement de la courbe d'offre de SNC_1 à SNC_2, cause une dépréciation du peso, dont la valeur passe de E_1 à E_2, soit une baisse de la valeur du peso par rapport aux autres devises.

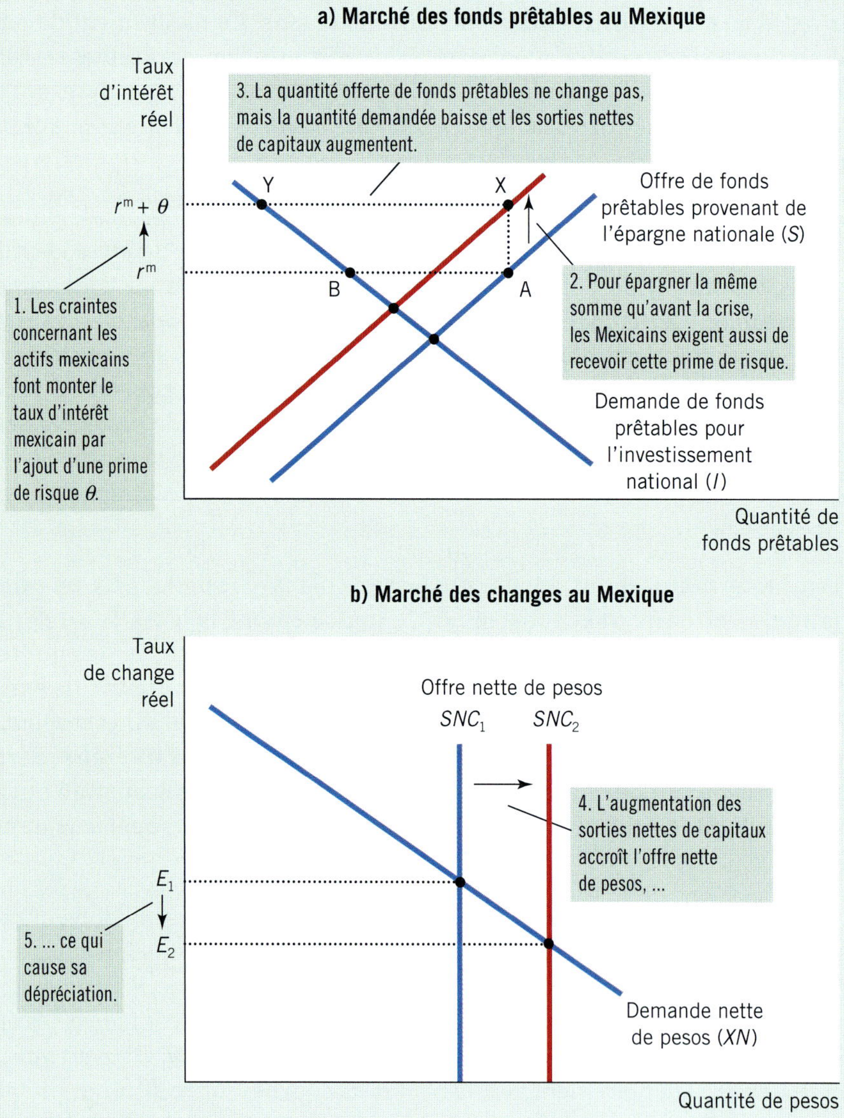

a augmentation des sorties nettes de capitaux, même si la vente des actifs mexicains est stoppée. Sur le graphique a), les *SNC* mexicaines correspondent maintenant à la distance entre X et Y. Sur le graphique b), cette augmentation des *SNC* provoque une hausse de l'offre nette de pesos sur le marché des changes, puisqu'elles passent de SNC_1 à SNC_2. L'augmentation de la demande d'actifs étrangers provoque un échange massif de pesos contre des devises étrangères. Une telle augmentation de l'offre nette de pesos se traduit par une dépréciation de la devise, dont la valeur passe de E_1 à E_2. On peut donc tirer la conclusion suivante : la fuite de capitaux aboutit à une hausse des taux d'intérêt mexicains et à une dépréciation du peso sur le marché des changes. C'est exactement ce qui a été observé en 1994. De novembre 1994 à mars 1995, le taux d'intérêt sur les obligations à court terme de l'État mexicain a bondi de 14 % à 70 %, et la valeur du peso par rapport au dollar canadien est tombée de 0,40 $ à 0,21 $.

Les changements de prix causés par une fuite de capitaux ont des effets sur plusieurs variables réelles importantes. La dépréciation de la devise réduit le prix des exportations et fait augmenter celui des importations, ce qui stimule les exportations nettes. Plus important encore est l'effet sur le taux d'intérêt : le taux d'intérêt plus élevé réduit l'investissement, donc l'accumulation du capital et la croissance à long terme.

Aucun pays n'est à l'abri d'un tel phénomène, qui survient de temps à autre. En 1997, les investisseurs internationaux se sont rendu compte que le système bancaire de plusieurs pays asiatiques, dont la Thaïlande, la Corée du Sud et l'Indonésie, frôlait la faillite. Cette nouvelle a déclenché une fuite de capitaux en règle. En 1998, le gouvernement russe était en situation de défaut de paiement sur ses dettes, ce qui a incité les investisseurs internationaux à récupérer ce qu'ils pouvaient de leurs capitaux avant de fuir et de les placer ailleurs. Une fuite de capitaux s'est aussi produite en Argentine, en 2002. Dans chacun de ces cas, le déroulement des événements correspond aux prédictions de notre modèle : hausse des taux d'intérêt et dépréciation de la monnaie. Plus récemment, en mai 2012, des gens retiraient leurs économies des banques grecques parce qu'ils craignaient que le pays abandonne l'euro. Les taux d'intérêt en Grèce ont alors bondi.

Les événements survenus au Mexique, en Asie du Sud-Est et en Russie pourraient-ils se produire au Canada ? Considéré traditionnellement comme un pays sûr pour les placements, le Canada a néanmoins déjà connu certaines fuites de capitaux limitées. Les référendums politiques passés et éventuels concernant une séparation du Québec ont sans doute contribué à maintenir le taux d'intérêt plus haut que ce qu'on observerait autrement. Cette question a inquiété les investisseurs internationaux, qui se sont demandé si le Canada pourrait cesser d'exister en tant que pays. Cela a obligé les emprunteurs canadiens à payer une prime de risque aux prêteurs. Outre cette majoration des taux d'intérêt, l'incertitude concernant l'avenir politique du pays a réduit l'investissement et la valeur du dollar, comme le prédit notre modèle.

Des événements purement économiques ont aussi causé des fuites de capitaux limitées hors du Canada. La forte augmentation de l'endettement des gouvernements, au début des années 1990, a suffisamment inquiété les investisseurs internationaux pour que les emprunteurs canadiens aient dû leur payer une prime de risque. Les effets expliqués plus haut se sont alors déroulés :

augmentation des sorties nettes de capitaux, dépréciation du dollar canadien, hausse des taux d'intérêt et ralentissement de la croissance économique.

Même une importante économie comme celle des États-Unis peut subir les conséquences d'une fuite de capitaux. Des batailles périodiques sur le budget entre le président et le Congrès ont parfois été associées à des bonds du taux d'intérêt sur les obligations du gouvernement américain, parce que les investisseurs craignaient un défaut de paiement sur la dette gouvernementale. Nombre d'analystes sont d'avis qu'un événement semblable pourrait survenir à la suite de la récession de 2009. Les gouvernements fédéral et des États ont alors augmenté substantiellement leur déficit budgétaire, des déficits qui persisteront plus que dans d'autres pays du monde, prédisent certains analystes. Cette perception s'est renforcée, en août 2011, lorsque l'agence Standard & Poor's a réduit la cote de la dette du gouvernement fédéral américain. Il n'est donc pas impossible que l'économie américaine entre dans une période au cours de laquelle les emprunteurs américains devront offrir une prime de risque aux investisseurs internationaux, nerveux au sujet de la capacité du gouvernement américain de rembourser ses dettes. Si l'on en arrive là, le modèle prévoit que l'économie américaine se caractérisera pendant un certain temps par une augmentation des sorties nettes de capitaux, un dollar dont la valeur est plus faible, des taux d'intérêt plus élevés et une croissance économique plus lente.

MINITEST

- Imaginez que les Canadiens décident d'économiser une plus grande partie de leurs revenus. Quelles seraient les conséquences de cette décision sur l'épargne, l'investissement, les sorties nettes de capitaux, le taux de change réel et la balance commerciale ?

Conclusion

L'économie internationale est un sujet d'étude de plus en plus important. Les Canadiens consomment de plus en plus de biens et de services étrangers et produisent de plus en plus pour l'exportation. Les fonds communs de placement et les autres institutions financières leur permettent d'emprunter ou de prêter sur les marchés financiers internationaux. Une analyse approfondie de l'économie canadienne exige donc une compréhension des échanges internationaux. Le modèle présenté dans ce chapitre nous permet de comprendre le fonctionnement à long terme d'une petite économie ouverte avec mobilité parfaite des capitaux.

Il convient cependant de noter que ce modèle reste une construction théorique. Il repose sur un certain nombre d'hypothèses et de simplifications, et les résultats obtenus doivent être nuancés lorsque ces hypothèses et ces simplifications ne sont pas avérées. Cela n'a rien d'étonnant en soi (souvenez-vous de la méthode scientifique et du rôle des modèles présentés au chapitre 2). En outre, notre modèle n'inclut pas certaines variables qui peuvent parfois se révéler importantes. Dans cette optique, les modèles plus complexes que vous étudierez plus tard en macroéconomie intégreront, par exemple, les anticipations des gens concernant l'avenir et les conséquences à plus long terme des flux de capitaux. Des modèles plus complexes permettent aussi de laisser tomber l'hypothèse de la mobilité parfaite des capitaux. Cela étant dit, il n'en reste pas moins que le modèle de base présenté ici constitue une représentation utile d'une petite économie ouverte.

L'économie internationale est un bon objet d'étude, mais il ne faut pas en exagérer l'importance. Les politiciens et les commentateurs ont souvent le réflexe de blâmer les étrangers pour tous les maux de l'économie canadienne. Pour leur part, les économistes ont plutôt tendance à penser que la majorité des problèmes économiques sont d'origine interne. Ainsi, les politiciens considèrent souvent la concurrence internationale comme une menace pour le niveau de vie de leurs concitoyens. Les économistes déplorent plutôt la faiblesse de l'épargne, qui réduit l'accumulation du capital, la croissance de la productivité et celle du niveau de vie, et ce, que l'économie soit ouverte ou fermée. Parce que les étrangers sont une cible facile, ils ont le mérite d'éviter aux politiciens de prendre des décisions impopulaires aux yeux de groupes locaux bien organisés. Dans tout débat public sur le commerce et les marchés financiers internationaux, il faut bien distinguer le mythe de la réalité. Les outils mis à votre disposition dans ces deux derniers chapitres vous y aideront.

Résumé

- Le Canada est une petite économie ouverte avec mobilité parfaite des capitaux, ce qui veut dire que les emprunteurs paient et que les prêteurs reçoivent le taux d'intérêt mondial. Deux marchés se trouvent au centre de l'analyse : le marché des fonds prêtables et le marché des changes. Sur le premier, le taux d'intérêt mondial détermine la quantité offerte de fonds prêtables (provenant de l'épargne) et la quantité demandée de fonds prêtables (pour l'investissement). La différence entre la quantité offerte et la quantité demandée de fonds prêtables au taux d'intérêt mondial correspond aux sorties nettes de capitaux. Sur le marché des changes, le taux de change réel assure l'équilibre entre l'offre nette de dollars (issue des sorties nettes de capitaux) et la demande nette de dollars (correspondant aux exportations nettes). L'interaction entre ces deux marchés passe par l'intermédiaire d'une variable commune, soit les sorties nettes de capitaux, déterminée dans le marché des fonds prêtables, mais également source de l'offre nette de dollars sur le marché des changes.
- Un accroissement du déficit budgétaire gouvernemental réduit l'offre de fonds prêtables provenant de l'épargne. Cela fait diminuer les sorties nettes de capitaux et l'offre nette de dollars sur le marché des changes. Cette baisse de l'offre nette de dollars provoque une augmentation du taux de change réel, ce qui fait chuter les exportations nettes. Une réduction du déficit budgétaire ou un excédent budgétaire font augmenter l'offre de fonds prêtables et les sorties nettes de capitaux. Cela provoque une hausse de l'offre nette de dollars sur le marché des changes, une dépréciation du dollar et une augmentation des exportations.
- Contrairement à l'opinion largement répandue, les politiques commerciales protectionnistes n'influent pas sur la balance commerciale. Les

restrictions imposées aux importations accroissent les exportations nettes pour tout niveau du taux de change et, par conséquent, accroissent également la demande nette de dollars sur le marché des changes. Il en résulte une appréciation de la monnaie, qui rend les produits nationaux plus chers par rapport aux biens et aux services importés. Cette appréciation du dollar annule entièrement l'impact initial de la politique commerciale sur les exportations nettes.

- Lorsque les investisseurs modifient leur compréhension du risque de détenir les actifs d'un pays donné, l'économie de ce pays en est souvent bouleversée. L'instabilité politique tend à provoquer une fuite de capitaux, ce qui fait grimper le taux d'intérêt et déprécie la devise locale.

Concepts clés

Questions de révision

1. Qu'est-ce que l'offre et la demande sur le marché des fonds prêtables et sur le marché des changes ? Comment ces deux marchés sont-ils reliés ?
2. Quelles seraient les conséquences d'une baisse du taux d'intérêt américain sur l'investissement, l'épargne, les sorties nettes de capitaux et le taux de change réel au Canada ?
3. Supposons qu'un syndicat de travailleurs du textile convainque les consommateurs de n'acheter que des vêtements fabriqués au Canada. Quel serait l'impact de ce nouveau comportement des consommateurs sur la balance commerciale et le taux de change réel ? sur l'industrie textile canadienne ? sur l'industrie canadienne de l'automobile ?
4. Qu'est-ce qu'une fuite de capitaux ? Quels sont ses impacts sur le taux d'intérêt et sur le taux de change ?

Les fluctuations économiques à court terme

6
PARTIE

L'offre et la demande agrégées

CHAPITRE 14

L'activité économique fluctue d'une année à l'autre. La plupart du temps, la production des biens et des services augmente, stimulée par un accroissement de la population active, du stock de capital et du capital humain ainsi que par le progrès technologique. Cette croissance économique améliore le niveau de vie moyen. Au cours des 145 dernières années, la production canadienne, mesurée selon le PIB réel par habitant, a crû en moyenne de 2 % par année.

Durant certaines périodes, la croissance laisse cependant la place à une contraction économique. Incapables alors de vendre les biens et les services qu'elles offrent, les entreprises réduisent la production et mettent à pied une partie de leur personnel. Le chômage augmente et les usines tournent au ralenti. Lorsqu'on produit moins de biens et de services, le PIB et les autres mesures du revenu chutent. Une telle baisse des revenus, associée à une montée du chômage, est

Récession
Période pendant laquelle le PIB réel diminue.

Dépression
Récession particulièrement grave.

appelée **récession**, si elle est relativement modérée, ou **dépression**, si elle est grave.

Les années 2008 et 2009 nous ont fourni un exemple d'une telle contraction. Du dernier trimestre de 2008 au deuxième trimestre de 2009, le PIB réel de l'économie canadienne a enregistré une baisse de 3 %. Le taux de chômage national est passé de 6,1 % en octobre 2008 à 8,7 % en août 2009. Dans certaines régions du pays, la récession s'est fait sentir avec plus d'acuité : durant la même période, le taux de chômage en Ontario, par exemple, est passé de 5,9 % à 10 %. Il n'est donc pas surprenant que les étudiants ayant obtenu leur diplôme à cette époque n'aient pas eu autant de facilité à trouver un emploi correspondant à leurs attentes.

Comment peut-on expliquer ces fluctuations à court terme de la production ? Certaines politiques macroéconomiques permettent-elles de prévenir la chute des revenus et l'augmentation du chômage ? Les dirigeants peuvent-ils réduire la durée et la gravité d'une récession ou d'une dépression ? De quelle manière ? Telles sont les questions que nous aborderons dans ce chapitre.

Pour ce faire, nous étudierons des variables déjà connues : le PIB, les taux de chômage, d'intérêt et de change ainsi que le niveau des prix. Nous reviendrons également sur les outils du gouvernement : dépenses publiques, taxes et offre de monnaie. Toutefois, à partir de maintenant et pour les prochains chapitres, l'horizon temporel de notre analyse ne sera plus le même. Dans les chapitres précédents, nous avons mis l'accent sur le comportement de l'économie à long terme. Nous nous intéresserons maintenant aux fluctuations à court terme autour de la tendance à long terme de l'économie. Autrement dit, plutôt que de nous intéresser aux forces qui déterminent la croissance économique d'une génération à l'autre, nous examinerons les causes des fluctuations économiques d'une année à l'autre.

Bien que l'analyse de ces fluctuations ne fasse pas l'objet d'un consensus total, la plupart des économistes utilisent le modèle de l'offre et de la demande agrégées. Notre premier objectif consistera donc à apprendre à utiliser ce modèle pour analyser les effets à court terme de chocs ou de politiques macroéconomiques. Le présent chapitre introduit les deux composantes principales de ce modèle : la demande agrégée et l'offre agrégée. Toutefois, avant d'étudier le modèle, commençons par examiner les faits.

Les trois principales caractéristiques des fluctuations macroéconomiques

Les fluctuations économiques à court terme surviennent dans tous les pays et à toutes les époques. En guise d'introduction, examinons certaines de leurs caractéristiques fondamentales.

La caractéristique n° 1 : les fluctuations sont irrégulières et imprévisibles

On qualifie fréquemment les fluctuations macroéconomiques de *cycle économique* ou *cycle conjoncturel*. Comme leur nom l'indique, elles correspondent à des variations de l'activité économique. Lorsque le PIB réel augmente rapidement, les entreprises ne manquent pas de clients et les bénéfices sont croissants. À l'inverse, une baisse du PIB réel correspond à une période difficile pour les entreprises. Lors de ces périodes de contraction économique, la plupart d'entre elles enregistrent un déclin des ventes et des bénéfices.

FIGURE 14.1

Les fluctuations économiques à court terme

Ces trois graphiques montrent en a) le PIB réel, en b) les dépenses d'investissement et en c) le taux de chômage de l'économie canadienne, en données trimestrielles, depuis 1966. Selon la définition souvent utilisée, une récession survient lorsque se succèdent au moins deux trimestres de contraction du PIB réel (les périodes de récession sont indiquées ici par les bandes ombrées). On remarquera qu'au cours de ces périodes, le PIB réel et les dépenses d'investissement diminuent, tandis que le taux de chômage augmente.

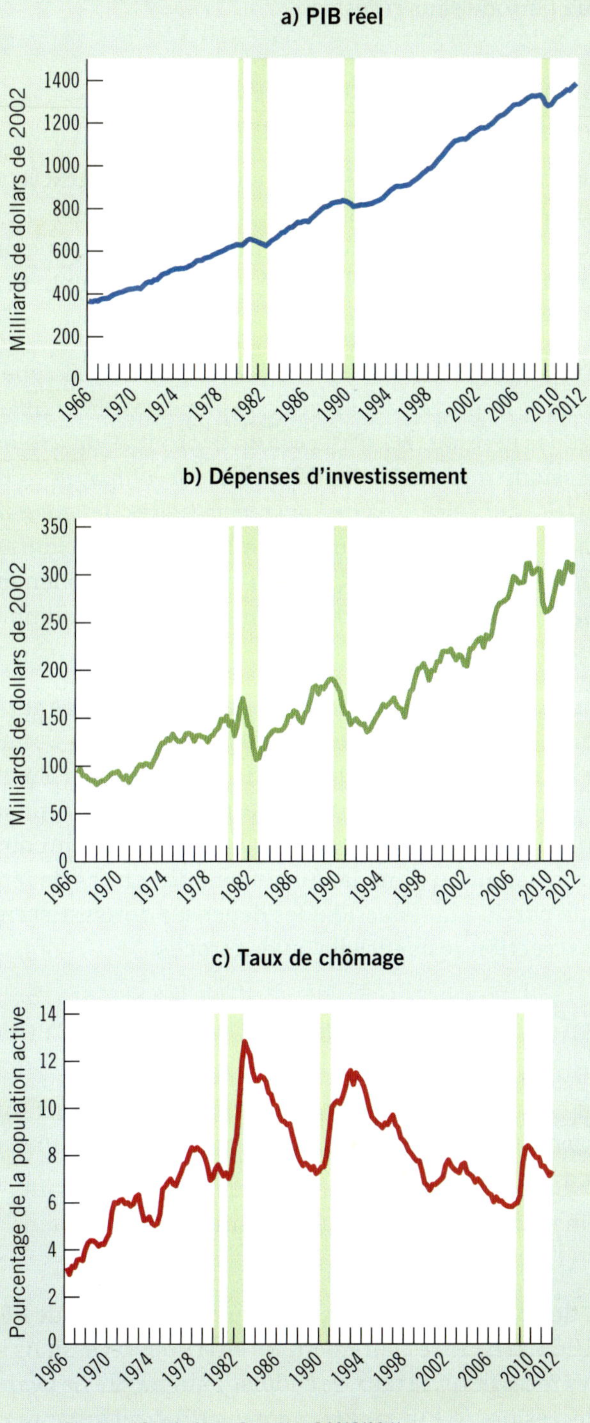

Source : Statistique Canada. CANSIM II.

Le terme *cycle économique* peut prêter à confusion, car il laisse entendre que les fluctuations reviennent selon un rythme régulier et prévisible. Or, ce n'est pas le cas. En fait, l'irrégularité des fluctuations économiques rend difficiles les prévisions macroéconomiques, comme on le constate sur le graphique a) de la figure 14.1, illustrant l'évolution du PIB réel au Canada depuis 1966. Les zones ombrées correspondent aux périodes de récession, qui surviennent à intervalles irréguliers. Il leur arrive de se suivre de près, comme dans le cas des récessions de 1980 et 1982. À d'autres moments, on assiste aussi à de longues périodes sans récession. Ainsi, de 1991 à l'automne 2008, le Canada a profité d'une très longue période sans récession.

La caractéristique n° 2 : la plupart des variables macroéconomiques fluctuent de concert

Mesure la plus globale de l'activité économique, le PIB réel est la variable la plus utilisée pour suivre les variations économiques à court terme. Le PIB réel représente la valeur de tous les biens et services produits durant une période donnée. Il mesure également le revenu total (ajusté pour tenir compte de l'inflation) de l'ensemble de la population.

Cependant, pour étudier les fluctuations à court terme, le type de mesure de l'activité économique importe peu. En effet, la plupart des variables macroéconomiques mesurant les revenus, les dépenses ou la production évoluent de concert. Lors d'une récession, une chute du PIB réel s'accompagne d'une baisse des revenus personnels, des bénéfices des entreprises, des dépenses de consommation et d'investissement, de la production industrielle, des ventes au détail, des ventes de maisons et d'automobiles, etc. Comme c'est un phénomène touchant toute l'économie, une récession est reconnaissable dans de nombreuses données macroéconomiques.

Même si les principales variables macroéconomiques fluctuent de concert, cela ne signifie pas que leurs variations sont de même amplitude. Comme le montre le graphique b) de la figure 14.1, les dépenses d'investissement fluctuent beaucoup durant le cycle économique. Bien que l'investissement ne représente que 20 % du PIB, sa diminution a compté pour au moins 80 % du déclin du PIB durant les trois dernières récessions au Canada. Autrement dit, en cas de récession, celle-ci est due en grande partie à la réduction des dépenses d'investissement des entreprises, de la construction résidentielle ou des stocks.

La caractéristique n° 3 : lorsque la production diminue, le chômage augmente

Il existe une forte corrélation entre les fluctuations de la production et celles du taux d'utilisation de la main-d'œuvre. Autrement dit, quand le PIB réel diminue, le taux de chômage augmente. Cela n'a rien de très surprenant : les entreprises produisant moins, elles licencient du personnel et contribuent ainsi à gonfler le chômage.

Le graphique c) de la figure 14.1 montre le taux de chômage de l'économie canadienne depuis 1966. Il illustre clairement les effets des récessions sur le chômage. Durant toutes les récessions, le taux de chômage augmente de façon substantielle. À la fin d'une récession, le PIB réel recommence à croître tandis que le taux de chômage décline graduellement, sans pourtant jamais retomber à zéro, fluctuant plutôt autour de son taux naturel. Comme nous l'avons vu au chapitre 9, la valeur du taux de chômage naturel ne fait pas l'objet d'un consensus. La plupart des économistes s'entendent toutefois pour dire que le taux de chômage naturel au Canada a augmenté au cours des années 1970, pour atteindre un sommet d'environ 8 % durant les années 1980 et redescendre graduellement depuis la fin des années 1990, à une valeur de 6 ou 7 %. Les économistes croient aussi que la récession de 2008-2009 a poussé à la hausse le taux de chômage naturel, qui est maintenant plus près de 7 %.

MINITEST

- Énumérez et décrivez les trois principales caractéristiques des fluctuations économiques.

Les causes des fluctuations économiques à court terme

Il est facile de décrire les fluctuations économiques, mais beaucoup plus difficile de leur attribuer une cause. À l'inverse des thèmes abordés dans les chapitres précédents, la théorie concernant les fluctuations économiques fait l'objet de controverses. Dans ce chapitre et les deux suivants, nous bâtirons un modèle utilisé par la majorité des économistes afin d'expliquer ces fluctuations à court terme.

Les hypothèses de l'économie classique

Dans les chapitres précédents, nous avons présenté des théories visant à expliquer les principales variables macroéconomiques à long terme. Au chapitre 7, nous avons abordé la croissance de la productivité et du PIB réel. Au chapitre 8, nous avons montré comment le taux d'intérêt réel assure l'équilibre entre l'épargne et l'investissement dans une économie fermée. Au chapitre 9, nous avons expliqué l'existence continuelle d'un certain taux de chômage dans l'économie. Aux chapitres 10 et 11, nous avons présenté le système monétaire et les impacts des fluctuations de l'offre de monnaie sur le niveau des prix, le taux d'inflation et le taux d'intérêt nominal. Aux chapitres 12 et 13, nous avons poursuivi cette analyse dans une économie ouverte, expliquant ainsi la balance commerciale et le taux de change réel. Nous y avons vu que dans un contexte de mobilité parfaite des capitaux, le taux d'intérêt réel au Canada augmente ou diminue avec le taux d'intérêt réel mondial.

L'ensemble de cette analyse repose sur deux idées connexes : la dichotomie classique et la neutralité monétaire. Il convient de se rappeler que la dichotomie classique correspond à un classement des variables en variables réelles (mesurées en quantités ou en prix relatifs) et variables nominales (mesurées en unités monétaires). D'après la théorie macroéconomique classique, une modification de l'offre de monnaie a un effet sur les variables nominales, mais ne touche pas les variables réelles. En raison de cette neutralité monétaire, nous avons pu examiner, aux chapitres 7, 8 et 9, les facteurs déterminant les variables réelles (PIB réel, taux d'intérêt réel et chômage) sans aborder les variables nominales (l'offre de monnaie et le niveau général des prix).

La monnaie a tout de même des effets dans un monde économique classique. Si la quantité de monnaie dans l'économie doublait, tout coûterait deux fois plus cher et les revenus de tout un chacun doubleraient. Cependant, ces changements ne seraient que nominaux (et ils n'auraient pas beaucoup d'importance). Ce qui intéresse vraiment les gens (avoir un emploi, leur pouvoir d'achat, etc.) ne changerait pas.

Cette vision classique est parfois rendue par l'expression *la monnaie est un voile*. Cela signifie que les variables nominales sont la première chose qu'on voit lorsqu'on observe une économie, parce que les valeurs économiques sont souvent exprimées en unités monétaires. Cependant, ce qui est vraiment important, ce sont les variables réelles et les forces qui les déterminent. Selon la théorie classique, il faut regarder sous le voile pour comprendre ces variables réelles.

La réalité des fluctuations à court terme

Les hypothèses de la théorie macroéconomique classique se vérifient-elles dans la réalité ? Il importe de le savoir pour comprendre le fonctionnement de l'économie. *La plupart des économistes pensent que la théorie classique décrit bien l'économie à long terme, mais pas à court terme.*

Prenons pour exemple les effets de la monnaie sur l'économie. Sur un horizon de plusieurs années, les variations de l'offre de monnaie ont une répercussion sur les prix et les autres variables nominales, sans influer sur le PIB réel, le chômage ou les autres variables réelles. Cependant, l'hypothèse de la neutralité monétaire ne convient plus lorsqu'il s'agit d'examiner les fluctuations économiques d'une année à l'autre. La majorité des économistes reconnaît que les variables nominales et réelles sont à court terme indissolublement liées et, tout particulièrement, qu'une variation de l'offre de monnaie peut écarter la production de sa tendance à plus long terme.

Même les économistes classiques, tel David Hume, ont compris que la théorie classique ne tient pas à court terme. Dans l'Angleterre du XVIIIe siècle, Hume a observé que l'expansion de la masse monétaire, causée par des découvertes d'or, ne menait à long terme qu'à une hausse des prix. À court terme, l'emploi et la production augmentaient.

Afin de comprendre l'économie à court terme, il nous faut donc un autre modèle. Pour le construire, nous nous servons des concepts abordés antérieurement, mais nous devons abandonner la dichotomie classique et la neutralité monétaire. Nous ne pouvons plus séparer l'analyse des variables réelles, telles que la production et l'emploi, et celle des variables nominales, telles que la monnaie et les prix. Notre nouveau modèle s'intéresse à l'interaction des variables nominales et réelles.

Le modèle de la demande agrégée et de l'offre agrégée

Notre modèle permet d'expliquer le comportement de deux variables : la production des biens et des services dans l'économie, mesurée par le PIB réel, et le niveau général des prix, selon le déflateur du PIB. Remarquez que la production est une variable réelle alors que le niveau des prix est une variable nominale. Dans l'analyse de la relation entre ces deux variables, notre modèle s'écarte donc de l'hypothèse classique selon laquelle les variables réelles et nominales peuvent être étudiées séparément.

DANS L'ACTUALITÉ

La récession et le 1 %

Comment une récession influe sur la distribution des revenus et les impôts payés par les riches.

La récession a fait chuter le revenu des membres du 1 % en plus d'augmenter leur taux d'imposition

Richard Rubin

Les ménages faisant partie du 1 % supérieur ont vu leur revenu avant impôt chuter de 36,3 % entre 2007 et 2009, alors que leur taux d'imposition fédéral est passé de 28,3 % à 28,9 % selon un document du Congressional Budget Office (CBO), le service d'études budgétaires du Congrès américain.

L'écart de revenu entre le 1% supérieur et le reste de la population américaine s'est rétréci au cours de la récession. En 2009, le 1 % le plus riche empochait 13,4 % des revenus avant impôt, contre 18,7 % en 2007. La tendance s'inversera probablement lorsque l'économie prendra du mieux, croit Alan Viard, chercheur en résidence de l'American Enterprise Institute, un organisme de Washington qui défend des politiques favorisant la réussite individuelle. « Je suis à peu près convaincu qu'on aurait tort d'y voir une variation de tendance, a-t-il déclaré. J'y vois en fait un phénomène associé au cycle économique. »

Les variations observées dans la distribution du revenu et les taux d'imposition découlent en partie d'une variation, chez les contribuables, des gains en capital. Ils ont déclaré des gains en capital de 75 % inférieurs pour la période, a déclaré le CBO, un organisme non partisan, dans un rapport diffusé aujourd'hui. Cela signifie qu'une plus grande part des gains qu'ont déclarés les ménages à revenu élevé ont été imposés selon le taux d'imposition du revenu ordinaire — qui peut atteindre 35 % — plutôt que selon le taux de 15 % des gains en capital.

Le revenu avant impôt

Cette baisse des revenus a fait en sorte que la part de l'impôt fédéral qu'ont payée les membres du 1 % est passée de 22,3 % à 26,7 %. En 2009, le revenu moyen avant impôt d'un contribuable issu du 1 % supérieur était de 1,2 M $, comparativement à 1,9 M $ deux ans plus tôt.

En cette année électorale, le président Barack Obama et les républicains du Congrès débattent du bien-fondé de prolonger les réductions d'impôt accordées aux contribuables représentant les 2 % les plus riches. Selon Obama, les taux d'imposition des couples mariés dont le revenu dépasse 250 000 $ devraient être rétablis aux niveaux d'avant 2001. Les républicains souhaitent au contraire étendre à tous les réductions d'impôt promulguées sous la présidence de George W. Bush.

Le document du CBO indique que la baisse des revenus combinée aux réductions d'impôt votées pour contrer la récession a fait baisser le taux d'imposition moyen de la population. En 2009, le taux moyen, en incluant les impôts sur la masse salariale, sur le revenu et sur les sociétés, ainsi que les taxes d'accise, était de 17,4 %, comparativement à 18 % en 2008 et à 19,9 % en 2007.

Des « faussetés »

« Les républicains ont beau tenter de perpétuer des faussetés, les faits parlent d'eux-mêmes : les taux d'imposition n'ont jamais été aussi faibles que durant la présidence d'Obama, a déclaré le député du Michigan Sander Levin, principal représentant démocrate de la Commission des finances de la Chambre des représentants. Au lieu de demander aux plus riches de participer à la réduction du déficit, les républicains préfèrent grossir encore les réductions d'impôt de Bush en proposant d'importants allégements fiscaux pour les mieux nantis. »

Pointant du doigt les baisses de revenu signalées dans le rapport, les républicains ajoutent que des taux d'imposition plus faibles durant une récession ne constituaient pas un indicateur économique positif.

« Sous le président Obama et les démocrates qui contrôlent Washington, les Américains ont perdu leur emploi et vu leur salaire décliner au point de passer à une fourchette d'imposition inférieure, a déclaré Michelle Dimarob, porte-parole du député républicain Dave Camp, du Michigan, et président de la Commission des finances de la Chambre des représentants. Nul ne peut se réjouir devant l'économie chancelante et les pertes d'emplois », a-t-elle ajouté.

Le rapport indique que depuis 2009, le revenu des ménages américains a crû lentement, sauf pour les ménages à revenu élevé, dont la croissance s'est avérée plus soutenue. ■

Source : Rubin, Richard. (10 juillet 2012). « Recession reduced top 1 % income while raising tax rate ». *Bloomberg.com*. (Traduction libre). Repéré à www.bloomberg.com

Modèle de l'offre et de la demande agrégées
Modèle permettant d'expliquer les fluctuations à court terme de l'économie autour de sa tendance à long terme.

Courbe de demande agrégée
Courbe montrant la quantité de biens et de services que les ménages, les entreprises, le gouvernement et les non-résidants souhaitent acheter pour chaque niveau des prix.

Courbe d'offre agrégée
Courbe montrant la quantité de biens et de services que les entreprises veulent produire et vendre pour chaque niveau des prix.

Nous analysons ici les fluctuations de l'économie globale grâce au **modèle de l'offre et de la demande agrégées** qu'illustre la figure 14.2. Le niveau général des prix dans l'économie se trouve sur l'axe des ordonnées, tandis que l'axe des abscisses montre la quantité globale de biens et de services. La **courbe de demande agrégée** correspond à la quantité de biens et de services que les ménages, les entreprises, le gouvernement et les non-résidants désirent acheter, pour chaque niveau des prix. La **courbe d'offre agrégée** montre la quantité de biens et de services que les entreprises veulent produire et vendre, pour chaque niveau des prix. D'après ce modèle, les prix et la production s'ajustent afin d'équilibrer l'offre et la demande agrégées.

Il est tentant de penser que ce modèle ne constitue qu'une version plus grande du modèle de l'offre et de la demande d'un marché étudié au chapitre 4, mais il s'agit en réalité d'un modèle très différent. Lorsqu'on examine la demande et l'offre sur un marché particulier — celui de la crème glacée, par exemple — le comportement des acheteurs et des vendeurs dépend de la possibilité de déplacer des ressources d'un marché à l'autre. Une hausse du prix de la crème glacée se traduit par une baisse de la quantité demandée, les consommateurs utilisant leur revenu pour acheter d'autres produits. En outre, une augmentation du prix de la crème glacée incite les firmes à accroître leur production, en embauchant du personnel provenant d'autres secteurs économiques. Cette substitution microéconomique d'un marché à un autre est impossible dès lors qu'on prend l'économie dans son ensemble. En effet, notre modèle tente d'expliquer le PIB réel, c'est-à-dire la production totale de l'ensemble des marchés de l'économie. Pour comprendre la pente négative de la courbe de demande agrégée et la pente positive de la courbe d'offre, il faut donc recourir à une théorie macroéconomique. Nous passerons maintenant à l'élaboration de cette théorie.

FIGURE 14.2

La demande agrégée et l'offre agrégée

Les économistes se servent du modèle de la demande et de l'offre agrégées dans le but d'analyser les fluctuations économiques. L'axe des ordonnées présente le niveau des prix, et l'axe des abscisses, le PIB réel. La production et les prix atteignent l'équilibre à l'intersection des deux courbes.

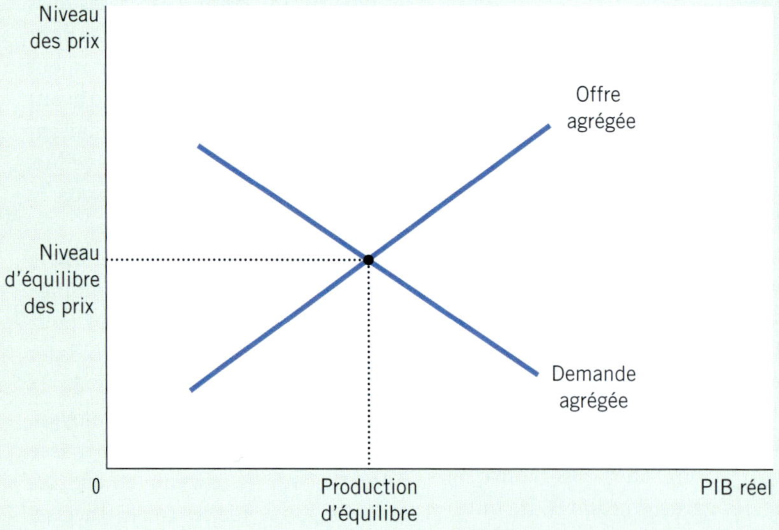

MINITEST

- En quoi le comportement de l'économie à court terme diffère-t-il de son comportement à long terme ? Tracez un graphique de l'offre et de la demande agrégées.

La courbe de demande agrégée

La courbe de demande agrégée nous indique la quantité demandée de biens et de services dans une économie, pour chaque niveau de prix. Telle qu'on l'a illustrée dans la figure 14.3, cette courbe présente une pente négative. Toutes choses étant égales par ailleurs, cela signifie qu'une diminution du niveau général des prix (passant par exemple de P_1 à P_2) se traduit par une augmentation de la quantité demandée des biens et des services (de Y_1 à Y_2). Inversement, une augmentation du niveau des prix réduit la quantité demandée de biens et de services.

Pourquoi la courbe de demande agrégée a-t-elle une pente négative ?

Pourquoi une baisse du niveau général des prix fait-elle augmenter la quantité demandée de biens et de services ? Pour le savoir, il importe de se rappeler que le PIB (Y) est égal à la somme de la consommation (C), de l'investissement (I), des dépenses publiques (G) et des exportations nettes (XN), soit :

$$Y = C + I + G + XN$$

Chacune de ces composantes contribue à la demande agrégée de biens et de services. Pour le moment, nous supposerons que les dépenses publiques sont constantes et déterminées par la politique budgétaire du gouvernement. Les trois autres composantes — consommation, investissement et exportations nettes — varient selon les conditions économiques et, en particulier, selon le niveau des prix. Pour comprendre la pente négative de la courbe de demande agrégée,

FIGURE 14.3

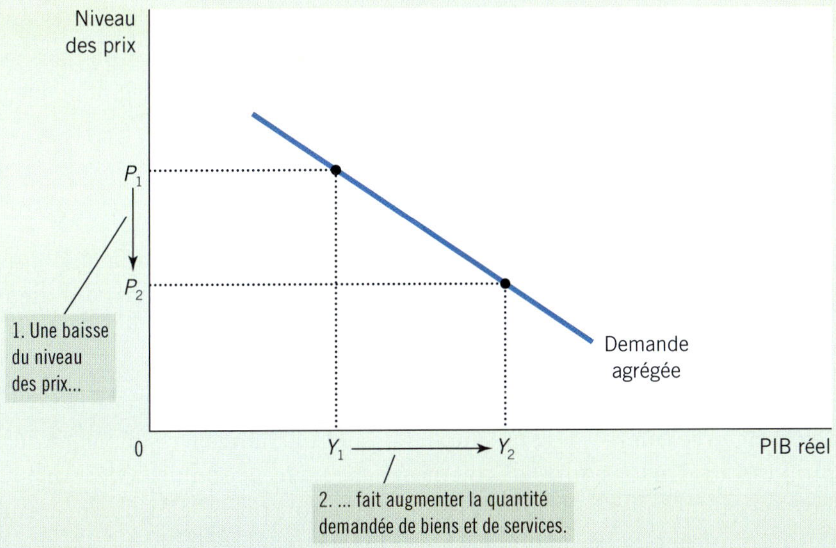

La courbe de demande agrégée

Une baisse des prix de P_1 à P_2 se traduit par une augmentation de la quantité demandée de biens et de services, qui passe de Y_1 à Y_2. Il y a trois raisons à cette relation négative : la baisse des prix fait augmenter les encaisses réelles, et fait diminuer le taux d'intérêt ainsi que le taux de change réel. De ces variations découle une hausse de la consommation, des investissements et des exportations nettes. Des dépenses accrues pour ces composantes du PIB font augmenter la quantité demandée de biens et de services.

nous devons donc étudier la relation entre le niveau des prix et la consommation, l'investissement et les exportations nettes.

Le niveau des prix et la consommation : l'effet d'encaisses réelles

Pensons à l'argent qui se trouve dans votre portefeuille et votre compte bancaire. Sa valeur nominale est fixe, mais pas sa valeur réelle. En cas de baisse des prix, ces dollars ont une valeur supérieure, ce qui vous permet de consommer plus. Ceci nous permet de comprendre une première cause de la pente négative de la courbe de demande agrégée. Une baisse du niveau des prix fait augmenter la valeur réelle des encaisses (ou des liquidités) des ménages, ce qui les incite à dépenser davantage. Cette augmentation de la consommation se solde par une hausse de la quantité demandée de biens et de services. Inversement, une hausse du niveau des prix réduit la valeur réelle des encaisses, la consommation et la quantité demandée de biens et de services.

Le niveau des prix et l'investissement : l'effet du taux d'intérêt

Comme nous l'avons vu au chapitre 11, le niveau des prix est l'un des facteurs déterminants de la quantité demandée de monnaie. Plus les prix sont bas, moins les ménages ont besoin de détenir de monnaie pour acheter les biens et les services. Lorsque les prix baissent, les consommateurs ont tendance à réduire leurs liquidités et à en prêter une partie. Ils peuvent, à titre d'exemple, acheter des obligations portant intérêt ou déposer leur argent dans un compte d'épargne, ce qui permet aux banques d'octroyer plus de prêts. Quoi qu'il en soit, plus les ménages cherchent à convertir leur monnaie en actifs rapportant un rendement, plus le taux d'intérêt baisse. Une telle réduction incite les entreprises à investir dans de nouvelles usines et de nouveaux équipements, et les ménages à investir en construction résidentielle. (Nous aborderons en détail ce phénomène au chapitre 15.)

Ceci nous permet de comprendre une deuxième raison pour laquelle la courbe de demande agrégée est à pente négative. Une baisse du niveau général des prix réduit les taux d'intérêt et fait augmenter les dépenses d'investissement, ce qui accroît la quantité demandée de biens et de services. Inversement, une hausse du niveau des prix fait augmenter les taux d'intérêt et diminuer les dépenses d'investissement et la quantité demandée de biens et de services.

Le niveau des prix et les exportations nettes : l'effet de substitution internationale

Au chapitre 12, nous avons vu que le niveau général des prix au Canada (P), le niveau général des prix à l'étranger (P^*) et le taux de change nominal canadien (e) permettent de calculer le taux de change réel canadien :

$$E = (e \times P) / P^*$$

Le taux de change réel mesure le taux auquel on peut échanger des biens et des services produits au Canada contre des biens et des services produits à l'étranger. Toutes choses étant égales par ailleurs, une réduction du niveau des prix au Canada fait diminuer le taux de change réel. Une telle dépréciation réelle rend les produits canadiens meilleur marché par rapport à ceux de fabrication étrangère : les Canadiens et les étrangers substituent alors aux marchandises venant de l'étranger des biens fabriqués au Canada. Il s'agit donc de la troisième raison pour laquelle la courbe de demande agrégée est à pente négative. Une baisse du niveau général des prix au Canada se traduit par une baisse du taux de change réel, laquelle stimule les exportations nettes canadiennes et fait augmenter la quantité demandée de biens et de services. Inversement, une hausse du niveau général des prix au Canada se traduit par une hausse du taux de change réel, ce qui réduit les exportations nettes canadiennes ainsi que la quantité demandée de biens et de services.

Résumé

Il existe trois raisons différentes, mais connexes, pour lesquelles une baisse du niveau général des prix se solde par une augmentation de la quantité demandée de biens et de services :

1. Les ménages se sentent plus riches et augmentent leurs dépenses de consommation.

2. Les taux d'intérêt baissent, ce qui stimule la demande pour les biens d'investissement.

3. La baisse du taux de change réel accroît les exportations nettes.

Ces trois raisons permettent d'expliquer la pente négative de la courbe de demande agrégée. Elles fonctionnent aussi en sens inverse : lorsque le niveau des prix augmente, la baisse de la richesse réduit la consommation, la hausse des taux d'intérêt fait diminuer les dépenses d'investissement et la hausse du taux de change réel réduit les exportations nettes.

Pour mettre ces effets en lumière, imaginons que vous vous réveillez un matin et que pour une raison mystérieuse, les prix de tous les biens et les services ont doublé. Les dollars que vous possédez ne valent donc plus que la moitié de ce qu'ils valaient la veille. Que feriez-vous ? Vous pourriez dépenser moins au restaurant, ce qui réduirait les dépenses de consommation. Vous pourriez réduire votre épargne (en diminuant vos dépôts à la banque), ce qui ferait monter les taux d'intérêt et diminuer les dépenses d'investissement. Vous pourriez aussi réagir aux prix plus élevés au Canada en achetant plus de produits fabriqués à l'étranger, ce qui réduirait les exportations nettes canadiennes. Quelle que soit votre réaction, l'augmentation du niveau des prix cause une diminution de la quantité demandée de biens et de services produits au Canada. La courbe de demande agrégée a donc une pente négative.

Il ne faut pas perdre de vue notre prémisse, « toutes choses étant égales par ailleurs », lorsque cette courbe (comme toutes les courbes de demande) est tracée. Entre autres, la pente négative de cette courbe repose sur l'hypothèse d'une offre de monnaie fixe. Nous venons donc d'étudier l'influence du niveau des prix sur la quantité demandée de biens et de services, la quantité de monnaie dans l'économie étant maintenue constante. Comme nous le verrons, une modification de la masse monétaire cause un déplacement de la courbe de demande agrégée. Pour le moment, il suffit de se rappeler qu'on trace la courbe de demande agrégée en maintenant l'offre de monnaie constante.

Les facteurs de déplacement de la courbe de demande agrégée

La pente négative de la courbe de demande agrégée montre qu'une baisse du niveau général des prix cause une augmentation de la quantité demandée de biens et de services. Bien d'autres facteurs, cependant, influent sur la quantité demandée pour un niveau des prix donné. Toute variation de l'un de ces autres facteurs provoque un déplacement de la courbe de demande agrégée.

Examinons quelques exemples de chocs pouvant modifier la position de cette courbe, en les classant selon la dépense directement concernée.

Les déplacements dus à la consommation

Imaginons que les Canadiens, soucieux de leur retraite, se mettent à épargner plus, en réduisant leur consommation actuelle. Un tel comportement pourrait être causé par une chute des prix des actions, ce qui réduirait la richesse des ménages. La réduction de la quantité demandée de biens et de services, pour chaque niveau des prix, provoquerait un déplacement vers la gauche de la courbe de demande agrégée. Imaginons en revanche qu'une flambée boursière fait augmenter la richesse des consommateurs, ce qui réduirait l'incitation à épargner. L'accroissement des dépenses de consommation se solderait alors par une plus forte demande de biens et de services, pour tout niveau des prix, et la courbe de demande agrégée se déplacerait vers la droite.

On en conclut que tout événement (qu'on appelle aussi un *choc*) modifiant la consommation, pour un niveau des prix donné, provoque un déplacement de la courbe de demande agrégée. La politique fiscale peut aussi avoir le même effet. Lorsque le gouvernement diminue les impôts, il augmente le revenu disponible des ménages. Cela les encourage à consommer plus, de sorte que la courbe de demande agrégée se déplace vers la droite. Si le gouvernement augmente les impôts, les consommateurs réduisent leurs dépenses et la courbe de demande agrégée se déplace vers la gauche.

ÉTUDE DE CAS

La richesse immobilière

Les dépenses de consommation reflètent en partie le sentiment de richesse des gens. Certaines raisons expliquent pourquoi une personne se sentira moins riche : un marché boursier baissier, des inquiétudes à savoir si son épargne pour la retraite est suffisante, même l'arrivée d'un bébé et toutes les dépenses qu'il entraînera. En revanche, un marché boursier haussier, un héritage et la fin des études universitaires d'un enfant donneront l'impression à un parent d'être soudainement plus riche.

Cependant, dans la perception qu'un individu a de sa richesse, le facteur principal est la valeur de ce qui correspond souvent à son actif le plus important : la maison. La figure 14.4 montre le pourcentage de changement annuel depuis 1993 dans les prix des maisons neuves ou des reventes au Canada. Entre 1997 et 2008, on observe une hausse rapide et généralisée des prix de l'immobilier. En 2006, par exemple, les prix à la fois des maisons neuves et des reventes ont grimpé de plus de 11 %. En 2009, toutefois, ils ont cessé d'augmenter et ont même chuté. Ce déclin du prix des maisons n'a pas duré. Dès 2010, le prix des nouvelles maisons était de nouveau à la hausse d'environ 2 % par année. Le marché de la revente de maisons a quant à lui renoué avec les hausses annuelles d'environ 6 %. Les données de la figure 14.4 sont évidemment des moyennes de la hausse du prix des maisons au Canada. Dans certains marchés de l'habitation, le taux de variation des prix était beaucoup plus important que dans d'autres marchés locaux.

Les responsables des politiques surveillent attentivement les hausses et les baisses importantes des prix de l'immobilier, non seulement à cause de leur effet potentiel sur les dépenses de consommation, mais aussi parce qu'ils s'inquiètent de la capacité des titulaires d'hypothèques à absorber les conséquences financières d'une hausse des taux d'intérêt ou d'une baisse soudaine des prix des maisons. Voilà pourquoi la Banque du Canada et le gouvernement surveillent de près le marché de l'immobilier.

FIGURE 14.4

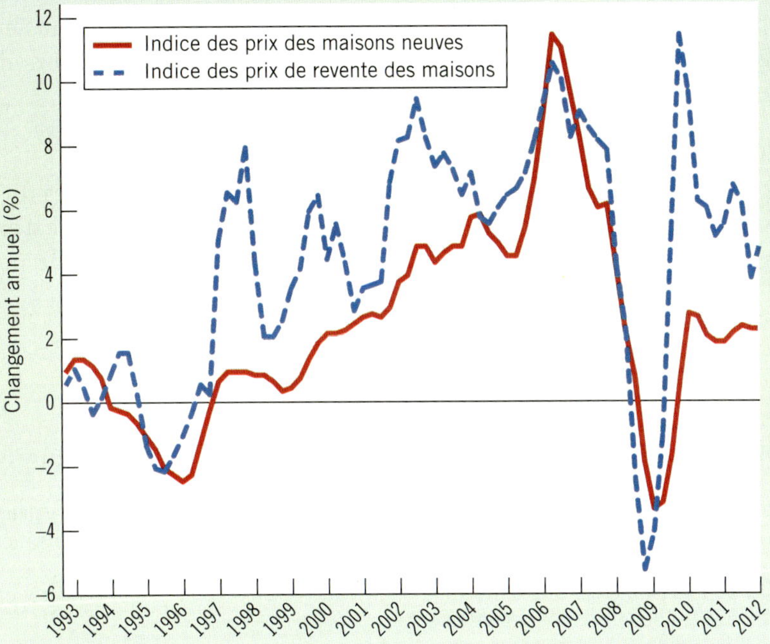

Sources : Données tirées de la Banque du Canada. (2013). « Indicateurs des pressions s'exerçant sur la capacité de production et l'inflation au Canada ». Repéré à www.banqueducanada.ca

Les prix de l'immobilier au Canada, 1993-2012

Le graphique indique le pourcentage annuel de changement dans les prix des maisons neuves et des reventes au Canada, de 1993 à 2012. Les importantes augmentations de prix des maisons survenues au début des années 2000 peuvent avoir donné l'impression aux gens d'être plus riches et, par conséquent, avoir fait en sorte que les dépenses des ménages aient augmenté également au cours de la même période. La chute soudaine des prix en 2009 est susceptible d'avoir freiné les dépenses des ménages et ainsi contribué à aggraver la récession de 2008-2009.

Les déplacements dus à l'investissement

Tout choc modifiant les investissements, pour tout niveau des prix, fait également bouger la courbe de demande agrégée. Imaginons que l'industrie informatique lance sur le marché des ordinateurs plus performants, ce qui incite les entreprises à s'équiper de nouveaux systèmes informatiques. Cette augmentation du volume des biens et des services demandés, pour tout niveau des prix, fait bouger vers la droite la courbe de demande agrégée. À l'inverse, le pessimisme croissant des entreprises, à propos du contexte économique futur, mène à des dépenses d'investissement moindres et à un déplacement vers la gauche de cette même courbe.

La politique fiscale influe également sur la demande agrégée par le biais des investissements. Nous avons déjà observé, au chapitre 8, qu'un crédit d'impôt à l'investissement (une réduction d'impôt liée directement aux dépenses d'investissement des entreprises) a une incidence positive sur l'investissement, pour tout niveau du taux d'intérêt. La courbe de demande agrégée se déplace alors vers la droite. L'abrogation d'une telle mesure fiscale a l'effet inverse et la courbe se déplace alors vers la gauche.

L'offre de monnaie est une autre variable de politique économique susceptible d'influer sur les investissements et la demande agrégée. Comme nous le verrons plus en détail dans le prochain chapitre, une augmentation de la masse monétaire cause, à court terme, une réduction du taux d'intérêt. En diminuant le coût des emprunts, on stimule les dépenses d'investissement, et la courbe de demande agrégée se déplace vers la droite. Par contre, une réduction de la masse monétaire faisant grimper le taux d'intérêt, les dépenses d'investissement diminuent et la courbe de demande agrégée se déplace vers la gauche. Beaucoup d'économistes attribuent à la politique monétaire canadienne plusieurs des déplacements importants de la courbe de demande agrégée au cours de l'histoire du pays.

Les déplacements dus aux dépenses publiques

Les dépenses publiques représentent la façon la plus directe pour les dirigeants politiques d'agir sur la courbe de demande agrégée. Supposons, à titre d'exemple, que les parlementaires fédéraux décident d'augmenter les achats de nouvelles

TABLEAU 14.1

La courbe de demande agrégée : un résumé

POURQUOI LA COURBE DE DEMANDE AGRÉGÉE A-T-ELLE UNE PENTE NÉGATIVE ?
1. *L'effet d'encaisses réelles :* Une réduction du niveau des prix fait augmenter la valeur réelle des encaisses (liquidités) et, par conséquent, stimule les dépenses de consommation.
2. *L'effet du taux d'intérêt :* Une diminution du niveau des prix réduit le taux d'intérêt et encourage les dépenses d'investissement.
3. *L'effet de substitution internationale :* Une baisse du niveau des prix provoque une réduction du taux de change réel, ce qui encourage les exportations nettes.
POURQUOI LA COURBE DE DEMANDE AGRÉGÉE SE DÉPLACE-T-ELLE ?
1. *Les déplacements dus à la consommation :* Des chocs, telles une réduction d'impôt ou une euphorie boursière, qui font augmenter la consommation pour tout niveau des prix, entraînent un déplacement vers la droite de la courbe de demande agrégée. En revanche, des chocs qui provoquent une diminution des dépenses de consommation, telles une augmentation des impôts ou une chute des prix des actions, provoquent un déplacement vers la gauche de la courbe de demande agrégée.
2. *Les déplacements dus à l'investissement :* Un choc, telles une anticipation de bénéfices futurs plus élevés ou une baisse des taux d'intérêt due à l'augmentation de la masse monétaire, occasionne un déplacement vers la droite de la courbe de demande agrégée. Inversement, une anticipation de bénéfices futurs plus faibles ou une hausse des taux d'intérêt en raison de la réduction de l'offre de monnaie causent une diminution des investissements des entreprises, pour tout niveau des prix, et un déplacement vers la gauche de la courbe de demande agrégée.
3. *Les déplacements dus aux dépenses publiques :* Si le gouvernement décide d'accroître ses achats de biens et de services, que ce soit pour l'acquisition de matériel militaire ou l'embauche de fonctionnaires, par exemple, la courbe de demande agrégée se déplace vers la droite. À l'inverse, si le gouvernement resserre les cordons de la bourse en réduisant les dépenses militaires ou en mettant à pied des fonctionnaires, la courbe de demande agrégée se déplace vers la gauche.
4. *Les déplacements dus aux exportations nettes :* Une augmentation des exportations nettes, attribuable à la croissance économique d'un partenaire commercial majeur ou encore à un taux de change plus faible, entraîne un déplacement vers la droite de la courbe de demande agrégée. Par contre, une réduction des exportations nettes, causée par une récession chez un partenaire commercial important ou une augmentation du taux de change, provoque un déplacement vers la gauche de la courbe de demande agrégée.

frégates pour les forces armées. Cette hausse de la quantité demandée de biens et de services, pour tout niveau des prix, provoque un déplacement vers la droite de la courbe de demande agrégée. À l'inverse, si les gouvernements provinciaux décident de dépenser moins en services de police, la quantité demandée de biens et de services, pour tout niveau des prix, diminue, et la courbe de demande agrégée se déplace vers la gauche.

Les déplacements dus aux exportations nettes

Une variation des exportations nettes, pour tout niveau des prix, entraîne aussi un déplacement de la courbe de demande agrégée. Si les États-Unis entrent en récession, les Américains réduisent leurs achats de biens canadiens, ce qui fait ainsi diminuer les exportations nettes canadiennes et bouger vers la gauche la courbe de demande agrégée de l'économie canadienne. Au sortir de cette récession, les États-Unis augmentent leurs importations de biens canadiens et la courbe de demande agrégée canadienne se déplace vers la droite.

Les variations du taux de change influent aussi sur les exportations nettes. Si un phénomène fait monter la valeur du dollar canadien sur le marché des changes, cette appréciation de la monnaie renchérit les biens fabriqués au Canada par rapport aux biens étrangers. Les exportations nettes diminuent et la courbe de demande agrégée se déplace vers la gauche. Une dépréciation du dollar stimule au contraire les exportations nettes, et la courbe de demande agrégée se déplace alors vers la droite.

Résumé

Nous reviendrons plus en détail sur la courbe de demande agrégée dans les prochains chapitres. Nous examinerons alors les effets des politiques fiscales et monétaires sur cette courbe, de même que la pertinence des interventions gouvernementales. Pour l'instant, vous devriez déjà comprendre les raisons pour lesquelles cette courbe a une pente négative et connaître les chocs qui provoquent ses déplacements. Le tableau 14.1 résume ces derniers points.

MINITEST

- Donnez les trois raisons pour lesquelles la courbe de demande agrégée présente une pente négative.
- Nommez un événement susceptible de provoquer un déplacement de la courbe de demande agrégée. Dans quel sens ce choc fait-il se déplacer la courbe?

La courbe d'offre agrégée

Cette courbe montre la quantité totale de biens et de services que les entreprises produisent et vendent, pour chaque niveau des prix. À l'inverse de la courbe de demande agrégée et de sa pente toujours négative, la pente de la courbe d'offre agrégée dépend de l'horizon temporel. À long terme, la courbe d'offre agrégée est verticale, tandis qu'à court terme, elle a une pente positive. Pour comprendre les fluctuations économiques à court terme et les raisons pour lesquelles l'économie à court terme dévie par rapport à son comportement à long terme, il faudra examiner les deux courbes d'offre agrégée.

Pourquoi la courbe d'offre agrégée à long terme est-elle verticale ?

Quels facteurs déterminent la quantité offerte de biens et de services à long terme ? Nous avons déjà répondu de manière implicite à cette question dans cet ouvrage, lors de l'analyse de la croissance économique à long terme. À long terme, la production de biens et de services d'une économie (soit le PIB réel) dépend de l'offre de travail, de ressources naturelles et de capital ainsi que de la technologie utilisée pour transformer ces ressources en biens et en services.

Lorsque nous avons analysé les forces qui déterminent la croissance économique à long terme, nous n'avions pas à faire référence au niveau des prix. Nous avons vu que le niveau des prix dépend de la quantité de monnaie. Nous avons aussi appris que si deux économies étaient identiques, à part le fait que la quantité de monnaie en circulation dans l'économie A soit le double de celle de l'économie B, l'économie A aurait un niveau des prix qui serait le double de celui de l'économie B, alors que la production de biens et de services serait identique dans les deux économies.

Le niveau des prix n'ayant aucune influence sur ces facteurs déterminant le PIB réel à long terme, la courbe d'offre agrégée à long terme est donc verticale, comme on le voit sur la figure 14.5. Autrement dit, à long terme, le travail, le capital, les ressources naturelles et la technologie déterminent la quantité totale de biens et de services offerts, cette quantité restant la même quel que soit le niveau des prix.

Cette courbe d'offre agrégée à long terme verticale est donc une représentation graphique de la dichotomie classique et de la neutralité monétaire. Nous avons vu que la théorie macroéconomique classique se fonde sur l'hypothèse que les variables réelles ne dépendent pas des variables nominales. Par conséquent, le volume de la production (une variable réelle) ne dépend pas du niveau des prix (une variable nominale). La majorité des économistes, comme nous l'avons déjà mentionné, sont convaincus qu'un tel principe se vérifie à long terme, mais pas à court terme. Cette courbe n'est donc verticale qu'à long terme.

FIGURE 14.5

La courbe d'offre agrégée à long terme

À long terme, la quantité offerte de biens et de services dépend de la capacité de production. Celle-ci est à son tour fonction des quantités de main-d'œuvre, de ressources naturelles et de capital ainsi que de la technologie. Toutefois, elle ne dépend pas du niveau des prix. Par conséquent, la courbe d'offre agrégée à long terme est verticale au niveau de production naturel.

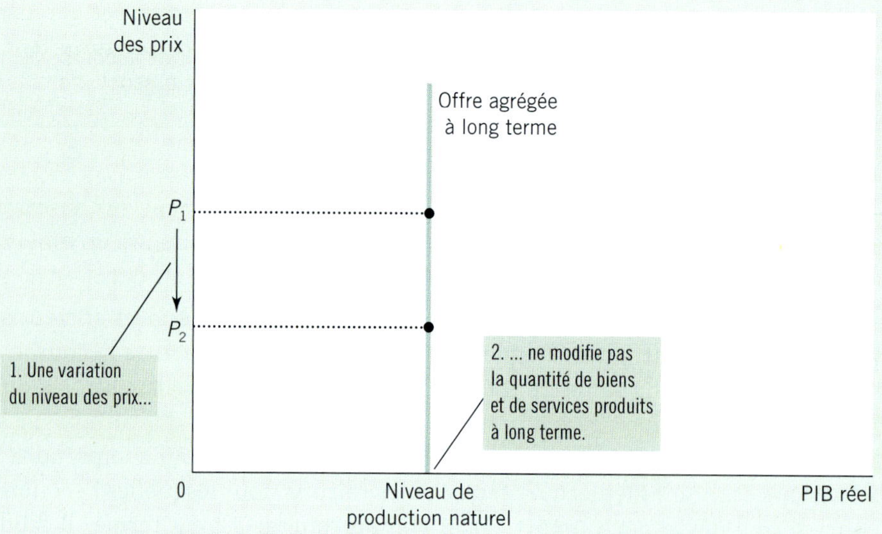

Pourquoi la courbe d'offre agrégée à long terme se déplace-t-elle?

La théorie macroéconomique classique prédit la quantité de biens et de services produits à long terme dans une économie : elle explique donc aussi la position de la courbe d'offre agrégée à long terme. Le niveau de production de long terme est parfois appelé *production potentielle* ou *production de plein-emploi*. Nous l'appelons toutefois **niveau de production naturel**, parce qu'il correspond à la production de l'économie au taux de chômage naturel ou normal. Ce niveau naturel représente le niveau de production vers lequel l'économie tend à long terme.

Niveau de production naturel
Production de l'économie au taux de chômage naturel.

Tout événement modifiant ce niveau de production naturel provoque un déplacement de la courbe d'offre agrégée. Comme la production repose, selon le modèle classique, sur la quantité de travail, de ressources naturelles et de capital ainsi que sur la technologie utilisée pour transformer ces ressources en biens et en services, nous pouvons nous servir de ces quatre facteurs pour classer les différents déplacements de la courbe d'offre agrégée.

Les déplacements dus à la main-d'œuvre

Imaginons un afflux d'immigrants au Canada. En raison de l'augmentation du nombre de travailleurs, la quantité de biens et de services produits s'accroîtrait. Cela se traduirait par un déplacement vers la droite de la courbe d'offre agrégée. À l'inverse, en cas d'exode, la courbe se déplacerait vers la gauche.

La position de la courbe d'offre agrégée à long terme dépend également du taux de chômage naturel. À titre d'exemple, si les gouvernements provinciaux décident d'augmenter substantiellement le salaire minimum, le taux de chômage naturel grimpera. Au taux naturel, il y aura donc moins de travailleurs employés et la production s'en trouvera réduite. Ainsi, la courbe d'offre agrégée se déplacera vers la gauche. En revanche, une réforme du système d'assurance emploi qui inciterait les chômeurs à chercher du travail de manière plus intensive ferait baisser le taux de chômage naturel. Cela se traduirait par un déplacement vers la droite de la courbe d'offre agrégée. Un changement du taux de chômage naturel déplace donc la courbe d'offre agrégée à long terme.

Les déplacements dus au capital

Un accroissement du stock de capital fait augmenter la productivité et, du même coup, la quantité offerte de biens et de services. En conséquence, la courbe d'offre agrégée se déplace vers la droite. Par contre, une réduction du stock de capital diminue la productivité et la production de biens et de services, ce qui entraîne un déplacement vers la gauche de la courbe d'offre agrégée.

Le raisonnement est identique, qu'on parle de capital physique ou de capital humain. Une augmentation du nombre de machines, ou du nombre de diplômés universitaires, provoque une augmentation de la productivité et, donc, un déplacement vers la droite de la courbe d'offre agrégée à long terme.

Les déplacements dus aux ressources naturelles

La production d'une économie dépend de ses ressources naturelles, dont la terre, les minéraux et le climat. La découverte de nouveaux gisements minéraux provoque un déplacement vers la droite de la courbe d'offre agrégée à long terme. Une modification du climat qui rend la production agricole plus difficile suscite un déplacement vers la gauche de la courbe d'offre agrégée à long terme.

Dans plusieurs pays, d'importantes ressources naturelles sont importées de l'étranger. Une modification de la disponibilité de ces ressources peut aussi provoquer un déplacement de la courbe d'offre agrégée à long terme. Nous verrons, plus loin dans ce chapitre, que des chocs provenant du marché pétrolier mondial ont souvent été à l'origine de déplacements de l'offre agrégée.

Les déplacements dus aux connaissances technologiques

L'augmentation de la production, d'une génération à l'autre, s'explique en grande partie par les progrès technologiques. Par exemple, l'invention de l'ordinateur a permis de produire plus de biens et de services, toutes choses étant égales par ailleurs. Cette innovation a donc fait bouger vers la droite la courbe d'offre agrégée à long terme.

D'autres événements ont des conséquences semblables. Ainsi, l'ouverture au commerce international peut se comparer à l'introduction de nouveaux processus de production. En effet, l'ouverture aux échanges permet de se spécialiser dans des industries où la productivité est meilleure, ce qui provoque un déplacement vers la droite de la courbe d'offre agrégée à long terme. Par contre, l'adoption par le gouvernement de nouvelles réglementations interdisant aux entreprises certains processus de production, notamment en raison de leurs effets polluants, se solde par un déplacement vers la gauche de la courbe d'offre agrégée à long terme.

Résumé

La courbe d'offre agrégée à long terme illustre le modèle classique de l'économie élaboré plus tôt dans cet ouvrage. Toute politique ou tout choc qui entraînent une augmentation du PIB réel, comme nous l'avons vu dans le chapitre 7, se traduisent par un déplacement vers la droite de la courbe d'offre agrégée à long terme. Au contraire, tout choc ou toute politique qui exercent un effet négatif sur le PIB réel, comme il est montré dans le chapitre 7, aboutissent à une diminution de l'offre de biens et de services et, dès lors, à un déplacement vers la gauche de la courbe d'offre agrégée à long terme.

L'utilisation de la demande agrégée et de l'offre agrégée pour expliquer la croissance et l'inflation à long terme

Après avoir abordé les courbes de demande agrégée et d'offre agrégée à long terme, il nous est maintenant possible de décrire d'une nouvelle façon les tendances économiques à long terme. La figure 14.6 illustre l'évolution de l'économie sur deux décennies. Remarquez les déplacements des deux courbes. Bien que diverses forces expliquent ces déplacements, la technologie et la politique monétaire prédominent. Les progrès technologiques font augmenter la productivité et bouger continuellement vers la droite la courbe d'offre agrégée à long terme. En même temps, l'accroissement de l'offre de monnaie, décidé par la Banque du Canada, entraîne vers la droite la courbe de demande agrégée.

On observe, à la figure 14.6, que la courbe de demande agrégée se déplace plus rapidement que la courbe d'offre agrégée à long terme. Le résultat est une croissance tendancielle de la production (correspondant à l'augmentation de Y) ainsi que de l'inflation (comme le montre l'accroissement de P). Si la Banque du Canada décidait de limiter l'accroissement de la masse monétaire, l'ampleur des déplacements de la courbe de demande agrégée serait plus faible. Cela entraînerait une inflation plus faible (les augmentations de P s'amenuisant), sans qu'on enregistre une variation de la croissance de la production. En fait, il s'agit simplement d'une autre façon de présenter l'analyse classique de la croissance et de l'inflation,

FIGURE 14.6

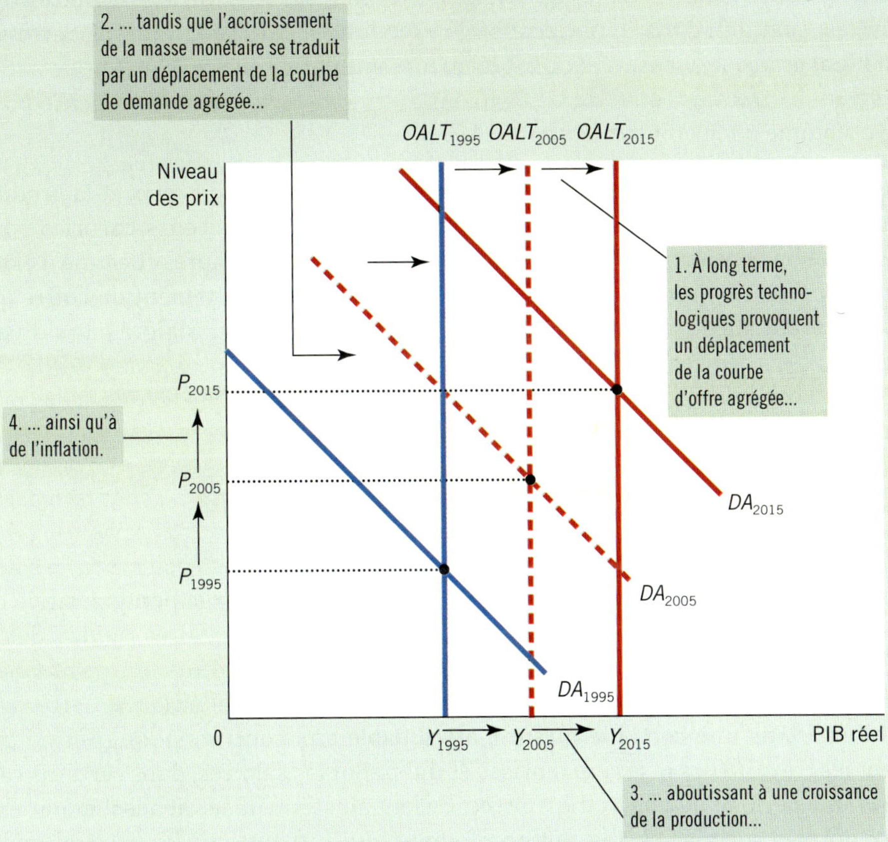

La croissance et l'inflation à long terme selon le modèle de l'offre et de la demande agrégées

L'augmentation de la capacité de produire des biens et des services, due essentiellement aux progrès technologiques, se traduit par un déplacement vers la droite de la courbe d'offre agrégée à long terme (*OALT*). En même temps, l'accroissement de l'offre de monnaie, décidé par la Banque du Canada, provoque un déplacement vers la droite de la courbe de demande agrégée (*DA*). Sur la figure, la production augmente de Y_{1995} à Y_{2005}, puis à Y_{2015}, et le niveau des prix passe de P_{1995} à P_{2005}, pour se fixer ensuite à P_{2015}. Le modèle de l'offre et de la demande agrégées nous offre donc une nouvelle façon de décrire l'analyse classique de la croissance et de l'inflation.

déjà abordée dans les chapitres 7 et 11. Cette analyse résume très bien ce que nous avons appris plus tôt au sujet de l'inflation, en plus d'illustrer un des **dix principes d'économie** : les prix montent lorsque le gouvernement émet trop de monnaie. Plus précisément, comme l'illustre la figure 14.6, la cause principale de l'inflation est tout simplement une croissance de la masse monétaire plus rapide que la croissance de la production.

Nous avons proposé un modèle de demande et d'offre agrégées pour fournir non pas un nouvel habillage à nos conclusions à long terme, mais bien un cadre d'analyse à court terme, comme nous allons le voir sous peu. Nous simplifierons alors notre analyse, en évitant de montrer la croissance et l'inflation continues illustrées à la figure 14.6. Il ne faut cependant pas oublier que derrière les fluctuations à court terme, l'économie est animée de tendances à long terme. Les fluctuations à court terme de la production, comme du niveau des prix, doivent s'interpréter comme des déviations par rapport à une tendance à long terme.

Pourquoi la courbe d'offre agrégée à court terme a-t-elle une pente positive ?

Nous abordons maintenant la différence essentielle entre l'économie à court terme et l'économie à long terme : le comportement de l'offre agrégée. Nous avons déjà pu voir que la courbe d'offre agrégée à long terme est verticale, car à long terme, le niveau des prix ne touche pas la capacité de produire des biens et des services. En revanche, à court terme, le niveau des prix influe sur le niveau de production. Ainsi, sur une période d'un an ou deux, une augmentation du niveau général des prix dans l'économie a tendance à faire augmenter la quantité de biens et de services offerts, alors qu'une réduction des prix provoque l'effet inverse. La courbe d'offre agrégée à court terme présente donc une pente positive, comme on le voit sur la figure 14.7.

Comment expliquer cette relation positive entre le niveau des prix et la production ? Les spécialistes en macroéconomie ont proposé plusieurs théories pour expliquer la pente positive à court terme de cette courbe. D'après chacune d'elles, une imperfection spécifique du marché produit un comportement de l'offre qui est différent sur le court terme par rapport au long terme. Malgré leurs divergences, ces théories présentent toutes un point commun : à court terme, la production dévie de son niveau naturel de long terme, lorsque le niveau des prix diffère du niveau anticipé. Si le niveau des prix est supérieur au niveau anticipé, la production dépasse son niveau naturel. Si le niveau des prix est inférieur au niveau anticipé, la production tombe sous son niveau naturel.

La théorie des salaires rigides

La théorie que nous avons choisi de retenir, pour expliquer la pente positive de la courbe d'offre agrégée à court terme, est la théorie des salaires rigides. Selon cette théorie, à court terme, la courbe d'offre agrégée est à pente positive en raison du lent ajustement ou de la « rigidité » des salaires nominaux. Cette rigidité est, dans une certaine mesure, attribuable aux contrats à long terme qui lient les travailleurs et les entreprises et qui fixent les salaires, dans certains cas, pour une période de une à cinq années. Ce lent ajustement serait aussi imputable aux normes sociales et à la notion d'équité, qui influent sur les salaires, mais n'évoluent que lentement.

Afin de comprendre les conséquences de la rigidité salariale sur l'offre agrégée, imaginons qu'une entreprise anticipe un niveau des prix égal à 100 dans un an et qu'elle signe un contrat de travail avec ses employés en vertu duquel elle accepte

FIGURE 14.7

La courbe d'offre agrégée à court terme

À court terme, une baisse du niveau des prix de P_1 à P_2 réduit la quantité offerte de biens et de services de Y_1 à Y_2. Cette relation positive est due à la rigidité des salaires. Avec le temps, les salaires s'ajustent et la relation positive finit par disparaître.

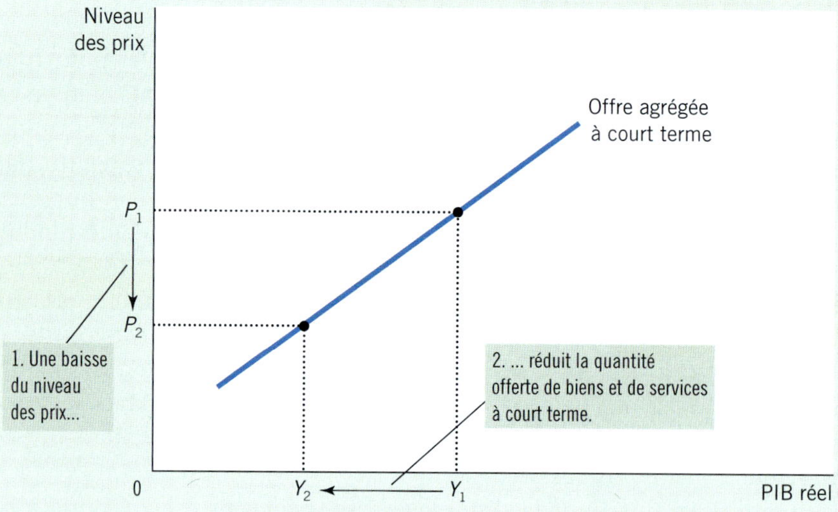

de les payer 20 $ l'heure. Dans les faits, un an plus tard, le niveau des prix est seulement égal à 95. Puisque le niveau général des prix est inférieur au niveau attendu, l'entreprise obtient, pour chaque unité de bien produite, 5 % de moins que ce qu'elle avait prévu. Les salaires, cependant, restent fixés à 20 $ l'heure. La production étant moins profitable, la firme garde moins de travailleurs à son service et réduit sa production. Avec le temps, le contrat de travail finira par expirer et la firme négociera à nouveau le salaire de ses travailleurs, probablement pour le faire diminuer, car les prix sont plus bas. Toutefois, en attendant, l'emploi et la production sont sous leur niveau de long terme.

La même logique tient pour un niveau de prix supérieur au niveau anticipé. Supposons que le niveau des prix atteint est 105 et que le salaire horaire est de 20 $ l'heure. La firme voit que le prix de chacune des unités qu'elle produit est 5 % plus élevé que prévu, alors que le salaire horaire de ses travailleurs n'a pas bougé. La firme réagit en embauchant plus de travailleurs et en augmentant la quantité offerte. Par la suite, les travailleurs demanderont un salaire nominal plus élevé pour compenser le niveau des prix plus élevé. Cependant, pour un certain temps, la firme en profitera pour augmenter sa production et le nombre de travailleurs à son emploi. Les niveaux de l'emploi et de la production seront donc supérieurs à leur niveau de long terme.

En d'autres mots, la courbe d'offre agrégée à court terme présente une pente positive, car les salaires nominaux dépendent des anticipations de prix et les salaires ne s'ajustent pas immédiatement lorsque le niveau des prix est différent du niveau anticipé. Cette rigidité des salaires crée une incitation à produire moins que le niveau naturel lorsque le niveau des prix est inférieur au niveau anticipé. Selon la même logique, un niveau des prix supérieur au niveau des prix anticipé incite les firmes à produire plus que le niveau de production naturel.

Le court terme et le long terme

Plusieurs théories permettent d'expliquer la pente positive de la courbe d'offre agrégée à long terme. Rappelons que nous avons choisi, dans cet ouvrage, la théorie des salaires rigides. Selon cette théorie, ainsi que les autres que nous avons décidé de ne pas présenter, la production dévie de son niveau naturel quand le niveau général des prix s'écarte du niveau anticipé, comme le montre la formule mathématique suivante :

$$\text{Production offerte} = \text{Niveau de production naturel} + a\left(\text{Niveau des prix réalisé} - \text{Niveau des prix anticipé}\right)$$

où la variable a mesure la sensibilité de la production aux changements imprévus du niveau des prix.

Cette théorie met l'accent sur un problème qui, de toute évidence, est temporaire. La pente positive de la courbe d'offre agrégée à court terme étant due à la rigidité des salaires, une telle situation ne durera pas. À mesure que les gens rectifient leurs erreurs d'anticipation, les salaires nominaux sont ajustés. Autrement dit, il est raisonnable de penser que les salaires sont flexibles à long terme et que les niveaux des prix réalisés et anticipés sont alors égaux. Par conséquent, l'équation devient :

$$\text{Production offerte} = \text{Niveau de production naturel}$$

Cela se reflète dans une courbe d'offre agrégée à long terme verticale plutôt qu'à pente positive, telle qu'on l'a représentée à la figure 14.5.

Pourquoi la courbe d'offre agrégée à court terme se déplace-t-elle ?

La courbe d'offre agrégée à court terme montre la quantité offerte de biens et de services à court terme, pour chaque niveau des prix. On peut considérer cette courbe comme identique à la courbe d'offre agrégée à long terme, avec toutefois une pente positive due à une rigidité à court terme des salaires. Par conséquent, les déplacements de cette courbe seront causés par toutes les variables produisant les déplacements de la courbe à long terme, plus une nouvelle variable — le niveau des prix anticipé — influant sur le niveau des salaires.

Partons de ce que nous connaissons de la courbe d'offre agrégée à long terme. Nous avons vu que ses déplacements sont causés par des modifications du travail, du capital, des ressources naturelles et des connaissances technologiques. Ces mêmes variables influent également sur la courbe d'offre agrégée à court terme. Ainsi, lorsque le stock de capital augmente, ce qui améliore la productivité, les deux courbes d'offre agrégée, à long terme comme à court terme, se déplacent vers la droite. De façon similaire, lorsqu'une augmentation du salaire minimum accroît le taux de chômage naturel, les courbes d'offre agrégée à court et à long terme se déplacent toutes deux vers la gauche.

Une nouvelle variable importante, qui détermine la position de la courbe d'offre agrégée à court terme, s'ajoute maintenant : les anticipations de prix. Nous venons de voir que la quantité offerte de biens et de services dépend, à court terme, des salaires. Ceux-ci sont déterminés en fonction des anticipations de prix. Toute variation de ces anticipations se traduit donc par un déplacement de la courbe d'offre agrégée à court terme.

D'après la théorie des salaires rigides, lorsqu'on prévoit un niveau des prix élevé, les entreprises et les employés ont tendance à s'entendre sur des salaires élevés. Ces salaires se répercutent sur les coûts de production et font ainsi diminuer, pour chaque niveau des prix, la quantité offerte de biens et de services. Par conséquent, lorsque le niveau des prix anticipé augmente, les salaires montent, les coûts grimpent, les entreprises décident de réduire leur production pour chaque niveau des prix et la courbe d'offre agrégée à court terme se déplace vers la gauche. Lorsque le niveau des prix anticipé diminue, les salaires et les coûts diminuent, les entreprises augmentent leur production pour chaque niveau des prix et la courbe d'offre agrégée à court terme se déplace vers la droite.

Ainsi, une augmentation du niveau des prix anticipé réduit la quantité offerte de biens et de services et fait bouger vers la gauche la courbe d'offre agrégée à court terme ; une diminution du niveau des prix anticipé fait augmenter la quantité offerte de biens et de services et bouger vers la droite la courbe d'offre agrégée à court terme. Dans la prochaine section, nous verrons que cette influence des anticipations sur la position de la courbe d'offre agrégée à court terme permet de réconcilier le comportement de l'économie à court terme et celui de l'économie à long terme. À court terme, les anticipations sont fixes, l'équilibre économique se trouvant à l'intersection de la courbe de demande agrégée et de la courbe d'offre agrégée à court terme. En revanche, à long terme, les anticipations s'ajustent et provoquent un déplacement de la courbe d'offre agrégée à court terme, ce qui garantit ainsi l'équilibre de l'économie à l'intersection de la courbe de demande agrégée et de la courbe d'offre agrégée à long terme.

Un dernier facteur peut finalement provoquer un déplacement de la courbe d'offre agrégée à court terme, sans influer sur la courbe d'offre agrégée à long terme : des changements de prix des autres facteurs de production. Par exemple, une augmentation du prix du pétrole, un intrant utilisé par la grande majorité des entreprises, accroît les coûts de production unitaires. Les firmes réagissent en diminuant, pour chaque niveau des prix, la quantité offerte de biens et de services. Par conséquent, lorsque les prix des facteurs de production augmentent, les coûts grimpent, les entreprises décident de réduire leur production pour chaque niveau des prix et la courbe d'offre agrégée à court terme se déplace vers la gauche. Lorsque le prix de ces facteurs diminue, les coûts baissent, les entreprises augmentent leur production pour chaque niveau des prix et la courbe d'offre agrégée à court terme se déplace vers la droite.

Vous devriez maintenant comprendre pourquoi la courbe d'offre agrégée à court terme a une pente positive et savoir quels chocs et politiques la font se déplacer. Le tableau 14.2 résume cette analyse.

TABLEAU 14.2

La courbe d'offre agrégée à court terme : un résumé

POURQUOI LA COURBE D'OFFRE AGRÉGÉE À COURT TERME A-T-ELLE UNE PENTE POSITIVE ?
La théorie des salaires rigides : Une baisse non anticipée du niveau des prix fait augmenter le salaire réel, ce qui conduit les entreprises à mettre à pied des employés et à réduire la production de biens et de services.
POURQUOI LA COURBE D'OFFRE AGRÉGÉE À COURT TERME SE DÉPLACE-T-ELLE ?
1. *Les déplacements dus à la main-d'œuvre :* Une hausse du personnel disponible (attribuable à une baisse du taux de chômage naturel, par exemple) fait bouger vers la droite la courbe d'offre agrégée. Une réduction de la main-d'œuvre disponible (attribuable, par exemple, à une augmentation du taux de chômage naturel) fait bouger cette même courbe vers la gauche.
2. *Les déplacements dus au capital :* Une augmentation du capital physique ou humain fait bouger la courbe vers la droite ; à l'inverse, une réduction du capital physique ou humain fait bouger la courbe vers la gauche.
3. *Les déplacements dus aux ressources naturelles :* Une amélioration de la disponibilité des ressources naturelles fait bouger vers la droite la courbe d'offre agrégée ; par contre, une réduction de la disponibilité des ressources naturelles fait bouger la courbe vers la gauche.
4. *Les déplacements dus à la technologie :* Tout progrès technologique se traduit par un déplacement vers la droite de la courbe d'offre agrégée. Toute entrave à l'utilisation de la technologie (causée par la réglementation gouvernementale, par exemple) provoque un déplacement vers la gauche de la courbe d'offre agrégée.
5. *Les déplacements dus au niveau des prix anticipé :* Une réduction du niveau des prix anticipé fait bouger la courbe d'offre agrégée vers la droite, alors qu'une augmentation de ce niveau la fait bouger vers la gauche.
6. *Les déplacements dus au niveau des prix des facteurs de production :* Une réduction des prix des facteurs de production provoque un déplacement vers la droite de la courbe d'offre agrégée, tandis qu'une augmentation de ces prix la fait bouger vers la gauche.

MINITEST

- Expliquez pourquoi la courbe d'offre agrégée à long terme est verticale.
- Expliquez la pente positive de la courbe d'offre agrégée à court terme.

Les deux causes des fluctuations économiques

Le modèle de l'offre et de la demande agrégées nous donne les outils de base pour analyser les fluctuations économiques. Nous peaufinerons ces concepts dans les chapitres 15 et 16, mais nous sommes dès maintenant en mesure d'étudier, avec ce que nous avons appris de l'offre et de la demande agrégées, les deux causes fondamentales des fluctuations macroéconomiques à court terme.

La figure 14.8 illustre une économie en équilibre de long terme. La production et le niveau d'équilibre des prix se trouvent à l'intersection de la courbe de demande agrégée et de la courbe d'offre agrégée à long terme. Au point A, la production se trouve à son niveau naturel. La courbe d'offre agrégée à court terme passe également par ce point, ce qui indique que les anticipations de prix et les salaires se sont parfaitement ajustés. Donc, si une économie atteint son équilibre de long terme, les anticipations et les salaires s'ajustent de façon que l'intersection de la demande agrégée et de l'offre agrégée à court terme corresponde à l'intersection de la demande agrégée et de l'offre agrégée à long terme.

Les conséquences d'un déplacement de la demande agrégée

Faisons l'hypothèse que pour une raison quelconque (krach boursier ou guerre), une vague de pessimisme s'abatte sur l'économie. Cet événement sape la confiance et amène une grande partie de la population à modifier ses plans. Les ménages serrent les cordons de la bourse et remettent à plus tard les achats

FIGURE 14.8

L'équilibre à long terme

Cet équilibre correspond à l'intersection de la courbe de demande agrégée et de la courbe d'offre agrégée à long terme (en A). Quand l'économie atteint son équilibre à long terme, les salaires se sont ajustés afin que la courbe d'offre agrégée à court terme passe également par ce point.

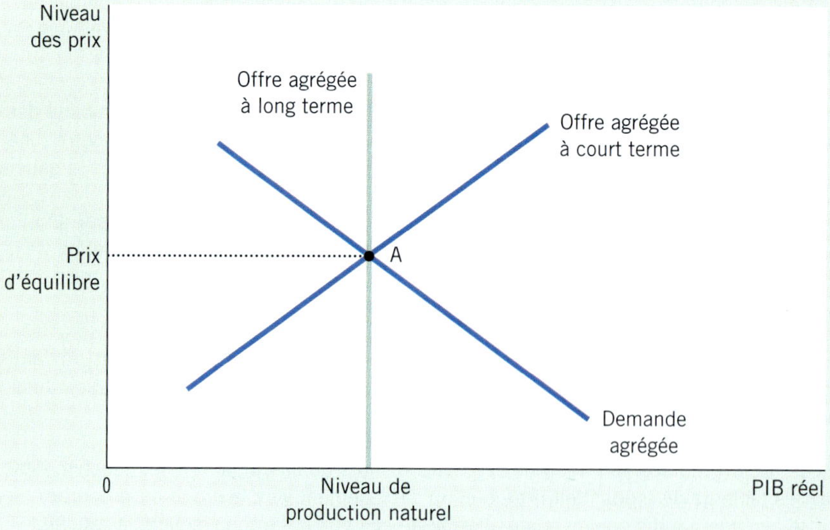

majeurs, pendant que les entreprises retardent l'acquisition de nouveaux équipements.

Quelles sont les conséquences macroéconomiques d'une telle vague de pessimisme? Pour répondre à cette question, nous pouvons revenir aux trois étapes utilisées au chapitre 4 pour analyser l'offre et la demande sur le marché d'un bien. Il faut tout d'abord établir si l'événement entraîne un déplacement de la courbe d'offre agrégée ou de la courbe de demande agrégée. On doit ensuite déterminer si le déplacement de la courbe s'effectue vers la gauche ou vers la droite. Enfin, on a recours au graphique d'offre et de demande agrégées pour comparer l'équilibre initial et le nouvel équilibre. En macroéconomie, il faut cependant ajouter une étape supplémentaire: on doit tenir compte de l'équilibre à court terme, de l'équilibre à long terme et du processus de transition entre les deux. Le tableau 14.3 résume ces quatre étapes.

« Épousez-moi », dit le prince. « Oh, oui ! » répondit la princesse. Dans tout le royaume, le peuple se réjouit. Les prix des actions montèrent. L'économie allait prendre du mieux.

Les deux premières étapes de l'analyse sont simples. Premièrement, parce que la vague de pessimisme influe sur les projets de dépenses, c'est la courbe de demande agrégée qui est touchée. Deuxièmement, parce que les ménages et les entreprises désirent maintenant acheter moins de biens et de services pour chaque niveau des prix, la demande agrégée diminue. Comme le montre la figure 14.9, la courbe de demande agrégée se déplace vers la gauche, de DA_1 à DA_2.

Grâce à ce graphique, nous pouvons maintenant passer à la troisième étape. En comparant l'équilibre initial au nouvel équilibre, il est possible de comprendre l'effet d'une réduction de la demande agrégée. À court terme, l'économie se déplace le long de la courbe d'offre agrégée à court terme $OACT_1$, en passant de A à B. Lors de ce déplacement, la production diminue de Y_1 à Y_2; le niveau des prix diminue aussi, passant de P_1 à P_2. Cette baisse de la production s'appelle une *récession*. Sans qu'on l'observe sur ce graphique, les entreprises réagissent à la diminution des ventes et de la production en licenciant du personnel. Ainsi, le pessimisme ayant provoqué le déplacement de la courbe de demande agrégée, les prédictions finissent par se réaliser: les revenus diminuent et le chômage augmente.

TABLEAU 14.3

Les quatre étapes de l'analyse des chocs macroéconomiques

1. Établir si l'événement provoque un déplacement de la courbe d'offre agrégée ou de la courbe de demande agrégée (ou des deux courbes à la fois).
2. Déterminer la direction dans laquelle la courbe se déplace.
3. Avoir recours au graphique d'offre et de demande agrégées afin de voir comment l'événement influe sur la production et le niveau des prix à court terme.
4. Utiliser le graphique de demande et d'offre agrégées pour analyser comment l'économie passe du nouvel équilibre à court terme à son équilibre à long terme.

FIGURE 14.9

Une contraction de la demande agrégée

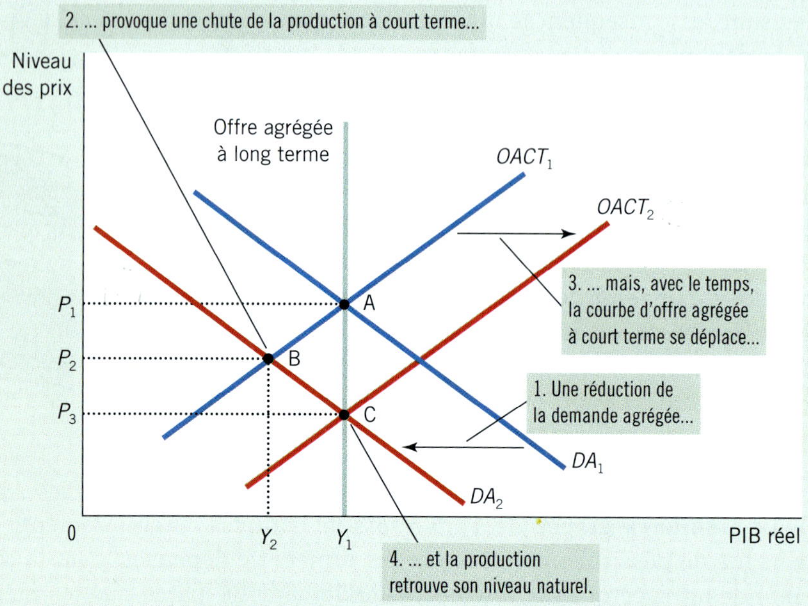

Une baisse de la demande agrégée due, par exemple, à une vague de pessimisme se traduit par un déplacement vers la gauche de la courbe de demande agrégée, de DA_1 à DA_2. Le point d'équilibre de l'économie passe de A à B, la production chute de Y_1 à Y_2 et le niveau des prix va de P_1 à P_2. Avec le temps, les salaires s'ajustent, la courbe d'offre agrégée à court terme se déplace vers la droite, de $OACT_1$ à $OACT_2$, et le point d'équilibre de l'économie se trouve alors en C, à l'intersection de la nouvelle courbe de demande agrégée et de la courbe d'offre agrégée à long terme. Le niveau des prix tombe à P_3 et la production revient à son niveau naturel, Y_1.

Reste maintenant la quatrième étape : la transition de l'équilibre à court terme à l'équilibre à long terme. En raison de la réduction de la demande agrégée, le niveau des prix diminue de P_1 à P_2. Le niveau des prix est donc inférieur à celui qu'avaient prévu les gens (P_1) avant la chute de la demande agrégée. Même si les travailleurs et les entreprises sont surpris à court terme, à plus long terme, ils s'ajusteront et le niveau des prix anticipé diminuera pour rejoindre le niveau réalisé. La baisse du niveau des prix anticipé provoque alors un ajustement à la baisse des salaires, ce qui influe sur la position de la courbe d'offre agrégée à court terme. La courbe se déplace vers la droite, de $OACT_1$ à $OACT_2$, sur le graphique de la figure 14.9. Ce déplacement fait alors passer l'économie du point B au point C, où la nouvelle courbe de demande agrégée DA_2 croise la courbe d'offre agrégée à long terme.

À ce nouvel équilibre à long terme, en C, la production retrouve son niveau naturel. L'économie s'est corrigée d'elle-même : la réduction de la production est annulée à long terme, même sans intervention de l'État. Malgré que la vague de pessimisme ait réduit la demande agrégée, le niveau des prix a diminué suffisamment (jusqu'en P_3) pour compenser le déplacement de la courbe de demande agrégée, et autant les travailleurs que les employeurs anticipent maintenant correctement ce nouveau niveau des prix. Par conséquent, à long terme, le déplacement de la demande agrégée se reflète exclusivement sur le niveau des prix, et pas du tout sur la production. Autrement dit, l'effet à long terme du déplacement de la demande agrégée est une variation nominale (le niveau des prix diminue), mais non une variation réelle (la production reste identique).

Devant une telle chute de la demande agrégée, que peuvent faire les dirigeants politiques ? Dans notre analyse, nous avons supposé qu'ils ne réagissaient pas. Une autre option consiste, dès que l'économie entre en récession (en passant du point A au point B), à faire augmenter la demande agrégée.

Comme nous l'avons vu, une augmentation des dépenses publiques ou de la masse monétaire stimule la demande de biens et de services, pour tout niveau des prix, et, par conséquent, provoque un déplacement vers la droite de la courbe de demande agrégée. Si les autorités interviennent rapidement et avec une précision suffisante, elles seront en mesure d'annuler le déplacement de la courbe de demande agrégée en la faisant revenir en DA_1, ce qui ramènera du même coup l'économie au point A. Si la politique est menée avec succès, la pénible période de récession peut être écourtée ou sa gravité peut être amoindrie. Dans le prochain chapitre, nous examinerons en détail l'influence des politiques budgétaire et monétaire sur la demande agrégée, de même que les difficultés pratiques qu'elles soulèvent.

En bref, une analyse des déplacements de la demande agrégée nous amène à tirer trois leçons fondamentales :

- À court terme, les déplacements de la demande agrégée provoquent des fluctuations de la production de biens et de services.
- À long terme, les déplacements de la demande agrégée ont des conséquences sur le niveau des prix, mais non sur la production.
- Les autorités peuvent réduire la gravité des fluctuations macroéconomiques en influant sur la demande agrégée.

BON À SAVOIR

Un retour sur la neutralité monétaire

Selon la théorie économique classique, la monnaie est neutre, c'est-à-dire que les variations de la quantité de monnaie en circulation ont des effets sur des variables nominales comme le niveau des prix, mais pas sur des variables réelles comme la production. Dans une section précédente du présent chapitre, nous avons indiqué que la plupart des économistes conviennent qu'une telle conclusion reflète le fonctionnement à long terme de l'économie, mais non son fonctionnement à court terme. À l'aide du modèle de l'offre et de la demande agrégées, nous pouvons illustrer et préciser davantage cette conclusion.

Supposons que la Banque du Canada fasse diminuer la quantité de monnaie en circulation dans l'économie. Quel serait l'effet d'une telle diminution ? Comme nous l'avons vu, l'offre de monnaie est un facteur déterminant de la demande agrégée. La diminution de l'offre de monnaie entraîne un déplacement vers la gauche de la courbe de demande agrégée.

L'analyse prend la forme de la figure 14.9. Bien que la cause du déplacement de la demande agrégée ne soit pas la même que lors de l'analyse précédente, on observe les mêmes effets sur la production et le niveau des prix. À court terme, tant la production que le niveau des prix baissent, et l'économie entre en récession. Toutefois, à la longue, le niveau des prix anticipé baisse lui aussi. Les entreprises et les travailleurs réagissent, à la lumière de leurs nouvelles anticipations, en acceptant par exemple une baisse des salaires nominaux, de sorte que la courbe d'offre agrégée à court terme se déplace vers la droite. Par la suite, l'économie se trouve de nouveau sur la courbe d'offre agrégée à long terme.

La figure 14.9 montre dans quelles circonstances la monnaie influe ou n'influe pas sur les variables réelles. À long terme, la monnaie est neutre, comme l'illustre le déplacement de l'économie du point A au point C. Toutefois, à court terme, une modification de l'offre de monnaie produit des effets réels, ce que révèle le déplacement de l'économie du point A au point B. Un vieil adage résume cette analyse : *La monnaie est un voile, mais lorsque le voile s'agite, la production réelle périclite.*

ÉTUDE DE CAS

Des chocs importants sur la demande agrégée : deux dépressions et la Seconde Guerre mondiale

Lors de l'analyse des trois principales caractéristiques des fluctuations économiques, au début de ce chapitre, nous avons observé les données à partir de 1966. Revenons maintenant plus loin dans le passé économique du Canada. La figure 14.10 montre des données depuis 1880 sur la variation en pourcentage du PIB réel par habitant au cours des trois années précédant chaque année indiquée. Sur une période moyenne de trois ans, le PIB réel par habitant a crû d'un peu moins de 6 %, soit environ 2 % par année. Le cycle économique a cependant provoqué des fluctuations autour de cette moyenne. Trois périodes ressortent particulièrement : la dégringolade du PIB après la Première Guerre mondiale, suivie d'un autre plongeon au début des années 1930 et d'une rapide augmentation dans les années 1940. Ces phénomènes ont tous trois été causés par des déplacements de la demande agrégée.

De 1917 à 1921, lors de la plus terrible récession que le Canada avait connue jusque-là, le PIB réel par habitant a chuté de 27 %. D'après les historiens économiques,

FIGURE 14.10

Le PIB réel par personne au Canada depuis 1870

Au cours de l'histoire économique canadienne, trois fluctuations se détachent en raison de leur importance : deux graves dépressions entre la Première et la Seconde Guerre mondiale, puis une période de croissance sans précédent lors de la Seconde Guerre mondiale. Des fluctuations majeures de la courbe de demande agrégée expliquent ces trois événements importants. Ces trois grandes fluctuations sont désignées dans la figure par les trois premières barres ombrées. Les trois récessions les plus récentes sont aussi indiquées de cette façon.

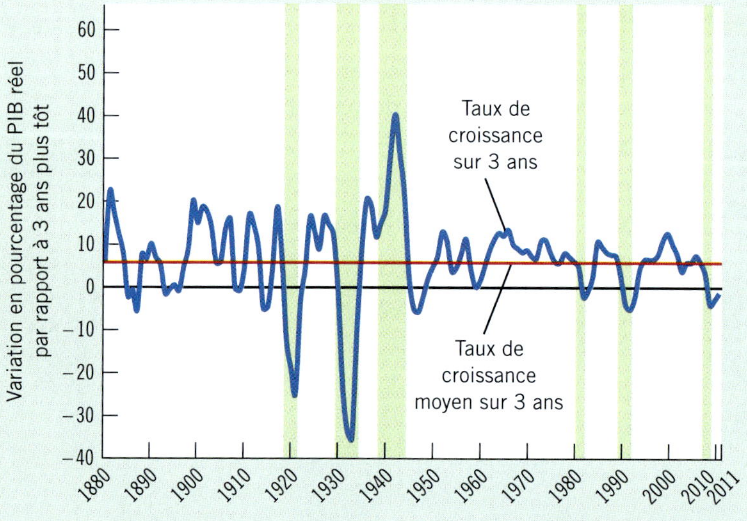

Sources : Données de 1870 à 1925, Urquhart, M. C. (1986). « New estimates of gross national product, Canada, 1870-1926 : some implications for Canadian development ». Dans S. Engerman et R. Gallman (dir.). *Long-term factors in american economic growth*. Chicago, IL : University of Chicago Press ; données de 1926 à 1960, Leacy, F. H. (dir.). (1983). *Statistiques historiques du Canada* (2e éd.). Ottawa, Ontario : Statistique Canada ; données de 1961 à 2012, tirées de Statistique Canada. CANSIM II.

deux événements majeurs expliquent cette dépression. Le premier a été la fin d'un essor sans précédent des investissements et des exportations. De 1900 à 1914, le développement des provinces de l'Ouest, particulièrement en matière d'infrastructure ferroviaire, a nécessité d'énormes investissements. Stimulés par une importante augmentation du prix du blé, ces investissements, ainsi que la forte croissance de la population, ont mené à une croissance remarquable des exportations canadiennes. En 1914, ce boum exceptionnel tirait à sa fin, mais un second phénomène a pris le relais : la Première Guerre mondiale. La Grande Guerre a donné lieu à un essor industriel spectaculaire et a permis de maintenir la croissance du PIB. La fin des hostilités a signifié la fin de la production de guerre et a coïncidé avec la fin du boum des investissements et des exportations. Une contraction spectaculaire de la demande agrégée, ainsi qu'une forte chute du PIB réel, en a résulté.

Comme on peut le voir sur la figure 14.10, la calamité économique des années 1930, connue sous le nom de Grande Dépression, constitue le pire repli économique qu'a connu le Canada. De 1929 à 1933, le PIB réel par personne a chuté de 30 % et le taux de chômage a grimpé de 4 % à 25 %. Durant la même période, le niveau général des prix a plongé de 19 %. Bien des pays ont connu une chute équivalente de la production et des prix durant cette période.

Les historiens de l'économie n'arrivent pas à se mettre d'accord sur les causes de cette crise, mais la plupart des explications tournent autour d'un énorme choc sur la demande agrégée. Les raisons de ce choc continuent d'alimenter la controverse.

De nombreux économistes insistent sur la réduction de l'offre de monnaie (16 % de 1929 à 1933). À mesure que l'épargne des ménages diminuait, les banquiers, faisant montre de prudence, se sont mis à conserver des réserves plus importantes, inversant ainsi la création de monnaie, étant donné le système bancaire à réserves fractionnaires. Nombre d'économistes considèrent que l'absence d'une banque centrale au Canada a aggravé cette crise et que la Banque du Canada (sa création remonte à 1935) aurait été en mesure de contrer cette baisse de l'offre de monnaie grâce à des opérations d'*open market*. En fait, les problèmes économiques enregistrés durant la Grande Dépression ont incité le gouvernement à créer la Banque du Canada.

D'autres économistes accusent les liens étroits de l'économie canadienne avec l'économie américaine, en raison de l'importance de nos échanges commerciaux bilatéraux. La réduction de la demande agrégée aurait donc découlé d'une diminution des exportations nettes.

Enfin, d'autres analystes considèrent que la débâcle boursière de 1929 explique la crise. Les prix des actions se sont effondrés de 90 % durant cette période, ce qui a réduit la richesse des ménages et, par conséquent, les dépenses de consommation. Cette dégringolade des valeurs boursières a également nui au financement de nouveaux projets, ce qui a réduit les dépenses d'investissement. Bien sûr, c'est peut-être la conjonction de tous ces événements qui a entraîné une contraction de la demande agrégée durant la Grande Dépression.

La figure 14.10 met en évidence un autre épisode marquant — l'essor économique des années 1940 —, qui s'avère plus facile à expliquer : c'est la Seconde Guerre mondiale qui a été la cause évidente de cette expansion. En 1939, l'entrée en guerre du Canada a obligé le gouvernement fédéral à augmenter fortement les dépenses militaires. En stimulant la demande agrégée, l'expansion spectaculaire des dépenses publiques, de 1939 à 1944, a fait augmenter le PIB par personne de 60 % et a fait reculer le taux de chômage de 15 %, à moins de 2 %, son niveau le plus bas de toute l'histoire canadienne.

Les dernières récessions canadiennes, en 1981-1982, 1990-1991 et 2008-2009, peuvent également être vues sur le graphique de la figure 14.10. Notez cependant à quel point la diminution de l'activité économique lors de ces récessions a été faible par rapport à celle des récessions des années 1920 et 1930. Si l'on combine ce fait avec l'évolution plutôt lisse du taux de croissance du PIB réel depuis 1945, par rapport à la période précédente, on doit en conclure que l'amplitude des cycles économiques a diminué avec le temps au Canada.

ÉTUDE DE CAS

La récession de 2008-2009

En 2008 et 2009, l'économie américaine a affronté une crise financière et un important ralentissement des activités économiques. À plusieurs égards, cet événement a été le pire, sur le plan macroéconomique, en plus d'un demi-siècle.

Ce ralentissement a commencé quelques années plus tôt par un boum sur le marché de l'immobilier, favorisé par les bas taux d'intérêt. Dans la foulée de la récession de 2001, la Réserve fédérale américaine avait fixé les taux d'intérêt à des niveaux historiquement bas. Cette mesure a favorisé la reprise économique, mais en facilitant l'accès à la propriété, elle a également contribué à une hausse du prix des maisons.

En plus des bas taux d'intérêt, le développement d'instruments financiers propres au marché de l'immobilier a permis à des emprunteurs à haut risque (*subprime borrowers*, en anglais) — en raison de leur revenu et de leurs antécédents en matière de crédit — d'obtenir des prêts pour acquérir une propriété. La *titrisation de créances* (*securitization*) est l'un de ces instruments ; il s'agit d'un procédé par lequel une institution financière (en particulier un prêteur hypothécaire) fait des prêts et les assemble, avec l'aide d'une maison de courtage de valeurs, en instruments financiers appelés *titres de placement adossés à des créances hypothécaires* (*mortgage-backed securities*, en anglais). Ces titres ont ensuite été vendus à d'autres

►

institutions, telles que des banques et des compagnies d'assurances, qui ignoraient sans doute en partie les risques inhérents à ces placements. Selon certains économistes, une réglementation inefficace aurait favorisé le développement de ces prêts à haut risque. D'autres critiquent les politiques gouvernementales mal avisées : certaines mesures encourageaient les prêts à haut risque pour faciliter l'accession à la propriété des familles à faible revenu. Ensemble, ces facteurs ont poussé à la hausse tant la demande que le prix des maisons. De 1995 à 2006, le prix moyen des maisons a plus que doublé aux États-Unis.

Cette hausse s'est toutefois révélée insoutenable. De 2006 à 2009, le prix de l'immobilier a chuté partout au pays d'environ 30 %. Une telle fluctuation n'est pas forcément un problème dans une économie de marché. Après tout, c'est grâce aux variations des prix que les marchés équilibrent l'offre et la demande. Dans ce cas-ci, cependant, la baisse des prix a eu deux conséquences qui ont entraîné une baisse importante de la demande agrégée.

La première conséquence est l'augmentation considérable des défauts de paiement d'hypothèques et des saisies d'immeubles hypothéqués. Pendant le boum immobilier, beaucoup de propriétaires américains avaient acheté leur maison principalement avec de l'argent emprunté et avaient fait un paiement initial minimum. Lorsque les prix des maisons se sont effondrés, ces propriétaires se sont retrouvés *surendettés*, c'est-à-dire qu'ils devaient plus à la banque que la valeur de leur maison. Beaucoup ont alors cessé de rembourser leurs prêts. Les banques qui détenaient ces hypothèques ont réagi en saisissant les maisons et en les revendant. Elles cherchaient ainsi à récupérer ce qu'elles pouvaient de ces mauvais prêts. L'analyse de l'offre et de la demande nous permet de comprendre que l'augmentation du nombre de propriétés à vendre aggrave la spirale descendante des prix de l'immobilier. Avec la chute du prix des maisons, les dépenses de constructions résidentielles se sont effondrées et les ménages ont réagi à la baisse de la valeur de leur richesse en consommant moins.

La deuxième conséquence concerne les diverses institutions financières qui détenaient des titres de placement adossés à des créances hypothécaires et qui ont subi de lourdes pertes. En résumé, en empruntant d'importantes sommes pour acquérir ces titres à haut risque, les entreprises avaient parié que les prix de l'immobilier continueraient d'augmenter. Lorsqu'elles ont perdu leur pari, elles se sont retrouvées près de la (ou carrément en) faillite. En raison de ces pertes considérables, beaucoup d'institutions financières n'avaient plus de fonds à prêter. Par conséquent, le système financier américain n'était plus en mesure d'allouer les ressources où elles seraient le mieux utilisées. Même les clients solvables n'arrivaient plus à emprunter pour financer des dépenses d'investissement.

Pour toutes ces raisons, la demande agrégée s'est fortement contractée. Le PIB en dollars constants et l'emploi ont dégringolé aux États-Unis. Le PIB en dollars constants a reculé de presque 4 % entre le quatrième trimestre de 2007 et le deuxième trimestre de 2009. Quant au taux de chômage, il est passé de 4,4 % en mai 2007 à 10,1 % en octobre 2009.

Même si la crise a pris naissance aux États-Unis, ses effets se sont rapidement propagés partout dans le monde, y compris au Canada. Bien que le système financier canadien soit mieux réglementé que celui des États-Unis et qu'il ait permis au Canada de traverser la crise mieux que d'autres systèmes financiers dans le monde, les répercussions négatives ont quand même été importantes. Les deux principales conséquences ont été les suivantes. Premièrement, la quantité de liquidités dans l'économie a diminué et les entreprises ont eu beaucoup de mal à emprunter pour investir dans du nouveau capital ou pour simplement maintenir leurs niveaux de production. Deuxièmement, en raison du ralentissement de l'économie américaine, les exportations canadiennes ont chuté, parce que la plupart sont destinées aux marchés américains. Dans notre modèle, ces deux conséquences représentent un déplacement vers la gauche de la demande agrégée. La figure 14.9, qui montre l'effet d'une contraction de la demande agrégée, permet de comprendre la récession de 2008-2009. Sur le graphique, la crise financière se traduit par un déplacement de la courbe de demande agrégée de DA_1 à DA_2 et un ajustement du point A au point B. Dans notre exposé précédent sur les effets de ce choc, nous avons supposé que les dirigeants politiques ne réagissaient pas à la baisse de la demande agrégée. Nous avions noté une autre possibilité, cependant : les dirigeants pourraient prendre des mesures dès que l'économie s'engage vers une récession (le déplacement du point A vers le point B). En fait, c'est ce qu'ils ont fait en 2008 et en 2009.

Comme on l'a mentionné plus haut, la Banque du Canada a réagi à la crise financière en injectant des liquidités dans le secteur financier, ce qui a grandement aidé les entreprises à emprunter et ainsi à financer de nouvelles dépenses d'investissement et leurs transactions courantes. Simultanément, le gouvernement canadien, de concert avec d'autres gouvernements dans le monde, a haussé ses dépenses et proposé plusieurs incitatifs fiscaux pour encourager les citoyens à augmenter leurs propres dépenses de biens et de services. Dans notre modèle, ces efforts communs en matière de politiques monétaire et fiscale sont représentés par un déplacement de la courbe de demande agrégée vers la droite. Sur la figure 14.9, ces politiques se traduisent par un retour de la courbe de demande agrégée à sa position initiale, soit de DA_2 à DA_1, et aussi par un ajustement du point B vers le point A, à nouveau.

En août 2013, l'économie canadienne s'était à peu près complètement remise de la crise financière. Comme nous l'avons vu dans la figure 14.1, le PIB réel et les dépenses d'investissement ont cessé de décliner à la fin de 2009 et connaissent, depuis, une croissance constante. Depuis 2009, le taux de chômage, qui avait augmenté, baisse lentement, mais de façon plus ou moins constante. Ces résultats suggèrent que les mesures entreprises auraient effectivement réussi à limiter la période difficile caractérisée par une production déprimée et un taux de chômage à la hausse.

Il y a une autre raison de croire que ces politiques ont eu des effets bénéfiques : les causes qui ont mené à la récession de 2008-2009 sont très semblables à celles qui ont donné lieu à la Grande Dépression des années 1930 (*voir la rubrique Étude de cas* : Des chocs importants sur la demande agrégée : deux dépressions et la Seconde Guerre mondiale). Les mêmes facteurs — une faille de fonctionnement du secteur financier, une chute de la richesse causée par un effondrement des marchés boursiers et une baisse des exportations vers les États-Unis — ont mené à la pire récession de l'histoire du Canada dans les années 1930, mais à une plus courte et moins forte récession en 2008-2009. Le fait que les responsables des politiques monétaire et fiscale, tant au Canada qu'à étranger, aient réagi plus vigoureusement et rapidement en 2008-2009 que dans les années 1930 porte à croire que les mesures prises ont été adéquates.

La récession de 2008-2009 a découlé de l'éclatement de la bulle immobilière aux États-Unis et de la contagion inattendue aux systèmes financiers du monde entier ; elle illustre qu'il faut garder à l'esprit que plusieurs types d'événements peuvent avoir des effets sur la demande agrégée et, par conséquent, sur l'orientation que peut prendre l'économie canadienne. Cette question fera sans aucun doute l'objet de débat parmi les macroéconomistes au cours des années à venir.

Les conséquences d'un déplacement de l'offre agrégée

Partons de nouveau d'une économie en équilibre de long terme et imaginons maintenant que certaines entreprises voient croître de façon imprévue leurs coûts de production. Cette augmentation peut résulter d'une catastrophe climatique ayant détruit une partie des récoltes et fait ainsi augmenter les coûts de la production alimentaire, ou bien d'un conflit au Moyen-Orient, qui interrompt l'approvisionnement en pétrole brut et fait ainsi flamber les prix des produits pétroliers.

Quelles sont les conséquences macroéconomiques d'un tel choc sur les coûts de production ? Pour les comprendre, nous pouvons revenir aux quatre étapes vues précédemment. Tout d'abord, quelle courbe se déplace ? Puisque les coûts de production touchent les firmes qui offrent des biens et des services, une modification de ces coûts influe sur la position de la courbe d'offre agrégée. Ensuite, dans quel sens la courbe se déplace-t-elle ? Puisque des coûts de production plus élevés rendent la production moins profitable, les firmes offrent une plus faible quantité de biens et de services, pour tout niveau des prix.

Par conséquent, comme l'illustre la figure 14.11, la courbe d'offre agrégée à court terme se déplace vers la gauche, de $OACT_1$ à $OACT_2$. (La courbe d'offre agrégée à long terme pourrait également se déplacer. Toutefois, pour simplifier, nous supposerons qu'elle ne bouge pas.)

Le graphique nous aide à effectuer la troisième étape, soit comprendre les effets d'un déplacement vers la gauche de la courbe d'offre agrégée. À court terme, l'équilibre se déplace le long de la courbe de demande agrégée, de A à B.

FIGURE 14.11

Une diminution de l'offre agrégée à court terme

En cas de choc causant une augmentation des coûts de production unitaires, la courbe d'offre agrégée à court terme se déplace vers la gauche, de $OACT_1$ à $OACT_2$. Le point d'équilibre passe de A à B et il en résulte une stagflation, soit une chute de la production de Y_1 à Y_2 et une hausse des prix de P_1 à P_2.

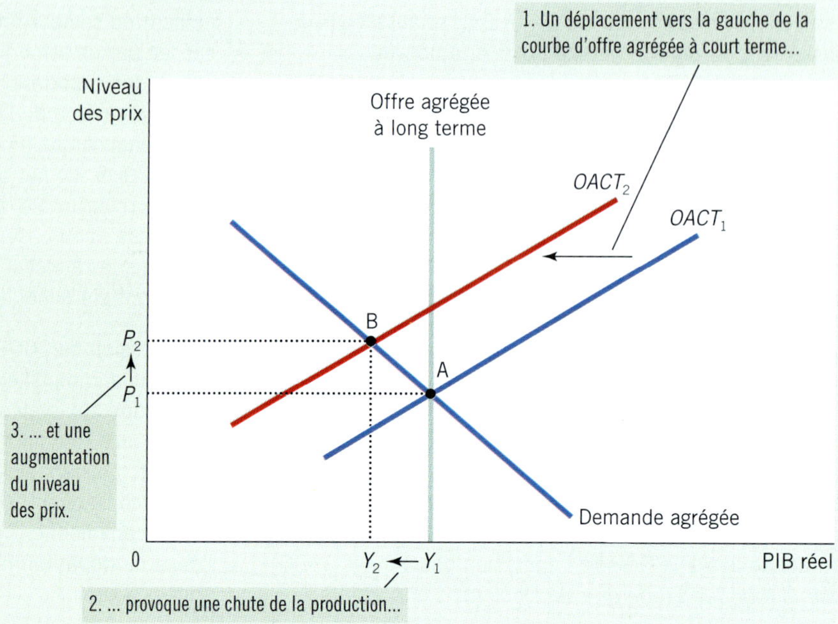

La production diminue de Y_1 à Y_2 et le niveau des prix augmente de P_1 à P_2. L'économie enregistre à la fois une *stagnation économique* (chute de la production) et une *inflation* (augmentation des prix), un phénomène parfois appelé **stagflation**.

Stagflation
Combinaison d'une réduction de la production et d'une augmentation des prix.

Considérons maintenant la quatrième étape, soit la transition de l'équilibre à court terme vers l'équilibre à long terme. La question clé, ici encore, demeure l'effet de la stagflation sur les salaires nominaux. Dans un premier temps, il est possible que les firmes et les travailleurs réagissent au niveau général des prix plus élevé que prévu en ajustant à la hausse leurs anticipations de prix et en signant de nouveaux contrats à des niveaux de salaires nominaux plus élevés. Dans ce cas, les coûts des entreprises augmenteront encore plus et la courbe d'offre agrégée à court terme se déplacera plus à gauche, ce qui aggravera le problème de la stagflation. Ce phénomène des prix plus hauts qui font monter les salaires, ce qui fait augmenter à nouveau les prix, est souvent appelé *spirale inflationniste*.

Cette spirale de prix et de salaires croissants va cependant finir par s'essouffler. En effet, le fort niveau de chômage exercera une pression à la baisse sur les salaires, car les travailleurs ont peu de pouvoir de négociation lorsque le taux de chômage est élevé. À mesure que les salaires nominaux diminuent, la production de biens et de services devient plus profitable et la courbe d'offre agrégée à court terme se déplace vers la droite. À mesure qu'elle se déplace vers $OACT_1$, le niveau des prix diminue et la production s'approche de son niveau naturel. À long terme, l'économie retourne au point A, où la courbe de demande agrégée croise la courbe d'offre agrégée à long terme.

Ce retour vers l'équilibre de long terme se produira si la demande agrégée est constante pendant tout le processus. La réalité pourrait être différente. Les autorités, qui contrôlent les politiques monétaire et budgétaire, pourraient aussi décider d'intervenir pour compenser certains des effets du déplacement de la courbe d'offre agrégée à court terme, en faisant bouger la demande agrégée. La figure 14.12 illustre cette possibilité. Dans ce cas, un changement de politique pousse vers la droite la courbe de demande agrégée, de DA_1 à DA_2, juste assez pour annuler les effets du déplacement de l'offre agrégée à court terme sur la production. Le point d'équilibre se déplace donc directement de A à C. La production demeure à son niveau naturel et le niveau des prix augmente de P_1 à P_3. On dira alors que les décideurs *accommodent* le déplacement de l'offre agrégée à court terme, en laissant la hausse des coûts se répercuter de façon permanente sur le niveau des prix. Dans ce cas, ils ont choisi de privilégier la production et l'emploi aux dépens de l'inflation.

En bref, il est possible de tirer deux conclusions de l'observation des déplacements de la courbe d'offre agrégée :

- Les déplacements de l'offre agrégée peuvent causer une stagflation, soit une récession (réduction de la production) combinée à une inflation (augmentation des prix).
- Les interventions du gouvernement sur la demande agrégée peuvent contrebalancer les effets néfastes sur l'emploi, mais au prix d'une inflation plus importante.

FIGURE 14.12

L'accommodation d'un choc négatif sur la courbe d'offre agrégée

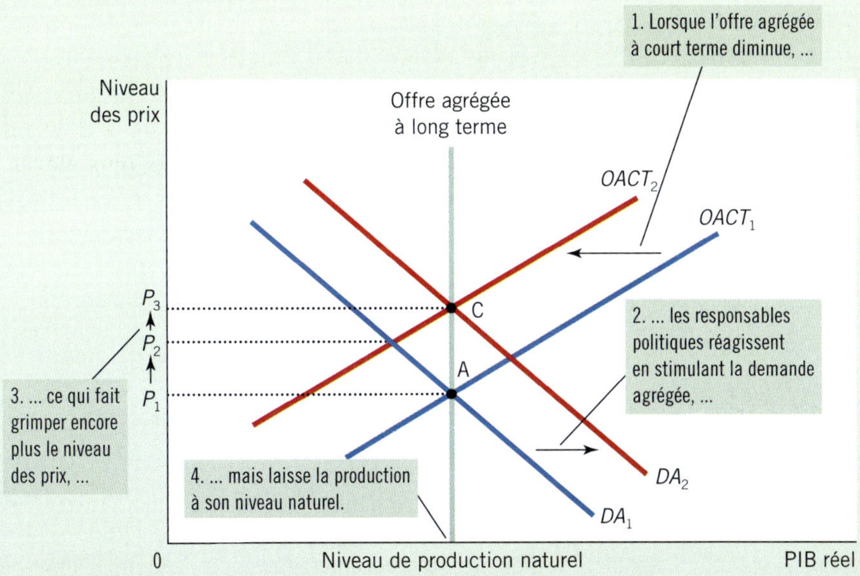

Si la courbe d'offre agrégée subit un choc négatif et se déplace de $OACT_1$ à $OACT_2$, le gouvernement a la possibilité, au moyen de ses politiques monétaire et budgétaire, de faire bouger vers la droite la courbe de demande agrégée, de DA_1 à DA_2. Le point d'équilibre passera alors de A à C. Cette intervention éliminera les effets négatifs du déplacement de l'offre sur la production, mais le niveau des prix montera de façon permanente, de P_1 à P_3.

ÉTUDE DE CAS

Le pétrole et l'économie

Quelques-unes des plus importantes fluctuations économiques survenues au Canada depuis 1970 trouvent leur origine dans les champs pétrolifères du Moyen-Orient. Le pétrole est un intrant essentiel de la production de nombreux biens et services. Une partie considérable de la production pétrolière mondiale se concentre en Arabie saoudite, en Iran et dans d'autres États du golfe Persique. Toute réduction de l'approvisionnement pétrolier en provenance de ces régions, souvent pour des raisons politiques, fait grimper le prix international du pétrole. Les coûts de production de l'essence, des pneus, de plastiques, de fibres synthétiques, de médicaments et de nombreux autres produits augmentent alors au Canada, ce qui cause un déplacement vers la gauche de la courbe d'offre agrégée à court terme et une stagflation. Les provinces productrices de pétrole, comme l'Alberta, la Saskatchewan et Terre-Neuve, voient aussi leur demande agrégée augmenter, en raison d'une hausse des exportations nettes et des revenus provinciaux. Toutefois, dans son ensemble, l'effet dominant pour le Canada se produit sur l'offre agrégée.

Ce phénomène s'est produit une première fois dans le courant des années 1970. Les principaux producteurs de pétrole se sont alors rassemblés au sein de l'Organisation des pays exportateurs de pétrole (OPEP). L'OPEP constitue un cartel, soit un groupe de vendeurs qui tentent d'éliminer la concurrence et qui réduisent la production pour faire monter les prix. Naturellement, le prix du pétrole a alors connu une augmentation sans précédent. De 1973 à 1975, le prix du brut a pratiquement triplé. Cette hausse de prix a entraîné une récession, conjuguée à une inflation, dans tous les pays importateurs de pétrole. Au Canada, le taux d'inflation, mesuré d'après le déflateur du PIB, a dépassé 14 % en 1974. Le taux de chômage est passé de 5,5 % en 1973 à 7 % en 1975. On ne s'étonnera pas de constater que les effets de l'augmentation des prix du pétrole ont varié substantiellement entre les provinces exportatrices et les provinces importatrices de pétrole. Par exemple, de 1973 à 1975, le taux de chômage de l'Alberta a reculé de 5,3 % à 4,1 %, alors que celui de l'Ontario est passé de 4,3 % à 6,3 %.

Le même scénario s'est répété quelques années plus tard. À la fin des années 1970, la révolution iranienne a perturbé la production de pétrole de l'OPEP. De 1979 à 1981, le prix du brut a plus que doublé. Une fois encore, les coûts de production des entreprises utilisatrices de pétrole se sont accrus. Ce second choc pétrolier a conduit le gouvernement fédéral à lancer, en 1980, le Programme énergétique national (PEN). Le PEN devait réduire le

Les variations du niveau de production de pétrole au Moyen-Orient sont à l'origine d'importantes fluctuations économiques au Canada.

taux de croissance du prix du pétrole au Canada pour qu'il soit inférieur à celui du cours mondial, afin de minimiser les effets stagflationnistes de ce choc d'offre agrégée. Ce programme a contribué à soutenir les entreprises consommatrices de pétrole, aux dépens des producteurs de pétrole. Pour conclure, même si cette politique de lutte contre le choc pétrolier a réduit la stagflation au Canada, elle a favorisé certaines entreprises au détriment d'autres, et les provinces productrices de pétrole en ont gardé rancune au gouvernement fédéral.

Le marché pétrolier ne provoque pas que des mauvaises surprises. En 1986, une querelle entre les membres de l'OPEP s'est soldée par un déplacement favorable de l'offre agrégée à court terme au Canada. Certains membres ont décidé de ne pas respecter leur quota de production et le prix du pétrole brut a diminué de moitié sur le marché mondial. Une telle chute a fortement réduit les coûts de production des entreprises consommatrices de pétrole et la courbe d'offre agrégée à court terme s'est déplacée vers la droite. L'économie canadienne a alors connu l'inverse d'une stagflation : une croissance rapide et une chute du chômage, lequel est passé de 10,5 % en 1985 à 7,5 % en 1989. Une fois encore, les retombées de cette chute du prix du pétrole ont différé grandement selon les provinces. De 1985 à 1987, le taux de chômage de l'Alberta stagnait autour des 10 %, alors que celui de l'Ontario diminuait de 8 % à 6,1 %.

On voit bien que le marché du pétrole est volatil. Cette volatilité reflète en partie l'instabilité inhérente des cartels, dont les membres ont tout intérêt à vendre à un prix plus faible que celui convenu, pour augmenter leur part de marché et leurs bénéfices. Comme tous les membres font face aux mêmes incitations, il arrive qu'un cartel — et le prix convenu — s'effondre. L'instabilité du prix du pétrole est également liée aux turbulences politiques au Moyen-Orient. Ces deux facteurs expliquent l'effondrement du prix du pétrole d'octobre 1997 à décembre 1998, alors que le prix du baril a chuté de 41 %. Après cette forte baisse, les membres de l'OPEP se sont réunis et ont décidé de réduire leur production : de décembre 1998 à novembre 2000, le prix du brut a alors doublé.

Après une période relativement stable, le prix du baril de West Texas Intermediate (un prix souvent utilisé comme mesure du prix mondial) est récemment redevenu très volatil. Après avoir atteint un creux de 49 $ le baril en février 2009, le prix a plus que doublé pour dépasser 100 $ le baril au début de 2011. Depuis, le prix du pétrole a fluctué entre 85 $ et 110 $ le baril, et valait 97,60 $ en janvier 2014. Cette nouvelle volatilité s'est produite en dépit de ce que la plupart des analystes ont reconnu comme une réduction du pouvoir de l'OPEP à influer sur les prix.

De nombreux spécialistes croient que les fluctuations du taux de croissance des grandes économies, dont les États-Unis, l'Union européenne et la Chine, ne sont pas étrangères à cette instabilité des prix. Le prix de vente que peuvent demander les producteurs canadiens est aussi lié à leur capacité à expédier le pétrole vers les marchés américains et d'outre-mer. Les démarches en vue de construire le pipeline de Keystone XL vers les États-Unis et celui de Northern Gateway pour relier l'Alberta à la côte Ouest, ainsi que la demande d'inversion du flux du pipeline d'Enbridge de Sarnia à Montréal, font partie des tentatives pour accroître l'accès des producteurs de pétrole canadiens aux différents marchés. La construction de nouveaux oléoducs pour développer le marché du pétrole canadien se bute cependant à une forte opposition de la part des groupes environnementaux, si bien que leur réalisation est loin d'être certaine. L'issue de ces démarches jouera un rôle important dans la détermination du prix de vente du pétrole canadien.

Qu'est-ce que cela signifie pour le Canada ? Un prix du pétrole élevé ou faible n'est pas bon ou mauvais pour tous. D'un côté, lorsque le prix du pétrole est élevé, les sources de pétrole coûteuses à exploiter, comme les sables bitumineux albertains ou les gisements pétroliers sous-marins de Terre-Neuve, deviennent rentables. L'emploi augmente alors fortement dans ces provinces. D'un autre côté, la hausse du prix du pétrole fait augmenter les prix du mazout et de l'essence utilisés par les ménages ainsi que les coûts des firmes qui utilisent l'or noir comme intrant. À l'inverse, lorsque le prix du pétrole est bas, les projets albertains et terre-neuviens deviennent non rentables et beaucoup d'entreprises ferment leurs portes, alors que les firmes qui utilisent le pétrole comme intrant profitent de coûts plus bas et accroissent leur activité.

Fort heureusement, l'économie canadienne est beaucoup moins dépendante du pétrole qu'auparavant. Pour chaque dollar de PIB réel, le Canada n'utilise plus maintenant que la moitié du pétrole dont il avait besoin lors du premier choc pétrolier en 1973. Les variations du prix du pétrole ont donc un plus faible impact sur la courbe d'offre agrégée à court terme, et une forte augmentation du prix du pétrole risque moins de déboucher sur une stagflation que dans les années 1970.

BON À SAVOIR

Les origines du modèle de l'offre et de la demande agrégées

Après notre analyse préliminaire du modèle de l'offre et de la demande agrégées, nous allons élargir notre perspective à son sujet et examiner son histoire. Comment est apparu ce modèle des fluctuations à court terme ? Eh bien, dans une grande mesure, il a vu le jour dans le sillage de la Grande Dépression des années 1930. À cette époque, les économistes et les dirigeants politiques étaient perplexes quant aux causes de cette calamité et ne savaient pas très bien comment y faire face.

En 1936, John Maynard Keynes, un économiste, a publié un livre intitulé *Théorie générale de l'emploi, de l'intérêt et de la monnaie*, dans lequel il a voulu expliquer les fluctuations économiques à court terme, en général, et la Grande Dépression, en particulier. La thèse principale de Keynes était que les récessions et les dépressions peuvent se produire à cause d'une demande agrégée de biens et de services qui est inadéquate.

Keynes avait été un critique de longue date de la théorie économique classique — soit la théorie que nous avons examinée dans les chapitres 7 à 13 du présent ouvrage —, parce qu'elle ne pouvait expliquer que les effets à long terme des politiques appliquées. Quelques années auparavant, dans *A tract on monetary reform* (1923), Keynes avait écrit ce qui suit, au sujet de la théorie économique classique :

> Le long terme est un mauvais guide pour les affaires courantes. À long terme, nous serons tous morts. Les économistes se fixent une tâche trop facile et peu utile s'ils peuvent seulement nous dire que lorsque l'orage sera passé, l'océan sera plat à nouveau.

La thèse de Keynes s'adressait aux dirigeants politiques autant qu'aux économistes. Au moment où les économies du monde étaient aux prises avec un chômage élevé, Keynes préconisait des politiques qui relanceraient la demande agrégée, y compris des dépenses gouvernementales consacrées à des travaux publics.

Au chapitre 15, nous examinerons en détail la manière dont les dirigeants politiques peuvent utiliser les différents instruments des politiques monétaire et fiscale pour influer sur la demande agrégée. L'analyse figurant dans le prochain chapitre, ainsi que dans celui-ci, s'inspire beaucoup des travaux de John Maynard Keynes.

MINITEST

- Supposez que l'élection d'un premier ministre particulièrement populaire fasse augmenter la confiance de la population en l'avenir. À l'aide du modèle de l'offre et de la demande agrégées, analysez les conséquences de cet événement sur l'économie.

Conclusion

Ce chapitre avait deux objectifs : d'abord, présenter quelques données essentielles concernant les fluctuations à court terme de l'économie ; ensuite, proposer un modèle pour expliquer ces fluctuations, soit le modèle de l'offre et de la demande agrégées. Dans les deux prochains chapitres, nous reviendrons en détail sur ce modèle afin de mieux comprendre les raisons des fluctuations économiques et les interventions possibles des gouvernements.

Résumé

- Tous les pays connaissent des fluctuations économiques autour des tendances à long terme. Ces fluctuations sont à la fois irrégulières et imprévisibles. En cas de récession, le PIB réel et les autres indicateurs du revenu, des dépenses et de la production tombent, tandis que le chômage augmente.
- La théorie économique classique est basée sur l'hypothèse selon laquelle les variables nominales, telles que l'offre de monnaie et le niveau des prix, n'exercent aucune influence sur les variables réelles, telles que la production et l'emploi. La plupart des économistes croient que cette hypothèse est vérifiée à long terme, mais pas à court terme. Les économistes analysent

les fluctuations de court terme grâce au modèle de l'offre et de la demande agrégées. D'après ce modèle, la production de biens et de services et le niveau général des prix s'ajustent de manière à équilibrer l'offre et la demande agrégées.

- Trois raisons expliquent la pente négative de la courbe de demande agrégée. Premièrement, un niveau des prix plus bas fait augmenter la valeur réelle de la monnaie détenue par les ménages, ce qui stimule la consommation. Deuxièmement, un niveau des prix inférieur réduit la demande de monnaie de ces ménages. À mesure que ceux-ci tentent d'échanger une partie de leur monnaie contre des actifs portant intérêt, les taux d'intérêt baissent, ce qui stimule les dépenses d'investissement. Finalement, un niveau des prix inférieur fait diminuer le taux de change réel. Cette dépréciation réelle fait baisser le prix des biens et des services canadiens par rapport aux produits importés, ce qui fait augmenter les exportations nettes.
- Tout choc ou toute politique qui stimulent la consommation, l'investissement, les dépenses publiques ou les exportations nettes, pour tout niveau des prix, font augmenter la demande agrégée. Tout choc ou toute politique qui réduisent la consommation, l'investissement, les dépenses publiques ou les exportations nettes, pour tout niveau des prix, font diminuer la demande agrégée.
- La courbe d'offre agrégée à long terme est verticale. À long terme, la quantité de biens et de services offerts dépend du travail et de la productivité, mais non du niveau des prix.
- Plusieurs théories expliquent la pente positive de la courbe d'offre agrégée à court terme. Selon la théorie des salaires rigides, une baisse inattendue du niveau des prix fait temporairement augmenter les salaires réels, ce qui incite les entreprises à licencier du personnel et à réduire la production. La production s'écarte donc de son niveau naturel lorsque le niveau des prix ne correspond pas au niveau anticipé des prix.
- Les chocs qui modifient la capacité de production de l'économie, tels que des variations de la main-d'œuvre, du capital, des ressources naturelles ou de la technologie, font bouger la courbe d'offre agrégée à court terme et la courbe d'offre agrégée à long terme. En outre, la position de la courbe d'offre agrégée à court terme dépend du niveau des prix anticipé et des prix des facteurs de production.
- Un déplacement de la demande agrégée représente l'une des causes des fluctuations économiques. Lorsque cette courbe se déplace vers la gauche, la production et les prix diminuent à court terme. Un changement des anticipations de prix finit par provoquer un ajustement des salaires et, par conséquent, un déplacement vers la droite de la courbe d'offre agrégée. La production retrouve son niveau naturel, à un niveau des prix inférieur.
- Un déplacement de la courbe d'offre agrégée à court terme débouche également sur des fluctuations économiques. Lorsque cette courbe se déplace vers la gauche, la production diminue et les prix augmentent — une combinaison appelée *stagflation*. Un ajustement des anticipations et des salaires finit par ramener les prix et la production à leur niveau d'origine.

Concepts clés

Courbe de demande agrégée, p. 336

Courbe d'offre agrégée, p. 336

Dépression, p. 330

Modèle de l'offre et de la demande agrégées, p. 336

Niveau de production naturel, p. 345

Récession, p. 330

Stagflation, p. 360

Questions de révision

1. Nommez deux variables macroéconomiques qui chutent en cas de récession. Nommez une variable macroéconomique qui augmente lors d'une récession.
2. Tracez un graphique illustrant la demande agrégée, l'offre agrégée à court terme ainsi que l'offre agrégée à long terme et nommez correctement les axes.
3. Énumérez et expliquez les trois raisons pour lesquelles la courbe de demande agrégée présente une pente négative.
4. Expliquez pourquoi la courbe d'offre agrégée à long terme est verticale.
5. Expliquez pourquoi la courbe d'offre agrégée à court terme a une pente positive.
6. Pour quelles raisons la courbe de demande agrégée pourrait-elle se déplacer vers la gauche ? Grâce au modèle de l'offre et de la demande agrégées, montrez les effets d'un tel déplacement.
7. Pour quelles raisons la courbe d'offre agrégée pourrait-elle se déplacer vers la gauche ? À l'aide du modèle de l'offre et de la demande agrégées, montrez les effets d'un tel déplacement.

Les impacts des politiques monétaire et budgétaire sur la demande agrégée

15
CHAPITRE

Mettez-vous à la place du gouverneur de la Banque du Canada et imaginez que vous êtes responsable de la politique monétaire. Vous observez que l'économie ralentit et que le chômage augmente. Comment la Banque du Canada devrait-elle réagir ? Imaginons maintenant que vous êtes le ministre des Finances. Que devriez-vous faire ? Les dirigeants de la Banque du Canada et ceux du ministère des Finances devraient-ils coordonner leurs actions ?

Pour répondre à ces questions, vous devez évaluer les effets des politiques monétaire et budgétaire sur l'économie. Au chapitre 14, nous avons expliqué les fluctuations économiques à court terme grâce au modèle de l'offre et de la demande agrégées : les déplacements des courbes d'offre ou de demande agrégées sont la cause des fluctuations de la production et du niveau général des prix. Nous avons également constaté que les politiques budgétaire et monétaire influent sur la demande agrégée et que toute modification de ces politiques exerce un effet à court terme sur la production et les prix. Les dirigeants doivent donc anticiper ces retombées et ajuster leurs politiques en conséquence.

Dans le présent chapitre, nous examinerons de plus près les effets des politiques monétaire et budgétaire sur la demande agrégée. Nous avons déjà eu l'occasion d'aborder les effets à long terme de ces politiques. Aux chapitres 7 et 8, nous avons pu examiner l'influence de la politique budgétaire sur l'épargne, l'investissement et la croissance économique à long terme. Aux chapitres 10 et 11, nous avons vu comment la Banque du Canada peut modifier l'offre de monnaie, ainsi que les effets des variations de la masse monétaire sur le niveau des prix à long terme.

Nous allons maintenant nous pencher sur les effets des politiques monétaire et budgétaire sur la courbe de demande agrégée et, par le fait même, sur les fluctuations économiques à court terme. Nous constaterons que les effets de ces politiques dépendent du degré d'ouverture de l'économie en matière de commerce et de mouvements de capitaux. Pour simplifier l'analyse, nous commencerons par étudier les impacts des politiques monétaire et budgétaire en économie fermée. Nous examinerons par la suite les impacts des politiques monétaire et budgétaire sur une petite économie ouverte, comme celle du Canada.

Au-delà des politiques budgétaire et monétaire, de multiples facteurs influent sur la demande agrégée: en particulier, le niveau désiré des dépenses des ménages et des entreprises. Toutes les modifications du niveau désiré des dépenses causent des déplacements de la courbe de demande agrégée. Si les autorités ne réagissent pas, de tels déplacements provoquent des fluctuations à court terme de la production et de l'emploi. Pour cette raison, les dirigeants utilisent souvent les politiques macroéconomiques pour annuler les déplacements de la demande agrégée et, par conséquent, stabiliser l'économie. Nous analyserons la théorie soutenant ces interventions publiques, ainsi que les difficultés de sa mise en pratique.

La politique monétaire et la demande agrégée

La courbe de demande agrégée correspond à la quantité demandée de biens et de services dans l'économie, pour tous les niveaux de prix. Comme nous l'avons vu au chapitre 14, cette courbe a une pente négative, et ce, pour trois raisons:

- *L'effet d'encaisses réelles:* Une réduction du niveau des prix fait augmenter la valeur réelle des actifs monétaires des ménages et, par conséquent, stimule les dépenses de consommation.
- *L'effet du taux d'intérêt:* Une diminution du niveau des prix fait baisser le taux d'intérêt, car les ménages cherchent à convertir leur monnaie en trop en actifs rapportant un rendement, ce qui encourage les dépenses d'investissement.
- *L'effet de substitution internationale:* Une baisse du niveau des prix provoque une réduction du taux de change réel. Une telle dépréciation de la monnaie réduit le prix des marchandises canadiennes par rapport aux produits étrangers, ce qui stimule les exportations nettes canadiennes.

Ces trois effets ne sont pas des théories de rechange expliquant la pente négative de la courbe de demande agrégée. Au contraire, ils se conjuguent pour accroître la quantité demandée de biens et de services en cas de baisse des prix et, à l'inverse, pour la faire diminuer en cas de hausse des prix.

Même si ces trois effets expliquent conjointement la pente négative de la courbe de demande agrégée, ils n'ont pas tous la même importance. La quantité de monnaie que conservent les ménages ne représentant qu'une faible part de leurs actifs ; l'effet d'encaisses réelles est donc le moins important des trois. En économie fermée, l'effet de substitution internationale n'existe pas. Si la courbe de demande agrégée a une pente négative, en économie fermée, c'est dû principalement à l'effet du taux d'intérêt. Étant donné que notre analyse débute par l'examen des effets des politiques monétaire et budgétaire sur cette courbe en économie fermée, nous examinerons donc en détail l'effet du taux d'intérêt. Cependant, vous devez vous rappeler que les exportations et les importations représentent une grande partie de l'activité économique canadienne. Cela nous amènera, un peu plus loin, à considérer l'effet de substitution internationale comme l'un des facteurs essentiels expliquant la pente négative de la courbe de demande agrégée au Canada.

Afin de comprendre les effets des politiques macroéconomiques sur la demande agrégée, nous devons revenir sur l'effet du taux d'intérêt. Cela nous conduit à aborder la **théorie de la préférence pour la liquidité**, qui permet de mieux comprendre la pente négative de la demande agrégée et de voir comment les politiques monétaire et budgétaire déplacent cette courbe. En approfondissant le concept de demande agrégée, la théorie de la préférence pour la liquidité aide à mieux comprendre les fluctuations économiques, ainsi que les possibilités d'intervention qui s'offrent aux dirigeants.

Théorie de la préférence pour la liquidité
Théorie développée par John Maynard Keynes, selon laquelle le taux d'intérêt assure l'équilibre entre l'offre et la demande de monnaie.

La théorie de la préférence pour la liquidité

Dans son célèbre ouvrage intitulé *Théorie générale de l'emploi, de l'intérêt et de la monnaie,* John Maynard Keynes propose la théorie de la préférence pour la liquidité afin d'expliquer la détermination du taux d'intérêt. Cette théorie est une application de la loi de l'offre et de la demande : d'après Keynes, le taux d'intérêt s'ajuste pour permettre l'équilibre entre l'offre et la demande de monnaie.

Vous vous souvenez peut-être de la distinction que les économistes établissent entre deux taux d'intérêt : le *taux d'intérêt nominal,* correspondant au taux d'intérêt affiché, et le *taux d'intérêt réel,* corrigé de l'inflation. Lequel des deux tentons-nous d'expliquer ? Les deux, en fait. Au cours de la présentation suivante, nous faisons l'hypothèse d'un taux d'inflation anticipé constant. Il s'agit d'une hypothèse raisonnable, parce que l'inflation anticipée est habituellement stable à court terme. Dès lors, si le taux d'intérêt nominal augmente ou diminue, le taux d'intérêt réel anticipé fait de même. Dans la suite de ce chapitre, chaque fois que nous évoquerons le taux d'intérêt, souvenez-vous que les taux d'intérêt nominal et réel bougent dans le même sens.

Abordons maintenant la théorie de la préférence pour la liquidité, en examinant l'offre et la demande de monnaie et leur relation avec le taux d'intérêt.

L'offre de monnaie

Il s'agit de la première partie de la théorie de la préférence pour la liquidité. Comme nous l'avons vu au chapitre 10, *offre de monnaie* est un synonyme de « stock de monnaie » ou « quantité de monnaie dans l'économie ». La Banque du Canada peut modifier la masse monétaire de deux façons.

La méthode la plus couramment utilisée par la Banque du Canada pour modifier l'offre de monnaie consiste à modifier son taux d'escompte et son taux directeur. Le taux d'escompte correspond au taux d'intérêt sur les prêts consentis par la banque centrale aux banques commerciales. Depuis la fin des années 1990, la Banque du Canada prête rarement aux banques à charte, car elle a encouragé la formation d'un marché actif où les banques se prêtent, pour 24 heures, leurs encaisses excédentaires. Le taux auquel les banques se prêtent entre elles leurs réserves excédentaires est appelé *taux directeur*. Les banques à charte n'ont jamais à payer plus que le taux directeur pour leurs emprunts à court terme, puisqu'elles peuvent toujours choisir d'emprunter à ce taux auprès d'une autre banque. Une modification du taux directeur fait varier le taux d'escompte dans les mêmes proportions (le taux d'escompte est de 0,25 % plus élevé que le taux directeur). La Banque du Canada utilise le taux directeur pour modifier l'offre de monnaie. Les banques à charte procèdent à des emprunts lorsqu'elles croient que leurs réserves sont insuffisantes. En haussant le taux directeur, la Banque du Canada fait augmenter le coût, pour les banques à charte, d'acquérir des réserves, ce qui les dissuade d'emprunter. Toute hausse du taux directeur réduit donc les réserves bancaires, ce qui cause une réduction de l'offre de monnaie. À l'inverse, une réduction du taux directeur allège le coût des emprunts et accroît les réserves bancaires et l'offre de monnaie.

La Banque du Canada peut aussi modifier l'offre de monnaie en faisant varier directement les réserves du système bancaire par des opérations d'*open market*, soit en achetant ou en vendant des obligations d'État sur le marché obligataire. Lorsque la banque centrale achète des obligations fédérales, les dollars qu'elle verse en paiement sont déposés dans les banques, ce qui fait augmenter les réserves bancaires. Lorsque la Banque du Canada vend des obligations, les dollars reçus en échange sont retirés de la circulation et les réserves bancaires s'en trouvent diminuées. Ces variations des réserves modifient la capacité de prêt et de création de monnaie des institutions financières.

Finalement, la Banque du Canada peut acheter et vendre des devises étrangères sur le marché des changes. Comme nous l'avons vu au chapitre 10, si la Banque du Canada achète sur ce marché 100 millions de dollars américains en échange de 125 millions de dollars canadiens, la masse monétaire canadienne augmente instantanément de 125 millions. Si elle vend des devises étrangères et achète des dollars canadiens, la diminution des dollars en circulation réduit l'offre de monnaie.

Les variations du taux directeur et les opérations d'*open market* constituent les deux principales méthodes utilisées par la Banque du Canada pour modifier l'offre de monnaie. Comme nous le verrons plus loin, les décisions de la banque centrale de vendre ou d'acheter des dollars sur le marché des changes influent sur les effets des politiques monétaire et budgétaire sur la demande agrégée.

Bien que les détails des opérations de contrôle monétaire soient importants pour la mise en œuvre de la politique monétaire de la Banque du Canada, ils ne sont pas cruciaux pour l'analyse du présent chapitre. Notre objectif ici est d'observer les effets des variations de la masse monétaire sur la demande agrégée. Pour ce faire, nous pouvons laisser de côté les mécanismes de mise en œuvre de la politique monétaire de la Banque du Canada et présumer que cette dernière contrôle directement l'offre de monnaie. Autrement dit, la quantité de monnaie offerte au sein de l'économie est déterminée exclusivement par la Banque du Canada.

La figure 15.1 illustre la relation entre l'offre de monnaie et le taux d'intérêt. La quantité de monnaie se trouve en abscisse, et le taux d'intérêt, en ordonnée.

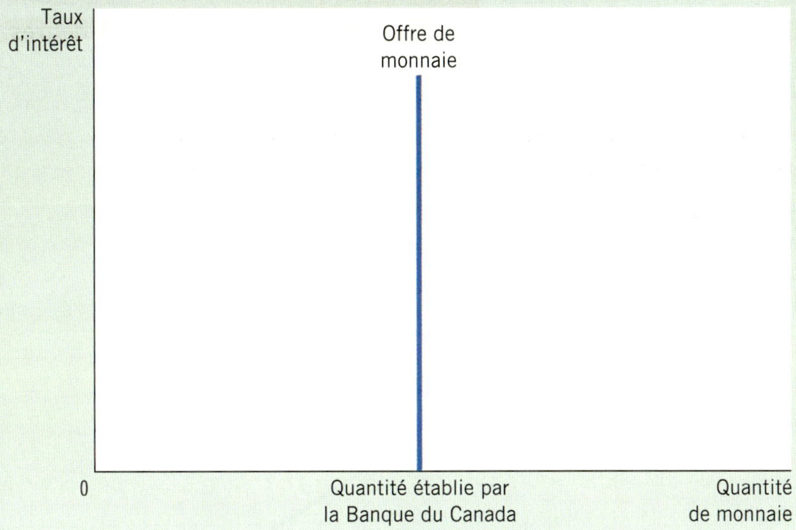

FIGURE 15.1

L'offre de monnaie

La banque centrale (la Banque du Canada) détermine l'offre de monnaie dans l'économie canadienne. Sur ce graphique, la courbe d'offre de monnaie est verticale, puisque la quantité de monnaie dans l'économie est indépendante du taux d'intérêt.

Nous ferons l'hypothèse, à partir de maintenant, que la Banque du Canada contrôle directement l'offre de monnaie et que les variations du taux d'intérêt n'influent nullement sur la quantité de monnaie offerte. Une fois sa politique arrêtée, la Banque maintient la quantité de monnaie offerte, quel que soit le taux d'intérêt en vigueur. Pour cette raison, la courbe d'offre de monnaie est verticale et correspond au stock de monnaie présent dans l'économie à un moment précis.

La demande de monnaie

Il s'agit de la seconde partie de la théorie de la préférence pour la liquidité. Avant toute chose, il importe de se rappeler que la liquidité d'un actif désigne la facilité avec laquelle on peut le convertir en moyen d'échange. L'un des rôles que joue la monnaie, c'est d'être un moyen d'échange. Elle est donc, par définition, le plus liquide des actifs. C'est pour cette raison que les agents économiques désirent en détenir : contrairement à d'autres actifs qui offrent un meilleur rendement, ils peuvent se servir de la monnaie pour acheter des biens et des services.

Selon la théorie de la préférence pour la liquidité, le taux d'intérêt est un facteur important, parmi d'autres, de la quantité demandée de monnaie. En effet, le taux d'intérêt correspond au coût de renonciation de la détention de monnaie. Si vous décidez de conserver tous vos avoirs en billets de banque plutôt que sous forme d'obligations portant intérêt, vous renoncez du même coup à cet intérêt. Plus le taux d'intérêt est élevé, plus le coût de renonciation de la détention de monnaie est important et plus la quantité demandée de monnaie est faible. Ainsi, comme on le voit sur la figure 15.2, la pente de la courbe de demande de monnaie est négative.

La quantité demandée de monnaie dépend d'un autre facteur clé : les achats de biens et de services. Si les quantités ou les prix de ces biens et de ces services augmentent, les agents économiques doivent détenir plus de monnaie pour conclure leurs transactions. La quantité de biens et de services achetés correspond tout simplement au PIB réel. Les prix des biens et des services d'une économie se mesurent par le déflateur du PIB. Le produit du PIB réel et du niveau des prix mesure la valeur, en dollars, de toutes les transactions. La figure 15.3 illustre l'effet d'une augmentation du niveau des prix ou du PIB réel sur la demande de monnaie. Pour un taux d'intérêt donné, l'accroissement de la valeur des transactions en dollars provoque une hausse de la demande

FIGURE 15.2

La demande de monnaie

Le taux d'intérêt représentant le coût de renonciation de la détention de monnaie (un actif ne portant pas intérêt), toute augmentation de ce taux réduit la quantité demandée de monnaie. Une telle relation peut être illustrée par la pente négative de la courbe de demande.

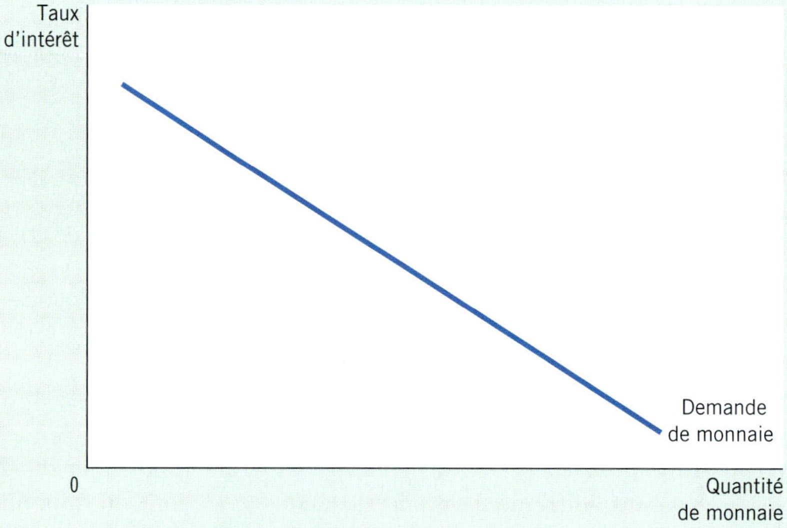

FIGURE 15.3

Les déplacements de la demande de monnaie

Les gens détiennent de la monnaie pour acheter des biens et des services. Si la valeur des transactions en dollars augmente, en raison d'une hausse du niveau des prix ou du PIB réel, les gens veulent détenir davantage de leurs actifs sous forme de monnaie. La demande de monnaie augmente alors pour tout niveau du taux d'intérêt r_1, passant de DM_1 à DM_3 : la courbe de demande de monnaie se déplace vers la droite. Si la valeur des transactions en dollars diminue, en raison d'une baisse des prix ou du PIB réel, les gens veulent détenir moins d'actifs monétaires pour tout niveau du taux d'intérêt r_1. La demande de monnaie diminue, passant de DM_1 à DM_2, et se déplace vers la gauche.

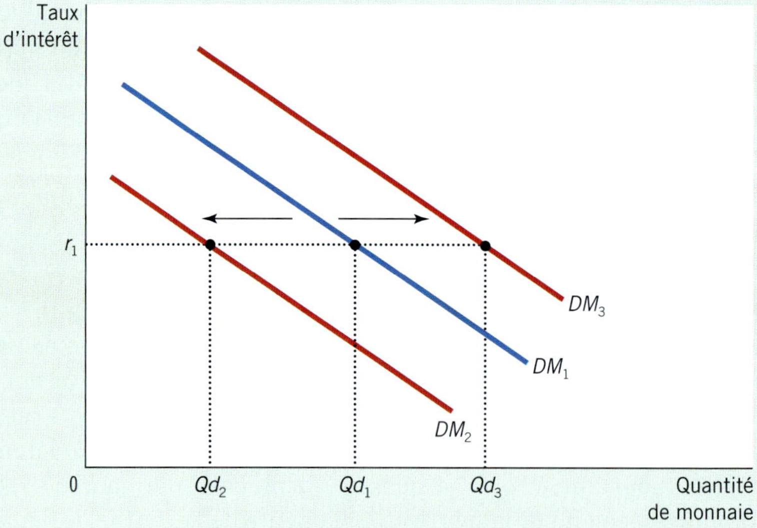

de monnaie. La courbe de demande de monnaie se déplace alors vers la droite. Pour un taux d'intérêt donné, une diminution de la valeur des transactions en dollars se traduit par une baisse de la demande de monnaie et, par conséquent, par un déplacement vers la gauche de la courbe de demande.

L'équilibre du marché monétaire

D'après la théorie de la préférence pour la liquidité, le taux d'intérêt s'ajuste pour équilibrer l'offre et la demande de monnaie. Ce qu'on appelle le *taux d'intérêt d'équilibre* correspond au point où la demande et l'offre de monnaie se croisent. Si le taux d'intérêt est différent de ce niveau, les gens modifieront leur portefeuille d'actifs, ce qui équilibrera le taux d'intérêt.

Imaginons, comme l'illustre la figure 15.4, que le taux d'intérêt dépasse le niveau d'équilibre, pour atteindre r_1. Dans un tel cas, la quantité de monnaie que le public souhaite détenir, Qd_1, est inférieure à la quantité que la Banque du Canada a mise en circulation. Les détenteurs de cette monnaie excédentaire tenteront de s'en débarrasser, en achetant des obligations ou en plaçant cette monnaie dans un compte d'épargne. Les émetteurs d'obligations et les banques préférant payer des taux d'intérêt plus faibles, la demande accrue de leurs titres leur permettra justement d'offrir des taux d'intérêt moins élevés. À mesure que les taux chutent, les gens sont poussés à détenir plus de monnaie. Lorsque le taux d'intérêt atteint le niveau d'équilibre, le public est satisfait de détenir le stock de monnaie existant.

À l'inverse, un taux d'intérêt inférieur au niveau d'équilibre, comme en r_2 *(voir la figure 15.4)*, incite les gens à détenir une quantité de monnaie Qd_2 excédant l'offre

FIGURE 15.4

L'équilibre du marché monétaire

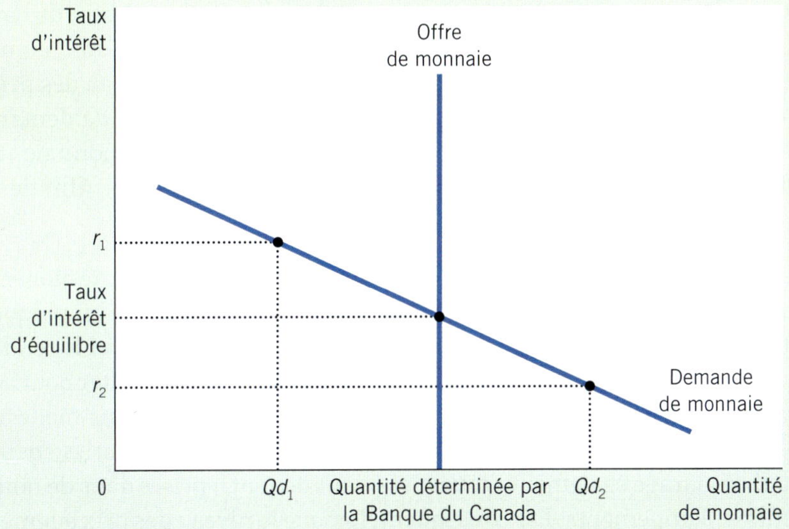

Selon la théorie de la préférence pour la liquidité, le taux d'intérêt assure l'équilibre entre l'offre et la demande de monnaie. Si le taux d'intérêt dépasse le niveau d'équilibre (comme en r_1), le public voudra détenir une quantité de monnaie Qd_1 moindre que celle déterminée par la Banque du Canada. Cet excédent de monnaie exercera une pression à la baisse sur le taux d'intérêt. L'ajustement inverse s'effectue lorsque le taux d'intérêt se situe en dessous de l'équilibre (comme en r_2). La quantité de monnaie demandée augmente (Qd_2) et dépasse la quantité déterminée par la Banque du Canada. Une telle pénurie exerce une pression à la hausse sur le taux d'intérêt. Le jeu de l'offre et de la demande sur le marché monétaire ajuste le taux d'intérêt, afin que le public soit satisfait de détenir la quantité de monnaie créée par la Banque centrale.

de monnaie. Le public tentera alors d'accroître ses avoirs monétaires en vendant ses obligations ou tout autre type de placements portant intérêt. Cela amène les émetteurs d'obligations à augmenter le taux d'intérêt pour attirer des acheteurs. Le taux d'intérêt augmente alors et se rapproche ainsi du niveau d'équilibre. Vous avez sans doute réalisé que le modèle de la préférence pour la liquidité propose une explication de la détermination du taux d'intérêt qui est différente de l'explication proposée au chapitre 8 (*voir la rubrique Bon à savoir:* Les taux d'intérêt à court et à long terme *dans le présent chapitre, qui réconcilie ces deux explications*).

La pente négative de la courbe de demande agrégée

Après avoir vu comment la théorie de la préférence pour la liquidité explique le taux d'intérêt d'équilibre, nous allons maintenant examiner ce qu'elle implique pour la demande agrégée. Commençons par réexaminer, à la lumière de cette théorie, un sujet familier: l'effet du taux d'intérêt sur la courbe de demande agrégée. Faisons l'hypothèse que le niveau des prix augmente. Qu'arrive-t-il au taux d'intérêt, qui assure l'équilibre entre l'offre et la demande de monnaie, et comment la quantité demandée de biens et de services en est-elle touchée?

Le niveau des prix, comme nous venons de le voir, influe directement sur la quantité demandée de monnaie. Si les prix augmentent, plus de monnaie est utilisée pour chaque transaction d'un bien ou d'un service. En conséquence, les gens voudront détenir plus de monnaie. Cela revient à dire qu'un niveau des prix plus élevé fait augmenter la quantité demandée de monnaie, pour tout niveau du taux d'intérêt. Sur le graphique a) de la figure 15.5, lorsque le niveau des prix augmente de P_1 à P_2, on observe un déplacement de la courbe de demande de monnaie vers la droite, de DM_1 à DM_2.

Observons les conséquences de ce déplacement sur l'équilibre du marché monétaire. Pour une offre donnée de monnaie, le taux d'intérêt doit augmenter afin de maintenir l'équilibre entre l'offre et la demande. Un niveau des prix plus élevé incite le public à conserver plus de monnaie, et la courbe de demande de monnaie se déplace alors vers la droite. La quantité offerte de monnaie restant cependant fixe, le taux d'intérêt doit alors augmenter, de r_1 à r_2, afin de maintenir l'égalité entre l'offre et la demande de monnaie.

La hausse des taux d'intérêt provoque des effets à la fois sur le marché monétaire et sur le marché des biens et des services, comme on le constate sur le graphique b) de la figure 15.5. À un taux d'intérêt supérieur, le coût des emprunts et le rendement de l'épargne s'accroissent. Moins de ménages choisissent d'emprunter pour acheter une maison, et ceux qui empruntent optent pour des maisons plus modestes. Le taux plus élevé provoque donc une baisse de la demande d'investissement résidentiel. Il décourage également l'investissement des entreprises dans de nouveaux bâtiments et équipements. Par conséquent, lorsque le niveau des prix augmente de P_1 à P_2, la demande de monnaie s'accroît de DM_1 à DM_2, le taux d'intérêt s'élève de r_1 à r_2 et la quantité demandée de biens et de services diminue de Y_1 à Y_2.

L'effet du taux d'intérêt peut donc se résumer en trois étapes: 1) une augmentation du niveau des prix accroît la demande de monnaie, 2) cet accroissement de la demande de monnaie provoque une hausse du taux d'intérêt et 3) cette hausse du taux d'intérêt réduit la quantité demandée de biens et de services. Bien évidemment, la même logique s'applique en sens inverse: une baisse du niveau des prix réduit la demande de monnaie, ce qui fait tomber le taux d'intérêt et mène à une hausse de la quantité demandée de biens et de services. Cette analyse révèle une relation négative entre le niveau des prix et la quantité demandée de biens et de services, relation illustrée par la pente négative de la courbe de demande agrégée.

En économie ouverte, l'effet du taux de change réel constitue un autre facteur déterminant. Une hausse du niveau des prix fait augmenter le taux de change réel. Elle rend les produits canadiens plus chers par rapport aux produits étrangers. Les consommateurs canadiens et étrangers ont alors tendance à se détourner des produits fabriqués au Canada: les exportations nettes chutent donc. Pour cette raison, l'augmentation des prix provoque une réduction supplémentaire de la quantité demandée de biens et de services dans une petite économie ouverte. Les deux effets s'additionnent pour produire une relation négative entre le niveau des prix et la quantité demandée de biens et de services, ce qu'illustre la pente négative de la courbe de demande.

Les variations de l'offre de monnaie

La théorie de la préférence pour la liquidité nous a permis de mieux expliquer la relation entre la quantité demandée de biens et de services et le niveau

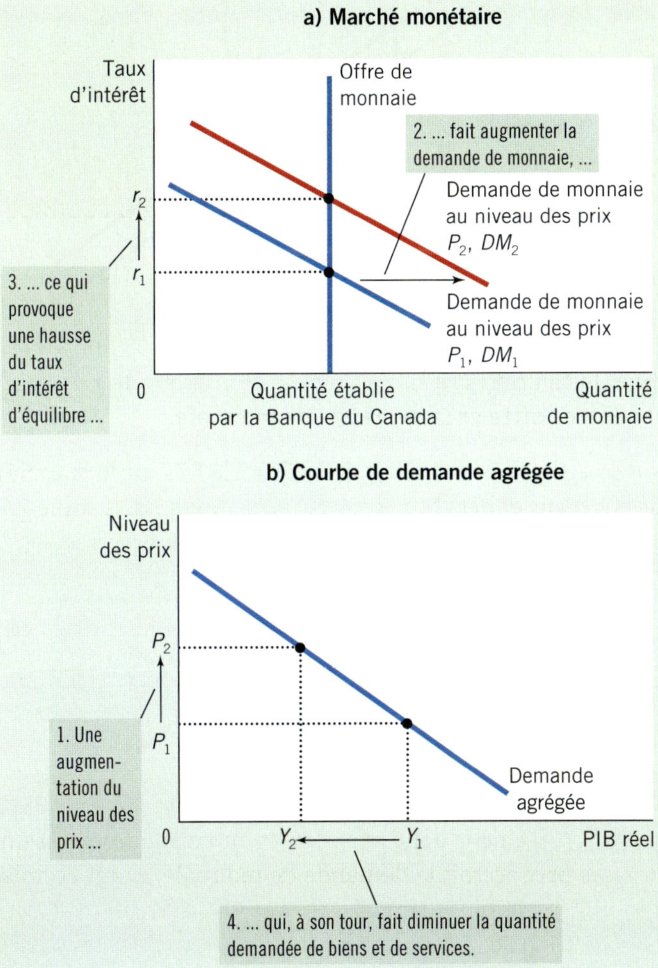

FIGURE 15.5

Le marché monétaire et la pente de la courbe de demande agrégée

Une hausse du niveau des prix, de P_1 à P_2, provoque un déplacement vers la droite de la courbe de demande de monnaie, sur le graphique a). Cet accroissement de la demande de monnaie fait augmenter le taux d'intérêt, qui passe de r_1 à r_2. Le coût des emprunts monte lui aussi, ce qui réduit la quantité demandée de biens et de services, laquelle passe de Y_1 à Y_2. Cette relation négative entre le niveau des prix et la quantité demandée de biens et de services correspond à la pente négative de la courbe de demande agrégée, telle qu'elle est illustrée au graphique b).

des prix, c'est-à-dire de comprendre les déplacements s'effectuant le long de la courbe de demande agrégée. Cette théorie nous aide également à comprendre les effets de certains autres événements sur la quantité demandée de PIB. Lorsque la quantité demandée de biens et de services varie pour un niveau des prix donné, la courbe de demande se déplace. Comme nous le verrons, les effets sur la quantité demandée de biens et de services sont différents selon qu'il s'agit d'une économie fermée ou d'une économie ouverte. Nous examinerons tout d'abord ce qui se passe en économie fermée, puis nous passerons à l'économie ouverte. Cette façon de procéder est justifiée, car une économie ouverte se comporte essentiellement comme une économie fermée, mais avec quelques effets supplémentaires. Une analyse du fonctionnement d'une économie fermée est donc une bonne entrée en matière pour l'étude d'une économie ouverte comme celle du Canada.

La politique monétaire provoque un déplacement de la courbe de demande agrégée. Pour comprendre comment la politique monétaire influe sur l'économie

FIGURE 15.6

Une injection monétaire dans une économie fermée

Sur le graphique a), un accroissement de l'offre de monnaie de OM_1 à OM_2 fait baisser le taux d'intérêt d'équilibre de r_1 à r_2. Le taux d'intérêt représentant le coût des emprunts, une baisse du taux d'intérêt augmente la quantité demandée de biens et de services pour un niveau des prix donné. Simultanément, cette hausse de la production fait augmenter la demande de monnaie par le public. La demande de monnaie passe donc de DM_1 à DM_2, ce qui pousse le taux d'intérêt à la hausse, de r_2 à r_3. En raison de cette remontée partielle du taux d'intérêt, l'augmentation de la quantité demandée de biens et de services est donc inférieure à ce qu'elle aurait pu être. Au bout du compte, la courbe de demande agrégée se déplace de DA_1 à DA_2 et l'économie passe de A à B sur les graphiques a) et b).

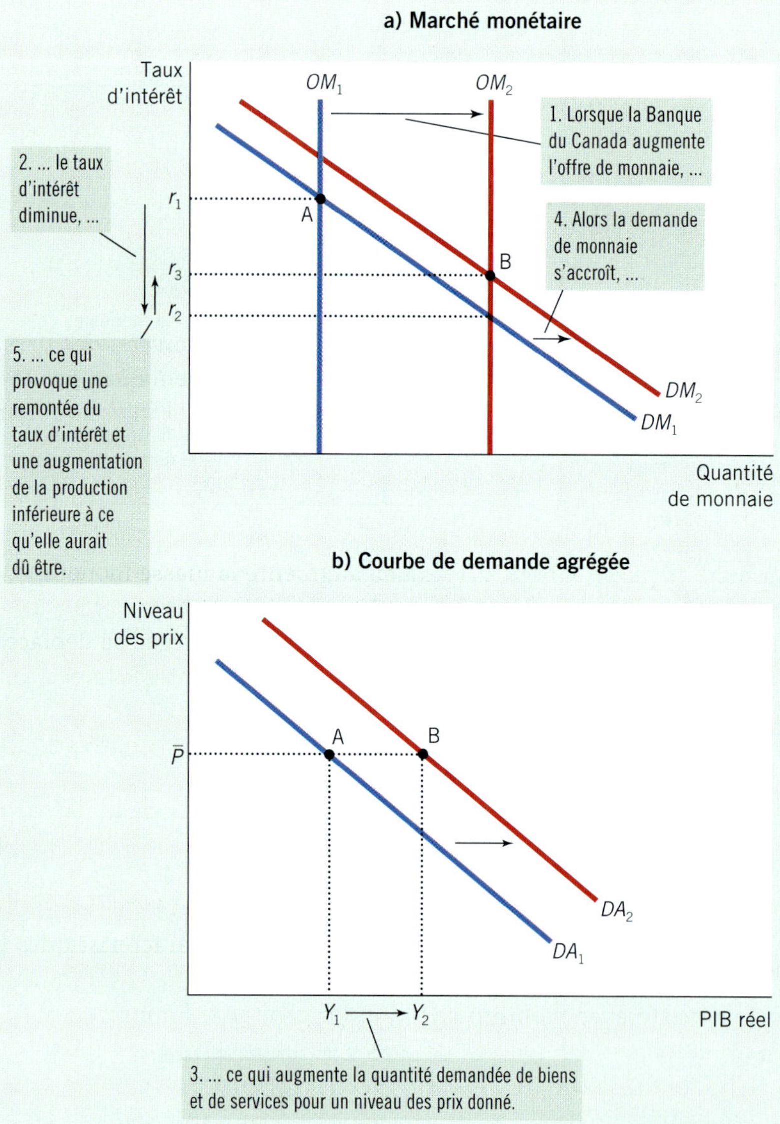

à court terme, supposons que la Banque du Canada fasse augmenter l'offre de monnaie (la raison de cette intervention deviendra plus évidente à mesure que nous en comprendrons les effets). Voyons comment cette injection monétaire se répercute sur le taux d'intérêt d'équilibre, pour un niveau des prix donné; cela nous permettra de comprendre comment elle entraîne un déplacement de la courbe de demande agrégée.

Comme on le voit sur le graphique a) de la figure 15.6, une augmentation de l'offre de monnaie déplace vers la droite la courbe d'offre de monnaie, la faisant passer de OM_1 à OM_2. Comme la courbe de demande de monnaie n'a pas bougé, le taux d'intérêt diminue de r_1 à r_2, pour maintenir l'équilibre entre l'offre et la demande de monnaie. Autrement dit, le taux d'intérêt doit baisser pour inciter les gens à détenir la masse monétaire supplémentaire injectée par la Banque du Canada.

Encore une fois, le taux d'intérêt influe sur la quantité demandée de biens et de services, comme on le constate sur le graphique b) de la figure 15.6. La baisse des taux d'intérêt réduit le coût des emprunts et le rendement de l'épargne. Les ménages réagissent en achetant plus de maisons, ce qui stimule ainsi la construction résidentielle. Les entreprises augmentent aussi leurs dépenses d'équipement et d'infrastructure. Toutes ces dépenses nouvelles sont des dépenses d'investissement. La quantité demandée de biens et de services augmente donc, pour un niveau des prix donné $\bar{P}$. Cette augmentation de la demande de biens et de services fait à son tour augmenter le PIB nominal, ce qui stimule la demande de monnaie. Celle-ci passe de DM_1 à DM_2, entraînant alors une légère hausse du taux d'intérêt, de r_2 à r_3. Ce renversement partiel de la chute du taux d'intérêt limite alors la croissance des investissements résidentiels et industriels : la courbe de demande agrégée se déplace donc un peu moins qu'elle le devrait. Le résultat net est une hausse de la quantité demandée de biens et de services, de Y_1 à Y_2, pour un niveau des prix donné $\bar{P}$ et, par conséquent, un déplacement de la courbe de demande, de DA_1 à DA_2. Bien sûr, le niveau des prix donné $\bar{P}$ n'a rien de spécial : l'injection monétaire fait augmenter la quantité de biens et de services demandés pour tous les niveaux de prix. L'ensemble de la courbe de demande agrégée se déplace donc vers la droite.

En résumé : lorsque la Banque du Canada augmente la masse monétaire, le taux d'intérêt diminue, ce qui stimule la demande de biens et de services pour chaque niveau des prix, de sorte que la courbe de demande agrégée se déplace vers la droite. À l'inverse, une contraction monétaire fait augmenter le taux d'intérêt, ce qui fait diminuer la quantité demandée de biens et de services pour tout niveau des prix et provoque un déplacement vers la gauche de la courbe de demande agrégée.

La politique monétaire en économie ouverte

Nos observations concernant les effets de la politique monétaire sur la demande agrégée ne tenaient pas compte, jusqu'à présent, des caractéristiques propres à une économie ouverte. Nous avons déjà noté que le Canada est une petite économie ouverte avec mobilité parfaite des capitaux. Rappelons-nous qu'une des conséquences en est que les variations du taux d'intérêt canadien doivent suivre celles du taux d'intérêt mondial. Le taux d'intérêt canadien peut différer du taux d'intérêt mondial, mais seulement d'une valeur correspondant aux différences dans le traitement fiscal du capital financier et dans les risques de non-remboursement. Pour simplifier notre analyse, nous négligerons ces différences, en supposant que le taux d'intérêt canadien s'ajuste pour être égal au taux d'intérêt mondial. Nous allons maintenant nous intéresser à l'injection monétaire dans une petite économie ouverte et à ses effets sur la courbe de demande agrégée. Nous constaterons que les observations faites jusqu'à présent continuent de s'appliquer, mais qu'elles sont incomplètes dans le cas d'une petite économie ouverte comme celle du Canada.

Le graphique a) de la figure 15.7 présente les courbes d'offre et de demande de monnaie et leur intersection au taux d'intérêt mondial r^m. Nous commencerons notre analyse des conséquences de la politique monétaire sur la demande

FIGURE 15.7

Une injection monétaire dans une économie ouverte

Dans une économie fermée, toute injection monétaire fait baisser le taux d'intérêt et stimule la production, comme on le voit dans le mouvement du point A au point B sur les graphiques a) et b). Dans une petite économie ouverte, un taux d'intérêt intérieur r_3, inférieur au taux mondial r^m, est une situation qui ne peut durer. Les épargnants canadiens et étrangers, repoussés par la faiblesse du taux d'intérêt canadien, vendent leurs actifs canadiens et achètent des actifs étrangers. Cela fait augmenter l'offre et diminuer la demande de dollars sur le marché des changes et fait baisser le taux de change. La dépréciation du dollar stimule à son tour les exportations nettes : la demande de biens et de services canadiens augmente encore plus, passant de DA_2 à DA_3 sur le graphique b). Puisque la production augmente de Y_2 à Y_3, la demande de monnaie augmente aussi. La courbe de demande de monnaie se déplace donc de DM_2 à DM_3, tandis que le taux d'intérêt canadien passe de r_3 à r^m sur le graphique a). L'économie finit par se trouver en C sur les deux graphiques. Le taux d'intérêt rejoint donc le niveau mondial, tandis que la production croît davantage que dans une économie fermée.

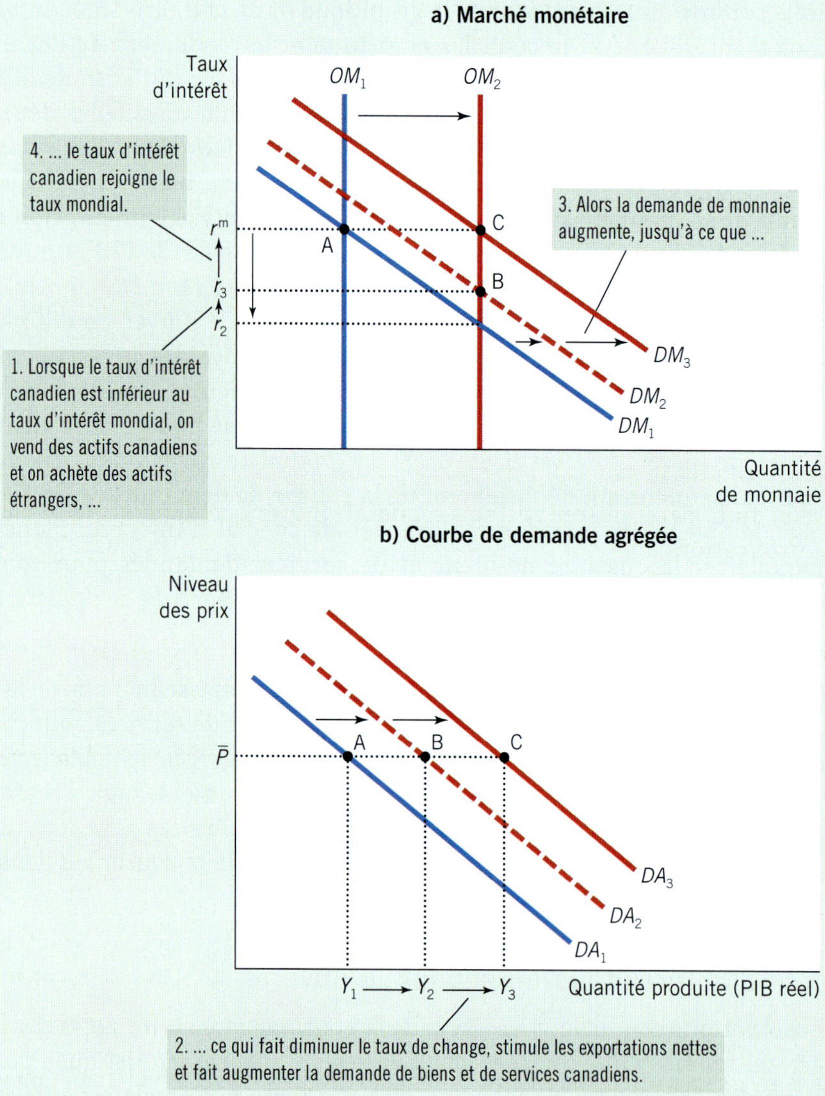

agrégée en partant de cette position d'équilibre de long terme, car le taux d'intérêt finit par s'ajuster au taux d'intérêt mondial. Pour bien comprendre l'impact de la politique monétaire, nous devrons tenir compte de tous les ajustements qui ramènent le taux d'intérêt canadien au niveau mondial.

Un accroissement de l'offre de monnaie amène un déplacement vers la droite de la courbe d'offre de monnaie, de OM_1 à OM_2. La courbe de demande de monnaie n'ayant pas bougé, le taux d'intérêt chute à r_2, sous le taux d'intérêt mondial, afin d'assurer l'équilibre entre l'offre et la demande de monnaie. Autrement dit, le taux d'intérêt canadien doit diminuer afin d'inciter le public à détenir la masse monétaire supplémentaire créée par la Banque du Canada.

Encore une fois, le taux d'intérêt influe sur la quantité demandée de biens et de services, comme on le voit sur le graphique b) de la figure 15.7. En diminuant le coût des emprunts et le rendement de l'épargne, la baisse du taux d'intérêt stimule l'investissement des ménages et des entreprises. Pour toutes ces raisons, la quantité demandée de biens et de services, pour un niveau des prix $\overline{P}$, s'accroît. L'augmentation du PIB nominal stimule la demande de monnaie, qui passe de DM_1 à DM_2, et fait remonter légèrement le taux d'intérêt, de r_2 à r_3. Ce renversement partiel de la baisse du taux d'intérêt limite l'augmentation des investissements. Par conséquent, l'augmentation de la demande agrégée n'a pas toute l'ampleur qu'elle pourrait avoir. Le résultat est un déplacement de la courbe de demande agrégée, de DA_1 à DA_2, et une augmentation de la quantité de biens et de services demandés, de Y_1 à Y_2.

Jusqu'à maintenant, il n'y a pas de différence entre l'économie fermée et l'économie ouverte : une injection monétaire dans une économie fermée produit aussi un mouvement de A vers B sur les graphiques a) et b) de la figure 15.7. Toutefois, dans une petite économie ouverte comme celle du Canada, notre explication ne peut s'arrêter là. Le taux d'intérêt canadien est en effet en dessous du taux mondial. En raison de la parfaite mobilité des capitaux, le taux d'intérêt canadien doit finir par s'ajuster au taux mondial. Il manque donc quelque chose à notre explication.

Un régime de change flottant

Commençons en présumant que la Banque du Canada a choisi un **régime de change flottant (ou flexible)**. Cela signifie que la banque centrale est disposée à laisser le taux de change fluctuer et qu'elle ne tentera pas d'influer sur sa valeur. La Banque du Canada poursuit sa politique de taux de change flottant depuis 1970.

Régime de change flottant (ou flexible)
Situation dans laquelle la banque centrale laisse le taux de change fluctuer librement.

Quand le taux d'intérêt canadien devient inférieur au taux d'intérêt mondial, les épargnants canadiens et étrangers se détournent des actifs canadiens, offrant un taux d'intérêt r_3, au profit des actifs étrangers et de leur taux d'intérêt mondial plus élevé. Les Canadiens et les étrangers vendent donc leurs actifs canadiens et achètent des actifs étrangers. Au chapitre 13, nous avons vu que lorsque les Canadiens échangent des biens et des services et des actifs financiers avec l'étranger, ils veulent être payés dans leur propre monnaie. La vente d'actifs canadiens et l'achat d'actifs étrangers nécessitent donc une vente de dollars canadiens et un achat équivalent de devises. L'offre de dollars canadiens augmente et leur demande diminue alors sur le marché des changes, ce qui provoque une diminution de la valeur du dollar et une baisse du taux de change réel (*voir l'annexe du présent chapitre*). Cette dépréciation de la monnaie rend les biens et les services canadiens relativement moins chers par rapport aux biens et aux services étrangers. Les exportations nettes canadiennes s'accroissent alors, ce qui fait augmenter encore davantage la quantité demandée de biens et de services, pour un niveau des prix $\bar{P}$. On peut observer cet effet sur le graphique b) de la figure 15.7, par le déplacement de la courbe de demande agrégée de DA_2 à DA_3. Cet accroissement supplémentaire de la production engendre une hausse de la demande de monnaie, laquelle fait augmenter encore plus le taux d'intérêt. Le déplacement de la courbe de demande de monnaie, de DM_2 à DM_3, sur le graphique a) de la figure 15.7, est tel que le taux d'intérêt canadien rejoint de nouveau le taux d'intérêt mondial. Tous ces ajustements se soldent par une augmentation de la quantité demandée de biens et de services, un déplacement de la demande de monnaie en DM_3, un retour du taux d'intérêt canadien au taux mondial, une augmentation de la quantité demandée de biens et de services en Y_3 et un déplacement de la courbe de demande agrégée en DA_3.

En résumé : dans une petite économie ouverte, en régime de change flottant, une injection monétaire par la Banque du Canada provoque une dépréciation du dollar. Cette dépréciation stimule les exportations nettes et entraîne une augmentation de la demande de biens et de services canadiens. En plus des effets positifs de la baisse du taux d'intérêt sur l'investissement, une augmentation supplémentaire des exportations nettes se produit, par rapport à une économie fermée. Au bout du compte, l'injection monétaire en économie ouverte se solde par un déplacement vers la droite de la courbe de demande agrégée, lequel est plus accentué que dans une économie fermée.

Un régime de change fixe

Examinons maintenant les effets de la politique monétaire sur la demande agrégée lorsque la Banque du Canada a choisi de fixer la valeur du taux de change. La Banque du Canada a officiellement maintenu un **régime de change fixe** de 1962 à 1970.

Régime de change fixe
Situation dans laquelle la banque centrale empêche le taux de change de fluctuer en entreprenant des opérations sur le marché des changes.

Comme nous l'avons expliqué au chapitre 10, la Banque du Canada, si elle le souhaite, a la possibilité d'effectuer des opérations de vente et d'achat de devises sur le marché des changes. Ces opérations de change sont très similaires aux opérations d'*open market,* puisqu'elles impliquent toutes deux des achats et des ventes d'actifs par la banque centrale. En achetant des obligations d'État ou des devises étrangères, la banque centrale augmente l'offre de monnaie. En vendant ces mêmes obligations ou devises étrangères, elle la réduit. Voyons maintenant ce qui se passe si la Banque du Canada désire augmenter l'offre de monnaie tout en maintenant la valeur du dollar canadien.

En réduisant le taux d'intérêt, une injection monétaire incite les Canadiens et les étrangers à vendre des actifs canadiens au profit d'actifs étrangers. Ce mouvement des actifs canadiens vers les actifs étrangers fait augmenter l'offre et diminuer la demande de dollars canadiens sur le marché des changes, et réduit ainsi le taux de change. Si la banque centrale décidait d'empêcher cette dépréciation du dollar canadien sur le marché des changes, elle devrait vendre des devises étrangères et acheter des dollars canadiens. En effet, un achat de dollars fait augmenter la demande de dollars et compense la vente des actifs canadiens par les Canadiens et les étrangers. L'action de la banque centrale permettrait donc de maintenir inchangée la valeur de la monnaie canadienne. Mais, en achetant des dollars, la Banque du Canada réduit l'offre de monnaie. Pour éviter une chute de la valeur du dollar, la banque centrale doit donc créer une contraction monétaire. Or, rappelons-nous que toutes ces opérations ont été causées, au départ, par une injection monétaire. En réduisant l'offre de monnaie, la banque centrale irait donc à l'encontre de l'injection monétaire initiale, qui avait justement pour but de faire augmenter l'offre de monnaie.

Voilà pourquoi la Banque du Canada laisse le dollar fluctuer librement si elle veut modifier la masse monétaire. Il s'agit là d'une notion essentielle : la Banque du Canada ne peut simultanément choisir le niveau de l'offre de monnaie et la valeur du dollar. En choisissant de faire varier la masse monétaire, elle doit accepter que le taux de change fluctue.

Le tableau 15.1 présente un résumé des différents effets d'une injection monétaire.

TABLEAU 15.1

Les effets d'une injection monétaire : un résumé

COMMENT UNE INJECTION MONÉTAIRE PROVOQUE-T-ELLE UN DÉPLACEMENT DE LA COURBE DE DEMANDE AGRÉGÉE DANS UNE ÉCONOMIE FERMÉE ?
1. L'augmentation de la masse monétaire fait diminuer le taux d'intérêt.
2. Cette diminution stimule l'investissement et la consommation de biens durables. L'augmentation des dépenses fait croître la demande de monnaie et remonter partiellement le taux d'intérêt.
3. L'augmentation des dépenses entraîne un déplacement vers la droite de la courbe de demande agrégée.
COMMENT UNE INJECTION MONÉTAIRE PROVOQUE-T-ELLE UN DÉPLACEMENT DE LA COURBE DE DEMANDE AGRÉGÉE DANS UNE ÉCONOMIE OUVERTE ?
1. En raison de la mobilité parfaite des capitaux et en ignorant les risques de non-paiement et la fiscalité, le taux d'intérêt canadien doit être égal au taux d'intérêt mondial. Nous partons du principe que $r = r^m$.
2. Une augmentation de la masse monétaire fait diminuer le taux d'intérêt, qui passe en dessous de r^m.
3. Cette réduction du taux d'intérêt stimule l'investissement et la consommation de biens durables. Cet accroissement des dépenses fait augmenter la demande de monnaie et remonter partiellement le taux d'intérêt. Le taux d'intérêt canadien continue d'être inférieur à r^m.
4. Puisque $r < r^m$, les gens vendent des actifs canadiens et achètent des actifs étrangers. Il y a donc une vente accrue de dollars canadiens sur le marché des changes. Les taux de change nominal et réel diminuent.
5. Cette baisse du dollar canadien stimule les exportations nettes et pousse encore plus vers la droite la courbe de demande agrégée.
6. Cette augmentation supplémentaire des dépenses fait augmenter la demande de monnaie jusqu'à ce que $r = r^m$.
7. L'injection monétaire n'a de sens que si la Banque du Canada permet au taux de change de fluctuer.

BON À SAVOIR

La borne inférieure de 0 %

Comme nous venons de le voir, la politique monétaire agit par l'intermédiaire des taux d'intérêt. Cette affirmation soulève toutefois une question : qu'advient-il une fois que la Banque du Canada a réduit le taux directeur à son minimum ? Comment la politique monétaire peut-elle alors parvenir à stimuler l'économie ?

Certains économistes, dont John Maynard Keynes, donnent le nom de *trappe de liquidité* à une telle situation. D'après la théorie de la préférence pour la liquidité, la politique d'expansion monétaire fonctionne en réduisant les taux d'intérêt et en stimulant les dépenses d'investissement. Toutefois, cette politique n'est peut-être plus efficace lorsque les taux d'intérêt nominaux tombent à près de 0 %. En effet, les taux d'intérêt nominaux ne peuvent descendre sous 0 % : plutôt que de prêter des fonds à un taux d'intérêt nominal négatif, n'importe qui préfère conserver de l'argent comptant. Dans un tel contexte, la politique d'expansion monétaire fait augmenter l'offre de monnaie en rendant plus liquide le portefeuille du public. Mais, parce que les taux d'intérêt ne peuvent diminuer davantage, la liquidité supplémentaire n'a peut-être aucun effet. Ainsi, la demande agrégée, la production et l'emploi se retrouvent « pris dans une trappe » à de faibles niveaux.

D'autres économistes mettent cependant en doute l'existence de trappes de liquidité et sont d'avis que la banque centrale dispose toujours d'outils pour stimuler l'économie, même après que la cible des taux d'intérêt a atteint la borne inférieure de 0 %. Entre autres possibilités, la banque centrale peut hausser les anticipations d'inflation en s'engageant à faire croître éventuellement l'offre de monnaie. Même si les taux d'intérêt nominaux ne peuvent diminuer davantage, l'anticipation d'une inflation plus élevée peut réduire les taux d'intérêt réels au point de les rendre négatifs, ce qui stimulerait les dépenses d'investissement.

La banque centrale a également la possibilité d'effectuer des opérations expansionnistes d'*open market* à l'aide d'un éventail d'instruments financiers plus large que dans les circonstances habituelles. Par exemple, elle peut acheter des hypothèques et des dettes contractées par des entreprises et, par le fait même, faire baisser les taux d'intérêt sur ces types de prêts. Nous avions déjà décrit cette approche, appelée *assouplissement quantitatif*, au chapitre 10. La Réserve fédérale a activement utilisé cet outil durant le ralentissement économique de 2008-2009. À cette époque, la Banque du Canada avait indiqué qu'elle était prête à entreprendre les mêmes actions, si nécessaire.

Certains économistes estiment que la possibilité d'atteindre la borne inférieure de 0 % pour les taux d'intérêt nominaux justifie de cibler un taux d'inflation bien au-dessus de zéro. Si le taux d'inflation est égal à zéro, le taux d'intérêt réel et le taux d'intérêt nominal sont identiques, et ne peuvent jamais tomber sous 0 %. En revanche, si le taux d'inflation se situe à 4 %, par exemple, alors la banque centrale peut facilement pousser le taux d'intérêt réel vers –4 % (un taux négatif) en rapprochant le taux d'intérêt nominal de 0 %. En somme, une inflation modérée donne plus de latitude aux responsables de la politique monétaire pour stimuler l'économie au besoin ; ils peuvent alors limiter le risque d'atteindre la borne inférieure de 0 % et de voir l'économie s'enliser dans une trappe de liquidité.

ÉTUDE DE CAS

Pourquoi les banques centrales surveillent-elles la Bourse (et vice versa) ?

« Exubérance irrationnelle », telle a été l'expression utilisée par le président de la Réserve fédérale américaine, Alan Greenspan, pour décrire l'essor sans précédent du marché boursier à la fin des années 1990. Le mot *exubérance* était tout à fait de mise, le prix moyen des actions aux États-Unis ayant augmenté de 400 % durant cette période. L'augmentation des prix des actions au Canada s'est révélée un peu plus modeste, les valeurs n'ayant grimpé que de 250 % durant la même période. La chute importante des valeurs boursières en 2001 et en 2002 semble donner raison au qualificatif « irrationnelle » employé par M. Greenspan. Plus récemment, en réaction à la crise financière qui s'est déclenchée sur les marchés financiers américains en 2007, les bourses ont encore subi une importante perte, mais la tendance s'est presque immédiatement inversée. En effet, entre octobre 2007 et février 2009, l'indice S&P/TSX a reculé de plus de 44 %, puis il a augmenté de 45 % entre février et décembre 2009.

Quelles que soient les raisons des boums (et des krachs) boursiers, comment les banques centrales devraient-elles réagir aux fluctuations sur les marchés boursiers? Les prix des actions en eux-mêmes leur importent peu, mais les banques centrales ont tout de même la responsabilité de surveiller l'économie et d'intervenir lorsque nécessaire, le marché boursier constituant l'une des pièces du casse-tête. Lors de fortes hausses boursières, la richesse des ménages s'accroît et ces derniers réagissent en augmentant leurs dépenses de consommation. Une augmentation du prix des actions incite aussi les entreprises à émettre de nouvelles actions, ce qui leur permet d'accroître leurs dépenses d'investissement. Pour ces raisons, un marché boursier en plein essor stimule la demande agrégée de biens et de services.

Dans le présent chapitre, nous reviendrons sur ce que les banques centrales tentent d'accomplir. Parmi leurs objectifs, elles essaient généralement de stabiliser la demande agrégée, ce qui permet de stabiliser la production et les prix. Pour ce faire, une banque centrale pourrait réagir à un boum sur le marché boursier en maintenant l'offre de monnaie plus faible et les taux d'intérêt plus élevés que dans d'autres circonstances. L'effet contractionniste des taux d'intérêt élevés pourrait alors contrer l'effet expansionniste des prix des actions plus élevés.

Le contraire se produit en cas de chute du marché boursier. Les dépenses de consommation et d'investissement diminuent, ce qui réduit la demande agrégée et entraîne un ralentissement ou peut-être même une récession. Pour stabiliser la demande agrégée, une banque centrale aura alors tendance à augmenter la masse monétaire et à diminuer les taux d'intérêt. Par exemple, le 19 octobre 1987, l'indice boursier Dow Jones a chuté brutalement de 22,6 % — une des plus fortes baisses en 24 heures de l'histoire. La Réserve fédérale a immédiatement réagi en réduisant son taux directeur de 7,7 % à 6,6 %. En partie grâce à cette réaction rapide, l'économie n'est pas tombée en récession. C'est aussi ce que la Réserve fédérale et la Banque du Canada ont fait à l'automne 2008, lorsque les cours boursiers se sont effondrés, même si ces dernières interventions n'ont pas pu empêcher la croissance du PIB réel de devenir négative.

Les banques centrales surveillent les marchés boursiers, mais la Bourse ne manque pas non plus d'observer les banques centrales en retour. En effet, en modifiant les taux d'intérêt et le niveau de l'activité économique, les banques centrales peuvent influer sur la valeur des actions. Par exemple, si une banque centrale augmente les taux d'intérêt en réduisant l'offre de monnaie, elle diminue l'attrait des actions, et ce, pour deux raisons. Premièrement, la hausse des taux d'intérêt rend les obligations plus intéressantes par rapport aux actions. Deuxièmement, une contraction de la masse monétaire risque de créer une récession, ce qui réduirait les bénéfices des sociétés. Pour ces raisons, une hausse du taux d'intérêt se traduit souvent par une chute du prix des actions.

MINITEST

- Expliquez les effets d'une réduction de l'offre de monnaie sur le marché monétaire et la courbe de demande agrégée. Quels sont ses effets dans une économie fermée et dans une petite économie ouverte?

Les effets de la politique budgétaire sur la demande agrégée

Le gouvernement peut influer sur l'économie non seulement grâce à sa politique monétaire, mais également au moyen de sa **politique budgétaire** — c'est-à-dire par ses décisions concernant le niveau général des dépenses publiques et des impôts. Dans cet ouvrage, nous avons déjà étudié l'influence de la politique budgétaire sur l'épargne, l'investissement et la croissance à long terme. À court terme, cependant, les effets de la politique budgétaire se font avant tout sentir sur la demande agrégée de biens et de services.

Politique budgétaire
Politique relative au niveau général des dépenses publiques et des impôts.

Les variations des dépenses publiques

Quand les pouvoirs publics modifient l'offre de monnaie ou le taux d'imposition, ils déplacent la demande agrégée indirectement en influant sur les dépenses des ménages et des entreprises. En revanche, lorsque le gouvernement modifie ses propres achats de biens et de services, il provoque un déplacement direct de la courbe de demande agrégée.

Supposons que le gouvernement fédéral décide de lancer un programme de création d'emplois de cinq milliards de dollars. Ce programme permettra de financer de nouvelles dépenses d'infrastructures : routes, égouts et ponts. Les travaux stimulent l'embauche dans le secteur de la construction. La hausse de la demande pour la construction se reflète sur la demande agrégée de biens et de services : la courbe de demande agrégée se déplace vers la droite.

Quel est l'effet de cette dépense publique de cinq milliards sur la courbe de demande agrégée ? On aurait tendance à croire que la courbe se déplace vers la droite selon une ampleur correspondant exactement à cinq milliards. En fait, ce n'est pas tout à fait exact. Deux effets macroéconomiques engendrent une variation de la demande agrégée qui est différente de la variation des dépenses publiques. Le premier — appelé *effet multiplicateur* — fait déplacer la demande agrégée de plus de cinq milliards de dollars. Le deuxième — appelé *effet d'éviction* — fait en sorte que la demande agrégée se déplace de moins que cinq milliards. Allons y voir de plus près.

L'effet multiplicateur

Une injection de fonds publics de cinq milliards de dollars dans la construction a forcément des répercussions. Dans un premier temps, la croissance des dépenses publiques fait augmenter l'emploi et les profits des entreprises dans le domaine de la construction. Les revenus des salariés et des propriétaires de ces entreprises croissent. Ces revenus et ces profits supplémentaires vont par la suite conduire à de nouvelles dépenses de consommation. Comme chaque dollar dépensé par le gouvernement contribue à accroître la demande agrégée de plus d'un dollar, ces dépenses se trouvent à exercer un **effet multiplicateur** sur la demande.

Effet multiplicateur
Augmentation supplémentaire de la demande agrégée qui se produit lorsqu'une politique budgétaire expansionniste provoque une hausse des revenus et, donc, des dépenses de consommation.

Cette dynamique ne s'arrête pas là. Dans un deuxième temps, l'augmentation des dépenses de consommation accroît l'emploi et les profits des entreprises qui réagissent en produisant plus. Les profits et les salaires augmentent donc de nouveau, ce qui stimule encore plus la consommation. Il existe par conséquent une rétroaction positive entre l'augmentation de la demande agrégée et la hausse du revenu. Une fois tous ces effets pris en compte, on aboutit à une augmentation de la production bien supérieure à la dépense publique initiale.

La figure 15.8 illustre cet effet multiplicateur. Nous commençons sur la courbe de demande agrégée DA_1, au niveau des prix $\bar{P}$. Si l'on suppose que le niveau des prix demeure constant, une augmentation des dépenses publiques de cinq milliards entraîne d'abord un déplacement vers la droite de la courbe de demande agrégée d'exactement cinq milliards, de DA_1 à DA_2. Puis, à mesure que les consommateurs réagissent en augmentant leurs dépenses, la courbe de demande agrégée se déplace encore plus vers la droite, à DA_3.

Cet effet multiplicateur lié à la consommation peut se trouver renforcé par un accroissement des investissements. À titre d'exemple, les entreprises de construction peuvent décider d'acheter plus de matériel d'asphaltage ou de construire une autre cimenterie. Dans un tel cas, l'augmentation de la demande

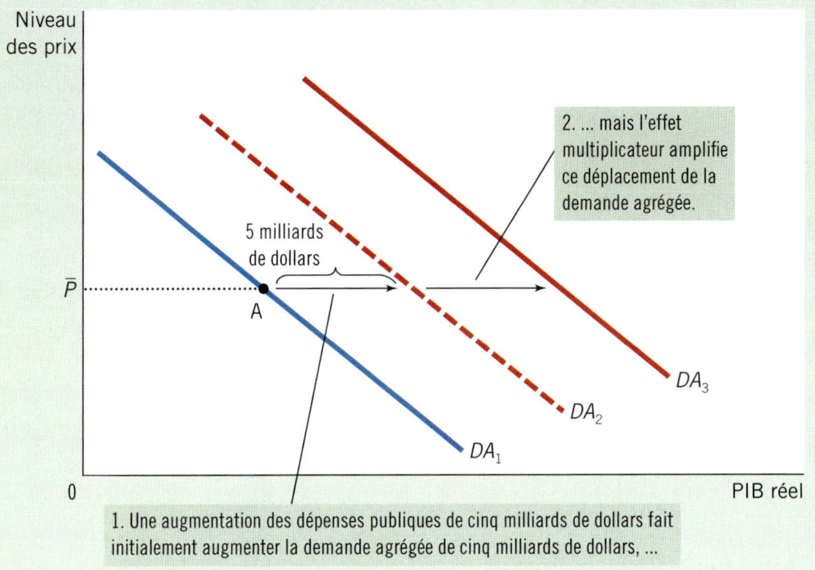

FIGURE 15.8

L'effet multiplicateur

Une augmentation des dépenses publiques de cinq milliards de dollars peut causer un déplacement vers la droite de la courbe de demande agrégée d'une somme supérieure à cinq milliards de dollars. Cet effet multiplicateur est le résultat d'une hausse du revenu agrégé, qui stimule à son tour des dépenses additionnelles de la part des consommateurs.

publique entraîne une augmentation de la demande de biens d'investissement. Cette rétroaction positive de la demande sur l'investissement est parfois appelée *accélérateur de l'investissement.*

La mathématique du multiplicateur des dépenses publiques

Un peu d'algèbre élémentaire nous permet de calculer l'effet multiplicateur dû à l'augmentation des dépenses de consommation. Le paramètre essentiel de cette formule est la *propension marginale à consommer* (*PmC*), soit la fraction du revenu additionnel des ménages consacrée à la consommation plutôt qu'à l'épargne. Supposons que cette propension marginale soit égale à $\frac{3}{4}$. Cela signifie que pour chaque dollar additionnel de revenu, 75 cents sont dépensés ($\frac{3}{4}$ de 1 \$) et 25 cents sont épargnés. Dans ce cas, les travailleurs et les entrepreneurs de la construction, lorsqu'ils reçoivent cinq milliards de dollars de contrats gouvernementaux, vont augmenter leur consommation de $\frac{3}{4} \times 5$ milliards, soit de 3,75 milliards de dollars.

Pour évaluer les effets des dépenses publiques sur la demande agrégée, suivons-les étape par étape. Tout d'abord, la nouvelle dépense gouvernementale de cinq milliards fait augmenter le revenu national (revenus et bénéfices) de cinq milliards. L'augmentation du revenu cause une hausse de la consommation de 5 milliards × *PmC*, qui induit à son tour une hausse du revenu des travailleurs et des entrepreneurs qui produisent les biens et les services de consommation. Ce deuxième accroissement du revenu fait grimper une nouvelle fois les dépenses de consommation, cette fois-ci de (*PmC*) × (*PmC* × 5 milliards). Et la dynamique se poursuit...

Pour calculer les retombées totales sur la demande, il suffit d'additionner tous les effets.

Variations des dépenses publiques	= 5 milliards de dollars
Première augmentation de la consommation	= $PmC \times 5$ milliards de dollars
Deuxième augmentation de la consommation	= $PmC^2 \times 5$ milliards de dollars
Troisième augmentation de la consommation	= $PmC^3 \times 5$ milliards de dollars
…	…
Effet total sur la demande = $(1 + PmC + PmC^2 + PmC^3 + \ldots) \times 5$ milliards de dollars	

L'expression à l'intérieur des parenthèses représente une suite infinie. Il est donc possible d'écrire :

$$\text{Multiplicateur} = 1 + PmC + PmC^2 + PmC^3 + \ldots$$

Ce multiplicateur des dépenses publiques est égal à la demande de biens et de services que génère chaque dollar dépensé par le gouvernement.

Pour simplifier cette équation, souvenez-vous de vos cours de mathématique sur les suites géométriques infinies. Si x se situe entre –1 et + 1,

$$1 + x + x^2 + x^3 + \ldots = 1/(1 - x)$$

Dans notre cas, $x = PmC$. Donc,

$$\text{Multiplicateur} = 1/(1 - PmC)$$

Si la PmC est égale à $\frac{3}{4}$, le multiplicateur sera égal à $1/(1 - \frac{3}{4})$, c'est-à-dire à 4. Dans cet exemple précis, la nouvelle dépense publique de cinq milliards de dollars génère un total de 20 milliards de demande supplémentaire de biens et de services.

Dans une économie ouverte, la formule du multiplicateur est légèrement différente. En effet, une partie des biens et des services consommés sont importés. Il est important d'en tenir compte en définissant le multiplicateur. Le multiplicateur de dépenses publiques mesure la demande de biens et de services produits au Canada que génère chaque dollar supplémentaire de dépenses publiques. Supposons que les ménages dépensent environ un quart de leurs revenus pour les biens d'importation — ce que nous appellerons la *propension marginale à importer* (*PmI*). Dans ce cas, chaque dollar supplémentaire reçu par un ménage se répartit ainsi : 25 cents d'épargne et 75 cents de dépenses, dont 50 cents pour les biens fabriqués au Canada et 25 cents pour les marchandises importées. Lorsque les travailleurs et les entreprises de la construction reçoivent cinq milliards de dollars de contrats gouvernementaux, ils augmentent leur consommation de $\frac{3}{4} \times 5$ milliards de dollars, soit 3,75 milliards de dollars, mais leurs dépenses en produits canadiens se limitent à $\frac{1}{2} \times 5$ milliards de dollars, soit 2,5 milliards. Seul ce dernier montant, plus petit, s'ajoute au revenu de leurs concitoyens. Parce que les Canadiens dépensent une partie de leurs revenus additionnels pour des biens et des services importés, les effets de rétroaction sont donc plus faibles dans une économie ouverte que dans une économie fermée.

Dans une économie ouverte, la formule du multiplicateur des dépenses est la suivante :

$$\text{Multiplicateur} = 1/(1 - PmC + PmI)$$

Étant donné que la $PmC = \frac{3}{4}$ et que la $PmI = \frac{1}{4}$, le multiplicateur est égal à $1/(1 - \frac{3}{4} + \frac{1}{4})$, soit à 2. Dans ce cas, les 5 milliards de dollars de dépenses publiques génèrent 10 milliards de demande de biens et de services canadiens, au lieu des 20 milliards dans une économie fermée. Le multiplicateur des dépenses publiques est donc nettement inférieur dans une économie ouverte par rapport à une économie fermée.

Ces formules pour le multiplicateur démontrent un fait important: la taille du multiplicateur dépend de la propension marginale à consommer et, dans une économie ouverte, de la propension marginale à importer. Le multiplicateur est d'autant plus élevé que la *PmC* est forte. Pour vérifier cette affirmation, rappelez-vous que le multiplicateur existe parce qu'un accroissement du revenu stimule la consommation. Plus la *PmC* est élevée, plus les effets d'une hausse de revenu se font sentir sur la consommation, ce qui augmente d'autant le multiplicateur. Dans une économie ouverte, il nous faut aussi tenir compte de la propension marginale à importer. Plus la *PmI* est élevée, *plus petit* est le multiplicateur. Pour le vérifier, il suffit de se souvenir que la *PmI* représente la part des revenus supplémentaires consacrée aux importations. Plus elle est élevée, moins les dépenses consacrées aux biens et aux services de fabrication canadienne augmentent, pour chaque dollar de revenu supplémentaire. Une augmentation de la *PmI* signifie donc que chaque hausse de revenu génère des dépenses moindres pour les produits canadiens.

La relation entre la propension marginale à importer et l'effet multiplicateur est d'autant plus intéressante à souligner que, selon toute vraisemblance, la *PmI* a augmenté depuis 20 ans au Canada. Nous avons déjà observé au chapitre 12 que la signature des accords de libre-échange en 1989 et 1994 a débouché sur une augmentation impressionnante des échanges commerciaux canadiens, en particulier avec les États-Unis. En raison de cette croissance du commerce international canadien, toute augmentation du revenu se traduit maintenant par des dépenses pour les biens importés qui sont plus élevées qu'il y a 20 ans. La *PmI* a donc sans doute augmenté, ce qui aurait réduit la valeur du multiplicateur canadien au cours des dernières années.

D'autres applications de l'effet multiplicateur

En raison de l'effet multiplicateur, un dollar de dépenses publiques génère plus d'un dollar de demande agrégée. Cet effet ne se limite cependant pas aux dépenses gouvernementales, mais s'applique à tout événement modifiant chacune des composantes du PIB: consommation, investissements, dépenses publiques ou exportations nettes.

Supposons qu'en cas de récession, les États-Unis réduisent leur demande d'exportations nettes canadiennes de 10 milliards de dollars. Une telle réduction des dépenses pour les biens et les services produits au Canada fait diminuer le revenu national et les dépenses des consommateurs. Si la propension marginale à consommer est égale à $\frac{3}{4}$, la propension marginale à importer, à $\frac{1}{4}$, et le multiplicateur, à 2, cette chute de 10 milliards des exportations nettes se soldera par une contraction de la demande agrégée canadienne de 20 milliards.

Supposons maintenant qu'un boum dans le marché boursier fasse augmenter la richesse des ménages et incite ceux-ci à augmenter leur consommation de 20 milliards. Ces dépenses additionnelles s'ajouteront au revenu national et entraîneront à leur tour d'autres augmentations de la consommation. Si la propension marginale à consommer est de $\frac{3}{4}$, la propension marginale à importer, de $\frac{1}{4}$, et le multiplicateur, de 2, cette augmentation initiale de 20 milliards en dépenses de consommation aboutira à un accroissement de la demande agrégée de 40 milliards.

Le multiplicateur est un concept important en macroéconomie, car il montre comment l'économie peut amplifier l'effet d'une variation initiale des dépenses. Un léger accroissement de la consommation, des investissements, des dépenses publiques ou des exportations nettes peut ainsi avoir des conséquences importantes sur la demande agrégée et la production. En raison de l'ampleur de ces retombées, les dirigeants doivent porter une attention particulière à certains événements tels que le risque de récession d'un de leurs partenaires commerciaux ou la possibilité d'un krach ou d'un boum dans le marché boursier.

L'effet d'éviction

L'effet multiplicateur semble indiquer que lorsque le gouvernement dépense cinq milliards de dollars de plus en construction, l'expansion de la demande agrégée est nécessairement supérieure à cette somme. Cependant, un autre effet joue en sens contraire. Si la hausse des investissements publics stimule la demande agrégée, elle fait également augmenter le taux d'intérêt et réduit ainsi les dépenses d'investissement et la demande agrégée. Le recul de la demande agrégée causé par la remontée des taux d'intérêt résultant d'une politique budgétaire expansionniste s'appelle l'**effet d'éviction sur les investissements**.

Effet d'éviction sur les investissements
Réduction de la demande agrégée qui se produit lorsqu'une politique budgétaire expansionniste fait monter le taux d'intérêt et cause une réduction des dépenses d'investissement.

Reprenons notre exemple d'un nouvel investissement public de cinq milliards de dollars pour voir ce qui se produit sur le marché monétaire. Nous avons déjà vu que cet investissement cause une augmentation de la demande et du revenu des travailleurs et des entreprises de la construction (et, en raison de l'effet multiplicateur, une augmentation supplémentaire du revenu ailleurs dans l'économie). Ces revenus supérieurs incitent les ménages à consommer davantage et, pour ce faire, à conserver plus de monnaie. En conséquence, la politique budgétaire provoque un accroissement de la demande de monnaie.

L'effet de cet accroissement est illustré sur le graphique a) de la figure 15.9. La Banque du Canada n'ayant pas modifié l'offre de monnaie, la courbe d'offre verticale ne bouge pas. Lorsque l'augmentation des dépenses amène un déplacement vers la droite de la courbe de demande de monnaie, de DM_1 à DM_2, le taux d'intérêt doit monter de r_1 à r_2 pour maintenir l'équilibre entre l'offre et la demande.

Cette augmentation du taux d'intérêt réduit la quantité demandée de biens et de services. La hausse du coût des emprunts fait diminuer les investissements des entreprises et la construction résidentielle. En conséquence, les dépenses publiques font croître la demande agrégée, mais elles peuvent aussi avoir un impact négatif sur l'investissement privé. Cet effet d'éviction neutralise partiellement l'augmentation de la demande agrégée, comme l'illustre le graphique b). L'augmentation des dépenses publiques entraîne tout d'abord un déplacement de la courbe de demande agrégée de DA_1 à DA_2 (l'effet direct plus l'effet multiplicateur), mais l'effet d'éviction fait revenir cette courbe en DA_3.

Pour résumer : un accroissement des dépenses publiques de cinq milliards de dollars aura un effet sur la demande agrégée qui sera supérieur ou inférieur à cinq milliards de dollars, selon que l'effet multiplicateur est plus important ou plus faible que l'effet d'éviction. L'effet multiplicateur amplifie le déplacement total de la demande agrégée, alors que l'effet d'éviction pousse la demande agrégée en sens inverse. En fait, si l'effet d'éviction est suffisamment important, la courbe de demande agrégée se déplacera de moins que cinq milliards.

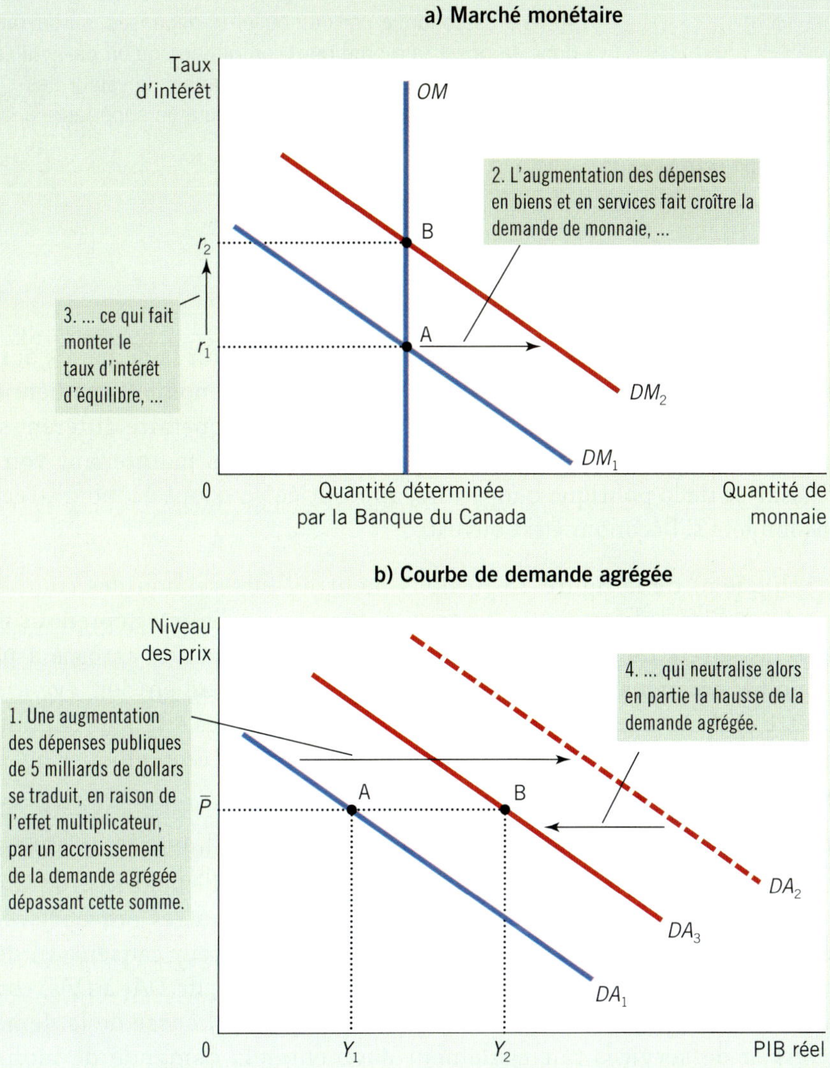

FIGURE 15.9

L'effet d'éviction sur l'investissement

Le graphique a) illustre le marché monétaire. Lorsque le gouvernement accroît ses dépenses en biens et en services, la hausse du revenu qui en découle se répercute sur la demande de monnaie, qui augmente de DM_1 à DM_2, faisant également monter le taux d'intérêt de r_1 à r_2. Le graphique b) décrit les conséquences de cette augmentation sur la demande agrégée. L'effet direct et l'effet multiplicateur des dépenses gouvernementales déplacent la courbe de demande agrégée de DA_1 à DA_2. Néanmoins, la hausse du taux d'intérêt réduit la quantité de biens et de services demandée, et tout particulièrement la demande de biens d'investissement ; cet effet d'éviction neutralise partiellement l'impact de l'expansion budgétaire sur la demande agrégée, ramenant la courbe de demande agrégée en DA_3.

BON À SAVOIR

Le mythe du bienfait des déficits budgétaires

Un des mythes les plus enracinés dans la population est celui du bienfait économique des déficits budgétaires. Que faut-il en penser?

Lorsque le gouvernement stimule l'économie à court terme en dépensant plus, c'est parce qu'il accroît ses dépenses sans en faire autant avec les impôts. Il diminue alors son épargne ($T - G$) et son solde budgétaire. Un coût de renonciation est cependant associé à chacune de ces dépenses supplémentaires du gouvernement : ultérieurement, il faudra assumer les coûts de la dette publique créée par les déficits, en payant plus de taxes et d'impôts. Une telle politique stimule l'économie à court terme, mais mène éventuellement à une hausse du fardeau fiscal.

Or, les taxes et les impôts réduisent le revenu disponible des ménages et les dépenses privées. Si les dépenses du gouvernement représentent un fort pourcentage du PIB, les dépenses privées n'en seront que plus faibles à long terme : on aura tout simplement remplacé des dépenses privées par des dépenses publiques.

Les contribuables ne sont donc pas différents des ménages : tous doivent payer éventuellement pour les biens et les services qu'ils se procurent à crédit. Un consommateur évalue la valeur de ce qu'il achète et la compare avec le coût d'achat, que le bien soit payé comptant ou acheté à crédit. Chaque fois que le gouvernement envisage de stimuler l'économie par de nouvelles dépenses, on devrait donc se poser la même question que lorsqu'un particulier envisage une dépense de consommation : la valeur des ressources engagées est-elle inférieure ou supérieure à la valeur de ce qui est obtenu ?

La politique budgétaire en économie ouverte

Notre analyse des retombées de la politique budgétaire sur la demande agrégée n'a pas pris en compte, jusqu'à présent, le fait que l'économie canadienne est ouverte. Tout comme les effets ultimes de la politique monétaire diffèrent selon le contexte ouvert ou fermé de l'économie, nous allons maintenant voir que notre analyse de la politique budgétaire, appropriée pour une économie fermée, est incomplète si l'économie est ouverte.

Le graphique a) de la figure 15.10 nous montre l'intersection des courbes de demande et d'offre de monnaie, au taux d'intérêt mondial r^m. Reprenons notre analyse des effets de la politique budgétaire sur la demande agrégée à partir de ce point, car nous savons que le taux d'intérêt canadien doit éventuellement être égal au taux mondial. Pour bien comprendre les effets de la politique budgétaire, il nous faut donc saisir tous les ajustements économiques qui nous ramènent à ce taux d'intérêt mondial.

Le programme d'infrastructures de cinq milliards de dollars fait augmenter le revenu des firmes et des employés directement touchés par le programme, ainsi que celui des employés et des propriétaires des autres entreprises, par l'effet multiplicateur. L'effet direct et l'effet multiplicateur causent un déplacement vers la droite de la courbe de demande agrégée, de DA_1 à DA_2, comme on le voit sur le graphique b) de la figure 15.10. Cette hausse de la demande de biens et de services fait également augmenter la demande de monnaie, comme l'illustre le graphique a), par le déplacement de la courbe de demande de monnaie, de DM_1 à DM_2. La Banque du Canada n'ayant pas modifié l'offre de monnaie, la courbe d'offre de monnaie ne bouge pas. Le taux d'intérêt monte donc au-dessus du taux mondial, en r_2, pour assurer l'équilibre de l'offre et de la demande de monnaie.

Cette fois-ci encore, le taux d'intérêt influe sur la quantité demandée de biens et de services que montre le graphique b). En faisant augmenter le coût des emprunts, un taux d'intérêt élevé réduit les investissements des entreprises et la construction résidentielle. La quantité demandée de biens et de services, pour un niveau des prix $\bar{P}$ donné, diminue en raison de l'effet d'éviction sur l'investissement. Cette diminution est illustrée sur le graphique b) par le déplacement de la courbe de demande agrégée, de DA_2 à DA_3.

Jusqu'à présent, notre analyse ne diffère en rien de l'analyse précédente. Dans une économie fermée, les conséquences d'une politique budgétaire se limitent au mouvement de l'économie de A à B sur les graphiques a) et b) de la figure 15.10. Toutefois, dans une petite économie ouverte comme celle du Canada, l'histoire ne s'arrête pas là. Le taux d'intérêt canadien se situe maintenant au-dessus du taux d'intérêt mondial. Toutefois, en raison de la mobilité parfaite des capitaux, il devra redescendre pour être égal au taux d'intérêt mondial. Il manque donc quelque chose à notre analyse.

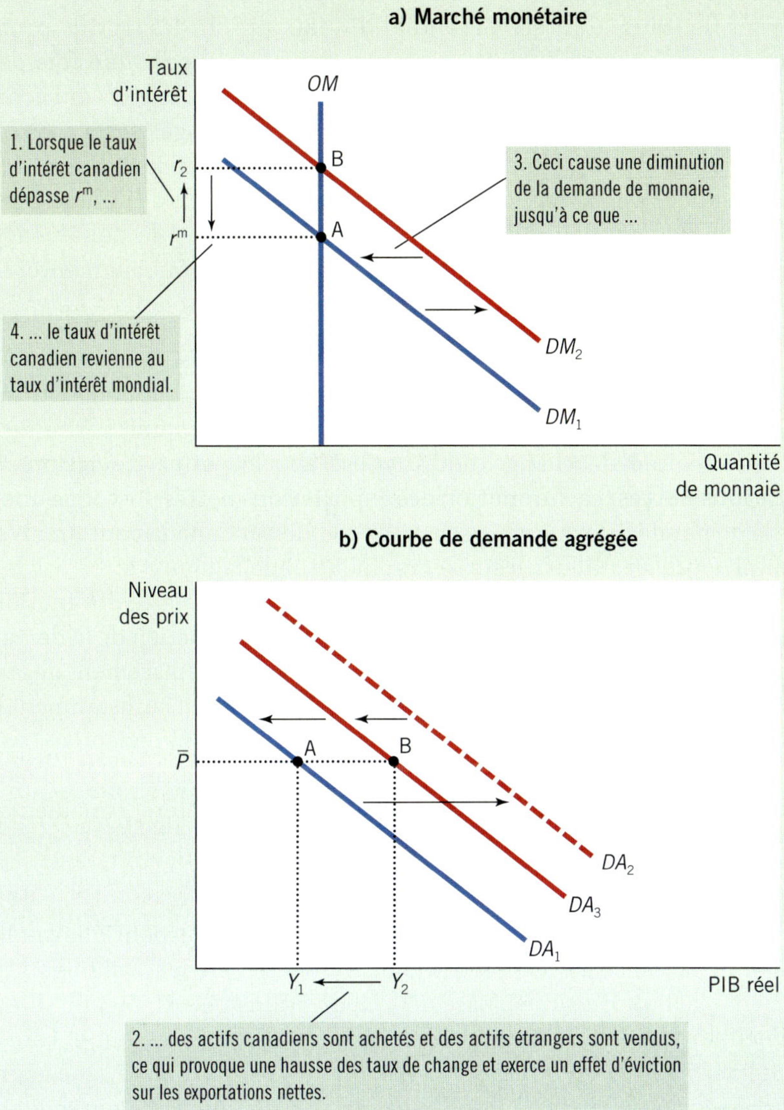

FIGURE 15.10

La politique budgétaire expansionniste en économie ouverte et en régime de change flottant

Dans une économie fermée, l'augmentation des dépenses publiques se traduit par une augmentation à la fois du taux d'intérêt et de la production, représentée par le mouvement de A à B sur les graphiques a) et b). Dans une petite économie ouverte, le fait que le taux d'intérêt national r_2 dépasse le taux mondial r^m génère des ajustements supplémentaires. Les épargnants canadiens et étrangers préfèrent le taux d'intérêt canadien au taux d'intérêt mondial. Ils achètent donc des actifs canadiens et se débarrassent de leurs actifs étrangers. Cela provoque une augmentation du taux de change. Cette appréciation du dollar réduit les exportations nettes, et la demande agrégée canadienne diminue de DA_3 à DA_1, comme l'illustre le graphique b). La réduction de la production, de Y_2 à Y_1, incite les gens à détenir moins de monnaie pour réaliser leurs transactions. La demande de monnaie baisse alors de DM_2 à DM_1 et le taux d'intérêt canadien diminue de r_2 à r^m sur le graphique a). Au bout du compte, l'économie se retrouve au point A sur les deux graphiques : le taux d'intérêt canadien a rejoint le taux d'intérêt mondial et il n'y a aucun effet durable sur la demande agrégée.

Un régime de change flottant

Partons de l'hypothèse que la Banque du Canada décide de laisser fluctuer le taux de change. Comme nous l'avons vu au cours de notre analyse des effets de l'injection monétaire, les hypothèses du taux de change flottant et du taux de change fixe sont ici encore importantes.

Lorsque le taux d'intérêt canadien dépasse le taux d'intérêt mondial, les Canadiens et les étrangers se mettent à vendre leurs actifs étrangers, qui rapportent le taux d'intérêt mondial r^m, au profit des actifs canadiens, qui rapportent le taux d'intérêt r_2. Souvenons-nous encore une fois de notre analyse du chapitre 13 (*voir l'annexe du présent chapitre*) : les gens qui échangent des biens, des services et des actifs financiers avec l'étranger désirent être payés avec leur propre devise. Un achat d'actifs canadiens implique donc l'achat de dollars canadiens et la vente de devises étrangères. L'offre de dollars canadiens diminue et la demande de dollars canadiens augmente : le dollar s'apprécie. Cette appréciation nominale et réelle des taux de change fait augmenter les prix des biens et des services canadiens par rapport à ceux produits à l'étranger. En conséquence, les exportations nettes baissent.

Effet d'éviction sur les exportations nettes
Réduction de la demande agrégée qui se produit lorsque, dans une petite économie ouverte en régime de change flottant, une politique budgétaire expansionniste fait monter le taux de change réel, ce qui cause une réduction des exportations nettes.

La diminution des exportations nettes, résultat d'une politique budgétaire expansionniste qui fait augmenter le taux de change réel dans une petite économie ouverte en régime de change flottant, est appelée **effet d'éviction sur les exportations nettes**. La diminution des exportations nettes provoque une réduction de la demande de biens et de services produits au Canada pour un niveau des prix donné $\bar{P}$. Cela est illustré sur le graphique b) de la figure 15.10 par le déplacement de la courbe de demande agrégée, de DA_3 à DA_1. Cette diminution de la demande de biens et de services canadiens cause une réduction de la demande de monnaie, comme on le constate sur le graphique a), et le déplacement de la courbe de demande de monnaie, de DM_2 à DM_1. Ce déplacement est suffisamment important pour causer une baisse du taux d'intérêt canadien, qui revient au taux d'intérêt mondial. L'effet net de ces ajustements supplémentaires est une réduction de la demande de monnaie en DM_1, le retour du taux d'intérêt canadien au taux mondial et la baisse de la quantité demandée de biens et de services canadiens, illustrée par le déplacement de la courbe de demande agrégée en DA_1.

Pour résumer : dans une petite économie ouverte, une politique budgétaire expansionniste cause une appréciation du dollar. Puisque l'augmentation du taux de change entraîne une baisse des exportations nettes, un effet d'éviction supplémentaire s'ajoute à celui des investissements, ce qui réduit encore plus la demande de biens et de services canadiens. Au bout du compte, une augmentation des dépenses publiques n'exerce aucun effet durable sur la demande agrégée.

Un régime de change fixe

Examinons maintenant les effets d'une politique budgétaire expansionniste sur la demande agrégée dans une économie ouverte, lorsque la Banque du Canada décide de ne pas laisser le taux de change fluctuer. Souvenez-vous que la banque centrale peut influer sur la valeur du dollar en achetant ou en vendant des devises étrangères, dans des opérations effectuées sur le marché des changes. Lorsque les entreprises et les ménages vendent leurs dollars, ce qui en augmente l'offre sur ce marché, la Banque du Canada peut maintenir constant le taux de change en achetant des dollars canadiens. Pour ce faire, elle vend des devises étrangères et achète des dollars canadiens. Inversement, si les entreprises et les ménages achètent des dollars canadiens sur le marché des changes, la Banque du Canada peut annuler l'appréciation de la monnaie en vendant des dollars et en achetant des devises étrangères (*voir l'annexe du présent chapitre*).

La figure 15.11 illustre les effets de la politique budgétaire expansionniste sur la demande agrégée. Comme toujours, nous partons d'un taux d'intérêt canadien égal

FIGURE 15.11

La politique budgétaire expansionniste en économie ouverte et en régime de change fixe

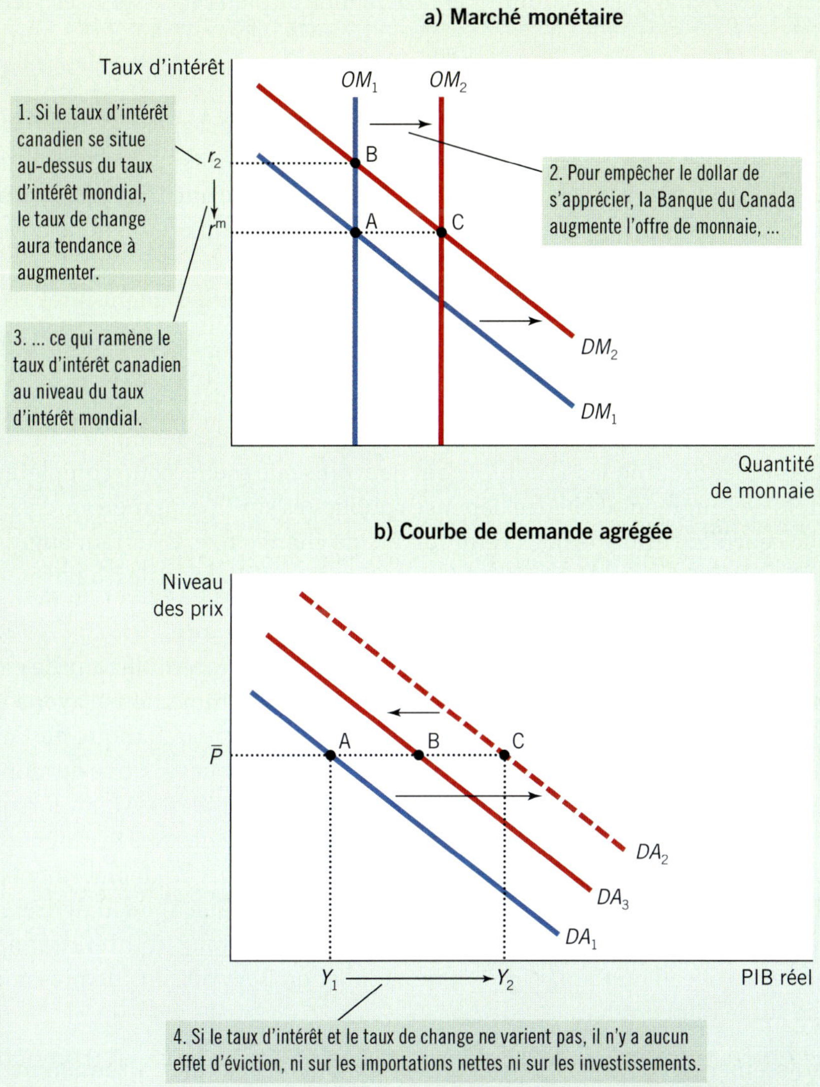

Dans une économie fermée, l'accroissement des dépenses publiques cause une augmentation à la fois du taux d'intérêt et de la production, représentée par le mouvement de A à B sur les graphiques a) et b). Dans une économie ouverte, le fait que le taux d'intérêt se situe maintenant au-dessus du taux d'intérêt mondial devrait normalement provoquer une appréciation du dollar et exercer un effet d'éviction sur les exportations nettes. Pour empêcher l'appréciation du dollar, la Banque du Canada augmente l'offre de monnaie en vendant des dollars sur le marché des changes. Cette augmentation de la masse monétaire, illustrée par un déplacement de la courbe d'offre de monnaie de OM_1 à OM_2 sur le graphique a), empêche également le taux d'intérêt d'augmenter. Les deux types d'effet d'éviction sont ainsi annulés et l'expansion budgétaire influe de façon importante et durable sur la demande agrégée, comme l'illustrent le déplacement de la courbe de demande agrégée, de DA_1 à DA_2, sur le graphique b), et le mouvement de l'économie, de A à C, sur les deux graphiques.

au taux d'intérêt mondial r^m. Sur le graphique a), la demande de monnaie DM_1 est égale à l'offre de monnaie OM_1 au taux d'intérêt r^m. Une augmentation des dépenses publiques accroît la quantité demandée de biens et de services, pour un niveau des prix donné $\bar{P}$. En raison de l'effet multiplicateur, la demande agrégée augmente plus que du seul montant des dépenses publiques. Cette augmentation de la *DA* est illustrée sur le graphique b) par le déplacement de la courbe de demande agrégée, de DA_1 à DA_2. Sans surprise, on constate que l'augmentation de la demande de biens et de services incite le public à conserver plus de monnaie. Cela est illustré sur le graphique a) par le déplacement de la courbe de demande de monnaie, de DM_1 à DM_2. Cette augmentation de la demande de monnaie fait passer le taux d'intérêt à r_2. De nouveau, la hausse du taux d'intérêt réduit l'investissement des firmes et des ménages et fait diminuer la demande de biens et de services. Cet effet d'éviction sur les investissements se traduit par le déplacement de la courbe de demande agrégée de DA_2 à DA_3 sur le graphique b).

Nous nous sommes limités jusqu'à présent à décrire l'ajustement de l'économie du point A au point B sur les graphiques a) et b) de la figure 15.11. Ceci correspond à l'ajustement final dans une économie fermée. Dans une petite économie ouverte comme celle du Canada, lorsque le taux d'intérêt dépasse le taux mondial, le taux de change a tendance à augmenter. En effet, en raison d'un taux d'intérêt supérieur, les actifs canadiens sont particulièrement intéressants. La vente des actifs étrangers au profit des actifs canadiens entraîne un achat correspondant de dollars sur le marché des changes, ce qui cause une appréciation du dollar. Nous savons que si la Banque du Canada laisse le taux de change augmenter, les exportations nettes seront réduites et l'économie reviendra au point A sur les graphiques a) et b), ce qui neutralise du même coup complètement les effets de l'augmentation des dépenses publiques sur la demande agrégée. Si la banque centrale décide de maintenir le taux de change fixe, il lui faut augmenter l'offre de dollars dans le marché des changes en achetant des devises et en vendant des dollars.

Cette intervention de la Banque du Canada en vue de maintenir le taux de change fixe aura également un effet sur l'offre de monnaie. Comme nous l'avons vu au chapitre 10 et plus haut dans le présent chapitre, lorsque la Banque du Canada achète un actif financier (autre que des dollars), elle augmente l'offre de monnaie, tandis que lorsqu'elle vend un actif financier, elle la réduit. Ainsi, lorsque la Banque du Canada fixe la valeur du dollar par l'achat de devises étrangères, elle accroît l'offre de monnaie. Ce phénomène est illustré par le déplacement de la courbe d'offre de monnaie, de OM_1 à OM_2, sur le graphique a) de la figure 15.11. La banque centrale continue ainsi jusqu'à ce que le taux d'intérêt canadien revienne au niveau du taux d'intérêt mondial et qu'il n'y ait plus de pression à la hausse sur le taux de change.

L'accroissement de la masse monétaire produit deux effets. Premièrement, il ramène le taux d'intérêt canadien au niveau mondial, ce qui élimine l'effet d'éviction des dépenses publiques sur l'investissement des entreprises et des ménages. Cet effet d'éviction était responsable du déplacement vers la gauche de la courbe de demande agrégée, de DA_2 à DA_3. Deuxièmement, l'expansion monétaire, en ramenant le taux d'intérêt canadien au niveau mondial, stoppe l'appréciation du dollar ainsi que l'effet d'éviction des dépenses publiques sur les exportations nettes. Cet effet était responsable du déplacement de la demande agrégée de DA_3 à DA_1. En empêchant le taux de change de varier, la Banque du Canada annule donc les deux effets d'éviction. Le résultat final est que la courbe de demande agrégée passe de DA_1 à DA_2 et que la quantité de biens et de services produits au Canada augmente de Y_1 à Y_2.

En résumé : si la Banque du Canada choisit d'empêcher toute variation du taux de change, une politique budgétaire expansionniste ne produira aucun effet d'éviction. Par conséquent, la politique budgétaire provoquera une forte hausse de la demande de biens et de services, déterminée par l'importance des dépenses publiques et du multiplicateur.

La coordination des politiques budgétaire et monétaire

Les effets radicalement différents d'une expansion budgétaire sur la demande agrégée en régime de change fixe et en régime de change flexible (ou flottant) nous amènent à tirer une conclusion fondamentale : pour que la politique budgétaire ait des effets durables sur la position de la courbe de demande agrégée, la Banque du Canada doit choisir le régime de change approprié. Or, la politique budgétaire est du ressort du Parlement et des assemblées législatives provinciales, alors que la politique monétaire relève de la Banque du Canada. On peut donc en conclure que pour que les politiques budgétaires aient des effets durables sur la demande agrégée, les élus des divers organes législatifs, d'un côté, et la Banque du Canada, de l'autre, doivent coordonner leurs actions.

Une telle coordination n'est pas toujours observée. L'affaire Coyne, en 1961, en constitue un bon exemple. Ayant pour objectif de stimuler l'économie lors d'un ralentissement, le gouvernement fédéral de l'époque a réduit les impôts et augmenté les dépenses publiques, afin que la courbe de demande agrégée se déplace vers la droite. Malheureusement, le gouverneur de la Banque du Canada, James Coyne, était bien résolu à maintenir la flexibilité du taux de change. Le résultat — prévisible, selon notre analyse — a été un conflit sérieux entre le gouvernement fédéral et la banque centrale. En maintenant un régime de change flottant, Coyne a fait en sorte que la politique budgétaire expansionniste du gouvernement fédéral n'a pas eu d'effet durable sur la demande agrégée. Coyne a finalement été obligé de démissionner, et la Banque du Canada a adopté un régime de change fixe, afin que la politique budgétaire expansionniste puisse déplacer la courbe de demande agrégée. Le ministre fédéral des Finances, Donald Fleming, a alors conclu : « Ce budget et M. Coyne sont tout simplement incompatibles. »

Depuis plusieurs années, la Banque du Canada laisse fluctuer le dollar canadien. Bien entendu, la valeur du dollar canadien par rapport au dollar américain est un sujet d'intérêt, et les fluctuations du taux de change font souvent les manchettes. Il arrive cependant que la Banque du Canada intervienne dans le marché des changes en achetant ou en vendant des dollars. Ce faisant, elle tente de ralentir la vitesse à laquelle le taux de change varie, pour éviter les changements trop brusques. Lorsqu'on veut anticiper les effets de la politique budgétaire du gouvernement canadien, il faut donc prévoir les décisions de la Banque du Canada quant au taux de change. Si la banque centrale laisse flotter librement le dollar, une modification de la politique budgétaire n'aura aucun effet durable sur la position de la courbe de demande agrégée. Par contre, si la Banque du Canada tente de minimiser les fluctuations du dollar, la politique budgétaire aura des effets durables sur la position de la courbe de demande agrégée.

Le tableau 15.2 présente un résumé des différents effets de la politique budgétaire.

TABLEAU 15.2

Les effets de la politique budgétaire : un résumé

QUEL EST L'EFFET DE LA POLITIQUE BUDGÉTAIRE SUR LA COURBE DE DEMANDE AGRÉGÉE EN ÉCONOMIE FERMÉE ?

1. Une augmentation des dépenses gouvernementales entraîne un déplacement vers la droite de la courbe de demande agrégée.
2. Cette augmentation des dépenses stimule la demande de monnaie, ce qui fait monter le taux d'intérêt.
3. La hausse du taux d'intérêt crée un effet d'éviction sur l'investissement, ce qui réduit l'ampleur du déplacement de la courbe de demande agrégée.

QUEL EST L'EFFET DE LA POLITIQUE BUDGÉTAIRE SUR LA COURBE DE DEMANDE AGRÉGÉE EN ÉCONOMIE OUVERTE, EN RÉGIME DE CHANGE FLOTTANT ?

1. S'il y a mobilité parfaite des capitaux, et qu'on ignore le risque de non-paiement et la fiscalité, le taux d'intérêt canadien doit être égal au taux d'intérêt mondial. Nous partons du principe que $r = r^m$.
2. Un accroissement des dépenses gouvernementales fait déplacer vers la droite la courbe de demande agrégée.
3. L'accroissement de la demande agrégée fait augmenter la demande de monnaie et, par conséquent, le taux d'intérêt.
4. La hausse du taux d'intérêt exerce un effet d'éviction sur l'investissement et annule partiellement le déplacement de la courbe de demande agrégée. Maintenant, $r > r^m$.
5. Les actifs canadiens offrent un taux d'intérêt supérieur à celui des actifs étrangers. La demande accrue d'actifs canadiens fait augmenter la demande de dollars sur le marché des changes. Le dollar s'apprécie.
6. L'appréciation du dollar réduit les exportations nettes.
7. La baisse des exportations nettes se traduit par une chute des dépenses et par une réduction de la demande de monnaie et du taux d'intérêt, jusqu'à ce que $r = r^m$.
8. La politique budgétaire expansionniste n'a aucun effet durable sur la position de la courbe de demande agrégée.

QUEL EST L'EFFET D'UNE POLITIQUE BUDGÉTAIRE SUR LA COURBE DE DEMANDE AGRÉGÉE EN ÉCONOMIE OUVERTE, EN RÉGIME DE CHANGE FIXE ?

1. S'il y a mobilité parfaite des capitaux, et qu'on ignore le risque de non-paiement et la fiscalité, le taux d'intérêt canadien doit être égal au taux d'intérêt mondial. Nous partons du principe que $r = r^m$.
2. Un accroissement des dépenses publiques fait déplacer vers la droite la courbe de demande agrégée.
3. L'accroissement de la demande agrégée fait augmenter la demande de monnaie et, par conséquent, le taux d'intérêt.
4. La hausse du taux d'intérêt exerce un effet d'éviction sur l'investissement et renverse partiellement le déplacement de la courbe de demande agrégée. Maintenant, $r > r^m$.
5. Les actifs canadiens offrent un taux d'intérêt supérieur à celui des actifs étrangers. La demande accrue d'actifs canadiens fait augmenter la demande de dollars sur le marché des changes. Pour maintenir le taux de change fixe, la Banque du Canada augmente l'offre de dollars sur ce marché en achetant des devises étrangères.
6. L'achat de devises étrangères de la part de la banque centrale fait augmenter l'offre de monnaie et baisser le taux d'intérêt jusqu'à ce que $r = r^m$.
7. L'augmentation de l'offre de monnaie élimine complètement l'effet d'éviction sur l'investissement et sur les exportations nettes, ce qui provoque donc un plus grand déplacement vers la droite de la courbe de demande agrégée qu'en économie fermée.

Les variations des taxes et des impôts

Le niveau des taxes et des impôts constitue un autre instrument budgétaire dans les mains du gouvernement. Par exemple, une réduction de l'impôt sur le revenu augmente le revenu disponible des ménages. Ce revenu supplémentaire sera consacré en partie à l'épargne, mais aussi à la consommation. Par conséquent, toute réduction de l'impôt, en stimulant la consommation, provoque un déplacement vers la droite de la courbe de demande agrégée. En revanche, une augmentation des impôts fait diminuer la consommation et déplacer vers la gauche la courbe de demande agrégée.

L'ampleur du déplacement résultant de la modification des impôts dépend également de l'effet multiplicateur et de l'effet d'éviction. En réduisant les impôts, le gouvernement fait augmenter les revenus et les bénéfices, ce qui stimule la consommation et fait augmenter à nouveau les revenus et les profits : c'est l'*effet multiplicateur*. Simultanément, la hausse des revenus fait augmenter la demande de monnaie et le taux d'intérêt. Cette hausse du taux d'intérêt accroît le coût des emprunts et réduit les investissements : c'est l'*effet d'éviction sur les investissements*. Selon la valeur du multiplicateur et de l'effet d'éviction, le déplacement de la courbe de demande agrégée sera supérieur ou inférieur à la variation des impôts qui en est à l'origine.

En plus des effets multiplicateur et d'éviction, un autre facteur important détermine l'ampleur du déplacement de la courbe de demande agrégée à la suite d'une modification des impôts : le caractère permanent ou temporaire de cette politique. Par exemple, imaginons que le gouvernement annonce une baisse de 1 000 $ d'impôt sur le revenu pour chaque ménage. Lorsqu'ils décident quelle proportion de ce 1 000 $ ils vont dépenser, les ménages doivent se questionner sur la durée de ce revenu supplémentaire. S'ils croient que la baisse d'impôt est permanente, leurs ressources financières augmentent de façon considérable et ils réagissent en consommant beaucoup plus. Dans ce cas, la baisse d'impôt a un impact important sur la demande agrégée. Si, au contraire, les ménages voient la baisse d'impôt comme temporaire et croient donc que leurs ressources financières n'augmentent que peu, ils réagiront en dépensant une petite part de ce 1 000 $. Dans ce cas, la demande agrégée se déplacera fort peu.

Dans une petite économie ouverte comme celle du Canada, les effets à long terme d'une variation des impôts sur la courbe de demande agrégée dépendent de la décision de la banque centrale de laisser fluctuer ou non le taux de change. Si la Banque du Canada n'empêche pas le taux de change de fluctuer librement, une variation des impôts n'aura aucun effet à long terme sur la position de la courbe de demande agrégée. Par exemple, une réduction d'impôt fera passer le taux d'intérêt au-dessus du taux d'intérêt mondial et entraînera une appréciation du dollar. Par conséquent, cette réduction causera un effet d'éviction sur les exportations nettes, identique à celui résultant de l'augmentation des dépenses publiques. Par contre, si la Banque du Canada choisit un régime de change fixe, une diminution des impôts aura un effet durable sur la position de la courbe de demande agrégée. Dans ce cas, la Banque centrale vendra des devises étrangères sur le marché des changes pour maintenir le change fixe. Elle accroîtra ainsi l'offre de monnaie. Une telle augmentation annule les effets d'éviction sur l'investissement et les exportations nettes, lesquels empêchent la politique budgétaire d'avoir un impact durable sur la demande agrégée.

La réduction du déficit

Durant les années 1990 et 2000, les gouvernements fédéral et provinciaux ont réduit ou éliminé leur déficit budgétaire respectif. Certains ont surtout diminué les dépenses, d'autres ont plutôt augmenté les taxes et les impôts, tandis que d'autres encore ont combiné les deux démarches. Des commentateurs se sont élevés contre les efforts de réduction des déficits budgétaires, faisant valoir que l'économie canadienne risquait d'en souffrir, puisque la demande agrégée allait alors diminuer. Notre analyse des effets des politiques de dépenses publiques et d'imposition en régimes de change flexible et fixe permet d'éclairer ce débat. Aussi longtemps que la banque centrale laisse flotter le dollar, il n'existe aucune raison de croire qu'un effort de réduction du déficit puisse avoir une influence durable sur la position de la courbe de demande agrégée. Encore une fois, nous voyons combien il est important que le gouvernement canadien et la Banque du Canada coordonnent leurs décisions. Si cette dernière adopte une politique de change flexible, toute réduction des déficits n'aura qu'un impact fort limité sur la demande agrégée.

BON À SAVOIR

Les effets de la politique budgétaire sur l'offre agrégée

Jusqu'à présent, notre analyse de la politique budgétaire nous a permis d'examiner l'impact des variations des dépenses gouvernementales ainsi que des taxes et des impôts sur la quantité demandée de biens et de services. La plupart des économistes conviennent que les effets macroéconomiques à court terme de la politique budgétaire se font surtout sentir sur la demande agrégée. Néanmoins, la politique budgétaire peut également influer sur la quantité offerte de biens et de services.

À titre d'exemple, examinons comment les variations des impôts ont des répercussions sur l'offre agrégée. Selon l'un des **dix principes d'économie** du chapitre 1, les gens réagissent aux incitatifs. Lorsque le gouvernement réduit les taux d'imposition, les travailleurs et les entrepreneurs conservent une plus grande proportion de leur revenu et ont donc tout intérêt à travailler plus et à produire davantage. Ceux-ci sont aussi incités à « voter avec leurs pieds » et à se déplacer vers les régions les moins taxées. S'ils réagissent à ces incitatifs, l'offre de biens et de services s'accroît pour tout niveau des prix, et les deux courbes d'offre agrégée se déplacent vers la droite. Certains économistes, tenants de la théorie de l'offre, pensent que l'effet des réductions d'impôt sur l'offre agrégée est très important. D'autres croient même qu'une réduction des taux d'imposition peut faire augmenter les recettes publiques, en raison de l'effort accru des travailleurs. La plupart des économistes doutent cependant que cet effet sur l'offre soit suffisamment important pour produire un tel résultat sur le solde budgétaire gouvernemental.

Le fait que les baisses d'impôt amènent un déplacement vers la droite de l'offre agrégée est important, car cela laisse croire que les baisses d'impôt modifient de façon permanente la production. Comme nous l'avons constaté au chapitre 14, tout déplacement de la courbe de demande agrégée ne produit que des effets temporaires sur la production. Au fil du temps, les anticipations, les salaires et les prix s'ajustent et la courbe d'offre agrégée à court terme finit par rejoindre le point d'intersection des courbes de demande et d'offre agrégées à long terme. À moins que la courbe d'offre agrégée à long terme bouge, un déplacement de la courbe de demande n'a pas de conséquence durable sur la production. Mais si une réduction des impôts provoque un déplacement vers la droite de la courbe d'offre agrégée à long terme, alors le niveau naturel de la production augmente de façon permanente.

Bien que cette prescription politique semble attrayante — continuer de réduire les impôts, ce qui fera augmenter la production de façon permanente —, il faut cependant se rappeler que les impôts financent des programmes publics utiles. Il n'y aurait ni défense nationale ni production de biens publics sans recettes fiscales. Une politique raisonnable consisterait à maintenir les taux d'imposition aux niveaux les plus bas possible, mais suffisants pour que soient maintenus les programmes publics importants.

Finalement, notons qu'une augmentation des dépenses publiques peut aussi avoir des effets durables sur l'offre agrégée et la production. Par exemple, si le gouvernement décide d'investir dans les infrastructures routières, l'amélioration des conditions de transport peut accroître la productivité des entreprises. Ainsi, lorsque le gouvernement augmente ses dépenses en infrastructures utiles, il permet qu'une plus grande quantité de biens et de services soit offerte pour tout niveau des prix: la courbe d'offre agrégée se déplace donc vers la droite. Ce déplacement potentiel de la courbe d'offre agrégée à long terme explique pourquoi les économistes ont tendance à favoriser les dépenses en infrastructures par rapport à d'autres types de dépenses publiques.

MINITEST

- Expliquez comment une diminution des dépenses publiques se répercute sur le marché monétaire et sur la demande agrégée. Quels en sont les effets dans une économie fermée? dans une petite économie ouverte, si la Banque du Canada laisse flotter le dollar? dans une petite économie ouverte, si la Banque du Canada décide de maintenir le taux de change fixe?

Les politiques de stabilisation

Après avoir examiné les effets des politiques monétaire et budgétaire sur la demande agrégée, nous pouvons maintenant aborder une question importante: les dirigeants politiques devraient-ils utiliser ces instruments pour contrôler la demande agrégée et stabiliser l'économie? Et, dans l'affirmative, dans quelles circonstances? Sinon, pourquoi?

Les arguments pour les politiques de stabilisation

L'économie canadienne est régulièrement frappée par toutes sortes de chocs. Les conflits au Moyen-Orient, les variations du prix du pétrole, les fluctuations du taux de change, les luttes contre le déficit par les gouvernements, les flambées ou les krachs boursiers peuvent tous avoir de sérieuses conséquences sur l'activité économique. De tels événements ont déjà, dans le passé, causé de fortes variations de la production, de l'emploi et du revenu. Nous venons d'examiner les impacts des politiques monétaire et budgétaire sur la position de la courbe de demande agrégée et, donc, sur la production, l'emploi et le revenu. Nous pouvons en déduire que ces instruments (ou du moins l'un d'eux, en économie ouverte) peuvent être utilisés pour annuler les conséquences négatives de chocs imprévus. En fait, les épisodes d'expansion et de contraction économiques imprévus s'avèrent coûteux, à la fois pour les consommateurs et les entreprises, en causant du chômage, de l'inflation imprévue et de l'incertitude. S'il est possible de stabiliser l'économie grâce aux politiques macroéconomiques, il serait judicieux d'y avoir recours. Ce paragraphe résume, en quelques phrases, les arguments qu'on peut invoquer en faveur de l'interventionnisme macroéconomique.

La *Théorie générale de l'emploi, de l'intérêt et de la monnaie,* de John Maynard Keynes, est l'un des livres les plus influents jamais écrits en économie. Dans ce livre, Keynes met l'accent sur le rôle clé de la demande agrégée pour expliquer les fluctuations économiques à court terme. D'après lui, le gouvernement devrait stimuler la demande agrégée lorsqu'elle est insuffisante pour maintenir la production à son niveau de plein emploi. Au moment où il a rédigé son ouvrage, l'ensemble des économies mondiales traversait la Grande Dépression des années 1930. Il n'est donc guère surprenant que la proposition d'une intervention politique pour réduire la gravité de la crise ait connu un franc succès. Keynes (et nombre de ses adeptes) était un grand défenseur des politiques macroéconomiques interventionnistes pour stabiliser l'économie.

Les arguments contre les politiques de stabilisation

Certains économistes s'élèvent au contraire contre les politiques macroéconomiques destinées à stabiliser l'économie. Ils font valoir que ces politiques devraient être utilisées pour atteindre des objectifs de long terme, tels qu'une forte croissance économique et un taux d'inflation faible, alors qu'on devrait laisser les fluctuations économiques à court terme se résorber d'elles-mêmes. Même s'ils reconnaissent que les politiques monétaire et budgétaire peuvent, en théorie, aider à stabiliser l'économie, ils doutent de leur efficacité dans la pratique.

Le principal argument contre la stabilisation active est fondé sur le décalage entre la mise en œuvre des politiques et ses effets. La politique monétaire influe sur les dépenses d'investissement par l'intermédiaire du taux d'intérêt. Cependant, la plupart des entreprises établissent leur plan d'investissement longtemps à l'avance ; pour cette raison, la majorité des économistes considère que la politique monétaire met au moins six mois avant d'avoir des effets mesurables sur la production et l'emploi. En outre, les effets ont tendance à durer plusieurs années. Les opposants aux politiques de stabilisation croient que ces décalages dans le temps devraient dissuader la Banque du Canada de tenter de stabiliser l'économie. Ils prétendent que la banque centrale réagit souvent trop tard aux chocs macroéconomiques et qu'elle contribue plutôt, par ses interventions, à empirer les fluctuations conjoncturelles. Ces critiques prônent une politique monétaire passive, consistant à faire augmenter la masse monétaire d'une façon lente et régulière.

La politique budgétaire a aussi des effets décalés, mais plutôt en raison même du processus politique. Au niveau fédéral canadien, la majorité des modifications apportées aux dépenses publiques et aux impôts doit recevoir l'approbation de commissions parlementaires et être adoptée par la Chambre des communes et le Sénat. Un tel processus retarde de plusieurs mois, voire de plusieurs années, l'adoption et la mise en application des mesures budgétaires ; entre-temps, les conditions économiques peuvent avoir évolué.

Ces délais liés aux politiques budgétaire et monétaire, combinés à l'imprécision des prévisions économiques, rendent problématique la stabilisation macroéconomique. Si les prévisionnistes étaient en mesure de prédire précisément l'évolution de l'économie un an à l'avance, les dirigeants pourraient prendre des décisions éclairées et stabiliser l'économie en dépit des décalages qui touchent leurs interventions. Malheureusement, dans la pratique, les récessions et les dépressions majeures se produisent sans crier gare et les meilleurs des dirigeants ne peuvent réagir que lorsqu'elles se produisent.

Un autre argument, avancé par les économistes, porte sur la dynamique du marché politique. Si l'on donne carte blanche aux politiciens pour augmenter ou réduire les dépenses publiques ou les impôts, l'intérêt public passera peut-être après l'intérêt électoral de la classe politique. Selon James Buchanan, Nobel d'économie pour ses travaux sur les choix publics, les politiciens seront portés à dépenser plus qu'ils taxent, quelle que soit la conjoncture, afin d'augmenter leur popularité. Au lieu de stabiliser le PIB ou les prix, les responsables vont tout simplement faire augmenter la dette publique, et ce, à des niveaux inacceptables.

DANS L'ACTUALITÉ

Quelle est la taille du multiplicateur de la politique budgétaire ?

Durant le ralentissement économique mondial de 2008-2009, les gouvernements des différents pays se sont rabattus sur la politique budgétaire pour soutenir la demande agrégée.

Beaucoup de bruit autour des multiplicateurs

Nous assistons au plus important projet de stimulation budgétaire de l'histoire en temps de paix.

Partout dans le monde, les gouvernements tentent de contrecarrer la récession en diminuant les impôts et en augmentant les dépenses publiques. Les économies du G20, dont les dirigeants se rencontrent cette semaine à Pittsburgh, ont mis en œuvre des mesures de stimulation dont la valeur représentera en moyenne 2 % du PIB cette année et 1,6 % en 2010. Une action coordonnée de cette envergure suggère vraisemblablement un consensus sur les effets des stimuli budgétaires. Or, en fait, les économistes sont profondément divisés sur la question des impacts de ces mesures.

Le débat porte sur l'ampleur de l'effet multiplicateur de la politique budgétaire. Cette mesure, formulée en 1931 par Richard Kahn, un étudiant de John Maynard Keynes, permet de mettre un chiffre sur l'efficacité des réductions d'impôt ou des augmentations de dépenses gouvernementales pour stimuler la production. Un multiplicateur de 1 signifie qu'une augmentation d'un milliard de dollars en dépenses publiques haussera le PIB du pays d'un milliard de dollars.

Il est certain que la taille du multiplicateur varie selon la conjoncture économique. Dans une économie qui tourne au maximum de sa capacité, l'effet multiplicateur de la politique budgétaire devrait être de zéro. Puisque toutes les ressources sont utilisées, une augmentation de la demande publique ne ferait que remplacer des dépenses ailleurs dans l'économie. En période de récession, cependant, lorsque des travailleurs et des usines sont inactifs, une stimulation budgétaire peut hausser la demande agrégée. Et si cette mesure de stimulation déclenche une cascade de dépenses de la part des consommateurs et des entreprises, le multiplicateur sera sans doute bien supérieur à 1.

Le multiplicateur est également susceptible de varier en fonction du type de politique budgétaire. Des dépenses publiques destinées à la construction d'un pont auront un effet multiplicateur plus grand qu'une réduction d'impôt, si les contribuables épargnent une partie de leur revenu supplémentaire. Une réduction d'impôt visant les gens à faible revenu se traduira par plus de dépenses que si elle s'adressait aux plus riches, car les personnes pauvres ont tendance à dépenser une plus grande proportion de leur revenu.

De façon cruciale, la taille du multiplicateur de la politique budgétaire repose aussi sur la façon dont la population réagit à des emprunts gouvernementaux plus élevés. Si les mesures gouvernementales renforcent la confiance et ravivent les « esprits animaux » comme les appelait Keynes, le multiplicateur pourrait augmenter à mesure que la demande croît : l'investissement du secteur privé augmenterait alors, dans une sorte d'effet d'éviction inverse. Par contre, si les taux d'intérêt grimpent en réaction aux emprunts gouvernementaux, certains investissements du secteur privé qui auraient autrement été réalisés subissent un effet d'éviction. De plus, si les consommateurs s'attendent à une prochaine augmentation d'impôt pour financer de nouveaux emprunts gouvernementaux, ils pourraient bien dépenser moins maintenant. Tout cela pourrait réduire à moins de zéro le multiplicateur de la politique budgétaire.

Il existe différentes hypothèses à propos de l'impact des emprunts gouvernementaux plus élevés sur les taux d'intérêt et les dépenses du secteur privé. Ce sont elles qui expliquent pourquoi les estimations des multiplicateurs des

►

dépenses et des impôts liées aux plans de relance varient autant. Les économistes de l'administration Obama, qui tiennent pour acquis que le taux sur les fonds fédéraux va demeurer constant pendant quatre ans, s'attendent à ce que les dépenses gouvernementales se traduisent par un multiplicateur de 1,6, et les réductions d'impôt, par un multiplicateur de 1,0. Une autre estimation, réalisée par John Cogan, Tobias Cwik, John Taylor et Volker Wieland, s'appuie sur des modèles dans lesquels les taux d'intérêt et les impôts augmentent plus rapidement en réaction aux emprunts gouvernementaux plus élevés. Les multiplicateurs obtenus par ces chercheurs sont beaucoup moins élevés. Ils estiment que les mesures de stimulation feront augmenter le PIB d'un sixième seulement de ce à quoi l'équipe Obama s'attend.

Lorsque les modèles de prédiction se contredisent à ce point, une analyse des effets des stimuli passés peut aider à trancher le débat. Malheureusement, il est extrêmement difficile de cerner les impacts des changements dans la politique budgétaire. Une première approche consiste à examiner le comportement microéconomique des consommateurs en réaction à des réductions ou à des remboursements d'impôt précis. Ces études, basées pour la plupart sur des modifications fiscales aux États-Unis, révèlent deux faits: premièrement, les réductions permanentes d'impôt ont un plus grand impact que les réductions temporaires sur les dépenses des consommateurs. Deuxièmement, les consommateurs qui ont plus de mal à emprunter, en particulier ceux qui sont près de leur limite de crédit, ont tendance à dépenser une plus grande partie des remboursements qu'ils reçoivent du gouvernement. Les études microéconomiques ne permettent toutefois pas de mesurer l'impact global des réductions d'impôt ou de l'augmentation des dépenses sur la production.

Une autre approche vise à faire ressortir l'impact statistique sur le PIB des modifications aux dépenses publiques ou aux impôts. La difficulté ici est d'isoler les effets des mesures de relance budgétaire, d'une part de l'augmentation des dépenses liées à la sécurité sociale et, d'autre part, de la diminution des recettes fiscales qui accompagnent naturellement les récessions. Cette approche empirique a aidé dans certains cas à resserrer l'éventail des estimations. Elle a également fourni d'intéressantes comparaisons entre les pays. Les multiplicateurs sont plus élevés dans les économies fermées que dans les économies ouvertes (parce que les importations causent une fuite des dépenses). Les multiplicateurs sont plus grands dans les États riches que dans les pays émergents (où les investisseurs tendent à prendre peur plus vite, ce qui pousse les taux d'intérêt à la hausse). Cependant, en général, les économistes ont obtenu une gamme de multiplicateurs aussi large à partir des estimations empiriques qu'avec les modèles théoriques.

Un autre facteur ajoute à la confusion: les événements post-1945 qui servent aux analyses statistiques se distinguent intrinsèquement de la situation actuelle. La plupart des calculs empiriques sur l'effet multiplicateur des dépenses gouvernementales proviennent d'augmentations passées des dépenses militaires, tandis que les mesures contemporaines de stimulation mettent l'accent sur les infrastructures. En ce moment, les taux d'intérêt dans plusieurs pays riches frôlent 0 %, ce qui pourrait augmenter l'efficacité, ainsi que le besoin, de stimuli budgétaires. À cause de la crise financière, plus de gens ont de la difficulté à emprunter, ce qui devrait accroître l'efficacité des réductions d'impôt. En même temps, les consommateurs fortement endettés décideront peut-être de diminuer leur dette, ce qui réduirait le multiplicateur. Et les investisseurs ont désormais raison de s'inquiéter davantage de la situation budgétaire des pays riches plutôt que de celle des marchés émergents.

Une fois qu'on a combiné tous ces facteurs, on constate que les économistes sont dans le noir. Ils peuvent tout de même affirmer des choses avec une certaine assurance: par exemple, que les réductions d'impôt temporaires ont moins d'impact que les réductions permanentes, que l'effet multiplicateur de la politique budgétaire sera plus limité dans les économies fortement endettées que dans celles qui appliquent des politiques plus prudentes. Toutefois, si les dirigeants s'attendent à des estimations précises, il est certain qu'ils se leurrent. ■

Source: « Much ado about multipliers ». (24 septembre 2009). *The Economist*. (Traduction libre). Repéré à www.economist.com

Les stabilisateurs automatiques

Tous les économistes partisans et critiques des politiques de stabilisation reconnaissent que les délais les entourant nuisent à l'efficacité de ces outils. L'économie serait plus stable si de tels retards étaient éliminés. En fait, c'est tout à fait possible. Les **stabilisateurs automatiques** sont des ajustements qui stimulent la demande agrégée en cas de récession, sans qu'aucune intervention délibérée soit nécessaire.

Stabilisateurs automatiques
Modifications automatiques qui stimulent la demande agrégée lorsque l'économie est en récession, sans qu'aucune intervention délibérée soit nécessaire.

Le stabilisateur automatique le plus important en économie fermée ou en économie ouverte et régime de change fixe est le système fiscal. Lorsque l'économie entre en récession, les recettes publiques diminuent automatiquement, puisque les taxes et impôts varient en fonction de l'activité économique. L'impôt sur le revenu des particuliers dépend du revenu des ménages, les taxes de vente varient avec les dépenses de consommation et les sociétés sont imposées sur leurs bénéfices. Durant une récession, les revenus, dépenses et bénéfices baissent tous et, du même coup, les recettes fiscales du gouvernement diminuent aussi. Une telle réduction automatique des taxes et des impôts stimule la demande agrégée et limite donc l'ampleur des fluctuations économiques.

Les transferts du gouvernement servent aussi de stabilisateur automatique. Lorsque l'économie entre en récession, les entreprises licencient des travailleurs. On voit alors augmenter le nombre de bénéficiaires de l'assurance emploi, de l'aide sociale ou d'autres programmes de soutien du revenu. Cet accroissement automatique des transferts du gouvernement stimule la demande agrégée, au moment même où celle-ci ne permet pas d'assurer le plein emploi. En fait, durant les années 1940, lors de la création du programme d'assurance-chômage, ses promoteurs mettaient en lumière ses propriétés de stabilisateur automatique.

Le taux de change flexible en tant que stabilisateur économique

Dans une économie ouverte, les dirigeants disposent d'une autre option pour stabiliser l'économie : le taux de change flexible. Imaginons que les États-Unis, premier partenaire commercial du Canada, entrent en récession. À mesure que le revenu des ménages et des entreprises diminuent aux États-Unis, les dépenses des Américains sont poussées à la baisse, y compris pour l'achat de produits fabriqués au Canada. Cela conduit à une baisse des exportations nettes, de la demande agrégée et de la production au Canada.

Si la Banque du Canada a choisi un régime de change flexible pour le dollar canadien, on s'attendrait aux événements suivants : une chute des exportations nettes entraînerait une baisse du revenu des Canadiens. Ceux-ci diminueraient leurs dépenses, ce qui réduirait la demande de monnaie. Le taux d'intérêt au Canada passerait alors sous le taux d'intérêt mondial. Il s'ensuivrait une vente d'actifs canadiens (en raison du rendement plus faible) et un achat d'actifs étrangers (offrant un meilleur taux d'intérêt), ce qui provoquerait une vente de dollars sur le marché des changes. Cette offre accrue de dollars sur le marché des changes déprécierait le dollar canadien, ce qui relancerait les exportations. Ajoutons que la baisse des exportations canadiennes mènerait aussi, directement, à une diminution de la demande de dollars et à une dépréciation du dollar canadien (*voir l'annexe du présent chapitre*). La courbe de demande agrégée reviendrait ainsi vers la droite, ce qui ferait monter le revenu des Canadiens et la demande de monnaie, et ce, jusqu'à ce que le taux d'intérêt canadien rejoigne le taux d'intérêt mondial. En conséquence, la récession aux États-Unis n'aurait pas d'effet durable sur la courbe de demande agrégée au Canada. Cela dit, les stabilisateurs automatiques de l'économie canadienne ne suffisent pas à enrayer complètement les récessions. Néanmoins, en leur absence, la production et l'emploi seraient probablement plus volatiles.

Nous venons de voir que, grâce à un régime de change flottant, il est possible d'isoler l'économie canadienne des effets d'une récession à l'étranger. En raison de la dépendance du Canada envers le commerce extérieur et, donc, de sa vulnérabilité aux récessions étrangères, ce choix de régime de change semble idéal. Effectivement, la plupart des économistes sont partisans d'un régime de change flottant pour le Canada. Hélas, comme aiment à le rappeler ces mêmes économistes, rien n'est gratuit. Si le régime de change flexible est avantageux, il comporte aussi des coûts.

D'abord et avant tout, un taux de change flexible accentue l'incertitude des prix des entreprises exportatrices et importatrices. Une variation imprévue du taux de change signifie une modification non anticipée du prix en dollars canadiens des marchandises importées et exportées. Une firme canadienne désirant produire des biens destinés à l'exportation pourra hésiter à le faire, si elle ne peut connaître à l'avance le prix en dollars canadiens de ses marchandises vendues à l'étranger.

Ce type de coûts a amené certains économistes à proposer une union monétaire entre le Canada et les États-Unis. Ils recommandent l'adoption de la devise américaine par le Canada afin d'éviter les incertitudes concernant les prix que les importateurs devront payer pour les produits fabriqués aux États-Unis et la somme reçue par les exportateurs canadiens pour leurs ventes au sud de la frontière. L'élimination de cette incertitude, un obstacle important au commerce international, maximiserait les bénéfices du libre-échange. Actuellement, la majorité des économistes considère sans doute que les avantages d'un taux de change flexible, en tant que stabilisateur économique, excèdent le coût de l'incertitude provoquée par la variation du taux de change. Le débat se poursuit néanmoins.

MINITEST

- Comment une réduction des dépenses publiques influe-t-elle sur la courbe de demande agrégée ?
- En quoi votre réponse diffère-t-elle selon qu'il s'agit d'une économie fermée ou d'une économie ouverte ?

ÉTUDE DE CAS

La récession de 2008-2009 (encore)

Les dirigeants politiques du Canada ont-ils mis en pratique les leçons de notre modèle macroéconomique lors de la récession de 2008-2009 ? Dans des études de cas précédentes, nous avons expliqué les origines de cette récession. Nous avons aussi indiqué que ses effets sur l'économie canadienne provenaient d'une chute des exportations canadiennes vers les États-Unis et d'une réduction de la liquidité au Canada. Les impacts se sont donc fait sentir par un déplacement vers la gauche de la courbe de demande agrégée canadienne.

Pour décider de la réaction optimale devant un ralentissement économique, les responsables des politiques fiscale et monétaire au Canada doivent commencer par évaluer si la récession sera profonde et durable s'ils n'interviennent pas. Il s'agit là d'une considération majeure. Comme nous l'avons vu au chapitre 14, dès que les anticipations des travailleurs et des entreprises s'ajustent à la nouvelle réalité caractérisée par une faible production économique, l'économie retourne d'elle-même au niveau naturel de production. La question cruciale porte sur la durée de cet ajustement. Autrement dit, combien de temps les gens vont-ils rester sans emploi pendant que l'économie s'adapte ? Si la réponse est « pas très longtemps », il ne serait pas sensé tenter de stabiliser une économie qui retournerait rapidement au plein emploi, sans même qu'on intervienne.

Lorsque l'ampleur de la crise au sein du système financier des États-Unis — et du monde entier — est devenue évidente en 2007, l'opinion dominante était que sans mesures importantes, l'impact de la crise sur l'économie mondiale serait très grave. Il n'était pas rare d'entendre des experts annoncer une répétition possible de la Grande Dépression des années 1930. À ce moment-là, la majorité des spécialistes croyait que, même si une politique macroéconomique influe sur l'économie avec des délais, la récession risquait d'être assez longue pour que les mesures de stimulation fassent effet alors qu'elles seraient encore nécessaires.

Après avoir conclu qu'une politique de stabilisation s'imposait, les dirigeants se sont demandé quelle forme elle devrait prendre. D'après notre modèle macroéconomique appliqué à une petite économie ouverte, instaurer une politique d'expansion monétaire tout en maintenant un taux de change flexible représente une réaction efficace à un déplacement inattendu vers la gauche de la courbe de demande agrégée. C'est exactement ce qu'a fait la Banque du Canada, responsable de la politique monétaire canadienne. De concert avec d'autres banques centrales dans le monde, la Banque du Canada a pris des mesures précises : elle a injecté des liquidités dans le système financier et a diminué les taux d'intérêt, pour que la courbe de demande agrégée se déplace vers la droite.

Qu'en est-il de la politique budgétaire ? Selon notre modèle macroéconomique, la politique budgétaire est inefficace dans une petite économie ouverte comme le Canada. Cela dit, le ministère des Finances fédéral a mis en place un important programme de stimulation, sous la forme d'augmentation des dépenses publiques. Pourquoi ? Notre analyse de l'effet de la fiscalité sur l'économie repose sur l'hypothèse que la politique est mise en œuvre de façon isolée. En 2008-2009, la relance budgétaire a été coordonnée avec les mêmes mesures fiscales ailleurs dans le monde et en même temps qu'une politique monétaire expansionniste canadienne. On pouvait donc s'attendre à ce que les effets d'éviction sur l'investissement et sur les exportations nettes soient beaucoup moins importants que si le stimulus budgétaire avait été fait isolément.

Il est intéressant de souligner que les responsables de la politique budgétaire au Canada ont veillé à ce que les mesures prennent la forme de dépenses préapprouvées, pour des projets d'infrastructure prêts à démarrer. Deux raisons ont motivé leur décision. Premièrement, les dépenses préapprouvées étaient déjà passées par le processus législatif qui consiste à déterminer et à approuver des plans de dépenses ; elles étaient alors plus susceptibles d'augmenter la demande agrégée très rapidement, avant que l'économie se rétablisse par elle-même. Deuxièmement, les dépenses consacrées à l'infrastructure permettent non seulement d'augmenter la demande agrégée, mais aussi de stimuler l'offre agrégée de façon permanente. Finalement, notons que les responsables de la politique fiscale ont également fait ressortir l'importance des stabilisateurs automatiques, tels que le programme d'assurance emploi. À cet égard, des changements ont été apportés afin d'augmenter l'accessibilité à l'assurance emploi pendant la récession.

Alors, quelle note peut-on attribuer aux responsables macroéconomiques ? La majorité des économistes conclurait sans doute qu'ils ont mis en œuvre des politiques validées par le modèle macroéconomique présenté dans ce chapitre. Au chapitre 14, nous avons précisé qu'en août 2013, il était encore trop tôt pour tirer des conclusions définitives, mais la crainte d'une grave récession engendrée par la crise financière est en grande partie dissipée : comme l'a montré la figure 14.1, la croissance du PIB réel et des dépenses d'investissement se poursuit en même temps que le taux de chômage continue de régresser lentement. Tous ces indices laissent penser que les politiques

►

instaurées en 2008 et 2009 ont bel et bien permis de stabiliser l'économie.

Des inquiétudes subsistent quand même. Les dirigeants politiques auront la tâche délicate de retirer les mesures de stimulation fiscale et monétaire à peu près au même rythme que l'économie récupère. Ce n'est pas une mince affaire. Retirer ces mesures trop vite pourrait freiner la reprise; si l'on procède trop lentement, il y a un risque que la demande agrégée se déplace trop loin à droite et cause de l'inflation. Avant d'évaluer les mesures économiques prises au début de 2008 et en 2009, il faut attendre qu'elles aient été menées à bien, c'est-à-dire qu'elles aient été mises en œuvre, puis retirées.

Une brève récapitulation

Ce chapitre est particulièrement dense. D'abord, nous avons vu comment les politiques monétaire et budgétaire influent sur la position de la courbe de demande agrégée, dans une économie fermée et dans une petite économie ouverte, en régime de change fixe ou flottant. Tout au long de ces pages, nous avons fait l'hypothèse que le niveau des prix est relativement peu sensible aux conditions économiques et, pour mettre l'accent sur cette rigidité, que les prix sont fixes à court terme. Cette hypothèse caractérise le court terme, l'objet de ce chapitre. La figure 15.12 synthétise ce que nous venons de voir sur l'utilisation des politiques monétaire et budgétaire afin de déplacer la courbe de demande agrégée à court terme.

Le graphique a) de la figure 15.12 illustre les effets, sur la courbe de demande agrégée, des politiques monétaire et budgétaire expansionnistes dans une économie fermée. Nous partons du point A sur la courbe de demande agrégée DA_1. Le niveau des prix est fixé à $\bar{P}$. Une politique budgétaire expansionniste (dépenses publiques plus élevées ou réduction des impôts) et une politique monétaire expansionniste (augmentation de la masse monétaire) provoquent un déplacement vers la droite de la courbe de demande agrégée, en DA_2. En économie fermée, les politiques monétaire et budgétaire modifient donc de la même manière la position de la courbe de demande agrégée. Leurs effets sur le taux d'intérêt diffèrent cependant, comme nous l'avons vu au long de ce chapitre. Une politique budgétaire expansionniste amène une hausse du taux d'intérêt, parce qu'elle accroît la demande de monnaie; une politique monétaire expansionniste réduit le taux d'intérêt, car elle démarre avec une augmentation de l'offre de monnaie.

Le graphique b) de cette même figure illustre les effets, sur la courbe de demande agrégée, d'une politique budgétaire expansionniste, dans une petite économie ouverte. Une fois encore, on part du point A, sur la courbe de demande agrégée DA_1, le niveau des prix étant fixé à $\bar{P}$. Dans une économie fermée, une politique budgétaire expansionniste provoquerait un déplacement de la demande agrégée en DA_2, et l'économie passerait de A à B, pour un niveau des prix fixe $\bar{P}$. Dans une économie ouverte, les effets de la politique budgétaire dépendent du régime de change.

En régime de change fixe, la même politique budgétaire expansionniste qui faisait augmenter la demande agrégée de DA_1 à DA_2 la fait maintenant se déplacer de DA_1 à DA_3, l'économie passant de A à C. Le taux d'intérêt canadien s'élevant au-dessus du taux d'intérêt mondial, à cause de la politique budgétaire, il y a achat de dollars canadiens sur le marché des changes. Pour maintenir le

FIGURE 15.12

Les effets des politiques monétaire et budgétaire expansionnistes sur la courbe de demande agrégée

Ces effets varient selon que l'économie est ouverte ou fermée. Dans une économie ouverte, ils dépendent de la décision de la Banque du Canada de maintenir un régime de change fixe ou flottant.

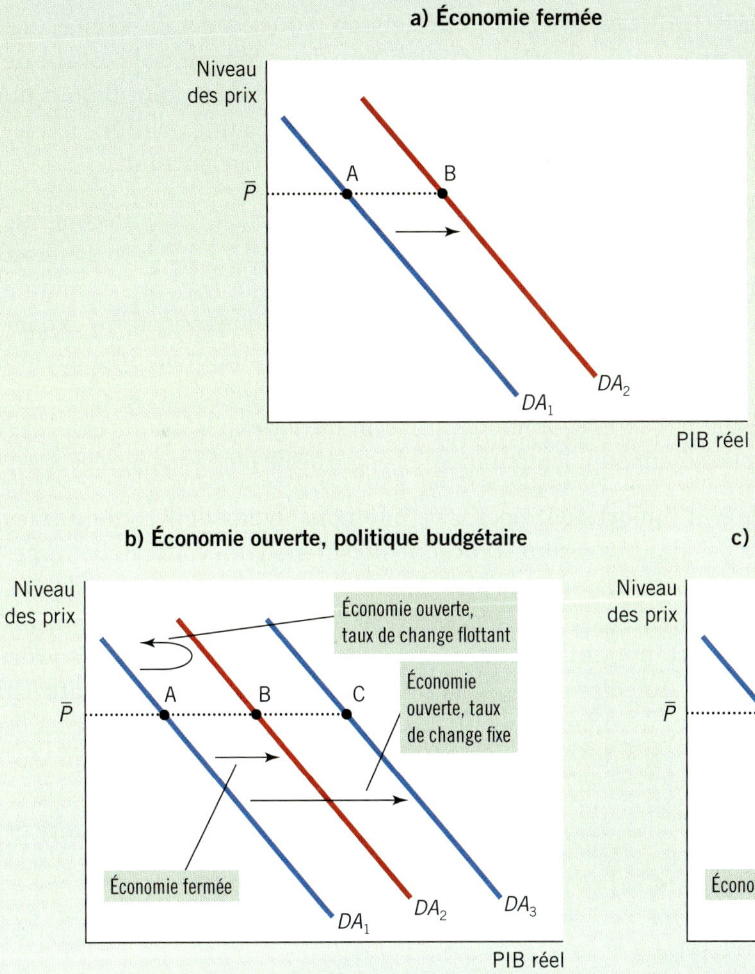

taux de change fixe, la Banque du Canada doit alors vendre des dollars et acheter des devises étrangères. Ce faisant, elle accroît l'offre de monnaie et provoque un déplacement supplémentaire de la courbe de demande agrégée.

En régime de change flottant, la même politique budgétaire expansionniste, responsable du déplacement de DA_1 à DA_2 en économie fermée, n'aura aucun impact durable sur la position de la courbe de demande agrégée. Celle-ci reviendra en DA_1, l'économie se retrouvant de nouveau en A. Cet effet diffère en régime de change flexible car, même si la politique budgétaire pousse le taux d'intérêt canadien au-dessus du taux mondial, comme en régime de change fixe, la Banque du Canada n'intervient pas pour empêcher le dollar de s'apprécier. Le taux de change augmente alors, ce qui provoque une chute des exportations nettes. Une telle réduction vient annuler les effets de la politique budgétaire et ramène la courbe de demande agrégée à son point de départ.

Le graphique c) de la figure 15.12 illustre les effets d'une politique monétaire expansionniste sur la courbe de demande agrégée, dans une petite économie ouverte. On part une nouvelle fois du point A, sur la courbe de demande agrégée DA_1, le niveau des prix restant fixé en $\bar{P}$. S'il s'agissait d'une économie fermée, une politique monétaire expansionniste entraînerait un déplacement de la courbe de demande agrégée en DA_2 et l'économie passerait du point A au point B pour un niveau des prix fixé à $\bar{P}$. Dans une économie ouverte, il n'y a une politique monétaire que si la Banque du Canada adopte un régime de change flottant.

En régime de change flottant, la même politique monétaire qui, en économie fermée, cause un déplacement de la demande agrégée de DA_1 à DA_2 susciterait un déplacement de la courbe de demande agrégée de DA_1 à DA_3, et l'économie passerait de A à C. Cela s'explique par le fait que la politique monétaire expansionniste pousse le taux d'intérêt canadien sous le taux d'intérêt mondial, ce qui fait augmenter les ventes de dollars sur le marché des changes. En causant une dépréciation du dollar, l'expansion monétaire stimule les exportations nettes et provoque un déplacement supplémentaire de la courbe de demande agrégée.

Avant de conclure, il importe de répéter ce que nous avons déjà souligné : les résultats de l'analyse dans ce résumé reposent sur un modèle économique caractérisé par certains postulats et simplifications dont certains, au cours de vos études en macroéconomie, seront mis de côté. Quelques-unes de ces conclusions devront donc être modifiées. Au chapitre 2, nous avons vu que lorsqu'on construit des modèles, une des premières étapes est d'élaborer des postulats. La méthode scientifique nous amène à faire des prédictions, à partir des modèles, et à examiner comment celles-ci varient avec les changements apportés aux postulats. Cela étant dit, il n'en est pas moins vrai que les modèles de base étudiés dans ce chapitre sont utiles à la compréhension des effets des politiques monétaire et budgétaire dans des économies fermées ou ouvertes.

BON À SAVOIR

Les taux d'intérêt à court et à long terme

À cette étape, nous devrions nous arrêter un instant sur une difficulté : il semble que nous ayons plusieurs façons d'expliquer la détermination du taux d'intérêt. Cela tient à notre volonté de comprendre le taux d'intérêt dans plusieurs contextes différents : à court et à long terme, dans une économie fermée ou dans une petite économie ouverte. Chacune de ces explications est correcte et utile, mais il serait bon de résumer comment elles sont liées.

Commençons par rappeler les différences entre le comportement à long terme de l'économie et son comportement à court terme. Trois variables macroéconomiques sont particulièrement importantes dans ce contexte : la production de biens et de services, le taux d'intérêt et le niveau des prix. D'après la théorie macroéconomique classique présentée aux chapitres 7, 8 et 11, ces variables sont déterminées comme suit :

1. La production dépend de l'offre de facteurs de production ainsi que de la technologie, qui permet de transformer ces facteurs de production en biens et en services (ce que nous appelons le *niveau de production naturel*). Une modification du niveau des prix n'a aucun effet sur la production.
2. Dans une économie fermée, pour un niveau de production donné, le taux d'intérêt s'ajuste pour égaliser l'offre et la demande de fonds prêtables. Dans une petite économie ouverte, le taux d'intérêt est égal au taux d'intérêt mondial. Les sorties nettes de capitaux (*SNC*) assurent l'équilibre entre l'offre et la demande de fonds prêtables.

3. Le niveau des prix s'ajuste pour égaliser l'offre et la demande de monnaie. Une variation de l'offre de monnaie se répercute proportionnellement sur le niveau des prix.

Telles sont les trois propositions fondamentales de la théorie économique classique. Elles font l'objet d'un consensus entre les économistes, qui croient qu'elles décrivent bien le fonctionnement de l'économie à long terme.

Cependant, ces propositions ne tiennent pas à court terme. Comme nous l'avons vu au chapitre 14, les prix s'ajustent lentement aux variations de l'offre de monnaie; cela produit une courbe d'offre agrégée à court terme ayant une pente positive plutôt que verticale. À court terme, il est préférable de concevoir l'économie comme suit:

1. Le niveau des prix est fixe à un certain niveau (qui dépend des anticipations formées dans le passé) et, à court terme, il est relativement insensible aux changements des conditions économiques.
2. Dans une économie fermée, pour un niveau des prix donné, le taux d'intérêt s'ajuste pour assurer l'équilibre entre l'offre et la demande de monnaie. Le niveau des prix ne peut bouger comme il le fait à long terme, en raison de la rigidité des prix. Dans une petite économie ouverte, le taux d'intérêt doit être égal au taux d'intérêt mondial. En régime de change flexible, cet ajustement passe par une variation du taux de change. En modifiant les exportations nettes, les variations du taux de change ont un effet sur la production et, par conséquent, sur la demande de monnaie. Dans ce cas, la demande de monnaie bouge pour assurer l'équilibre entre l'offre et la demande de monnaie, au taux d'intérêt mondial. En régime de change fixe, il incombe à la banque centrale d'acheter et de vendre des devises étrangères, ce qui modifie l'offre de monnaie. Ceci assure l'égalité entre l'offre et la demande de monnaie, au taux d'intérêt mondial.
3. Le niveau de la production est déterminé par les variations nettes de la demande agrégée de biens et de services, une fois les effets d'éviction causés par le taux d'intérêt et le taux de change pris en compte.

Les différentes théories de la détermination du taux d'intérêt sont utiles en différentes circonstances. Lorsqu'on s'intéresse aux facteurs déterminant le taux d'intérêt à long terme, il convient d'utiliser la théorie des fonds prêtables. Par contre, pour comprendre la détermination de ce même taux d'intérêt à court terme, il est préférable de se tourner vers la théorie de la préférence pour la liquidité. En outre, dans le cas d'une petite économie ouverte comme celle du Canada, il faut savoir que le taux d'intérêt finit toujours par être égal au taux d'intérêt mondial.

Conclusion

Avant de mettre en œuvre de nouvelles politiques économiques, les pouvoirs publics doivent évaluer toutes les conséquences de leurs décisions. Précédemment dans ce manuel, nous avons étudié les modèles classiques de l'économie qui décrivent les effets à long terme des politiques monétaire et budgétaire. Nous avons alors vu comment la politique budgétaire influe sur l'épargne, l'investissement, la balance commerciale et la croissance à long terme, et comment la politique monétaire détermine le taux d'inflation et le niveau des prix.

Dans le présent chapitre, nous avons observé les effets à court terme de ces politiques sur la demande agrégée de biens et de services, la production et l'emploi à court terme. Si le Parlement décide de réduire les dépenses publiques pour équilibrer le budget, il devrait considérer à la fois les effets à long terme sur l'épargne et la croissance et les effets à court terme sur la demande agrégée et l'emploi. Lorsque la Banque du Canada réduit le taux de croissance de l'offre de monnaie, il lui faut tenir compte des effets à long terme sur l'inflation, ainsi que des effets à court terme sur la production. Dans le prochain chapitre, nous reviendrons sur le passage du court terme au long terme. Nous essaierons aussi de comprendre les arbitrages auxquels les pouvoirs publics font face, entre les objectifs de court terme et de long terme.

Résumé

- En élaborant sa théorie des fluctuations économiques à court terme, Keynes a proposé la théorie de la préférence pour la liquidité afin d'expliquer la détermination du taux d'intérêt. Selon cette théorie, le taux d'intérêt s'ajuste pour assurer l'équilibre entre l'offre et la demande de monnaie.
- Une hausse du niveau des prix fait augmenter la demande de monnaie et le taux d'intérêt qui équilibre le marché monétaire. Le taux d'intérêt représentant le coût des emprunts, une hausse de ce taux fait diminuer l'investissement et, du même coup, la quantité demandée de biens et de services. Dans une petite économie ouverte, une augmentation du niveau des prix accroît aussi le taux de change réel. Elle rend les produits fabriqués au Canada plus coûteux par rapport aux produits étrangers. Il en résulte une baisse des exportations nettes et de la demande de biens et de services. Cette relation inverse entre le niveau des prix et la quantité demandée de biens et de services se reflète dans la pente négative de la courbe de demande agrégée.
- Les dirigeants peuvent influer sur la demande agrégée par l'intermédiaire de la politique monétaire. Une augmentation de la masse monétaire réduit le taux d'intérêt d'équilibre, pour tout niveau des prix. Cette réduction stimule les investissements, ce qui entraîne un déplacement vers la droite de la courbe de demande agrégée. De plus, dans une petite économie ouverte, le taux d'intérêt plus faible conduit à une baisse du taux de change. Celle-ci stimule la demande de biens et de services produits au Canada et, par conséquent, provoque un déplacement supplémentaire vers la droite de la courbe de demande agrégée. Ainsi, lorsqu'il y a une injection monétaire, la courbe de demande agrégée se déplace davantage vers la droite en économie ouverte qu'en économie fermée. De la même façon, une réduction de l'offre de monnaie fait augmenter le taux d'intérêt d'équilibre, pour tout niveau des prix. Cette augmentation réduit les investissements, ce qui amène un déplacement vers la gauche de la courbe de demande agrégée. De plus, dans une petite économie ouverte, le taux d'intérêt plus élevé conduit à une hausse du taux de change. Celle-ci réduit la demande de biens et de services produits au Canada et, par conséquent, cause un déplacement vers la gauche de la courbe de demande agrégée. Ainsi, une contraction monétaire a pour effet un déplacement plus prononcé de la courbe de demande agrégée vers la gauche en économie ouverte qu'en économie fermée.
- Les responsables politiques peuvent également se servir de la politique budgétaire pour modifier la demande agrégée. Une augmentation des dépenses publiques ou une réduction des impôts se traduisent par un déplacement vers la droite de la courbe de demande agrégée. Une réduction des dépenses publiques ou une augmentation des impôts entraînent un déplacement de cette courbe vers la gauche.
- Lorsque le gouvernement modifie les dépenses publiques ou les impôts, l'effet sur la demande agrégée peut être inférieur ou supérieur à ces modifications. L'effet multiplicateur a tendance à amplifier l'impact de la politique budgétaire sur la demande. L'effet d'éviction sur l'investissement, au contraire, a tendance à réduire l'impact de cette politique. L'effet multiplicateur est considérablement plus faible dans une économie ouverte que dans une économie fermée.
- Dans une petite économie ouverte avec mobilité parfaite des capitaux, la politique budgétaire peut avoir ou non des effets durables sur la courbe de demande agrégée, selon le régime de change que choisit la banque centrale. Si celle-ci laisse le taux de change flotter librement, une politique budgétaire n'aura aucun effet durable sur la position de la courbe de demande agrégée. En fait, le taux de change exerce, sur les exportations nettes, un effet contraire à celui de la politique budgétaire sur la demande agrégée. Si la Banque du Canada décide de fixer le taux de change, cet effet d'éviction sur les exportations

nettes ne s'exerce plus. En maintenant le taux de change fixe, la banque centrale provoque un déplacement plus prononcé de la courbe de demande agrégée qu'elle le ferait dans une économie fermée. La politique budgétaire a donc, dans ce cas, un effet à long terme durable sur la position de la courbe de demande agrégée.

- Parce que les politiques monétaire et budgétaire influent toutes deux sur la demande agrégée, le gouvernement y a parfois recours pour stabiliser l'économie. Les économistes divergent d'opinion sur l'interventionnisme macroéconomique. Les partisans des politiques de stabilisation considèrent que la demande agrégée est exposée à des chocs imprévisibles, au Canada et ailleurs dans le monde : si le gouvernement n'y réagit pas, on assiste à des fluctuations indésirables et inutiles de la production et de l'emploi. Les opposants aux politiques de stabilisation soulignent qu'en raison des longs délais entre la mise en application des politiques budgétaire et monétaire et leur effet sur la demande agrégée, un gouvernement qui tente de stabiliser l'économie finit souvent par produire l'effet contraire et par la déstabiliser.

Concepts clés

Effet d'éviction sur les exportations nettes, p. 392

Effet d'éviction sur les investissements, p. 388

Effet multiplicateur, p. 384

Politique budgétaire, p. 383

Régime de change fixe, p. 380

Régime de change flottant (ou flexible), p. 379

Stabilisateurs automatiques, p. 403

Théorie de la préférence pour la liquidité, p. 369

Questions de révision

1. Que dit la théorie de la préférence pour la liquidité ? Comment aide-t-elle à expliquer la pente négative de la courbe de demande agrégée ?
2. À l'aide de la théorie de la préférence pour la liquidité, expliquez les effets sur la courbe de demande agrégée d'une contraction de la masse monétaire. Expliquez ces effets dans une économie fermée et dans une petite économie ouverte.
3. Le gouvernement dépense trois milliards de dollars pour l'achat de voitures de police. Dites pourquoi l'augmentation de la demande agrégée pourrait excéder cette somme. Dites pourquoi l'augmentation de la demande agrégée pourrait être inférieure à cette somme. À quelles conditions la demande agrégée ne bougerait-elle pas ?
4. Imaginez qu'un sondage sur la confiance des entreprises montre qu'une vague de pessimisme touche le pays. En conséquence, les firmes annoncent leur intention de remettre à plus tard leurs nouveaux investissements en capital. Si les responsables de la politique macroéconomique ne font rien, qu'arrivera-t-il à la demande agrégée ? Comment devrait intervenir la Banque du Canada, en supposant qu'elle souhaite stabiliser la demande agrégée ? Si elle n'intervient pas, que pourrait faire le Parlement pour stabiliser la demande agrégée ?
5. Donnez un exemple de stabilisateur automatique. Expliquez les raisons de cet effet stabilisateur.

ANNEXE

Le taux de change nominal à court terme

Nous avons déjà analysé en long et en large la détermination du taux de change, dans la partie sur l'économie ouverte à long terme. Il y était question du taux de change réel, dans un contexte de long terme. Le modèle que nous avons alors élaboré nous aidait à comprendre comment le taux de change réel évolue à long terme, pour équilibrer les exportations nettes et les sorties nettes de capitaux, et à très long terme, pour permettre la parité des pouvoirs d'achat des monnaies. Ce modèle est tout à fait approprié dans un contexte de long terme, mais il lui manque quelque chose pour expliquer les fluctuations du taux de change nominal à court terme. Nous allons y remédier dans cette annexe.

Comme pour tout bien, la valeur d'une devise est déterminée sur un marché, celui des changes. Deux groupes distincts d'agents font des transactions sur le marché des changes. Un premier groupe offre des dollars canadiens et demande, en échange, des devises étrangères. Deux raisons peuvent expliquer cette offre de dollars canadiens : le désir d'acheter des biens et des services étrangers (donc d'importer) et le désir d'acheter des actifs étrangers. Le second groupe de personnes demande des dollars canadiens et offre, en échange, des devises étrangères. Ces personnes souhaitent importer des biens et des services canadiens (c'est-à-dire nos exportations) ou acheter des actifs canadiens ; c'est pour l'une ou l'autre de ces raisons qu'ils veulent des dollars canadiens. Tout ce qui rend les produits canadiens plus intéressants (prix plus faibles, meilleure qualité, etc.) et tout ce qui rend les actifs canadiens plus intéressants à détenir (meilleur rendement, risque plus faible) provoque donc une augmentation de la quantité demandée de dollars canadiens. Inversement, tout ce qui rend les produits étrangers plus intéressants (prix plus faibles, meilleure qualité, etc.) et tout ce qui rend les actifs étrangers plus intéressants à détenir (meilleur rendement, risque plus faible) provoque donc une augmentation de la quantité offerte de dollars canadiens.

Avant d'aller plus loin, penchons-nous sur ce qui détermine le rendement d'un placement qu'une Canadienne fait dans des actifs étrangers. Si Bianca achète un bon du Trésor américain d'un an offrant un rendement de 4 %, elle obtient, un an plus tard, un rendement de 4 % en monnaie américaine, lorsqu'elle récupère son investissement. Toutefois, son rendement en dollars canadiens est incertain. Si le dollar américain perd de la valeur durant la période du placement (donc si le dollar canadien s'apprécie), Bianca devra donner, au bout d'un an, plus de dollars américains pour racheter des dollars canadiens. Le rendement total de Bianca sera donc inférieur à 4 %. Si le dollar américain gagne de la valeur durant l'année du placement (donc si le dollar canadien se déprécie), Bianca donnera moins de dollars américains pour racheter des dollars canadiens. Le rendement en dollars canadiens sera donc supérieur à 4 %. On peut tirer une leçon de cet exemple : si l'on fait un placement dans une devise étrangère quelconque, le rendement est réduit si la devise étrangère se déprécie ; à l'inverse, le rendement est augmenté si la devise étrangère s'apprécie.

Les pentes des courbes de demande et d'offre de dollars canadiens

Revenons maintenant à l'offre et à la demande de dollars canadiens. La courbe de demande de dollars a une pente négative, c'est-à-dire qu'une augmentation du taux de change réduit la quantité de dollars demandés. Cette pente est négative pour deux raisons : premièrement, lorsque le taux de change augmente, les actifs, les biens et les services canadiens coûtent plus cher pour les étrangers. Ceux-ci achètent donc moins de nos produits et demandent moins de dollars canadiens. Deuxièmement, une augmentation du taux de change réduit le rendement des placements que les étrangers font au Canada. Les étrangers veulent donc faire moins de placements en actifs canadiens et demandent une quantité moindre de dollars canadiens sur le marché des changes. Voyons pourquoi, à l'aide d'un exemple : le taux de change est actuellement égal à 0,95 $ US pour un dollar canadien et Gerry, résidant du Vermont, croit que ce taux de change sera le même dans un an. S'il achète un actif canadien donnant un rendement de 4 %, son rendement prévu en dollars américains est aussi de 4 %. Si l'on pose que le taux de change anticipé (le taux de change prévu dans l'avenir) est fixe à 0,95 $ US, une augmentation du taux de change actuel réduit le rendement prévu, en dollars américains du placement en actifs canadiens de Gerry, car notre Américain craint maintenant une dépréciation du dollar canadien. Gerry demande donc moins de dollars canadiens dans le marché des changes.

La courbe d'offre de dollars a, quant à elle, une pente positive, et ce, pour deux raisons qui sont le miroir de celles que nous venons d'évoquer au sujet de la pente de la demande de dollars. Premièrement, lorsque le taux de change augmente, les actifs, les biens et les services étrangers coûtent moins cher pour les Canadiens. Ces derniers achètent donc plus de produits étrangers et offrent plus de dollars canadiens dans le marché des changes. Deuxièmement, une augmentation du taux de change élève le rendement des placements que les Canadiens font à l'étranger. Les Canadiens veulent donc faire plus de placements en actifs étrangers et offrent une plus grande quantité de dollars canadiens sur le marché des changes. Utilisons à nouveau un exemple : le taux de change est actuellement égal à 0,95 $ US pour un dollar canadien et Élyse, résidante de Montréal, croit que ce taux de change sera le même dans un an. Si elle achète un actif américain offrant un rendement de 4 %, son rendement prévu en dollars canadiens est aussi de 4 %. Si l'on pose que le taux de change anticipé (le taux de change prévu dans l'avenir) est fixe à 0,95 $ US, une augmentation du taux de change actuel accroît le rendement prévu, en dollars canadiens, du placement en actifs étrangers d'Élyse, car elle anticipe maintenant une appréciation de la devise étrangère. Élyse offre donc plus de dollars canadiens dans le marché des changes.

FIGURE 15A.1

Le taux de change d'équilibre

L'équilibre du marché des changes correspond à l'intersection des courbes d'offre et de demande de dollars canadiens. Au taux de change d'équilibre, la quantité offerte de dollars canadiens est égale à la quantité demandée.

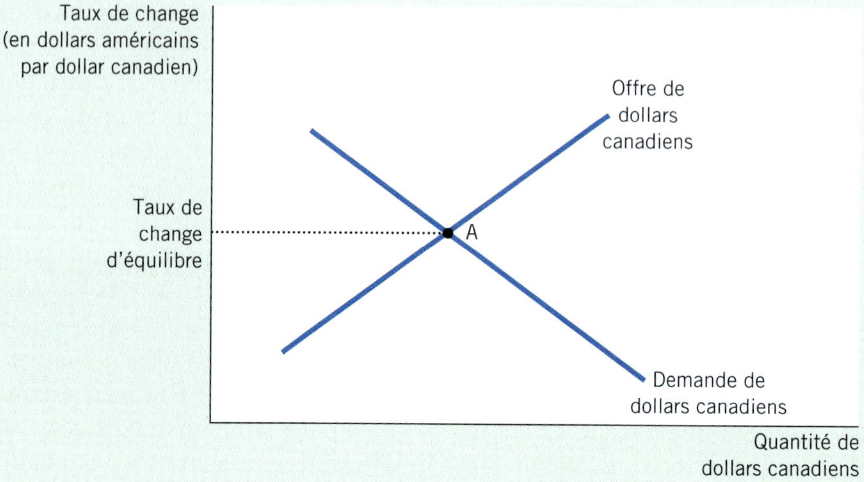

La figure 15A.1 illustre la courbe de demande et la courbe d'offre de dollars canadiens. Le taux de change d'équilibre se trouve au point d'intersection de ces deux courbes.

Tout ce qui entraîne un déplacement de la courbe d'offre de dollars, de la courbe de demande de dollars ou des deux causera une modification du taux de change. Si la demande diminue ou que l'offre augmente, le taux de change d'équilibre diminue; si la demande augmente ou que l'offre diminue, le taux de change d'équilibre augmente.

Examinons maintenant les facteurs de déplacement de ces courbes. Les taux d'intérêt (ou les taux de rendement sur les actifs) et le risque des placements au Canada et à l'étranger sont un premier facteur déterminant de la position des deux courbes. Une augmentation du taux d'intérêt canadien, une baisse des taux d'intérêt étrangers, une baisse du risque des actifs canadiens ou une hausse du risque des actifs étrangers rendent, de façon relative, plus intéressants les placements au Canada et moins intéressants les placements dans les autres pays. La courbe de demande de dollars canadiens se déplace alors vers la droite, car les étrangers veulent plus d'actifs canadiens, et la courbe d'offre de dollars canadiens se déplace vers la gauche, car les Canadiens veulent moins d'actifs étrangers. Le taux de change d'équilibre augmente. Les effets de ces événements sont présentés à la figure 15A.2. Inversement, une diminution du taux d'intérêt canadien, une augmentation des taux d'intérêt étrangers, une augmentation du risque des actifs canadiens ou une réduction du risque des actifs étrangers rendent, de façon relative, moins intéressants les placements au Canada et plus intéressants les placements dans les autres pays. La courbe de demande de dollars canadiens se déplace alors vers la gauche, car les étrangers veulent moins d'actifs canadiens, et la courbe d'offre de dollars canadiens se déplace vers la droite, car les Canadiens veulent plus d'actifs étrangers. Le taux de change d'équilibre diminue. Les effets de ces événements sont présentés à la figure 15A.3.

FIGURE 15A.2

Une augmentation de la demande de dollars canadiens combinée à une diminution de l'offre de dollars canadiens

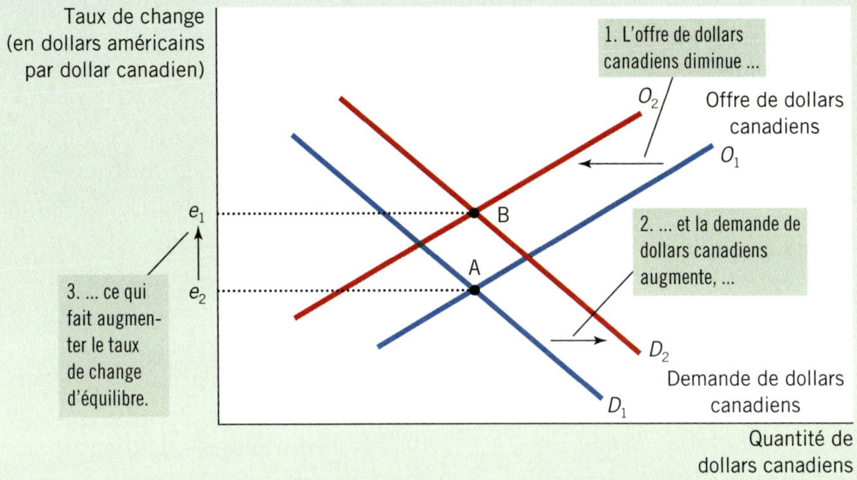

Une augmentation du taux d'intérêt canadien, une baisse des taux d'intérêt étrangers, une diminution du risque des actifs canadiens, une hausse du risque des actifs étrangers ou une anticipation d'une appréciation du dollar canadien rendent les placements au Canada plus intéressants et ceux à l'étranger moins intéressants. La courbe de demande de dollars canadiens se déplace vers la droite, en même temps que la courbe d'offre de dollars canadiens se déplace vers la gauche. Le taux de change d'équilibre augmente alors.

FIGURE 15A.3

Une diminution de la demande de dollars canadiens combinée à une augmentation de l'offre de dollars canadiens

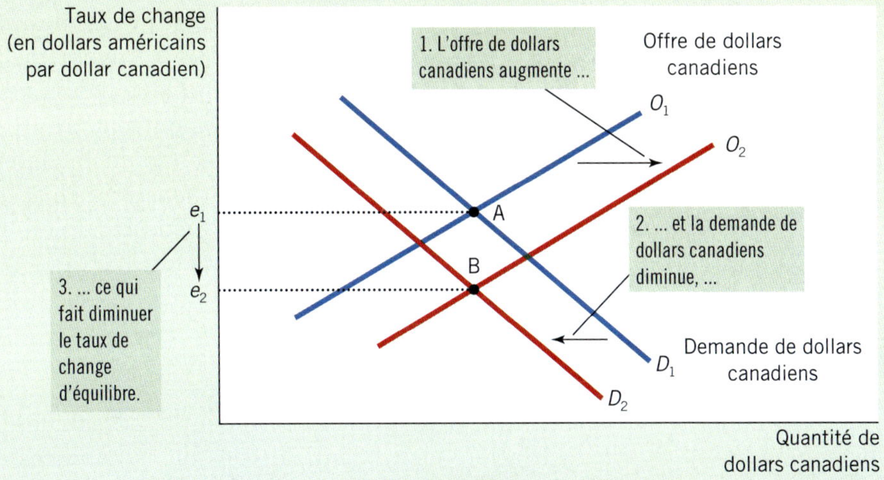

Une diminution du taux d'intérêt canadien, une augmentation des taux d'intérêt étrangers, une augmentation du risque des actifs canadiens, une diminution du risque des actifs étrangers ou une anticipation d'une dépréciation du dollar canadien rendent les placements au Canada moins intéressants et ceux à l'étranger plus intéressants. La courbe de demande de dollars canadiens se déplace vers la gauche, en même temps que la courbe d'offre de dollars canadiens se déplace vers la droite. Le taux de change d'équilibre diminue alors.

Un second facteur de déplacement des deux courbes, soit les variations du taux de change anticipé, nous permet de comprendre pourquoi les taux de change sont si volatiles à court terme. Rappelons ce que nous avons vu au sujet du taux de change anticipé : si l'on fait un placement dans une devise étrangère quelconque, le rendement est réduit si la devise étrangère se déprécie ; à l'inverse, le rendement est augmenté si la devise s'apprécie. Pour un taux de change actuel donné, si l'on anticipe un dollar canadien plus élevé dans le futur, le rendement prévu pour un Canadien d'un placement à l'étranger diminue, alors que le rendement prévu pour un étranger d'un placement au Canada augmente. La demande de dollars canadiens augmente, car les étrangers veulent plus d'actifs canadiens, et l'offre de dollars canadiens diminue, car les Canadiens veulent moins d'actifs étrangers : le taux de change d'équilibre s'élève. Cet événement est présenté à la figure 15A.2. Inversement, si l'on anticipe un dollar canadien plus faible dans le futur, le rendement prévu pour un Canadien d'un placement à l'étranger augmente, alors que le rendement prévu pour un étranger d'un placement au Canada diminue (*voir la figure 15A.3*). La demande de dollars canadiens diminue, car les étrangers veulent moins d'actifs canadiens, et l'offre de dollars canadiens augmente, car les Canadiens veulent plus d'actifs étrangers : le taux de change d'équilibre s'abaisse. Toute information nouvelle portant sur l'évolution des taux d'intérêt, ici ou à l'étranger, amène donc les gens à réévaluer leurs anticipations sur le taux de change : le taux de change nominal à court terme est, pour cette raison, impossible à prévoir.

Un troisième facteur, lié au commerce international, fait aussi se déplacer les deux courbes : les prix ici et à l'étranger. Une diminution du niveau des prix au Canada ou une augmentation du niveau des prix à l'étranger rendent les biens canadiens relativement moins coûteux et les biens étrangers relativement plus coûteux. Les Canadiens achètent donc moins de biens étrangers et offrent moins de dollars canadiens sur le marché des changes, alors que les étrangers achètent plus de biens canadiens et demandent plus de dollars canadiens ; le taux de change augmente (*voir la figure 15A.2*). Inversement, une augmentation du niveau des prix au Canada ou une diminution du niveau des prix à l'étranger rendent les biens canadiens relativement plus coûteux et les biens étrangers relativement moins coûteux. Les Canadiens achètent donc plus de biens étrangers et offrent plus de dollars canadiens sur le marché des changes, alors que les étrangers achètent moins de biens canadiens et demandent moins de dollars canadiens, ce qui abaisse le taux de change (*voir la figure 15A.3*).

Il est aussi possible qu'une seule des deux courbes se déplace. Cela se produit si un choc modifie seulement les exportations ou seulement les importations. Parmi les événements qui peuvent avoir un tel effet, on peut citer les fluctuations conjoncturelles et les variations de la demande des biens exportés ou importés. Commençons par examiner les effets des fluctuations de l'activité économique. Une réduction du PIB réel canadien représente une diminution des revenus au Canada. Lorsque cela se produit, les résidants canadiens réduisent leurs dépenses, dont leurs achats de biens et de services étrangers. Les importations et l'offre de dollars canadiens diminuent ; le dollar s'apprécie. Évidemment, une forte hausse du PIB réel canadien produit l'effet contraire et le dollar canadien se déprécie. Lorsque le PIB d'un partenaire économique important du Canada diminue, les étrangers dépensent et importent moins. Les exportations canadiennes et la demande de dollars canadiens diminuent alors et le dollar canadien se déprécie. Inversement, lorsque le PIB d'un partenaire économique important du Canada augmente, les étrangers dépensent et importent plus. Les exportations canadiennes et la demande de dollars canadiens augmentent alors et le dollar canadien s'apprécie. Ce dernier événement est illustré à la figure 15A.4

Finalement, il est possible que des variations de la demande internationale d'un bien produit au Canada touchent le marché canadien des changes. Par exemple, une hausse importante du prix du pétrole, une matière première produite en grande quantité et exportée par le Canada, fait augmenter la valeur des exportations canadiennes. Les étrangers qui importent ce produit doivent alors demander plus de dollars canadiens dans le marché des changes, de sorte que le dollar canadien s'apprécie. Inversement, une baisse du prix du pétrole cause une dépréciation du dollar canadien. Empiriquement, ce dernier facteur est très important pour expliquer les fluctuations du taux de change canadien.

Le tableau 15A.1 résume les facteurs causant les variations du taux de change à court terme.

FIGURE 15A.4

Une augmentation de la demande de dollars canadiens

Une hausse du PIB réel américain a un impact sur le taux de change canadien. Lorsque le PIB réel américain augmente, le revenu des Américains augmente aussi ; ceux-ci dépensent et importent plus, ce qui fait augmenter les exportations canadiennes. La demande de dollars canadiens augmente donc, ainsi que le taux de change.

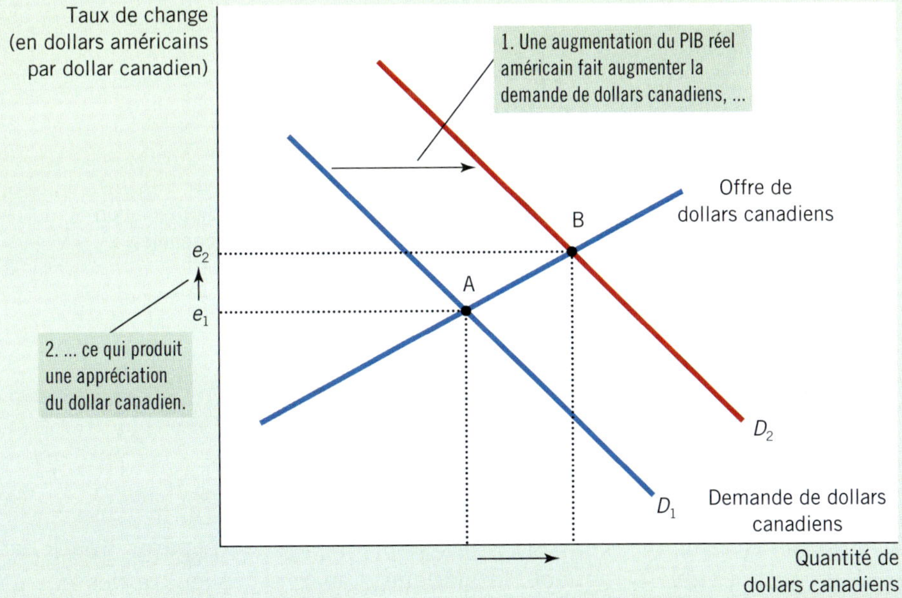

TABLEAU 15A.1

Les facteurs causant les variations du taux de change à court terme : un résumé

DÉPLACEMENTS DES COURBES SUR LE MARCHÉ DES CHANGES	ÉVÉNEMENTS PROVOQUANT CES DÉPLACEMENTS	EFFETS SUR LE TAUX DE CHANGE
Augmentation de la demande et diminution de l'offre de dollars canadiens	• Hausse du taux d'intérêt canadien • Baisse des taux d'intérêt étrangers • Anticipation d'une appréciation du dollar canadien • Anticipation d'une dépréciation d'une devise étrangère • Diminution des prix au Canada • Augmentation des prix à l'étranger	Appréciation du dollar canadien
Diminution de la demande et augmentation de l'offre de dollars canadiens	• Baisse du taux d'intérêt canadien • Hausse des taux d'intérêt étrangers • Anticipation d'une dépréciation du dollar canadien • Anticipation d'une appréciation d'une devise étrangère • Augmentation des prix au Canada • Diminution des prix à l'étranger	Dépréciation du dollar canadien
Augmentation de la demande de dollars canadiens	• Augmentation de la demande d'un bien exporté • Augmentation du PIB réel étranger	Appréciation du dollar canadien
Diminution de la demande de dollars canadiens	• Diminution de la demande d'un bien exporté • Diminution du PIB réel étranger	Dépréciation du dollar canadien
Augmentation de l'offre de dollars canadiens	• Augmentation de la demande d'un bien importé • Augmentation du PIB réel canadien	Dépréciation du dollar canadien
Diminution de l'offre de dollars canadiens	• Diminution de la demande d'un bien importé • Diminution du PIB réel canadien	Appréciation du dollar canadien

Un retour sur la relation entre les sorties nettes de capitaux et les exportations nettes

Nous avons déjà vu, au chapitre 12, que dans un pays où l'épargne nationale est inférieure à l'investissement, le manque d'épargne engendre des entrées nettes de capitaux (donc des sorties nettes de capitaux négatives). Comme les exportations nettes sont, par définition, égales aux sorties nettes de capitaux, les exportations nettes sont alors négatives. Voyons ce qui se produit dans le marché des changes pour donner ces résultats.

Lorsque les entreprises et les gouvernements au Canada empruntent, ils émettent des titres financiers tels que des obligations, des bons du Trésor ou du papier commercial. Si l'épargne canadienne est inférieure à l'investissement, l'offre de fonds est inférieure à la demande sur le marché canadien des fonds prêtables. Les fonds manquants proviennent nécessairement de l'étranger. Les étrangers doivent donc acheter une partie des titres émis par les gouvernements et les entreprises au Canada. La demande de dollars canadiens augmente alors dans le marché des changes, ce qui cause une appréciation du dollar. Cette appréciation rend les produits canadiens plus coûteux pour les étrangers et les produits étrangers moins coûteux pour les Canadiens. Les exportations canadiennes diminuent, alors que les importations augmentent. Les exportations nettes deviennent donc négatives, tout comme les sorties nettes de capitaux.

Inversement, si l'épargne canadienne est supérieure à l'investissement, l'offre de fonds est supérieure à la demande sur le marché canadien des fonds prêtables. Les fonds excédentaires sont alors nécessairement placés à l'étranger. Les Canadiens doivent donc acheter une partie des titres émis par les entreprises et les gouvernements étrangers. L'offre de dollars canadiens augmente alors sur le marché des changes, ce qui cause la dépréciation du dollar canadien. Cette dépréciation rend les produits canadiens moins coûteux pour les étrangers et les produits étrangers plus coûteux pour les Canadiens. Les exportations canadiennes augmentent et les importations diminuent. Les exportations nettes deviennent alors positives, tout comme les sorties nettes de capitaux.

Le régime de change fixe

Il est possible pour la banque centrale de fixer le taux de change à un taux officiel donné, par rapport à une devise en particulier. Lorsque le taux de change officiel est supérieur au taux d'équilibre, la quantité offerte de dollars est supérieure à la quantité demandée sur le marché des changes. Si la Banque du Canada décide de fixer le taux de change à un taux supérieur au taux d'équilibre, elle doit acheter la quantité excédentaire de dollars canadiens offerts (*voir la figure 15A.5*). La Banque du Canada vend alors des devises étrangères (ses réserves en devises diminuent) et achète des dollars canadiens. Cette politique ne peut cependant être maintenue à long terme pour soutenir une devise, car les réserves officielles de la Banque du Canada sont limitées. Inversement, lorsque le taux de change officiel est inférieur au taux d'équilibre, la quantité demandée de dollars est supérieure à la quantité offerte sur le marché des changes. Si la Banque du Canada décide de fixer le taux de change à un taux inférieur au taux d'équilibre, elle doit offrir la quantité manquante de dollars canadiens. La Banque du Canada vend alors des dollars canadiens et achète des devises étrangères (ses réserves en devises augmentent). Cette dernière politique est soutenable à long terme, car la Banque du Canada a un accès illimité à ses propres devises.

FIGURE 15A.5

Le régime de change fixe

En régime de change fixe, lorsque le taux officiel est fixé à un niveau supérieur au taux d'équilibre (graphique *a*), la quantité offerte de dollars canadiens est supérieure à la quantité demandée. La banque centrale doit acheter le surplus en vendant des devises étrangères. Lorsque le taux officiel est fixé à un niveau inférieur au taux d'équilibre (graphique *b*), la quantité demandée de dollars canadiens est supérieure à la quantité offerte. La banque centrale accumule alors des devises.

a) Taux de change supérieur au taux d'équilibre (dollar surévalué)

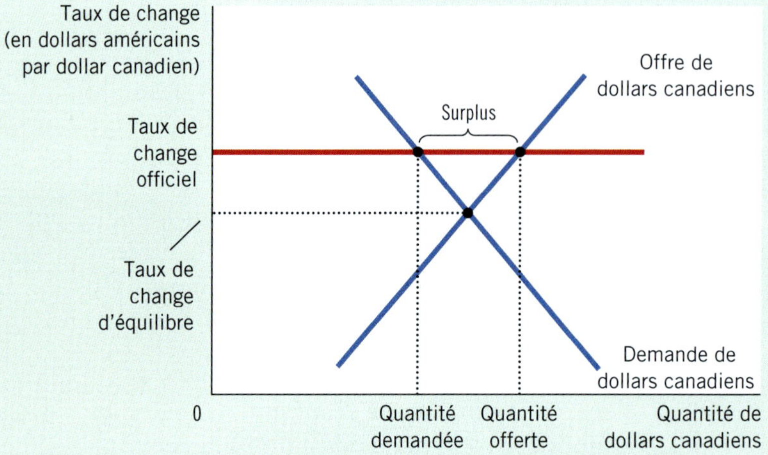

b) Taux de change inférieur au taux d'équilibre (dollar sous-évalué)

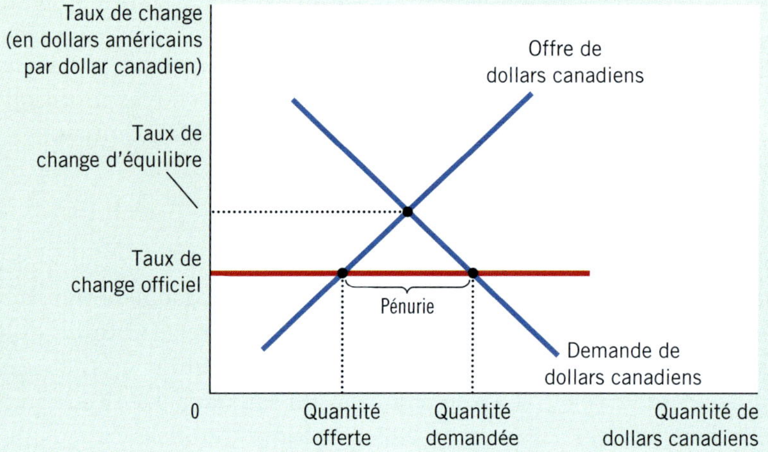

L'arbitrage à court terme entre l'inflation et le chômage

16
CHAPITRE

L'inflation et le chômage sont deux indicateurs économiques étroitement surveillés par les responsables politiques, qui attendent avec impatience la publication des données recueillies chaque mois par Statistique Canada. Certains commentateurs additionnent le taux d'inflation et le taux de chômage pour calculer un indice de souffrance, qui sert de baromètre de la santé économique du pays.

Quelle est la relation entre les deux indicateurs de performance économique que sont l'inflation et le chômage ? Dans le présent ouvrage, nous avons déjà analysé les facteurs qui déterminent le chômage et l'inflation à long terme. Nous savons donc que le taux de chômage naturel dépend des caractéristiques du marché du travail, telles que les lois sur le salaire minimum, la générosité du programme d'assurance emploi, le pouvoir des syndicats, les salaires d'efficience et l'efficacité de la recherche d'emploi. Pour sa part, le taux d'inflation est essentiellement le résultat de la croissance de l'offre de monnaie, déterminée par la banque centrale d'un pays. À long terme, l'inflation et le taux de chômage sont donc deux phénomènes indépendants l'un de l'autre.

Cependant, ce n'est pas le cas à court terme. Selon l'un des **dix principes d'économie** abordés au chapitre 1, à court terme, la société est soumise à un arbitrage entre l'inflation et le chômage. Si les responsables des politiques monétaire et fiscale stimulent la demande agrégée, celle-ci se déplaçant alors le long de la courbe d'offre agrégée à court terme, ils parviendront à réduire le chômage pendant un certain temps, mais seulement au prix d'une hausse de l'inflation. Inversement, si les dirigeants réduisent la demande agrégée, ce qui l'amène à se déplacer vers le bas le long de la courbe d'offre agrégée, ils diminueront l'inflation, mais causeront une hausse temporaire du chômage.

Dans ce chapitre, nous reviendrons plus en détail sur cet arbitrage. Quelques-uns des plus célèbres économistes du dernier demi-siècle se sont penchés sur cette question. La meilleure façon d'aborder la relation inverse entre le chômage et l'inflation consiste à étudier l'évolution de la pensée économique à ce sujet. Comme nous le constaterons, depuis les années 1950, l'histoire de cette pensée est indissociable de l'histoire économique nord-américaine et européenne. Notre analyse montrera pourquoi cet arbitrage entre l'inflation et le chômage tient à court terme, mais pas à long terme, tout en éclairant les enjeux liés aux politiques économiques.

La courbe de Phillips

Courbe de Phillips
Courbe qui illustre l'arbitrage à court terme entre l'inflation et le chômage.

« La **courbe de Phillips** est probablement la relation la plus importante en macroéconomie. » Ces paroles sont de l'économiste George Akerlof et proviennent de l'allocution qu'il a prononcée lorsqu'il a reçu le prix Nobel d'économie en 2001. La courbe de Phillips illustre l'arbitrage à court terme entre l'inflation et le chômage. Nous commencerons donc cette rétrospective de la pensée économique en expliquant les origines de cette courbe.

Les origines de la courbe de Phillips

En 1958, l'économiste néozélandais Alban William Phillips a publié, dans le journal britannique *Economica*, un article qui allait le rendre célèbre. Cet article, intitulé « La relation entre le chômage et la variation des taux du salaire nominal au Royaume-Uni, de 1861 à 1957 », montrait une corrélation inverse entre le taux de chômage et le taux d'inflation. Phillips démontrait ainsi qu'un taux de chômage faible va de pair avec une forte inflation, tandis qu'un taux de chômage élevé correspond à une faible inflation. (Phillips avait fondé son observation sur les salaires nominaux plutôt que sur les prix, mais cette distinction importe peu aux fins de la démonstration. Ces deux indicateurs de l'inflation varient normalement dans le même sens.) Phillips en a donc conclu à l'existence d'une relation entre ces deux variables économiques essentielles — l'inflation et le chômage —, relation que les économistes n'avaient jamais envisagée auparavant.

Bien que les travaux de Phillips aient été fondés sur des données britanniques, les chercheurs d'autres pays sont arrivés rapidement aux mêmes conclusions. Deux ans après la publication de l'article de Phillips, Paul Samuelson et Robert Solow ont décidé de vérifier l'hypothèse de Phillips à partir de statistiques américaines. Samuelson et Solow ont démontré que la corrélation inverse entre l'inflation et le chômage, qui se vérifiait aux États-Unis et dans d'autres pays, pouvait s'expliquer par la forte demande agrégée qui accompagnait un taux de chômage faible, ce qui exerçait une pression à la hausse sur l'ensemble des prix et des salaires. Samuelson et Solow ont baptisé cette relation inverse du nom de *courbe de Phillips*. La figure 16.1 présente un exemple de cette courbe reflétant l'hypothèse émise par Samuelson et Solow.

Samuelson et Solow s'intéressaient à la courbe de Phillips parce qu'ils pensaient pouvoir en tirer des enseignements importants pour les dirigeants. Selon eux, la courbe de Phillips fournissait un éventail de résultats économiques possibles. En modifiant la demande agrégée par des politiques monétaire ou budgétaire, les dirigeants pourraient choisir un point précis le long de cette courbe, le point A correspondant à un chômage élevé et à une faible inflation et le point B correspondant à un chômage faible et à une forte inflation. Les dirigeants souhaiteraient certainement à la fois une inflation et un chômage faibles, mais les données historiques résumées par la courbe de Phillips montrent clairement l'impossibilité d'une telle combinaison. Selon Samuelson et Solow, les dirigeants font face à un arbitrage entre l'inflation et le chômage, illustré par la courbe de Phillips. Dans les premières années de l'élaboration de la courbe de Phillips, les économistes croyaient que cet arbitrage entre l'inflation et le chômage était permanent.

La demande agrégée, l'offre agrégée et la courbe de Phillips

Le modèle de l'offre et de la demande agrégées offre une explication simple des variations décrites par la courbe de Phillips. La courbe de Phillips représente simplement les combinaisons possibles des taux d'inflation et de chômage survenant à court terme lorsqu'un déplacement de la courbe de demande agrégée fait bouger l'économie le long de la courbe d'offre agrégée à court terme. Comme nous l'avons démontré au chapitre 14, une hausse de la demande agrégée pour les biens et les services conduit, à court terme, à une augmentation de la production et à une hausse du niveau des prix. Cette augmentation de la production stimule l'emploi et réduit le chômage. En outre, et indépendamment du niveau des prix de l'année antérieure, plus le niveau des prix de l'année en cours est élevé, plus l'inflation est forte. Par conséquent, à court terme, une variation de la demande agrégée fait évoluer l'inflation et le chômage dans des directions opposées — c'est la relation que montre la courbe de Phillips.

FIGURE 16.1

La courbe de Phillips

Cette courbe illustre la relation inverse entre le taux d'inflation et le taux de chômage. Au point A, l'inflation est faible, et le chômage, élevé, tandis qu'au point B, la situation est exactement inverse.

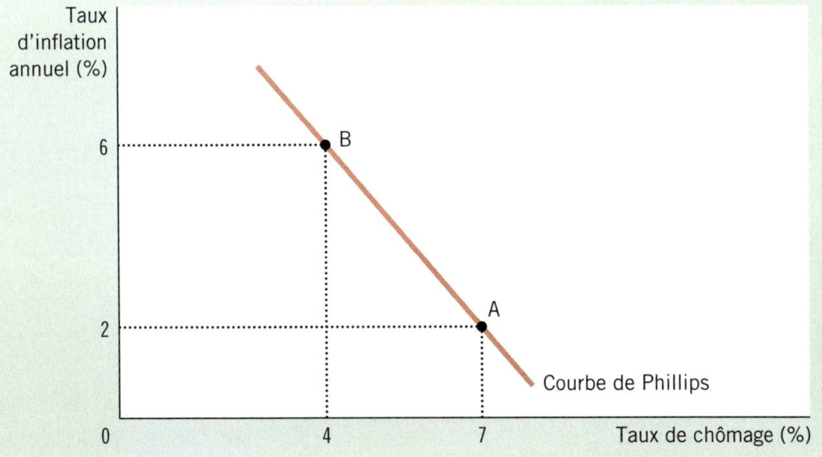

Pour mieux comprendre ce mécanisme, prenons un exemple simple. Imaginons que le niveau des prix (mesuré, par exemple, par le déflateur) est de 100 en l'an 2015. La figure 16.2 illustre deux résultats possibles pour l'année 2016. Le graphique a) montre les deux possibilités au moyen du modèle de l'offre et de la demande agrégées ; le graphique b) reprend ces deux résultats à partir de la courbe de Phillips.

On peut constater, au graphique a), les implications d'un déplacement de la demande agrégée pour la production et le niveau des prix de l'année 2016. Si la demande agrégée de biens et de services augmente faiblement, l'économie se situe au point A, où la production équivaut à 7 500, et le niveau des prix, à 102. Par contre, si la demande agrégée augmente plus fortement, l'économie se retrouve en B, la production passe à 8 000, et le niveau des prix, à 106. Par conséquent, on conclut qu'une demande agrégée plus élevée provoque une hausse de la production de même qu'une hausse des prix.

Sur le graphique b), on peut clairement voir les implications de ces deux résultats pour le chômage et l'inflation. Étant donné que pour produire plus de biens, les entreprises doivent embaucher plus de personnel, le chômage est plus faible au point B qu'au point A. Dans cet exemple, lorsque la production passe de 7 500 à 8 000, le chômage tombe de 7 % à 4 %. En outre, le niveau des prix est plus élevé

FIGURE 16.2

La relation entre la courbe de Phillips et le modèle de l'offre et de la demande agrégées

On part d'un niveau des prix fixé à 100 en 2015 pour comprendre les situations possibles en 2016. Le graphique a) correspond au modèle de l'offre et de la demande agrégées. Si la demande augmente faiblement, l'économie se situe au point A : la production est faible (7 500), de même que le niveau des prix (102). Si la demande agrégée augmente fortement, l'économie passe au point B : la production est élevée (8 000), de même que le niveau des prix (106). Le graphique b) montre les implications de ces résultats sur la courbe de Phillips. Le point A, reflétant une demande agrégée faible, se caractérise par un taux de chômage élevé (7 %), mais par une faible inflation (2 %). Lorsque la demande agrégée s'accroît en B, le taux de chômage est faible (4 %), mais l'inflation est forte (6 %).

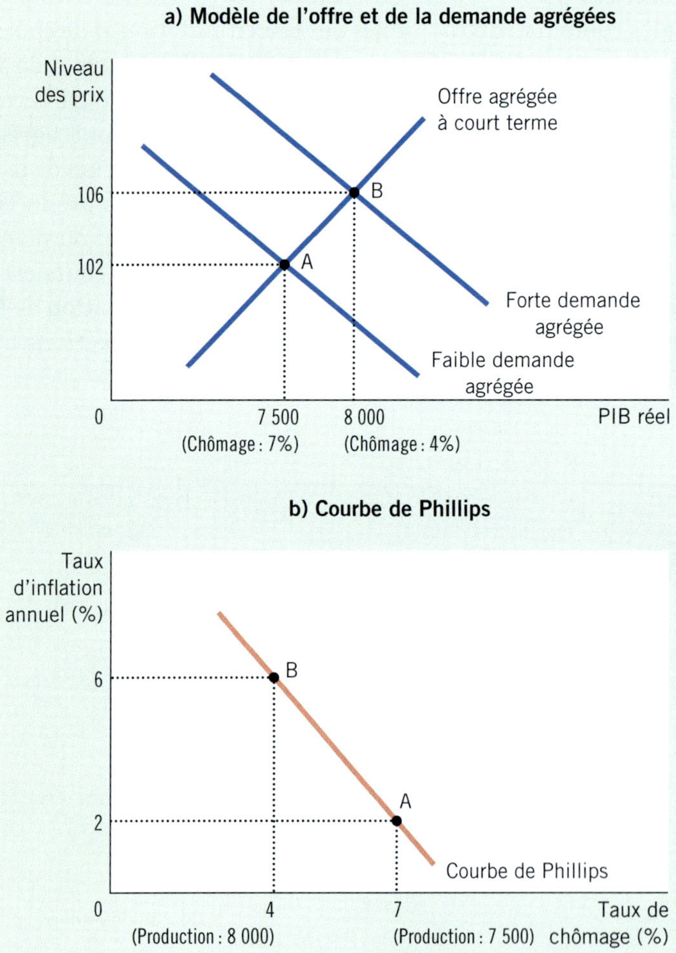

en B qu'en A et, par conséquent, le taux d'inflation (le pourcentage de variation du niveau des prix par rapport à l'année précédente) augmente. Dans ce cas particulier, le niveau des prix se situant à 100 en l'an 2015, l'inflation pour 2016 est de 2 % en A et de 6 % en B. On est donc en mesure de comparer ces deux résultats économiques sous l'angle de la production et des prix (grâce au modèle de l'offre et de la demande agrégées), mais aussi sous celui du chômage et de l'inflation (au moyen de la courbe de Phillips).

Dans le chapitre précédent, nous avons vu que les politiques monétaire et budgétaire peuvent causer un déplacement de la courbe de demande agrégée. Les politiques monétaire et budgétaire peuvent donc faire bouger l'économie le long de la courbe de Phillips. Un accroissement de la masse monétaire, une augmentation des dépenses publiques ou une réduction des impôts font augmenter la demande agrégée et amènent l'économie en un point de la courbe de Phillips correspondant à un taux de chômage plus faible et à une inflation plus forte (un déplacement vers le haut le long de la courbe). À l'inverse, une contraction monétaire, une réduction des dépenses publiques ou une hausse des impôts font diminuer la demande agrégée, et l'économie se déplace alors vers un point de la courbe de Phillips correspondant à un taux de chômage élevé et à une inflation faible (un déplacement vers le bas le long de la courbe). Ainsi, la courbe de Phillips fournit aux autorités un éventail de combinaisons possibles d'inflation et de chômage.

MINITEST

- Tracez une courbe de Phillips. En vous servant du modèle de l'offre et de la demande agrégées, montrez comment l'économie se déplace le long de cette courbe en passant d'une inflation forte à une inflation faible.

Les déplacements de la courbe de Phillips : le rôle des anticipations

La courbe de Phillips semble fournir aux autorités un éventail de combinaisons possibles d'inflation et de chômage. Mais est-ce bien le cas à long terme ? La courbe de Phillips à pente négative est-elle une relation stable sur laquelle les dirigeants peuvent s'appuyer ? Ce sont justement les questions que se sont posées les économistes à la fin des années 1960.

La courbe de Phillips à long terme

En 1968, l'économiste Milton Friedman a publié un article dans l'*American Economic Review,* tiré d'un discours qu'il venait de prononcer en tant que président de l'American Economic Association. Cet article, intitulé « The role of monetary policy » (« Le rôle de la politique monétaire »), concernait à la fois ce que peut faire la politique monétaire et ce qu'elle ne peut pas faire. Friedman faisait remarquer que la politique monétaire ne permet pas, sauf à court terme, de choisir une combinaison donnée d'inflation et de chômage le long de la courbe de Phillips. À peu près en même temps, un autre économiste, Edmund Phelps, publiait un article niant l'existence d'une relation d'arbitrage à long terme entre

Milton Friedman

le chômage et l'inflation. La contribution de Phelps à ce débat lui a permis de remporter le prix Nobel d'économie en 2006.

Friedman et Phelps basaient leurs conclusions sur les principes macroéconomiques classiques, abordés aux chapitres 7 à 13 du présent ouvrage. Souvenons-nous que selon la théorie classique, l'augmentation de la masse monétaire est la cause principale de l'inflation. Toutefois, la théorie classique nous dit également que la croissance de la masse monétaire n'a pas d'effets réels — elle se limite à modifier proportionnellement les prix et les revenus nominaux. Plus particulièrement, elle n'influe pas sur les facteurs déterminant le chômage, tels que le pouvoir des syndicats, les salaires d'efficience ou le processus de recherche d'emploi. Friedman et Phelps concluaient donc qu'il n'y avait aucune raison de penser que le taux d'inflation soit, à long terme, lié au taux de chômage.

Voici, selon les termes employés par Friedman, ce que les banques centrales peuvent tenter d'accomplir à long terme :

> L'autorité monétaire contrôle des quantités nominales — directement, la quantité de son propre passif [masse monétaire et réserves des banques]. En principe, elle peut utiliser ce contrôle pour cibler une quantité nominale — un taux de change, le niveau des prix, le niveau nominal du revenu national, un agrégat monétaire — ou pour cibler une variation d'une quantité nominale — le taux d'inflation ou de déflation, le taux de croissance ou de décroissance du revenu national, le taux de croissance de la masse monétaire. Elle ne peut pas s'en servir pour cibler une quantité réelle — le taux d'intérêt réel, le taux de chômage, la masse monétaire réelle, le taux de croissance du revenu national réel ou le taux de croissance de la masse monétaire réelle[1].

Cette vision comporte des implications pour la courbe de Phillips. Cela signifie, en particulier, que les dirigeants se trouvent devant une courbe de Phillips verticale à long terme, comme on le voit à la figure 16.3. Si la Banque du Canada augmente lentement l'offre de monnaie, le taux d'inflation est faible et l'économie se situe au point A. Si, par contre, elle augmente la masse monétaire rapidement, le taux d'inflation est élevé et l'économie se situe au point B. Dans les deux cas, le taux de chômage se trouve à son niveau de long terme, baptisé *taux de chômage naturel*. Le fait que la courbe de Phillips soit verticale à long terme confirme l'hypothèse selon laquelle, à long terme, le chômage ne dépend pas de la croissance monétaire ni de l'inflation.

Cette courbe de Phillips à long terme correspond à l'idée classique de la neutralité monétaire. Au chapitre 14, nous avions déjà illustré ce concept à l'aide de la courbe d'offre agrégée à long terme verticale. Comme on le constate à la figure 16.4, la courbe de Phillips à long terme et la courbe d'offre agrégée à long terme, toutes deux verticales, sont les deux faces de la même médaille. Le graphique a) montre qu'une augmentation de l'offre de monnaie entraîne un déplacement de la courbe de demande agrégée vers la droite, de DA_1 à DA_2. L'équilibre de long terme

1. Friedman, Milton. (mars 1969). « The role of monetary policy ». *The American Economic Review*, vol. LVIII, n° 1, p. 11. (Traduction libre).

passe alors du point A au point B. Le niveau des prix augmente de P_1 à P_2, mais la production reste inchangée, puisque la courbe d'offre agrégée est verticale. Le graphique b) montre qu'une croissance plus rapide de la masse monétaire fait augmenter le taux d'inflation en faisant passer l'économie de A à B. Cependant,

FIGURE 16.3

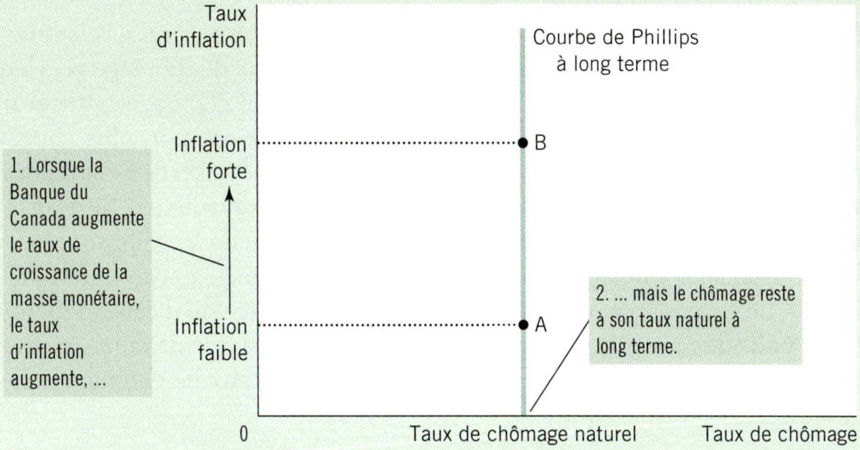

La courbe de Phillips à long terme

D'après Friedman et Phelps, il n'y a pas d'arbitrage à long terme entre l'inflation et le chômage. La croissance de la masse monétaire détermine le taux d'inflation. Quel que soit le taux d'inflation, le taux de chômage tend à graviter autour de son taux naturel. La courbe de Phillips de long terme est donc verticale.

FIGURE 16.4

La relation entre la courbe de Phillips à long terme et le modèle de l'offre et de la demande agrégées

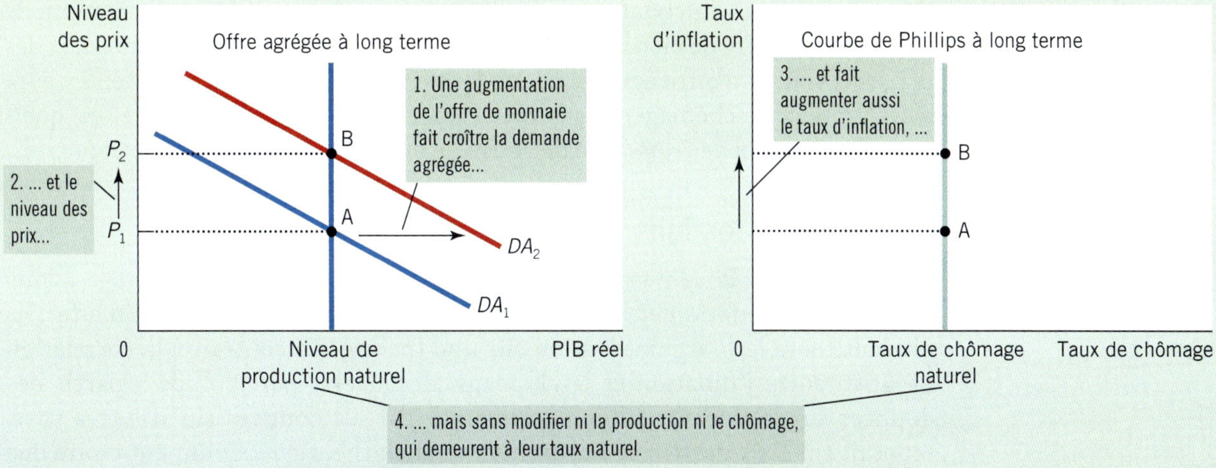

Le graphique a) montre le modèle de l'offre et de la demande agrégées avec une courbe d'offre agrégée verticale. Si une politique monétaire expansionniste cause un déplacement vers la droite de la courbe de demande agrégée, soit de DA_1 à DA_2, l'équilibre passe de A à B. Le niveau des prix augmente de P_1 à P_2, alors que la production demeure inchangée. Le graphique b) montre une courbe de Phillips à long terme, verticale au taux de chômage naturel. Une politique monétaire expansionniste fait passer l'économie d'une inflation faible (point A) à une inflation forte (point B), sans toutefois modifier le taux de chômage.

le taux de chômage reste le même, car la courbe de Phillips est verticale. On voit ce qu'implique la verticalité de la courbe d'offre agrégée à long terme et de la courbe de Phillips à long terme : la politique monétaire influe sur les variables nominales (niveau des prix et taux d'inflation), mais pas sur les variables réelles (production et chômage). Quelle que soit la politique monétaire de la Banque du Canada, à long terme, la production et le chômage sont à leur niveau naturel.

Le sens du mot *naturel*

Qu'y a-t-il de si naturel à propos du taux de chômage naturel ? Friedman et Phelps se sont servis de ce qualificatif pour décrire le taux de chômage vers lequel l'économie tend à long terme. Néanmoins, ce taux de chômage naturel n'est pas nécessairement un taux socialement idéal. Il n'est pas non plus constant. Imaginons, par exemple, qu'un syndicat récemment créé se serve de son pouvoir pour faire augmenter les salaires d'une partie des travailleurs au-dessus du niveau d'équilibre. Il en résultera une offre excédentaire de travail sur le marché et, par conséquent, une augmentation du taux de chômage naturel. Ce taux est « naturel » non pas parce qu'il est souhaitable, mais parce qu'il est indépendant de toute politique monétaire. Une augmentation plus rapide de la masse monétaire ne réduirait en rien le pouvoir du syndicat ou le taux de chômage ; elle ne ferait qu'aggraver l'inflation.

Bien que la politique monétaire n'ait aucune influence sur le taux de chômage naturel, ce taux peut être modifié par d'autres types de politiques. Pour réduire le taux de chômage naturel, les dirigeants doivent mettre au point des politiques visant à améliorer le fonctionnement du marché du travail. Nous avons déjà abordé, au chapitre 9, les politiques influant sur le taux de chômage naturel. Parmi elles, citons entre autres les lois sur le salaire minimum, les lois sur les syndicats et les négociations collectives, l'assurance emploi et les programmes de formation professionnelle. Toute politique réussissant à réduire le taux de chômage naturel entraînera un déplacement vers la gauche de la courbe de Phillips à long terme. De plus, la baisse du chômage se traduira par une augmentation du nombre de travailleurs, l'offre de biens et de services sera en hausse pour tous les niveaux des prix et la courbe d'offre agrégée à long terme se déplacera vers la droite. Il y aura alors un taux de chômage plus faible et une production plus élevée, et ce, quels que soient le taux de croissance de l'offre de monnaie et le taux d'inflation.

La théorie et les faits

À première vue, la contestation, par Friedman et Phelps, de l'arbitrage à long terme entre l'inflation et le chômage n'a rien de très convaincant. En effet, ils fondent toute leur argumentation sur une théorie. Au contraire, la corrélation négative entre l'inflation et le chômage, découverte par Phillips à partir des données sur le Royaume-Uni et confirmée par les données sur d'autres pays, reposait sur l'*observation* et n'avait donc rien de théorique. Comment croire que les dirigeants se trouvent devant une courbe de Phillips verticale lorsque l'ensemble des données internationales semble indiquer qu'il s'agit d'une courbe à pente négative ? Toutes ces observations ne devraient-elles pas nous inciter à rejeter la conclusion de la théorie classique sur la neutralité monétaire ?

Friedman et Phelps étaient bien conscients de ce problème et ont proposé une solution pour concilier la théorie macroéconomique classique avec la réalité des données britanniques, américaines et internationales. Ils ont fait valoir que la relation inverse entre l'inflation et le chômage ne se vérifie qu'à court terme et qu'elle ne peut pas être utilisée à long terme par les dirigeants. Autrement dit, même si les dirigeants peuvent, pendant un certain temps, réduire le chômage en augmentant la masse monétaire, le chômage finit par revenir à son taux naturel et cette politique monétaire expansionniste ne produit, à long terme, que de l'inflation.

Les travaux de Friedman et de Phelps ont inspiré en grande partie l'exposé du chapitre 14 sur les différences entre les courbes d'offre agrégée à court et à long terme. Rappelons que la courbe d'offre agrégée à long terme est verticale, ce qui montre que le niveau des prix n'a aucune influence sur la quantité produite à long terme. En revanche, la courbe d'offre agrégée à court terme a une pente positive, ce qui veut dire qu'une augmentation du niveau des prix accroît la quantité de biens et de services offerts par les entreprises. Selon la théorie des salaires rigides, les salaires sont déterminés en amont, en fonction du niveau des prix anticipé lors de la négociation. Lorsque les prix sont plus hauts que prévu, les firmes sont incitées à augmenter la production et l'emploi ; lorsque les prix sont plus faibles qu'on l'avait anticipé, les entreprises réduisent la production et l'emploi. Cependant, parce que les salaires et les prix anticipés s'ajustent éventuellement aux prix réalisés, la relation positive entre le niveau des prix et la quantité offerte de biens et de services se vérifie à court terme, mais pas à long terme.

Friedman et Phelps ont appliqué le même raisonnement à la courbe de Phillips. De la même manière que la courbe d'offre agrégée n'a une pente positive qu'à court terme, l'arbitrage entre l'inflation et le chômage ne tient qu'à court terme. Et, tout comme la courbe d'offre agrégée à long terme est verticale, la courbe de Phillips à long terme est aussi verticale. Encore une fois, les anticipations sont la clé pour comprendre la relation entre le court et le long terme.

Friedman et Phelps ont introduit une nouvelle variable dans l'analyse de la relation entre l'inflation et le chômage à court et à long terme : il s'agit de l'inflation anticipée, qui mesure l'évolution attendue des prix. Comme nous l'avons vu au chapitre 14, le niveau des prix anticipé influe sur la détermination des salaires et des prix. Pour cette raison, l'inflation anticipée est l'un des facteurs qui déterminent la position de la courbe d'offre agrégée à court terme. À court terme, la Banque du Canada peut considérer l'inflation anticipée (et, par conséquent, la position de la courbe d'offre agrégée à court terme) comme une donnée déjà établie. Lorsque l'offre de monnaie varie, la courbe de demande agrégée se déplace et l'économie bouge le long d'une courbe d'offre agrégée à court terme fixe. À court terme, les variations de la masse monétaire causent donc des variations non anticipées de la production, des prix, du chômage et de l'inflation. C'est ainsi que Friedman et Phelps ont expliqué la pente négative de la courbe de Phillips observée dans un grand nombre de pays.

La possibilité pour la Banque du Canada de créer une inflation non anticipée en augmentant la masse monétaire se limite au court terme. À long terme, en effet, les gens finissent par anticiper le taux d'inflation visé par la Banque du Canada. Parce que les salaires s'ajustent ultérieurement au taux d'inflation, la courbe d'offre agrégée à long terme est verticale. Dans ce cas, les variations de la demande agrégée dues, entre autres, à des variations de la masse monétaire n'ont aucun effet sur la production des biens et des services. Dès lors, Friedman et Phelps ont conclu que le chômage revient à long terme à son taux naturel.

La courbe de Phillips à court terme

L'équation suivante résume l'analyse de Friedman et de Phelps (il s'agit essentiellement d'une autre expression de l'équation de l'offre agrégée que nous avons étudiée au chapitre 14):

$$\text{Taux de chômage} = \text{Taux de chômage naturel} - a\left(\text{Inflation réalisée} - \text{Inflation anticipée}\right)$$

Cette équation montre la relation entre le taux de chômage, le taux de chômage naturel, l'inflation réalisée et l'inflation anticipée. À court terme, l'inflation anticipée est connue. Par conséquent, une inflation réalisée plus élevée signifie un taux de chômage inférieur (le degré de sensibilité du chômage à l'inflation anticipée dépend de *a,* une variable qui, elle-même, dépend de la pente de la courbe d'offre agrégée à court terme). À long terme, cependant, les gens parviennent à anticiper le taux d'inflation produit par la Banque du Canada. L'inflation anticipée finit donc par être égale à l'inflation réalisée, et le chômage retrouve son taux naturel.

Selon cette équation, il n'y a pas de courbe de Phillips stable à court terme. Chaque courbe de Phillips correspond à un certain taux d'inflation anticipé. (Pour être précis, si l'on trace la courbe correspondant à cette équation, on s'aperçoit que la courbe de Phillips à court terme croise la courbe de Phillips à long terme lorsque le taux d'inflation réalisé est égal au taux d'inflation anticipé.) Dès que l'inflation anticipée varie, la courbe de Phillips à court terme se déplace.

D'après Friedman et Phelps, il est risqué pour les dirigeants de considérer la courbe de Phillips comme un éventail d'options possibles. Afin de comprendre ce problème, imaginons une situation où le chômage est à son taux naturel et où l'inflation réalisée et l'inflation anticipée sont toutes deux faibles, comme on le voit au point A de la figure 16.5. Supposons maintenant que les dirigeants, désireux de tirer parti de l'arbitrage de court terme entre inflation et chômage, décident d'utiliser les politiques budgétaire ou monétaire pour faire augmenter la demande agrégée. À court terme, l'inflation anticipée étant fixe, l'économie passe de A à B. Le chômage se retrouve alors sous son taux naturel et l'inflation réalisée dépasse l'inflation anticipée. Lorsque l'économie passe du point A au point B, les dirigeants peuvent avoir l'impression qu'ils ont obtenu, de façon permanente, un taux de chômage inférieur, au prix d'un taux d'inflation plus élevé. Et ils peuvent considérer que ce choix est optimal.

Malheureusement, cette situation ne dure pas. Au fil du temps, les gens s'habituent à ce taux d'inflation élevé, ce qui accroît leur inflation anticipée. Lorsque l'inflation anticipée augmente, les travailleurs et les entreprises tiennent compte d'une inflation plus élevée au moment de négocier les salaires. La courbe de Phillips à court terme se déplace alors vers la droite, comme on le constate sur la figure 16.5. L'économie finit par se retrouver en C, avec un taux de chômage égal à celui du point A, mais avec une inflation plus élevée. Friedman et Phelps concluent donc que les dirigeants ne font face à un arbitrage qu'à court terme entre l'inflation et le chômage. À long terme, une augmentation plus rapide de la demande agrégée produit plus d'inflation, sans réduire le chômage.

Une expérience de l'hypothèse du taux naturel

En 1968, Friedman et Phelps ont formulé une prédiction audacieuse: d'après eux, si les dirigeants essaient de tirer parti de la courbe de Phillips en choisissant

FIGURE 16.5

L'inflation anticipée et les déplacements de la courbe de Phillips à court terme

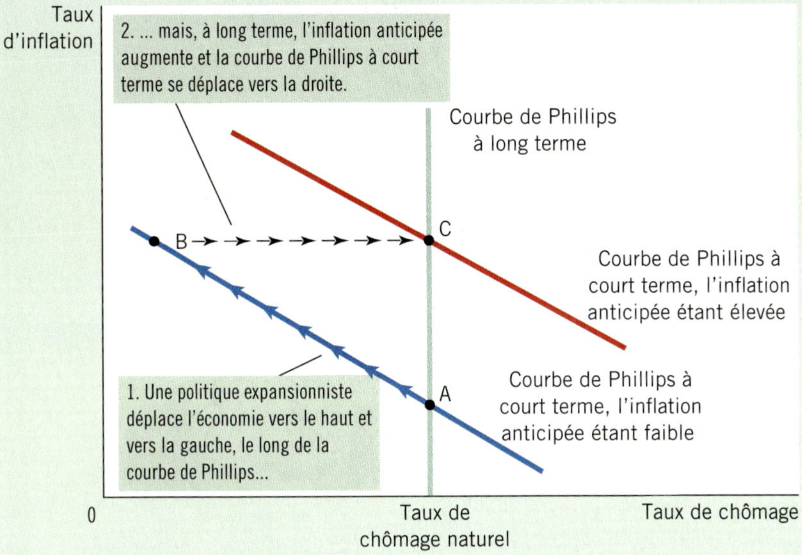

Plus l'inflation anticipée est élevée, plus la relation d'arbitrage à court terme entre l'inflation et le chômage est élevée sur le graphique. Au point A, l'inflation anticipée et l'inflation réelle sont toutes deux faibles et le chômage se situe à son taux naturel. Si la Banque du Canada adopte une politique monétaire expansionniste, l'économie passera à court terme de A à B. En B, l'inflation anticipée reste faible, mais l'inflation réalisée est élevée. Le chômage se situe donc en dessous de son taux naturel. À long terme, l'inflation anticipée augmente et l'économie se retrouve en C. À ce point, l'inflation anticipée et l'inflation réalisée sont toutes deux élevées et le chômage retrouve son taux naturel.

une forte inflation pour réduire le taux de chômage, ils ne parviendront à réduire le chômage que temporairement. Leur prédiction — à savoir que le chômage finira par retourner à son taux naturel, et ce, quel que soit le taux d'inflation — est connue sous le nom d'**hypothèse du taux naturel**. Quelques années après la formulation de cette hypothèse, les dirigeants américains et canadiens se sont livrés, bien malgré eux, à une expérience à ce sujet, leur économie respective servant de laboratoire aux économistes.

Hypothèse du taux naturel
Hypothèse selon laquelle le taux de chômage finit par revenir à son taux normal ou naturel, quel que soit le taux d'inflation.

Avant de prendre connaissance des résultats de cette expérience, observons d'abord les données dont disposaient Friedman et Phelps en 1968 pour formuler leur prédiction. On trouve à la figure 16.6 les taux de chômage et d'inflation canadiens pour la période 1956-1968. Il est possible de les présenter sous la forme d'une courbe de Phillips. De 1956 à 1961, l'inflation a diminué et le taux de chômage a augmenté, alors que l'inverse s'est produit entre 1961 et 1968. Les données semblaient donc confirmer l'existence d'un arbitrage stable entre l'inflation et le chômage.

Dans les années 1950 et 1960, la confirmation apparente de la découverte de Phillips faisait de Friedman et de Phelps de courageux précurseurs. Lorsque Phillips a suggéré cette relation négative entre l'inflation et le chômage en 1958, les données sur la décennie suivante, tant au Canada et aux États-Unis que dans les autres pays, paraissaient confirmer cette corrélation. Pour plusieurs économistes de l'époque, il semblait ridicule d'affirmer, à l'instar de Friedman et de Phelps, que la courbe de Phillips ne résisterait pas à l'usage qu'on en ferait.

FIGURE 16.6

La courbe de Phillips dans les années 1950 et 1960

Ce graphique montre la relation entre le taux de chômage et le taux d'inflation (ce dernier mesuré selon le déflateur du PIB) de 1956 à 1968.

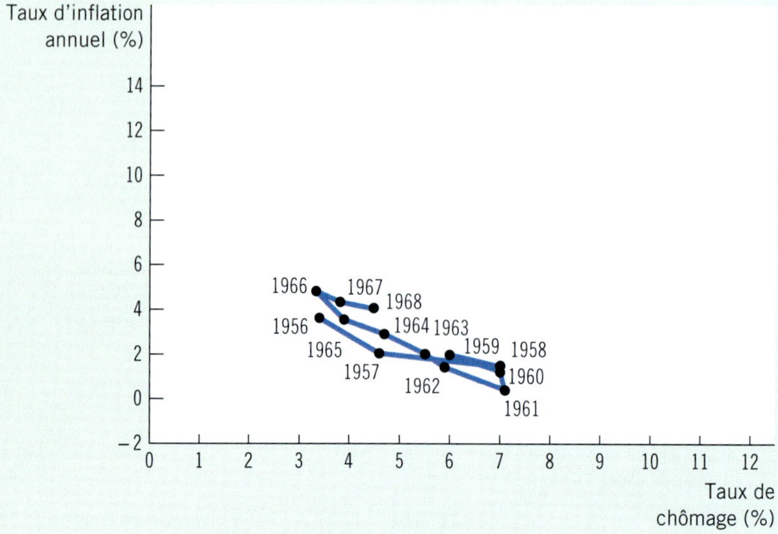

Sources : Les données pour la période allant de 1966 à 1968 proviennent de Statistique Canada. Cansim II, séries V2062816 (taux de chômage) et V1997756 (déflateur du PIB) ; les données pour 1956 à 1965 sont tirées de Leacy, F. H. (1983). *Statistiques historiques du Canada* (2e ed.). Ottawa : Statistique Canada, séries D233 (taux de chômage) et K17 (déflateur du PIB).

C'est pourtant ce qui s'est passé. Vers la fin des années 1960, on a adopté des politiques expansionnistes qui ont stimulé la demande agrégée de biens et de services. Ces politiques étaient en partie budgétaires — les dépenses des gouvernements fédéral et provinciaux augmentaient beaucoup plus rapidement que le PIB — et en partie monétaires — la Banque du Canada tentait de maintenir de bas taux d'intérêt malgré la politique budgétaire expansionniste. Ainsi, de 1969 à 1973, la masse monétaire (mesurée par M1) a crû deux fois plus vite qu'au cours de la période précédente, entre 1956 et 1968. Le résultat : l'inflation est restée très forte (en moyenne de 5,7 % par an de 1969 à 1973, au lieu de 2,6 % de 1956 à 1968). Mais, comme Friedman et Phelps l'avaient annoncé, le chômage n'est pas demeuré faible.

L'évolution de l'inflation et du chômage entre 1968 et 1973 est illustrée à la figure 16.7. On y constate que la relation négative entre ces deux variables commence à disparaître vers 1970. En réponse à l'inflation élevée au début des années 1970, les anticipations d'inflation ont rattrapé la réalité et le chômage a retrouvé son taux du début des années 1960, soit 5 % à 6 %. On remarque également que cette évolution illustrée à la figure 16.7 confirme la théorie du déplacement de la courbe de Phillips à court terme de la figure 16.5. En 1973, les responsables politiques savaient que Friedman et Phelps avaient raison : il n'existe à long terme aucun arbitrage entre l'inflation et le chômage.

FIGURE 16.7

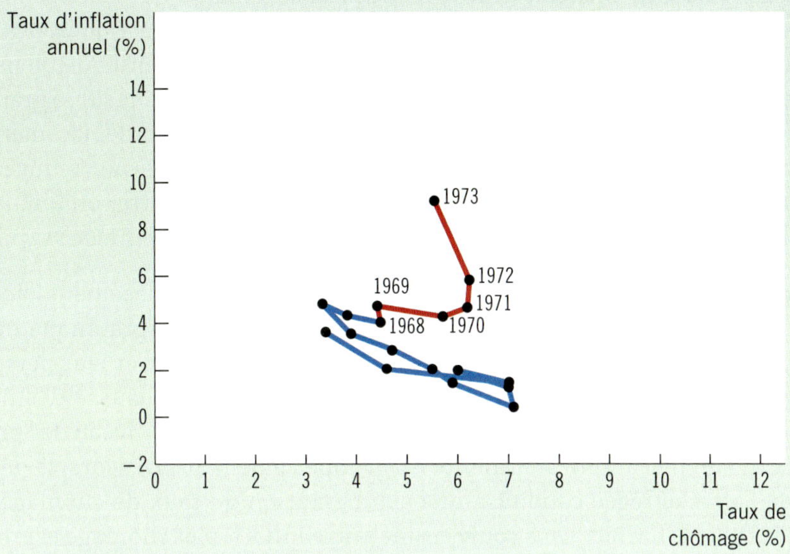

La remise en question de la courbe de Phillips

Ce graphique montre les taux de chômage et d'inflation annuels (ce dernier mesuré selon le déflateur du PIB) de 1968 à 1973. On constate que la courbe de Phillips des années 1960 disparaît au début des années 1970.

Source : Les données pour la période 1968-1973 proviennent de Statistique Canada. Cansim II, séries V2062816 (taux de chômage) et V1997756 (déflateur du PIB).

MINITEST

- Tracez une courbe de Phillips à court terme et une courbe de Phillips à long terme et expliquez leurs différences.

Les déplacements de la courbe de Phillips : le rôle des chocs d'offre

Friedman et Phelps avaient suggéré, en 1968, que les variations de l'inflation anticipée entraînent un déplacement de la courbe de Phillips. L'expérience du début des années 1970 avait démontré aux économistes la justesse de cette hypothèse. Au cours des années suivantes, cependant, les économistes se sont intéressés à une autre cause des déplacements de la courbe de Phillips : les chocs sur l'offre agrégée.

Cette fois, le changement de cap ne provenait pas de professeurs d'économie, mais plutôt d'événements se produisant au Moyen-Orient. L'Organisation des pays exportateurs de pétrole (OPEP) avait été fondée en 1960, mais elle n'était pas parvenue à influer sur le prix du pétrole avant le début des années 1970. En 1969, Mouammar Kadhafi a pris le pouvoir en Libye, lors d'un coup d'État militaire, et a imposé de nouvelles conditions aux sociétés pétrolières de son pays. Les membres de l'OPEP se sont alors décidés à agir de concert pour faire monter le prix du pétrole. Ils ont tout d'abord connu assez peu de succès mais, durant la guerre israélo-arabe de 1973, alors que le conflit avait déjà fait monter le prix du brut, les membres de l'OPEP sont parvenus pour la première fois à utiliser leur pouvoir de cartel sur le marché mondial du pétrole. L'Arabie saoudite, le Koweït et l'Irak ont réduit leur production et leurs ventes sur les marchés mondiaux et ont ainsi réussi, assez rapidement, à faire tripler le prix de l'or noir.

Choc d'offre
Événement qui influe directement sur les coûts des entreprises, causant un déplacement de la courbe d'offre agrégée et de la courbe de Phillips.

Une augmentation du prix mondial du pétrole constitue un exemple de choc d'offre. Un **choc d'offre** est un événement qui touche directement les coûts de production des entreprises et, par conséquent, leurs prix de vente; il cause un déplacement de la courbe d'offre agrégée et entraîne donc un déplacement de la courbe de Phillips. Par exemple, l'augmentation du prix du pétrole fait monter le coût de production de l'essence, du mazout, des pneus, des plastiques, des médicaments et de nombreux autres produits, ce qui réduit la quantité de biens et de services offerts pour un niveau des prix donné. Comme on le voit sur le graphique a) de la figure 16.8, cette réduction de l'offre se traduit par un déplacement vers la gauche de la courbe d'offre agrégée, qui passe de $OACT_1$ à $OACT_2$. Le niveau des prix augmente de P_1 à P_2 et la production diminue de Y_1 à Y_2. Cette combinaison de prix à la hausse et d'une production qui diminue est parfois nommée *stagflation*.

Le déplacement de l'offre agrégée s'accompagne d'un déplacement similaire de la courbe de Phillips à court terme, comme le montre le graphique b) de la figure 16.8. Puisque les entreprises réduisent leur production et leur personnel, l'emploi diminue et le chômage augmente. En raison de la hausse des prix, le taux d'inflation — c'est-à-dire le pourcentage de variation du niveau des prix par rapport à celui de l'année précédente — grimpe également. Dès lors, le déplacement de l'offre agrégée conduit à une augmentation du taux de chômage et du taux d'inflation. L'arbitrage à court terme entre inflation et chômage est déplacé vers la droite, de CP_1 à CP_2.

FIGURE 16.8

Un choc négatif sur l'offre agrégée

Le graphique a) présente le modèle de l'offre et de la demande agrégées. Lorsque la courbe d'offre se déplace vers la gauche, de $OACT_1$ à $OACT_2$, l'équilibre passe du point A au point B. On enregistre une baisse de la production de Y_1 à Y_2 et une hausse des prix de P_1 à P_2. Le graphique b) montre l'arbitrage à court terme entre l'inflation et le chômage. Le déplacement vers la gauche de la courbe d'offre agrégée fait passer l'économie du point A (chômage et inflation faibles) au point B (chômage et inflation élevés). La courbe de Phillips à court terme se déplace vers la droite, de CP_1 à CP_2. Les dirigeants font maintenant face à un arbitrage beaucoup moins intéressant entre l'inflation et le chômage.

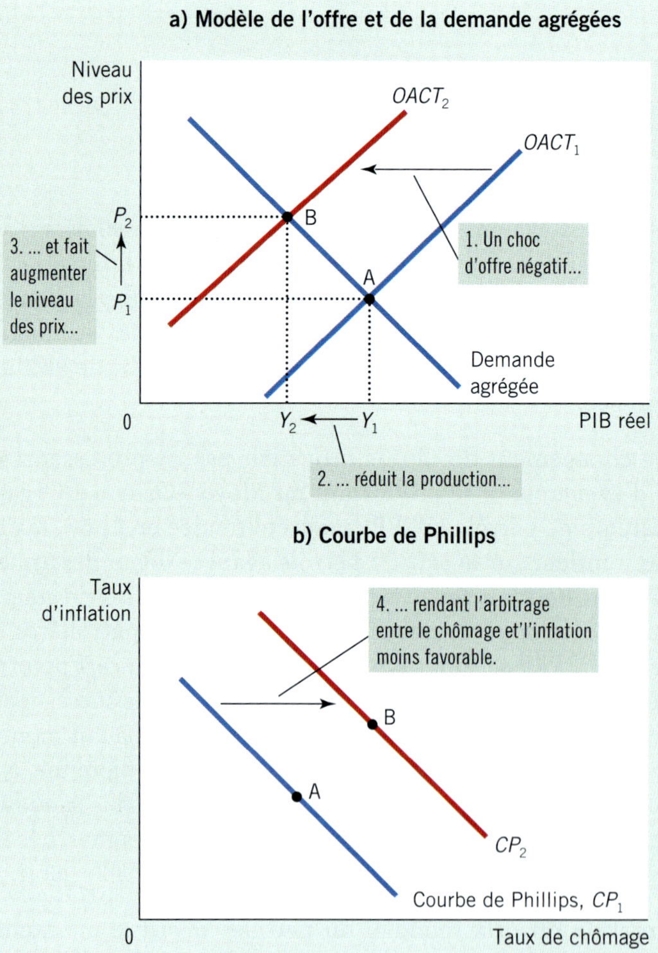

Devant ce choc négatif sur l'offre agrégée, les dirigeants doivent faire un choix difficile : lutter contre l'inflation ou lutter contre le chômage. S'ils réduisent la demande agrégée afin de lutter contre l'inflation, le chômage, déjà élevé, augmentera. S'ils stimulent la demande agrégée pour réduire le chômage, ils aggravent l'inflation, déjà forte. Autrement dit, un dilemme beaucoup plus délicat qu'avant le déplacement de la courbe de l'offre agrégée se pose maintenant aux dirigeants : il leur faut accepter une inflation supérieure pour un taux de chômage donné, ou un taux de chômage supérieur pour un taux d'inflation donné, ou la combinaison d'un haut taux de chômage et d'un haut taux d'inflation.

Devant ce déplacement de la courbe de Phillips, les dirigeants se demanderont s'il est temporaire ou permanent. La réponse est fonction de l'ajustement des anticipations d'inflation. Si les gens considèrent cette hausse de l'inflation, due au choc d'offre, comme une simple aberration temporaire, la courbe de Phillips reprendra rapidement sa position initiale. Par contre, si le public croit qu'un tel choc annonce une période d'inflation plus élevée, les anticipations d'inflation augmenteront et la courbe de Phillips restera dans cette position moins avantageuse.

La figure 16.9 présente l'inflation et le chômage au Canada durant les années 1970. On note une augmentation marquée de l'inflation au milieu de cette décennie, qui correspond au choc pétrolier de l'OPEP. Cette augmentation du prix du pétrole risquait de provoquer une hausse importante des coûts de production des entreprises canadiennes utilisant le pétrole comme intrant. En l'absence de toute intervention publique, on aurait abouti à une augmentation simultanée de l'inflation et du chômage. Bref, on risquait une stagflation. Devant cette menace, les dirigeants politiques canadiens devaient faire un choix difficile : réduire la demande agrégée pour lutter contre l'inflation, tout en faisant

FIGURE 16.9

Les chocs d'offre des années 1970

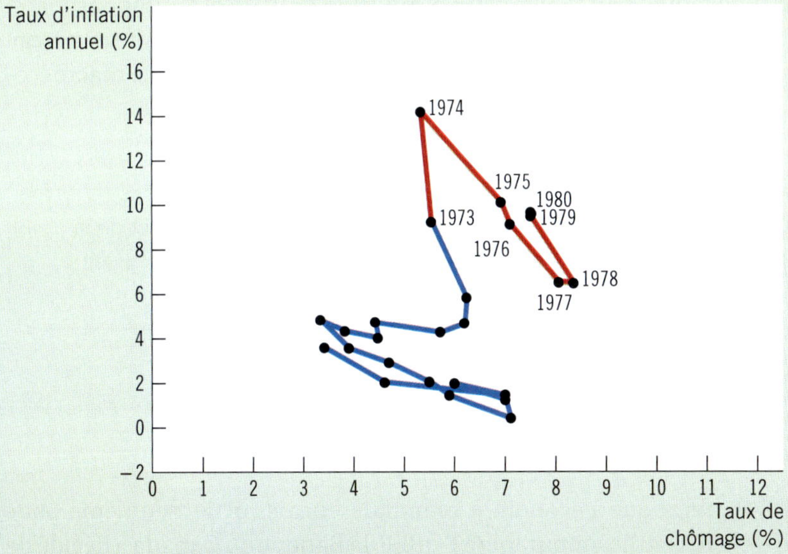

Source : Les données pour la période 1973-1980 proviennent de Statistique Canada. Cansim II, séries V2062816 (taux de chômage) et V1997756 (déflateur du PIB).

Cette figure présente le taux de chômage et le taux d'inflation annuel (mesuré selon le déflateur du PIB). Les fortes hausses du prix du pétrole au début des années 1970 et en 1979 ont causé une forte hausse de l'inflation et un déplacement vers la droite de la courbe de Phillips à court terme. Entre ces deux chocs pétroliers, une politique monétaire restrictive et un contrôle des salaires et des prix ont permis à l'économie canadienne de glisser vers le bas, le long d'une courbe à court terme temporairement stable.

augmenter le chômage, ou stimuler la demande agrégée pour réduire le chômage, tout en provoquant une augmentation encore plus importante de l'inflation et des anticipations d'inflation.

Les dirigeants canadiens ont décidé d'attaquer la menace de stagflation sur deux fronts. Tout d'abord, la Banque du Canada a adopté une politique monétaire restrictive. De 1974 à 1978, l'augmentation de l'offre de monnaie n'a même pas atteint 1 % par année. De cette façon, la Banque du Canada a réduit la demande agrégée, limitant ainsi la hausse des prix, mais faisant diminuer du même coup la production et augmenter le chômage. Les dirigeants ont aussi choisi de lutter contre l'inflation au moyen d'un contrôle des prix et des salaires. Entre 1976 et 1978, le gouvernement fédéral a légiféré pour limiter les augmentations de salaires et de prix sous le taux d'inflation, afin de réduire directement l'inflation et les anticipations d'inflation. Le gouvernement espérait qu'une telle politique persuade les travailleurs et les entreprises d'accepter de modérer leurs demandes en matière de salaires et de prix, leur position relative restant inchangée. Cette double intervention a mené à une impressionnante réduction du taux d'inflation, mais également à une augmentation du chômage. De 1974 à 1978, l'économie canadienne a glissé vers le bas, le long de la courbe de Phillips à court terme. Cependant, le choc pétrolier avait causé un déplacement de cette courbe vers la droite. Par conséquent, alors que le taux d'inflation avait retrouvé son niveau de 1972, le chômage était plus élevé de 2 %. Qui plus est, alors que l'inflation diminuait et que le gouvernement levait le contrôle des prix, l'OPEP a une fois encore utilisé son pouvoir de marché et un second choc pétrolier a fait doubler le prix du baril de pétrole en 1979.

À la suite de ce second choc, l'économie canadienne a enregistré un taux d'inflation très élevé et on craignait que les anticipations d'inflation restent très fortes. En 1980, après les deux chocs pétroliers, l'inflation avait fini par dépasser les 10 % et le chômage atteignait 7,5 %. Cette combinaison était loin de correspondre à l'arbitrage qui semblait possible durant les années 1960. Durant cette période, la courbe de Phillips montrait qu'un taux de chômage de 7,5 % correspondait à un taux d'inflation de moins de 1 %. Un taux d'inflation de 10 % était impensable si l'on se fiait à cette courbe. En 1980, l'**indice de souffrance** atteignait un niveau historique et la population se plaignait amèrement de la performance macroéconomique. Il fallait faire quelque chose, et le plus rapidement possible.

Indice de souffrance
Somme du taux d'inflation et du taux de chômage.

MINITEST

- Donnez un exemple de choc d'offre favorable. À l'aide du modèle de l'offre et de la demande agrégées, expliquez les effets de ce choc. Comment se répercute-t-il sur la courbe de Phillips ?

Le coût de la lutte contre l'inflation

En octobre 1979, alors que l'économie mondiale encaissait le deuxième choc d'offre négatif de la décennie, imputable à l'OPEP, la Banque du Canada a décidé de prendre le taureau par les cornes. En tant que responsable du système monétaire du pays, la Banque s'est sentie obligée d'adopter une politique de désinflation — soit une réduction du taux d'inflation. La *désinflation* est une réduction du taux d'inflation et ne doit pas être confondue avec la *déflation,* qui est une réduction du niveau des prix. Pour faire une analogie avec le déplacement d'une voiture, la désinflation est un ralentissement alors que la déflation est la marche arrière. Si la possibilité d'y parvenir ne faisait aucun doute, étant donné le contrôle que la Banque exerce sur la masse monétaire, on pouvait toutefois se demander quel serait le coût à court terme de cette politique.

Le ratio de sacrifice

Pour lutter contre l'inflation, la Banque du Canada doit adopter une politique monétaire restrictive, illustrée à la figure 16.10. En ralentissant la croissance de la masse monétaire, la Banque parvient à faire diminuer la demande agrégée. La réduction de la demande agrégée entraîne celle de la production et de l'emploi. L'économie part du point A et se déplace alors le long de la courbe de Phillips à court terme vers le point B, où l'inflation est inférieure, mais où le chômage est plus élevé. Au fil du temps, les gens finissent par se rendre compte que les prix augmentent moins rapidement, l'inflation anticipée diminue et la courbe de Phillips se déplace vers la gauche. L'économie passe de B à C, où l'inflation est plus faible et où le chômage est revenu à son taux naturel.

Pour réduire l'inflation, il faut donc passer par une période de chômage élevé et de baisse de la production. Le sacrifice à consentir avant de rejoindre le point C est représenté par le passage par le point B, à la figure 16.10. L'ampleur de ce sacrifice dépend de la pente de la courbe de Phillips et de la rapidité avec laquelle les anticipations d'inflation s'ajustent, après l'adoption de la nouvelle politique monétaire.

La mesure de ce coût de réduction de l'inflation a fait l'objet de nombreuses études, dont les conclusions peuvent être résumées par le **ratio de sacrifice**. Ce ratio correspond au pourcentage du PIB réel annuel perdu pour faire diminuer l'inflation de 1 point de pourcentage. Les macroéconomistes ne s'entendent pas sur sa valeur exacte. Les évaluations pour le Canada oscillent généralement entre 2 et 5.

Ratio de sacrifice
Réduction du PIB nécessaire, en points de pourcentage, pour réduire l'inflation de 1 point de pourcentage.

FIGURE 16.10

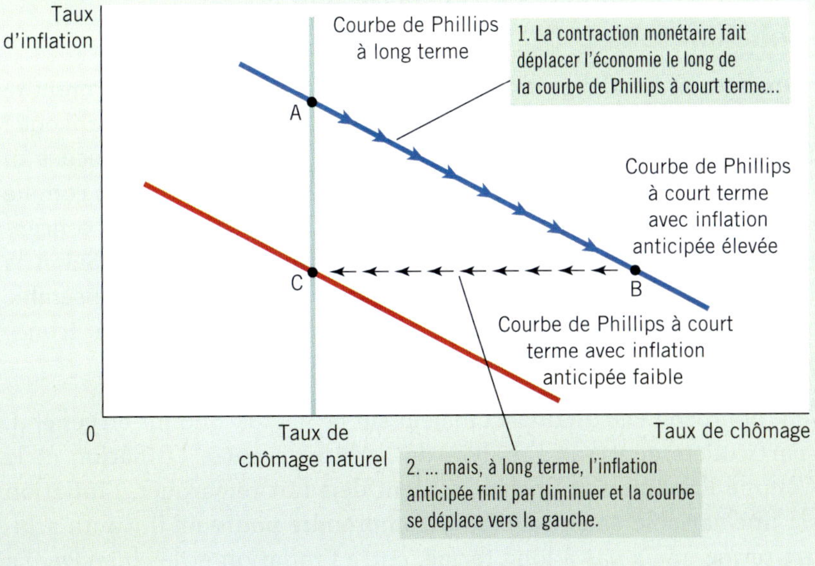

La politique monétaire désinflationniste à court et à long terme

Lorsque la Banque du Canada adopte une politique monétaire restrictive afin de lutter contre l'inflation, l'économie se déplace de A à B le long de la courbe de Phillips à court terme. Avec le temps, l'inflation anticipée diminue et la courbe de Phillips se déplace vers la gauche. Lorsque l'économie se retrouve en C, le chômage est revenu à son taux naturel.

Cela revient à dire que pour faire baisser l'inflation de 1 point de pourcentage, il faut sacrifier de 2 % à 5 % de la production annuelle.

On peut également exprimer ce ratio de sacrifice en termes de chômage. Pour ce faire, on doit pouvoir estimer la hausse du chômage engendrée par une réduction de 1 point de pourcentage de la production. Selon la **loi d'Okun**, un changement de 1 point de pourcentage du PIB se traduit par une variation du taux de chômage de 0,5 point de pourcentage. Le ratio de sacrifice semble donc indiquer que le prix à payer pour réduire l'inflation de 1 point de pourcentage varie entre 1 et 2,5 points de pourcentage de chômage supplémentaire par année.

Loi d'Okun
Relation numérique entre le taux de diminution du PIB réel et le taux d'augmentation du chômage.

De tels chiffres n'ont sûrement pas rassuré la Banque du Canada, lorsqu'elle songeait à adopter des mesures anti-inflationnistes. L'inflation atteignait presque 10 % en 1979, alors que le chômage était à 7,4 %. Pour revenir à une inflation modérée, soit environ 4 % par année, il fallait une baisse de 6 points de pourcentage. En prenant les chiffres les moins optimistes du ratio de sacrifice, chaque diminution d'inflation de 1 point de pourcentage risquait de causer une chute de la production annuelle de 5 %. Pour atteindre la baisse souhaitée de 6 points de pourcentage, il fallait donc sacrifier l'équivalent de 30 % du PIB d'une année. En même temps, il fallait accepter un coût de 15 points de pourcentage de chômage de plus.

Un tel sacrifice pouvait s'obtenir de plusieurs façons. Une réduction rapide de l'inflation de 6 points de pourcentage aurait pu être obtenue par une chute de la production de 30 % et une montée du chômage de 15 points de pourcentage en une seule année. Un tel remède de cheval était beaucoup trop difficile à avaler. Il valait mieux, selon certains, étaler la lutte contre l'inflation sur plusieurs années. Si la réduction de l'inflation s'étalait sur cinq ans, la production pouvait se retrouver à 6 % sous le PIB potentiel pendant cette période (5 ans × 6 % par année = 30 %), et l'augmentation du chômage, à seulement 3 points de pourcentage ; ce dernier n'allait donc pas dépasser 10,4 % durant la période de cinq ans. La même politique étalée sur une décennie aurait présenté l'avantage de ne réduire la production, par rapport à sa tendance, que de 3 % par année. Peu importe la solution adoptée, le prix à payer était fort lourd.

Les anticipations rationnelles et la possibilité d'une désinflation sans coût

Au moment même où les dirigeants hésitaient quant aux mesures à prendre pour réduire l'inflation, un groupe de professeurs d'économie ont provoqué une véritable révolution intellectuelle en remettant en cause les idées reçues au sujet du ratio de sacrifice. Ce groupe, composé d'économistes éminents comme Robert Lucas, Thomas Sargent et Robert Barro, fondait sa nouvelle conception des politiques économiques sur les **anticipations rationnelles**. Selon la théorie des anticipations rationnelles, le public utilise correctement l'ensemble des informations disponibles, y compris celles concernant les politiques économiques, pour anticiper l'avenir.

Anticipations rationnelles
Théorie selon laquelle le public utilise correctement l'ensemble des informations disponibles, y compris celles concernant les politiques suivies par le gouvernement, pour anticiper l'avenir.

Cette nouvelle approche a eu un impact majeur sur la macroéconomie en général, mais plus particulièrement sur l'analyse de l'arbitrage entre l'inflation et le chômage. Comme Friedman et Phelps l'avaient déjà fait remarquer, l'inflation anticipée est une variable essentielle pour comprendre pourquoi il y a un arbitrage à court terme, mais pas à long terme, entre l'inflation et le chômage. La rapidité avec laquelle cet arbitrage disparaît est liée à la vitesse d'ajustement des anticipations d'inflation. Partant de la théorie de Friedman-Phelps, les partisans du concept d'anticipations rationnelles ont défendu l'idée selon laquelle, lorsqu'il y a un changement important de politique économique, le public modifie rapidement ses anticipations d'inflation. En essayant d'évaluer le ratio de sacrifice, les études sur l'inflation et le chômage n'avaient jamais tenu compte d'un tel changement dans le régime de politique économique. Par conséquent, selon les tenants de cette nouvelle théorie, les estimations du ratio de sacrifice n'étaient pas fiables pour guider les dirigeants.

En 1982, Thomas Sargent résumait ainsi cette nouvelle façon de voir les choses :

> La conception des « anticipations rationnelles » s'oppose à l'idée d'une inertie propre au processus inflationniste actuel. Elle considère que les entreprises et les travailleurs, prévoyant de hauts taux d'inflation à l'avenir, négocieront des salaires inflationnistes en raison même de ces anticipations. En fait, le public est convaincu de la persistance d'une inflation élevée parce que les politiques monétaire et budgétaire actuelles et futures prévues tendent à confirmer de telles attentes [...] Selon la conception des anticipations rationnelles, il serait beaucoup plus facile de juguler l'inflation que le pensent les partisans de l'inertie du processus inflationniste. Les évaluations courantes du temps et de la perte de production nécessaires pour stopper l'inflation sont donc totalement erronées [...] Cela ne veut pas dire pour autant qu'il sera facile d'éliminer l'inflation. Bien au contraire, au lieu d'adopter quelques mesures budgétaires et monétaires temporaires, il faudra changer le régime de politique [...] Le coût d'une telle opération en matière de perte de production et le temps nécessaire pour que l'ajustement se fasse dépendent largement de la crédibilité des dirigeants[2].

En somme, d'après Sargent, le ratio de sacrifice pourrait bien être nettement inférieur aux estimations et, dans le cas extrême, il serait même nul. Si les dirigeants s'engageaient de façon crédible dans une politique de lutte contre l'inflation, les agents économiques seraient suffisamment rationnels pour réduire immédiatement leurs anticipations d'inflation. La courbe de Phillips à court terme se déplacerait rapidement vers la gauche et, ainsi, le taux d'inflation baisserait rapidement, sans augmentation temporaire du chômage ni réduction temporaire de la production.

La désinflation des années 1980

Lorsque la Banque du Canada se préparait à lutter contre l'inflation au début des années 1980, les économistes faisaient donc des prévisions radicalement contradictoires. Certains estimaient que pour juguler l'inflation, il faudrait perdre beaucoup d'emplois et réduire la croissance. D'autres, s'appuyant sur la nouvelle théorie des anticipations rationnelles, prédisaient que cette lutte serait beaucoup moins dure que prévu et pourrait même ne rien coûter du tout. Qui avait raison ?

La figure 16.11 présente l'inflation et le chômage de 1980 à 1988. Comme on peut le constater, la Banque du Canada a réussi à juguler l'inflation, qui est

2. Sargent, Thomas J. (1982). « The ends of four big inflations ». Dans Robert E. Hall (dir.). *Inflation : Causes and Effects*. Chicago, IL : University of Chicago Press, p. 242. (Traduction libre).

FIGURE 16.11

La désinflation des années 1980

Ce graphique montre le taux de chômage et le taux d'inflation (mesuré selon le déflateur du PIB) de 1980 à 1988. La lutte contre l'inflation s'est faite au prix de durs sacrifices sur le plan de l'emploi entre 1982 et 1986. On remarquera que les points A, B et C correspondent à peu de choses près à ceux de la figure 16.10.

Source: Les données pour la période 1980-1989 proviennent de Statistique Canada. Cansim II, séries V2062816 (taux de chômage) et V1997756 (déflateur du PIB).

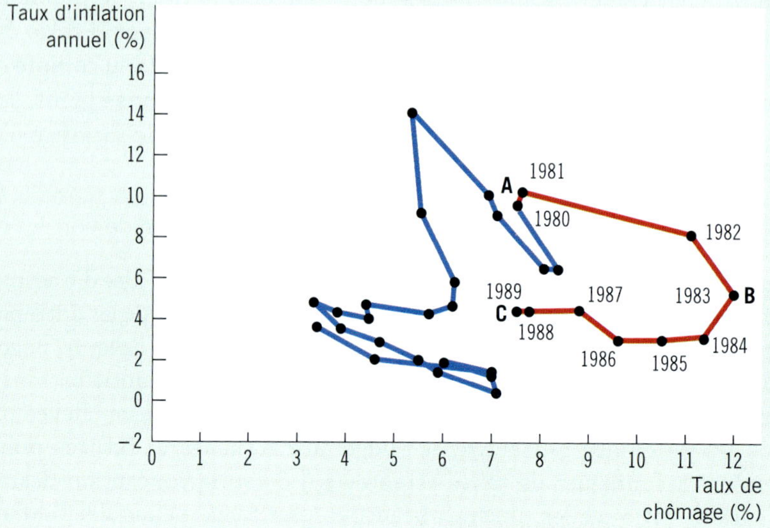

passée de 10 % en 1980 et 1981 à environ 3 % de 1984 à 1986. Cette réduction de l'inflation est entièrement due à la politique monétaire, car la politique budgétaire de l'époque allait à contresens: les déficits du gouvernement fédéral et des gouvernements provinciaux ne cessaient d'augmenter, ce qui faisait croître la demande agrégée et tendait à aggraver l'inflation. Ce sont donc les politiques anti-inflationnistes vigoureuses de la Banque du Canada qui ont mené à la baisse rapide de l'inflation de 1981 à 1985. Ainsi, de 1979 à 1982, la Banque du Canada a réduit la masse monétaire (mesurée par M1) de presque 6 % en moyenne par année. Les économistes David Laidler et William Robson ont fait remarquer que la politique monétaire de l'époque était « atrocement » restrictive. Cette qualification semble juste.

La figure 16.11 montre que la désinflation a coûté très cher en matière d'emploi. En 1982, 1983, 1984 et 1985, le taux de chômage dépassait 10 %. Durant la même période, la croissance du PIB réel était bien en dessous de sa tendance (*voir la figure 14.10 du chapitre 14*). La désinflation du début des années 1980 a provoqué la pire récession que le Canada ait connue depuis la crise des années 1930.

Doit-on en conclure que les théoriciens des anticipations rationnelles ont eu tort de croire qu'il était possible de réduire l'inflation sans coût ? Selon certains économistes, cela ne fait aucun doute. En effet, l'évolution de la désinflation observable à la figure 16.11 est tout à fait semblable aux prédictions de la figure 16.10. Pour passer d'une inflation forte (point A sur les deux graphiques) à une inflation faible (point C), l'économie a dû traverser une très forte période de chômage (point B). Au début de cette période de transition (point A), le taux de chômage était de 7,5 %, soit à peu près son taux naturel. En 1988, à la fin de la période de transition (point C), le chômage était revenu à ce taux initial. (Comme nous l'avons déjà vu au chapitre 9, figure 9.4, le taux de chômage naturel a sans doute augmenté durant les années 1980 ; en 1988, il tournait autour de 8 %. Les calculs qui suivent se basent sur le taux de chômage naturel estimé au chapitre 9, figure 9.4.) Si l'on additionne le nombre de points de pourcentage par année où le taux de chômage était au-dessus du taux naturel et qu'on divise cette somme par la réduction de l'inflation en points de pourcentage, on obtient un ratio de sacrifice estimé à 2,1 en matière d'emploi. Autrement dit, de 1981 à 1988, toute réduction de 1 point de pourcentage d'inflation a signifié une augmentation du taux de chômage de 2,1 points de pourcentage pour un an. Cela semble confirmer les craintes des économistes partisans de l'idée selon laquelle la lutte contre l'inflation requiert de grands sacrifices en matière d'emploi et de croissance, contrairement à ce que prétendaient les tenants des anticipations rationnelles.

Les données semblant confirmer le coût élevé de la lutte contre l'inflation n'ont pas suffi à convaincre nombre d'économistes. Leur opinion se justifiait par le fait que le public en général n'avait pas pris au sérieux l'annonce de la politique de rigueur monétaire de la Banque du Canada.

Parce que très peu d'agents économiques avaient cru que la Banque du Canada réduirait l'inflation aussi vite, l'inflation anticipée n'a pas chuté et la courbe de Phillips à court terme ne s'est pas déplacée vers le bas et vers la gauche aussi vite qu'elle aurait dû le faire. Certains prévisionnistes privés ont corroboré cette hypothèse : leurs prévisions pour les années 1980 annonçaient une chute de l'inflation beaucoup moins rapide que celle qui s'est produite. Par conséquent, la désinflation de cette période ne réfute pas nécessairement la théorie des anticipations rationnelles, mais elle démontre que les dirigeants ne peuvent s'attendre à ce que les agents économiques les croient immédiatement lors de l'annonce d'une politique de désinflation.

DANS L'ACTUALITÉ

Comment maîtriser l'inflation anticipée

La possibilité d'une désinflation sans coût repose sur l'idée que les gens sont susceptibles de diminuer leurs anticipations d'inflation si un dirigeant crédible arrive à les en convaincre.

Gérer les anticipations d'inflation

Philip DeMont

Mark Carney, le gouverneur de la Banque du Canada, se préoccupe de ce que vous pensez. En fait, comprendre votre perception de l'économie canadienne et déterminer si vous croyez que la Banque du Canada s'attaque sérieusement à la hausse des prix représente son meilleur outil pour éviter que s'aggrave ce fléau économique. C'est ce qu'on appelle la *gestion des anticipations*. Et au cours des 15 dernières années, cette gestion s'est révélée plutôt efficace pour contrôler l'inflation au Canada. Cette stratégie signifie également que Mark Carney doit réagir très rapidement en haussant les taux d'intérêt s'il pense que la crédibilité de la Banque en tant que garant d'une faible inflation est remise en question.

« Les attentes jouent un rôle important dans ce que la Banque essaie de faire », dit Douglas Porter, économiste à BMO Marchés des capitaux.

►

La gestion des durs

Convaincre les Canadiens que la Banque du Canada jouera dur avec l'inflation est un peu comme essayer d'être le gars le plus dur du bar. Cette tactique fonctionne si tout le monde pense que vous êtes effectivement un dur. Dans le cas de la Banque du Canada, Carney s'est assuré que les Canadiens croient qu'il maîtrise l'inflation (définie comme le taux d'augmentation du prix d'un panier de biens). S'ils lui accordent de la crédibilité, les travailleurs n'exigeront pas d'augmentations de salaire plus grandes, les entreprises ne seront pas tentées de refiler des prix plus élevés aux consommateurs et les investisseurs ne chercheront pas des rendements supérieurs sur des placements rapportant de l'intérêt.

Si toutefois les Canadiens doutaient que la Banque soit déterminée à lutter contre la hausse des prix, ils ignoreraient les déclarations publiques de Mark Carney et revendiqueraient plutôt de recevoir plus d'argent pour leur travail ou leurs produits. Dès qu'un tel processus s'enclenche, l'inflation a tendance à monter en flèche pour atteindre des sommets très élevés. « Cela donne lieu à une spirale des salaires et des prix », confirme James Marple, économiste aux Services économiques TD.

Au début des années 1980, le taux annuel d'inflation au Canada a dépassé 10 %. Une raison principale explique le phénomène : les travailleurs demandaient de plus en plus d'argent pour suivre les hausses successives des prix. Les mesures que la Banque du Canada a alors prises ont eu peu d'effets sur le comportement des Canadiens.

Pas de spirale, cette fois-ci

Mark Carney veut freiner la spirale inflationniste due à l'autoréalisation des anticipations avant qu'elle s'emballe. Pour y parvenir, il dispose de quelques outils, en particulier les déclarations publiques et les discussions en privé avec divers dirigeants d'entreprises. Les hausses des taux d'intérêt demeurent toutefois l'arme principale de Carney. En fait, la Banque du Canada peut décider d'accroître un peu les coûts d'emprunt pour faire comprendre à la population que la banque centrale ne craint pas de hausser les taux d'intérêt pour ralentir l'inflation plus tard.

Bien estimer quand, à quel moment et dans quelle mesure appliquer le frein monétaire à l'économie est un art, et non une science, disent les économistes. « Il est difficile de prendre la bonne décision », confirme Porter. Jusqu'à maintenant, la stratégie de la Banque fonctionne. Maintenir légèrement le pied sur le frein a évité que les prix grimpent très rapidement, mais n'a pas entravé la croissance économique. Selon Statistique Canada, le taux annuel d'inflation n'a pas dépassé 3 % en 16 ans ; il s'agit d'une excellente performance si l'on se compare à la plupart des autres pays.

Comme les prix augmentent, la question est de savoir si Mark Carney devra hausser davantage les taux d'intérêt pour ne pas perdre sa crédibilité auprès des Canadiens. ■

Source : DeMont, Philip. (29 juillet 2008). « Inflation : Managing expectations ». *CBC News*. (Traduction libre). Repéré à www.cbc.ca

Une cible d'inflation nulle

La fin des années 1980 a été caractérisée par une croissance économique soutenue. En 1989, le taux de chômage avait diminué de 4,5 points de pourcentage par rapport au sommet atteint en 1983. Vers la fin de la décennie, la solide croissance économique a cependant causé une augmentation de l'inflation. Le gouverneur de la Banque du Canada à l'époque, John Crow, dans un discours connu sous le nom de *conférence Hanson*, a clairement formulé l'orientation future de la politique monétaire du pays. Il a affirmé que le but ultime de la banque centrale était désormais d'établir et de maintenir la stabilité des prix et une inflation nulle (pour des raisons techniques liées au calcul de l'inflation, une inflation de 1 % est généralement considérée comme nulle — *voir* Les problèmes liés au calcul du coût de la vie, *au chapitre 6*).

Le but de la conférence Hanson était d'établir clairement les objectifs de la politique monétaire et de les faire connaître. Bien des spécialistes de la macroéconomie ont cru qu'une telle annonce, par un farouche partisan de la désinflation comme John Crow, allait convaincre le public et l'inciter à réduire ses anticipations d'inflation. Cela aurait permis d'atteindre une inflation plus faible sans devoir assumer un coût élevé en matière d'emplois et de production perdus. La Banque a entamé le processus de contraction de la masse monétaire en 1989 et l'a poursuivi en 1990 et 1991. On constate, à la figure 16.12, que le taux de chômage a augmenté de 7,5 % en 1989 à 10,4 % en 1994, alors que le taux d'inflation selon le déflateur est passé de 4,5 % à 1,1 % durant la même période. On a donc atteint très rapidement les objectifs fixés par la Banque du Canada (sa cible d'inflation était calculée à partir de l'IPC « de référence », ce qui donne, durant cette période, des résultats légèrement inférieurs à ceux calculés à l'aide du déflateur du PIB). De 1994 à 1999, le taux d'inflation annuel moyen a été de 1,2 %, ce qui atteste ainsi le succès de la politique menée par la Banque. À la fin de 1999, le taux de chômage avait retrouvé son niveau de 1989, soit 7,5 %, généralement considéré comme le taux naturel à cette époque.

Tout comme lors de la politique désinflationniste de la Banque du Canada appliquée au début des années 1980, l'économie s'est adaptée, de 1989 à 1999, à une baisse de l'inflation, d'une manière globalement similaire à celle de la figure 16.10. Si l'on situe l'année 1989 en A, l'année 1992 en B et l'année 1999 en C, les données de la figure 16.12 semblent démontrer que les anticipations d'inflation ne se sont pas dégonflées aussi rapidement que prévu. Par conséquent, l'économie semble avoir suivi tout d'abord la courbe de Phillips à court terme (de A à B), avant que les anticipations d'inflation retombent, faisant se déplacer la courbe vers la gauche, jusqu'au point C. En additionnant les points de pourcentage annuels du taux de chômage dépassant le taux de chômage naturel,

FIGURE 16.12

La cible d'inflation nulle

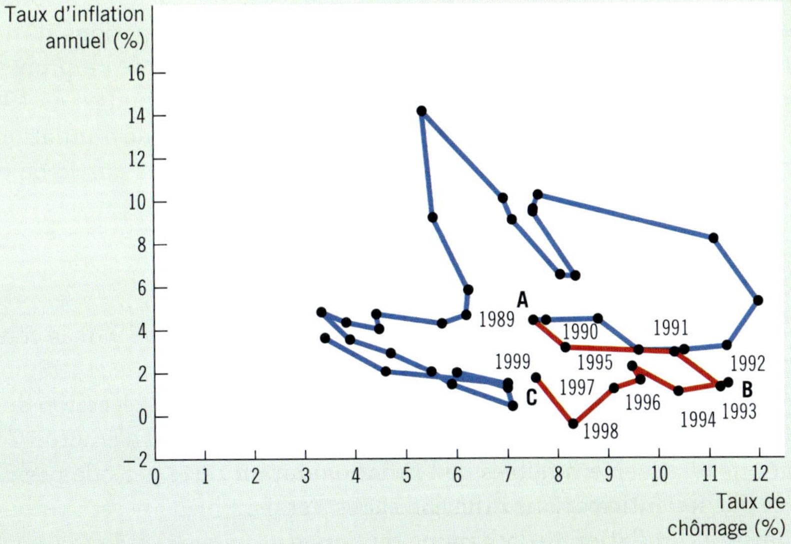

Ce graphique montre les taux de chômage et d'inflation (selon le déflateur du PIB) pour les années 1989 à 1999. En 1988, la Banque du Canada a annoncé sa cible d'inflation nulle et a amorcé en 1989 une contraction monétaire. Le but fixé par la Banque a été atteint en 1994, année où le chômage dépassait 10 %. On remarquera que les points A, B et C correspondent plus ou moins à ceux de la figure 16.10.

Source : Les données pour la période 1989-1999 proviennent de Statistique Canada. Cansim II, séries V2062816 (taux de chômage) et V1997756 (déflateur du PIB).

durant la période 1989-1999, et en divisant ce nombre par la somme des points de pourcentage de réduction de l'inflation pour la même période, on obtient un ratio de sacrifice égal à 6,1, soit presque le triple de notre évaluation pour la période 1981-1989. Ces données concernant la plus récente offensive contre l'inflation confirment l'opinion des économistes qui croient que les politiques anti-inflationnistes coûtent cher. Bien que la Banque du Canada ait clairement annoncé son intention de réduire l'offre de monnaie afin d'éliminer l'inflation, cette opération s'est avérée encore plus douloureuse que la précédente.

Malgré cette dernière expérience de désinflation, nombre d'économistes refusent encore de rejeter l'idée que l'annonce crédible de mesures désinflationnistes par la banque centrale réduirait leur coût. Ils justifient leur optimisme par un certain nombre de facteurs qui auraient empêché les anticipations d'inflation de tomber plus rapidement qu'elles l'ont fait. Parmi ceux-ci, citons entre autres les déficits des gouvernements fédéral et provinciaux, qui sont demeurés très élevés tout au long de cette période de transition. L'inquiétude concernant ces déficits a atteint son sommet en 1995, lorsque les agences d'évaluation du crédit ont révisé à la baisse la note de crédit du gouvernement fédéral. Les déficits astronomiques et le déclassement de cette note ont pu ébranler la confiance du public dans la cible d'inflation de la Banque du Canada, empêchant ainsi les anticipations d'inflation de chuter. Selon certains critiques, la Banque aurait dû prévoir un tel problème, les déficits budgétaires découlant en partie de sa politique monétaire très stricte. Ces critiques ont fait remarquer que la décision de la Banque du Canada de lancer sa politique avant que les gouvernements fédéral et provinciaux aient réduit leur déficit a sapé sa crédibilité.

Une autre cause de la baisse relativement modérée des anticipations d'inflation réside dans la contradiction entre l'objectif d'inflation nulle et les budgets du gouvernement fédéral, qui prévoyaient 3 % d'inflation. Une telle contradiction semblait indiquer que le gouvernement fédéral doutait lui-même qu'on puisse parvenir à l'objectif fixé par la Banque. Une fois encore, le manque de coordination entre la banque centrale et le gouvernement fédéral a conduit les agents économiques à ne pas revoir à la baisse leurs anticipations d'inflation aussi rapidement qu'ils l'auraient dû. Sans doute conscient de ce problème, le gouvernement fédéral a diffusé, lors de la publication de son budget de 1998, un communiqué de presse qui réaffirmait son soutien à la politique d'inflation nulle de la Banque du Canada. Un tel communiqué fait depuis lors partie de chaque budget fédéral.

Ancrer les attentes d'inflation

Les données de la figure 16.13 indiquent qu'à la fin des années 1990, la courbe de Phillips à court terme semblait avoir quitté sa position des années 1960 pour se déplacer vers la droite. En 1999, l'économie s'était ajustée à la récession du début des années 1990 et avait retrouvé un taux de chômage naturel d'environ 7 %. Les fluctuations relativement faibles de l'inflation durant cette période permettent de croire que les anticipations inflationnistes s'étaient bien ancrées autour de la nouvelle cible d'inflation de la Banque du Canada, qui avait été modifiée à une fourchette de 1 à 3 % (selon l'indice de référence).

FIGURE 16.13

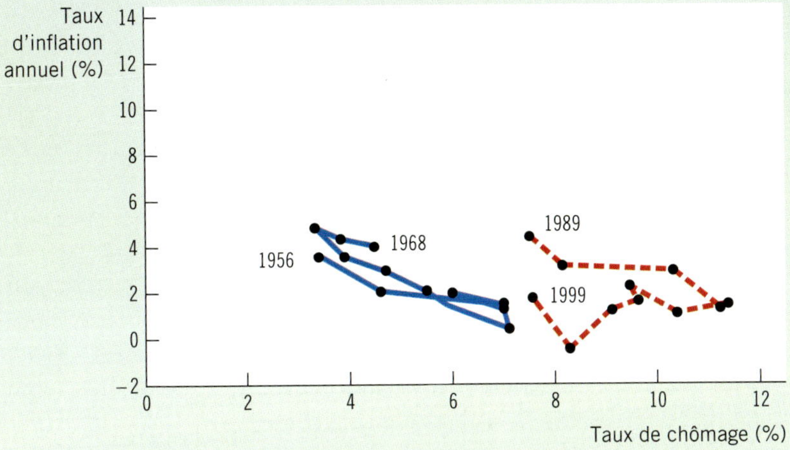

Sources : Les données pour les périodes de 1956 à 1968 et de 1989 à 1999 proviennent de Statistique Canada. CANSIM, séries v2062816 (taux de chômage) et v1997756 (déflateur du PIB) ; les données de 1956 à 1965 proviennent de Leacy, F. H. (1983). *Statistiques historiques du Canada* (2e éd.). Ottawa : Statistique Canada, séries D233 (taux de chômage) et K17 (déflateur du PIB).

La courbe de Phillips à court terme, 1956-1968 et 1989-1999

Ce graphique présente le taux de chômage et le taux d'inflation (mesuré selon le déflateur du PIB). Les données de cette figure montrent que la courbe de Phillips à court terme s'est déplacée vers la droite entre les années 1950 et les années 1990. Le taux de chômage naturel a augmenté durant cette période.

L'objectif des responsables des politiques publiques était alors de maintenir de faibles taux d'inflation tout en réduisant le taux de chômage. Autrement dit, il s'agissait de déplacer la courbe de Phillips à long terme vers la gauche en abaissant le taux de chômage naturel. Ce faisant, la courbe de Phillips à court terme se déplacerait aussi vers la gauche. (Nous avons expliqué plus haut que la courbe de Phillips à court terme croise la courbe à long terme lorsque le taux d'inflation réalisé est égal au taux d'inflation anticipé et se déplace donc chaque fois que la courbe à long terme se déplace.)

Les politiques introduites après 2000 comprenaient des réformes au programme d'assurance emploi qui, entre autres choses, augmentaient les dépenses du gouvernement dans le recyclage de la main-d'œuvre. Les nouvelles mesures comprenaient aussi des réductions importantes des taux d'imposition des bénéfices des sociétés, tant au palier fédéral qu'au palier provincial-territorial. Les deux ensembles de mesures visaient à accroître l'offre et la demande de main-d'œuvre et à réduire ainsi le taux de chômage auquel l'économie reviendrait à long terme. Les données de la figure 16.14, qui montrent les taux d'inflation et de chômage de 2000 à 2008, laissent penser que l'effort en a valu la peine : au cours de cette période, le taux de chômage a baissé de 1 point de pourcentage sans que le taux d'inflation bouge.

La crise financière de 2008-2009

Dans les chapitres précédents, nous avons souligné que la récession s'est déclarée au Canada à la fin de 2008 et qu'elle s'est traduite par une chute importante

FIGURE 16.14

Le calme avant la tempête

Ce graphique montre qu'entre 2000 et 2008, le taux d'inflation était ancré à la cible d'inflation de 2 % qu'avait fixée la Banque du Canada et que le taux de chômage naturel régressait lentement.

Source : Les données de 2000 à 2008 proviennent de Statistique Canada. CANSIM, séries v2062816 (taux de chômage) et v1997756 (déflateur du PIB).

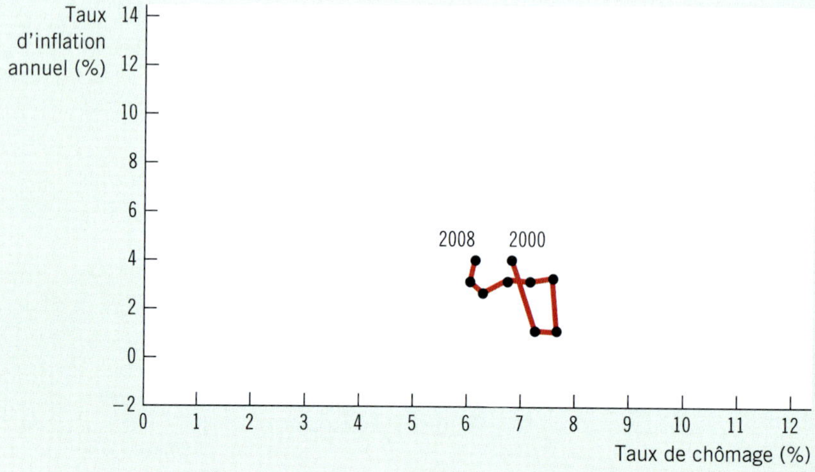

de la demande agrégée. D'après le modèle de l'offre et de la demande agrégées exposé dans le chapitre 14, ce déplacement inattendu de la courbe de demande agrégée vers la gauche a fait en sorte que l'économie s'est déplacée le long de la courbe d'offre agrégée à court terme, vers un niveau des prix plus bas et une production en deçà du niveau naturel. Selon la courbe de Phillips présentée dans le présent chapitre, ce mouvement se traduit par un déplacement le long de la courbe de Phillips à court terme vers un taux d'inflation plus faible et un taux de chômage au-dessus du niveau naturel. Les données de la figure 16.15 décrivent les variations des taux de chômage et d'inflation au Canada après le début de la récession survenue à la fin de 2008. Celle-ci a provoqué une hausse du taux de chômage de 2 points de pourcentage et une baisse importante du taux d'inflation. En 2009, en effet, le taux d'inflation mesuré par le déflateur du PIB était devenu négatif, signe d'une baisse des prix. Depuis 2009, le taux de chômage est revenu, quoique lentement, à son taux naturel. Le taux d'inflation est rapidement revenu à 2 %, montrant à nouveau à quel point les anticipations relatives à l'inflation sont solidement ancrées à la cible d'inflation de la Banque du Canada.

À l'automne 2013, le taux de chômage poursuivait sa lente descente et se trouvait à 6,9 %, alors que l'inflation mesurée par le déflateur du PIB demeurait autour de 1,6 %. Si le taux d'inflation anticipé reste constant et que le taux de chômage poursuit sa descente vers son niveau d'avant la récession, l'économie devrait revenir au point A. Le cas échéant, ce résultat sera cohérent en regard des effets anticipés de mesures budgétaires et monétaires stimulant la demande agrégée afin de lutter contre les effets de la crise financière.

Si l'économie se rétablit plutôt de la crise financière en retrouvant une position comme le point C de la figure 16.15, les défenseurs de politiques robustes en matière de demande agrégée s'en réjouiront. Ils souligneront que les mesures de

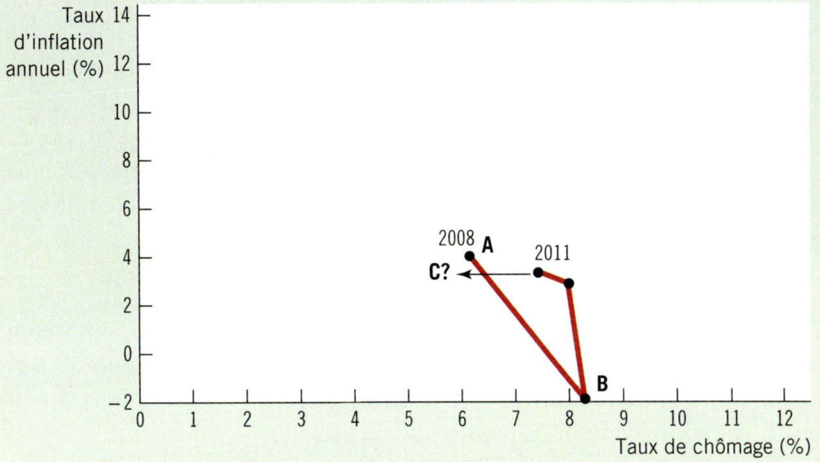

Source : Les données de 2008 à 2011 proviennent de Statistique Canada. CANSIM, séries v2062816 (taux de chômage) et v1997756 (déflateur du PIB).

FIGURE 16.15

Les conséquences de la récession de 2008-2009

Ce graphique présente le taux de chômage et le taux d'inflation (mesuré selon le déflateur du PIB). Comme le montre cette figure, la récession qui a commencé à la fin de 2008 a provoqué une forte hausse du taux de chômage et une baisse marquée du taux d'inflation. À partir de 2011, l'économie semblait avoir trouvé le chemin de la reprise.

stimulation de la demande agrégée qu'ont déployées le gouvernement canadien et la Banque du Canada valaient l'investissement, puisqu'elles ont permis de rétablir l'économie beaucoup plus vite que les mesures utilisées par d'autres pays. Les critiques, en revanche, rappelleront que la position du point C demeure incertaine et souligneront que le fait que des pays ne se soient pas remis de la crise aussi vite que le Canada, en dépit de mesures de stimulation analogues, laisse penser que la reprise de l'économie canadienne ne s'explique pas entièrement par les mesures de stimulation. Le débat se poursuit.

Les partisans comme les détracteurs des mesures de stimulation qu'ont adoptées le gouvernement fédéral et la Banque du Canada s'entendent pour dire qu'il est trop tôt pour tirer des conclusions définitives sur cette stratégie. Nous avons signalé au chapitre 15 (*voir la rubrique Étude de cas* : La récession de 2008-2009 [encore]) que le retrait des mesures de relance économique n'est pas une mince affaire. Les dirigeants politiques auront la tâche délicate de retirer de l'économie les mesures de stimulation monétaire et fiscale à peu près au même rythme que l'économie se rétablira. Retirer ces mesures trop rapidement pourrait freiner la reprise ; l'économie se retrouverait ainsi plus près du point B que du point A dans la figure 16.15, ce qui signifie que plus de Canadiens seraient inutilement sans emploi. En revanche, retirer ces mesures trop lentement entraîne le risque de dépasser le point A, ce qui voudrait dire que le taux d'inflation au Canada pourrait dépasser la cible. Pas évident, en effet ! Lorsque vous lirez ces lignes, vous saurez peut-être comment la Banque du Canada a géré cette situation délicate et si elle a réussi à orienter l'économie vers un état tel que le point A dans la figure 16.15.

Envisager l'avenir

Les mouvements du chômage et de l'inflation que montrent les figures de ce chapitre décrivent un demi-siècle d'observation; pendant cette période, les économistes ont appris que l'arbitrage entre un taux d'inflation plus élevé et un taux de chômage plus bas (ou l'inverse) n'est que temporaire et instable. Bien qu'il soit possible à court terme de faire baisser le taux de chômage en deçà de son niveau naturel, les conséquences à long terme sont toutefois considérables telles qu'elles sont mesurées à l'aide du ratio de sacrifice. Deux fois au cours des 30 dernières années, les Canadiens en ont payé le prix et tout porte à croire qu'il est difficile d'éviter ces conséquences. À quoi doit-on s'attendre à l'avenir?

Quelle que soit leur opinion sur la taille du ratio de sacrifice et la possibilité de minimiser les coûts de la désinflation, les spécialistes de la macroéconomie sont unanimes à reconnaître que maintenant que l'inflation est faible, la Banque du Canada devrait tout faire en son pouvoir pour éviter que celle-ci remonte aux niveaux observés durant les années 1970 et 1980. L'annonce d'une cible d'inflation et la volonté de l'atteindre, bien comprise par le public, sont des éléments clés de la politique de la Banque du Canada. La discipline budgétaire des gouvernements fédéral, provinciaux et territoriaux contribue aussi à maintenir l'inflation faible, en limitant les déplacements de la demande agrégée vers la droite. Le cas échéant, il faudrait alors entreprendre des politiques restrictives coûteuses.

Ce sont les exigeants défis qu'affrontent les dirigeants politiques et c'est pourquoi il est important que des économistes leur rappellent sans cesse les principes fondamentaux de l'économie.

MINITEST

- Qu'est-ce que le ratio de sacrifice? Comment la crédibilité de la Banque du Canada peut-elle influer sur ce ratio?

Conclusion

Dans ce chapitre, nous avons abordé l'évolution de la pensée économique sur l'inflation et le chômage. Nous avons présenté les idées de certains des économistes les plus réputés du XXe siècle: de la courbe de Phillips élaborée par Phillips, Samuelson et Solow à l'hypothèse du taux de chômage naturel de Friedman et Phelps, en passant par la théorie des anticipations rationnelles de Lucas, Sargent et Barro. Six de ces économistes ont déjà reçu le prix Nobel d'économie, et il est probable que certains autres le recevront dans les années qui viennent.

Même si l'arbitrage entre l'inflation et le chômage a suscité plusieurs controverses durant les 50 dernières années, certains principes font maintenant l'objet d'un consensus. Il suffit de se reporter aux propos de Milton Friedman sur le sujet, tenus en 1968:

> Il existe toujours un arbitrage temporaire entre l'inflation et le chômage, mais pas d'arbitrage permanent. Cet arbitrage provisoire ne résulte pas de l'inflation en soi, mais d'une inflation non anticipée, laquelle signifie

> généralement une hausse du taux d'inflation. Cette idée fort généralisée d'un arbitrage permanent n'est qu'une version sophistiquée de la confusion entre *élevé* et *croissant*, que nous reconnaissons tous lorsqu'elle se présente sous des formes plus simples. Une inflation croissante réduira peut-être le chômage, mais pas une inflation élevée.
>
> Mais que représente cet état *temporairement*? Je ne peux que suggérer une opinion personnelle, basée sur un examen du passé: les effets d'une inflation plus élevée et non anticipée durent de 2 à 5 ans[3].

Aujourd'hui, plus de 40 ans plus tard, ce court extrait résume encore très bien l'opinion de la majorité des économistes.

Résumé

- La courbe de Phillips décrit une relation inverse entre l'inflation et le chômage. En stimulant la demande agrégée, les dirigeants optent pour un point sur cette courbe, caractérisé par une inflation supérieure et un chômage plus faible. En réduisant la demande agrégée, ils optent pour un point sur cette courbe, caractérisé par une inflation inférieure, mais un chômage plus élevé.
- L'arbitrage entre l'inflation et le chômage, décrit par la courbe de Phillips, n'existe qu'à court terme. À long terme, l'inflation anticipée s'ajuste aux changements de l'inflation réalisée, et la courbe de Phillips à court terme se déplace. En conséquence, la courbe de Phillips à long terme est verticale, au taux de chômage naturel.
- La courbe de Phillips à court terme se déplace également en cas de chocs d'offre agrégée. Un choc négatif, comme les chocs pétroliers des années 1970, place les dirigeants devant un arbitrage beaucoup plus difficile entre l'inflation et le chômage. Dans un tel cas, il leur faut accepter une augmentation de l'inflation pour des taux de chômage donnés, ou une augmentation du chômage pour des taux d'inflation donnés.
- Lorsque la Banque du Canada ralentit la croissance de la masse monétaire afin de réduire l'inflation, l'économie se déplace le long de la courbe de Phillips à court terme, ce qui se traduit par un taux de chômage temporairement élevé. Le coût de cette désinflation dépend de la rapidité d'ajustement des anticipations d'inflation. Certains économistes font valoir qu'un engagement crédible à juguler l'inflation pourrait réduire le coût de cette désinflation, grâce à un ajustement plus rapide des anticipations.
- La crise financière de 2008-2009 a fait se déplacer vers la gauche la courbe de demande agrégée et a produit un déplacement vers le bas et la droite le long de la courbe de Phillips de court terme. Le résultat: une hausse du taux de chômage et une baisse du taux d'inflation. Le stimulus budgétaire et monétaire du gouvernement fédéral et de la Banque du Canada a été mis en application afin de faire glisser l'économie vers le haut et la gauche, le long de la courbe de Phillips.

3. Friedman, Milton. (mars 1969). « The role of monetary policy ». *The American Economic Review*, vol. LVIII, n° 1, p. 11. (Traduction libre).

Concepts clés

Anticipations rationnelles, p. 438

Choc d'offre, p. 433

Courbe de Phillips, p. 422

Hypothèse du taux naturel, p. 431

Indice de souffrance, 436

Loi d'Okun, p. 438

Ratio de sacrifice, p. 437

Questions de révision

1. Tracez la courbe représentant l'arbitrage à court terme entre l'inflation et le chômage. Comment la Banque du Canada peut-elle amener un déplacement de l'économie d'un point à un autre sur cette courbe ?
2. Tracez la courbe représentant l'arbitrage à long terme entre l'inflation et le chômage. Expliquez comment les arbitrages à court terme et à long terme sont liés.
3. Qu'y a-t-il de naturel dans le taux de chômage naturel ? Pourquoi le taux de chômage naturel varie-t-il selon les pays ?
4. Posons l'hypothèse qu'une sécheresse détruise une partie des récoltes et fasse flamber les prix de la nourriture. Quelles seraient les conséquences de cette situation pour l'arbitrage à court terme entre l'inflation et le chômage ?
5. La Banque du Canada a décidé de s'attaquer à l'inflation. À l'aide de la courbe de Phillips, montrez les conséquences, à court terme et à long terme, de cette politique. Comment peut-on réduire le coût à court terme de cette politique ?

En dernière analyse

7
PARTIE

et Cie
FAILLITE

Les outils de la finance

17
CHAPITRE

Un jour, vous aurez affaire au système financier de notre économie. Vous déposerez vos économies dans un compte bancaire ou contracterez un emprunt hypothécaire pour acheter une maison. Lorsque vous occuperez un emploi, vous devrez décider si vous placez votre épargne-retraite dans des actions, des obligations ou d'autres instruments financiers. Vous pourriez constituer votre propre portefeuille d'actions, auquel cas vous auriez à choisir entre des entreprises bien établies, comme Bell Canada (BCE Inc.), et des entreprises plus récentes, comme Facebook Inc. Et lorsque vous regarderez le bulletin de nouvelles en fin de soirée, vous verrez des reportages sur la hausse ou la baisse des cours de la Bourse, assortis de tentatives souvent peu convaincantes d'expliquer les causes des fluctuations des marchés.

Si vous réfléchissez un moment aux nombreuses décisions financières que vous prendrez tout au long de votre vie, vous constaterez la présence de deux éléments interreliés dans presque toutes ces décisions : le temps et le risque. Comme nous l'avons vu au chapitre 8, le système financier assure la coordination de l'épargne et de l'investissement, un rôle essentiel pour permettre la croissance de long terme de l'économie. Il concerne les décisions que nous prenons aujourd'hui et qui auront un impact sur notre avenir. Mais l'avenir nous est inconnu. Lorsqu'une personne décide de l'allocation d'une partie de son épargne ou qu'une entreprise procède à un investissement, elles fondent leur décision sur une anticipation des résultats, sans connaître le futur.

Ce chapitre présente certains outils permettant de comprendre les décisions que prennent les participants des marchés financiers. La **finance** étudie ces outils de façon très détaillée, et vous suivrez peut-être un jour des cours dans ce domaine. Puisque le système financier est un élément important de l'économie, plusieurs idées de la finance jouent un rôle central dans la compréhension de l'économie. Les outils de la finance pourront également vous aider lorsque vous devrez prendre des décisions personnelles.

Finance
Domaine qui étudie l'allocation des ressources dans le temps et la gestion du risque.

Ce chapitre aborde trois questions. D'abord, nous verrons comment comparer des sommes d'argent à différents moments dans le temps. Ensuite, nous traiterons de la gestion du risque. Enfin, à partir de notre analyse du temps et du risque, nous examinerons les facteurs qui déterminent la valeur d'un actif, comme une action d'une entreprise.

La valeur actualisée : mesurer la valeur de la monnaie dans le temps

Imaginons qu'on vous offre le choix entre gagner 100 $ tout de suite ou 100 $ dans 10 ans. Que choisiriez-vous ? La réponse est vite trouvée. Il s'avère bien plus avantageux de prendre les 100 $ tout de suite, de les déposer à la banque et de les retirer dans 10 ans, augmentés des intérêts. Conclusion : une somme d'argent aujourd'hui vaut plus que la même somme plus tard.

Passons maintenant à une question plus difficile : imaginons qu'on vous offre le choix entre gagner 100 $ tout de suite ou 200 $ dans 10 ans. Quelle sera votre décision cette fois ? Si vous voulez opter pour la réponse la plus avantageuse, il faut comparer des sommes à différentes époques. Les économistes utilisent pour ce faire le concept de **valeur actualisée**. La valeur actualisée de toute somme dans le futur correspond à la somme qu'il faudrait placer aujourd'hui, au taux d'intérêt en vigueur, pour obtenir cette somme dans le futur.

Valeur actualisée
Somme qu'il faudrait placer aujourd'hui, au taux d'intérêt en vigueur, pour obtenir une somme donnée dans le futur.

Pour vous familiariser avec le concept de valeur actualisée, considérons d'abord quelques problèmes simples.

Question : Si vous placez 100 $ dans un compte bancaire aujourd'hui, combien vaudront-ils dans N années ? Autrement dit, quelle est la **valeur future** de ces 100 $?

Valeur future
Valeur dans le futur d'une somme placée aujourd'hui au taux d'intérêt en vigueur.

Réponse : Posons r, le taux d'intérêt exprimé en décimales (un taux d'intérêt de 5 % équivaut à r = 0,05). Si cet intérêt est payé annuellement et s'il est déposé dans ce compte afin de rapporter des intérêts supplémentaires — une opération appelée **capitalisation ou intérêts composés** —, cette somme de 100 $ vaudra :

Capitalisation (ou intérêts composés)
Accumulation de monnaie lorsque les intérêts de chaque période sont ajoutés à la somme placée pour l'augmenter et porter intérêt à leur tour.

$(1 + r) \times 100$ $ après un an ;

$(1 + r) \times (1 + r) \times 100$ $ après deux ans ;

$(1 + r) \times (1 + r) \times (1 + r) \times 100$ $ après trois ans ;

$(1 + r)^N \times 100$ $ après N années.

À titre d'exemple, si vous placez la somme de 100 $ à un taux d'intérêt annuel de 5 % durant 10 ans, la valeur future de ces 100 $ correspondra à $(1{,}05)^{10} \times 100$ $, soit 163 $.

Question : Imaginons maintenant que vous allez recevoir 200 $ dans N années. Quelle est la valeur actualisée de ce versement futur ? Plus simplement, quelle somme d'argent devez-vous déposer dans votre compte en banque aujourd'hui pour obtenir 200 $ dans N années ?

Réponse : Pour répondre à cette question, il suffit de se reporter à la question précédente. Nous avons calculé la valeur future d'une somme d'argent à partir de sa valeur actuelle en multipliant cette dernière par le facteur $(1 + r)^N$. Pour obtenir la valeur actualisée d'une somme future, nous *divisons* cette somme future par le facteur $(1 + r)^N$. La valeur actualisée de 200 $ dans N années est égale à 200 $/$(1 + r)^N$. Si vous déposez cette somme en banque aujourd'hui, vous obtiendrez, après N années, une somme égale à $(1 + r)^N \times$ [200 $/$(1 + r)^N$], soit 200 $. Par conséquent, si le taux d'intérêt annuel est de 5 %, la valeur actuelle de 200 $ dans 10 ans est égale à 200 $/$(1{,}05)^{10}$, soit 123 $.

Ce calcul est un exemple d'une formule générale, qui s'énonce comme suit : si r est le taux d'intérêt, la somme X à recevoir dans N années a une valeur actualisée égale à $X/(1 + r)^N$.

Puisque la possibilité de recevoir des intérêts diminue la valeur actualisée sous la valeur de la somme X, on *escompte* la valeur future lorsqu'on calcule la valeur actualisée. La formule, à la page précédente, montre justement comment on escompte une valeur future.

Revenons maintenant à notre question de départ : est-il préférable de choisir 100 $ aujourd'hui ou 200 $ dans 10 ans ? Selon notre calcul de la valeur actualisée, si le taux d'intérêt est de 5 %, nous pouvons conclure qu'il est préférable de choisir les 200 $ dans 10 ans, puisque cette somme future a une valeur actualisée de 123 $, qui est supérieure aux 100 $ offerts aujourd'hui. Il vaut donc mieux attendre 10 ans.

Cependant, la réponse à cette question dépend du taux d'intérêt. Si le taux d'intérêt était de 8 %, la somme de 200 $ dans 10 ans aurait une valeur actualisée de 200 $/$(1{,}08)^{10}$, soit 93 $. Dans ce cas-là, vous auriez tout avantage à prendre les 100 $ aujourd'hui. Pourquoi le taux d'intérêt intervient-il dans votre choix ? Parce que le taux d'intérêt détermine la vitesse de l'accumulation de l'argent déposé à la banque et, donc, la valeur qu'il faut déposer pour obtenir une somme donnée dans le futur.

Il existe de nombreuses applications au concept de valeur actualisée, y compris dans les décisions prises par les entreprises lorsqu'elles évaluent un investissement. Imaginons que la compagnie Pétro Bianca envisage de construire une nouvelle raffinerie, dont le coût est de 100 millions, et que cette usine rapporte 200 millions dans 10 ans. L'entreprise doit-elle réaliser ce projet ? Les dirigeants de Pétro Bianca doivent prendre une décision identique à celle que nous venons d'examiner. Avant de se prononcer, il leur faut comparer la valeur actualisée du rendement de 200 millions par rapport au coût d'investissement de 100 millions.

Le choix de l'entreprise dépendra donc du taux d'intérêt. Si ce dernier est de 5 %, la valeur actualisée du rendement de 200 millions sera de 123 millions, et Pétro

Bianca choisira d'investir 100 millions. En revanche, si le taux d'intérêt s'élève à 8 %, la valeur actualisée du rendement sera seulement de 93 millions de dollars, et l'entreprise laissera tomber le projet. Le concept de valeur actualisée permet donc d'expliquer pourquoi l'investissement — et la quantité demandée de fonds prêtables — diminue lorsque le taux d'intérêt augmente.

Voici une autre application de ce concept de valeur actualisée : supposons que vous gagniez un million de dollars à la loterie, mais qu'on vous donne le choix entre 20 000 $ versés annuellement sur une période de 50 ans (soit un million de dollars) et un paiement immédiat de 400 000 $. Que devriez-vous choisir ? Pour prendre la bonne décision, vous devez calculer la valeur actualisée du flux de paiements. Après avoir effectué 50 calculs identiques à celui de la question précédente (un pour chaque paiement) et additionné les résultats, vous vous rendrez compte que la valeur actualisée du montant de ce gros lot, à 7 % d'intérêt, n'est que de 276 000 $! Vous devriez donc choisir la somme de 400 000 $, payée immédiatement. Le million de dollars peut sembler plus important mais, lorsqu'on calcule sa valeur actualisée, on voit que le flux de paiements vaut moins cher.

BON À SAVOIR

La magie de la capitalisation et la règle du 70

On pourrait être tenté d'ignorer les différences minimes entre les taux de croissance de deux pays en raison de leur faible écart. Si l'économie d'un pays connaît un taux de croissance de 1 %, tandis que celle d'un autre enregistre un taux de croissance de 3 %, ces 2 % sont-ils vraiment importants ?

En réalité, cette différence « minime » fait toute la différence. Même si les taux de croissance paraissent négligeables lorsqu'ils sont présentés en pourcentage, il suffit de les additionner pendant plusieurs années pour constater leur importance.

Prenons un exemple. Imaginons que deux diplômés, Zoé et Marc, trouvent leur premier emploi à 22 ans à un salaire de 30 000 $ par année. Marc vit dans une économie où le taux de croissance de tous les revenus est de 1 % par an, alors que dans le pays de Zoé, le taux de croissance est de 3 %. Un simple calcul suffit pour comprendre ce qui se passe. Si l'on se reporte 40 ans plus tard, alors qu'ils ont tous deux 62 ans, Marc gagne près de 45 000 $ par année, tandis que Zoé a un revenu atteignant presque 98 000 $. La différence de 2 % entre les taux de croissance des deux pays a pour résultat une différence de salaire allant du simple au double.

Examinons en détail les calculs liés à la croissance. Le salaire de Marc, après 40 ans, est égal à :

$$30\,000 \times (1 + 0{,}01)^{40} = 44\,666\ \$$$

Une règle empirique, appelée la *règle du 70*, permet de comprendre facilement les effets du taux de croissance et de la capitalisation. Si l'on veut connaître le temps requis pour doubler une variable, il suffit de diviser la constante 70 par le taux de croissance par période (exprimé en pourcentage). Cette formule permet d'effectuer des calculs rapides et assez précis.

Selon cette règle, si une variable croît à un taux de x % par année, sa valeur doublera donc en $70/x$ années environ. Dans l'économie de Marc, les revenus ont un taux de croissance de 1 % par année ; une période de 70 ans est donc nécessaire pour que les revenus doublent. Dans l'économie de Zoé, le taux de croissance des revenus atteint 3 % par année : il lui faudra donc 70/3 ans, soit 23 ans, pour voir son revenu doubler.

La règle du 70 ne s'applique pas seulement à la croissance économique, mais également à la croissance d'un compte d'épargne. Prenons un exemple : en 1791, Benjamin Franklin est mort en laissant 5 000 $ à placer durant une période de 200 ans, dans le but de financer les études des futurs médecins et la recherche scientifique. Si ce dépôt avait rapporté 7 % par an (ce qui est parfaitement plausible), l'investissement aurait doublé tous les 10 ans. En 200 ans, il aurait donc doublé 20 fois. Au terme des deux siècles de capitalisation, il aurait dû valoir $2^{20} \times 5\,000$ $, soit 5 milliards de dollars (en réalité, les 5 000 $ de Franklin valaient 2 millions de dollars à l'issue de ces deux siècles, car une partie de l'argent a été dépensé pendant cette période).

Comme le démontrent ces exemples, les taux de croissance capitalisés au cours des années peuvent donner des résultats spectaculaires.

MINITEST

- Si le taux d'intérêt est de 7 %, quelle est la valeur actualisée de 150 $ à recevoir dans 10 ans ?

La gestion du risque

Vivre est risqué. Si vous allez faire du ski, vous risquez une fracture de la jambe. Si vous conduisez pour vous rendre au travail, vous risquez un accident de la circulation. Si vous placez une partie de votre épargne dans le marché des actions, vous risquez une chute des cours. La réaction rationnelle envers ces risques ne consiste pas forcément à les éviter à tout prix, mais plutôt à en tenir compte lors de la prise de décisions. Examinons de plus près cette question.

L'aversion pour le risque

La plupart des personnes éprouvent une **aversion pour le risque**. Cela ne signifie pas simplement qu'elles détestent subir des événements fâcheux. Cela signifie plutôt qu'elles détestent les événements fâcheux davantage qu'elles aiment des événements agréables comparables.

Aversion pour le risque
Fait de préférer la certitude à l'incertitude.

Par exemple, supposons qu'un ami vous fasse la proposition suivante. Il va jouer à pile ou face. Si la pièce de monnaie tombe du côté pile, il vous donnera 1 000 $. Mais si elle tombe du côté face, vous devrez lui donner 1 000 $. Accepterez-vous sa proposition ? Vous la refuserez si vous éprouvez une aversion pour le risque, parce que le désagrément de perdre 1 000 $ serait plus prononcé que le plaisir de gagner 1 000 $.

Les économistes ont mis au point des modèles d'aversion pour le risque à l'aide du concept d'*utilité*, qui représente la mesure subjective du bien-être ou de la satisfaction d'une personne. Chaque niveau de richesse apporte une certaine utilité, comme le montre la fonction d'utilité illustrée à la figure 17.1. Mais

FIGURE 17.1

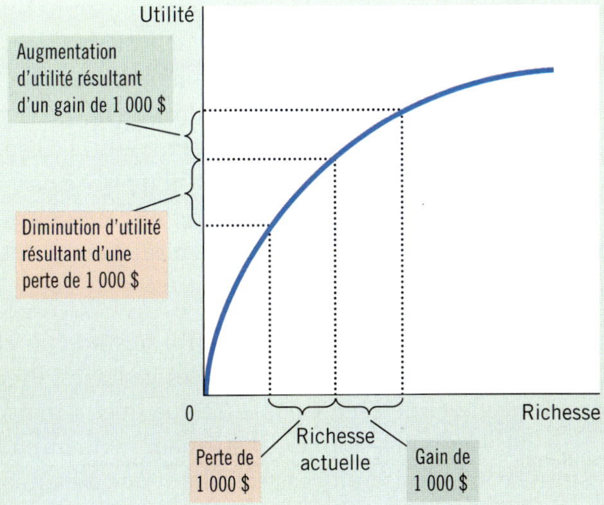

La fonction d'utilité

Cette fonction montre que l'utilité, une mesure subjective de la satisfaction, varie directement avec la richesse. Plus la richesse augmente, plus la fonction d'utilité devient horizontale, ce qui illustre la propriété de l'utilité marginale décroissante. En raison de cette propriété, une perte de 1 000 $ réduit l'utilité davantage qu'un gain de 1 000 $ l'accroît.

cette fonction présente une propriété nommée *utilité marginale décroissante* : plus une personne est riche, moins l'utilité qu'elle retire d'un dollar additionnel est importante. Ainsi, sur la figure, la fonction d'utilité devient plus horizontale à mesure que la richesse augmente. En raison de l'utilité marginale décroissante, l'utilité perdue résultant de la perte du pari de 1 000 $ est plus importante que l'utilité acquise résultant du gain du pari. C'est pourquoi la plupart des personnes éprouvent une aversion pour le risque.

On peut s'appuyer sur l'aversion pour le risque afin d'expliquer divers phénomènes observés dans l'économie. Nous en étudierons trois : l'assurance, la diversification et l'arbitrage entre le risque et le rendement.

Les marchés de l'assurance

Pour faire face aux conséquences financières de certains événements incertains, on peut contracter de l'assurance. La caractéristique générale de tout contrat d'assurance est la suivante : une personne affrontant un risque verse une prime à une compagnie d'assurance, qui accepte en retour d'assumer une partie ou la totalité du risque. Il existe de nombreux types d'assurance. L'assurance automobile protège l'assuré contre le risque d'avoir à se racheter une voiture après avoir été impliqué dans un accident de la circulation ; l'assurance incendie protège l'assuré contre le risque d'avoir à payer pour se reconstruire une maison si elle est détruite par le feu ; l'assurance médicaments protège l'assuré contre le risque d'avoir à payer pour des médicaments coûteux ; et l'assurance vie protège l'assuré contre le risque de laisser sa famille sans revenu après son décès. Il existe même une assurance qui protège l'assuré contre les conséquences financières de vivre longtemps : plutôt que de courir le risque de manquer d'argent un jour, en échange d'une prime acquittée maintenant, une compagnie d'assurance lui versera une rente, c'est-à-dire un revenu annuel régulier jusqu'à son décès.

Notons qu'on peut aussi se protéger des conséquences financières d'événements *financiers* imprévus, à l'aide de contrats d'assurance d'un type spécial, appelés *produits financiers dérivés*. Ces contrats, faits sur mesure ou standardisés, permettent de se protéger des conséquences d'une variation du prix d'une action, d'un taux de change ou d'un taux d'intérêt. Ils existent sous la forme de contrats à terme, d'options ou de *swaps*. Ces titres financiers font l'objet d'une étude particulière dans les cours de finance.

D'une certaine façon, tout contrat d'assurance constitue un pari. Il est possible que l'assuré ne soit jamais impliqué dans un accident de la circulation, ne voie jamais sa maison détruite par le feu et n'ait jamais besoin de médicaments coûteux. La plupart du temps, l'assuré paiera sa prime à la compagnie d'assurance et n'obtiendra en retour rien d'autre que la tranquillité d'esprit. En réalité, la compagnie d'assurance mise sur le fait que la plupart des assurés ne déposeront pas de réclamation. Dans le cas contraire, elle ne pourrait pas verser aux assurés malchanceux les importantes indemnités prévues et demeurer en affaires.

Dans l'économie prise globalement, le rôle de l'assurance ne consiste pas à éliminer les risques de la vie, mais bien à mieux les partager. Prenons le cas de l'assurance incendie : celle-ci ne réduit pas le risque que la maison de l'assuré soit détruite par le feu. Toutefois, si un tel événement malheureux survenait, la compagnie d'assurance indemniserait l'assuré. Plutôt que d'être assumé uniquement par l'assuré, le risque est réparti entre les milliers d'actionnaires de la compagnie d'assurance. En raison de l'aversion pour le risque, il est plus facile pour 10000 personnes d'assumer 1/10000 du risque que pour une personne d'assumer elle-même la totalité du risque en question.

Les marchés de l'assurance souffrent de deux types de problèmes qui entravent leur capacité de partager les risques. Le premier problème est l'*antisélection*: une personne à risque élevée est plus susceptible de contracter de l'assurance qu'une personne à risque faible, parce qu'elle bénéficierait davantage de la protection qu'offre l'assurance. Le deuxième problème est l'*aléa moral*: après avoir acheté une police d'assurance, l'assuré est moins enclin à restreindre ses comportements risqués, parce que la compagnie d'assurance l'indemnisera pour les pertes qui en résulteraient. Les compagnies d'assurance connaissent bien ces deux problèmes, mais elles ne peuvent pas les éliminer complètement. Elles ne peuvent pas établir une distinction claire entre les clients à risque élevé et les clients à faible risque et ne peuvent pas non plus surveiller tous les comportements risqués de leurs clients. Le prix de l'assurance reflète les risques réels de la compagnie d'assurance après l'achat d'une police d'assurance par un client. C'est d'ailleurs le prix élevé de l'assurance qui incite certaines personnes, notamment celles qui savent qu'elles sont à faible risque, à ne pas en acheter et à faire face elles-mêmes à quelques-unes des incertitudes de la vie.

La diversification des risques spécifiques

En 2009, la **capitalisation boursière** de Research in Motion (RIM), le fabricant canadien des téléphones intelligents Blackberry, a atteint une valeur de 77 milliards de dollars. La perte continue de parts de marché au profit d'Apple et de Google, qui a entraîné une diminution radicale des anticipations de profits de RIM, a depuis provoqué une chute de son titre: la valeur de l'entreprise n'était plus que de 5,3 milliards de dollars US à la fin de janvier 2014.

Capitalisation boursière
Valeur totale des actions d'une entreprise.

Si le monde de la finance n'avait qu'un seul conseil pratique à offrir aux personnes éprouvant une aversion pour le risque, ce serait sûrement celui-ci: ne mettez pas tous vos œufs dans le même panier. Vous avez sans doute déjà entendu un tel conseil, mais la finance a conféré à cette manifestation de la sagesse populaire un caractère plus rigoureux, qui porte le nom de **diversification**.

Diversification
Diminution du risque obtenue au moyen du remplacement d'un seul risque par un grand nombre de risques non reliés.

Le marché de l'assurance est un exemple de diversification. Imaginez une ville regroupant 10000 propriétaires de maison qui sont tous exposés au risque que leur résidence devienne la proie des flammes. Si une personne mettait sur pied une compagnie d'assurance et que tous les résidants de cette ville devenaient des actionnaires de cette compagnie et lui achetaient chacun une police d'assurance, ils réduiraient tous leur risque au moyen de la diversification. Chaque résidant affronterait dorénavant 1/10000 du risque de 10000 incendies possibles, plutôt que la totalité du risque d'un seul incendie dans sa propre maison. Ainsi, le risque auquel chaque personne ferait face en serait nettement amoindri, à moins, bien sûr, que toute la ville soit simultanément soufflée par un seul incendie gigantesque.

Lorsque des personnes utilisent leurs économies pour acheter des actifs financiers, elles peuvent également réduire le risque grâce à la diversification. Quelqu'un qui achète des actions d'une entreprise fait un pari sur la rentabilité future de cette entreprise. Ce pari est souvent risqué, car il est difficile de prédire la réussite d'une firme. Lancée par quelques jeunes maniaques d'informatique, Apple est devenue en quelques années l'entreprise ayant la plus grande valeur boursière au monde; quant à Research in Motion, auparavant l'une des entreprises les plus respectées dans le monde, elle a perdu la quasi-totalité de sa valeur en quelques mois à peine. Heureusement, un actionnaire n'est pas tenu de lier sa bonne fortune à celle d'une seule entreprise. Il peut réduire les risques s'il fait un grand nombre de petits paris plutôt qu'un petit nombre de gros paris.

La figure 17.2 montre comment le risque associé à un portefeuille d'actions varie selon le nombre d'entreprises du portefeuille. Le risque est ici évalué au moyen d'une statistique nommée *écart-type,* que vous avez peut-être déjà étudiée dans un cours de mathématiques ou de statistiques. L'écart-type mesure la volatilité d'une variable, c'est-à-dire l'ampleur des fluctuations probables de cette variable. Plus l'écart-type du rendement d'un portefeuille est élevé, plus le risque lié à ce portefeuille est prononcé.

La figure montre que le risque associé à un portefeuille d'actions baisse fortement à mesure qu'augmente le nombre d'entreprises dans le portefeuille. Dans le cas d'un portefeuille comprenant des actions d'une seule entreprise, l'écart-type est de 49 %. Si l'on passe de 1 à 10 entreprises, le risque diminue de moitié. Si l'on passe à 20 entreprises, le risque diminue de 13 % de plus. Plus le nombre d'entreprises augmente, plus le risque diminue, bien que la réduction du risque devienne faible lorsque le nombre d'entreprises dépasse 20 ou 30.

Risque spécifique
Risque qui touche une entreprise individuelle.

Risque de marché
Risque qui touche toute l'économie.

Notons qu'il est impossible d'éliminer tout risque en augmentant le nombre d'entreprises dans un portefeuille. La diversification peut supprimer le **risque spécifique**, soit l'incertitude liée aux entreprises individuelles, mais pas le **risque de marché**, c'est-à-dire l'incertitude liée à l'économie dans son ensemble, qui touche toutes les entreprises. Par exemple, lorsque l'économie entre en récession, la plupart des entreprises subissent une baisse des ventes, des profits et du rendement des actions. La diversification amoindrit le risque associé aux actions, mais elle ne l'élimine pas.

FIGURE 17.2

La diversification et la réduction du risque

La figure montre la variation du risque d'un portefeuille d'actions, mesuré ici au moyen d'une statistique appelée *écart-type*, en fonction du nombre d'entreprises dans ce portefeuille. On suppose que chaque entreprise représente un même pourcentage du portefeuille. L'augmentation du nombre d'entreprises fait diminuer la valeur du risque de tout portefeuille d'actions, mais elle ne l'élimine pas.

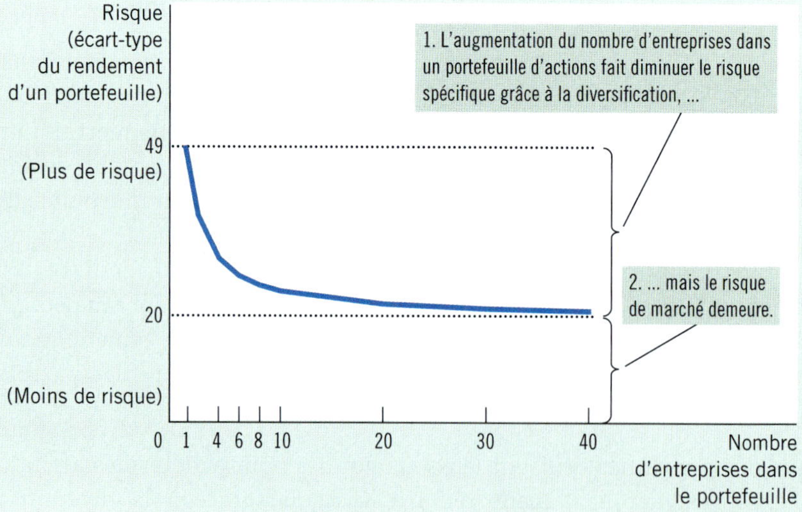

Source: Adaptée de Statman, Meir. (septembre 1987). « How many stocks make a diversified portfolio? ». *Journal of Finance and Quantitative Analysis,* vol. 22, p. 353-364.

L'arbitrage entre le risque et le rendement

Selon l'un des **dix principes d'économie** énumérés au chapitre 1, les gens sont soumis à des arbitrages. Parmi ceux-ci, le plus utile à la compréhension des décisions financières est l'arbitrage entre le risque et le rendement.

Comme nous l'avons vu, certains risques sont inhérents à la détention d'actions, même dans un portefeuille diversifié. Les personnes éprouvant une aversion pour le risque sont toutefois disposées à accepter ces risques, lorsqu'on les compense. Les actions ont toujours donné un taux de rendement beaucoup plus élevé que celui d'autres actifs financiers, comme les obligations et les comptes d'épargne bancaires. Depuis 200 ans, le rendement réel moyen des actions est d'environ 8 % par année, tandis que les obligations d'État à court terme ont rapporté un rendement réel de seulement 3 % par année.

Avant de décider comment placer son argent, on doit d'abord déterminer l'ampleur du risque qu'on est prêt à accepter pour obtenir un rendement plus élevé. Par exemple, considérons une personne ayant à choisir comment allouer son portefeuille entre les deux catégories de titres suivants :

- La première catégorie consiste en un groupe diversifié d'actions à risque élevé, assorti d'un rendement moyen de 8 % et d'un écart-type de 20 %. (Vous vous souvenez peut-être d'avoir vu, dans un cours de mathématiques, qu'une variable normalement distribuée prend une valeur située à l'intérieur de deux écarts-types, 95 % du temps. Dans ce cas, même si le rendement attendu est de 8 %, sa valeur variera donc entre +48 % et −32 %.)
- La deuxième catégorie d'actifs constitue une solution de rechange parfaitement sûre (un compte d'épargne bancaire ou une obligation d'État), apportant un rendement de 3 % et ayant un écart-type nul.

La figure 17.3 montre l'arbitrage entre le risque et le rendement d'un portefeuille réparti entre les deux catégories d'actifs. Chaque point sur cette figure représente une répartition particulière entre des actions risquées et un actif sûr. La figure révèle que plus le pourcentage d'actions est élevé, plus le risque et le rendement attendus sont élevés.

FIGURE 17.3

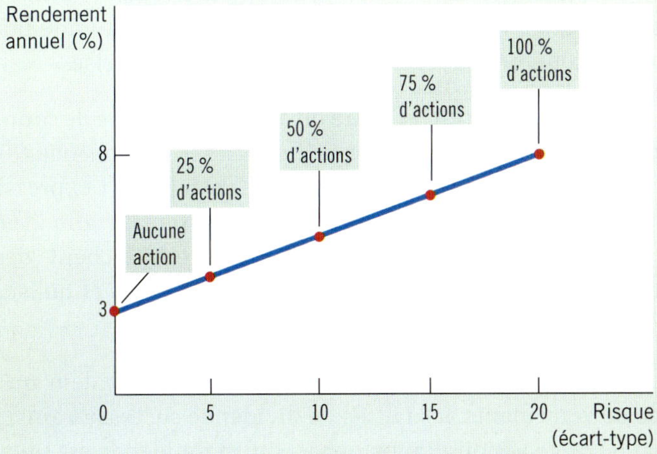

L'arbitrage entre le risque et le rendement

Lorsqu'une personne augmente le pourcentage de ses économies investies dans des actions, elle accroît le rendement moyen attendu, mais elle augmente également le risque qu'elle affronte.

Reconnaître l'existence d'un arbitrage entre le risque et le rendement n'indique pas ce qu'une personne devrait faire. Le choix d'une combinaison particulière de risque et de rendement est fonction de l'intensité de l'aversion pour le risque d'une personne, ce qui signifie que le choix reflète ses préférences personnelles. Cependant, il importe beaucoup que les actionnaires comprennent que le taux de rendement plus élevé dont ils bénéficient s'accompagne d'un risque également plus élevé.

MINITEST

- Décrivez trois moyens qu'une personne ayant une aversion pour le risque peut utiliser afin de réduire son risque.

L'évaluation des actifs

Maintenant que nous avons analysé les deux pierres d'assise de la finance — le temps et le risque —, mettons en application ces connaissances. La présente section aborde une question simple: qu'est-ce qui détermine le prix d'une action? Comme pour la plupart des prix, la réponse est évidemment l'offre et la demande. Mais la réponse ne s'arrête pas là. Pour bien comprendre le prix (ou le cours) d'une action, nous devons d'abord examiner en détail les facteurs qui expliquent le désir d'une personne d'acheter une action.

L'analyse fondamentale

Supposons que vous ayez décidé d'investir 60 % de vos économies dans l'achat d'actions. Pour assurer une diversification, vous voulez acheter des actions de 20 entreprises distinctes. Si vous ouvrez un journal, vous allez y trouver une liste comprenant des milliers d'entreprises cotées en Bourse. Comment choisir les 20 entreprises dont les actions vont composer votre portefeuille?

Au moment de faire votre choix, il est naturel de prendre en compte deux facteurs: la valeur d'une action de cette entreprise et le prix d'une de ses actions. Si ce prix est inférieur à la valeur, on dit que l'action est *sous-évaluée,* alors que s'il lui est supérieur, on dit que l'action est *surévaluée*. Si le prix et la valeur sont égaux, on dit que l'action est *correctement évaluée*. Lorsque vous choisissez les actions de 20 entreprises pour constituer votre portefeuille, vous devriez privilégier les actions sous-évaluées. Dans un tel cas, vous faites une bonne affaire, puisque vous payez un prix inférieur à la valeur de l'entreprise.

Analyse fondamentale
Étude des états financiers et des perspectives d'avenir d'une entreprise, en vue d'en déterminer la valeur.

Cependant, la chose est plus facile à dire qu'à faire! Il est aisé de connaître le prix d'une action, qu'on trouve dans les pages financières des journaux. Il est nettement plus difficile de déterminer la valeur d'une entreprise. L'expression **analyse fondamentale** désigne l'étude détaillée d'une entreprise afin d'en établir la valeur. De nombreuses firmes d'investissement embauchent des analystes boursiers qui procèdent à de telles analyses fondamentales et qui suggèrent des actions à acheter.

Pour un actionnaire, la valeur d'une action est égale à la valeur qu'il en retire, sous la forme de versements actualisés de dividende successifs ainsi que du prix de vente final de cette action. Rappelons ici qu'un dividende est un paiement en espèces qu'une entreprise verse à ses actionnaires. La capacité d'une entreprise de verser un dividende, tout comme la valeur d'une action lorsque l'actionnaire la vend, dépend de la capacité de l'entreprise à réaliser des profits. La profitabilité d'une entreprise repose quant à elle sur un grand nombre de facteurs : la demande du produit qu'elle fabrique, l'ampleur de la concurrence qu'elle affronte, le capital dont elle dispose, la syndicalisation ou non de ses employés, le degré de fidélité de ses clients, le régime fiscal et la réglementation gouvernementale auxquels elle est assujettie, etc. Le spécialiste en analyse fondamentale a pour tâche de prendre en compte tous ces facteurs afin de déterminer la valeur de l'action d'une entreprise.

Il existe trois façons de recourir à l'analyse fondamentale en vue de vous constituer un portefeuille d'actions. D'abord, vous pouvez effectuer vous-même toute la recherche nécessaire à cette fin, par exemple en prenant connaissance des rapports annuels que publient les entreprises. Ensuite, vous pouvez vous fier aux conseils formulés par des analystes en investissement. Enfin, vous pouvez acheter des titres d'un fonds commun de placement non indiciel, dont un gestionnaire de portefeuille est chargé d'effectuer les analyses fondamentales et pour lequel il est responsable de prendre les décisions en votre nom.

L'hypothèse de l'efficience des marchés

Il existe une autre façon de choisir les actions de 20 entreprises qui vont constituer votre portefeuille : choisissez-les au hasard, par exemple en plaçant les pages financières d'un journal sur votre babillard et en lançant des fléchettes sur ces pages. Cela peut sembler complètement insensé, mais il existe une bonne raison de croire que cette façon de procéder soit assez efficace. Cette raison est appelée l'**hypothèse de l'efficience des marchés**.

Hypothèse de l'efficience des marchés
Théorie selon laquelle le prix d'un actif financier reflète toute l'information publique disponible au sujet de sa valeur.

Pour bien comprendre cette hypothèse, il faut d'abord reconnaître que toute entreprise cotée dans une place boursière majeure est observée de près par de nombreux gestionnaires de portefeuilles, comme ceux qui dirigent les fonds communs de placement. Chaque jour, ces gestionnaires prennent connaissance de l'information publiée et procèdent à des analyses fondamentales afin de déterminer la valeur des actions. Leur tâche consiste à acheter une action lorsque son prix devient inférieur à sa valeur et à la vendre lorsque son prix dépasse sa valeur.

Le deuxième élément de l'hypothèse de l'efficience du marché des capitaux est le suivant : l'équilibre de l'offre et de la demande détermine le prix du marché. Cela signifie qu'au prix du marché, le nombre d'actions offertes à la vente est égal au nombre d'actions que les personnes veulent acheter. En d'autres termes, au prix du marché, le nombre de personnes qui croient que l'action est surévaluée est exactement le même que le nombre de personnes qui estiment qu'elle est sous-évaluée. Aux yeux de la personne typique dans le marché, toutes les actions sont correctement évaluées en tout temps.

Selon cette hypothèse, le marché des actions se caractérise par son **efficience informationnelle**, c'est-à-dire que les prix reflètent toute l'information disponible sur la valeur des actifs. Les prix des actions varient lorsque l'information elle-même change. Lorsque de bonnes nouvelles sur les perspectives d'avenir d'une entreprise deviennent connues, la valeur et le prix de ses actions augmentent tous les deux. Si les perspectives d'avenir de l'entreprise se détériorent,

Efficience informationnelle
Situation où les prix reflètent toute l'information disponible.

la valeur et le prix de ses actions diminuent tous les deux. Cependant, à tout moment, le prix du marché représente la meilleure estimation de la valeur d'une action de l'entreprise, compte tenu de l'information disponible.

Marche aléatoire
Évolution d'une variable dont les modifications sont impossibles à prédire.

Une des conséquences de l'hypothèse de l'efficience des marchés est que le prix des actions devrait suivre une **marche aléatoire**, ce qui signifie qu'il est impossible de prédire les variations du prix des actions à partir de l'information disponible. Si, d'après l'information publique disponible, les personnes pouvaient prédire que le cours d'une action devrait augmenter de 10 % le lendemain, alors le marché des actions ne tiendrait pas bien compte de l'information actuelle. Selon cette théorie, seule une information nouvelle faisant changer la perception de la valeur de l'entreprise est susceptible de modifier le prix des actions. Toutefois, cette information nouvelle est imprévisible par définition ; sinon, ce ne serait pas vraiment une information nouvelle. C'est pour cette même raison que les variations des prix des actions devraient être imprévisibles.

Si l'hypothèse de l'efficience des marchés est juste, alors il ne sert à rien de passer des heures à étudier les pages financières d'un journal en vue de choisir les actions de 20 entreprises à intégrer à votre portefeuille. Si le prix des actions reflète toute l'information disponible, aucune action ne constitue un meilleur achat qu'une autre. La meilleure chose à faire est donc de composer un portefeuille diversifié.

DANS L'ACTUALITÉ

L'hypothèse de l'efficience des marchés est-elle morte ?

En 2008 et 2009, l'économie américaine a affronté une crise financière qui a commencé par une baisse radicale des prix de l'immobilier et un très grand nombre de défauts de paiement d'hypothèques.

Certains observateurs soutiennent que cette crise devrait nous motiver à rejeter l'hypothèse de l'efficience des marchés. Or, l'économiste Jeremy Siegel n'en est pas convaincu.

La théorie de l'efficience des marchés et la crise financière

Jeremy Siegel

À l'été 2009, Roger Lowestein, journaliste en finance et auteur à succès, n'a pas mâché ses mots dans un article qu'il a rédigé pour le *Washington Post*. Selon lui, « le bon côté de la grande récession actuelle, c'est qu'elle pourrait clouer le cercueil de la panacée théorique appelée l'*hypothèse de l'efficience des marchés* ». Dans la même veine, Jeremy Grantham, analyste financier et gestionnaire de portefeuille très respecté, a écrit dans un bulletin trimestriel, en janvier 2009 : « La théorie de l'efficience des marchés est si incroyablement inexacte qu'elle a favorisé une combinaison hautement toxique de bulles spéculatives, de réglementation peu rigoureuse, d'incitatifs dommageables et d'instruments financiers épouvantablement complexes. C'est ce qui a mené à la situation dans laquelle nous nous trouvons. »

L'hypothèse de l'efficience des marchés est-elle vraiment responsable de la crise actuelle ? La réponse est non. Élaborée dans les années 1960 par Eugene Fama de l'Université de Chicago, cette hypothèse avance que les prix des actions reflètent toute l'information connue qui influe sur leur valeur. L'hypothèse ne prétend pas que le prix courant est toujours le bon. Au contraire, elle sous-entend que les prix sur le marché sont généralement incorrects à un moment donné, mais qu'il est très difficile de dire s'ils sont trop élevés ou trop bas. Si les meilleurs et les plus brillants financiers de Wall Street ont commis tant d'erreurs, cela prouve qu'on peut difficilement surpasser le marché.

L'hypothèse de l'efficience des marchés financiers ne peut toutefois pas servir d'excuses aux PDG des institutions financières en faillite ou aux organismes de réglementation qui n'ont pas vu que les hypothèques à risque adossées à des titres de placement mettaient en péril la stabilité de l'économie. Les régulateurs ont cru à tort que les institutions financières couvraient leurs risques de crédit pendant que les banques et les agences d'évaluation du crédit se laissaient berner par des modèles mal conçus qui sous-estimaient le risque dans l'immobilier.

À la suite de la récession de 1982, les économies du monde sont entrées dans une longue période pendant laquelle les fluctuations des variables telles que le produit intérieur brut, la production industrielle et l'emploi ont été beaucoup plus faibles que pendant la période 1945-1982. Les économistes appellent cette période la *grande modération* et ils imputent la stabilité accrue à différents facteurs, notamment de meilleures politiques monétaires, un secteur des services plus important, un meilleur contrôle des stocks.

La réaction économique à la grande modération était prévisible. Les primes de risque ont diminué, et tant les individus que les entreprises ont augmenté leur niveau d'endettement. Les prix de l'immobilier étaient stimulés par des taux d'intérêt nominaux et réels historiquement bas et par la création du marché des prêts hypothécaires à risque titrisés.

Selon des données recueillies par le professeur Robert Shiller de l'Université Yale, au cours des 61 ans allant de 1945 à 2006, le déclin cumulatif annuel maximum dans le prix moyen des maisons a été enregistré en 1991, soit 2,84 %. Si cette faible volatilité du prix des maisons avait persisté, un titre hypothécaire — composé d'un portefeuille de prêts diversifiés à l'échelle nationale comprenant 80 % de la valeur d'une maison — n'aurait jamais pu faire l'objet d'un défaut de paiement. La qualité du crédit des acquéreurs de propriété était secondaire, parce qu'on pensait que l'actif sous-jacent, soit la maison, couvrirait toujours le capital, si le propriétaire ne pouvait plus payer. En raison de ces modèles, les agences d'évaluation du crédit ont attribué la cote « de première qualité » à ces hypothèques à risque.

Cette cote était toutefois erronée. De 2000 à 2006, le prix des maisons aux États-Unis a grimpé de 88,7 %, ce qui est bien plus que l'augmentation de 17,5 % de l'indice des prix à la consommation ou que le gain misérable de 1 % du revenu médian des ménages. Jamais auparavant on n'avait vu l'immobilier dépasser à ce point les prix à la consommation et les revenus. Cette situation aurait dû faire retentir la sonnette d'alarme et jeter le doute sur l'utilisation de modèles qui se limitaient à tenir compte de déclins historiques pour évaluer les risques à venir. Personne n'a voulu s'alarmer pendant que Wall Street récoltait d'énormes bénéfices en ficelant et en vendant des titres de placement hypothécaires, le Congrès se réjouissait qu'encore plus de citoyens puissent réaliser le rêve américain d'accéder à la propriété. De fait, par l'intermédiaire d'entreprises commanditées par le gouvernement, telles que Fannie Mae et Freddie Mac, Washington a contribué à alimenter le boum des prêts hypothécaires à risque.

Ce n'est pas la faute de l'hypothèse de l'efficience des marchés si les agences d'évaluation du crédit ont mal coté ces titres à risque ou si les institutions financières se sont surendettées avec ces prêts. Le fait que le rendement de ces prêts hypothécaires était élevé malgré leur cote de première qualité signale que le marché avait des soupçons quant à la qualité de ces titres de placement. Les acquéreurs potentiels auraient dû y voir une raison de se méfier.

À quelques exceptions près (Goldman Sachs, notamment), les institutions financières ont ignoré tous les signaux d'alarme. Au lieu d'exercer leur autorité pour surveiller le risque global auquel leur entreprise s'exposait, les PDG ont préféré faire confiance à des techniciens dont les modèles limités ne pouvaient tenir compte de la situation dans son ensemble. [...]

Notre crise n'a pas été le résultat d'une confiance aveugle dans l'hypothèse de l'efficience des marchés. Que les primes de risque aient été faibles ne signifie pas qu'elles étaient non existantes et que les prix courants étaient justes. En dépit de la récente récession, la grande modération est bien réelle et notre économie est fondamentalement plus stable.

Mais cette plus grande stabilité ne veut pas dire que les risques ont disparu. Permettez-moi une analogie : même si les voitures sont plus sécuritaires aujourd'hui qu'auparavant, cela ne veut pas dire qu'on puisse foncer à 200 km/h sur l'autoroute. Même la voiture la mieux conçue, si elle rencontre une petite bosse sur la chaussée — sans conséquence à une vitesse moins grande —, partira dans le décor. Nos institutions financières conduisaient trop vite, notre banque centrale n'a pas réussi à les freiner et les banques et l'économie se sont écrasées sur la déflation de l'immobilier. ■

Source : Siegel, Jeremy. (28 octobre 2009). « Efficient market theory and the crisis ». *The Wall Street Journal.* (Traduction libre). Repéré à http://online.wsj.com

ÉTUDE DE CAS

Les marches aléatoires et les fonds indiciels

L'hypothèse de l'efficience des marchés est une théorie du fonctionnement des marchés financiers. Cette théorie n'est sans doute pas parfaitement juste : il existe en effet de bonnes raisons de douter que les actionnaires agissent toujours de façon rationnelle et que le prix des actions soit à tout moment efficient sur le plan de l'information. Cette hypothèse offre néanmoins une meilleure description du monde qu'on pourrait le croire.

Empiriquement, le prix des actions semble suivre de près une marche aléatoire. Par exemple, vous pourriez être tenté d'acheter des actions dont le prix a récemment augmenté et d'éviter celles dont le prix a chuté il y a peu de temps (ou encore de faire l'inverse...). Toutefois, de nombreuses études statistiques ont montré que les personnes qui prennent de telles décisions ne parviennent pas à battre le marché. La corrélation entre le rendement d'une action durant une année donnée et son rendement l'année suivante est presque entièrement nulle.

Les plus solides éléments de preuve favorables à l'hypothèse de l'efficience des marchés résident dans le rendement des fonds indiciels. Un fonds indiciel est un fonds commun de placement qui achète toutes les actions d'un indice boursier donné. Le rendement d'un fonds indiciel peut être comparé à celui d'un fonds commun de placement à gestion active, pour lequel un gestionnaire de portefeuille professionnel choisit des actions en s'appuyant sur un travail de recherche approfondi et sur son expertise présumée. Bref, un fonds indiciel achète toutes les actions, tandis qu'un fonds commun de placement à gestion active est censé n'acheter que les meilleures actions.

En pratique, les gestionnaires de portefeuille ne font généralement pas mieux que les fonds indiciels : en fait, la plupart obtiennent de moins bons résultats. Par exemple, de juin 1995 à juin 2010, 75 % des fonds communs de placement d'actions n'ont pas réussi à battre un fonds indiciel regroupant tous les titres transigés sur le New York Stock Exchange (une importante Bourse américaine). La plupart des gestionnaires de portefeuille obtiennent un rendement inférieur à celui des fonds indiciels parce qu'ils entreprennent des transactions fréquentes, générant ainsi des coûts élevés, et qu'ils obtiennent une rémunération élevée en raison de leur présumée expertise.

Que penser des 18 % de gestionnaires qui ont réussi à battre le marché ? Peut-être sont-ils plus habiles que les autres, ou peut-être plus chanceux. Si 5 000 personnes jouent 10 fois de suite à pile ou face, environ 5 d'entre elles verront leur pièce retomber 10 fois sur le même côté. Ces cinq personnes pourraient prétendre qu'elles possèdent une habileté exceptionnelle pour jouer à pile ou face, mais elles auraient beaucoup de difficulté à répéter leur exploit initial. De même, des études ont montré que les gestionnaires de fonds communs de placement ayant obtenu un rendement supérieur dans le passé sont généralement incapables de le maintenir par la suite.

Le 3 janvier 2008, le *Wall Street Journal* a publié un exemple de ce phénomène. Selon l'article, seulement 31 des milliers de fonds communs de placement vendus au public ont battu l'indice Standard & Poor's 500 durant chacune des 8 années entre 1999 et 2006. Un lecteur sceptique de l'hypothèse de l'efficience des marchés pourrait penser que ces fonds super performants représentaient une bonne occasion pour des placements. Or, en 2007, seulement 14 des 31 fonds ont fait mieux que l'indice — à peu près ce qu'on attendrait comme résultat si l'on jouait à pile ou face.

Selon l'hypothèse de l'efficience des marchés, il est impossible de battre le marché. Les nombreuses études portant sur les marchés financiers confirment qu'il est extrêmement difficile de faire mieux. Même si l'on estime que l'hypothèse de l'efficience des marchés n'offre pas une description exacte de la réalité, elle comporte une grande part de vérité.

L'irrationalité des marchés

Selon l'hypothèse de l'efficience des marchés, les personnes qui achètent et vendent des actions traitent rationnellement l'information qu'elles ont au sujet de la valeur de ces actions. Mais le marché des actions est-il vraiment si rationnel ? Les prix des actions s'écartent-ils parfois des évaluations raisonnables au sujet de leur valeur véritable ?

Depuis longtemps, de nombreuses personnes croient que les fluctuations des prix des actions s'expliquent en partie par des causes psychologiques. Dans les années 1930, l'économiste John Maynard Keynes a soutenu que les marchés des actifs étaient mus par les « esprits animaux » des investisseurs, c'est-à-dire des vagues irrationnelles d'optimisme et de pessimisme. Dans les années 1990, lorsque le marché boursier s'est envolé, Alan Greenspan, alors président de la Réserve fédérale américaine, a qualifié cette forte hausse d'« exubérance irrationnelle ». Le cours des actions a fini par diminuer, mais cela n'a pas pour autant clos le débat sur le caractère irrationnel ou non de la hausse des prix, compte tenu de l'information disponible pour les investisseurs d'alors. Lorsque les prix des actifs augmentent au-delà de ce qui apparaît comme leur valeur rationnelle, on dit qu'il y a **bulle spéculative**.

Bulle spéculative
Situation où les prix des actifs augmentent au-delà de ce qui apparaît comme leur valeur rationnelle.

La possibilité que des bulles spéculatives apparaissent découle en partie du fait que la valeur d'une action dépend non seulement de la série de versements de dividende attendus, mais aussi de son prix de vente final. Ainsi, une personne peut être disposée à payer un prix supérieur à la valeur d'une action, si elle s'attend à ce qu'une autre personne paie encore plus cher cette même action dans le futur. Lorsqu'on évalue une action, on doit donc estimer non seulement la valeur de l'entreprise, mais aussi la valeur que d'autres personnes attribueront à cette entreprise dans l'avenir.

Les économistes débattent souvent de la question suivante : les écarts entre le prix des actions et leur valeur rationnelle sont-ils fréquents ou rares ? Ceux qui postulent l'irrationalité des marchés soulignent (avec raison) que le marché boursier évolue souvent d'une façon difficile à expliquer en fonction de l'information disponible. Les partisans de l'hypothèse de l'efficience des marchés, pour leur part, soulignent (avec raison) que personne ne connaît la valeur rationnellement juste d'une entreprise, si bien qu'il ne faudrait pas en conclure rapidement que toute évaluation particulière est irrationnelle. En outre, si les marchés étaient irrationnels, une personne rationnelle devrait être en mesure de tirer parti d'un tel état de fait. Pourtant, comme l'a montré l'étude de cas précédente, battre le marché est presque impossible.

DANS L'ACTUALITÉ

Des conseils en placements du calibre d'un prix Nobel

Le domaine de l'économie comportementale associe des principes de psychologie et des principes d'économie. Daniel Kahneman est l'un des pionniers dans ce domaine.

Daniel Kahneman, psychologue et prix Nobel d'économie

Jean-Claude Cloutier

Spécialiste de la psychologie cognitive, Daniel Kahneman a ébranlé un des fondements de la science économique, soit le postulat de la rationalité des décisions des agents économiques. En reconnaissance de sa contribution, il a reçu le prix Nobel de sciences économiques en 2002 conjointement avec Vernon Smith, un économiste. Il est souvent cité comme un des grands génies de notre époque et même un révolutionnaire de l'importance de Newton ou de Freud. Alors que la théorie économique, classique ou néo-libérale, repose sur la conviction que les individus prennent leurs décisions de consommer, de travailler ou d'investir en maximisant l'écart entre les bénéfices et les inconvénients escomptés, Kahneman est d'avis que souvent la décision prise est la mauvaise. En effet, les décisions individuelles sont prises à partir d'erreurs de perception, de jugement ou de calculs provenant d'heuristiques déficientes, soit de façons intuitives ou routinières de penser ou de percevoir dont on n'a pas vérifié la pertinence.

Pour lui, les agents économiques ne sont tout simplement pas rationnels même s'ils peuvent être raisonnables, c'est-à-dire tenir un discours cohérent et être ouvert à la discussion. En collaboration avec Amos Tversky, un confrère psychologue, il a mis au point l'économie expérimentale consistant à faire des «expériences de laboratoire» pour voir comment les comportements réels correspondent à la théorie classique de l'*homo œconomicus* ou s'en écartent. Ils ont montré par exemple que, contrairement à ce que dit la théorie, le nombre de participants et la qualité de l'information importent peu dans la formation des prix sur un marché donné. Kahneman s'est ainsi imposé comme un des porte-flambeaux de l'économie comportementale qui est une science d'observation plutôt qu'une discipline normative et déductive comme la science économique classique.

[...]

Dans certains cas, Kahneman met au jour des choses que l'on soupçonnait déjà, comme cette tendance généralisée à surestimer les bénéfices des projets et à en sous-estimer les coûts. Cela s'applique autant pour les individus que pour les décideurs politiques. C'est ainsi que la facture finale des projets d'équipements collectifs peut facilement atteindre un multiple de l'estimation sur laquelle a été prise la décision d'aller de l'avant. Et que les fonds de retraite se retrouvent sous-capitalisés parce qu'on a présumé que les taux de rendement réel de 5% ou plus seraient toujours au rendez-vous.

Pour éviter des erreurs ou pour éviter d'avoir à les admettre, une majorité de gens reporteront les décisions. Ils savent qu'ils se blâmeront moins pour une omission que pour une action. À cet égard, *The Economist* rapportait récemment que des études démontrent que quand les consommateurs sont exposés à une trop grande variété d'un même produit (par exemple, 24 types ou marques de confitures), ils sont portés à n'en acheter aucune tellement ils sont écrasés par la difficulté de discriminer et la hantise de faire le mauvais choix. Les mêmes heuristiques défaillantes pousseront les épargnants à vendre trop vite une action dont le cours a monté (peur de perdre ce qu'on vient de gagner) mais à garder trop longtemps une autre dont le cours a baissé (ne pas reconnaître l'erreur). Avec une pointe d'humour, Kahneman note que l'aversion à la perte et à l'erreur explique peut-être la longévité de bien des mariages. Dans un contexte québécois, il aurait pu ajouter qu'elle explique aussi pourquoi les dirigeants des Canadiens ne se sont pas encore départis de Markov ou de Gomez.

Kahneman distingue deux processus cognitifs qui agissent et interagissent. Le premier système, fondé sur l'intuition et l'émotion, est très rapide. Trop parfois. Le deuxième est rationnel et beaucoup plus lent. Les deux sont en conflit mais nous avons besoin des deux même si l'un et l'autre peuvent êtres sujets à erreur. Kahneman suggère d'établir des protocoles et des procédures qui peuvent nous protéger des décisions trop rapides et des erreurs de jugement. Mais il reconnaît que les individus sont peu enclins à appliquer de telles règles. C'est pourquoi les organisations prennent souvent de meilleures décisions. À cet égard, même si Kahneman n'en fait pas mention, on peut sans doute considérer que le couple est une organisation plus efficace que la somme de ses parties. ■

Source: Cloutier, Jean-Claude. (9 février 2012). «Daniel Kahneman, psychologue et prix Nobel d'économie». *Libres Échanges*, Association des économistes québécois. Repéré à http://blogue.economistesquebecois.com/2012/02/09/daniel-kahneman-psychologue-et-prix-nobel-d'economie/

MINITEST

- Depuis 1993, le «Concours des 50 sociétés les mieux gérées au Canada» rend hommage aux entreprises à propriété et à direction canadiennes ayant un chiffre d'affaires annuel de plus de 10 millions de dollars. Selon l'hypothèse de l'efficience des marchés, si une personne restreint son portefeuille aux actions de ces entreprises, obtiendra-t-elle un rendement supérieur à la moyenne? Expliquez votre réponse.

Conclusion

Le présent chapitre a décrit certains des outils que les gens devraient utiliser (et utilisent effectivement) en vue de prendre des décisions financières. Le concept de valeur actualisée nous rappelle qu'un dollar demain vaut moins qu'un dollar aujourd'hui. Il nous offre aussi un moyen de comparer des sommes d'argent à différents moments dans le temps. La théorie de la gestion du risque nous indique que l'avenir est incertain et que les personnes éprouvant une aversion pour le risque peuvent se prémunir des effets d'une telle incertitude. L'étude de l'évaluation des actifs montre que le prix d'une action doit refléter la rentabilité anticipée de l'entreprise.

Si la plupart des outils financiers sont bien établis, une certaine controverse entoure toutefois l'hypothèse de l'efficience des marchés, ainsi que la question de savoir si le prix des actions d'une entreprise représente, en pratique, une estimation rationnelle de la valeur véritable de cette entreprise. Rationnelles ou non, les fortes variations observées du prix des actions ont d'importantes répercussions macroéconomiques.

Résumé

- Puisque l'épargne rapporte de l'intérêt, une somme d'argent vaut aujourd'hui davantage que la même somme demain. Une personne peut comparer des sommes à différentes époques en recourant au concept de valeur actualisée. La valeur actualisée de toute somme future correspond à la somme qu'on devrait placer aujourd'hui, étant donné le taux d'intérêt en vigueur, pour obtenir cette somme future.
- En raison de l'utilité marginale décroissante, la plupart des personnes éprouvent une aversion pour le risque. Elles peuvent réduire le risque auquel elles sont exposées en recourant à l'assurance, en diversifiant leur portefeuille et en constituant un portefeuille avec des titres à risque et à rendement moindres.
- La valeur d'un actif, comme une action, est égale à la valeur actualisée des paiements que recevra le détenteur, ce qui comprend les versements successifs de dividende et le prix de vente final de l'action. Selon l'hypothèse de l'efficience des marchés, les marchés financiers traitent rationnellement l'information disponible, de sorte que le prix de l'action d'une entreprise est toujours égal à la meilleure estimation de la valeur de cette entreprise. Certains économistes remettent cependant en question l'hypothèse de l'efficience des marchés et croient que des facteurs psychologiques irrationnels influent également sur le prix des actifs.

Concepts clés

Analyse fondamentale, p. 462

Aversion pour le risque, p. 457

Bulle spéculative, p. 467

Capitalisation boursière, p. 459

Capitalisation (ou intérêts composés), p. 454

Diversification, p. 459

Efficience informationnelle, p. 463

Finance, p. 454

Hypothèse de l'efficience des marchés, p. 463

Marche aléatoire, p. 464

Risque de marché, p. 460

Risque spécifique, p. 460

Valeur actualisée, p. 454

Valeur future, p. 454

Questions de révision

1. Le taux d'intérêt est de 7 %. Servez-vous du concept de valeur actualisée pour comparer une somme de 200 $ à recevoir dans 10 ans et une somme de 300 $ à recevoir dans 20 ans.
2. Quel avantage retire-t-on du marché de l'assurance ? Quels sont les deux problèmes qui nuisent au fonctionnement des compagnies d'assurance ?
3. Qu'est-ce que la diversification ? Un actionnaire améliore-t-il plus sa diversification si son portefeuille d'actions passe d'une seule entreprise à 10, ou si son portefeuille passe de 100 entreprises à 120 ?
4. Si l'on compare des actions et des obligations d'État, lesquelles présentent le plus grand risque ? Lesquelles devraient payer le rendement moyen le plus élevé ?
5. Quels sont les facteurs dont un analyste financier doit tenir compte pour déterminer la valeur d'une action d'une entreprise ?
6. Énoncez l'hypothèse de l'efficience des marchés et donnez un élément de preuve de cette hypothèse.
7. Expliquez la position des économistes qui sont sceptiques à propos de l'hypothèse de l'efficience des marchés.

Cinq controverses sur la politique macroéconomique

18
CHAPITRE

On ne peut pas ouvrir un journal sans tomber sur l'opinion d'un homme politique ou d'une éditorialiste au sujet d'un changement d'orientation de la politique économique. Le gouvernement fédéral devrait-il éliminer son déficit budgétaire le plus rapidement possible ? Dans l'affirmative, devrait-il consacrer d'éventuels surplus budgétaires à la réduction de la dette publique ou, au contraire, à l'augmentation de ses dépenses ? La Banque du Canada devrait-elle abaisser ses taux d'intérêt pour stimuler une économie anémique ou refuser d'intervenir pour ne pas risquer de relancer l'inflation ? Le Parlement devrait-il réformer la fiscalité en cherchant à stimuler la croissance économique ou afin de promouvoir une meilleure distribution de la richesse ? Le débat politique se centre essentiellement, au Canada comme partout ailleurs, sur des problèmes d'ordre économique.

Les chapitres précédents ont été consacrés à l'élaboration d'outils permettant d'analyser le comportement de l'économie dans son ensemble et les conséquences des interventions publiques. Ce dernier chapitre abordera cinq controverses majeures concernant la politique macroéconomique et présentera, pour chacune d'elles, les différents points de vue des économistes. Les connaissances que vous avez accumulées au fil des pages vous permettent même de participer à ces débats qui portent sur des questions importantes et toujours en suspens. Vous pourrez choisir votre camp ou, du moins, comprendre pourquoi il est difficile de prendre position.

Les autorités monétaires et budgétaires doivent-elles tenter de stabiliser l'économie ?

Aux chapitres 14, 15 et 16, nous avons vu que les variations de l'offre et de la demande agrégées provoquent des fluctuations à court terme de la production et de l'emploi. Nous avons également constaté que les politiques monétaire et budgétaire *peuvent* influer sur ces fluctuations à court terme. Cela veut-il dire pour autant que les dirigeants *devraient* intervenir ? Notre premier débat concerne cette question : les responsables des politiques macroéconomiques devraient-ils utiliser les moyens à leur disposition pour tenter de réduire les fluctuations du cycle économique ? Cette question délicate fait l'objet de notre première controverse.

Pour : les pouvoirs publics doivent tenter de stabiliser l'économie

Laissées à elles-mêmes, les économies ont naturellement tendance à fluctuer. Par exemple, lorsque les entreprises et les ménages deviennent plus pessimistes, ils réduisent leurs dépenses et, conséquemment, la demande agrégée de biens et de services diminue aussi. Cette baisse de la demande entraîne une diminution de la production, une hausse des mises à pied et une aggravation du chômage. Le PIB réel et les autres indices mesurant le revenu chutent. L'augmentation du chômage et la baisse des revenus viennent alors confirmer le pessimisme initial à l'origine de cette récession.

La société ne retire aucun avantage d'une telle récession, qui entraîne un énorme gaspillage de ressources. Les employés mis à pied en raison de la contraction de la demande agrégée préféreraient certainement travailler ; les propriétaires des entreprises qui tournent au ralenti aimeraient bien mieux produire des biens et des services et les vendre à profit.

Bien que peu de gens croient que les responsables devraient réagir à tous les soubresauts de l'économie, rien ne justifie que la société ait à subir les fortes variations cycliques macroéconomiques. La théorie macroéconomique nous montre que les pouvoirs publics ont la possibilité de limiter l'intensité de ces fluctuations. À l'aide de politiques contracycliques, les responsables des politiques monétaire et budgétaire ont les moyens de stabiliser la demande agrégée et, par conséquent, la production et l'emploi. Lorsque la demande agrégée est insuffisante pour permettre le plein emploi, les autorités peuvent augmenter les dépenses publiques, réduire les impôts ou les taux d'intérêt. À l'inverse, si la demande agrégée augmente de manière excessive, risquant de pousser l'inflation à la hausse, les pouvoirs publics peuvent réduire les dépenses publiques, augmenter le fardeau fiscal ou les taux d'intérêt. Quoiqu'elles n'éliminent pas le cycle conjoncturel, de telles politiques peuvent en réduire l'amplitude, ce qui profite à tous.

Contre : les pouvoirs publics ne doivent pas tenter de stabiliser l'économie

Même si, théoriquement, les politiques monétaire et budgétaire peuvent permettre une stabilisation économique, en pratique, de telles interventions sont problématiques.

Toute politique budgétaire ou monétaire ne produit ses effets qu'après un certain temps. En jouant sur les taux d'intérêt, la politique monétaire tente de modifier la consommation et les dépenses d'investissement afin de faire déplacer la demande agrégée. Toutefois, comme les ménages et les entreprises planifient souvent leurs dépenses à l'avance, les variations du taux d'intérêt se répercutent très lentement sur la demande agrégée. Nombre d'études indiquent que des changements apportés à la politique monétaire n'ont qu'un impact minime sur la demande dans les six premiers mois qui suivent leur mise en application.

La politique budgétaire se fait également sentir avec un retard en raison de la lenteur du processus politique de modification des dépenses publiques et de la fiscalité. Tout changement du régime fiscal requiert l'approbation d'un projet de loi par les comités du cabinet et les comités parlementaires, avant son adoption par la Chambre des communes et le Sénat. Des années peuvent donc passer avant qu'une réforme majeure de la fiscalité devienne réalité.

Étant donné de tels délais, les dirigeants qui prétendent stabiliser l'économie doivent prévoir la situation économique au moment où leur politique entrera en vigueur. Malheureusement, la prévision économique ne s'avère guère précise, d'une part parce que la macroéconomie est encore une science toute récente et, d'autre part, parce que les chocs causant les fluctuations économiques demeurent fondamentalement imprévisibles. Par conséquent, lorsque les pouvoirs publics adoptent une politique budgétaire ou monétaire quelconque, ils n'ont d'autre possibilité que de se livrer à des conjectures sur la situation économique future.

Dans leurs tentatives de stabiliser l'économie, les responsables en arrivent souvent au résultat contraire. La situation économique risque en effet d'avoir complètement changé au moment où leurs décisions commenceront à produire des effets. Voilà pourquoi les dirigeants aggravent parfois, sans le vouloir, la situation économique qu'ils prétendaient améliorer. Certains économistes croient que plusieurs des grandes fluctuations économiques de l'histoire, y compris la Grande Dépression des années 1930, ont été causées ou aggravées par des politiques déstabilisantes.

L'une des premières règles enseignées aux médecins se résume ainsi : « Ne pas nuire. » Le corps humain dispose de ses ressources propres pour guérir et, devant un diagnostic incertain, il est parfois préférable de ne pas intervenir et de laisser le malade récupérer de lui-même. En fait, une intervention réalisée en l'absence d'information fiable risque même d'aggraver l'état du patient.

Cet exemple peut facilement se transposer à l'économie. S'il était réaliste de penser pouvoir éliminer toutes les fluctuations économiques, il serait tentant d'intervenir. Ce n'est cependant pas le cas, compte tenu des limites des connaissances macroéconomiques et de l'imprévisibilité des événements mondiaux. Les dirigeants devraient donc éviter d'intervenir régulièrement en matière budgétaire et monétaire et s'estimer heureux de ne pas nuire.

MINITEST

- Expliquez pourquoi les politiques monétaire et budgétaire se font sentir avec un certain retard. Pourquoi ces délais importent-ils dans le choix de mettre en œuvre ou non une politique active ?

La banque centrale doit-elle être indépendante ?

Comme nous l'avons montré au chapitre 10, la Banque du Canada détermine le taux de croissance de la masse monétaire canadienne. En fonction de la situation économique observée et des prévisions, la Banque du Canada peut décider d'augmenter, de réduire ou de maintenir le taux de croissance de l'offre de monnaie, afin d'atteindre l'objectif de sa politique monétaire.

Avec les années, la relation entre le gouvernement fédéral et la Banque du Canada a évolué, de sorte que celle-ci dispose maintenant d'une autonomie presque entière en matière de politique monétaire. Si l'on s'en tient aux textes de loi relatifs à sa création, son mandat reste vague et rien n'y est précisé concernant les moyens qu'elle peut mettre en œuvre ou la façon dont elle peut établir des priorités. C'est au gouverneur que revient cette responsabilité. Cette indépendance a permis à la Banque du Canada de se donner une règle simple de politique monétaire. Depuis 1988, elle vise la stabilité des prix. En 1991, elle a précisé cet objectif en annonçant qu'elle tenterait de maintenir l'inflation entre 1 % et 3 %. La Banque tente d'atteindre cet objectif en imprimant à la masse monétaire un taux de croissance compatible avec son objectif d'inflation. L'objectif a été atteint une première fois en 1994, après plusieurs années de contraction monétaire qui ont coûté fort cher en matière de chômage. En novembre 2011, la Banque du Canada a exprimé son intention de conserver cette cible jusqu'à la fin de 2016. Le gouvernement fédéral et la Banque du Canada décideront alors de garder le cap ou d'annoncer une nouvelle cible.

Certains économistes critiquent cette indépendance de la banque centrale. La seconde controverse concernant la politique économique porte donc sur l'indépendance de cet organisme par rapport aux citoyens et aux élus. La question est simple : qui devrait être responsable de la politique monétaire, les élus ou les technocrates de la banque centrale ?

Pour : la banque centrale doit être indépendante

Le fait de laisser la conduite de la politique monétaire à des élus pose deux problèmes. Tout d'abord, en possession d'un tel pouvoir, les politiciens seront sans doute tentés de s'en servir à des fins électorales. Imaginons que la prochaine élection se joue sur la situation économique actuelle. Si les politiciens peuvent influer sur la politique monétaire, il sera intéressant pour eux d'adopter des mesures expansionnistes afin de stimuler la production et l'emploi, sachant que les conséquences inflationnistes d'une telle décision ne se feront sentir qu'après l'élection. Dans une petite économie ouverte en régime de change flexible, comme celle du Canada, la politique monétaire a des effets importants sur la demande agrégée, ce qui ne fait qu'augmenter la tentation de recourir à de telles mesures à des fins politiques. Tant que les élus pourront influer sur la politique monétaire, les fluctuations finiront par refléter le calendrier électoral. C'est ce que les économistes appellent le *cycle politique*.

Ensuite, et de manière plus subtile, si la conduite de la politique monétaire est confiée aux élus, ces derniers risquent de laisser l'inflation augmenter au-delà du niveau souhaitable. Imaginons que les dirigeants, sachant qu'il n'existe pas d'arbitrage à long terme entre l'inflation et le chômage, annoncent un objectif d'inflation nulle. Les économistes considèrent que l'atteinte d'un tel objectif sera plus facile si la banque centrale est indépendante. Pourquoi ? À leur avis, une fois que le public a formé ses anticipations d'inflation, les dirigeants font face à un arbitrage à court terme entre l'inflation et le chômage. Ils sont alors tentés de renoncer à leur engagement concernant la stabilité des prix afin de réduire le chômage.

La différence entre les intentions des politiciens (ce qu'ils disent qu'ils vont faire) et leurs actions (ce qu'ils font réellement) se nomme l'**incohérence intertemporelle des politiques**. Cette incohérence laisse le public incertain, car il s'attend toujours à une inflation supérieure aux déclarations officielles. L'augmentation de l'inflation anticipée entraîne alors un déplacement vers le haut de la courbe de Phillips à court terme. Non seulement le taux d'inflation réalisé à long terme est supérieur à ce qu'il devrait être, mais l'arbitrage à court terme entre l'inflation et le chômage est en outre moins favorable. Dans la mesure où les élus ont toujours intérêt à exploiter l'arbitrage à court terme à des fins électorales, le taux d'inflation à long terme et le ratio de sacrifice, mesurant les coûts à court terme de la désinflation, seront toujours supérieurs à ce qu'ils seraient si une banque centrale indépendante décidait de la politique monétaire.

Incohérence intertemporelle des politiques
Différence entre les intentions des politiciens et leurs actions.

Une façon de résoudre ces difficultés consiste à mener une politique monétaire indépendante du pouvoir politique. Le gouverneur de la Banque du Canada n'étant pas élu, il n'a aucun intérêt à exploiter à des fins partisanes l'arbitrage à court terme entre l'inflation et le chômage. Sachant cela, le public sera davantage poussé à le croire lorsqu'il annoncera un objectif d'inflation faible ou nulle. À long terme, le taux d'inflation sera donc plus faible. Des études empiriques internationales semblent corroborer cette hypothèse : les pays dont la banque centrale est très indépendante enregistrent généralement les taux d'inflation les plus faibles.

Contre : la banque centrale ne doit pas être indépendante

Malgré certains inconvénients, il existe un avantage incontestable à confier la politique monétaire aux élus : ils ont des comptes à rendre. Le pouvoir discrétionnaire des banques centrales n'élimine ni les abus de pouvoir ni l'incompétence. Lorsque le gouvernement envoie la police sur le terrain pour faire régner l'ordre, il lui donne des règles de conduite strictes. En raison du grand pouvoir de la police, certains dérapages risquent en effet de se produire si elle dispose d'une totale liberté d'action. Or, en confiant à la banque centrale le maintien de l'ordre économique, on ne lui donne aucune directive précise. Bien au contraire, on lui octroie un pouvoir discrétionnaire sans la rendre responsable de ses actes. Dans une petite économie en régime de change flexible, la politique monétaire a des effets durables et importants sur la demande agrégée. Étant donné que les modifications de la demande agrégée ont des conséquences sur l'emploi et le revenu national, il est donc important que les responsables de la politique monétaire aient à rendre des comptes.

Par ailleurs, les effets réels de l'incohérence intertemporelle dont font preuve les dirigeants de la banque centrale ne sont pas prouvés. Ainsi, on n'a jamais pu démontrer que l'amélioration de la crédibilité de la Banque du Canada a permis d'atténuer le coût de ses politiques à court terme. Les annonces répétées concernant l'objectif d'inflation nulle n'ont pas réduit le ratio de sacrifice de la politique de désinflation du début des années 1990. Au contraire, il semble même que ce ratio ait été supérieur à celui observé pendant les autres périodes de désinflation. La crédibilité améliorée des déclarations du gouverneur de la banque centrale a, pour le moment, porté peu de fruits.

En outre, l'hypothèse selon laquelle les gouvernements manipuleraient la politique monétaire pour créer des cycles politiques contredit la notion d'anticipations rationnelles du public. Dès lors que les gens se rendent compte que la baisse préélectorale du chômage n'est que temporaire et que ce dernier augmentera de nouveau après le scrutin, il semble difficile de voir comment les élus pourraient profiter d'une manipulation de la politique monétaire.

Pour finir, la politique monétaire agit sur l'inflation et les taux d'intérêt nominaux. Il est difficile de favoriser des groupes précis d'agents économiques en cherchant à modifier ces variables, qui touchent à peu près tout le monde. Par exemple, une inflation plus forte que prévu avantagera les emprunteurs au détriment des prêteurs : ce n'est pas alors un moyen très efficace de s'attirer la faveur des électeurs. La politique budgétaire est bien mieux adaptée à la formation de coalitions d'électeurs. En effet, les modifications apportées aux dépenses publiques et à la fiscalité permettent de cibler facilement les groupes d'intérêts que les politiciens se proposent de courtiser. Néanmoins, si le fait que ces décisions soient prises par des élus peut présenter des problèmes sérieux, l'obligation de rendre des comptes devant l'électorat (« pas d'impôt sans représentation ») est l'une des pierres angulaires de la démocratie. Pourquoi n'en irait-il pas de même pour la politique monétaire ? Les économistes Lars Osberg et Pierre Fortin, qui ont dirigé la publication de l'ouvrage intitulé *Hard money, hard times*, sont convaincus que :

> [...] il n'est pas souhaitable que les décisions économiques majeures, touchant de nombreux aspects de la vie des Canadiens, soient prises en dehors de tout processus démocratique. Comme le mentionne le mandat de la Banque du Canada, une économie de marché complexe a un besoin réel de stabilité macroéconomique. La tâche de la Banque du Canada consiste à « atténuer autant que possible, par l'action monétaire, les fluctuations du niveau général de la production, du commerce, des prix, de l'emploi et, de façon générale, à favoriser la prospérité économique et financière du Canada ». Les citoyens d'une démocratie sont en droit de s'attendre à ce qu'on tienne compte de leur opinion sur les principaux problèmes politiques, tels que l'équilibre à trouver entre ces objectifs[1].

MINITEST

- Le gouverneur de la Banque du Canada devrait-il être élu ? Justifiez votre réponse.

1. Osberg, Lars et Pierre Fortin (dir.). (1998). *Hard money, hard times : Why zero inflation hurts Canadians*. Toronto, Ontario : James Lorimer & Company Ltd., Publishers, p. xv. (Traduction libre).

La banque centrale doit-elle viser une inflation nulle ?

Selon l'un des **dix principes d'économie** énoncés au chapitre 1, repris de manière plus détaillée au chapitre 11, les prix montent lorsque le gouvernement émet trop de monnaie. Un autre de ces principes, repris celui-là au chapitre 16, est que la société est soumise à un arbitrage à court terme entre l'inflation et le chômage. Pris ensemble, ces deux principes posent un problème aux dirigeants : quel taux d'inflation la banque centrale devrait-elle viser ? Notre troisième controverse concerne l'objectif d'inflation de la banque centrale : devrait-elle viser une inflation nulle ?

Pour : la banque centrale doit viser une inflation nulle

L'inflation ne présente aucun avantage pour la société et impose en revanche des coûts très réels. Comme nous l'avons vu au chapitre 11, les économistes reconnaissent six coûts à l'inflation :

- Les coûts d'usure ;
- Les coûts d'affichage ;
- La variabilité des prix relatifs et la mauvaise allocation des ressources ;
- Les distorsions fiscales ;
- Le désagrément et la confusion ;
- La redistribution arbitraire de la richesse.

Certains font valoir que ces coûts demeurent faibles, du moins tant que l'inflation demeure modérée, comme cela a été le cas au Canada depuis 1990, avec un taux annuel oscillant autour de 2 %. D'autres économistes croient plutôt que ces coûts sont importants, même lorsque l'inflation est faible. D'ailleurs, il ne fait aucun doute que le public déteste l'inflation, car dès qu'elle augmente, elle figure immédiatement parmi les problèmes perçus comme les plus graves dans les sondages d'opinion.

Bien entendu, il faut évaluer les avantages d'une inflation nulle par rapport aux sacrifices consentis pour y parvenir, qui eux se payent par une hausse du chômage et une baisse de la production, comme nous l'avons démontré à l'aide de la courbe de Phillips à court terme. Cependant, une récession désinflationniste n'est jamais que temporaire. Une fois que les agents économiques ont compris que les autorités monétaires visent une inflation nulle, leurs anticipations d'inflation diminuent et l'arbitrage à court terme entre l'inflation et le chômage s'améliore. Ces ajustements expliquent pourquoi il n'existe pas d'arbitrage à long terme entre l'inflation et le chômage.

La lutte contre l'inflation impose donc des coûts temporaires, mais elle rapporte des bénéfices permanents. Une fois que le processus désinflationniste s'achève, les avantages d'une inflation nulle persistent. Les responsables qui ont une vision de long terme devraient comprendre cela et accepter des inconvénients temporaires pour obtenir des avantages durables. C'est précisément ce qu'a fait la Banque du Canada au début des années 1980 et, à nouveau, au début des années 1990, lorsqu'elle a adopté un programme de contraction monétaire pour réduire l'inflation.

En outre, les coûts de la désinflation ne sont pas nécessairement aussi élevés que certains le prétendent. Si la Banque du Canada annonce de façon crédible son intention de ramener l'inflation à zéro, elle réduit les anticipations d'inflation, ce qui améliore l'arbitrage à court terme entre l'inflation et le chômage et allège d'autant le coût de la lutte contre l'inflation. Une telle stratégie repose sur la crédibilité : le public doit être convaincu que la Banque du Canada mettra à exécution le programme qu'elle a annoncé. Le Parlement pourrait lui donner un bon coup de main en adoptant une loi qui fait de la stabilité des prix la priorité de la Banque. Une telle loi réduirait les coûts de l'atteinte de l'objectif d'inflation nulle, sans pour autant en limiter les avantages.

Une inflation nulle a le mérite de la simplicité. Imaginons un instant que la Banque du Canada annonce son intention de maintenir l'inflation à 2 % — le taux moyen observé depuis 1990. Va-t-elle vraiment s'y tenir ? Si l'on suppose que des événements font monter l'inflation jusqu'à 4 % ou même 5 %, pourquoi ne réviserait-elle pas à la hausse son objectif ? Ces 2 % initiaux n'ont rien de bien particulier. En revanche, zéro est le seul chiffre synonyme de stabilité des prix et d'élimination complète des coûts de l'inflation.

Contre : la banque centrale ne doit pas viser une inflation nulle

Même si la stabilité des prix semble désirable, une inflation nulle n'est guère plus avantageuse qu'une inflation modérée. Par contre, les coûts pour y parvenir sont beaucoup plus lourds. Selon les évaluations des ratios de sacrifice, pour réduire l'inflation de 1 %, il faut accepter une baisse de la production annuelle de 2 % à 5 %. En choisissant un chiffre à mi-chemin entre ces estimations, on s'aperçoit que pour réduire l'inflation de 4 % à 0 %, il faut sacrifier 14 % de la production d'une année. Sur un PIB d'environ 1 900 milliards de dollars en 2013, cela signifie une perte de production de 265 milliards, soit plus de 7 500 $ de revenu par habitant. Même si les gens n'aiment guère l'inflation, il est loin d'être certain qu'ils soient prêts à payer un tel prix pour s'en débarrasser.

Le coût social de la désinflation est même supérieur à cette perte de revenu de 14 % par personne, car il ne se répartit pas également entre tous les citoyens. La récession ne touche pas tout le monde de la même manière. En fait, la perte de revenu agrégé est concentrée chez les travailleurs qui perdent leur emploi. Les travailleurs les plus vulnérables sont souvent les moins qualifiés ou ceux qui ont peu d'expérience. Par conséquent, ce sont ceux qui peuvent le moins se le permettre qui assument pourtant une bonne partie du coût de la désinflation.

Les économistes s'entendent pour énumérer les nombreux coûts engendrés par l'inflation, mais pas pour évaluer leur ampleur. Les coûts d'usure, d'affichage ou autres, reconnus par tous les économistes, ne semblent pas à première vue particulièrement lourds, du moins pour des taux d'inflation modérés. Certes, le public n'aime pas l'inflation, mais c'est peut-être parce qu'il croit, à tort, que l'inflation érode son niveau de vie. Les économistes savent que le niveau de vie dépend de la productivité, et non pas de la politique monétaire. En effet, puisque l'inflation des revenus nominaux va de pair avec l'inflation des prix, la réduction de l'inflation ne fera pas augmenter plus rapidement les revenus réels.

Les dirigeants canadiens ont récemment adopté un certain nombre de mesures pour réduire les coûts de l'inflation. À l'automne 2000, le gouvernement fédéral a indexé les tables d'imposition pour empêcher l'inflation de pousser les contribuables vers des taux d'imposition supérieurs. Les gouvernements peuvent également réduire la redistribution arbitraire de la richesse entre débiteurs et créditeurs en cas d'inflation inattendue, par l'émission d'obligations d'État indexées. C'est ce que la Banque du Canada a fait en 1991 afin de protéger de l'inflation les détenteurs de ces obligations. En donnant l'exemple, elle encourage les emprunteurs privés et les prêteurs à conclure des emprunts à taux indexés.

La lutte contre l'inflation serait peut-être souhaitable si elle ne coûtait rien, et certains économistes prétendent que c'est le cas. Ils ont toutefois beaucoup de difficulté à prouver cette affirmation par des faits. Lorsque les pays réduisent leur inflation, presque invariablement, la croissance diminue et le chômage augmente. Parier sur la crédibilité d'une banque centrale pour parvenir à juguler l'inflation rapidement et sans douleur est un choix risqué.

En fait, il semble plutôt qu'une récession désinflationniste laisse des séquelles économiques durables. Lors d'une récession, la forte baisse des dépenses en équipement et en infrastructure des entreprises dans tous les secteurs industriels fait de l'investissement la composante la plus volatile du PIB. Une fois la récession passée, la réduction du stock de capital maintient la productivité, les revenus et le niveau de vie à des niveaux inférieurs à ce qu'ils auraient dû être. De plus, en perdant leur emploi, les travailleurs perdent également une partie de leur capital humain. Même après la reprise économique, leur valeur en tant que travailleurs reste plus faible. Plusieurs économistes croient que la lente diminution du taux de chômage, à la suite d'une récession, est causée par cette perte de qualification des chômeurs, et de la difficulté consécutive qu'ils éprouvent à se retrouver un emploi.

Un peu d'inflation est peut-être même bénéfique pour l'économie. Certains économistes (dont Pierre Fortin, de l'UQAM), croient que l'inflation « lubrifie » le marché du travail. Selon eux, parce que les travailleurs résisteraient à des baisses de leur salaire nominal, une réduction des salaires réels, nécessaire en certaines circonstances, peut être accomplie plus facilement si le niveau général des prix augmente constamment.

En outre, l'inflation ouvre la possibilité d'un taux d'intérêt réel négatif. En effet, le taux d'intérêt nominal ne peut prendre une valeur négative, car les prêteurs préféreront tout simplement conserver leur argent plutôt que de le prêter. Si l'inflation est nulle, le taux d'intérêt réel est égal au taux d'intérêt nominal et ne peut donc être négatif. Cependant, si l'inflation est positive, une baisse du taux d'intérêt nominal sous le taux d'inflation produit un taux d'intérêt réel négatif. Or, il est possible qu'un taux d'intérêt réel négatif soit nécessaire en certaines circonstances pour stimuler suffisamment la demande agrégée.

Pourquoi alors imposer une récession désinflationniste si coûteuse et inéquitable pour ramener l'inflation à zéro, ce qui ne créerait peut-être que de modestes avantages ? L'économiste Alan Blinder, ancien vice-président de la Réserve fédérale américaine, a plaidé avec beaucoup de conviction, dans un ouvrage paru en 1988, *Hard heads, soft hearts,* afin que les responsables canadiens ou américains — qui ne connaissent que des taux d'inflation modérés — renoncent complètement à ce type de politique :

> Les coûts entraînés par une inflation faible ou modérée, telle qu'on la connaît aux États-Unis et dans d'autres pays industrialisés, semblent tout à fait modestes et pourraient se comparer davantage à un mauvais

> rhume qu'à un cancer... En tant qu'individus rationnels, nous ne sommes pas partisans d'une chimiothérapie pour traiter un rhume de cerveau. Néanmoins, en tant que collectivité, nous prescrivons régulièrement l'équivalent de la chimiothérapie (un fort chômage) comme remède contre le rhume de l'inflation[2].

Blinder conclut que mieux vaut apprendre à vivre avec une inflation modérée que de causer un mal pire que celui qu'on tente de combattre.

MINITEST

- Expliquez les avantages et les inconvénients d'une politique visant à ramener l'inflation à zéro. Parmi ceux-ci, lesquels sont temporaires et lesquels sont permanents?

BON À SAVOIR

Une cible d'inflation ou une cible de prix?

À l'instar de nombreuses banques centrales, la Banque du Canada maintient une cible d'inflation. Depuis 1989, lorsqu'elle a annoncé un taux cible pour la première fois, la Banque du Canada a réussi à maintenir le taux d'inflation annuel moyen très près de 2 %. Le débat décrit ci-dessus, qui concerne le bien-fondé de viser une inflation nulle plutôt qu'un taux de 2 %, porte donc sur la cible d'inflation la plus appropriée, et non sur la pertinence d'une cible d'inflation comme objectif de la politique monétaire. Or, le ciblage de l'inflation est-il la meilleure approche?

Au lieu de cibler l'inflation, la banque centrale pourrait cibler le niveau des prix: plutôt que de cibler le taux de variation du niveau des prix (c'est-à-dire le taux d'inflation), pourquoi ne pas déterminer des cibles pour le niveau des prix? Voyons comment cela pourrait fonctionner.

La Banque du Canada vise à maintenir le taux d'inflation le plus près possible du milieu d'une fourchette de 1 % à 3 %. Lorsque l'inflation s'approche de la limite supérieure de 3 %, la banque centrale resserre sa politique monétaire pour ramener le taux d'inflation plus près de la cible de 2 %. De même, lorsque l'inflation descend et s'approche de la limite inférieure de 1 %, la banque assouplit sa politique monétaire pour favoriser une hausse du taux d'inflation plus près de 2 %.

L'utilisation d'une fourchette cible d'inflation par la Banque du Canada signifie que quiconque fait un investissement sur 25 ans — que ce soit une hypothèque, une obligation à long terme ou un investissement direct dans une nouvelle usine — fait face à beaucoup d'incertitude. En effet, cette personne doit prévoir une inflation cumulée située entre 28 % (si le taux d'inflation est toujours à l'extrémité inférieure de la fourchette, soit 1 %) et 109 % (s'il se situe toujours au maximum de la fourchette, soit 3 %). Dans cet exemple, si le niveau de prix est de 100 la première année, il aura atteint une valeur située entre 128 et 209 la 25e année. C'est beaucoup d'incertitude.

Continuons de supposer que la banque centrale considère comme idéal un taux d'inflation moyen de 2 %, mais imaginons maintenant qu'elle choisit de cibler le niveau des prix plutôt que le taux d'inflation. Le cas échéant, si le niveau des prix est 100 en 2015, la Banque visera un niveau de prix de 102 en 2016, de 104,04 en 2017, de 106,12 en 2018, et ainsi de suite. Vingt-cinq ans plus tard, le niveau des prix sera de 164,04. Bien sûr, il est peu probable que la banque atteigne exactement sa cible chaque année. Supposons qu'en 2016, le niveau des prix augmente d'un point, de 100 à 101. La Banque du Canada constaterait que le niveau des prix est en deçà de la cible de 102 pour cette année. Elle constaterait aussi que puisque sa cible pour 2017 est 104,04, elle doit accélérer le rythme de l'inflation. En 2017, elle devra donc provoquer une hausse du niveau des prix de 101 à 104,04 afin de corriger le tir et atteindre sa cible. Pour ce faire, le taux d'inflation devra atteindre 3 %.

2. Blinder, Alan. (1988). *Hard heads, soft hearts*. New York, NY: Basic Books. (Traduction libre).

Cet exemple montre que pour viser avec certitude le niveau des prix, il faut s'accommoder d'un taux d'inflation variable. Pour atteindre une cible de prix, l'inflation devra accélérer ou ralentir suffisamment pour maintenir la cible à long terme du niveau des prix.

Alors, à quoi bon remplacer l'incertitude à l'égard du niveau des prix par l'incertitude à l'égard du taux d'inflation ? En ciblant le niveau des prix, la Banque du Canada jouirait d'une plus grande flexibilité dans la conduite de sa politique monétaire. Prenons un exemple : imaginons qu'un boum immobilier favorise une hausse excessive des emprunts hypothécaires. La Banque du Canada pourrait hésiter à hausser les taux d'intérêt (pour réduire l'emprunt hypothécaire excessif) si cela entraîne une baisse du taux d'inflation en deçà du taux cible. Cependant, si elle cible plutôt le niveau des prix, la banque centrale pourrait hausser les taux d'intérêt et réduire ainsi l'inflation, pourvu qu'elle accélère de nouveau l'inflation plus tard afin d'atteindre la cible à long terme du niveau des prix.

Le bien-fondé du ciblage du niveau des prix par rapport à celui de l'inflation est loin d'être établi. La compréhension qu'auront les entreprises et les ménages de l'intention de la banque centrale est un enjeu important. Ceux-ci devront comprendre que même si la banque centrale laisse varier le taux d'inflation, elle n'en demeure pas moins déterminée à contrôler le niveau des prix. Autrement dit, les entreprises et les ménages devront comprendre que des taux d'inflation plus élevés que la normale aujourd'hui signifient des taux plus faibles que la normale plus tard.

Pour l'instant, la Banque du Canada continue avec une cible d'inflation. Elle étudie cependant l'à-propos d'abandonner cette pratique au profit d'une cible du niveau des prix.

Les gouvernements doivent-ils équilibrer leur budget ?

La politique budgétaire a sans doute fait l'objet d'âpres débats économiques ces dernières années. Au cours des années 1970, 1980 et 1990, les gouvernements fédéral et provinciaux ont presque toujours dépensé plus que leurs recettes fiscales et ont financé leurs déficits budgétaires par des emprunts. Comme nous l'avons vu au chapitre 8, cela a abouti à une dette publique très élevée. Dans le chapitre 8, nous avons aussi examiné les conséquences des déficits publics sur l'épargne, l'investissement et le taux d'intérêt. Plus récemment, la plupart des gouvernements au Canada ont pris des mesures pour réduire et même éliminer leur déficit respectif. En février 1998, le gouvernement fédéral a annoncé un budget équilibré, pour la première fois depuis 1970. Durant les 10 années suivantes, les surplus budgétaires (des revenus plus élevés que les dépenses) ont été la norme au Canada. Le gouvernement fédéral a alors remboursé près de 100 milliards de dollars de dette. Lors de la forte récession de 2008-2009, le gouvernement fédéral est retombé en déficit pour plusieurs années et sa dette a augmenté de 160 milliards entre 2008 et 2014. Cependant, tous les partis politiques fédéraux ont déclaré publiquement vouloir revenir à des budgets équilibrés. Les gouvernements des provinces ont eu moins de succès dans la lutte à l'endettement, mais tous semblent déterminés à éviter ou à raccourcir les périodes de déficit.

Notre quatrième controverse est donc la suivante : les responsables politiques devraient-ils faire de l'élimination des déficits une priorité ?

Pour : les gouvernements doivent équilibrer leur budget

À partir du milieu des années 1970 et jusqu'au milieu des années 1990, les dépenses publiques canadiennes ont grandement dépassé les recettes fiscales. Au palier fédéral, les déficits budgétaires qui en ont découlé ont fait passer la dette publique de 25 milliards de dollars en 1975 à 609 milliards en 1997. Le gouvernement est parvenu à réduire sa dette à 516 milliards de dollars en 2008, mais la récession de 2008-2009 a de nouveau gonflé la dette publique à environ 676 milliards de dollars en 2013. Les gouvernements des provinces et territoires traînent aussi une dette importante. En 1997, ils devaient ensemble 234 milliards de dollars, et cette somme atteignait 533 milliards en 2013. En additionnant la dette du gouvernement fédéral et celle des gouvernements provinciaux et territoriaux, puis en divisant la somme par la population du Canada, on constate qu'en 2013, chaque Canadien devait environ 34 545 $.

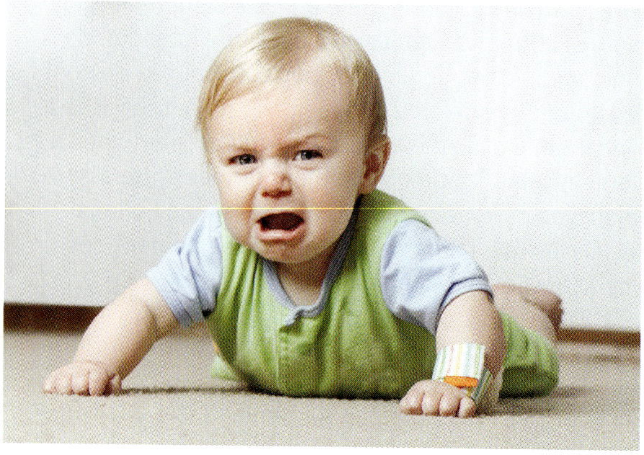

« Ma part de la dette publique s'élève à 34 545 $. »

Un tel endettement public fait peser un fardeau financier sur les générations futures. Quand viendra le temps de rembourser le capital et les intérêts accumulés, les contribuables devront faire des choix difficiles. Ils devront payer plus d'impôts ou renoncer à certains services gouvernementaux, voire accepter l'un et l'autre sacrifice, afin de disposer des ressources suffisantes pour rembourser la dette et payer les intérêts. Ils auront également l'option de repousser l'échéance en s'endettant davantage pour payer les intérêts et rembourser les pans de la dette venant à échéance. Fondamentalement, lorsque le gouvernement accumule les déficits budgétaires, il ne fait que transférer aux contribuables futurs la facture des dépenses publiques des contribuables actuels. Un tel endettement ne peut que réduire le niveau de vie des générations à venir.

Outre cet effet direct, les déficits budgétaires entraînent d'autres conséquences macroéconomiques. Étant donné qu'un déficit représente une épargne gouvernementale négative, l'épargne nationale (la somme de l'épargne privée et de l'épargne publique) est réduite, ce qui contribue à faire augmenter le taux de change réel et à diminuer les exportations nettes. Une succession de déficits gouvernementaux importants, associée à une forte augmentation de la dette publique, accroît également le risque de non-paiement couru par les prêteurs qui envisagent d'acheter des obligations canadiennes. Le taux d'intérêt réel au Canada reste alors supérieur au taux d'intérêt réel ailleurs dans le monde. Ce taux décourage les investissements et réduit l'accumulation du capital. La productivité, les salaires réels et la production de biens et de services sont alors réduits. Par conséquent, lorsque le gouvernement s'endette, nous léguons aux générations futures une économie où les impôts sont élevés et les revenus sont faibles.

Néanmoins, certaines situations justifient un déficit budgétaire. Au cours de l'histoire, la guerre a généralement constitué une raison majeure d'endettement public. Un conflit armé fait temporairement monter les dépenses gouvernementales et, dans ce cas, il est légitime d'emprunter pour financer les dépenses. Une telle hausse de la fiscalité serait injuste pour la population, qui doit déjà consentir de grands sacrifices en temps de guerre. Pour une raison similaire, on peut défendre le financement des infrastructures publiques par des emprunts. En effet, ces infrastructures (routes, ponts, égouts, etc.) profiteront non seulement aux contribuables actuels, mais aussi aux générations futures. Il serait donc injuste de demander aux citoyens actuels de payer en entier le coût de ces nouvelles infrastructures.

De la même manière, un déficit budgétaire peut être acceptable durant une récession. Lors d'un ralentissement économique, les recettes fiscales diminuent automatiquement, puisqu'elles dépendent directement du revenu agrégé et des dépenses agrégées. Certaines dépenses, telle l'assurance emploi, augmentent aussi, en raison de l'augmentation du chômage. En période de récession, ces augmentations automatiques de dépenses et ces diminutions automatiques d'impôts mènent souvent à un déficit. Si le gouvernement essaie de présenter un budget équilibré, il lui faudra augmenter les impôts ou réduire ses dépenses, au moment où le taux de chômage est élevé. Une telle politique aura pour effet de réduire la demande agrégée, alors qu'il faudrait au contraire la stimuler, ce qui aggravera les fluctuations macroéconomiques.

L'accumulation massive de dettes par les gouvernements fédéral et provinciaux depuis les années 1970 est cependant difficile à justifier. Durant la récession de 1980-1981, la pire au Canada depuis la Grande Dépression des années 1930, le gouvernement fédéral a subi une forte baisse de ses revenus alors que les dépenses d'assurance emploi augmentaient fortement : le déficit du gouvernement fédéral a augmenté et la dette publique s'est alourdie. Cependant, de 1983 à 1988, le PIB réel a crû en moyenne de 4,5 % par année. Durant cette période, le gouvernement a vu ses revenus fiscaux croître rapidement, en même temps que les dépenses dans le programme d'assurance emploi diminuaient. C'était l'occasion idéale pour le gouvernement fédéral de réaliser des surplus budgétaires et de rembourser la dette contractée durant la récession. Mais il n'a pas cessé d'accumuler de lourds déficits budgétaires et la dette nationale a continué à augmenter. En 1985, alors que la croissance économique annuelle atteignait 5,3 %, le gouvernement fédéral a annoncé un déficit de plus de 38 milliards de dollars (soit l'équivalent de 74 milliards de dollars de 2013).

Il est bien difficile de trouver les raisons d'une telle politique. Même si les gouvernements ne sont pas tenus de s'engager à équilibrer leur budget chaque année, ils devraient tenter de maintenir l'équilibre à moyen terme, au cours du cycle économique (ou viser un léger déficit budgétaire pour tenir compte des dépenses en infrastructures). Il faudrait pour cela accumuler des surplus budgétaires en période de vaches grasses pour compenser les déficits naturels en période de vaches maigres.

Il est grand temps de corriger cette erreur politique. Lorsqu'une combinaison de discipline fiscale et de chance permettra dans le futur aux gouvernements fédéral et provinciaux de réaliser des surplus, ils devraient rembourser la dette accumulée. Une telle politique a déjà été suivie de 1998 à 2008. Le gouvernement fédéral, de même que tous les gouvernements provinciaux, devrait donc revenir à cette politique sitôt que l'économie se sera rétablie de la récession de 2008-2009.

Si l'on compare avec l'autre option (maintenir de forts déficits budgétaires), rembourser la dette permettra de stimuler l'épargne, l'investissement et la croissance économique. Ainsi, les générations futures arriveront dans une économie plus prospère.

Contre : les gouvernements ne doivent pas équilibrer leur budget

On exagère beaucoup le problème de la dette publique. Bien que cette dette représente un fardeau pour les jeunes générations actuelles, elle n'est pas énorme si on la compare aux revenus gagnés par une personne pendant sa vie active. La dette combinée des gouvernements provinciaux et fédéral représente environ 34 545 $ par personne. Une personne qui travaille pendant 40 ans en gagnant 40 000 $ par année touche 1,6 million de dollars au cours de sa vie active. Sa part de la dette nationale correspond donc à environ 2,2 % de ses ressources à vie.

En se concentrant uniquement sur la dette publique, on finit par perdre de vue qu'il ne s'agit que d'un aspect des choix de dépense et d'imposition des gouvernements. Les conséquences des décisions gouvernementales touchent de diverses façons les contribuables de différentes générations. Les déficits ou les surplus budgétaires doivent donc être analysés dans le contexte plus large de la politique budgétaire.

Imaginons, par exemple, que les gouvernements se servent de leurs surplus budgétaires pour rembourser la dette, au lieu de dépenser plus en éducation. En quoi cela favorisera-t-il les jeunes générations ? Certes, une dette publique moins importante allégera leurs impôts lorsqu'ils entreront sur le marché du travail. Toutefois, s'ils sont moins instruits, leur productivité et leurs revenus seront plus faibles. Bien des analyses confirment que le rendement de l'éducation est élevé (c'est-à-dire qu'une année de scolarité supplémentaire fait substantiellement augmenter le revenu d'un travailleur). Rembourser la dette publique plutôt que financer l'éducation n'est probablement pas la meilleure des décisions, tout bien considéré, pour les générations futures.

En faisant de la dette publique une obsession, on risque aussi d'oublier que d'autres politiques ont un impact sur la redistribution intergénérationnelle des revenus. Le gouvernement fédéral et le gouvernement du Québec ont récemment augmenté les cotisations prélevées sur la masse salariale afin de financer le Régime de pensions du Canada (RPC) et le Régime des rentes du Québec (RRQ) destinés aux retraités. Cette politique a pour effet de redistribuer une partie des revenus des jeunes générations (qui assument le coût des charges sociales) aux personnes âgées (qui reçoivent les prestations du régime), même si cela ne touche pas la dette fédérale. On voit donc que la gestion de la dette publique n'est qu'un élément parmi tant d'autres des effets des politiques budgétaires sur le bien-être des différentes générations.

Dans une certaine mesure, les effets négatifs de la dette publique peuvent être atténués par des parents qui anticipent l'avenir. Si ces derniers profitent des avantages d'une faible imposition et de généreuses prestations sociales, mais qu'ils s'inquiètent des effets de l'endettement qui en résultent pour leurs enfants, ils peuvent épargner pour leur laisser un héritage plus substantiel, qui leur permettra de faire face au fardeau fiscal qui les attend. Si c'est effectivement le cas, l'épargne privée plus élevée viendrait compenser la désépargne publique causée par les déficits budgétaires et annuler ses effets sur l'économie. La plupart des économistes doutent toutefois que les parents aient une telle vision à long terme, même si quelques exceptions confirment sans doute la règle. Les déficits budgétaires permettent ainsi aux gens de consommer aux dépens de leurs enfants, sans pourtant les y obliger. Si le problème de la dette publique était aussi important qu'on le dit pour les générations futures, certains parents n'hésiteraient pas à apporter leur contribution en épargnant davantage.

Les gens qui s'opposent aux déficits budgétaires font parfois remarquer que la dette publique ne peut augmenter constamment, alors qu'en réalité elle le peut. Tout comme une banque évalue une demande de prêt en fonction du revenu du client, on devrait juger du fardeau de la dette en fonction du revenu du pays.

La croissance démographique et la hausse de la productivité font augmenter le revenu total de l'économie canadienne, de même que sa capacité à payer des intérêts sur la dette publique. Tant et aussi longtemps que la dette publique croît moins rapidement que le revenu agrégé (le PIB), rien n'empêche la dette de progresser indéfiniment.

Quelques données permettent de mettre cette question en perspective. Le PIB réel du Canada augmente en moyenne de 3 % par année. Si le taux d'inflation tourne autour de 2 %, le revenu nominal augmente d'environ 5 % annuellement. La dette publique peut donc croître de 5 % par année, sans pour autant augmenter le ratio dette/PIB. En 2013, la dette fédérale atteignait 676 milliards de dollars ; 5 % de cette somme équivaut donc à 34 milliards de dollars. Tant que le déficit fédéral ne dépasse pas 34 milliards, il reste soutenable à long terme et on ne verra jamais le moment où l'on devra cesser d'avoir de tels déficits budgétaires, pas plus qu'on risque de voir l'économie s'effondrer.

Si un déficit budgétaire modéré est viable, le gouvernement a peu de raisons de faire des surplus. Il a davantage intérêt à dépenser pour financer des programmes utiles, comme l'éducation, et à réduire la ponction fiscale.

MINITEST

- Dites en quoi la réduction du déficit public favorise les générations futures. Comment la politique budgétaire peut-elle améliorer le quotidien des futures générations autrement que par la réduction de la dette publique ?

BON À SAVOIR

Des progrès dans la réduction de la dette ?

Nous avons appris qu'il est compliqué de mesurer l'ampleur de la dette publique (*voir la rubrique Bon à savoir*, Quelle est l'ampleur de la dette publique ?, *au chapitre 8*). La réponse varie, par exemple, selon qu'on inclut la dette non provisionnée et selon qu'on s'inquiète ou non de ce que l'avenir réserve aux futures générations de contribuables. Même si nous ne pouvons en arriver à un chiffre exact de la dette gouvernementale, pouvons-nous à tout le moins déterminer si elle grossit ou si elle diminue ?

Vous l'aurez compris, l'exercice est plus complexe qu'on pourrait le penser. Tout est une question de perspective.

En 1997, la dette nette du gouvernement fédéral atteignait 609 milliards de dollars. (Les *Tableaux de référence financiers* que publie le ministère des Finances du gouvernement canadien fournissent des données sur la dette publique et sont accessibles à l'adresse www.fin.gc.ca.) En 2013, cette dette atteignait 676 milliards de dollars. Calcul facile : la dette publique s'est donc accrue de 67 milliards de dollars, ou de 11 %.

Cependant, depuis 1997, trois autres variables pourraient nous amener à revoir notre analyse. L'inflation en est une. De 1997 à 2013, les prix des biens et des services ont augmenté de 38 % (mesuré par le déflateur du PIB). Si vous avez des dettes, que ce soit un emprunt personnel, une hypothèque ou un prêt-auto, l'inflation joue en votre faveur parce qu'elle en réduit la valeur réelle. Il en va de même pour le gouvernement fédéral : l'inflation réduit la valeur réelle de sa dette. Si nous tenons compte de l'inflation, la dette nette du gouvernement fédéral passe de 609 à 489 milliards de dollars lorsque nous la mesurons en fonction du pouvoir d'achat d'un dollar de 1997. Selon cette perspective, la dette publique fédérale a *diminué* de 20 % depuis 1997.

Une autre variable a changé entre 1997 et 2013 : la population canadienne a grossi de 5 millions d'habitants. Puisque le gouvernement emprunte entre autres raisons pour fournir des services à la population, il faut bien s'attendre à voir la dette grossir au même rythme que la population. De plus, puisque la dette publique fédérale est celle de tous les Canadiens, son fardeau est d'autant moins lourd que nous sommes nombreux à la supporter. Si nous calculons maintenant le montant de la dette en dollars indexés, c'est-à-dire la somme que doit chaque Canadien, nous constatons que la dette par habitant est passée de 20 390 $ en 1997 à 13 970 $ en 2013. De cet angle, la taille de la dette publique fédérale a donc *diminué* de 31 % depuis 1997.

Une troisième variable a augmenté entre 1997 et 2013, soit notre revenu collectif : le PIB a augmenté de près de 48 % (en dollars constants). C'est une variable importante, puisque notre capacité à rembourser nos dettes dépend de notre revenu. Le raisonnement s'applique au gouvernement comme aux particuliers. Si nous comparons maintenant la taille de la dette publique fédérale à notre revenu collectif (ou notre PIB), nous constatons que notre rapport dette/PIB est passé de 70 % en 1997 à 37 % en 2013. De cette perspective, la dette publique fédérale a *diminué* de 47 %.

Quelle est donc la bonne réponse ? De 1997 à 2013, la dette publique fédérale a-t-elle augmenté de 11 %, diminué de 20 %, diminué de 31 % ou plus encore, de 47 % ? Tout est une question de perspective.

Doit-on modifier la fiscalité pour encourager l'épargne ?

Le niveau de vie d'un pays dépend de sa capacité à produire des biens et des services, selon l'un des **dix principes d'économie** énoncés au chapitre 1. Or, comme nous l'avons vu au chapitre 7, la capacité de production d'un pays est déterminée en grande partie par ses taux d'épargne et d'investissement. Notre cinquième controverse est donc la suivante : les responsables politiques devraient-ils réformer la fiscalité pour mieux encourager l'épargne et l'investissement ?

Pour : il faut modifier la fiscalité pour encourager l'épargne

Le taux d'épargne d'un pays est un facteur clé de sa prospérité à long terme. Une épargne élevée fournit les ressources nécessaires pour investir dans les infrastructures et les équipements. De solides infrastructures de production garantissent une meilleure productivité, ainsi que des salaires et des revenus plus élevés. Il n'est donc pas surprenant de constater une corrélation élevée entre le taux d'épargne nationale et les indices de prospérité économique.

Un des **dix principes d'économie** présentés au chapitre 1 nous intéresse ici : les gens réagissent aux incitatifs. Ce principe s'applique également aux décisions relatives à l'épargne : si les lois fiscales encouragent l'épargne, les gens auront tendance à épargner une fraction élevée de leur revenu, et cette épargne élevée mènera à un avenir plus prospère.

Malheureusement, la fiscalité canadienne décourage l'épargne, car elle impose fortement les revenus provenant de l'épargne. Par exemple, prenons une jeune travailleuse de 25 ans qui économise 1 000 $ pour s'assurer une retraite confortable à 70 ans. Si elle achète des obligations qui rapportent un taux d'intérêt de 10 %, elle aura accumulé, en 45 ans, 72 900 $ avant impôt. Dans l'hypothèse où son taux marginal d'imposition sur ces intérêts est de 40 %, ce qui correspond en gros à la somme des impôts provincial et fédéral pour un revenu moyen, son taux d'intérêt après impôt ne dépassera pas 6 % et les 1 000 $ ne rapporteront que 13 800 $ sur la période de 45 ans. Cela signifie que durant toute cette période, l'impôt aura grignoté 80 % des revenus d'épargne de cette travailleuse, soit la différence entre 72 900 $ et 13 800 $.

Le régime fiscal décourage encore plus l'épargne en imposant doublement certains revenus du capital. Prenons l'exemple d'une personne qui place ses économies dans des actions d'une grande société canadienne. Lorsque cette société fait des profits sur ses investissements, elle commence par payer l'impôt des sociétés. Si elle redistribue ce qui reste des profits à ses actionnaires sous forme de dividendes, ces derniers devront cette fois payer l'impôt sur le revenu des particuliers. Cette double imposition réduit sérieusement le rendement des actions et, par la même occasion, l'incitation à épargner.

Outre les lois fiscales, bien d'autres politiques et institutions canadiennes découragent l'épargne. Certains transferts du gouvernement, comme la pension de Sécurité de la vieillesse, sont basés sur des critères de revenus ; dès lors, ceux qui ont eu la prudence d'épargner pour leurs vieux jours voient leurs prestations amputées.

Il existe cependant différentes façons d'inciter les gens à épargner ou, du moins, à ne pas les en décourager, comme c'est actuellement le cas. Les lois sur l'impôt accordent un traitement fiscal préférentiel à certaines formes d'épargne en vue de la retraite. Les CELI (comptes d'épargne libre d'impôt), introduits en 2009, permettent aux contribuables d'épargner sans payer d'impôt sur les intérêts perçus. Un autre programme incitatif est le REER. Lorsqu'un contribuable place une partie de son revenu dans un régime enregistré d'épargne-retraite (REER), le capital et les intérêts rapportés sont à l'abri de l'impôt jusqu'à ce qu'il les retire. Néanmoins, les sommes pouvant être placées dans un REER ou un CELI sont plafonnées annuellement. Après des années où la limite est restée fixée à 13 500 $, cette limite a été relevée progressivement jusqu'à 23 820 $ en 2013, alors que la limite annuelle d'un CELI est de 5 000 $. Le relèvement de ce plafond constitue un signe encourageant de l'intérêt croissant du gouvernement fédéral envers l'épargne des ménages.

Le gouvernement fédéral a institué, en 1991, une autre forme d'incitation à l'épargne, soit la taxe sur les produits et services (TPS). L'essentiel des recettes fiscales du gouvernement fédéral provient de l'impôt sur le revenu des particuliers. Dans un tel régime, un dollar gagné est automatiquement imposé, qu'il soit épargné ou dépensé. La TPS, une taxe à la consommation, n'est appliquée que dans la mesure où les ménages dépensent. Le revenu épargné n'est donc pas imposé tant qu'il n'est pas dépensé. Pour cette raison, une taxe sur la consommation constitue une incitation à l'épargne. Et c'est pourquoi les économistes plaident généralement pour une augmentation des taxes sur la consommation, à la faveur d'une réduction de l'imposition directe sur le revenu.

Notons qu'en 2006 et en 2008, malgré la préférence manifestée par la majorité des économistes pour une taxation plus importante de la consommation, le gouvernement fédéral a fait le contraire en réduisant le taux de la TPS de 7 à 5 %.

Contre : il ne faut pas modifier la fiscalité pour encourager l'épargne

Encourager l'épargne se justifie pleinement, mais cela ne devrait pas être l'unique objectif de la politique budgétaire. Les dirigeants devraient également s'assurer de la répartition équitable du fardeau fiscal. Or, les politiques visant à encourager l'épargne finissent par augmenter le fardeau fiscal des plus démunis.

Les ménages à revenu élevé ont un taux d'épargne supérieur aux ménages à faible revenu. Par conséquent, toute modification du régime fiscal qui favorise les épargnants améliore directement la situation des classes les plus favorisées. Les mesures fiscales du type REER sont attirantes, mais elles accentuent les inégalités. En allégeant le fardeau fiscal des plus riches, qui ont les moyens de profiter de ce genre de mesures, on force le gouvernement à augmenter celui des plus pauvres.

Par ailleurs, les politiques fiscales destinées à encourager l'épargne ne parviennent pas toujours à leur fin. De nombreuses études montrent que l'épargne est relativement inélastique ; autrement dit, elle est peu sensible au taux de rendement. Si c'est le cas, les politiques qui améliorent le rendement de l'épargne auront pour effet d'enrichir les plus fortunés, sans les inciter à épargner davantage.

La théorie économique ne fournit pas d'indication claire quant à l'effet d'un rendement supérieur sur l'épargne. Le résultat dépend de l'ampleur relative de deux effets opposés : l'*effet de substitution* et l'*effet de revenu*. D'une part, un rendement plus élevé accroît les bénéfices de l'épargne et chaque dollar économisé aujourd'hui permet de consommer plus demain ; cet effet de substitution tend à encourager l'épargne. D'autre part, un rendement supérieur réduit le besoin d'épargner, puisqu'un ménage peut épargner moins et atteindre tout de même un niveau de consommation donné ; cet effet de revenu tend à réduire l'épargne. Si l'effet de substitution et l'effet de revenu sont de taille plus ou moins égale, comme certaines études le laissent entendre, l'épargne ne change à peu près pas lorsqu'un allégement de l'impôt sur le revenu du capital améliore le taux de rendement de l'épargne.

Mis à part les avantages fiscaux pour les riches, il existe d'autres moyens d'encourager l'épargne nationale. Rappelons en effet que l'épargne nationale est la somme de l'épargne privée et de l'épargne publique. Au lieu de modifier la fiscalité pour stimuler l'épargne privée, les dirigeants pourraient accroître l'épargne publique en réalisant des surplus budgétaires. Cela pourrait se faire grâce à une augmentation de l'impôt sur les revenus élevés, par exemple, ou à une réduction des dépenses publiques. Voilà un moyen direct d'augmenter l'épargne et d'assurer la prospérité des générations futures.

Lorsqu'on tient compte de l'épargne publique, on se rend même compte que les réformes fiscales visant à encourager l'épargne privée risquent de poser problème. En effet, elles mènent à une réduction des recettes fiscales provenant des revenus de placement, ce qui conduit à une détérioration du solde budgétaire du gouvernement. Pour que l'épargne nationale croisse, il faut donc que les réformes fassent augmenter l'épargne privée plus qu'elles réduisent l'épargne publique. Sinon, ces mesures d'incitation à l'épargne privée n'améliorent pas la situation.

MINITEST

- Démontrez par trois exemples comment notre société décourage l'épargne. Quels seraient les inconvénients de l'élimination de ces mesures qui découragent l'épargne ?

Conclusion

Dans ce chapitre, nous avons présenté cinq controverses portant sur la politique macroéconomique, en fournissant chaque fois le pour et le contre. Vous avez du mal à choisir votre camp ? Rassurez-vous, vous n'êtes pas seul dans ce cas. La connaissance de l'économie ne simplifie pas pour autant les choix politiques. En clarifiant les arbitrages auxquels doivent faire face les dirigeants, elle risque même de compliquer leurs choix.

Les choix difficiles sont rarement résolus par des solutions simples. Lorsque vous entendez des politiciens ou des commentateurs faire des propositions trop belles pour être vraies, c'est probablement le cas. Il n'y a pas de miracles en économie et tout a un coût. Bien peu de politiques économiques ne présentent que des avantages et pas de coûts. L'étude de l'économie vous permettra au moins de voir clair dans la rhétorique brumeuse des politiciens et fera de vous un citoyen plus apte à participer aux débats publics.

Résumé

- Les partisans de l'interventionnisme macroéconomique croient en l'instabilité intrinsèque de l'économie. Ils proposent d'utiliser les politiques monétaire et budgétaire pour stabiliser la demande agrégée. Les opposants à cet activisme monétaire et fiscal mettent l'accent sur les délais inhérents à ce type de mesure et sur le caractère incertain des prévisions macroéconomiques. Les tentatives de stabilisation de l'économie seraient plutôt, selon eux, déstabilisatrices.
- Les partisans de l'indépendance des banques centrales considèrent qu'elle les protégerait contre toute utilisation de la politique monétaire par des gouvernants désireux d'influencer les électeurs. Ils font également remarquer que cette indépendance permet de maintenir une faible inflation et, par conséquent, un arbitrage plus avantageux à court terme entre l'inflation et le chômage. Les critiques de cette indépendance des banques centrales croient plutôt qu'étant donné les effets importants et durables de la politique monétaire sur la demande agrégée et, dès lors, sur la production et l'emploi, les citoyens devraient avoir leur mot à dire sur la conduite de la politique monétaire, comme dans le cas de la politique budgétaire.
- Les partisans d'un objectif d'inflation nulle insistent sur les coûts multiples et l'absence d'avantages de l'inflation. En outre, le coût de la désinflation, en matière de production et de chômage, est temporaire. Ce coût peut d'ailleurs

►

être réduit par l'annonce d'un plan crédible de lutte contre l'inflation, ce qui a pour résultat de réduire les anticipations inflationnistes. Les opposants à l'objectif d'inflation nulle croient plutôt qu'une inflation modérée n'impose à la société que de faibles coûts, par rapport aux énormes sacrifices à consentir pour atteindre cet objectif.

- Les partisans d'un équilibre du budget gouvernemental considèrent que les déficits imposent un fardeau aux générations futures, sous la forme d'impôts plus élevés et de revenus plus faibles. Les opposants à l'équilibre budgétaire déclarent qu'il ne s'agit là que d'un fragment de la politique budgétaire et qu'en lui accordant trop d'attention, on finit par oublier les conséquences sur les générations futures des autres facettes de la politique budgétaire.
- Les partisans des réformes fiscales visant à favoriser l'épargne montrent que notre société décourage cette dernière de bien des manières, entre autres en imposant le revenu de l'épargne et en réduisant les avantages de ceux qui ont accumulé de la richesse. Ils approuvent les réformes de la fiscalité qui encouragent l'épargne, que ce soit en réduisant l'impôt sur le revenu en faveur de taxes sur la consommation ou d'augmentations des contributions permises à un REER. Les opposants à ces incitatifs fiscaux font valoir que ceux-ci avantagent uniquement les plus riches, qui n'ont pas besoin de ce type d'allégement fiscal. Ils pensent également que de telles modifications ont un effet très limité sur l'épargne privée et que l'augmentation de l'épargne publique, par l'intermédiaire des surplus budgétaires, serait un moyen plus direct et plus équitable d'accroître l'épargne nationale.

Questions de révision

1. Expliquez pourquoi les politiques monétaire et budgétaire font sentir leurs effets avec un certain retard. Pourquoi ces délais importent-ils dans le choix d'une politique macroéconomique ?
2. Pourquoi la banque centrale serait-elle tentée de créer un cycle politique ? Si l'on suppose qu'un tel cycle est possible, comment cela touche-t-il le débat sur l'indépendance des banques centrales dans la conduite de la politique monétaire ?
3. Comment la crédibilité de la banque centrale est-elle liée au coût de la lutte contre l'inflation ?
4. Pourquoi certains économistes s'opposent-ils à l'objectif d'inflation nulle ?
5. Donnez deux raisons pour lesquelles un déficit budgétaire gouvernemental peut nuire aux travailleurs futurs.
6. Proposez deux situations qui justifient, selon la plupart des économistes, un déficit budgétaire.
7. Donnez un exemple d'une politique gouvernementale qui réduit la dette nationale, mais qui risque aussi de pénaliser les générations futures.
8. Certains économistes n'hésitent pas à affirmer que le gouvernement peut se permettre d'accumuler des déficits indéfiniment. Comment est-ce possible ?
9. Certains revenus de placement sont imposés doublement. Expliquez.
10. Outre la fiscalité, le gouvernement décourage l'épargne au Canada d'autres manières. Donnez-en un exemple.
11. Quels effets négatifs les incitatifs fiscaux favorisant l'épargne peuvent-ils avoir ?

Suggestions de lecture estivale

Si vous avez aimé le cours d'économie que vous venez de terminer, vous prendrez peut-être plaisir à lire l'un de ces livres.

Ouvrages en langue française

- ***Comprendre l'économie : ou comment les économistes pensent,*** de Pierre Lemieux. (2008). Paris, France : Les Belles Lettres. L'auteur, professeur d'économie à l'Université du Québec en Outaouais, présente les grandes composantes de la théorie économique, sans le moindre artifice mathématique ou graphique. Un tour de force et une lecture passionnante.
- ***Les grands économistes,*** de Robert L. Heilbroner. (1971). Paris, France : Seuil. Ce petit livre abordable présente la vie et les idées de quelques économistes célèbres : Smith, Ricardo, Marx, Keynes, Schumpeter, etc.
- ***On n'a pas les gouvernements qu'on mérite : regard d'économiste sur les choix publics,*** de Jean-Luc Migué. (2007). Montréal, Québec : Carte blanche. Un des rares économistes québécois spécialistes de la théorie des choix publics, l'auteur examine les problèmes liés à l'intervention des gouvernements dans la société.

Ouvrages en langue anglaise

- ***The armchair economist : Economics and everyday life,*** de Steven E. Landsburg. (1993). New York, NY : The Free Press. Landsburg discute certains des petits puzzles économiques qui émaillent la vie quotidienne.
- ***Beauty pays,*** de Daniel S. Hamermesh. (2011). Princeton, NJ : Princeton University Press. Un économiste mesure et analyse les effets de la beauté, tant sur le marché du travail que devant la justice.
- ***Capitalism and freedom,*** de Milton Friedman. (1962). Chicago, IL : University of Chicago Press. Écrit par l'un des économistes les plus influents du XXe siècle, ce livre offre un plaidoyer percutant en faveur de l'économie de marché.
- ***Hidden order : The economics of everyday life,*** de David Friedman. (1996). New York, NY : HarperCollins. Ce livre présente une perspective distrayante de la pertinence de l'analyse microéconomique dans l'explication de la vie de tous les jours.
- ***The locavore's dilemma,*** de Pierre Desrochers et Hiroko Shimizu. (2012). New York, NY : PublicAffairs. Un livre fascinant, qui explore les questions de l'écologie, de la géographie et de l'économie. Destruction de mythes en perspective !
- ***Murder at the margin,*** de Marshall Jevons. (1993). Princeton, NJ : Princeton University Press, et ***The fatal equilibrium,*** de Marshall Jevons. (1985). Cambridge, MA : MIT Press. Dans chacun de ces romans noirs, l'auteur utilise la boîte à outils de l'économiste afin de débusquer le coupable. Étonnants et amusants !
- ***Naked economics : Undressing the dismal science,*** de Charles Wheelan. (2002). New York, NY : W.W. Norton & Company. Cet ancien correspondant pour le magazine *The Economist* présente la plupart des concepts économiques importants, sans artifices et en donnant des exemples tirés de la vie quotidienne.

- ***New ideas from dead economists,*** de Todd G. Buchholz. (1989). New York, NY : Penguin Books. Ce petit livre sympathique offre un survol de l'histoire de la pensée économique.
- ***Power and prosperity,*** de Mancur Olson. (2000). New York, NY : Basic Books. Pourquoi certaines économies sont-elles plus prospères que d'autres ? L'auteur, rendu célèbre par le livre *La logique de l'action collective,* explore ici ce que les gouvernements doivent faire pour rendre les marchés efficaces.
- ***The price of everything : A parable of possibility and prosperity,*** de Russel Roberts. (2008). Princeton, NJ : Princeton University Press. Écrit par un professeur d'économie à l'Université George Mason, ce livre explique, à l'aide de paraboles et de dialogues, les principes du fonctionnement du système des prix.
- ***The rational optimist,*** de Matt Ridley. (2010). New York, NY : HarperCollins. L'auteur examine le développement économique à travers l'histoire, en réactualisant les idées d'Adam Smith.
- ***Thinking, fast and slow,*** de Daniel Kahneman. (2011). New York, NY : Farrar, Straus et Giroux. Ce psychologue, Nobel d'économie, se demande dans quelle mesure les humains sont rationnels.
- ***Why globalization works,*** de Martin Wolf. (2004). New Haven, CT : Yale University Press. Le public est fortement divisé quant aux mérites de la mondialisation. Wolf examine les avantages et les coûts de ce phénomène qui nous touche tous.
- ***Why nations fail,*** de Daron Acemoglu et James Robinson. (2012). New York, NY : Crown Publishers. Ces deux économistes examinent le rôle des institutions dans le développement économique des nations. Un livre majeur.
- ***Why popcorn costs so much at the movies : And other pricing puzzles,*** de Richard B. McKenzie. (2008). New York, NY : Springer-Verlag. Pourquoi les tickets de cinéma sont-ils tous au même prix ? Pourquoi une cartouche d'encre coûte-t-elle presque autant qu'une imprimante ? L'auteur utilise les idées économiques de base pour expliquer une multitude de stratégies de prix.
- ***A world of chance : Betting on religion, games, Wall Street,*** de Reuven Brenner, Gabrielle Brenner et Aaron Brown. (2008). New York, NY : Cambridge University Press. Un livre fascinant qui explore les facettes économiques, politiques, financières et historiques des jeux de hasard.

Sources iconographiques

Couverture : Erich Lessing/Art Resource, NY, toile d'Edgar Degas, *Le bureau de coton à La Nouvelle-Orléans* (1873) ; MACIEJ NOSKOWSKI/iStockphoto ; Fitzer/iStockphoto ; Ouvertures de parties et de chapitres : MACIEJ NOSKOWSKI/iStockphoto ; p. 9 : © Lea Suzuki/San Francisco Chronicle/Corbis ; p. 12 : © Bettmann/CORBIS ; p. 22 : J. B. Handelsman © The New Yorker Collection/www.cartoonbank.com ; p. 32 : © Susan Mcarthur-letellier/Dreamstime.com ; p. 57 : Wikipedia Commons ; p. 59 : Graham Hughes/Presse canadienne ; p. 60 : tcly/Shutterstock.com ; p. 70 : Edyta Pawlowska/Shutterstock.com ; p. 84 : Robert J. Day © The New Yorker Collection/www.cartoonbank.com ; p. 109 : Drazen/Shutterstock.com ; p. 123 : Aaron Bacall © www.cartoonstock.com ; p. 124 : © Metro-Goldwin-Mayer Pictures/Sunset Boulevard/Corbis ; p. 137 : (haut) © David Reed, (centre et bas) © Peter Menzel/menzelphoto.com ; p. 138 : © Oscar White/CORBIS ; p. 156 : © Bettmann/CORBIS ; p. 166 : © Robert Essel NYC/CORBIS ; p. 209 : isaxar/Big Stock Photo ; p. 212 : © Scott Adams/Dist. By United Feature Syndicate inc. ; p. 221 : StefanieMohrPhotography/Big Stock Photo ; p. 227 : Mick Stevens © The New Yorker Collection/www.cartoonbank.com ; p. 239 : © KBO/The Kobal Collection at Art Resources, NY ; p. 245 : Frank Modell © The New Yorker Collection/www.cartoonbank.com ; p. 255 : AP Photo/Presse canadienne ; p. 277 : Mort Gerberg © The New Yorker Collection/www.cartoonbank.com ; p. 295 : Imaginechina via AP Images ; p. 307 : © Christa Brunt/iStockphoto ; p. 353 : CORNERED © 2005 Mike Baldwin. Reprinted with permission of UNIVERSAL UCLICK. All rights reserved. ; p. 362 : © George Steinmetz/Corbis ; p. 426 : RobertHannah89/Wikipedia Commons ; p. 482 : txking/Shutterstock.com.

INDEX

Les numéros en caractères gras indiquent qu'une définition du terme se trouve sur la page correspondante.

D

E

N

O

P

U

V

Z